KB262582

내재적
비평문학의
이론과 실제

김 혜 니

Theory and Practice of
Internal Literary Criticism

이 도서의 국립중앙도서관 출판시도서목록(CIP)은
e−CIP 홈페이지(http://www.nl.go.kr/cip.php)에서 이용하실 수 있습니다.
(CIP제어번호 : CIP2005001779)

머리말

일찍이 루카치는 그의 저서 『영혼과 형식』에서, 비평가는 형식 속에서 운명을 보는 자라고 말한 바 있다. 형식이란 문학이라고 하는 특수한 형식적 틀을 말하는 것이고, 운명이란 자아의 세계에 대한 열린 의식을 의미한다. 이처럼 비평 문학은 상상력뿐만 아니라 논리적이며 개념적인 작업을 포함하고 있다. 비평이나 평론은 문학 작품처럼 창조적이며 상상력에 근거를 두고 있으면서도, 한편으로는 작품의 내적 구조를 분석하고 감추어져 있는 의미를 발견하는 지적인 설득력을 목표로 하는 작업이기도 한 것이다. 이러한 비평 문학은 그 형식이 고정적이지도 비고정적이지도 않은 양식으로써 끊임없이 자아 확립을 위해서 나아가는 성격을 지닌다. 그러므로 본 저자는 우리 비평의 가능성과 의의를 파악하려는 시대적 토론의 장에 항상 관심을 가지고 살펴왔다. 본 저서도 그러한 노력 끝에 조심스럽게 엮어진 것이다.

한국 근대 비평 문학은 20세기에 들어와 서구 비평의 수용과 함께 출발하였다. 그리고 1960년대부터 대학의 문학 연구에 학구적인 비평 혹은 강단 비평이 등장하면서 비평 문학 이론은 진지하게 수용되었고, 한국적 적용을 실천하려는 노력이 활발하게 뒤따랐다. 그러나 이들 비평의 실천들은 충분하게 서구 문학 이론들을 반영하여 정착되어진 것이라고 평가할 수는 없다. 그렇지만 이들 학구적인 비평이야말로 한국 비평사의 풍토를 새롭게 마련하고 정착시킬 수 있는 계기가 된 것은 사실이다.

20세기 후반에 직면한 문학의 위기 상황과 밀접하게 맞물리면서 비평 문학도 다른 사회적 담론에 밀려 위기감에 직면하고 있는 현실이다. 그리하여 오늘날 흔히들 '문학의 위기' '비평의 위기' 등에 대해 이야기하고들 있다. 그러나 이러한 비평의 위기는 오히려 가치 있는 새로운 지평을 열기 위한 예고를 함축한다고 믿는다. 본서가, 비평 문학이 당면한 세계적인 위기와 관련하여 한국 비평 문학의 상황을 직시하면서 새로운 전환의 계기를 만드는 데 도움이 되었으면 한다.

그동안 공부해 왔던 비평 문학 이론을 한 책으로 묶기에는 너무 쪽수가 많아서 외재적 비평과 내재적 비평 두 권으로 나누어 출간하기로 했다. 비록 졸고이지만, 본 저서는 현대 서구 문학 이론의 정수를 최대한으로 포괄하면서 나름대로 꼼꼼히 정리하려고 노력했다는 데 의의를 두고 싶다. 그리고 대학에서 강의를 위한 교재로 사용될 수 있도록 꾸미는 것에 일차적인 의미를 두었다. 그리하여 본 저서의 내용은 각각 제1부와 제2부로 나뉜다. 제1부는 내재적 비평 이론의 개념과 정의 그리고 출발 배경, 혹은 역사적 흐름으로 말문을 트면서, 주요 이론과 쟁점, 대표적인 이론가와 이론, 문학 작품의 실제 적용 가능성, 총체적 검토 등을 통해 논의를 전개하였다. 제2부는 서구 비평 이론가들의 글을 실어 후학도들로 하여금 이론가들의 글을 직접 접할 수 있는 기회를 제공하고자 하였다.

겸허하게 본 저술을 마무리하면서도 만족감보다는 두려움과 아쉬움이 더 많다. 왜냐하면 논의가 미비하지나 않은가 하는 두려움, 미처 다루지 못한 비평 이론에 대한 아쉬움이 그것이다. 끝으로 본 저술이 비평을 공부하는 후학도들에게 비평 문학의 안내서로서 조금이라도 도움이 되기를 소망해 본다.

2005년 8월

문예창작과 연구실에서 金晴起

제Ⅱ부 비평문학의 이론

제 I 부

내재적 비평문학의 이론과 실제

제1장 러시아 형식주의 비평

1. 형식주의 비평의 성립

형식주의 비평은 아리스토텔레스(Aristoteles)의 『시학』 이후 가장 오래된 정통적 비평 이론이다. 그 근본적 미학 원리는 문학 작품의 형태, 구조, 문체, 그리고 심리적 효과를 강조했던 아리스토텔레스의 이론에서 연유한다. 아리스토텔레스의 이론은 작품의 내용, 사회적·도덕적 효과를 강조하는 플라톤과는 상반되는 입장을 표명한다. 그러나 오늘날의 형식주의에 직접적인 영향을 준 이론은, 칸트(I. Kant)와 코울리지(S.T. Coleridge) 등의 문학의 독자적 자율성과 인정에서 찾을 수 있다.

칸트는 『심미적 판단력 비판』(*The Critique of Aesthetic Judgment*)에서, 미(美)의 문제를 다룸으로써 최초로 체계적인 미학을 제시했다. 여기서 그는 특히 예술이란 상징적 기능을 지니는 한 특별한 종류의 인식을 자극할 수 있으며, 이러한 인식은 논리적 추리에만 의존하는 인식과는 다르지만 그에 못지 않게 중요하다는 형식주의 개념의 초석을 마련해 주었다. 또한 코울리지는 『문학평전』(*Biographia Literaria*)에서, 독일의 선험주의 철학을 적용시켜, 예술가의 상상력을 강조하는 형식주의 이론의 토대를 세웠다. 코울리지의 견해에 따르면, 문학의 본질적 요소는 감정과 사고의 결합이며 이것이 이른바 상상력이다. 그는 특히 보편과 특수, 주관과 객관, 일반적인 것과 개별적인 것을 통합시키는 시의 능력을 강조했다. 그에게 있어서 비평의 기능은 단순히 규칙이나 형식을 규정하거나 설명하는 것이라기보다는 이러한 요소들을 구분하여 의식적인 깨달음으로까지 이끌어가는 것이었다. 그리하여 그는 형식주의 비평가들에게, 문학을 현실의 양식으로 보는 관점, 과학의 양식으로 보는 관점, 그리고 문학에 의해 전달되는 진실과 지혜가 본질적으로 다르다는 근거를 제공해주었다.

이러한 이론들을 바탕으로 한 형식주의 비평은 '문학은 작가가 처한 시대 상황과 인격, 환경의 반영이다' '작가의 의도와 문학 작품은 일치한다' 라는 역사적 방법과는 대립되는 명제이기도 하다. 이러한 형식적 비평의 방법론은 문학의 문학다운 속성 곧, 문학성을 철저하게 언어적 형식 또는 언어적 구조로 보고 분석 해명하는 것이다. 말하자면 작품의 평가보다 상세한 기술과 분석에 관심을 집중하는 비평인 것이다. 따라서 영미의 신비평(the american new criticism), 시카고 아리스토텔레스학파(the chicago aristotelians), 러시아 형식주의(russian formalism), 프라그 언어학파(prague linguistie school) 등은 20세기 형식주의 비평을 활성화한 움직임들이다. 또한 넓게는 구조주의 비평도 이 갈래와 함께 이해할 수 있다.

형식주의 비평가들은 형식과 내용, 구조와 의미가 각각 불가분의 관계에 있다고 보고, 철저한 분석을 통하여 언어들이 지닌 외연적, 내포적인 의미와 가치를 해독하고자 한다. 또한 그들은, 내용 또는 의미는 그것이 형식의 일부로 통합될 경우에 한하여 존재할 수 있으며, 형식이 없는 내용은 생경한 삶의 한 토막으로 남아 있을 뿐 그 삶이 예술이 될 수는 없다고 주장한다. 결국 형식주의 비평가들의 이론은, 작품의 주제가 그 자체를 떠나거나 벗어나서는 어떤 의미에서도 예술로 존재할 수 없으며, 나아가 문학 작품은 그 자체의 법칙과 질서체계를 가지고 있으며, 그 내재적 형식의 필요에 준하여 구성된다는 확고한 신념에 뿌리박고 있는 셈이다. 그래서 그들은 언어의 구조와 양상, 그것들의 상호 관련성을 살펴보는 데 중점을 둔다. 즉 언어의 상호 관계, 문장 양상, 유사한 낱말과 어구, 주부와 술부와의 호응 관계, 어조, 언어의 선택, 문맥의 연결 관계 등과 같은 '내적 관련성'이 어떤 형식, 즉 어떤 원리를 드러내고 있는가를 고찰하는 데 관심을 두는 것이다. 그리하여 '긴장'(tension) '애매성'(ambiguity) '복잡성'(complexity) '결 혹은 조직'(texture) 등과 같은 문학 언어들을 새롭게 만들어 이전보다 더 깊은 의미로 강조해서 사용하기도 했다.

이러한 비평은 오늘날 문학 작품이야말로 고유하고도 독립적 존재를 가진 객관적 의미 구조라는 견해에서 '본체론적 비평'(Ontological Criticism), 문학 작품을 하나의 폐쇄된 세계로 보고 그 속에서 언어는 내면을 지향하고 있으며, 세계 그 자체는 하나의 전체적 문맥을 이루도록 창작되었다는 견해에서 '문맥적 비평'(Contextual Criticism), 문학 작품 자체 속에 그것의 이해와 평가를 위해 필요한 모든 자료 및 정보가 포함되어 있다는 견해에서 '본질적 비평'(Intrinsic Criticism)이라고 불리기도 한다. 이 방면의 대표적인 비평가들로는 윔세트 2세(W.K Wimsatt. Jr), 쇼러(M. Schorer), 브룩스(C. Brooks), 부드(W.C. Booth), 웰렉(R. Wellek) 등이 있다.

2. 러시아 형식주의 이론의 출발

서구에서 '포말리즘'(Formalism)이라고 하면 특별히 20세기 초에 러시아와 체코에서 일어났던 문학 이론, 즉 러시아 형식주의를 일컫는다. 19세기 말 그리고 20세기 초 유럽의 문학 연구는 자연과학적 인과율을 문학 현상에서 찾아보려는 실증주의 방법이 주도하고 있었다. 물론 러시아 문학도 예외는 아니었다. 그런데 19세기 말 문학 연구자 알렉산더 포테브냐(A.A. Potebnia)는, 시와 산문은 언어적 현상이라는 진취적인 문학 이론을 전개했다.[1] 그는 문학을 사상과 감정의 표현 또는 사회의 반영으로 보던 전통적 사고 방식에서 탈피하고자 했던 것이다. 따라서 그는 말과 생각의 관계에 있어서, 생각이 말을 종속적으로 지배하여 그 기능을 순수한 외연적 의미(denotation)에 한정시킨다고 파악했다. 반면, 말은 그 풍부한 내포적 의미(connotation)의 잠재력을 실현하기 위하여 언어 표상(verbal sign)의 절대적 자율을 지향한다고 생각했다. 시는 말이 생각의 절대적인 압력에도 불구하고 그 자율성을 옹호하기 위해 사용한 강력한 방어 기제(defence mechanism)라는 것이다. 그리고 실제에 있어서 시의 창조적 기능은 이미지를 형성할 때 최고도로 발휘된다고 보았다. 이미지, 특히 비유에 의하여 시는 일반 산문의 추상적·분석적 경향을 극복하여 구체성과 종합성을 띤다고 논의하기도 했다.

또한 알렉산드르 베셀레프스키(Aleksandr Veselevsky)는 당시 주도하던 실증주의적 문학사와는 달리, 문학사를 단지 문학에 반영된 교육·문화·정치·사회·사상의 역사로만 받아들이기를 거부했다. 곧 문학사에서 역사 시학에로의 전이를 주장했던 것이다. 역사 시학은 문학적 생산품(작품)의 총합체를 그 제작자(작가)와 소비자(독자)와의 연관에서 구분했다. 그리하여 문학 작품을 사상·이야기·기교·이미지 등의 객관적 구성 요소들로 분해하여 그 구성 요소들이 한 전통 안에서 어떻게 변모하고 반복되는가를 밝히고자 하였다. 이러한 역사 시학은 개인의 독창성보다는 문학적 전통과 같은 초개인적 요소들의 시대적 연관 관계에 주의를 집중하게 했다. 베셀레프스키의 이 역사 시학은 분석적이면서도 역사적이라는 점에서 특색을 지닌다.

20세기에 들어와서 러시아 문학은 상징주의 시대가 전개되었다. 당시 상징주의는 단지 창작상의 유행이었을 뿐만 아니라 문학 이론은 물론 종합적 세계

---

1) Victor Erlich, *Russian Formalism, History-Doctrine*, The Hague: Mouton, 1955, 3rd rev.ed., 1969, 23~31 참조.

관에 있어서 전면적 변화를 가져왔다. 일반적으로 상징주의자들은 문학의 언어 문제, 곧 언어의 암시성에 관심을 가졌다. 언어의 암시성은 그 음악성에서 가장 직접적으로 나타나게 된다. 따라서 러시아 문학 이론은 종래의 상식적인 운율론보다 더욱 더 심화되고 세밀한 논의가 전개되기 시작하였다. 또한 상징주의에서는 시의 회화적 성격도 중시여겼던 만큼 이미지·비유·상징 등에 대한 이론적 관심도 높았다.

그런데 러시아 상징주의는 러시아 미래파(futurism)에게 공격을 받는다. 미래파는 1909년 이탈리아의 시인 마리네티(Marinetti)가 선언문을 발표함으로써 출발한 현대시 운동으로, 유럽 각 지역에 널리 파급되었다. 러시아에서도 성행하였는데, 러시아 미래파는 입체파의 다다이즘 같은 이질적 유파와도 뒤섞였다. 미래파의 근본 강령은 19세기적 낭만주의의 잔재 및 상징주의자들의 정신 편향성을 강력히 배격하고 인간의 현실적인 감정, 갈등, 투쟁, 희열 등을 20세기적 색채와 속도를 가진 새로운 언어로 표현하는 것이다. 러시아에서는 마야코프스키(Vladimir Majakovsky)가 대표적인 미래파 시인이었다. 따라서 러시아 미래파는 시의 언어에 대하여 더욱 더 구체적인 관심을 기울려, 말은 말 그 자체로서 귀중한 존재임을 주장하기에 이른다. 그 기호적 기능, 또는 신비적 암시성 때문에 말이 중요하다는 생각을 철저하게 배격했던 것이다. 이들이 바로 러시아 형식주의자들이다.

3. 러시아 형식주의 이론의 전개 과정

당시 러시아의 지배적인 문학적 흐름은 세 가지로 분류할 수 있다. 첫째는 마르크스주의 문학이 국가 승인의 세력으로 지배하고 있었다. 이에 대해 러시아 형식주의는 문학 고유의 내적 논리의 중요성을 내세웠다. 둘째는 학계의 주류 세력으로 문헌과 실제 자료를 중시하는 문헌적 실증주의가 자리하고 있었다. 이에 대해 러시아 형식주의는 문학의 전위적 태도의 중요성을 제시하였다. 셋째는 러시아의 상징주의 문학이다. 이 상징주의는 19세기 러시아리얼리즘에 대한 반동으로서 현실 너머에 있는 비합리적인 신비주의 세계를 중시하였다. 그런데 러시아 문학 분야에서는 새로운 문학 조류의 바람이 일어 미래파의 언어적 실험에 대한 관심이 고조되기 시작하였고, 전통적인 문학 이론에 대한 강한 비판이 일기 시작하였다.

1915년 모스크바 대학의 젊은 학생들 한 그룹이 '모스크바 언어학회'(The Moscow Linguistic Circle)를 결성하고 야콥슨이 회장을 맡았다. 다음해에는 페트로그라드(현재 레닌그라드) 젊은 학생들이 '시어연구회'(The Society for the Study of Poetic Language)를 결성하였다. 이 '시어연구회'는 그 러시아 명칭의 머리 글자를 따서 '오포야즈'(Opojaz)라고 불렀다. 그러니까, 러시아 형식주의 출발은 미래파 시에 대한 빅토르 쉬클로프스키(Victor Shklovsky)의 논문 「말의 부활」(*The Resurrection of the Word*)을 발표한 1914년, 또한 로만 야콥슨(Roman Jacobson) 등이 모스크바 언어학회를 창설한 1915년, 그리고 페테르스부르그에서 시어연구회인 오포야즈가 설립되어 논문집이 간행된 1926년 등부터이다.

당시 러시아 형식주의 운동의 대표적 인물은 보리스 아이헨바움(Boris Eichenbaum), 빅토르 쉬클로프스키(Victor Shklovsky), 로만 야콥슨(Roma Jakobson) 등이었다. 모스크바 언어학회 회원들은 페테르스부르그의 오포야즈 회원들과 자주 회합과 토론, 그리고 논문을 발표함으로써 일종의 문학 연구 및 비평에 관한 활발한 운동을 하게 되었다. 특히 모스크바 언어학회 회원들은 언어학의 영역을 시학에까지 확대하여 시학을 언어학의 한 분야로 간주하였다. 한편 오포야즈 구성원들은 기존의 연구 태도를 지양하여 특히 러시아 미래파 시에 대하여 적극적으로 관심을 집중했다. 시어연구회의 주요 회원은 아이헨바움 이외에도 오십 브릭(Osip Brik), 유리 티니아노프(Yuey Tynyanov) 등이 참여했다.

러시아 형식주의의 초기 활동은 종래의 문학 이론인 상징주의, 심리주의, 사회주의, 과학적 인과율 등을 공격하는 데 역점을 두었다. 그들은 주로 문학적 사실들에 대한 객관적·기술적 태도를 중시여겼는데, 문학적 사실들이란 문학 작품의 언어적 사실을 의미했다. 언어를 단지 의미의 전달 수단으로 본 것이 아니라 언어 자체가 그대로 가치를 함유하고 있다고 여겼던 것이다. 언어가 단순한 의미 전달의 기능을 초월한 초의미적 가치가 있다고 볼 때, 언어의 소리나 음악성은 특별한 중요성을 띠게 된다. 형식주의자들은 바로 이러한 언어의 소리의 예술적 조직에 관심을 집중시켰던 것이다. 또한 산문에 대해서도 한 편의 글이 전달하는 내용보다도 그것을 조직하는 특수한 장치들(devices)에 흥미를 보였다. 그리고 이러한 흥미와 관심을 합리적 체계와 이론으로 정립하려고 노력했다.

러시아 형식주의 이론은 거듭 발전하여 1920년대에 들어서 활발한 논의의 성숙기를 맞았다. 그들은 시의 언어적 특성 가운데 소리에 관심을 기울였던 것에서 점점 문학의 형식적 요소 일반으로 이론을 넓혀갔다. 시의 음운론에서 시의 의미론으로 확대, 심화되어 간 것이다. 그리하여 문체·구성·이미지·이야기 수법 등의 세밀한 분석과 평가를 시도하게 되었다. 그들은 시뿐만 아니라 산문 이론에 있어서도 활발한 논의를 계속했으며, 문학의 진화 과정, 곧 역사성에 대하여 이론적 접근 방법을 설득력 있게 수립하였다. 그들은 문학사를 문학 이론과 구분되는 별개의 영역으로 간주하지 않고, 문학사 역시 문학 이론의 하나로 보았던 것이다. 그들의 문학사는 문학적 과거 문제보다는 문학적인 것들의 계승과 번영의 과정에 흥미를 집중한 것이었다.

그러나 러시아 형식주의 운동은, 트로츠키(Lev Trotsky)가 그의 저서 『문학과 혁명』(*Literature and Revolution*)의 한 장에서 형식주의를 비판한 1923년 이후부터 여러 방면에서 공격을 받기 시작한다. 그리고 1930년 쉬클로프스키는 마침내 자기 이론의 철회를 선언하고 사회주의 문학 이론 쪽으로 전향하고 만다. 또한 아이헨바움과 보리스 토마세프스키(Boeis Tomashevsky)는 원석 주석 같은 문학 연구 쪽으로 방향을 돌린다. 이러한 1930년대 초 러시아 형식주의자들은 소련 당국으로부터 탄압을 받게 되고, 그들의 이론 역시 마르크시즘 문학론에 밀리게 되자 체코슬로바키아로 옮겨가게 된다. 그곳에서 러시아 형식주의 운동은 1926년에 발족된 프라그 언어학회(Prague linguistic circle)의 회원들에 의하여 지속된다. 이 학파의 창시자 한 사람인 로만 야콥슨은 이미 1920년 자신의 이론이 혁명 이데올로기와 차이가 있음을 깨닫고 모스크바를 떠나 체코슬로바키아에 머물고 있었다. 이 학회의 주요 회원은 얀 무카로프스키(Jan Mukarovsky), 르네 웰렉(Rene Wellek), 트로우베츠코이(N.S. Troubelzkoy) 등이다. 이 학회는 오포야즈와 친밀한 관계를 유지하면서 한동안 활동하다가 역시 정치적인 사건의 결과로 1939에 해체되었다.

1940년 이후로 야콥슨과 웰렉은 미국의 대학에서 강의와 저술을 통하여 문학 연구에 지대한 영향을 미쳤고, 트로우베츠코이의 『언어학의 제원리』 *(Principles de Phonologic, 1949)*는 출판 이후 레비스토로스(Levi-Strauss)의 구조주의 인류학의 모델이 되었다. 또한 러시아 형식주의는 1960년대를 통하여 프랑스 구조주의 발전에 있어서 중대한 역할을 담당했다.

러시아 형식주의 비평가들은, 문학을 언어의 특수한 종목으로 보고 문학적 언어와 일상 언어 사이에는 근본적인 차이가 있다는 가설을 토대로 한다. 그래서 일상 언어의 일차적인 기능을 언어 외의 세계에 대한 지시 관계로 파악하고 청자에게 어떤 메시지나 정보를 전달하는 것이라고 보며, 문학적 언어는 '자기 초점적'(self-focused)이라고 주장한다. 또한 문학은 언어학에 의한 비평적 분석의 대상이 되어야 하는데, 그 언어학은 법칙이 '문학성'(literariness)이라는 특이한 자질을 만들어 내기 때문에 일상적 담화에 적용되는 언어학과는 다르다고 주장한다. 그리고 문예 과학의 연구 대상은 문학이 아니라 문학성이라는 입장을 견지한다. 다시 말하면, 하나의 특정한 문학 작품을 문학 작품이게 하는 특성인 문학성을 우선적인 문학 연구의 대상으로 삼고, 이를 결정짓는 '단위' '규칙' '문법'을 발견하고자 했으며, 이것들을 찾아냄으로써 그 문학 작품의 가치와 그 문학 작품의 새로움을 동일화시키고자 한 것이다. 그리하여 문학 연구의 객관성의 가능성을 모색하고, 그 객관성이 문학 연구의 과학화, 문학 과학의 길을 열어 줄 수 있는 가능성을 모색하면서 문학 연구를 문학 작품이 아닌 다른 것으로부터 출발하거나 지배를 받는 데서 해방시키고자 하였다.

따라서 그들은 재래의 심리학적·철학적·사회학적 연구 방법을 거부하고, 문학의 정의를 변별적(辨別的, differential) 또는 대조적(對照的, oppositional)인 형식속에서 찾고자 했다. 즉 문학을 성립시키는 것은 문학과 다른 사실 세계 사이의 차이점이라는 것이다. 그리고 변별 방식에 작용하는 주된 개념은 '전경화'(foregrounding) 또는 일상적 인식을 '낯설게 하기'(ostranenie, defamiliarization) 혹은 '생소화'(defamiliarization)에 있다고 주장한다. 다시 말하자면, 러시아 형식주의자들에게 있어서 문학 연구라는 것은, 일상적 언어와 시적 언어 사이의 여러 가지 차이점을 밝혀내기 위해 낯설게 하기라는 개념에 의존하여 그 두 가지 언어의 대립 속에 내포되어 있는 차이점을 분석하는 일이다. 가령, 러시아 형식주의자들은 시를 연구함에 있어서 운율의 분석과 동시에 두운·각운의 소리 반복을 분석한다. 그들은 또한 운율과 모든 요소들을 통사적 층위에서뿐만 아니라, 의미론적 층위에서 언어의 전체적 재조직을 분석함으로써 시의 특징을 해명하고 있다. 말하자면, 시가 성취하는 음성 기호의 현실화를 언어의 음성학적 층위는 물론이고 의미론적이며 형태론적인 층위들을 포함하는 복합적 거래 (transaction)로 파악하고 있는 것이다.

또한 소설 분야에 있어서도 러시아 형식주의자들은 시간적 순서를 뒤바꾸고 스토리(이야기) 요소를 왜곡하거나 생소화하기 위하여 모든 수법을 동원한다.

그렇게 함으로써 결과적으로 재료나 기법 자체로 주의를 집중시켜 내용의 허구성을 더욱 튀게 하고 있다. 말하자면, 소설을 분석함에 있어서 우화와 플롯(구성)을 구분하여 우화는 이야기의 기본 재료라고 설명하고, 플롯은 우화를 변형시켜 실제로 작품화된 이야기라고 정의하고 있는 것이다. 이것이 바로 러시아 형식주의자들의 주요 관심인 이야기와 구성의 관계이다.

이와 같이 러시아 형식주의 이론은 19세기 문학 연구를 지배하던 인상주의와 주관주의를 극복하고 과학적이고 객관적인 방법으로 문학을 연구하고자 한 것이며, 영미 신비평과 함께 현대 문학 이론과 비평에 큰 영향을 끼친 것으로 평가된다.

4. 러시아 형식주의의 중심 이론

(1) 시적 언어와 실제적 언어

러시아 형식주의는 근본적으로 예술의 본질이나 목적에 관심을 두지 않는다. 그들은 예술적 창조의 본질에 관한 철학적 선입관을 청산하려고 노력했으며, 또한 미와 절대에 관한 명상도 거의 인정하지 않는다. 형식주의 미학은 형이상학적이라기보다는 기술적(descriptive)이다. 아이헨바움(Boris Ejxenbaum)은 그의 초기 논문에서 자신들의 방법론을 '형태학적'(morphological)이라 지칭했다. 그 이유는 러시아 형식주의자들의 연구 대상은 작품 그 자체인데 반해, 다른 학파는 작품의 외적인 것을 대상으로 삼는 심리학적·사회학적 방법론을 취하고 있기 때문에 그 부류들의 접근 방법과 구별하기 위함이라고 말한 바 있다.2) 또한 아이헨바움은 자신들 학파의 특성과 연구자들을 '특수한 규정인들'(specifiers, specifikatory)이라고 선언하기도 하였다.3) 이 '형태학적 방법론'과

---

2) B. Ejxenbaum, *Molodoj Tolstoj*, Petrograd, 1922, p.8 참조.

'특수한 규정인'이라는 용어는 러시아 형식주의 중심적인 주장들인, 곧 문학 작품과 그 구성 요소들의 강조 그리고 문학 연구의 자율성 주장과 밀접한 관계를 맺고 있는 개념들이기도 하다.

이러한 러시아 형식주의의 이론을 정립하려는 시도는, 널리 퍼져 있는 전통적 문학 연구의 방법론적 혼란을 정리하고, 하나의 뚜렷하고 통합된 분야로서의 문학 연구를 체계화하려는 지적 실천이었다. 그리하여 형식주의자들은 문학이 생산되는 외부 환경보다는 실제 문학 작품에 전념해야 한다는 전제로부터 출발한다. 그들은 형식주의를 인접 학문, 곧 심리학·사회학 그리고 문화사와 같은 문학 연구와 분리하기 위해 특히 문학 작품 그 자체에 의미를 부여하고자 했다. 따라서 형식주의 이론가들은 영감, 상상력, 천재(genius) 등에 관한 모든 공론들을 일소에 붙이고 독특한 문학성의 소재지를 작가나 독자의 정신 속에서가 아니라 작품 그 자체 내에서 찾으려고 했다.

러시아 형식주의가 강조한 것은 문학의 문학성, 곧 무엇이 문학을 만드는가, 문학과 비문학의 차이는 무엇인가라는 문제이다. 그리고 문학과 비문학과의 차이점은 작가가 다룬 현실의 영역에서가 아니라 표현 양식에서 찾으려 하였다. 말하자면, 문학의 변별적 특징을 찾으려 했던 것이다. 또한 그들은 문학은 언어를 수단으로 하는 예술 형식이라는 점에서, 문학의 특성이란 언어를 대상으로 밝힐 수 있다고 믿는다. 따라서 시의 재료는 이미지도 감정도 아니고 언어이며, 시는 언어로 된 예술이라는 점에 근거하여 시적 화법의 문제에 집착한다. 쉬클로프스키는 "시인은 이미지들을 창조하지 않는다. 그는 이미지들을 일상 언어 속에서 발견하거나 또는 수집한다"[4]고 말했다. 그리하여 러시아 형식주의자들은 시적 언어와 실제적 언어의 차이에 관심을 두고, 이런 차이를 통하여 문학성을 해명하려고 하였다. 정보 전달적 산문에서, 은유가 대상을 독자들에게 가

---

3) B. Ejxenbaum, "Vokrung voprosa o formalistax," *Pecat'i revoljucija*, 제5호, p.3.
4) V. Sklovsky, "Iskusstvo kak priëm," *Poe'tika*, 1916, p.102.

깝게 가져다 주거나 또는 적절하게 납득시키는 것이라고 한다면, 시에서의 그 것은 의도한 미학적 효과를 강화하는 수단으로 사용된다. 낯선 것을 낯익은 용 어로 번역하기보다, 시적 이미지는 습관적인 것을 새로운 견지에서 표현하거나 또는 그것을 예기치 않은 문맥 속에 넣음으로써 낯설게 만드는 것이다.

시어연구회인 오포야즈 중심 연구가들에 의하면 시를 지배하는 것은 의미가 아니라 소리이며, 시에서는 의미보다 소리가 우선권을 지닌다. 반면, 실제적 언 어의 경우에는 소리들이 독립적 가치를 지니지 못하고 오직 의사 전달의 수단 으로만 기여할 뿐이다. 그러나 시적 언어의 경우 소리들은 바로 의식과 사고 및 인식과 관련된다. 러시아 형식주의가 초기에 시의 음성적 양상에 집착한 것 은 러시아 미래파의 영향 때문이다. 당시 미래파 시인들은 가치적 낱말 이론, 곧 현실을 지시하지 않고 스스로의 가치를 창조하는 낱말 이론을 발전시키고, 의미를 총체적으로 무시하고 소리만을 강조하는 이른바 초이성적 시를 발표한 것이다. 쉬클로프스키와 야콥슨이 집중적으로 연구한 것은 이런 시들이다.

1920년대에 접어들면서 러시아 형식주의자들은 시가 음성적 구성 요소로 환 원될 수만은 없다는 사실을 인식하게 된다. 따라서 그들은 운문의 기본적 문제 들을 다시 검토했는데, 그것은 리듬과 통사 및 억양과의 상관성, 어휘와 의미론 의 상관성에 대한 연구로 심화 확장된다.

(2) 재료와 기법

러시아 형식주의자들은 형식 대 내용이라는 전통적 이분법을 받아들이지 않 았다. 그 이유는 문학 작품을 두 개의 반쪽, 곧 투박한 내용과 그 위에 첨가된 순수하게 외형적인 형식으로 절단하는 것이기 때문이다.

지르문스키(Viktor Zirmunsky)는, 형식이란 시인의 사상을 위한 단순한 의복 또는 이미 만들어져 있는 내용을 쏟아 부을 수 있는 그릇으로 보는 개념에 이 의를 제기하였다.5) 곧, 정감적이건 인식적이건 간에 문학에서의 내용은 형식이란 매개체를 통해서만이 표현되므로, 그것의 예술적 구체화와 분리해서는 안된다는 것이다. 따라서 그는 사랑, 비애, 비극적 내면 투쟁, 철학적 사상 등은 문학 작품 그 자체 속에 존재하는 것이 아니라 그것들의 구체적인 형식 내에서만 존재한다고 말했다. 이는 문학 작품 속에 구체화되어 있는 감정들이나 사상들을, 그것들의 문학적 문맥 밖으로 끄집어 낸 다음에 그것들을 심리학적으로 혹은 사회학적 견지에서 논의하는 외재적 비평의 경향에 대한 경고이기도 했다. 계속해서 지르문스키는, 문학 예술에서 소위 형식의 요소들은 독립적인 존재물이 아니며 미학적 구조의 일반적 법칙들로부터 벗어날 수도 없다고 말한다. 이는 형식의 요소들이 바로 시적 주제, 예술적 모티프 또는 이미지 역할을 하며, 그리고 바로 그 자격으로서 문학 작품이 목적하는 미학적 효과에 참여한다는 것을 말한다.

이미 지적한 바와 같이, 러시아 형식주의자들이 자신들의 방법론적 입장을 정의하는 데 있어서 '형태학적 방법' '특수한 규정인'이라고 규정한 바 있다. 그런데 그들은 문학적 사실의 구조와 문학적 절차의 메카니즘을 논하는 가운데, 점차적으로 '형식 대 내용'이라는 정태적 이분법을 '재료 대 기법'이라는 역동적인 개념들의 쌍으로 대체하는 경향을 보였다. 이때 재료는 기법의 중개 작용, 곧 일련의 독특한 기법들의 작용을 통해서만이 미학적 효능을 획득하고, 문학 작품에 참여할 자격을 얻게 되는 문학의 원료를 의미한다. 재료와 기법은 창조 과정의 두 국면에 상응하며, 재료는 전(前)미적 과정 혹은 심미화 이전의 국면에 해당하고 기법은 미적 과정에 해당한다. 러시아 형식주의자인 야콥슨과 지르문스키 역시 문학의 재료를 그것의 언어체적 결(texture)과 동일시하였다.

재료는 작가가 사용할 수 있는 소재, 곧 일상 생활의 사실들인 문학적 인습이나 관념들을 뜻하고, 기법은 이 재료들을 예술 작품으로 변형시키는 미적 원

---

5) V. Zirmunsky, "Zadaci poétiki", *Voprosy teorii literatury*, Leningrad, 1928, pp.15~22참
조.

리를 뜻한다. 쉬클로프스키에 따르면, 재료에는 예술적 경험의 세계, 곧 작품으로 변형시키는 예술 자체의 고유한 법칙·조직·구성·방법이 존재한다. 이런 조직은 다양한 구성 기법인 리듬·음성·통사법·구성 등으로 나타난다. 다시 말하여, 재료에 형식을 부여하여, 재료들을 예술 작품으로 변형시키는 것이 기법이다. 이러한 '기법'이라는 용어는 러시아 형식주의의 구호가 되어, '기법으로서의 예술' '낯설게 만들기의 기법' '드러난 기교' '문학 작품은 거기에 사용된 기법들의 총계이다' 등과 같은 모든 중요한 공식의 핵심어가 되었다.

(3) 시의 역동적 리듬

러시아 형식주의자들은 시의 소리와 뜻의 관련성에 주의를 집중했다. 그들은 운율론에 있어서 두 가지의 기본 개념에 대해 논의를 펼쳤는데, 그 하나는 시적 언어의 유기적 통일성이며, 다른 하나는 많은 요소들을 조직함에 있어서 주도적인 역할을 하는 주도자의 개념이다. 따라서, 그들은 율격·압운·두운·협음 등 운문의 요소들은 일상 언어에 그저 장식으로 첨가된 것이 아니라고 주장한다. 그리하여, 그들은 소리에 의한 의미의 조직, 의미에 의한 소리의 조직이라는 양면적 관점에서 그것을 형성하기 위한 모든 요소들의 결합 양태 및 원칙을 규명하고자 했다.

러시아 형식주의자들은 운문의 형성적 요소들의 수정·변형과 관련하여 시의 소리뿐만 아니라 그 의미와 형태적인 면에 이르기까지 충격을 미치는 주도적 요소를 '리듬'이라고 주장했다. 리듬이 시의 언어, 소리, 뜻을 조직하고 지배하는 근본 원리라고 파악한 것이다. 따라서 리듬은 시의 언어에 첨가한 외적 요소가 아니라 내적인 구조적 요소라고 언급했다. 전통적인 운율론에서는 리듬과 율격을 동일한 것으로 파악했는데, 러시아 형식주의자들은 율격·두운·압운 등은 모두 리듬을 형성하기 위한 부수적 요소라고 생각했던 것이다. 특히 유리 티니아노프(Tynianov)는, 리듬은 시의 근본 원인이 되며 동적 통합체라고

강조하였다.6)

시어들은 일정한 형성의 원리를 따라 평상시와 다르게 강화되거나 약화된다. 이러한 과정에서는 강화된 요소와 약화된 요소의 상호 관련성은 긴장된 흐름을 빚는다. 바로 이 강함과 약함의 긴장에서 발생하는 힘의 감각이 시의 리듬에 있어서 리듬의 동력이 되는 것이다. 다시 말하여, 강·약의 상호 긴장 관계의 흐름에서 조성되는 것이 리듬이며, 리듬과 율격은 서로 마찰을 일으킬 수 있는 것이다.

율격은 시의 전통상 이미 정해져 있는 음절 결합의 법칙이기 때문에 기계적일 수밖에 없다. 그러나 리듬은 구체적인 개별 작품의 음성·의미의 복합적 조직에서 형성된 것이므로 기성의 율격 법칙과 다소간 어긋난다. 따라서 일부 극단적인 형식주의자들은 율격을 어기는 것이 리듬이며, 율격과 리듬은 서로 대척 관계에 있다고 주장하기도 한다. 실제로 율격은 언어의 한 추상적 성격을 조직하기 위한 추상적 법칙이지만, 구체적인 작품은 그런 추상적 법칙과 매우 다를 수밖에 없다. 일반적으로 알려진 바와 같이 한 낱말의 음절의 강세 또는 약세는 절대적으로 고유하게 확정되어 있는 것이 아니라 문맥에 의해 정해진다. 시에 있어서 문맥은 작품의 소리·뜻의 복합체를 조직하고 형성하는 리듬의 충동에 큰 영향을 받기 때문에 음절의 강·약세는 리듬의 주도권하에 들어가게 된다.

그런데 리듬을 뚜렷이 지각하기 위해서는 전통적 율격과의 대조가 필요하며, 일상 언어의 자연적 억양과의 대조도 필요하다. 따라서 리듬은 율격과 일상 언어의 억양에 대해서 대위법적(contrapuntal) 관계에 있다고 할 수 있다. 곧, 입체적이며 역동적이다. 경우에 따라서는, 율격의 힘이 강하면 리듬은 초의미적 경향을 띠고 일상어의 억양이 강하면 의미적 경향을 띠게 된다. 이처럼 종래의

---

6) J. Tynjanov, "Rhythm as the Constructive Factor in Verse.", *Matejka and Pomoprska*, p.128.

운율론은 음절 또는 낱말 단위의 분석에 집중했던 것에 반하여, 러시아 형식주의자들은 음운론으로부터 구문, 문단, 전체 작품에 이르기까지 광범위하게 다루었다.

이와 같이 티니아노프가 보여주는 가장 중요한 논의는, 문학적 형식을 정적인 현상이 아니라 동적인 현상으로 파악한 점이다. 그에 의하면, 역동적 구조는 결합과 합동에 의해 작용하는 것이 아니라 구성 요소들의 상호 작용과 통합에 의해 작용한다. 야콥슨 역시 러시아 형식주의 후기에 이러한 역동적 개념을 다시 정의한다. 그에 의하면, 작품은 하나의 세계를 형성하는 위계 질서로 조직되는 기법들의 체계이다. 이때 한 기법은 다른 기법들과의 관계 속에서 지배소(dominant)의 역할을 한다. 지배소 모델은 개별 작품만이 아니라 문학 장르, 시간적·역동적 변화에도 적용된다. 그는 지배소 개념에 의해 작품의 내재성을 강조하는 형식주의에서 벗어나 작품을 자율적 구조로 인식하되 이 구조가 필연적으로 위계 질서 속에서 의미 생산의 다른 구조들, 코드들과 연결된다는 구조주의적 이해로 전환한 것이다.

(4) 이야기와 구성

러시아 형식주의자들은 재료와 기법을 소설 작품에 적용하면서 서사물의 두 양상으로 이야기(fabula, story)와 플롯(siuzhet, plot)을 엄격하게 구분한다. 특히 모리스 토마셰프스키가 이 문제에 깊은 관심을 집중했다. 이야기는 한 작품에 들어 있는 상호 관련된 사건들의 통합을 말한다. 작품 속에서 사건들이 어떤 순서로 배열되어 있든지 간에, 이야기 자체는 사건들이 발생한 순서와 인과율의 맥락에 따라 전달될 수 있다. 플롯은 한 구체적 작품 속에서 그 사건들이 특수하게 배열된 상태를 말한다. 요컨대, 이야기는 행위 자체이고 플롯은 독자가 그 행위를 알게 되는 방식이다. 이야기는 플롯을 이루기 위한 재료인 것이다.

토마셰프스키에 의하면, 작품의 어떤 대목에서 독자가 어떤 사건을 알게 되는가, 그 사건은 작가 자신이 알려주는가 또는 작중 인물이 알려주는가, 또는 일련의 간접적 암시에 의해 알려지는가, 하는 등의 문제는 이야기 자체와는 전혀 관계가 없다. 그러나 플롯의 예술적 기술은 바로 이처럼 최소 단위의 사건들, 이른바 모티프의 배열에다 독자의 시선을 끄는 일이다. 작가는 이야기를 꾸며내지 않고 실제의 사건들을 이야기할 수 있으나 플롯은 전적으로 예술적 창조이다.[7] 그러므로 소설 작품에서 가장 창조적인 면모는 플롯에 있는 것이지 소재의 발견에 있는 것이 아니다.

계속해서 토마셰프스키는 플롯을 주제론과 연결시킨다. 주제는 한 작품의 각 문장들이 결합하여 하나의 구조를 이루도록 통일시키는 일을 한다. 그런데 꼼꼼히 따지자면 작품의 각 부분들도 그 자체대로의 주제가 있다. 부분들로 하여금 부분이라는 뚜렷한 단위를 형성하게 하는 것이 그 부분의 주제인 것이다. 이처럼 부분들을 최소 단위에 이르기까지 나누어 들어가면 결국 각 개의 문장에 이르게 된다. 이러한 각 개의 문장을 문장이게 하는 주제를 토마셰프스키는 모티프(motif)라고 하였다. 곧 단위 문장의 의미 골자가 모티프가 되는 것이다. 가령, '철수는 말했다' '영희는 장미꽃 한 송이를 집어들었다' 등은 모두 모티프가 될 수 있는 것이다. 이러한 모티프들이 큰 부분들의 주제, 나아가서는 전체의 주제에 참여한다. 모든 이야기는 논리적이고 인과적이며 시간적 순서로 배열된 모티프들의 집합체이고, 구성의 기능은 이런 모티프들의 배열에 독자의 주의를 집중시키는 데 있다.

한 작품 속에는 여러 모티프가 함께 하고 있다. 전체 이야기의 일관성을 위해서 반드시 필요하지 않은 모티프들도 플롯 구성에 들어가기도 한다. 먼저 '한정 모티프'(bound motif)와 '자유 모티프'(free motif)가 있다. 전자는 사건의 인과 관계와 시간적 순서에 영향을 미치기 때문에 생략할 수 없지만, 후자는 생략해도 작품에 별 영향이 없다. 이야기를 전달하는 데 있어서는 한정 모티프들만이

---

7) B. Momasevsky, "Thematics," *Lemon and Reis*, p.67.

필요한 것이나, 소설의 예술성은 자유 모티프에 크게 의존한다. 이야기 내용과는 직접 관련이 없는 자세한 묘사, 곁두리 이야기 등의 적절한 사용이 작가의 역량을 나타내는 것이기 때문이다. 자유 모티프들은 이야기의 직선적 전개를 방해하지만, 낯설게 하기의 효과를 거둔다.

또한 모티프는 '동적 모티프'와 '정적 모티프'로 구분할 수 있다. 동적 모티프는 정황의 변화를 묘사 전달하는 것으로 예를 들면, '그는 웃었다' '그녀는 결혼했다' 등이다. 반면 정적 모티프는 정황 자체를 묘사하는 것으로 예를 들면, '적막한 밤이다' '아름다운 꽃밭이다' 등이 그것이다. 일반적으로 정적 모티프는 자유 모티프인 경우가 많다. 이야기 줄거리를 끌고 나가는 것은 동적 모티프이지만, 일단 플롯이 진행되면 정적 모티프가 줄거리를 끌고 나가는 데 더 효과적일 수도 있다. 이처럼 한정·자유·동적·정적 모티프들이 작품 전체를 구성하게 되는데, 이 전체를 구성하기 위하여 쓰여진 일체의 모티프들은 동기가 설정된 경우에 한해서 작품의 플롯에 참여할 수 있다. 따라서, 왜 그 모티프가 그 자리에 씌어져야 하는지 전체에 관련된 이유가 있어야 한다. '낯설게 하기'도 역시 일종의 예술적 동기 설정이라 할 수 있다.

또한 객관적인 상황에 따라 모티프의 기능이 분류된다. 모든 이야기는 인물들 사이에 어떤 관계가 발생하면서 전개되는데, 이 모든 계기에 있어서 상호 관계를 상황이라고 한다. 가령, A가 B를 사랑하는데, B는 C를 사랑하는 경우, 세 사람은 B를 향한 A의 사랑과 C를 향한 B의 사랑 등으로 서로 뒤얽히며 연결된다. 이야기는 하나의 상황에서 다른 상황에로의 이동인 것이다. 새로운 등장 인물의 출현은 상황을 복잡하게 만들며, 등장 인물의 퇴각 등에 의해 중요한 관계의 변화가 발생하기도 한다. 이와 같이, 이야기는 연대기적 계기성 속에 있는 일련의 서사적 모티프들로 이루어지며, 이들은 인과성에 따라 움직인다.

(5) 문체 형성

　러시아 형식주의자들은 문체를 이미지·아이러니·긴장 등과 같은 단일한 원칙에 의한 구성으로 보지 않고, 문학 작품을 구성하는 데 동원된 모든 장치들의 총합 혹은 전체의 통일성을 부여하고 각 부분들의 기능을 결정짓는 예술적 원리라고 주장했다. 이러한 그들의 문체론 가운데 가장 독특한 것은 화법에 관한 연구이다. 말은 내용, 상대방, 환경, 화자의 태도 등에 따라 일정한 말투가 생기게 된다.

　화법 연구의 대표적인 러시아 형식주의자는 볼로쉬노프(V.N. Volosinov)를 꼽을 수 있다. 그는 논문 「전달되는 말」(Reported Speech)에서, 한 사람이 말을 전할 때 '전달하는 말'과 '전달되는 말'이 빚어내는 상호 관계를 문학 이론상, 언어학상으로 세밀하게 고찰하고 있다.[8] '전달하는 말'은 '전달되는 말'을 자기 문맥 속에 편입시켜 동화시키면서 구문적·문체적 규칙들을 작동시킨다. 말하자면 '전달되는 말'은 '전달하는 말'의 구문적·문체적 규칙의 지배를 어느 정도 받게 되는 것이다. 그러나 한편 다른 문맥으로부터의 말을 자기 문맥 속에 편입시키므로 '전달하는 말' 자체도 그 때문에 어느 정도 변모를 감수할 수밖에 없다.

　구체적인 사건·인물·장면 등의 묘사는 작가에 의하여 독자에게 전달되는 글이다. 가령, 작가가 '나는 저 산이 높다고 생각한다'고 말할 때, '산이 높다'라는 말은 '전달되는 말'이고 '나는 생각한다'라는 말은 '전달하는 말'이다. '전달하는 말'은 생략될 수도 있으나 대체로 그 생략 부분을 재구성할 수 있는 문맥이 암시되어 있다. 이처럼 모든 글(말)은 '전달되는 말'과 '전달하는 말'의 통합체로서 그 둘 사이에는 정도 차이는 있으나 어떤 긴장 관계가 내포된다. 곧, 두 가지 말의 대화 또는 심한 경우 논쟁이 내포되어 있는 것이다.

---

8) V.N. Volosinov, "Reported Speech", *Matejka and Pomorska*, pp.149~175 참조.

　이와 같은 말의 이중적 구조에 대하여 작가는 두 개의 방향 중 하나를 택하게 된다. 첫째는, 작가가 ‘전달되는 말’을 고스란히 유지하겠다는 태도를 지니는 것이다. 이는 ‘전달하는 말’과 ‘전달되는 말’ 사이에 엄격한 경계선을 정해놓고, ‘전달하는 말’이 ‘전달되는 말’의 형식 및 내용에 간섭을 할 수 없게 하는 것이다. 둘째, 작가는 비개성적 직접 화법을 사용하여 주도적 형태를 지니는 것이다. 도그마가 강조된 시대의 문학은 이런 문체를 따르는 경향이 짙다. 이런 문체는 ‘전달되는 말’의 분명한 외부 윤곽을 형성하고, 그 윤곽 내의 문맥은 완전히 동질적이 된다.

　이와는 정반대의 방향으로 ‘전달하는 말’이 ‘전달되는 말’ 속에 침투할 수도 있다. 예를 들면, 남의 말을 전달하는 사람이 빈정거리거나 또는 비판적인 요소를 첨가시키는 경우다. ‘그는 자기가 최고라고 말했다’ ‘그는 자기가 최고라고 꼴사납게 굴었다’를 비교해 보면 이해할 수 있다. 전달하는 문맥이 전달되는 말의 독자성을 파괴, 해체하는 것이다. 이것을 볼로쉬노프는 ‘회화적’(pictorial) 문체라고 부른다. 이 문체는 권위주의·합리주의·도그마티즘을 분쇄하고 개인적 감정을 나타내는 데 적합하다. 반면 ‘전달되는 말’이 ‘전달하는 말’에 침투하는 경우도 있다. 이 경우, ‘전달하는 말’(작가)의 문맥이 객관성을 잃게 되어 제3자인 ‘전달되는 말’의 임자의 주관이 지배하는 문맥으로 흡수된다.

　문학적 문체 가운데서도 특히 대화적 성격에 관심을 집중한 이론가로서 미하일 바흐친(Mixail Baxtin)을 들 수 있다. 볼로쉬노프의 ‘전달되는 말’의 분석에서 이미 언급한 바 있듯이, 의도적인 문체 구성에는 두 개의 서로 다른 말의 초점이 개재된다. 곧, 일종의 대화가 조성되는 것이다. 가령, 남의 말 흉내내기(parody)의 경우, ‘흉내내어지는 말’과 ‘흉내내는 말’은 서로 초점을 달리하면서 동시에 한 테두리 안에 뭉쳐져 있다. 서로 다른 초점이란 결국 두 개의 목소리가 동시에 발화되는 대화라는 의미이다. 일반적으로 작품에는 작가의 목소리만 들리는 것 같지만, 사실 작가의 목소리는 독자를 의식하고 독자에 대응하는 억양이 포함된다. 곧 작가의 목소리는 독자 혹은 청중을 의식하는 일종의 대화인 것이다. 따라서 작가가 특별한 문체를 구성할 경우, 대화의 상대를 각별히 의식하고 있다는 의미가 된다.

그런데 모든 의도적 문체에는 내적인 논쟁의 요소가 들어 있다. 모든 문학적인 글은 정도에 따라서 차이가 있지만, 그 독자나 평론가를 의식하고 있으며 예상되는 반대나 비평을 반영한다. 또한 새로운 문체는 반드시 과거의 문체에 대한 반발의 요소를 내포하고 있는데 이를 '내적 논쟁'이라고 할 수 있다. 바흐친은 문체의 문제를 그 대화적 성격에서 접근하여 문체의 변화, 곧 문학사의 한 중요한 분야에 이르는 논지를 펼치고 있다. 또한 러시아 형식주의자들은 보다 더 포괄적인 문제로 관심을 확대 심화시키는 논지를 개척하고 있다.

(6) 문학의 진화

러시아 형식주의자들은, 문학을 구성하는 요소들이 시대에 따라 그 중요성의 순위가 달라진다는 것을 파악했다. 그들은 예술이 예술로서의 생명을 유지하기 위해서는 계속적인 연구를 통하여 새로워져야 한다고 생각했다. 그리하여 그들은 소쉬르의 구조주의적 언어학에서 가장 중요한 개념인 공시적·통시적 연구 방법을 문학에 적용하기 시작하였다. 그리고 그들은 문학적 진화는 파괴에 힘입는 것이 아니라 문학적 구성 요소들, 가령 재조정·재규합·재조직에 있다는 것을 인식했다. 문학은 긴 진화 과정에서 습득한 구성 요소들을 될 수 있는 한 모두 유지하려고 하며, 새 것을 편입시키고 낡은 것을 아주 제거해 버리지는 않는다. 어떤 요소들은 여러 세대 동안 미미한 위치를 지키다가 갑자기 비자동화의 주역으로 채용되기도 한다. 말하자면 별로 중요하지 않은 구성 요소가 훗날 중요한 구성 요소로 두각을 나타낼 수도 있는 것이다.

낡은 방식이 새 방식에게 자리를 내어준다는 이론은 설득력을 지닌다고 할 수 있지만, 그 새 방식의 성격이나 방향을 설명할 수는 없다. 그러한 성격 또는 방향은 한 시대의 문화 전반의 분위기와 필연적 관계가 있는 것이다. 그리고 문화의 분위기는 문학뿐만 아니라 사회 모든 분야에 영향을 미치게 마련이다. 그렇다고 해서 문화와 문학 사이에 일대 일의 단순한 대응 관계가 있는 것은 아니다. 문학은 분명히 그 자체대로 변화의 동력을 내포하고 있다. 역사적 변화의 세력과 문학 자체의 동력은 서로 마찰할 수도, 화합할 수도, 아무런 연관을 갖지 않을 수도 있지만, 두 세력은 절대로 동일한 것은 아니다.

러시아 형식주의자 보리스 아이헨바움(Boris Eixenbaum)에 따르면,[9] 문학적 발생학은 어떤 장치의 기원을 밝힐 수 있을 뿐이다. 그러나 발생학적 관점은 재료의 사용을 스스로 결정하는 요소로서의 장치를 고찰 할 수 없다. 그것은 문학의 관습적인 재료들을 작가가 어떻게 취사선택 하는지, 관습적인 장치들이 어떻게 변모되는지, 또는 그것들이 구조적 역할을 담당하도록 어떻게 조작되는지를 고찰할 수 없는 것이다. 이는, 문학의 진화는 문학 내부의 여러 요소들의 배열 변화를 제1차적으로 고찰하지 않는 한 밝혀질 수 없는 문제라는 뜻이다. 아이헨바움은, 문학은 그 자체대로 스스로를 결정할 수 있는 역동적 성격을 내포하고 있다고 본 것이다. 또한 쉬클로프스키는, 내적인 힘의 비중을 중요시했다. 그에 따르면,[10] 예술 작품은 다른 작품들이 이루는 배경으로부터 생겨나며, 또한 그들과의 교감을 통하여 생겨난다. 새로운 형식의 목적은 새로운 내용을 표현하기 위한 것이 아니라 예술적 성격을 잃은 낡은 형식을 바꾸기 위한 것이다. 아이헨바움과 쉬클로프스키 그리고 기타 초기 형식주의자들은, 한 작품뿐만 아니라 여러 작품들이 역사적으로 이루고 있는 동적인 연계 관계를 밝혀내려는 작업을 '문학 진화론'이라고 이름하였다. 그리고 후기 러시아 형식주의에 이르러서는, 문학 진화론 외에 문학 발생학에 대하여 부정적인 태도를 버리고

---

9) B. Eixenbaum, "The Theory of the Formal Method", *Lemon and Reis*, p.117 참조.
10) 앞의 책, p.118 참조.

조금씩 수용의 태도를 보이기 시작하였다.

티니아노프는 문학 진화론11)의 근본 개념을 '체계의 변이'(system mutation)로 파악했다. 문학 작품이 하나의 체계라는 것은 형식주의자들의 기본 전제이기도 하다. 이 체계를 이루는 요소들, 가령 문체·리듬·구문·의미 등은 서로 유기적 상호 관계 속에 존재하는 것이고, 탐색 작업을 위한 가설로서만 분리하여 취급할 수 있다. 그 결과, 한 요소의 역할은 고정되어 있는 것이 아니라 그것이 속한 체계에 따라 달라진다는 것이 밝혀졌다. 한 요소는 다른 체계에 속한 비슷한 요소와 상호 연관성을 갖고 있는 동시에 같은 체계에 속한 다른 요소들과도 상호 연관성을 갖고 있는 것이다. 티니아노프는 전자를 자동 기능(auto-function), 후자를 동시 기능(syn-function)이라 불렀다.

한 편의 시의 리듬은 일반적으로 모든 시의 리듬과 연관성을 가진다는 것이 자동 기능이며, 또한 그 시의 다른 요소들인 구문·문체·의미 등과 연관성을 갖는다는 것이 동시 기능이다. 따라서 한 요소를 논의할 경우에는 그 기능의 상호 연관성의 이중적 성격과 전적으로 분리시켜 생각할 수가 없다. 언제나 구체적인 작품 내에서의 기능과 다른 여러 작품들의 배경 속에서의 기능을 함께 생각해야 하는 것이다. 한 작품뿐만 아니라 한 장르 역시 체계를 벗어나서는 올바르게 설명할 수 없다. 한 체계 속에서 형식적 요소들의 기능은 작품에 따라 달라지게 된다. 이런 일이 집적되면 체계 자체도 더 포괄적이 되며 변화하는 것이다. 한 형식적 요소의 기능의 변화, 한 요소의 새로운 기능의 발생, 또한 기능에 어떤 새로운 형식이 주어지는 것 등은 문학 진화론의 문제들이 된다.

티니아노프는 문학 진화론을 문학과 사회적 관습의 연관성에까지 확대시킨다. 사회적 관습은 우선 그 언어적 측면에서 문학과 상호 연관된다. 작가는 사회적 인습의 일부인 특수한 언어를 소유한다. 그는 사회적 인습에서 이 특수한 일부를 선택하고, 전경화하고, 이것들을 문학적 사실로 만든다. 그러나 이때,

---

11) J.Tynjanov, "On Literary Evolution", *Matejka and Pomorska*, pp.65~80 참조.

말하자면 문학적 사실이 완성될 때 이와는 대립되는 현상이 발생하게 된다. 곧, 문학적 사실은 자동화되고, 그 문학적 기능은 퇴각하고 하나의 사회적 인습으로 굳어버리는 것이다. 그런데 문학과 사회의 연관 관계는 한 구체적 작품의 경우에는 탐색될 수 없다. 체계와 체계 사이의 비교라는 것을 정확하게 인식할 때만이 올바른 관점에 서게 될 것이다.

5. 대표적 이론가와 이론

(1) 아이헨바움 — 형식적 방법의 진화

당시 문학사 연구에 있어서는, 일반적으로 가장 위대한 작가들을 선별해서 전기적이고 심리학적인 방법론에 의거하여 연구를 실천하고 있는 상황이었다. 아니면 그러한 연구 방법론에 대하여 사실주의라든지 낭만주의라는 명칭을 사용하곤 하였다. 반면, 19세기 말의 상징주의자들이나 문학 비평가들은 이러한 역사주의를 거부하고 대신 인상주의적 연구와 인물 묘사에 집중하였다. 이에 대하여 형식주의자들은 첫째, 문학의 진화라는 개념과 즉자적인 문학의 개념에 반대하였고, 둘째, 문학 작품을 다양한 취향과 자유로운 해석으로부터 구별되는 역사적 사실로 규정하는 것에 반대하였다. 이러한 가운데 아이헨바움은 문학의 진화에 대한 문제에 접근했으며, 후일 티니아노프(Tynianov)에게 영향을 끼친다.

아이헨바움은 「형식적 방법의 진화」*(The Theory of the Formal Method)*라는 논문을 통하여 형식주의 이론의 주요한 진화 과정을 지적하고 있는데, 그 시기별 단계들을 타디에(Jean-Yves Tadie)는 다음과 같이 소개하고 있다.[12]

첫째, 시어와 일상어를 대립시킨 뒤, 일상어의 기능을 다양하게 분화시키기

---

12) 장-이브 타디에(김정란외 역), 『20세기 문학 비평』, 문예출판사, 1998, p.24 참조.

시작했으며, 덧붙여 정서적인 언어와 시어의 경계를 명확히 규정하였다. 또한 수사학은 필연적으로 시학에 수반되는 것으로 보았다. 둘째, 형식이라는 일반적 개념을 새롭게 받아들이는 것으로부터 출발하여 기법의 개념에 이르렀고, 나아가 기능의 개념으로 점차 연구가 전개되었다. 셋째, 리듬을 운율과 대립되는 것으로 규정하였고, 운문은 언어의 고유한 특성을 지닌 담론의 한 특정한 형식이라고 이해하게 되었다. 넷째, 주제는 구성으로, 제재는 구조에 소속된 요인인 '동기 작용'(motivation)으로 이해했다. 다섯째, 다양한 제재에 근거하여 형식에 따라 분화된 기법에 대한 분석은 문학사를 문제삼아서 '형식의 진화'라는 결론에 도달했다.

이와 같이 아이헨바움은 이론과 역사는 결국 병행하여 진보되는 것이므로 형식주의 이론은 계속해서 진보해나갈 것이라고 결론짓고 있다. 말하자면 형식주의에서 추구하고 있는 문학 과학(science literature)은 이미 만들어지고 완성된 것이 아니라 계속해서 형성되고 추구될 것임을, 그리고 완성되거나 기성화될 수 없는 것임을 천명한 것이다. 그러므로 그에 의하면, 형식적 방법은 특정한 방법론적인 어떤 체계가 이미 구성되었기 때문에 발생한 것이 아니라, 그것을 창조하고자 하는 노력에서 시도된 것이다. 또한 그는 완전히 완성된 학문이란 존재하지 않으며, 학문이란 시행착오를 극복함으로써 존재하는 것이지 진리들을 설정함으로써 살아남는 것이 아니라고 말한다. 이 말을 근거 삼아 볼 때, 그는 이론에 의해서 작품을 바라보는 것이 아니라, 작품에 의해서 이론을 정립해나감으로써 문학적 이론을 진정한 의미에서 과학으로 만들고자 하고 있음을 파악할 수 있다.

따라서 그는 직접 고골리(N.V. Gogoli)의 소설 『외투』(La Manteau)를 분석하면서 새로운 비평의 모범을 제시해주었다. 이 소설에 등장하는 주인공은 결국 외투를 되찾지도 못하고, 사회의 조롱만 받은 채 자살하고 만다. 사회의 모순과 타락한 관리들의 실상을, 바보스럽기까지만 인물을 통해 사실적인 기법으로 표현하고 있는 이 소설에서 우리는 당대 러시아의 삶의 한 단면을 발견할 수 있다. 즉 아이헨바움은 고골리의 『외투』는 지금까지 감상적이고 인본주의적인 사실주의 텍스트로 해석해오고 있으나, 오히려 그로테스크하고 역설적인 사실주의 텍스트라는 견해를 제시하고 있는 것이라고 언급한다. 주인공의 행동을 통해 서글픈 웃음을 짓게 되는 그 이면에는 학대받는 하층민들의 삶의 애환이 서려 있으며, 이러한 당대의 모습을 날카롭게 비판하고자 한 작가 의식이 담겨 있다는 것이다.

(2) 야콥슨 ― 시적 기능

야콥슨은 러시아에서 추방되어 프라하로, 프라하에서 스웨덴으로, 그리고 다시 스웨덴에서 미국 등으로 옮겨 다녔다. 이러한 그의 편력 생활은 그만큼 그의 사상을 넓게 종합하게 하였고, 또한 보급하게 하기도 하였다. 1919년 그는 다른 모든 형식주의자들과 마찬가지로 일상어와 시어의 관계에 대해 관심을 집중했다. 그리고 그는 1960년에 이르는 동안, 시어의 각 단어가 일상어의 관계에 의해서 변형된다는 사실을 증명하기 위해 끊임없이 재검토했다.

야콥슨은 시는 "일상 언어에 가해진 조직적 폭력이다"[13]라고 말한다. 또한 시의 음성 조직 역시 일정한 규칙에 따른 예정된 시의 음성학적 기능을 갖지 않는다고 말한다. 가령, 동의어가 사용되는 것은 새로운 단어가 새로운 의미를 가져오기 때문이 아니라, 새로운 음성적 구조 때문이라는 것이다. 다시 말하여, 이는 일상 언어의 음성적 영역에 가해지는 폭력에 의하여 음성적 요소들이 전경화되는 것을 의미한다. 바로 여기에서 구조주의 언어학의 음운론이 출발하기도 한다.

일반적으로 러시아 형식주의자는 문학을 언어의 특수한 양식으로 보고, 문

---

13) Victor Erlich, *Russian Formalism* : History-Doctrine, The Hague, 1980, p.219.

학적 혹은 시적 언어와 일상 언어 사이에는 근본적인 차이가 있다는 가설을 토대로 삼았다. 그러므로 형식주의자들은 비시적인 언어를 실용적·지시적·산문적·과학적 언어라고 지칭했다. 말하자면 러시아 형식주의는, 일상 언어의 일차적인 기능은 언어 외의 세계에 대한 지시 관계로서 청자에게 어떤 메시지나 정보를 전달하는 것이라고 보는 것이다. 반면, 문학적 언어는 스스로에게 초점을 맞추는 자기 초점(self-focused)이라고 본다. 즉 그 기능은 외부에 지시를 하는 것이 아니라 그 자체의 형식적인 자질에, 언어적 기호 자체 사이의 상호 관계에 의해서 문학의 특성을 드러낸다는 것이다. 문학은 언어학에 의한 비평적 분석의 대상이 되어야 한다. 그런데 이 언어학은 그 법칙이 문학성(literariness)이라고 하는 특이한 자질, 즉 일상 언어와의 변별적 자질(distinctive feature)을 만들어 낸다. 때문에 일상적 담화에 적용되는 언어학과는 다르다. 따라서 야콥슨에 따르면, 문예 과학의 연구 대상은 문학이 아니라 문학성이다. 말하자면 어떤 특정한 작품을 문학 작품이게 하는 특성을 대상으로 하는 것이다.

야콥슨은 시와 산문에 적용되는 은유와 환유를 구분한다. 그는 「시인 파스테르나크의 산문」(1935)라는 논문을 통하여, 시의 분석은 리듬과 이미지의 비교 혹은 대조에 의해 나타나는 유사성에, 산문은 인접성의 결합에 근거를 둔다고 말한다. 이야기는 인접성에 의해서 시공간적이거나 인과적인 순서의 흐름에 따라 하나의 대상에서 또 다른 대상으로 진행된다는 것이다. 따라서 은유나 환유는 시의 구조에 작용하여, 일상적이고 습관적인 것들을 팽팽한 긴장 관계에 놓이게 한다고 말한다. 야콥슨은 시의 특징으로 병치법에 대해서도 말한다. 시의 구조는 병치법으로 이루어져 있으며, 의미론적이고 음성학적인 문법 구조에 가해지는 강세(accent)는, 여러 가지로 병치되면서 시의 전체적인 문맥 속에 작용한다고 말한다. 그리하여 이러한 병치법은 문법의 지시적인 특수한 성질을 나타내준다고 한다. 이어서 그는 시학 연구의 최종적 결과물로 「언어학과 시학」(*Closing Statements : Linguistics and Poetics*, 1960)이라는 논문을 내놓는다. 여기에서 그는 시학 기능 이론, 병치법, 중의성의 원칙 등을 차례로 정의하면서 도표를 작성해 보이고 있다. 특히 음소나 음절의 등가성과 이항 대립의 관계를 분석해 보이는 것이 돋보인다. 이러한 야콥슨의 시학의 문제들은 이후 프랑스의 시인들과 형식주의자들에게 영향을 미치게 된다.

야콥슨에 따르면, 문학 과학의 대상은 문학이 아니라 문학성, 즉 주어진 작품을 하나의 문학 작품으로 만들고 있는 특성에 있다. 그러나 지금까지 문학사가들은 개인의 생활·심리·정치·철학을 사용하였다. 그리하여 문학 과학 대신에 투박한 여러 분야들을 뒤섞어 콘크리트를 구성해 놓았다. 여기서 야콥슨의 견해를 요점적으로 파악해보면, 문학 과학의 대상은 다른 분야와 구별되는 문학적 대상들의 고유한 특수성을 연구해야 한다는 것이다. 말하자면 형식적 방법의 원리가 문학 연구라는 과학을 구체화하고 특수화하는 원리이다. 이는 문학만이 가지고 있는 특수한 성질을 구체적으로 설명하게 되는 문학 과학을 정립하고자 하는 데 그 의도가 있음을 드러내주고 있는 것이기도 하다. 야콥슨에 의하면, 문학성이란 하나의 작품을 문학 작품이게끔 하는 것을 의미하며, 문학성을 연구한다는 것은 문학 작품의 특수성을 연구하는 것과 다름 아닌 것이다.

또한 야콥슨은 논문 「시란 무엇인가」(*What is Poetry*)에서, 문학성이 문학적 기능인 것과 같이 시성이란 시적 기능이라고 말한다. 시성은 언어가 지시하는 대상이나 감정 폭발의 대용물이 아니라 언어 자체가 지각되는 것이며, 언어와 그 언어들의 배열 또는 언어의 의미와 그 언어의 내적·외적 형식이 그들 나름대로의 무게와 가치를 획득하는 데 있다는 것이다. 말하자면 언어와 그 구성·의미·외적 형식 및 내적 형식이란 현실에 대한 무관심한 지시가 아니라 고유의 중량과 가치를 획득하는 데서 표현된다고 한다. 시성, 즉 시적 기능은 다른 요소들을 변용시키고 그 요소들과 함께 작품 전체의 성격을 결정하는 부분이면서 동시에 그 작품을 조직하는 것이다. 따라서 시성의 기능이야말로 시의 요소나 작품 전체의 자동화나 녹스는 것을 방지한다고 덧붙이고 있다.

문학 과학의 대상을 문학 작품이 아니라 '문학성' 또는 '시성'이라고 규정할 때, 그 다음에는 그 문학성이나 시성을 표현하기 위한 형식(form)과 수법(device)이 문제가 된다. 언어의 메시지가 문학다움과 시다움으로 구성되기 위해서는 요소들을 변용시키고 작품 전체의 성격을 결정하도록 조직하는 것인데 이것이 바로 문학의 수법이나 형식의 문제인 것이다. 이를 통해서, 형식을 예술적 창조의 총체적 기법으로 보는 형식주의자들이 '형식'을 얼마나 중요시하는가를 알 수 있다. 그렇기에 그들은 '형식(그릇, form) / 내용(content)'이라는 종래의 이분법을 부정한다. 그러한 이분법을 고집한다면, 내용을 젖혀놓은 상태로서의 그릇뿐인 형식에서 '예술적 지각'이 성립될 수 없다는 것이다. 여기서 형식주의자들이 말하는 형식이란, 형식 자체가 구체적이고 역동적인 예술적 실체라고 할 수 있다. 따라서 이러한 이분법이 철폐되고 형식 자체에 새로운 의미가 부여된다면, 자료(material)와 수법(device) 또는 자료와 구조(structure)라는 구별이 그것들에 대체된다고 할 수 있다.

(3) 쉬클로프스키 — 낯설게 하기

형식주의자들 가운데 문학 작품의 형식에 대한 최초의 언급은 1914년 쉬클로프스키의 논문 「말의 부활」(*The Resurrection of the Word*)에서 비롯한다. 그는 이 논문에서, 이전의 선구자들인 포테브니야와 베젤로프스키의 이론을 부분적으로 참고하면서 예술적 인식의 특수한 표지로서 '지각되는 형식의 원리'(the principle of perceptible form)를 제의하였다. "우리가 만약 일반적으로 시적 지각과 예술적 지각을 특별히 정의해야 한다면, 그때 우리는 다음과 같은 정의를 제의한다. 즉, 예술적 지각은 형식—아마도 형식뿐만 아니겠지만, 그러나 확실히 형식을 체험하는 속에서의 지각인 것이다"라고 쉬클로프스키는 말한다.14) 다시 말하여, 문학 작품의 형식에 대한 체험을 통해서 예술적 지각이 가능하다는 것이다.

러시아 형식주의에서 문학의 정의는 변별적(differential) 또는 대조적(oppositional) 정의다. 즉 문학을 성립시키는 것은 문학과 다른 사실 세계 사이의 차이점이라는 것이다. 이 변별 방식에서 작용하는 주된 개념은 생소화(生疎化, defamiliarization) 또는 낯설게 하기(ostranenie)라는 것이다. 쉬클로프스키는 이 문제에 관한 초기 논문들에서 매우 다양한 용어를 사용하여 이 개념을 정의했는데, 그것은 한 마디로 예술은 인생과 경험에 대한 우리의 감각을 새롭게 해준다는 견해이다. 쉬클로프스키의 견해에 따르면, 예술은 이미 습관화되었거나 자동적인 것이 되어버린 사물을 낯선 것으로 만드는 것이다. 가령, '걷는다'는 행동은 사람들에게는 이미 의식조차 하지 않을 정도로 습관화되고 자동화된 행동이다. 그러나 '춤을 춘다'는 행동은 사람들로 하여금 새롭게 걸음걸이를 지각하게 만든다. 이처럼 문학 언어는 대상을 낯선 것으로 만들어 완곡하게, 난해하게, 모호하게, 당혹스럽게 만들어 습관화되고 자동화된 것으로부터 대상을 일탈시켜야 한다는 것이다. 그리하여 형식주의자들은 언어를 특수화하여 언어의 음향적 효과를 의도하거나, 일상적 통사 규칙을 일탈하는 메타포 등을 사용하여 낯설게 표현하였다.

결국 낯설게 하기의 문제는 주로 언어의 문제에 초점을 두게 되었고, 이것이 바로 러시아 형식주의에 힘과 특이성을 부여했다. 이렇게 보면, 형식주의자들에게 있어서 문학 연구라는 것은, 실용적 언어와 시적 언어 사이의 여러 가지 차이점을 밝혀내기 위해 생소화라는 개념에 의존하여 그 두 가지 언어의 대립 속에 내포되어 있는 차이점을 분석하는 것이다.

이러한 쉬클로프스키의 낯설게 하기의 개념은 러시아 형식주의자인 유리 티니아노프(Yury Tynyanov)를 거쳐 얀 무카로프스키(Jan Mukarovsky)의 이론으로

---

14) B. Eichenbaum, *The Theory of the Formal Method*, Lee T. Lemon & Marion J. Reis, p.112.

연결된다. 즉, 티니아노프의 '전경화'(foregrounding) 이론, 무카로프스키의 '전경화 / 자동화'의 이론은 사실상 쉬클로프스키의 개념을 받아들인 것에 지나지 않은 것이다.

(4) 티니아노프·무카로프스키 — 전경화

전경화라는 개념을 처음 사용한 사람은 유리 티니아노프이다. 문학 작품이란 음운적·주지적·사회적인 여러 가지 요소들로 구성되어 그것들이 계층(hierachy)을 이루어 상호 관계를 갖는다. 이러한 요소들 중에서 일군의 지배소(dominant)를 전경화하고, 나머지 요소들은 후견(後景)으로 격하시킨다. 한편의 작품이란, 이렇게 하여 여러 가지 요소들의 갈등 관계에서 지배소가 우위를 차지하고, 나머지 요소들을 지배소 아래로 종속시켜 전체적 체계로 조직된다는 것이다. 그리고 한 편의 작품은 여러 가지 구성 요소들 중에서 어떤 요소가 한 시대의 지배소가 되어 다른 요소들을 종속시키지만, 시대가 바뀌면 또 다른 요소가 지배소가 되고 앞 시대의 지배소는 종속적인 요소로 후퇴하기도 한다. 이렇게 하여 문학이 진화하는 것이다. 쉬클로프스키는 형식 자체가 낯설게 하기의 수법이며, 예술의 지각을 자동화로부터 해방시키는 수법으로 보았지만, 티니아노프는 여러 요소들의 상호 갈등 관계에 의한 역동적 구성이라는 점과 문학상의 진보의 양상을 밝히고 있다.

지배소의 개념은 예술 작품을 구성하는 요소의 초점으로 정의할 수 있다. 그것은 다른 요소들을 지배하고, 결정하고, 변형시킨다. 말하자면 구조의 완전성을 보증하는 것이 지배소이다. 함 작품, 한 장르, 그리고 한 시대의 예술 등에는 각각 다른 지배소가 있을 수 있다. 시나 운문에서는 리듬, 율격, 운율 등이 지배소가 될 수 있는 것이다.

전경화에 대한 티니아노프의 이론에 따르면, 다음과 같이 정리할 수 있다. 우선 그는 하나의 체계는 동등한 요소들의 자유로운 상호 작용이 아니라 일군의 지배소를 전경화하고, 나머지 요소들을 격하시켜 후경화하는 것을 전제로 한다. 때문에, 한 편의 작품은 이 지배소를 통하여 문학이 되고 문학적 기능을 갖게된다. 이 정의에서 전경화의 개념은, 작품의 여러 요소들이 동등한 관계의 상호 작용으로 구성되는 것이 아님을 알 수 있다. 앞서 살펴본 바 '충동의 균형'을 주장하는 리쳐즈는, 여러 요소들 상호간의 억압이나 배제가 아니라 화해에 의해서 질서화되어야 한다고 말하는데, 이것은 티니아노프의 견해와는 다른 것이다. 티니아노프는 여러 요소들 중에서, 어떤 것은 지배소로서 전경화되고, 어떤 것은 격하되어 그 지배소에 종속된다는 것이다. 여기서 작품은 계층 구조를 갖게 된다.

그리하여 티니아노프는 한 편의 작품은 전경화된 것과 자동화된 요소들의 계층적 구조로 형성된 전일체(entity)라고 말한다. 여기서 다시 문학이라는 자립적 계열과 문학 바깥에 있는 인접 계열과의 관계가 문제로 제기된다. 야콥슨과 티니아노프는 이 문제에 대한 관심을 표명하고 있다. "문학(예술)의 역사는 다른 역사적 계열과 공존하는 것으로서, 이러한 계열들 중의 하나로서 내포된 특유의 구조적 법칙들의 복합체에 의하여 특징화되는 것이다. 이러한 법칙들의 해명 없이는 문학적 계열과 다른 역사적 계열 사이의 상호 관계를 과학적 방법으로 확립하기 어려울 것이다."15) 이와 같이 티니아노프는 야콥슨과 더불어 문학적 계열의 발전이 그 인접 계열인 사회 전체와의 관련성을 갖고 있다는 점을 분명히 언급하고 있다. 그러나 그들은 단지 견해만 제기했을 뿐 그 구체적인 실례는 보여주지 못했다.

이러한 러시아 형식주의의 '낯설게 하기'의 방법적 개념과 티니아노프의 '전경화' 개념을 그대로 이어받은 사람은 프라그 언어학파의 한 사람인 무카로프스키이다. 그는 티니아노프의 전경화 개념을 표준 언어와 시적 언어의 관계에서 재조

---

15) R. Jakobson & Ju. Tynianov, "Problems in the Study of Language & Literature", *Poetics Today*, zila, Autumn, 1980, Tel Aviv University, p.29.

명하고, 기호 체계로서의 문학 작품이 사회적 계열과 어떤 관계에 있으며, 사회 속에서 어떤 기능을 담당하고 있는가를 더욱 명백하게 규명하고자 했다.

무카로프스키는 표준 언어와 시적 언어와의 관계에서, 이 둘은 명백한 차이를 가지고 있다고 말한다. 그의 견해에 따르면, 시적 언어는 나름대로의 문법적 형식, 어휘나 어법에 있어서 독자적인 특징을 갖고 있다. 시적 언어는 표준 언어의 규범을 위반하거나 파괴하지만 그러나 이 두 언어는 상호 밀접한 관계를 갖는다. 시적 언어는 표준 언어의 규범에서 이탈하거나 규범을 파괴하지만, 그것에서 바로 예술적 기능이 발생하며, 소위 '전경화'도 그러한 예술의 기능인 것이다. 그러나 표준 언어는 이탈이나 파괴된 부분의 배경이 되며, 배경이 된 표준 언어의 부분도 텍스트 속에 함께 존재한다.

무카로프스키의 이러한 '전경화' 이론은 '낯설게 하기'의 이론과 별 다른 차이가 없다. 그러나 무카로프스키는 표준 언어의 데포메이션(deformation)과 함께 문학적 관습에 대한 데포메이션도 전경화된다고 주장한다. 즉 시적 언어라 할지라도 오랫동안 전통으로 사용되어 관습화된 경우, 그 전통적 관습을 파괴하는 일상적 표현이 전경화가 될 수 있다는 것이다. 그럴 경우 일상 언어가 거꾸로 시적 언어로서 시적 기능을 하게 된다는 것이다. 다시 말하여, 동일한 언어의 기능이 어떤 때는 일상어의 기능밖에 하지 못하지만, 또 어떤 때는 시적 기능을 훌륭하게 수행하게 된다는 것이다. 이처럼 무카로프스키는 기능이라는 것은 언제든지 변환이 가능하다고 주장한 것이다.

(5) 토마셰프스키 — 파블라·수제트·모티프

러시아 형식주의의 서사 장르 분석 수법은 사건(event)과 구성(construction), 즉 파블라(fabula)와 수제트(syuzhet) 사이의 구별을 기초로 하고 있다. 파블라와 수제트는 스토리(이야기)와 플롯(구성)의 구별과 비슷한 개념으로 생각하기 쉽지만, 그러한 개념과 완전히 일치하지는 않는다.

토마셰프스키의 이론에 따르면, 파불라는 작품 속에 배열되고 소개된 방식과는 다른 전혀 독립적인 사건들로서 연대기적이며 인과 관계의 연속 시간인 과거→현재→미래의 순서와 방식으로 구성된다. 반면 수제트는 작품 속에서 구현된 순서에 따른 사건이며, 따라서 시간의 순서가 얼마든지 뒤바뀔 수 있는 구성이다. 그러므로 동일한 사건이라고 할지라도 파불라와 수제트는 서로 대립 관계를 형성하고 있다. 이러한 파불라와 수제트의 관계는 일상 언어와 시적 언어 사이의 관계와 유사하다. 수제트는 파불라에 작용하여 낯설게 하기의 효과를 만들어낸다. 따라서 수제트는 파불라를 전달하기 위한 수단으로서가 아니라, 파불라를 훼손시킴으로 전경화되기 위해 구성된 것이다.

가령, 『홍길동전』을 보면, 길동이 태어난 일로부터 그가 수많은 어려움과 모험을 겪고 나이가 많이 들어 이 세상에서 사라질 때까지 차례대로 서술되어 있다. 그러나 이광수의 장편 소설 『무정』에서는, 주인공 이형식이 안동 거리를 걸어가고 있는 것으로부터 시작한다. 이미 전문학교를 마치고 중학교 교사가 된 이형식이다. 그러나 소설이 얼마쯤 전개된 후에는 다시 수년 전의 일이 서술된다. 영채를 만나고 난 뒤 그는 곧 옛날의 일을 회상하는 것이다. 또한 포스터 (E.M. Forster)는 스토리와 구성에 대하여 이렇게 말하고 있다. "왕이 죽고 왕비도 죽었다." 하면 스토리가 되지만, "왕이 죽고, 그 슬픔 때문에 왕비가 죽었다." 하면 플롯이 된다는 것이다. 즉, 앞의 말은 왕이 죽은 사건과 왕비가 죽은 사건이 순차적으로 일어났을 뿐이지만, 뒤의 말은 왕의 죽음이 왕비의 죽음의 원인이 된다는 것이다. 그러므로 두 사건은 인과 관계가 성립된다고 한다.

이와 같이 수제트의 수법은 서사 작품에서 연대기적 시간 순서를 파괴하여 현재에서 과거로 역행한다든지, 인과 관계의 순서를 뒤바꿔 원인보다 결과를 먼저 제시한다든지, 1인칭 소설에 3인칭의 일화를 삽입한다든지, 여러 가지 여담(digression)을 넣는 등 다양한 수법을 사용한다. 그렇게 함으로써 수제트에 의하여 파불라는 파괴되거나 훼손되어, 서사 작품에 낯설게 하기의 효과를 부여한다.

토마셰프스키는 수제트와 관련하여 테마와 동기 문제를 거론한다. 그의 『테마론』(Thematics, 1965)은, 테마의 선택, 주제와 우화의 관계, 동기 작용, 주인공, 기법의 문제, 문학 장르 등을 다루고 있다. 그는 문학 작품의 특수한 요소들을 의미화시킨다는 것은 하나의 통일체를 구성하는 것이며, 이 통일체가 바로 테마론이라고 말한다. 한 편의 작품은 전체적인 테마를 가질 수 있으며, 동시에 각 단락이 하나의 단위를 이루면서 또한 테마를 가질 수 있다. 그리고 토마셰프스키는, 각 단락을 최소 단위로 분석해 나가면 더 이상 분석할 수 없는 단위에 이르는 데, 이처럼 더 이상 분석할 수 없는 부분의 테마가 모티프(motif)라고 말한다. 가령, ‘전쟁은 지상 최고의 비극이다’ 등이 그것이다. 각 단락은 사실상 그 자체의 모티프를 지니고 있는 것이다. 모든 스토리는 논리적이고 인과적이며 시간적 순서로 배열된 모티프들의 집합체이다. 따라서 플롯의 기능은 이런 모티프들의 배열에 독자의 주의를 집중시킴에 있고, 한 작품 속에는 여러 모티프가 공존한다.

그런데 토마셰프스키는 모티프에는 구속 모티프(bound motif)와 자유 모티프(free motif)가 있다고 한다. 전자는 한 작품의 파불라의 전개에 있어서 사건의 인과 관계와 시간적 순서에 영향을 미치기 때문에 제거할 수 없는 모티프이며, 후자는 생략해도 별 영향이 없는 모티프이다. 사건과는 직접 관계가 없는 부차적인 이야기, 장면의 묘사 등은 모두 자유 모티프를 사용할 수 있다. 그런데 사건의 전개에는 구속 모티프만으로 가능하지만, 작품의 예술성이나 심미적 성질들의 구성과 표현에는 자유 모티프가 필요하다. 다시 말하여 자유 모티프는 사건의 전개를 지연시키거나 방해하지만, 한 작품의 예술적 효과를 높여주는 기능을 담당하고 있는 것이다.

또한 모티프는 객관적 상황에 따라 그 기능이 분류된다. 모든 이야기는 인물들 사이에 어떤 관계가 발생하면서 전개되며, 이 모든 계기에 있어서의 상호 관계를 상황이라고 한다. 가령, A라는 남자는 B라는 여성을 사랑하는데, B는 C라는 남자를 사랑하는 것과 같은 3자 관계의 갈등 등이 상호 관계의 상황이다. 모든 스토리는 하나의 상황에서 다른 상황으로의 이동에 지나지 않는다. 이러한 상황을 변경시키는 모티프를 역동적 모티프(dynamic motifs)라 하고, 변경시키지 못하는 모티프를 정태적 모티프(static motifs)라고 한다. 일반적으로 자유 모티프는 정적 모티프와 관련되나, 전적으로 그렇지만은 않다. 가령, 현행범을 체포하는 상황에서 한 경찰관이 수갑을 소유하지만, 이 수갑은 정적 모티프인 동시에 이것 없이는 체포할 수 없기 때문에 구속 모티프가 된다. 일반적으로 정적 모티프는 자연, 지방색, 가구 배치, 인물 묘사나 성격 묘사 등으로 나타난다.

계속해서 토마셰프스키는 작품을 구성하는 모티프들의 체계는 예술적 통일성을 갖추어야 한다고 말한다. 즉 어떤 동기가 부여되어야 한다는 것이다. 그는 동기 부여(motivation)의 장치로 구성적 동기화(compositional motivation), 사실적 동기화(realistic motivation), 예술적 동기화(artistic motivation)를 들고 있다. 구성적 동기 부여는 모티프의 경제성과 유용성에 토대를 둔다. 가령, 체홉(A.P. Chekhov)은 어떤 단편 소설의 서두에서 벽에 못을 장치하고 있는데, 그 소설의 끝에 주인공이 그 못에 매달아 죽는다면, 그것이 바로 구성적 동기화라고 말한다. 구성적 동기화는 인물을 성격화하기 위한 방법으로 도입되기도 하고, 독자의 관심을 진짜 줄거리에서 이탈시키기 위해 가짜 동기화를 도입하기도 한다. 사실적 동기 부여는 어떤 작품에서 환상적 요소를 사실적인 것처럼 묘사할 때 드러난다. 독자는 소설이란 허구이며, 등장인물들도 허구적 존재라는 것을 잘 알고 있다. 그러나 독자는 그 사건이 그런 상황에서 그렇게 일어날 수도 있고, 인물도 실제 인물일 수 있다는 개연성, 즉, 그럴듯하다는 사실적 환상을 강하게 가지게 된다는 것이다. 예술적 동기화는, 현실적인 테마들이 작품 구성에 있어서 모티프로 도입되려면 미학적으로 동기화되어야 한다는 것이다. 현실에서 가져오는 모든 것이 꼭 그대로 작품에 적합한 것은 아니므로 미학적으로 재구성되고 재조명되어야 하는 것이다. 토마셰프스키는 모티프들의 도입은 현실적인 환상과 예술적 구성의 요구 사이의 조화에서 이루어진다고 말한다. 형식주의의 일반 개념인 낯설게 하기는 바로 예술적 동기화의 특별한 실례라고 할 수 있다.

6. 러시아 형식주의 비평의 실제

초기 러시아 형식주의자들은 시의 소리와 뜻의 관련성에 대해 주의를 집중했다. 그들의 운율론에 있어서 두 가지 기본 개념은 시적 언어의 유기적 통일성과 지배소(the dominant)의 개념이다. 지배소라는 것은 다른 많은 요소들을 조직함에 있어 주도적인 역할을 하는 요소이다. 이러한 러시아 형식주의 문학 이론의 실제에 대하여 이상섭은 다음과 같은 글을 내놓고 있다.

• 시적 리듬의 충격[16]

운문에 있어서 그 형성적 요소, 다시 말하여 다른 모든 요소들을 수정, 변형, 관련시켜 시의 소리뿐 아니라 그 의미와 형태적 부분에 이르기까지 '충격'을 미치는 주도적 요소를 '리듬'이라고 그들은 믿었다. 넓은 뜻의 리듬이란 일정한 시간적 간격을 두고 비슷한 현상들이 상호 교차함을 말한다. 이러한 리듬이 시의 언어(소리 및 뜻)를 조직하고 지배하는 근본 원리라고 본 것이다. 따라서 리듬은 시의 언어에다 첨가한 외적 요소가 아니라 내적 구조적 요소이다. 전통적인 운율론에서는 리듬과 율격(metre)은 동일한 것으로 취급하지만, 형식주의자들은 율격·두운·압운 등은 모두 리듬을 형성하기 위한 부수적 요소들로 보았다. 리듬을 형성질이라고 한 만큼 그들은 기계적 운율론에 반발했다. 시에서 율격·두운·압운 등이 없어도 리듬은 있을 수밖에 없다는 사실을 생각해도

---

16) 이상섭, 「러시아 형식주의 문학 이론」, 『신비평과 형식주의』, 고려원, 1991, p.150~155.

그들의 입장은 옳다. 리듬은 통칭 형식적 요소가 아니라 형성적 원리이다. 유리 티냐노프로부터 리듬의 이론을 듣기도 한다. 그에 의하면 리듬은 시의 생동감의 근본 원인이 된다. 그는 시의 정적 존재 양식을 부정하고 그것의 동적 성격을 강조하였다.

> 작품의 통일성은 폐쇄된 균형 잡힌 전체가 아니라 점차적으로 나타나는 동적인 통합체이다. 그 구성 요소들 상호간에는 동일성 또는 부가적 성격, 정적 표시가 아니라 언제나 상호 연관성과 통합성의 동적 표시가 개입한다.[17]

이와 같은 동적인 성격은 우선 형성 원리(Gestalt qualital : constructive principle)의 개념에서 밝혀진다. 시에서 사용된 낱말들은 일정한 형성의 원리를 따라 혹은 비상하게 강조되고 약화된다. 이러한 과정에서 우리가 느끼는 것은 강조된 요소와 혹은 비상하게 약화된 요소의 상호 관련성이 빚어내는 긴장된 흐름이다. 바로 이 긴장, 이 투쟁에서 생기는 힘의 감각이 시의 리듬의 동력이 되는 것이다. 여기서 티니야노프가 말하는 강조된 요소를 주도자(지배소)라고 형식주의자들은 부른다. 비상한 강조, 비상한 약화가 낯설게 함, 비자동화의 개념의 일부인 것은 물론이다.

강·약의 상호 긴장 관계의 흐름에서 조성되는 것이 리듬이라고 한다면 리듬과 율격은 서로 마찰을 일으킬 수가 있다. 율격은 시의 전통상 이미 정해져 있는 음절 결합의 법칙이라 기계적일 수밖에 없지만 리듬은 구체적인 개별 작품의 음성·의미의 복합적 조직에서 형성된 것이므로, 기성의 율격 법칙과 다소간 어긋나지 않는다면 오히려 이상할 것이다. 따라서 일부 극단적인 형식주의자들은 율격을 어기는 것이 리듬이라고, 율격과 리듬은 서로 대척적 관계에 있다고 주장한다. 확실히 율격은 언어의 한 추상적 성격을 조직하기 위한 추상

---

17) J. Yynjanov, *Rhythm as Constructive Factor in Verse*, Matejka and Pomoprska, p.128.

적 법칙이지만(한국어에서 어간과 어미가 합하여 보통 4음절이 되므로, 한국 시의 전통적 율격은 4·4조가 된다) 구체적 작품은 그런 추상적 법칙과 많이 다를 수밖에 없다. 널리 알려진 바와 같이 한 낱말의 음절의 강세 또는 약세는 절대적으로 고유하게 확정되어 있는 것이 아니라 문맥에 의하여 정해진다. 시에 있어서의 문맥은 작품의 소리·뜻의 복합체를 조직, 형성하는 리듬의 충동에 큰 영향을 입으므로 음절의 강·약세는 리듬의 주도권 하에 들어가게 된다.

그러나 리듬이 리듬으로 뚜렷이 지각되기 위해서는 전통적 율격과의 대조감이 필요하며, 또한 일상 언어의 자연적 억양과의 대조감도 필요하다. 따라서 리듬은 율격과 일상 언어의 억양에 대해서 대위법적(contrapuntal) 관계에 있다고 볼 수 있다. 즉 입체적이고 역동적이다. 경우에 따라 율격의 힘이 강하면 리듬은 초의미적(transrational, 형식주의자들이 가끔 쓰는 용어이다) 경향을 띠고 일상어의 억양이 강하면 의미적 경향을 띠게 된다. 시의 역사를 살펴보면 이 두 경향의 교차가 있어 왔던 것을 알 수 있다. 쉬운 예를 들자면 박목월의 초기 작품들은 7·5조라는 율격에 리듬이 영향을 많이 입어 초의미적 음악성이 조성됨을 느낄 수 있고(이 경우 율격을 리듬과 동일시하기 쉽다) 후기의 작품들은 일상어의 억양이 영향을 행사하고 있어 리듬은 의미적으로 더욱 견실하다. 그러나 어느 경우에 있어서도 리듬이 주도권을 갖고 있다. 오시프 브리크(Osip Brik)는 "의미의 강조가 요청되는 시기는 인간 생활이 새로운 소재를 제공할 때 낡은 시행으로는 그것을 다룰 수 없을 경우이다. 이러한 상황은 낡은 형식이 부적절하게 되어 버린 의미 체계와 불가분의 관계를 맺고 있는 까닭으로 생긴다"[18]고 했다. 7·5조의 율격과 강한 연관을 짓고 있는 리듬으로써는 박목월의 후기의 의미가 시로 조직, 형성될 수 없다는 말이다.

종래의 운율론이 음절 또는 낱말 단위의 분석에 그치던 데 반하여 형식주의자들은 세밀하게는 음운론에서 크게는 구문-구문 단위(rhythmico-syntacticunit)로 재

---

18) O. Brik, *The Semantics of Rhythm*, Matejka and Pomorska, p.119.

래의 보격(foot, iambic foor 따위)의 개념을 대치시키려고 한다. 리듬-구문 단위의 개념을 살리기 전에는 리듬과 의미 사이의 연관성을 파악하기 힘들다. 산문의 구문과 시의 구문은 외형상 동일하다 할지라도 의미상으로는 대단히 달라진다. 이 달라짐을 가져오는 요소가 리듬이라는 것은 쉽게 판별할 수 있다. 예컨대,

> 놀이터나
> 校庭(교정)에 서 있는
> 미끄럼대보다
> 더 높은 것이
> 아이들에게는 없다.

—전봉건, 「미끄럼대」 부분

와, '놀이터나 교정에 서 있는 미끄럼대보다 더 높은 것이 아이들에게는 없다' 의 사이에는 단순히 인쇄공의 식자 방법의 차이가 있는 것이 아니다. 단적으로 말해서 시와 산문의 장르의 차이가 있다. 앞의 것은 확실히 리듬 구문 단위에 의한 읽음을 요청하고 뒤의 것은 일상 언어의 억양을 따르기를 요청한다. 그러나 문법적 구문상으로는 둘은 꼭 같다. 시는 리듬의 형성적 요청으로 말미암아 의미 구조까지 강한 수정, 재조정을 받지 않을 수 없다. 일상적 산문으로 읽으면 위의 문장은 '더 높은 곳'의 '더 높' 두 음절에 강세가 오게 된다. 그러나 그 문장을 원작에서처럼 다섯 줄의 시행으로 구분해 놓을 경우 시적 리듬이 작용하기 시작하여 강세는 각 행에 분산된다. 즉 각 행마다 강세가 있는 부분이 생긴다. 각 행마다 리듬의 단위를 이룬다. 이 리듬으로 말미암아 산문적 의미에도 변화 또는 확대, 또는 적어도 재조정이 발생한다. 윗 문장의 산문적 의미는 아동 심리의 어떤 면에 대한 정보를 제공한다. 그러나 그것이 리듬 있는 언어 조직, 즉 다섯 줄의 시로 되었을 때에는 그런 아동 심리가 하나의 상징적 의미의 차원으로 확대를 겪는다. 뿐만 아니라 놀이터 · 학교 운동장 · 미끄럼대 · 높은

것·아이들 모두가 어떤 상징적 형상을 이룩한다. 그것은 다시 말하면 사물의 일상성의 초월이다. 일상성이 일상성을 벗어나는 것이다. 즉 '낯설게'되어 그러한 사소한 듯한 사실에 우리의 주의력을 환기시키는 것이다. 이는 일상 언어에 대한 리듬의 충격인 것이다(이 시에서 전통적 율격, 이를테면 4·4조, 7·5조의 흔적을 약간 찾을 수 있으나, 무시해도 좋겠다. 이 율격적 성격이 이 시의 내적 요구로 빚어진 리듬과 대조적 관계에 있음에도 분석해 낼 수가 있을 것이나, 여기서는 생략한다). 그러므로 시의 행, 특히 이른바 자유시의 시의 행이란 산문을 우연히 갈라놓은 꼴이 아니다. 시를 산문 읽듯 읽어도 안 된다. 그렇게 하면 시의 리듬과 아울러 의미 구조까지 다 버리는 셈이고 아주 다른 종류의 글을 읽는 셈이 된다. 시 낭독은 그것대로 하나의 중요한 예술 및 비평이 될 수 있는 것이다. 시의 한 행은 리듬·구문 법칙으로 인하여 생성된 '시적 구문'이다. 그것은 산문에 있어 한 개의 문장인 만큼이나 필연성을 띤다. 브리크의 말을 인용한다.[19]

> 시에 있어서 기본적인 낱말 조직은 시의 행이다. 한 행에 포함된 낱말들은 일정한 리듬의 원리와 또한 동시에 산문적 구문 법칙에 따라서 조직된 것이다. 두 개의 서로 다른 체계의 법칙들에 따라 일정 수의 낱말이 공존하고 있다는 사실이 시의 특성을 이룬다. 한 행의 시는 리듬·구문적 낱말 조직의 결과인 바, 이 조직은 낱말들이 한정된 리듬의 단위(행)에 들어있다는 점에서 순전히 구문적인 행과는 다르며 낱말들이 음성적으로 또한 의미적으로 연결되어 있다는 점에서 순전히 리듬스런 조직(추상적인 율격)과도 다르다.[20]

시는 산문을 전통적 율격에 맞도록 토막을 낸 것이라든가, 또는 일부 아방가르드들의 말처럼 산문적 의미와 전혀 무관한 소리라든가 하는 주장을 정석적 형식주의는 다 부정한다. 무척 건강한 사고방식이다. 리듬 이론에서도 우리는

---

19) O. Brik, 앞의 책, p.122.
20) R. Jakobson, *The Dominant*, Matejka and Pomorska, p.32.

형식주의의 근본 관심사인 '낯설게 하기'의 한 가닥을 엿볼 수 있다. 리듬은 일상어에 대한 자동적 습관을 파괴하는 힘이 있는 것이다.

여기서 한 가지 첨부할 것은 주도자(지배소)로서의 리듬의 개념이다. 위에서 논의한 바와 같이 리듬은 시의 소리, 뜻의 복합적 조직을 주도한다. 주도자는 로만 야콥슨의 건의를 따르면 '한 예술 작품의 초점을 이루는 요소로서, 여타의 요소들을 지배하고 결정하며 변혁시킨다. 그것은 구조의 통합성을 보장한다.' 주도자가 작품의 특질을 형성한다. 시가 시로 되는 것은 그렇게 만드는 주도자가 있기 때문이다(그것이 리듬이라고 많은 형식주의자들은 믿는 것이다). 시로 하여금 시로 되게 하는 주도적 요소가 설사 리듬이 아니라 할지라도 그것이 어떤 미학적, 예술적 요소임은 자명하다. 비예술적 요소, 예컨대 철학 사상·인생관·사실에 대한 지식 등은 시에서 중요한 요소로 구실을 하는 것이 사실이지만, 예술적 요소 즉 주도자에게 엄격한 제재를 받지 않을 수 없다. 작품에 따라 주도자를 선두로 한 각 요소들의 계층적 배열은 다르다. 그러나 이러한 요소들 상호간의 조직적 종속 관계는 어느 작품에서도 없을 수 없다. 크게 나누어서 주도자와 종속자가 있다고 볼 수 있는데 주도자가 주도자 노릇을 하기 위하여 반드시 종속자가 있어야 하고 종속자는 또한 주도자가 없는 한 종속자가 될 수 없다. 주·종의 교차가 또한 리듬임에 틀림없다.

7. 러시아 형식주의 비평의 검토

러시아 형식주의 비평은 1920년대 마르크시즘 비평가들에 의해 지속적으로 비판을 받았다. 트로츠키(Trotsky)는 『문학과 혁명』(*Literature and Revolution*)을 통하여, 문학의 자율성이라는 관념적 가설을 포기하고 문학이 사회적·경제적 차원에 의존한다는 마르크스주의 비평의 관점을 수용하라고 종용했다. 그리고 루나찰스키(Lunacharsky)는 논문 「예술 이론의 형식주의」(*Formalism of Art*

Theory, 1924)에서, 형식주의는 낡은 러시아의 유물로써 퇴폐적이며 정신적으로 공허한 지배 계급의 산물이라고 공격하기도 하였다. 러시아 형식주의에 대한 비판은 특히 바흐친(M. Bakhtin) 일파에 의해 흥미로운 공격을 받았다. 바흐친은 『문학 연구의 형식적 방법』(*The Formal Method in Literary Scholarship*)에서, 형식주의자들이 강조하는 시적 언어는 문학의 사회적 본질을 부정한다고 비판했다. 따라서 그는 문학의 특수한 양상에 대한 연구와 문학과 인간 행위의 다른 영역들의 관계에 대한 연구를 결합시키는 이른바 사회 시학의 필요성을 주장했다. 그리하여 형식주의와 마르크스주의의 결합을 시도했다. 바흐친이 비판한 러시아 형식주의의 결점을 몇 가지 요약하면 다음과 같다.

첫째, **시어와 일상어의 대비에 대한 비판**－바흐친은 시어와 일상어의 대비를 '부정적 대비'라고 본다. 그 이유는 시어가 일상어를 낯설게 만든다는 것은 시어가 일상어에 기생하는 것에 지나지 않기 때문이다. 따라서 시어와 일상어에는 차이가 없으며, 모든 언어 행위는 계급투쟁을 지향하고, 언어는 계급투쟁의 장일뿐이다. 또한 언어는 하나의 사회 현상이고, 따라서 마르크스의 관점에서 시어를 구성하는 것은 음운, 형태소, 리듬 같은 물질적 요소가 아니라 하나의 언술이다. 말을 하는 것은 사회적 활동이고 이 활동은 이데올로기, 곧 의미를 지향한다. 말하자면, 말소리 같은 물질적 요소가 아니라 이데올로기 같은 의미적 요소가 중요하다.

둘째, **재료와 기법의 관계에 대한 비판**－러시아 형식주의에 의하면 모든 예술은 기법들의 총체로 정의된다. 그리고 형식주의자들은 내용을 재료라고 판단하고 있기 때문에 결국 기법은 기법을 위해서만 존재하게 된다. 바흐친에 의하면, 재료와 기법 사이에는 뚜렷한 구별이 없으며, 있다고 해도 매개항이 존재하는데, 이때 매개항은 사회 규범이다. 또한 형식주의에 의하면 재료만 예술의 동기가 아니라 기법도 예술의 동기가 되며, 이러한 기법에는 리듬이나 은유가 있다. 그러나 바흐친에 의하면, 일상적 사고도 은유로 사용하면 직설적이며 진술적인 시가 된다. 가령, '그는 곰이야'는 자동화된 기법이며 시가 된다.

　셋째, **문학사에 대한 비판**-러시아 형식주의자들은 순수하고 폐쇄된 문학적 계열의 내부에서 형식이 발전하는 내재적인 법칙을 해명하려 한다. 한 작품에서 다른 작품으로, 한 양식에서 다른 양식으로, 한 유파에서 다른 유파로, 한 구성적 지배소에서 다른 지배소로 문학의 역사는 발전한다. 그러나 바흐친은 이런 관점은 경제적·사회적·일반 이데올로기적 변화와 변혁에 대해 침묵한다고 비판한다. 뿐만 아니라 형식의 투쟁과 교체는 진화의 원칙이 아니다. 투쟁은 진화 속에서 가능하지만 투쟁이 진화를 만드는 것이 아니고, 진화와 무관한 평화 현상도 투쟁이다. 교체도 진화라고 부를 수 있는 교체인가, 아닌가 하는 데 문제가 있다. 즉 기계적이고 인과적인 교체인가, 아니면 우연한 교체인가를 문제삼는다. 따라서 교체도 진화의 근거가 되지 못한다. 바흐친이 강조하는 것은, 즉 형식주의 문학사 모델에는 역사적 시간이라는 범주가 빠져 있다는 점이다. 형식주의는 영원한 현재, 영원한 당대성만을 강조한다. 요컨대 바흐친은 문학사의 계기를 한 시대 사회의 구성원의 이데올로기로 본다. 이밖에 형식주의자들은 장르를 귀납적으로 인식하지만, 바흐친은 연역적으로 인식한다. 전자는 '작품들→장르의 방향'이고, 후자는 '장르→작품들의 방향'이다.

　이러한 러시아 형식주의 이론은 러시아에서 비판을 받으면서, 다른 지역 특히 체코와 폴란드의 문학 연구에 영향을 준다. 1921년 야콥슨이 프라하로 이주하면서, 러시아 형식주의는 프라하 학파와 밀접한 관계에 놓이고 티니아노프는 이곳을 자주 방문한다. 그리하여 프라하 학파는 문학 연구의 자율성, 시적 언어와 실제적 언어의 구별, 언어학적 모델의 강조 등 형식주의 이론의 기본 신조들을 수용하기에 이른다. 그리고 그들은 역동적 구조, 요소들의 위계 질서와 지배소, 문학적 역동성과 진화 등 형식주의 개념을 다시 정리하고 새롭게 발전시킨다.

　러시아 형식주의는 1930년대 폴란드 구조주의의 발전에 강력한 영향을 준다.

특히 형식주의의 핵심 개념인 문학 연구의 자율성 문제, 문학의 변별적 자질로서의 시적 언어의 문제는 '바르샤바' 학회와 '빌로' 학회에 지대한 영향을 준다. 그 결과 이들 학회에서는 폴란드 시의 운율과 문체를 집중적으로 연구하기 시작한다.

그런데 러시아 형식주의는 영미 신비평의 출발과 발전에는 직접적인 영향을 주지 않은 것으로 드러난다. 이들 두 이론 모두는 문학의 자율성, 문학의 언어적 양상에 초점을 두고 있기는 하다. 그러나 러시아 형식주의가 신실증주의 이데올로기를 수용하고 경험적 방법론에 의존하는 문학 비평을 강조한다면, 신비평은 문학 과학으로서의 실증주의에 대하여 회의적이다. 신비평은 문학적 담론의 환기적·정서적 기능에 관심을 집중하고 있는 것이다.

러시아 형식주의는, 빅토르 얼리치(V. Erlich)의 『러시아 형식주의-역사와 원리』(*Russian Formalism-History, Doctrine*, 1955), 츠베탕 토도로프(T. Todorov) (편) 『문학의 이론』(*Theory of Literature*, 1965) 등이 출판되면서 유럽 문학 연구에 큰 충격을 준다. 이 책들이 출판되면서 유럽에는 구조주의가 등장하고, 형식주의는 언어의 중심성, 언어학적 모델의 중요성에 대한 자각 운동이 새롭게 일어난 것이다. 말하자면 러시아 형식주의는 언어학과 직접적인 관계를 맺고, 그것이 프라그 언어학파로 수용되어 구조주의 문학 연구의 기초를 굳히게 된 것이다. 형식주의에서 중시한 형식(form)이 구조(structure)로 발전하게 되고, 시학을 언어학의 일부로 간주한 이론이 구조주의 문학으로 발전하게 된 것은 논리적 귀결이라고 할 수 있다. 또한 형식주의는 프랑스 구조주의자들인 츠베탕 토도로프(Tzvetan Todorov), 롤랑 바르트(Roland Barthes), 지라드 주네(Jean Genet)의 이론 정립에도 영향력을 행사한다. 형식주의와 구조주의가 공유할 수 있는 것은 예술에 대한 믿음, 문학에 있어서의 언어의 우위성에 대한 믿음이다. 또한 이들은 문학 비평을 언어 연구로 환언하고 도덕적·사회적 상관성을 거부하는 경향을 보여주고 있다.

이처럼 러시아 형식주의는 역사주의나 사회·문화적 비평의 방법으로는 해명할 수 없었던 작품 자체의 형식적 아름다움을 밝히는 데 적지 않은 기여를 하였다. 그러나 형식주의 비평이 서정시를 다루는 데에는 성공적인 성과를 거두었으나 소설을 다루는 데에는 크게 성공하지 못했음이 그 단점으로 지적된다. 형식주의 이론은 그만큼 시든 소설이든 짧은 형식에만 적용될 수 있고, 이론에 적절한 작품을 선별해야 한다는 데 문제가 있다. 이러한 단점은 러시아 형식주의의 언어 이론이 다른 영역으로까지 확대되지 못한 데 기인한다. 아무리 문학적 특수성을 중요시한다 하더라도 모든 문학 이론은 비문학적 문제에 대해서 적절한 이론을 전개하지 않으면 안 되는 것이다.

이러한 비판에도 불구하고 러시아 형식주의의 중요한 의의는, 그 동안 작품 외적인 조건에만 치중했던 비평적 태도를 극복하고, 문학을 독자적인 자율적 구조로 보았다는 데 있다. 형식주의는, 문학을 독립된 존재로 인정하지 않고 이념, 윤리, 어떤 목적의 수단으로 종속화 하려던 기존의 타성을 극복한 것이다. 그리하여 형식주의가 독자적인 존재성을 증명하고 이를 구체화하려고 객관적으로 노력했다는 점은 비평문학사상 참된 의미로 자리매김될 수 있다.

또한 1920년대 러시아 형식주의가 괄목할 만한 업적을 내놓은 것에 비하면, 프라그 언어학파들은 그만한 성과는 거두지 못했다고 평가할 수 있다. 그러나 프라그 언어학파들의 이론은 형식주의를 구조주의로 넘어가게 하는 교량적 역할을 담당했다. 이는 구조주의 인류학자인 레비 스트로스(Claude Levi-Strauss)가 트루베츠코이(Nikolai Trubetskoi)의 『음운론의 원리』(*Grundzugeder Phonologie*, 1939)를 그의 구조주의 인류학의 모델로 삼은 사실에서도 알 수 있다. 또 한 가지 지적해 두어야 할 사실은 야콥슨과 그의 프라그 언어학파의 동료인 르네 웰렉(Rene Wellek)이 미국으로 건너가, 그곳에서 더욱 활발한 연구 활동을 계속한 점이다. 웰렉과 웨렌(Autin Warren)의 공저 『문학의 이론』(*Theory of Literature*, 1942)은 이러한 이론의 명저로 알려져 있기도 하다.

참고문헌

Bakhtin, Mikhail, *Problems of Dostoevsky's*, R. W. Rorsel(trans). Ardis, Ann Arbor, 1973.

Bann, Stephen & Bowlt, John E.(eds.), *Russian Formalism*, Scottish Academic Press, Edinburgh, 1973.

Bennett, Tony, *Formalism and* Marxism, Methuen, London and New York, 1979.

Erlich, Victor, *Russian Formalism : History Doctrine*, 3rd edn, Yale Univ. Press, New Haven and London, 1981.

Frince, Gerald, *Dictionary of Narratology*, Univ. of Nebraska Press, 1987.

Galan, F. W., *Historic Doctrine : The Prague School. Project* 1928~1946, Univ. of Taxas Press, 1985.

Jameson, Fredric, *The Prison-house of Language : A Critic Account of Structuralism and Russia Formalism*, Princeton Univ. Press, Princeton, N. J. and Londor, 1972.

Jefferson, Ann, "Russian Formalism", *Modern Literary Theory, A Comparative Introduction*, Ann Jefferson and Davis Robey(eds.), Batsford, London, 2nd edn, 1986.

Lemon, Lee T. & Reis, Marion J.(eds.), *Russian Formalist Criticism : Four Essays*, Nebraska Univ. Press, Lincoln, 1965.

Matejka, Ladislav & Pomorska, Krystyna(eds.), *Reading in Russian Poetics : Formalist and Structuralist Views*, MIT Press, Cambridge, Mass., and London, 1971.

Medvedev, P. N. & Bakhtin, Mikhail, *The Formal Method in Literary Scholarship*, trans. A. J. Wehrle, Johns Hopkins Univ. Press, Baltimore and London, 1978.

Mukarovsky, Jan, *Aesthetic Function, Norm and Value as Social Facts*, M. E. Suino(trans.), Michigan Univ. press, Ann Ardor, 1979.

______, The Word and Verbal Art, Yale Univ., 1977.

Pike, christopher(ed.), *The Futurist, the Formalists, and the Marxist Critique*, Ink Links, London, 1979.

Scholes, Robert, *Structuralism in Literature*, 2nd edn, Yale Univ. Press, 1974.

Selden, R., "*Russian Formalism, Marxism and 'Relative Autonomy'*", Criticism, Mouton, The
    Hague, 1971.

Trosky, L., *Literature and Revolution*, Michigan Univ. Press, Ann Arbor, 1960

김성곤·류인정 역,『무카로브스키의 시학』, 현대문학, 1987.

박기용 역,『러시아 형식주의』, 문학과 지성사, 1985.

위미숙 역,『문학과 구조주의』, 새문사, 1987.

한기찬 역,『러시아 형식주의』, 청하, 1985.

츠베탕 토도르프 편, 김차수 역,『러시아 형식주의』, 이대출판부, 1988.

제2장 영미 신비평

1. 영미 신비평의 출발과 근본 개념

　영미 신비평은 20세기 영·미에서 가장 영향력을 행사하며 활발하게 움직인 비평이다. 비록 신비평의 움직임이 주로 영·미에 국한되는 것이긴 하나, 미국과 영국의 문학 교육에 끼친 영향이 지대하다는 것은 주지의 사실이다. 형식주의의 번영은 역사주의 방법의 후퇴에 많은 영향을 주었다. 신비평의 전개 과정은 세 단계로 나누어 고찰할 수 있다. 먼저, 1920년대 영국에서의 리쳐즈(I.A. Richards)와 엘리어트(T.S. Eliot)의 시론, 그리고 미국의 '도망자'(fugitives) '농본주의자'(agrarians)들의 새로운 문학 연구 방법론의 개진 등의 대두를 들 수 있다. 특히 '도망자' 동인들의 새로운 연구 방법론 실천은 신비평학파의 기본 원리를 마련해 주었다. 그리하여 신비평은 30년대에 와서 발전 확대되었고, 40년대와 50년대 초에 그 절정을 이루었다. 그러다가 50년대 말 새로운 비평의 도전으로 뒤로 물러났다. 그러나 50년대 말 신비평의 물러남은 완전한 사멸을 의미하는 것은 아니다. 다른 어떤 비평학파도 성취하지 못할 놀랄만한 업적을 남긴 신비평은 영원한 생명력을 간직하고 있다고 평가받을 수 있다.

특히 엘리어트는 그의 저술 『성스러운 숲』(*The Sacred Wood*, 1920) 가운데 한 논문인 「전통과 개인의 재능」(*Tradition and individual Talent*)에서, 형식주의자들의 세 가지 기본 태도를 밝히고 있다.

엘리어트에 의하면 첫째, 문학 전통 혹은 문학사는 결정적이거나 변경할 수 없는 것이 아니라, 새로운 작품의 출현에 따라 끊임없이 재조정되는 것이다. 과거는 결국 현재가 되는 것이며, 또 현재에 의하여 갱신되는 것이다. 둘째, 실제적이든, 예술가의 체험은 결국 그의 작품 속에 응축되어 있다. 그러므로 독자의 진정한 관심사가 되는 것은 작품을 만든 사람이 아니라, 작품 그 자체이다. 셋째, 예술가의 정서와 개성은 그 자체로서 중요한 것이 아니라 예술 작품 속에 융합되어 있을 때 중요해진다.

신비평가들의 공통된 특징은 문학 작품에 대한 철저한 정독과 분석이다. 그러므로 신비평을 일명 분석 비평(analytical criticism)이라고 하기도 한다. 그만큼 신비평은 작품을 작품으로서 분석함으로써 작품을 이해하는 것이다. 따라서 타설적(他設的) 이해의 경우와 같은 사회·심리 등의 일부로서 작품을 이해하는 것을 반대할 뿐 아니라, 작품이 독자의 반응 속에서 어떤 도덕적·심리적인 변화를 일으켰는가를 검토하는 것 또한 반대한다. 신비평은 곧, 자설적(自說的) 이해인 것이다.

문학 비평이 작자의 의도나 책략을 문제 삼으면 그것은 곧 의도적 오류(intentional fallacy)가 된다. 또한 작가의 본래의 의도와 작품에서 성취된 의도 사이에는 근본적이며 차이가 있으므로, 그것들을 혼동하는 데서 작품의 이해와 평가가 잘못된다는 것이 신비평가들의 주장이다. 작품의 본 뜻은 작가의 의도도 아니고 독자의 반응도 또한 아니라고 주장하는 데 이것이 바로 감정적 오류(affective fallacy)이다. 감정적 오류는 비평의 기준을 심리적 효과에서 끌어내리는 데서 시작하여 결국 인상주의나 상대주의에 머무를 경우가 많은 것이다. 이러한 신비평은 독자반응비평(reader response criticism)과 극단적인 대조를 이룬다.

이러한 신비평의 중심 개념을 살펴보면, 첫째, 문학 작품을 해설하지 말자는 것이다. 물론 해설이 전혀 쓸모 없는 행위는 아니지만, 작품의 내용이나 혹은 낱말들을 자세히 해석하는 데 중점을 두어서는 안 된다는 것이다. 해설이란 건물의 외관에 비유될 수 있으며, 이런 외관은 건물의 구조가 아니라 구조에 대한 이해이다. 따라서 신비평가들은 외관이 아니라 그 곳에 숨어 있는 심층적 구조를 이해해야 하는 것이다. 말하자면 신비평이 강조하는 것은 해설을 초월하는 어떤 것, 말해지지 않은 그 무엇을 인식하려는 노력이다. 둘째, 신비평은 문학 작품의 유기적 통일성을 강조한다. 그리하여 총체적인 의미들이 동시에 녹아 있는 작품 세계를 탐색한다. 셋째, 아이러니에 관심을 집중시킨다. 특히 시에 있어서 아이러니는 그 본질을 이룬다. 넷째, 신비평은 작품을 꼼꼼히 읽을 것을 요구한다. 시 속의 언어들을 외연과 내포의 관계에 유의하면서 자세히 읽지 않으면 아이러니, 패러독스, 다의성, 복잡성 등을 제대로 파악할 수 없다.

신비평이라는 용어는 랜섬(J.C. Ransom)의 『뉴크리티시즘』(*The New Criticism*, 1941)에서 비롯하였고, 거기에 관련된 대표적인 비평가들은 대부분 밴더빌트 대학을 중심으로 모인 소위 남부파(南部派, the southern school)들이다. 리쳐즈(I.A. Richards), 랜섬(J.C. Ransom), 엠프슨(W. Empson), 테이트(A. Tate), 웨렌(R.P. Warren), 비어즐리(M.C. Beardsley), 블랙머(R.P. Blackmur), 버어크(K. Burke), 윈터즈(Y. Winters) 등이다.

그리고 당시 신비평 이론을 소개하고 논의를 펼친 주된 잡지로는 틀리언스 브룩스(Cleanth Brooks)와 로버트 펜 웨렌(R.P. Warren)에 의해 간행된 ≪서던 리뷰≫(Southern Review), 랜섬에 의해 간행된 ≪케년 리뷰≫(Keynyon Review), 테이트에 의해 간행된 ≪시워니 리뷰≫(Sewanee Review) 등의 계간지가 있다. 또한 신비평 이론의 주된 흐름을 펼친 저서로는 르네 웰렉(René Wellek)과 오스틴 워렌(Oustin Warren)의 『문학의 이론』(*Theory of Literature*, 1949), 윔세트

(W.K. Wimsatt)의 『말로 만든 형상』(*The Verbal Icon*, 1954), 크리거(M. Krieger) 의 『시를 위한 새로운 변명』(*The New Apologist for Poetry*, 1956), 브룩스와 윔셋 의 『문학비평-하나의 짧은 역사』(*Literary Criticism-A short History*, 1957) 등을 꼽을 수 있다.

2. 자세히 읽기로서의 형식적 규약

신비평은 주로 짧은 시들을 자세히 읽음으로써 텍스트에 대한 냉철한 해석 을 얻어낸다. 신비평의 대표적 논문 가운데 하나인 윔세트과 버어즐리(M.C. Beardsley)의 「의도론적 오류」(*The Intentional Fallacy*, 1946)에서는, 기계 제작자 의 의도가 제품의 우수성 여부와 상관없는 것처럼, 작가의 의도는 작품의 성공 여부와 무관하다고 말한다. 때문에 비평가의 임무는 기계를 판단하는 것과 마 찬가지로 텍스트를 판단하고 그것이 효율적으로 작동하는가의 여부를 판단하 는 것이라는 논지를 펼친다. 이는 시를 자율적인 존재론적 대상으로 파악하자 는 의미를 담고 있는 것이다.

리쳐즈는 케임브리지대학의 문과생들의 시읽기 능력을 시험하였다. 그는, 시 의 제목과 작가를 숨기고 읽게 했고, 학생들의 시읽기 능력에 대단히 실망했다. 문장 해독의 결함, 개인적 선입견, 관습적인 반응, 자세히 읽어보는 지적 호기 심과 인내심의 부족 등을 발견한 것이다. 그리하여 리쳐즈는 해득 불능의 치유 방법으로 '자세히 읽기'를 제시한다. 그의 자세히 읽기의 방법을 소개하면 다음 과 같다.

첫째, 먼저 말뜻을 구분할 줄 알아야 한다. 단순한 사전적 의미, 느낌, 말투, 속뜻의 네 가지는 경우에 따라 어느 하나가 더 주도적으로 쓰이게 마련인데 이 네 가지를 모두 같은 방법으로 해석해서는 안 된다. 둘째, 비유적 언어를 제대 로 읽어야 한다. 시가 논리는 아니지만 시를 읽을 때 논리를 생각하지 않고 통넘에 의해 대강 읽어 넘기면 가치를 지니고 있는 사항들을 놓치게 된다. 셋째, 문법과 문자적 의미보다 말투 혹은 어조와 느낌의 의미를 중요하게 다루어야 한다. 독자는 시가 어떤 가상적 독자를 대상으로 하고 있는지, 말의 느낌은 어떤 지를 주의 깊게 살펴야 한다. 넷째, 시의 형식에 적절히 반응하면서 읽어야 한다. 특히 시의 느낌에 긴밀하게 연결되는 운율에 주의를 기울이면서 읽어야 한다. 다섯째, 단순한 연상과 습관적 반응을 피하여야 한다. '눈'이라는 시어만 나오면 순수함이나 정결함을 먼저 떠올리는 것은 적절하지 않은 단순한 연상이며, 습관적인 반응이다. 또한, 독립운동을 한 시인의 작품에 등장하는 시어는 식민지 현실 또는 독립 운동과 관련되는 것으로 해석하면 안 되는 것이다. 객관적 정황에 알맞지 않은 과다한 감정적 반응이나 과잉 감정은 부적절한 반응이다. 여섯째, 그릇된 문학관에서 벗어나야 한다. 편벽된 독서 취미나 잘못 배운 문학 이론은 자세히 읽기를 방해한다.

신비평은 시의 의미를 '구조'로 파악한다. 구조라는 것은 언어적·수사적·의미론적·철학적·심리학적 요소들의 통일된 복합체이다. 이 통일된 복합체로서의 구조는 상호 긴장, 조화, 일탈의 양상을 지닌다. 그리고 구조에 대한 해명은 종종 뜻겹침, 역설, 태도의 복잡성, 아이러니 등 발생을 설명하는 것과 관련을 맺는다. 따라서 신비평의 형식주의적 글읽기는 균형과 조화의 상태에서 상호 교직되는 수사적·의미론적·심리적·상징 체계로서의 극적 구성을 논증하는 것이다. 또한 신비평에서는 '은유'에 중요한 관심을 집중한다. 신비평에서 은유란, 단지 무엇인가를 꾸미고 설명하는 장식적인 도구의 차원을 넘어서 통찰의 수단이며 진실을 밝히는 것이다.

신비평의 근본 개념과 방법들, 특히 자세히 읽기의 실천은 많은 이론가들과 학생들을 사로잡으면서 비평계와 학계에 뚜렷하게 자리잡았다. 일반적으로 신비평의 자세히 읽기로서의 형식적 규약을 간추리면 다음과 같다.

우선 무엇보다도 텍스트를 선정함에 있어서 짧은 형이상학적인 시 또는 현대시를 택하도록 해야 한다. 따라서, 텍스트가 자율적이고 비역사적이며 공간적 대상물이라고 가정하는 것이다. 설사 텍스트가 아무리 얽히고 복잡하다고 하더라도 동시에 효율적이고 통일화되었다고 전제해야 한다. 그리고 각각의 텍스트에는 서로 갈등하는 힘을 지니고 있다고 믿고, 부조화와 갈등의 요소를 다스려 그에 따른 조화된 요소들의 균형과 통일 구조를 밝혀내야 한다. 역설과 뜻겹침, 아이러니는 통일화된 구조를 지켜주고 일탈을 막아주는 것임을 이해해야 한다. 텍스트와 그것의 의미론적·수사적 상호 관계의 다양성에 초점을 맞추고, 근본적으로 문학 언어는 은유이기 때문에 신비함을 간직하고 있다고 믿어야 한다. 마지막으로 몇 번이고 반복된 독서를 통하여 구조의 한 요소로서 내적인 의미를 탐색해 내야 한다. 반면 경계할 점은, 발생론적 비평 방법이나 수용 미학적 비평 방법론을 피해야 한다. 또한 쉽게 바꿔쓰기나 해설하기도 피해야 한다. 말하자면 시의 내용이나 낱말들을 상세하고 쉽게 풀어쓰는 행위를 피하자는 것이다.

따라서 신비평의 중심 개념과 방법론을 텍스트에 적용하기 위해서는 다음과 같은 질문에서 시작하는 것이 좋다.[1]

- 텍스트의 표제와 시는 어떤 관계에 있는가? 이런 질문에 대답하기 전에 비평가는 텍스트를 여러 번 읽어야 한다.
- 어떤 낱말들이 정의될 필요가 있는가?
- 어떤 낱말들이 어원의 해명을 요구하는가?
- 낱말들 사이에서 찾을 수 있는 관계 혹은 유형은 무엇인가?
- 낱말들이 소유하는 다양한 내포적 의미는 무엇인가? 이 다양한 의미들은 텍스트의 유형 혹은 관계를 형성함에 도움을 주는가?
- 텍스트 속에 어떤 인유들이 나오는가? 이 인유들의 근원을 추적하고, 인유

---

1) 이승훈, 「신비평」, 『현대비평이론』, 태학사, 2001, p.23.

의 기원이 텍스트의 의미 생산에 기여하는 양상을 설명하자.

· 어떤 상징, 이미지, 비유들이 사용되는가? 상징과 상징, 이미지와 이미지, 비유와 이미지들 사이에는 어떤 관계가 존재하는가?

· 운율적 요소는 무엇인가? 운, 율격, 연의 구조를 조사하자.

· 어떤 어조가 나타나는가?

· 어떤 시점에서 텍스트의 내용이 진술되는가?

· 어떤 긴장, 다의성, 역설이 나타나는가?

· 중심적 역설과 아이러니는 무엇인가?

· 모든 요소들이 어떻게 텍스트의 중심적 역설을 발전시키고 지탱하는가?

3. 러시아 형식주의와 영미 신비평

러시아 형식주의와 미국의 신비평 사이에는 직접적인 교류가 없고, 그 출발이나 배경 그리고 시대적 상황이 서로 다르지만, 그들의 이론 사이에는 몇 가지 비교 대조점이 발견된다.

첫째, 러시아 형식주의는 작가는 없고 작품만이 있을 뿐이라고 주장한다. 이 점은 일찍이 영미 신비평의 선구자인 엘리어트가, 참된 비평은 작가에게 가해질 것이 아니라 작품에 가해져야 한다고 말하고, 윔세트와 비어즐리는 작품 분석에서 작자의 의도를 고려해서는 안 된다고 주장한 이론과 일치한다. 문학 비평에서 작가를 배제한다는 것은 작가의 전기적 사실과 문학 작품과의 관계를 배제한 셈이 된다. 이처럼 작품 연구나 분석에서, 작가를 배제하고 작품 자체를 자율적, 독립적 실체로 보려고 한 점에서 러시아 형식주의와 영미 신비평이 같은 태도를 취하고 있다고 할 수 있다.

둘째, 러시아 형식주의는 문학 작품의 내용이나 사상성 문제는 중요시하지 않고 대신 형식과 수법을 중시한다. 마찬가지로 영미 신비평 역시 문학을 역사적·전기적 맥락에서 분리하여, 그 형식과 기법에 더욱 관심을 집중하고 있다. 이는 이들 비평 이론이 사상이나 의미를 중시하는 역사주의나 마르크스주의에 대립하는 입장을 취하고 있음을 알 수 있다. 그러나 바로, 사상성 문제에 있어서 러시아 형식주의와 영미 신비평은 차이를 보인다. 영미 신비평은 문학 작품이 사상을 논리적으로 표현할 수 없는 것으로 인정하지만, 그 사상을 전달하기 위해 존재하는 것으로 본다. 그래서 형식의 문제에 관심을 기울이는 것은 문학의 비논리적 의미를 발견하는 방법으로 간주한다. 반면, 러시아 형식주의는 사상이나 의미라는 것은 존재하지 않으며, 다만 문학 작품의 기능적 방법에 의하여 사용되는 재료의 부분으로서 문학에 들어갈 수 있을 뿐이라고 본다. 그래서 러시아 형식주의는 형식과 내용의 2분법 대신 재료와 방법이라는 개념으로 대체하고 있는데, 사상이나 의미 그리고 현실 등은 모두 문학의 재료가 된다.

셋째, 러시아 형식주의와 영미 신비평은 비평의 분야나 방법 면에서 두드러진 차이를 보인다. 영미 신비평은 이미지나 메타포를 시 자체라고 보고 있는 데 반하여, 러시아 형식주의는 이 점에서 비판적이다. 그들은 이미지라는 것도 방법의 한 가지로 보고 있는 것이다. 그리하여 영미 신비평은 이미지 분석을 중시하고 있는 반면, 러시아 형식주의는 음운 분석에 주력한다. 음운은 과학적으로 연구할 수 있는 문학의 요소이며, 여기서 문학의 구조 분석이라는 새로운 차원으로 나아갈 수 있는 길이 열린 것이다.

넷째, 영미 신비평은 구조주의 발생 및 발전에 대하여 아무런 연관성을 갖지 않는다. 그러나 러시아 형식주의는 언어학과 직접적인 관계를 맺고, 그것이 프라그 언어학파로 수용되어 구조주의 문학 연구의 기초를 닦게 한다. 러시아 형식주의에서 중시한 형식이 구조로 발전하고, 시학을 언어학의 일부로 간주한 이론이 구조주의 문학으로 발전하게 된 것이다. 소련의 문예학자 바흐친 학파는 러시아 형식주의 후기에 와서 형식주의와 마르크스주의의 결합을 시도한다.

여기서 러시아 형식주의는 기호학과 연결되어 구조주의 쪽으로 발전하고, 초기에 반마르크스주의적 입장에서 다시 마르크스주의 언어관과 결합이라는 방향으로 진전된 것이다.

4. 대표적 이론가와 이론

(1) 윔세트·비어즐리 — 의도적 오류와 감정적 오류

윔세트(W.K.Wimsatt. JR)는 문학 작품 자체에 초점을 맞추는 객관주의를 철저하게 주장한 비평가이다. 그는 비어즐리(Monróe C.Beardsley)와 함께 공동으로 「의도적 오류」(*The Intentional Fallacy*, 1946)와 「감정적 오류」 혹은 「영향적 오류」(*The Affective Fallacy*, 1949)라는 논문을 발표했다. 이 두 논문은 실증주의 이론의 대안을 위한 이론적 근거를 설정하려는 시도였다. 즉, 그 대안은 엄격한 객관성으로 문학 작품 특성을 분석하는 것이다. 따라서 윔세트와 비어즐리는 작가의 전기적 연구를 무시하고, 특정 독자들의 정서적 반응도 엄격하게 통제한다. 그 결과 문학 작품은 작가의 의도나 독자의 주관적 감정과는 상관없이 객관적으로 존재한다는 견해를 제시하게 된다. 이들은 다시 논문을 발전시켜 『언어적 도상』(*Verbal Icon*, 1954)을 공저하게 되는데, 이 책에서 의도적 오류와 감정적 오류라는 개념으로 신비평이 중점적으로 다루는 언어적 자율성의 세계를 해명한다. 다시 말하여 의도적 오류란 비평에서 작가나 시인의 의도를 찾으려는 것은 오류라는 것을 의미하고, 감정적 오류란 비평에서 독자의 영향을 찾으려는 것 역시 오류라는 의미이다. 왜냐하면 시는 비평가의 것도, 시인의 것도 아닌, 처음부터 그의 의도나 그의 통제 능력을 초월하는 세계로 발전하기 때문이다.

윔세트와 비어즐리의 기본적 논점은, 문학 텍스트는 특별한 종류의 텍스트이며, 비평의 임무는 이 특별한 성격을 설명하는 것이라는 데 있다. 이 목적을 위하여 그는, 반대되는 것들의 '화해'(the reconciliation of opposites)라는 리쳐즈(I.A.Richard)의 원리를 도용한다. 이 반대되는 것들의 화해는, 의도적 오류와 감정적 오류의 이론에서, 작가나 독자의 마음속에서 일어나는 사건으로서가 아니라, 텍스트의 의미나 구조에 관한 객관적 사실로 간주되어야만 한다는 것으로 발전한다. 윔세트와 비어즐리에 의하면, 시의 본질적 특성은 반대되는 것들의 화해나 조화에 있으며, 그것은 낱말의 객관적 의미의 객관적 조직이라는 형식을 취한다. 그와 같은 조직은, 일반적으로 다른 종류의 담론(discourse)들에서는 발견될 수 없음에도 불구하고, 우리 자신들과 세계에 대한 우리의 지식과 경험에 기여한다는 것이다. 그리고 이 조직의 특별한 형식으로, 윔세트와 비어즐리는 은유를 통한 유추의 사용을 예로 들고 있다. 참으로 훌륭한 은유는 문맥 가운데 두 대상이 명백하게 마주 대하고 있다는 견해를 제시하고 있다고 주장한 것이다.

나아가 윔세트와 비어즐리는 자신의 문학 관점을 미국의 행동주의자 모리스(C.W. Morris)의 기호학 이론에 접맥시킨다. 모리스의 연구는 오그덴(C.K. Ogden)과 리쳐즈가 『의미와 의미』(*The Meaning of Meaning*)에서 확립한 경험론적 전통을 따르고 있다. 따라서 윔세트가 사용하는 '도상적 혹은 말의 우상'(iconic)이라는 용어는 모리스의 '도상적 기호'와 '상징적 기호' 사이의 구분에서 도출해낸 것이다. 전자는 그 자체에 대상의 특성들을 드러내 보이는 특징을 지니며, 후자는 그렇지 않고 대신 그것이 지시하는 대상과 순전히 관습적인 관계를 가지는 신호이다. 그림들(pictures)은 도상적 상징들의 실례들이고, 반대로 의성어와 같은 한정된 경우를 제외한 각 단어들은 일반적으로 상징적 기호들이다.

윔세트는 모리스의 이론을 따르면서, 시의 뛰어난 특징 중의 하나는 언어가 지닌 도상적 혹은 직접적인 모방 능력을 이용하는 것이라고 주장한다. 이 주장을 단순하게 생각하면 의성어와 다른 류들의 '음성 상징'(sound symbolism)이 시의 본질적 특성을 이룬다는 것으로 이해할 수 있다. 그러나 언어의 도상적 기능이라는 윔세트의 개념은, 이것보다 훨씬 많은 것들을 포괄한다. 그는 시의 도상성은 운율 구조, 대조법과 같은 말의 여러 특질, 그리고 일반적으로 낱말들이 연속체로 배열되는 방식에서 나타난다고 주장하고 있는 것이다. 또한 그는 시적 언어에서 음성적·운율적·통사적·의미론적 병치의 서로 다른 유형들 사이의 의미 연결을 도상적으로 지적하면서, 이는 근본적으로 요소들 사이의 유추를 보여주거나 강화시켜주는 가운데 시의 커다란 효과가 발생되고 있다고 주장한다.

나아가 윔세트는 시의 아이러니를 강조하는데, 그는 리쳐즈의 이론을 따른다. 즉 리쳐즈는 아이러니를 모든 위대한 시의 특징이라고 주장했던 '반대되는 것의 유입'(the bringing in of the opposite)과 '보족적 충동'(complementary impulse)을 특징짓는 데 사용한다. 윔세트의 정의에 의하면, 아이러니는 파라독스를 통해 은유의 일반 원리로 조금씩 변해가는 인지 원리이다. 여기에서 아이러니는 유추적 혹은 은유적 관계의 유형을 포함하는, 아주 광범위한 의미로 사용되고 있음을 알 수 있다. 이는 아이러니라는 낱말이 보다 일상적으로 적용되는 효과, 곧 윔세트가 시의 중요한 부분이라고 생각한 효과와 본질적으로 유사한 효과를 유추 혹은 은유적 관계들이 만들어 낸다고 생각하기 때문이기도 하다.[2]

(2) 브룩스 — 시의 구조

1940년대 대표적인 신비평 이론가 브룩스(C. Brooks)는 엘리어트 이래로 신비평 원리를 종합하여 제시했다. 그는 랜섬(J.C. Ramsom)의 제자로서, 리쳐즈를 통하여 코울리지에 연결되는 이론을 도입하여 랜섬의 이론을 극복하였다. 즉

---

2) 박덕근, 『현대문학비평의 이론과 응용』, 새문사, 1994, p.79~80 참조.

그는 시를 심리학에 관련시키기를 거부하고 하나의 지식이나 인식(knowledge or cognition)으로 파악하고자 한 것이다. 이러한 브룩스의 비평 이론의 기본 사상은, 시를 하나의 유기적 구조체로 보는 것이다. 그는 워렌과 공동으로『시의 이해』(Understanding Poetry, 1938)를 간행했는데, 그 서문에서 시를 상호 관계의 유기적 조직체로 파악할 것을 주장했다. 그런데 시를 유기적 조직체로 보는 것은 비단 브룩스뿐만 아니라 일찍이 코울리지의 상상론에 영향을 받은 형식주의 비평가들의 일반적인 경향이기도 하다. 또한 서문의 '극적 상황'에서 브룩스는 시인을 하나의 제작자로 보고, 시에 특질이 부여되는 것은 시인의 상상력을 통한 제작 행위 때문이라고 말한다. 말하자면, 시에 쓰이는 소재는 극에 쓰이는 소재와 같아서 모든 소재가 종합되어 충분히 유기적인 작용을 할 때 작품으로서의 효과를 가져온다는 것이다. 이러한 관점 역시 엘리어트 이래 현대 형식주의 비평가들의 공통된 사상이기도 하다.

이어 브룩스는『현대시와 전통』(Modern Poetry and Tradition, 1939)을 통해 문학적 언어에 대한 관심을 기울일 것, 어조·분위기·목소리·은유·상징을 찾아내고 그 정당성을 밝힐 것, 내용과 의미에 통일성을 주는 형성 원리를 지각할 것, 작품을 존재하게 하는 창조적 과정을 공유할 것, 유기적 전체성을 긍정적으로 받아들일 것 등을 강조하였다. 또한 여기서 그는 '통합된 감수성'이라는 엘리어트의 개념을 중심으로 이상적인 문학사 이론을 발전시키려고 노력하였다. 이 책에서 그는 자신의 생각뿐만 아니라 랜섬, 테이트, 엘리어트의 이론들을 원용하고 있다. 그리하여 그는 랜섬의 이론 가운데 시는 복잡한 경험의 복잡한 언어라는 점, 추상적 과학과 구체적 시는 다르다는 점, 시의 기본은 아이러니라는 점 등을 원용한다. 그리고 테이트의 이론에서는 세심한 장인 정신을 주장하고 알레고리를 부정하는 점을 원용하고 있으며, 엘리어트 이론에서는 서정시의 극적 가능성·몰개성론·시적 진실을 보장하는 위트 등을 원용하고 있음을 본다.

이어서 브룩스는 『잘빚어진 항아리』(*The Well Wrought Urn*, 1947)를 펴낸다. 이 책은 그 부제에서 밝힌 바와 같이 시의 구조에 대한 연구이다. 시의 구조 가운데 부룩스는 특히 아이러니와 패러독스를 중요시한다. 이는 엘리어트의 통합된 감수성 이론, 리쳐즈의 포괄의 시 이론을 이어받아 그것을 패러독스의 시 이론으로 발전시켰다고 볼 수 있다. 브룩스의 이론에 따르면, 시에 쓰이는 여러 가지 요소가 통합되어 조화를 이루는 상황이 바로 아이러니와 패러독스의 상황이다. 브룩스는 시 안에서 여러 요소들이 병치되고 대조될 때, 그것이 동일 평면상에 또는 평행선에 나란히 놓이는 것이 아니라, 그 평면들이 계속 기울어져서 필연적으로 겹치고, 서로 어긋나고, 모순된다고 말한다. 때문에 워즈워드 같이 아주 직설적인 시인의 시도 불가피하게 역설의 결과를 빚어낼 수밖에 없다는 것이다. 따라서 브룩스는 시의 힘 또는 효과는 역설의 상황에서 발생한다고 말한다. 그런데 그 역설의 상황은 시의 소재에서 발생된 것이지만, 그것과는 별개의 제3의 의미라고 언급하면서, 그 시의 의미를 엘리어트의 말을 빌어 '병치된 언어'라고 규정한다.

뒤에 언급하겠지만, 리쳐즈는 예술가의 마음 속에 있는 충돌들을 조직한 시의 구조가 독자의 마음에 '충돌들의 균형'을 이룬다고 보았다. 그러나 브룩스는 독자를 배제하고 아이러니를 오직 시작품 속에 있는 상반적이고 상보적인 요소들의 균형에만 국한시켰다. 또한 그의 상반된 요소 중에는 리쳐즈의 태도들은 물론 내포(connotation)와 외연(denotation)도 들어있다. 다시 말하면, 브룩스는 초기 행동주의 심리학에 바탕을 둔 리쳐즈의 감정적 오류 혹은 영향론적 오류의 이론을 탈피하고 작품 자체의 역설적, 아이러니적 구조에만 집중하는 객관설을 표방했던 것이다. 이것은 그의 스승인 랜섬이 『신비평』(*The New Criticism*)에서 채택했던 노선을 따르고 있는 데 불과하다. 랜섬은 이 저술에서 리쳐즈의 충돌들의 균형은 사물을 아는 것이 아니라, 독자에게 정서적 또는 주관적인 상태를 유발시키는 것이 그 목적이라고 비판했던 것이다. 따라서 브룩스의 아이러니는 독자에게 미치는 시의 영향이 아니라 시의 구조적 원리인 것이다. 즉, 시는 독자의 아이러니의 관조(ironical contemplation)를 감당할 수 있어야 한다는 것이다.

브룩스의 아이러니와 패러독스의 이론은 리쳐즈의 이론과 큰 차이는 없지만, 그는 리쳐즈나 엘리어트보다 낭만주의 시에 더욱 관심을 보임으로써, 주로 낭만주의 시 가운데 좋은 시를 가려내는 데 이 역설의 이론을 적용하고 있음을 본다.

(3) 웰렉 ― 음체계의 언어 조직

웰렉(R. Wellk)의 중심 이론은 모든 작품은 의미를 발생하게 하는 음의 연속체라는 것이다. 따라서 음성층은 의미의 필요한 전제 조건이 된다. 다시 말하자면 산문을 포함한 모든 예술 작품에서 음의 층이 통합되어 미적 효과를 만드는데, 바로 이것이 음체계의 언어 조직이라는 것이다.

웰렉의 이론에 따르면, 음체계를 분석함에 있어서는 우선 음의 표현과 유형을 구별해야 한다. 그리고 음은 의미와 완전히 분리해서 분석해서도 안 된다. 일반적으로 음은 고유 요소와 상관적 요소라는 상반된 두 개의 면으로 구별되어진다. 고유 요소란 음악성 혹은 협화음(協和音)이라는 효과를 낳는 기본 바탕을 말하며, 상관적 요소란 음률과 운율의 기본 바탕이 될 수 있는 것으로 음도, 음의 지속, 강세, 반복의 빈도, 양적 특질 등을 부여하는 모든 요소들이다. 이러한 기본적 음질의 구별은 언어 현상의 모든 요소를 분리하는 구실을 하기 때문에 중요하다. 따라서 각 언어는 독자적인 음소 체계를 가지고 있으며, 작품의 전체 성격에 깊은 관여를 하면서 미학적으로 중요한 역할을 하고 있다.

계속해서 웰렉은, 모음 혹은 자음의 반복음의 유형과 모방음은 구별해야 한다고 말한다. 그는 근대 언어학자들의 견해인 의성어라는 특수한 어휘만을 제외하고는, 한 어휘가 사물이나 행동을 정확하게 표현해내지는 못한다고 본다.

그러므로 모방음의 세 가지 종류를 구별해야 한다고 말한다.

그것은 첫째, 자연계의 음을 실제로 묘사하는 것이다. 이와 같은 모방음은 정교한 조화음, 즉 전체적 관계 속에서 언어음에 어울리는 자연음의 재현음과는 구별되어야 한다는 것이다. 자연음의 재현은 언어 그 자체로서는 의성음적 효과를 낼 수 없으나 전체적 관계 속에서는 단어로서 재현될 수 있다고 한다. 또한 음상징이나 음은유는 단순한 의성음보다는 언어 체계 내에서 뜻이 강한 골상학(骨相學)으로 중요한 위치를 차지하고 있다고 한다. 이것은 시에 있어서 공감각적 결합과 연상으로 모든 언어에 침투되어 효과를 발휘하고 있다는 견해이다.

둘째, 웰렉은 음률과 운율을 구별해야 한다고 말한다. 음률은 일반적인 언어 현상이며 여기에는 두 가지 견해가 있다는 것이다. 하나는 음률과 운율을 동일시하는 경우로서, 산문의 음률이라고 하는 개념을 모순으로 간주하고 그것을 은유라고 보는 것이다. 다른 하나는 언어의 음률과 다양한 음악 현상에 관해 넓은 의미에서 산문은 일종의 음률, 장단, 강약의 운율을 갖고 있다는 것이다. 음률은 멜로디, 즉 음도(音度)의 연속에 의하여 결정되는 억양선과 밀접한 관계가 있기 때문에, 이 음률이란 용어는 음률과 멜로디를 포함할 정도로 광범위하게 사용되는 경우가 많다는 견해이다. 그리고 산문과 운문의 음률도 구별해야 할 것을 웰렉은 주장하고 있다.

셋째, 웰렉은 자신의 운율상 이론이 청감적 음률학으로 객관적 조사에 기초를 두고 있음을 밝힌다. 그리고 그는 청감적 운율법은 고저, 성고(聲高), 음색, 시간 등의 운율을 조직하는 여러 요소를 명백하게 해준다고 말한다. 그러나 러시아 형식주의자들은, 웰렉의 운율법은 의미를 무시하고 있으며, 의미를 무시한다는 것은 낱말과 구(句)의 개념을 포기하고 있다고 말한다. 따라서 그들은 이러한 웰렉의 이론 모두는 시의 음률의 기본적 단위를 잘못 판단하고 있는 것이라고 주장한다. 곧, 시의 음률을 연구할 때 러시아 형식주의자들 역시 유형과 언어상의 음률간의 관계에 통계학적 방법을 적용하고 있으나, 운문은 형식으로서 부여된 운율과 언어의 음률 사이에 있는 정선한 대위법적 유형이라고 주장하는 것이다. 그리고 그들은 운문이 일상용어에 부가된 '조직적 폭력'이기 때문에 음률상의 자극을 유형과 구별하고 있다. 곧, 유형은 정적이며 도식적인 것이고, 음률상의 자극은 동적이고 전진적인 것이라는 이론을 펼치고 있는 것이다.

(4) 리쳐즈 ― 시의 이원론

리쳐즈(I.A. Richards)는 형식주의 비평에 최초로 과학주의의 토대를 마련한 비평가이다. 그는 문학의 개념·해설·평가의 기초가 되는 철저한 텍스트 분석 방법을 중시하고, 문학 작품을 구성하는 언어에 대한 집중적인 관심을 표명함으로써 신비평의 방법론에 공헌하였다. 이러한 리쳐즈의 저술인 『문예 비평의 원리』(*Principle of Literary Criticism*, 1924)와 『실천 비평』(*Practical Criticism*, 1929)은 현대 신비평에 결정적인 영향을 주었다.

리쳐즈는 과학적 언어와 정서적 언어를 구별하고 있다. 그의 견해에 따르면, 과학과 시의 구별은 우선 그것을 주도하는 과학자와 시인의 사물에 대한 인식 태도, 즉 사고 방식에서 찾을 수 있다. 한 송이 꽃이 있을 경우 과학자는 그 꽃의 종류가 무엇이며 어떠한 생태를 가졌는가 하는 등의 식물학적 관점에서 이해하고자 할 것이다. 그러나 시인은 그 꽃이 나에게 어떤 의미와 느낌을 주는가 하는 자신의 심정적 태도를 보이려고 한다. 이와 같이 한 사물에 대한 인식이 과학자와 시인에게 있어서는 서로 상반된다고 할 수 있다.

또한 리쳐즈는 이질적이고 상반적인 충동들을 배제하는 배제시(poetry of exclusion)가 아니라, 자기 시각과 반대되는 시각에서 바라보는 '아이러니의 관조'(ironical contemplation)를 감당할 수 있는 포괄시(poetry of inclusion)를 옹호하였다. 이러한 시는 독자들의 '반대되지만 상보적인 충동들을 끌어들여' 균형을 이루는 아이러니의 시라고 리쳐즈는 주장했다. 나아가 이러한 시는 마치 청중들이 비극의 주인공에게 느끼는 연민과 공포를 통하여, 그들이 일상 생활 속에서 느꼈던 연민과 공포를 제거하는 아리스토텔레스의 카타르시스처럼, 독자에게 평화와 균형이라는 정신 건강을 안겨준다고 주장했다. 그리고 리쳐즈는 칸트가 『판단력 비판』에서 예술을 '무관심한 관조'라고 한 말을 원용하여 이 균형 상태를 '무관심한' 심리 상태라고 말했다. 이 상태는 사물을 한 관점이나 한 면에서만 보지 않고 모든 면에서 있는 그대로 보는 것이라는 정의다. 이러한 무관심한 관조를 가능하게 해주는 시의 구조가 바로 아이러니라는 것이다.

『문예 비평의 원리』에서 펼쳐지는 리쳐즈의 이론은 다음 네 가지로 요약할 수 있다.

첫째, 심미적 경험이라는 특별한 경험은 따로 존재하지 않는다. 예술적 감동은 본질적으로는 우리가 일상 생활에서 경험하는 것과는 관계가 없다. 둘째, 심미적 경험이란 신경 조직만의 충동이 균형을 유지한 상태이다. 이 상태를 자세(attitude)라고 한다. 셋째, 자세의 특징은 그 속에 상반하는 충동을 내포하면서 전체로서는 안정된 체계를 이루고 있다. 이는 코울리지가 제시한 "상반(相反)하거나 부조화한 여러 성질의 균형 또는 조화"3)와 접맥되기도 한다. 넷째, 예술적 감동은 태도의 주관적 인상이지만, 그것을 문학 용어로 고치면 아이러니가 된다. 즉 아이러니컬한 작품이 가장 예술적 감동을 불러일으키기 쉽다는 것이다.

한편 리쳐즈는 『문예 비평의 원리』에서 소위 감정적 오류론을 지지했음에도 불구하고, 『실천비평』에서는 시 자체의 다원적 의미를 부각시켰다. 리쳐즈는 케임브리지 대학생들에게 작가와 제목을 밝히지 않은 여러 편의 시를 나누어 주고 평론을 쓰게 했다. 그리하여 시가 주는 자극에 대한 적절한 반응이 아니라 습관적이고 틀에 박힌 반응을 이용하고 분석했다. 그가 시의 작가와 제목을 밝히지 않은 것은 의도적 오류를 배격함을 보여주고 있으며, 대학생들의 틀에

---

3) C. Brooks, *Modern Poetry and the Tradition*, N.Y, 1965, p.43.

박힌 반응을 비판한 것은 감정적 오류를 비판한 것이라 해석할 수 있다.

계속해서 리쳐즈는『실천 비평』에서 "우리는 외적인 기준으로 시의 수단을 정당하게 평가할 수 없다. 외적인 기준은 시가 처음에 의도했던 것을 성공적으로 수행함에 있어서 아무런 도움을 줄 수 없으며, 경우에 따라서는 결국 시가 시답게 되는 것에도 아무런 관련을 갖지 못할 수 있는 것이다."4)라고 말한다. 이것은 작품의 외적 사실을 중시하는 역사 · 전기 비평을 부정하고 작품 내적 자체에만 관심을 기울이는 형식주의 문학 연구 방법론을 중시한 견해인 것이다.

(5) 엠프슨 ─ 애매성의 일곱 가지 유형

시가 자기 동일성의 예술이라든지 존재의 표상이라고 할 때 그것은 필연적으로 주관적이며 낯선 발견의 언어일 수밖에 없다. 따라서 의미를 상징하는 언어는 일상의 용법을 벗어나 애매성(曖昧性, Ambiguit)을 지니게 마련이다. 리쳐즈는 언어의 두 가지 용법으로, 과학적 언어에서 요구되는 명료성과 시적 언어에서 요구되는 정서성을 들고 있다. 이러한 개념이 발전 심화된 것이 엠프슨(W. Empson)의『애매성의 일곱 가지 유형』(*Seven Types of Ambiguity*, 1930)이다. 엠프슨은, 시어에는 많은 의미가 내포되어 있어 다양하고 거의 무한한 의미로 분열될 가능성이 있다고 말한다. 또, 시어는 일상어와 달리 인간의 미묘한 감정을 묘사하는데, 인간의 감정 자체가 복잡한 만큼 중복, 당착, 모순을 가져올 수 있다고 하면서 시어의 애매성에 대해 언급하고 있다. 애매성은 함축적 의미의 언어가 사용되는 시에서, 상식적인 의미 외에 풍부한 암시성을 수반하거나 동시에 둘 이상의 의미를 드러낼 수 있는 융통성 · 복합적 의미 · 풍부한 의미라는 뜻을 지니고 있으며, 난해성과는 구별된다. 엠프슨의 애매성의 일곱 가지 유형을 살펴보면 다음과 같다.

---

4) I.A. Richards, *Principles of Literary Criticism*, Routledge & Kegan Paul Ltd., 1790, p. 211.

첫째, 한 낱말 또는 한 문장이 동시에 여러 방향으로 효과를 미치는 경우 — 이 유형은 기본 유형으로서 나머지 여섯 가지는 이것의 다른 면모이다. 둘째, 두 가지 이상의 의미가 다같이 시인이 의도한 어떤 뜻을 형성하는 데 공동으로 참여하여 작용하는 경우. 셋째, 일종의 동음이의어로, 한 낱말로 두 가지의 서로 다른 뜻이 표현되는 경우. 넷째, 서로 다른 의미들이 결합하여 시인의 착잡한 정신 상태를 나타내는 경우, 다섯째, 시인이 글을 쓰는 도중에 비로소 또 다른 자신의 생각을 발견해 낸다든가, 또는 시인이 자신의 생각을 파악하지 못했을 경우. 이때 시인이 이미 서술한 것을 다른 서술로 바꾸고자 한다면, 시인이 사용하는 비유가 정확하게 들어맞지 않을 수도 있을 것이다. 여섯째, 한 서술이 모순된다든가 적절하지 못하여 독자가 스스로 해석을 가해야 하는 경우. 이는 시인이 의도적으로 만들어 놓은 것이라고 생각할 수 있다. 일곱째, 한 진술이 근본적으로 서로 모순되어서 시인의 정신에 원천적으로 분열이 있음을 나타내는 경우 등이다.

사물의 실체를 파악하는 언어는 본질적으로 애매하거나 모호할 수밖에 없다. 그것은 명확하고 지시적인 일상어와는 달리 주관과 객관이 상호 반응하는 과정에서 이루어지며, 또 대상 그 자체가 항상 고정되어 있는 것이 아니라 유동적이기 때문이다. 일상어가 언어의 외연(外延)상 기능인 지시나 전달 위주의 언어라면, 시어는 그 규범을 벗어나는 면이 있다. 시어는 한 단어가 두 가지 또는 그 이상의 지시 내용을 의미하거나 또는 그 이상의 상이한 태도나 감정을 나타낸다. 그러므로 시어는 함축적이고 다의적이다.

이러한 시어는 필연적으로 개성적이 될 수밖에 없다. 그리고 시에 있어서 말의 뜻은 거의 언제나 말의 리듬이나 이미지 톤과 유기적으로 관련됨으로써만 시에 이바지하는 것이다. 따라서 현대시에 있어서 언어가 고정된 시어를 형성하고 있다는 말은 의미가 없다. 왜냐하면 시란 언어의 형식과 내용, 더욱 구체적으로 말하여 말의 소리와 뜻이 나눌 수 없을 만큼 하나가 되어 있음을 의미하기 때문이다.

(6) 테이트 ― 외연과 내포

언어학자들은 언어의 기능을 두 가지로 나누어 표시(denotation)와 함축
(connotation)으로 설명하는데 표시는 언어가 지닌 사적인 의미를 말하고, 함축
은 그 의미가 풍기는 분위기, 다양성, 암시성, 연상과 상징적인 의미까지를 뜻
한다. 이 표시와 함축이라는 언어의 두 기능은 다른 말로 해서 외연(extension)
과 내포(intension)가 된다. 또한 전자는 과학 용어에 해당하고 후자는 문학 용어
에 해당한다.

테이트(Allen Tate)는 랜섬의 제자이다. 그는 리쳐즈의 심리학적 의사과학주
의(pseudo-statement, 擬似科學主義)를 부정하여 과학의 진술을 반진술(半陳述,
hallf-statment)이라고 하면서, "시는 세계에 대해서 진정한 본질적인 종류의 지
식이며, 세계 현상의 참된 내용이며, 어떠한 변화에도 굴복하지 않는, 따라서
어느 시대에나 동일한 진실성을 가지고 인식된 것"5)이라 하여 시야말로 가장
완전한 인식의 체계라고 언급했다. 계속해서 테이트는 시의 속성으로 외연과
내포를 든다. 여기에서 '텐션'(tension)은 '긴장'이라는 뜻을 가진 비유적인 말로
써 신비평의 새로운 용어이다. 그리고 외연은 표시적 기능이며 내포는 암시적
기능이므로, 이는 랜섬의 틀인 구조(structure)와 결 혹은 조직(texture)이라는 이
원론과 유사한 것이라고 할 수 있다.

테이트는 시의 전체적 형식의 틀을 분석하면서, 랜섬과 마찬가지로 형이상
의 시를 이상적인 시로 본다. 또한 그는 훌륭한 시는 외연과 내포의 양 극단을
통일시킨 것이라고 말하고 있는데 유한의 이미지(외연)는 무한(내포)과는 논리
적으로는 모순되지만 그것이 의미를 무효화하지 않는다6)고 말한다. 이것은 엘

---

5) A. Tate(김수영 · 이상옥 역), 「시의 세 가지 유형」, 『현대 문학의 영역』, 중앙문화사,
   1962. p.150.

리어트가 말한 "사고와 감각의 통일"[7], 랜섬이 말한 구조와 조직의 통일이라는
의미와 상응하는 견해이기도 하다.

5. 신비평이 한국 문학 교육에 끼친 영향

서양의 많은 비평 방법 중에서 우리에게 가장 잘 알려진 비평 방법은 신비평
이다. 비평계와 학계에 큰 영향을 미친 신비평은 곧바로 문학 교육의 형장에
수용되어 우리의 문학 교육 특히 시교육에 지대한 영향을 끼친다. 이런 흐름은
초·중·고 그리고 대학교의 문학 교육 과정과 교과서로 파급되어 지금의 학
교 현장의 문학 교육과 관련한 교수 문화는 신비평적인 토대 위에 서 있다고
해도 과언이 아니다.

그러나 20세기 비평의 거대한 흐름이었던 신비평은 본고장인 미국에서 쇠퇴
의 길을 걸었고, 더불어 한국에서도 신비평은 문학 연구와 실천 비평에서 각각
한계를 드러내고 있다는 평가가 대두되었다. 이후 신비평에 관한 비판은 문학
연구나 실천 현장에서뿐 아니라 우리 문학 교육의 현장에서도 점점 그 강조가
거세졌다. 이에 여기서 신비평이 한국의 시교육에 끼친 공적과 그 비판적 논의
들을 살펴보고자 한다. 그리하여 앞으로의 바람직한 한국 문학 교육의 방향을
가늠해보기로 한다.[8]

(1) 신비평이 한국 시교육에 끼친 공적

신비평은 우리의 시교육, 즉 문학을 교실에서 가르칠 수 있는 과목으로 만드

---

6) A. Tate, 앞의 책, p.100.
7) T.S. Eliot, 'The Metaphysical Poets', Essays, Tokyo : Kenkyusha, 1951, p.161.
8) 권혁준, 「신비평이 한국 시교육에 미친 영향과 전망」, 『비평문학』10호, 한국비평문학
   회, 1996, pp.9~36 참조.

는 데 크게 기여했고 또 어느 정도 성공을 거둔 문학 비평 이론이었음에 틀림없다. 신비평이 대두되기 이전에는 시인의 전기적 사실이나 시구의 풀이를 바탕으로 작품을 감상하고 해설하거나, 인상주의와 주관적인 감상으로 일관한 시 교육 현장의 실정이었다. 그러던 것이 누구나 수긍할 수 있는 설명 가능한 신비평은 교사나 학생들 입장에서는 신선하고 새로운 방법론이었다.

문학 연구와 비평에서의 신비평의 공적은 무엇보다도 첫째, 문학 작품의 가치를 작품 자체로만 평가하여 문학의 위상을 높인 사실이다. 주관적인 인상에서 벗어나 작품을 있는 그대로 보고자 하는 태도가 바로 문학 비평의 본질적 작업이라고 한다면, 신비평은 문학 연구의 출발점으로서의 의미를 지니고 있는 것이며, 문학 교육의 출발점으로서도 의미를 지니는 것이라고 할 수 있을 것이다. 둘째, 신비평의 핵심 방법론인 '자세히 읽기'는 작품의 본문을 깊이 있고 객관적으로 이해할 수 있는 틀을 마련했다는 점이다.

(2) 신비평에 대한 비판적 견해

신비평이 문학 교육에 지대한 공헌을 한 것은 사실이지만 그에 못지 않게 많은 비판을 받고 있기도 하다. 그 비판들은 신비평 자체의 한계로 지적되는 것도 있고 신비평이 잘못 수용된 결과 초래한 측면도 있다. 즉 신비평의 본질보다는 문학 교육의 편리한 수단으로만 생각하여 기법만 수용한 결과 학습자의 능동적인 활동을 제약하고, 주입식 교육을 강화하여 오히려 시교육을 왜곡시켰다는 비판을 받고 있기도 하다. 이러한 신비평에 대한 비판을 들어보기로 한다.

① 문학 교육을 지식 교육화하였다는 비판

신비평이 문학 교육에 끼친 해악으로 가장 널리 비판받고 있는 말은 문학 수업을 단편적인 지식의 집합체로 만들어 '문학적 감동'을 실종시켰다는 것이다. 즉, 문학 교과 특히 시에 대한 공부는 시를 읽고 그 아름다움을 느끼며 시를 통하여 삶의 모습과 진실을 이해해야 하는데, 현실의 시교육은 시에 대한 지식을 전달하고 암기하는 수업이 되어 예술로서의 향기를 증발시켰다는 것이며, 그 대부분의 요인은 신비평 때문이라는 것이다. 그리고 문학 교육을 지식 교육화한 주요한 원인으로 신비평을 지목하는 논자들은, 지식의 요소로 기능하게 된 주요 요인을 신비평이 학문 중심 교육 과정과 결합하였기 때문인 것으로 본다.

그렇다면 지식 교육이란 무엇인가. 사실 우리의 학교 교육이 지식 교육에 치우치고 있다는 비판은 문학 교육뿐만 아니라, 우리 나라 교육계가 총체적으로 받아온 비판이기도 하다. 오늘날 교육이 실패했다고 생각하는 사람들의 대부분이 그 실패의 원인을 우리 나라 교육이 지식 교육을 너무 해왔다는 데서 찾고 있다. 말하자면, 오늘날 교육의 가장 큰 병폐는 지식 위주의 교육이며, 그 병폐를 시정하는 방법은 인간 교육, 가치관 교육, 정서 교육 등에서 찾아야 한다는 것이다. 그렇게 생각하는 사람들은 이때까지 교육은 지식을 열심히 가르쳐왔지만, 그 결과 배출된 사람들은 바람직한 태도와 가치관과 정서를 갖추고 있지 못하므로, 지식을 가르치는 일이 교육의 가장 중요한 일이라는 생각은 잘못된 것이라는 주장이다.

이러한 논리를 펴는 사람들의 구체적인 대안은 무엇인가? 이들은 지식을 가르치는 일에서 벗어난 다음 교육은 어떤 양상을 띠어도 좋다고 생각한다. 교사와의 인격적 감화로 가치관을 변화시키고, 예술적 활동을 통해 정서를 순화하며, 민족의 고유한 생활 방식인 김장 채를 써는 경험을 통해 민족애를 고취하는 것이 '책에 쓰인 이론'보다 몇 배나 큰 힘이 있다고 생각한다. 이러한 생각은 투사(投射, projection)라는 심리적 기제로 설명할 수 있다. 이 심리적 투사에 의한 호소는 그와 비슷한 경험을 한 사람에게는 널리 공감을 불러일으킬 수 있다. 그러나 심리적 기제에 의한 호소는 논리적 타당성을 인정할 수 없다.

이를 김장 채를 써는 경우와 관련하여 생각해 보자. 그러한 민족 고유의 생활 양식에 참여하는 사람들 중에 민족애를 느끼는 사람이 있기는 하겠지만 '모든' 사람들이 민족애를 느끼는 것은 아니다. 그렇게 되는 데는 반드시 어떤 '조건'이 필요한데, 그 조건이라는 것은 곧 김장 채를 써는 것과 민족애를 결부시키는 능력, 다시 말하면 김장 채를 써는 것을 민족애라는 관점으로 해석하는 능력이다. 교육은 바로 김장 채를 써는 경험의 의미를 해석하는 능력을 갖추도록 하는 일이다. 그러므로 오늘날 교육의 문제는 지식 교육 대신에 무슨 교육을 해야 하는가가 아니라, 지식 교육을 어떻게 하면 올바른 관점과 태도를 갖춘 인간이 길러지는가 하는 것으로 규정되어야 한다.9) 교육의 전반에 걸친 이 지적은 지식 교육에 치우치고 있다는 비판을 받고 있는 오늘날의 시교육에서도 올바른 '지식 교육'이란 무엇인가를 생각하게 한다.

오늘날의 시교육이 문학 작품에 관련된 정보와 이론만을 암기하는 시간으로 전락되었다는 비판의 소리가 드높고 그것은 많은 부분이 사실이다. 올바른 의미의 지식 교육에 관해서 부르너(Bruner)는 다음과 같이 말하고 있다.10) 그는 지식의 구조를 '학문의 기저를 이루고 있는 일반적인 아이디어' '기본 개념' '일반적 원리' 등과 동의어로 사용하고 있으며, 지식의 구조를 파악한다는 '한 가지 현상을 여러 가지 현상과의 관련에서 이해할 수 있게 되는 것'을 의미한다고 말한다. 그리고 지식 구조의 이점으로는 첫째 이해할 수 있고, 둘째 기억하기 쉽게 하고, 셋째 학습 이외의 사태에 적용할 수 있도록 하며, 넷째 구조를 학습함으로써 학생들은 해당 학문 분야의 첨단에서 그 학문을 발전시키는 학자들이 하는 일이나 그 일의 성과를 알 수 있게 된다고 한다.

문학 교육의 궁극의 목표가 문학을 즐기게 함으로써 정서를 순화하고 인간 정신을 고양시키는 것이라고 한다면 우선은 문학 작품을 해석하고 감상할 수 있는 능력을 길러주어야 한다. 즉 글로 씌여진 예술품을 사랑하는 마음을 갖고

---

9) 이홍우, 『교육과정연구』, 박영사, pp.9~12.

10) 위의 책, pp.61~64.

그 글이 어떻게 아름다운지를 즐기게 하려면, 문학 언어의 독특한 쓰임과 시에서의 기법·상징·비유 등이 어떻게 미적 효과를 나타내는지를 이해할 수 있어야 하며, 교실에서 학습하지 않은 다른 작품을 읽고서도 감상할 수 있는 능력이 있어야 하고, 나아가서는 문학 연구자들이나 비평가가 하는 일과 유사한 경험을 할 수 있어야 한다. 이것이 바로 문학 교육에서도 지식의 구조가 필요한 이유이며, 신비평이 문학을 학교에서도 가르칠 수 있는 과목으로 만들었다는 평가를 받는 이유이기도 하다.

여기서 부르너의 원리가 자연과학에는 타당할 수 있을지 모르나 풍부한 다양성과 역동성을 핵심으로 여기는 인문과학에서도 타당할 수 있겠는가 하는 의문을 제기할 수도 있을 것이다. 물론 지식의 구조를 가장 명료하게 적용할 수 있고 지식의 구조가 필수적인 학문, 예를 들면 시에서 운율에 관한 지식에 대해서 알게 되면 시의 음악적인 아름다움을 더 잘 맛볼 수 있으며, 그 시 전체에 대한 이해를 한층 깊게 할 수 있다. 율격의 종류에는 음보율·음수율·음성률이 있는데 우리 시에는 주로 음보율이 나타나고, 전통적으로 민요의 율격은 3음보이다. 김소월을 민요 시인이라고 하기도 한다는 등의 지식을 알면 막연히 느껴지던 리듬감과 감흥이 더 명료해질 것이다. 또한 상징·비유(은유)·역설·아이러니 등 기법들은 이러한 용어로 규정해 놓지 않으면 비평가는 어떤 시가 감동을 주는 이유를 설명할 수 없고, 학습자 또한 그런 문학 현상들을 이해하기 어렵게 된다.

다만 지식이 작품의 이해와 감상에 도움을 주지 못하고 활동과 지식이 분리되어 개념이 그 자체로 교수-학습되고 있다면 이는 문제가 될 수 있다. 문학의 지식은 학습자의 이해 및 감상 활동과 역동적으로 상호 조응될 때 그 가치가 있는 것이다. 가령, 시에서 '비유'는 아주 중요한 개념인데, 시교육의 현장에서 비유의 종류나 원 관념과 보조 관념의 의미 따위가 시텍스트와 무관하게 교수-학습되는 것은 아무런 의미가 없다. 비유를 통해 의미가 어떻게 연결되고 확장되는지를 알도록 해야 한다. '어느 가을 이른 바람에/여기 저기 떨어지는 잎처럼/한 가지에 나고 가는 곳 모르겠구나'(월명사의 「제망매가」)에서 '떨어지는 잎처럼'이 직유법이고 '잎'이 죽은 누이를 뜻하는 것임을 아는 것은 별 의미가 없다. 이 비유를 통해 나뭇잎이 바람에 불려 날아가는 시각적 이미지와 누이의 무상하고 허무한 요절이 하나로 결합되는 묘미와 나뭇잎이 새싹으로 태어날 수 있듯이 누이가 미타찰에서 왕생할 수 있다는 것을 깨닫는 것이 더 중요한 것이다.

시교육에서 개념적 지식의 부정적인 측면을 강조하는 논자들은 좋으면 즐기고 싫으면 슬그머니 던져두어도 좋은 시가 이렇게 고이고 있는 것은 시험 때문이며, 좋은 작품을 많이 읽히면 그것으로 시교육은 만족할 수 있다는 주장을 한다. 그 동안의 문학 교육의 실상을 볼 때 이런 주장을 하는 논자들의 심정은 충분히 이해할 수 있다. 우리 시교육은 입시 문제와 관련되어 본말이 전도된 교육을 실시한 것은 부정할 수 없는 사실이다. 그 결과 시를 좋아하기는커녕 싫어하거나 두려워하도록 만드는 역할을 하게 했다는 사실도 인정해야만 할 것이다. 그러나 이처럼 제도와 정책이 잘못되었다고 해서 시교육 자체를 포기할 수는 없다. 시교육이 잘못된 원인이 제도와 정책 때문이라면, 제도를 고쳐야지 시교육 자체를 포기할 수는 없는 것이다.

시를 감상의 대상으로만 보는 관점은 문학을 학문의 대상으로 생각하지 않을 뿐만 아니라 문학은 가르칠 수 없는 것이라는 전제에서 출발한 것이다. 이런 시교육은 한 독자의 감성적 반응에 그치게 함으로써 시교육을 개인의 감상 차원이나 인상 비평의 수준으로 격하시킬 수 있다. 물론 어떤 시인은 문학에 관한 교육을 받지 않은 채, 좋은 시를 무조건 많이 읽고 많이 써본 결과 높은 경지에 도달한 경우도 있을 것이다. 그것은 특별한 재능을 지닌 일부의 예에 지나지 않는다. 많은 평범한 사람들은 좋은 시를 경험시키는 것과 아울러 시를 더 잘 알게 하고 해석하게 하기 위하여 무엇인가를 가르치지 않을 수 없다. "문학 지식들은 학생들의 자발성을 해치는 것"11)이라는 논리 앞에서는 어려운 고전이나 이미지 중심의 시는 수업이 불가능해질 수밖에 없다.

오늘날까지 우리 나라에서 신비평은 문학 교육을 지식 교육화하는 데 큰 영향을 미친 것은 사실이다. 이제 신비평은 고형화된 지식, 이해의 대상이 아닌 암기의 대상이 되는 지식이 되어서는 안 된다. 신비평은 그 개념이 시를 풍부히 이해하고 감상하는 역할과 기능을 할 수 있도록 세심하게 고려해야 하며, 문학의 교수나 연구가 모두 정답의 탐구와는 거리가 멀 수밖에 없다는 점을 인정해야 할 것이다.

② 사회 역사적 환경과의 관련을 무시했다는 비판

신비평에 관한 학계, 문학계의 평가로 중요하게 생각해 보아야 할 것은 신비평이 문학 작품을 자기 충족적 실재물로 보아 사회 역사적 환경과 관련을 무시했다는 점이다. 신비평 이론의 가장 중요한 전제는 작품을 독자적인 하나의 실체로 본다는 것이다. 대표적인 이론이 유기체론인데, 유기체론이란 시를 유기적 통일성의 세계로 간주하는 태도이다. 이 유기체론은 텍스트를 그 자체로 완결된 자율적 실체로 간주하는 자율성 이론의 바탕이 되었고 그 결과 신비평의 가장 중요한 방법론인 텍스트에 대한 정독(Close Reading)을 유발하게 하였다. 시를 하나의 유기체로 보는 관점은 작품이 작품 자체로 필요 충분한 모든 것을 갖추었다는 관점이며, 독자가 그 작품 밖의 사실을 모르더라도, 즉 작품 자체만 가지고도 시를 완전히 이해하고 해석·평가할 수 있어야 한다는 것이다. 다시 말하면 시는 오로지 시로서 다루어야 한다는 점을 강조하는 것이며, 이런 태도는 시를 자족적 실체로 간주하는 태도를 낳게 되었다.

작품 해석에 있어서, 시와 그 근원을 혼동하는 것, 비평의 기준을 작가의 심

---

11) 경규진, 「반응중심 문학 교육의 방법 연구」, 서울대 국어교육과 박사학위 논문, 1993, p.67.

리적 원인에서 끌어내려는 시도에서 출발하여 전기와 상대주의로 끝나는 것을 의도주의의 오류라고 한다. 그리고 시와 그 결과를 혼동하는 것, 비평의 기준을 독자의 심리적 영향에서 끌어내려는 시도에서 출발하여 인상주의와 상대주의로 끝나는 것을 영향주의의 오류라고 한다. 이러한 의도주의의 오류와 영향주의의 오류를 배제하는 태도는 바로 문학을 자족적 실체로 보기 때문이다. 그러나 이들이 주장하는 바가 저자나 역사적 배경, 원문이 독자에게 미치는 영향 등의 요소를 전적으로 배제하자는 것은 아니다. 의도주의의 오류를 지적하는 입장에서는 작가에 관한 흥미를 금지하는 것이 아니라 시인의 의도 자체, 시인의 정신 그 자체로 시를 해석하거나 평가하는 태도를 경계하는 것이다. 영향주의의 오류를 지적하는 것 역시 영향은 작품의 평가에 있어 빼놓을 수 없는 요소란 것은 분명하나 영향 자체가 작품을 평가하는 기준이 되어서는 안 된다는 것이다. 즉 작품에서 받은 영향은 독자마다 다를 수밖에 없으므로 순전히 영향에다 작품 평가의 기준을 두는 것은 극단적 인상주의 및 상대주의에 빠지게 된다는 것이다.

그러나 후에 신비평을 공격하는 많은 사람들이 주로 문제를 삼는 부분은 바로 신비평이 작품을 역사와 사회와의 관련을 무시함으로써 문학이 그 본질로써 가지고 있는 사상성을 탈색시켰다는 점이다.

신비평은 처음부터 역사성과 사회성을 배제하려는 의도를 가지고 있지 않다. "뉴크리티시즘은 '역사적 방법'을 반대하지 역사를 제외한 적이 없다. 역사를 어떻게 비평적으로 활용하느냐에 뉴크리티시즘은 언제나 관심을 가졌다."12) "역사가 방법론적으로 등장하기를 그쳤을 뿐이며, 문학 텍스트를 삼켜버리지 않게 되었을 뿐이다."13)

---

12) 브룩스는 엘리어트의 『황무지』에 대한 해설에서 어구 및 심상의 분석, 주제의 변용 과정 등과 함께 필요한 역사적 배경 설명(중세의 성배 전설 등)도 균형 있게 다루고 있다.
13) Allane Tate, The President Function of Criticism, *Essays of Four Decades*, Chicago :

신비평은 역사적 환경이나 작품 외적인 사실을 전혀 무시한 것은 아니다. 리쳐즈나 랜섬이 미의 본질을 새로운 시각에서 탐구하기 직전인 19세기 말과 20세기 초의 영미 비평의 경향은 문헌 고증주의, 언어적·주석적 방법, 중세 문헌의 원전 비판, 자질구레한 사실들의 확인에 골몰했던 실증주의적 역사주의, 문인의 사생활 등의 문학적 소문이 비평을 대신하고 있었다. 리쳐즈와 랜섬의 후예들인 뉴크리틱들은 그 당시의 지나치게 작품 외적인 사실에 시시콜콜 매어달리는 풍토에 반발하였기 때문에 작품 자체에 훨씬 더 많은 관심을 쏟았을 뿐이었다.

'작품의 의미는 작품 자체에 있다'거나 '작가의 의도에 관심을 두지 말라, 독자의 감동의 정도로 작품을 평가할 수 없다'는 등의 말을 축자적인 의미로 이해하여 신비평은 독자의 능동적인 해석의 여지가 없는 이론이라거나 신비평이 수동적인 읽기만을 강요한다는 말, 또는 독자는 작자에 부속되어 있을 따름이라는 비판은 신비평의 총체상을 축소시키는 것이다. 웜세트가 작품 해석에 있어서 작가의 의도를 배제하려고 했던 것은 당시에 지나친 주석 위주의 훈고적인 해석과 작품 자체보다는 작가의 자질구레한 일상사를 더 중시하는 비평계에 경종을 울리기 위한 의도였다고 보아야 한다. 브룩스는 아류 모방자들에 의하여 뉴크리티시즘이 무미건조한 기계적 작업으로 타락한 경우가 적지 않은 것을 걱정한다.14)

그런데 신비평이 비역사적이며, 탈이데올로기에 공헌하기 때문에 비평 이론으로써 한계를 가진다는 이런 관점은 우리 나라 연구자들에게도 널리 퍼져 있는 것 같다. "신비평은 작품을 역사·사회·이데올로기와 절연함으로써 삶과 문학의 풍부한 내적 관련을 의도적으로 배제하여 문학에 대한 기형적인 인식을 초래하였다."15)던지 신비평은 "문학이 지닌 인간적 의미, 사회적 기능과 효

The Swallow Press, 1968, p.202(이상섭, 복합성의 시학, p.128에서 재인용.)

14) 이상섭, 『복합성의 시학 −뉴크리티시즘 연구』, 민음사, 1987. p.178.

15) 김상욱, 「신비평과 소설 교육 방법의 재검토」, 『국어교육』 79~80호, 한국국어교육연

과에 대해서는 무관심한 일부 소수층의 탐미주의 예술을 위한 예술주의의 부활"16)로 보면서 이를 아예 무시해버리려는 경향도 있었다는 견해가 바로 그것이다.

이런 주장이 문학 교육의 범주에 들어오면 신비평 이론이 이데올로기 문제에 관심을 두지 않고 그 이유로, 당대 사회의 상황을 외면한 결과 리얼리즘 계열의 작품이나 민족 문학 계열의 작품은 제외되고 순수 문학 위주로 선정되었다는 진술이 가능하게 된다. 또 이런 관점이 연장되면 다음과 같은 진술도 가능할 것이다.

역사와 사회, 이데올로기에 관심이 없다는 이유로 신비평의 가치를 폄하하려는 이런 주장들은 하나의 비평 이론에게 너무 많은 것을 기대하고 있는 것이 아닌가 하는 생각이 든다. 분명히 신비평은 작품의 사상성이나 내용에 관심을 덜 기울이는 것이 사실이다. 그러나 그것이 비평 이론으로서의 한계일 수는 없다. 문학의 어떤 비평 이론도 모든 것을 해결해 줄 수는 없다. 윔세트-비어즐리의 의도 주의에 대한 논문이 발표된 이래 오고 간 수많은 찬반 논쟁 가운데에는 예술은 인생과 무관하다는 투의 낡은 탐미주의적 입장에서 엉뚱하게 찬성하는 사람도 있고, 반대로 인생과 예술은 밀접한 관계가 있다는 너무도 거칠게 상식적인 입장에서 반대하는 사람도 있었다17)고 한다.

작품을 볼 때 작가의 의도와 관련지어 보느냐, 있는 그대로의 작품을 보느냐에 관한 문제를 예술이 인생과 관계가 어떠하냐로 그 가치를 판단할 수 없는 것과 마찬가지로 비평 이론으로서의 가치를 삶과 역사의 문제를 포괄하지 못한다는 관점에서 폄하할 수는 없다. 문학 작품 안에는 분명히 인간의 역사도

구회, 1993, p.325.

16) L.S.Dembo, *Prefatory Note, Directions for Criticism : Structuralism and Its Alteratives*, ed., Murray Krieger &L.S.Dembo. Madison : Uof Wisconsin. p.1977, vii(장경렬, 「신비평 여전히 무엇이 문제인가」, 『현대 비평과 이론』, p.114에서 재인용.)

17) 이상섭, 『자세히 읽기로서의 비평』, 문학과지성사, 1988, p.205.

사회도 삶도 들어 있는 것이겠지만, 그것들이 어떻게 반영되어 있는가에 관한 질문은 다른 방법으로 평가할 수 있다.

③ 지나친 분석으로 시 감상을 방해한다는 비판

신비평에 관한 비판 주에서 시교육의 방법과 본질적인 관련이 있는 문제가 신비평이 지나친 분석 위주의 비평으로 시가 지닌 생명력을 말살한다는 것이다. 문학 예술의 교육이란, 인간이 지닌 정서의 자질을 이끌어내고 그것을 일층 세련시키며 나아가 그것을 우리의 삶 속에 이끌어들여 보다 윤택한 삶을 누리게 하는 활동인데, 분석적 시교육은 시 속에서 정서를 배우고 가르치는 데 오히려 장애물이 된다는 것이다.

신비평가들이 자세히 읽기를 고안한 이유는 바로 학생들에게 시를 잘 읽을 수 있도록 하기 위해서였다. 신비평가들의 비평문 작성 방법에도 지대한 영향을 끼친 엘리어트는 오히려 그 전 시대의 지나친 분석적 비평가들을 '레몬즙 짜내기'라라고 비꼬았다. 뉴크리틱들은 '레몬즙 짜내기'를 유행시킨 것이 사실인데, 이는 주로 리쳐즈와 엠프슨에게서 배운 것이었다.[18] 특히 랜섬과 브룩스는 미국 남부의 감리교회 목사의 아들로 태어나 개신교 목사의 세밀한 성경 해석을 들으면서 자라났는데, 이들의 철저한 언어 분석 방법은 개신교의 성경 해석에서 영향받은 바 크다.

로버트 스콜즈는 문학 교육 과정이 섭렵과 주해의 원칙으로 이루어졌음을 지적하면서 꼼꼼히 읽기로 표현되는 주해 위주의 문학 교육의 폐해에 대해 다음과 같이 말한다.[19]

---

18) 이상섭, 앞의 책, p.23.
19) Robert Scholes, Toward a Curriculum in Textual Studies, in Henricksen, Bruce & Morgan, T.E. ed., *Reorientations : Critical Theory & Pedagogies*, Univ. of Illinois Press, 1990, p.95.(정재찬,「문학 교육의 지배적 담론과 신비평」,『현대 비평과 이론』 10월호, 1995 가을·겨울, 한신문화사, p.84에서 재인용.)

첫째, 주해는 적극적이고 비판적인 읽기 방식이라기보다는 학생들로 하여금 수동적이고 수용적인 주체 위치에 이르는 방식으로 되어 버리기 때문에 이러한 체제에서 텍스트 읽기/쓰기의 즐거움은 기대될 수 없다.

둘째, 주해의 대표적 방식으로서의 꼼꼼히 읽기는 속도가 느린 읽기를 의미하기 때문에 독자가 친근하게 될 수 있는 텍스트의 수효를 줄이게 되는 셈이다. 따라서 학습자는 정전조차 섭렵하기 어렵기 때문에 새로운 문학관에 도달할 만큼 새로운 문학적 체험을 획득할 수 없다.

셋째, 꼼꼼하게 읽기는 제한된 양의 텍스트는 해독이 가능하지만, 그것으로 열리지 않는 텍스트는 거부될 가능성이 크다.

넷째, 따라서 전통적인 정전을 넘어 전망을 확대하고자 하더라도, 제한식(制限食)에 길들여진 자에게 새로운 텍스트가 주는 영향소는 섭취되기 어렵다.

위의 글은 주입식 교육의 폐해와도 일치하는 바가 있어서 상당히 설득력 있는 말 같기도 하다. 그러나 다시 생각해 보면, 이 주장은 문학 교육 불가능론으로 치달릴 위험을 포함하고 있음을 알게 된다.

리쳐즈가 자세히 읽기라는 시 해독 방법을 문학 교육에 적용한 목적은, 시를 해독하기 어려운 학생들에게 시를 이해할 수 있도록 하기 위한 것이었으며, 오독을 하지 않도록 도와주기 위해서였다. 따라서 몇 가지의 시라도 세밀하게 읽는 훈련을 함으로써 시의 문법을 파악하고 해석하는 능력을 기르는 데 활용한다면 자세히 읽기는 시교육에 유용한 방법이 될 수 있다. 전이력(轉移力)이 생겨야만 다른 텍스트도 잘 읽을 수 있게 되며, 만약 이런 능력이 길러진다면 스스로 좋은 시를 찾아 읽게 될 것이기 때문에 장기적으로 보면 독자가 친근하게 접할 수 있는 텍스트의 수효를 줄이는 것은 아니다. 그러나 아주 난해한 작품이나 새로운 기법을 사용한 시의 경우에 전에 읽힌 시의 문법이 시 해독에 전혀 도움이 되지 않는 경우도 있을 수 있다. 그러나 이렇게 새로운 텍스트는 자세히 읽기가 아닌 어떤 방법으로도 열릴 가능성은 적다.

결국 문학 작품을 읽는 능력은 전에 익힌 독법이나 배경 지식을 활용하며 읽어야 하는데 그런 사전 지식으로도 읽히지 않으면, 새로운 독법을 익히는 수밖에 없다.[20] 어떤 비평 이론이나 문학 교육 이론도 모든 텍스트를 해독하는 열쇠를 주지는 못한다. 텍스트 자체를 못 읽거나 잘못 읽는다면 비판적 읽기는 애초에 불가능하다. 그러므로 세밀하게 주해된 시를 주해에 의존해서 읽는 방법은 수동적인 읽기를 조장할 염려가 있지만 자세히 읽기 자체가 수동적이고 수용적인 방식의 읽기를 조장한다고 볼 수는 없다. 적극적이며 비판적인 독서는 일단 텍스트의 의미를 파악한 다음 단계에 가능한 것이다. 또한 우리가 대상으로 하는 학습자들은 미숙한 학생들이다. 문학 교육의 1차적 목표가 그들에게 시를 읽고 해석, 감상할 수 있는 능력을 키워주는 것이라고 할 때, 이들에게 '새로운 문학관'에 도달하기를 기대하는 것은 무리라고 생각한다.

그런데 신비평은 '무엇을 가르칠 것인가'에 대한 고민보다는 '어떻게 가르칠 것인가'에 대한 고민의 응답이라는 한계를 가지고 있다는 사실을 염두에 두지 않을 수 없다. 문학 교육에서 시의 가치를 평가하고 문학 작품을 읽고 삶의 한 세계를 경험하는 일은 매우 가치 있는 일이다. 그러므로 신비평에게 과도하게 의존해 온 문학 교육 자체는 충분한 반성의 대상이 된다. 시의 가치를 평가하고 해명하는 일은 신비평이 아닌 다른 이론의 도움도 반드시 필요하다. 어떤 비평 방법이든 어떤 문학 연구 방법이든 한 가지 방법만이 유용하고 교육의 현장에서 기능한다고 하는 생각은 잘못이다. 신비평만이 시교육의 모든 수단일 수는 없다. 신비평은 문학 교육의 다양한 방법 중 한 부분이며 특히 시 이해의 초기 단계에 유용한 이론일 뿐인 것이다.

---

20) 브룩스는 어려운 현대시의 비평이 자세한 해석에 기초하지 않을 수 없다고 주장하면서, '난해하다는 공격에 대한 최선의 방비책은 자세한 해석을 제시하는 것'이라고 말한 바 있다. Cleanth Brooks, Preface, *Modern Poetry and Tradition*, 1939, N.Y : Okpord University Press, 1965, xxxi.(이상섭, 앞의 책, p.134에서 재인용.)

(3) 신비평 이론의 시교육적 적용 방향

① 시교육의 지향점

신비평이 시교육에 어떤 시사점을 준다면, 그것은 '어떻게 가르칠 것인가'에 대한 고민이지 '무엇을 가르칠 것인가'에 관한 것은 아니다. 신비평 이론의 시교육적 방향을 모색하는 후자에 관계되는 사항은 다른 기준에 조회를 해보아야 한다는 점을 전제하고 시작하는 것이다.

시를 즐기는 능력은 저절로 생기는 것이 아니고 반복되는 훈련과 학습에 의해서 가능하다는 것이 문학 교육의 전제이다. 또한 학습자가 시를 이해하는 능력의 수준은 매우 다양하며, 시텍스트 또한 한 번 읽어서 쉽게 이해되는 시가 있는가 하면 주의를 기울여 여러 번 읽어도 이해가 되지 않는 난해한 작품도 있다. 가령 김소월의 「엄마야 누나야」 정도의 시는 읽기만 하여도 내용을 이해할 수 있고 미적 감정을 느껴 향유할 수 있지만, 김수영의 「폭포」는 그냥 읽기만 해서는 쉽게 감동하거나 공감하기는 어렵다. 때문에 시를 읽는 법을 배워야 하며, 학습과 훈련에 의해 시를 이해하는 수준을 높여야 한다. 신비평에서는 자세히 읽어서 과학적으로 분석하면 스스로 의미를 파악하는 능력을 길러지게 된다고 말한다.

시교육은 시의 향유와 분석으로 요약되는 목적을 지향해야 한다. 시를 즐기게 함으로써 정서 순화의 효과를 얻는 것과 시텍스트를 분석하여 과학적·학문적 태도를 성장시켜 주는 것, 이 모두를 달성하는 것이 시교육의 목적이 되는 것이다. 시의 향유와 이해를 시교육의 목표로 삼는다면, 그 다음에는 시 자체의 언어와 기법·상징·비유 등이 어떻게 어울려 미적 효과를 나타내는지를 탐색하게 될 것이다.

② 시교육 현장에서의 활용 방향

· 기초적인 개념 지도

문학 작품의 올바른 이해를 위해서는 텍스트를 분석할 수 있는 비평의 기초 지식을 익히도록 해야 한다. 개념은 문학의 현상들에 대한 이론적 탐색의 집약된 결과를 특정한 용어로 표현한 것이고, 시의 다양하고 복잡한 양상들을 쉽게 설명하고 이해할 수 있게 하기 위해 설정된 것이다. 문학 작품은 학습자 스스로 감상하도록 돕는 것이 원칙이지만 그렇게 되기 위해 최소한 기초 지식을 익혀 두어야 한다. 이것은 독자반응 이론에서 말하는 기대 지평을 형성시켜주는 의미도 있다. 다만, 문학의 개념적 지식은 꼭 필요한 개념만으로 개념의 수를 엄선하여 대폭 줄여야 한다. 실제의 해석이나 감상과는 거리가 먼 개념들이 지식을 위한 지식으로 존재하는 한 학습자의 머리만 혼란하게 할 뿐 문학 교육에 보탬이 되지 않는다.

다만, 개념적 지식은 텍스트의 의미 해석과 평가에 도움을 주어야 하고 학습 활동과 지식이 유기적으로 관련되어야 한다. 문학의 지식은 학습자의 이해 및 감상 활동과 역동적으로 상호 조응될 때 그 가치가 있는 것이다. 지식을 필요한 것으로 인식하더라도 한편으로 시는 논리로는 남김없이 설명될 수 없다는 점을 늘 염두에 두어야 할 것이다.

· 자세히 읽기의 방법 활용

리쳐즈는 케임브리지대학의 문과 지망생들을 상대로 시 읽는 능력을 시험하여 보았다. 유명, 무명의 시인들이 쓴 작품 중에서 학생들이 읽어본 적이 없을 듯한 작품을 여러 편 골라서 제목과 작자를 숨긴 채 읽게 했더니 똑똑하다는 케임브리지 대학생들의 시 읽는 능력이 형편없다는 사실을 발견하였다. 대체로 관습적인 반응을 일으키는 시를 좋아하고 지성과 감성을 모두 작동시켜야 하는 우수한 작품은 못난 작품으로 평가하는 것이었다. 개인적인 선입견, 영어 문장 해독력의 결함, 자세히 차근차근 읽어보는 지적 호기심과 조심성의 태부족 등이 그 병의 원인이었다. 그래서 리쳐즈는 '자세히 읽기'를 시 해독 불능의 치유 방법으로 제안한다. 리쳐즈의 자세히 읽기 방법은 다음과 같다.

첫째, 자세히 읽기를 위해서는 먼저 말뜻을 구분할 줄 알아야 한다. 단순한 사전적 의미, 느낌, 말투, 속뜻의 네 가지는 경우에 따라 어느 하나가 더 주도적으로 쓰이게 마련인데 이 네 가지를 모두 같은 방법으로 해석해서는 안 된다.

둘째, 비유적 언어를 제대로 읽어야 한다. 시가 논리는 아니지만 시를 읽을 때 논리를 생각지 않고 통념에 의해 대강 봐 버리면 가치있는 사항들을 놓치게 된다.

셋째, 문법과 문자적 의미보다 말투(어조)와 느낌의 의미가 중요하다. 독자는 시가 어떤 가상적 독자를 대상으로 하고 있는지, 말의 느낌은 어떤지를 주의 깊게 살펴야 한다.

넷째, 시의 형식, 특히 운율이 시의 느낌에 긴밀히 연결되므로 운율에 적절히 반응하면서 천천히 읽어야 한다.

다섯째, '부적절한 연상'과 '습관적 반응'을 하지 않도록 조심해야 한다. '장미'라는 말만 나오면 사랑의 감미로움을 먼저 떠올리고 그런 기분에 벌써부터 지배를 받는 것은 부적절한 연상이며 습관적인 반응이다. 객관적 정황에 걸맞지 않게 과다한 감정적 반응을 노출하는 것을 '감상적'이라 하고, 그 정황에 비하여 지나치게 큰 반응을 '감정 과잉'이라고 하는데 이런 경향도 부적절한 반응이다. 자세히 읽기는 '불신의 자발적 중단'과 유보라는 지적·정서적 통제 장치를 이용하여 자기 신념을 반성, 수정, 또는 확충하는 기회로 삼을 수 있는데 그래서 자세히 읽기는 문학 수용의 필수적이다.

여섯째, 그릇된 문학관에서 벗어나야 한다. 편벽된 독서 취미나 잘못 배운 문학 이론으로 말미암아 오늘의 시라고 하면 덮어놓고 '민족시'로만 해석하려 한다든가 '상징시'로 읽으려 하는 경향은 '자세히 읽기'를 방해한다.

리쳐즈가 제시한 자세히 읽기의 방법 중 오늘날의 우리 시교육에서 가장 주의 깊게 들어야할 말은 '습관화된 반응'과 '부적절한 반응'일 것이다. 우리 시교육에서는 학습자, 교사, 평론가, 교과서 집필자 모두 리쳐즈의 말을 경청해야한다. 일제 치하에 창작된 시를 읽을 때 '어둠' '눈' '겨울' 등의 시어가 나오면기계적으로 일제 치하의 시련과 고난, 일제 치하의 고통스런 현실로 해석하며,독립운동을 한 시인의 작품에 등장하는 시어는 식민지의 현실 또는 독립운동과 관련되는 것으로 해석하고 있다. 이것이 바로 습관적인 반응이다.

시들이 창작된 시대적 배경과 시인의 전기적 사실 등을 염두에 두고 읽을때, 위와 같은 해석이 가능하다. 하지만 시를 외적인 영향 관계를 배제하고 시의 맥락을 세심하게 따라가다 보면 위와 같은 해석은 상당 부분이 무리한 해석이라는 것을 알 수 있다. 이육사의 「광야」에서 시의 전체적인 맥락을 염두에두고 읽을 때, '백마 타고 오는 초인'을 독립투사로 해석한다면, 우리의 독립은'천고의 뒤'에 나올 수 있다. 독립을 찾기 위해 치열하게 살았던 육사가 우리의독립을 그렇게 멀리 잡았을 리가 없다. 「청포도」의 경우나 「나의 침실로」의 경우는 이미 많은 비평가들이 언급을 했다.

③ 학습자 중심 수업의 토대로 발전시키기

신비평을 시교육에서 활용하는 것은 학습자 중심의 수업을 촉진하는 수단으로 활용될 때 그 의의가 있다. 즉 신비평의 개념이나 분석 방법을 기초 지식으로 익힌 후, 실제의 수업 현장에서는 학생들의 자발적이고 활발한 의견을 제시하고 발표하는 토론식 수업으로 전개해 나가야 한다. 개인의 고집, 편견, 선입견은 시 해석의 방향을 잘못 잡거나 해석의 폭을 좁힐 위험이 있기 때문에[21]교사 한 사람의 주입식 교육은 학습자 각자에게 실질적 도움이 안 된다는 것이이미 밝혀졌다.

로버트 펜 워른은 그의 저서 『평론선집』에서 순수 상상의 시 읽기의 한 가지

---

21) 이상섭, 『자세히 읽기로서의 비평』, 문학과지성사, 1988, pp.142~143.

실험을 하였다. 그는 해석의 주체로서의 독자에 대하여 주의를 기울였다. 뉴크리티시즘이 독자에 대한 관심을 배제한다는 통설이 있지만 오히려 오늘날의 독자반응 이론과 맥을 같이하는 면모가 있음은 주목의 대상이 된다. 워른은 시의 뜻이 여러 가지로 해석되는 이유로써 첫째, 시인이 창조적 통제력의 발휘에 있어서 실패한 경우, 둘째, 독자의 경험, 지성, 감정 등이 서로 다르기 때문이라고 하였다. 이때 독자는 시라는 빛에 의하여 자기가 알고 있는 모든 경험의 영역들을 바라보고 반성할 수 있다.22) 이런 견해는 코울리지의 '시는 온 정신을 활동시킨다'는 말과 상통하는 바가 있다. 즉, 독자의 능동적 참여는 시의 왜곡이 아니라 잠재적 능력을 활동시키는 것이라는 뜻이다. 이처럼 신비평은 독자의 바람직한 반응을 유도하고자 하는 교육적 목적이 강했다. 그러므로 신비평은 결국 독자반응 이론의 선구적인 역할을 한 것으로 평가할 수 있으며 자연스럽게 독자반응 이론으로 발전하게 된다.

시교육의 현장에서 우리는 정밀한 시 읽기와 함께 즐거운 시 읽기까지를 모두 달성할 수 있는 수업상의 방법론을 모색해 보아야 한다. 이때 교사는 학습자의 이해를 돕는 안내자의 역할을 해야 하며 학습자의 자발적인 참여를 유도해야 한다. 이런 과정은 신비평의 방법으로 학습자의 기대 지평을 형성시켜 주어서 주체적 독자를 만드는 첫 단계인 것이다.

시교육의 최종적인 도달지는 비평 텍스트를 작성하는 일이다. 학습자들이 발표하고 토론한 결과물을 활용해 비평 텍스트를 작성해 보는 일은 시교육을 한 차원 높은 곳으로 안내하게 될 것이다. 문학 교사는 문학 작품을 이해하기 위한 지식을 전달하는 일도 중요한 일이지만, 그것은 그 자체가 목적이 아니고 문학을 즐기기 위한 수단이라는 점을 잊지 말아야 한다. 더 본질적인 문제는 하나의 문학 작품을 학생들로 하여금 더 잘 이해하고, 경험하고 감상하도록 해야 하며, 그 결과를 학습자 자신의 말이나 글로써 표현할 때 문학 본래의 기쁨

---

22) 이상섭, 『복합성의 시학』, p.222.

을 맛볼 수 있는 것이다.

④ 다른 비평 이론 수용

현대의 문학 연구의 방법론은 그 패러다임의 변화를 일으켜 문학사회학·문학현상학·수용미학 등으로 다양한 변화를 보이고 있으므로 그러한 연구 패러다임을 수용하는 '문학 교사를 길러내는 커리큘럼의 특성화'를 이루어야 한다는 주장이나, 형식주의적 방법 일변도로 치달아서는 안되며 문학 연구의 패러다임의 변화를 문학 교육에서 수용해야 한다는 주장은 매우 타당하다.

이 세상에 존재하는 시는 너무나도 그 종류가 다양하다. 그 다양한 예술품을 이해하기 위해서는 그 작품에 맞는 방법이 있을 것이다. 어떤 시는 아무 설명 없이 가슴으로 느끼어야 하는 시도 있다. 논리가 오히려 거추장스러운 시, 직관에 호소하는 편이 훨씬 유용한 시도 있다. 그런가하면 아무리 주의깊게 읽어보아도 도무지 열리지 않는 시도 있다. 이렇게 다양한 양태로 존재하는 시라는 예술품을 한 가지 잣대로 파악할 수 있다는 것은 잘못된 생각이다. 그리고 지금까지 많이 오고 간 시에 관한 숱한 비평 담화들은 나름대로 존재 가치가 있음을 인정해야 한다. 그리고 필요하다면 역사주의적 방법도 유용할 것이라는 점도 인식해야 한다.

⑤ 풍부한 교과서, 열린 교과서로 확충하기

문학 교재는 오랜 세월을 두고 여러 사람에게 두루 읽혀져 온 좋은 시를 풍부하게 제시하는 것이 원칙이겠지만, 가끔 표현은 미숙하더라도 학생의 절실한 생활과 체험이 녹아든 작품이나 상식에서 벗어난 사고가 담긴 작품도 포함시키는 등 좀더 과감한 시 읽기, 열린 시 읽기가 필요하다. 학생 작품이나 실험적인 작품은 학습자에게 비판적 글 읽기를 가능하게 할 것이다. 교육은 본질적으로 앞 세대가 이루어 놓은 문화를 수용하도록 하는 것이지만 비판적으로 수용하는 태도도 중요한 것이다. 따라서 모범이 되는 정전도 필요하지만 비판거리와 토론거리를 제공한다는 뜻에서 학생 작품이나 어떤 특정한 사고를 담고 있는 텍스트를 선정하는 것도 의미 있는 일이 될 것이다.

이렇게 되기 위해서는 좀더 자유롭고 다양한 교과서 편찬의 제도적 보장이 있어야 함은 물론 전문가들의 참여가 필요할 것이다.

6. 영미 신비평의 실제
—반어 · 운율 · 객관적 상관물 · 애매성 · 역설

① 반어(反語, Irony)

이 낱말은 말의 아이러니와 극적인 아이러니로 나누어 사용되었는데, 말의 아이러니는 겉으로 하는 말이 내용적으로 의도된 뜻과 다른 또는 정반대 되는 경우에 생기는 것이다.

> 북천이 밝다커늘 우장 없이 길을 가니
> 산에는 눈이 오고 들에는 찬비로다.
> 오늘은 찬비 맞았으니 얼어 잘까 하노라.

임 제의 이 유명한 시조는 문맥 속에 '찬비'가 두 가지 의미를 지니고 있는 까닭에 그 뒤에 오는 '얼어 잘까'의 의미도 두 가지의 판이한 의미를 가지게 된다. 따라서 이로 말미암아 아이러니를 성립시킨다. '찬비'는 겉으로는 그냥 차가운 비고 그것을 맞으면 얼어서 춥게 자는 수밖에 없다. 그러나 실질적으로 '찬비'는 즉 한우(寒雨)라는 기생(妓生)의 한문 이름을 번역한 것으로, 그와 얼어 잔다는 것은 어울려 잠자리를 같이 한다는 전혀 엉뚱한 뜻이 되는 것이다(이에 대한 한우의 대답 시조는 거기에 맞먹는 아이러니를 못 담고 있어 저조하다).

그러나 문면 그대로만 가지고는 상대방이 책잡을 수 없게 되어 있다. 여기서 동원된 아이러니의 수단은 '같은 소리 다른 뜻의 낱말(동음이의어)'을 이용(영어로 pun)한 것이다.23)

아이러니의 전통은 첫째로 아이러니가 은폐의 의미를 나타낸다는 점, 둘째로 소크라테스적 아이러니에서 간취되듯 그것은 진술과 실제 의미나 실제 의도가 다르다는 점에 귀속된다. 즉 상이성(difference)을 띤다는 점으로 요약된다. 상이성은 그 후 상대성(opposition)의 개념으로 확산됨으로써 소박한 의미에서의 차이라는 개념을 지양한다. 즉 I. A. 리쳐즈의 이론에 와서는 아이러니가 '상반성의 균형'을 뜻한다. 그에 따르면, 인간의 심리 체계는 여러 충동들(Iimpulses)이 이완된 체계요, 따라서 이 충동들은 배제(exclusion)와 포괄(inclusion)의 방법 중 어느 한 방법으로 조직된다. 전자를 제거의 방법, 후자를 통합의 방법이라고 할 수 있다. 말하자면 상반성의 균형은 충동을 포괄적으로 조직함을 의미하며, 훌륭한 시는 결국 포괄적인 시가 된다. 이것은 충동들의 특수한 이질성들이 상호 반응하는 체계다.24) 그래서 리쳐즈는 아리스토텔레스의 비극의 목적 이론인, 비극은 연민(pathos)과 공포(terror)라는 상반되는 감정을 동시에 일으키기 때문에 관객에게 '상반성의 균형'에 따른 카타르시스를 느끼게 한다는 아이러니의 심리학적 효용론을 제시한다.

리쳐즈의 기준에 의하면, 여러 충동들이 서로 배제하여 동일한 방향을 지향하는 충동들의 체계일 때는 좋은 시가 못되고, 분별 용이한 충동들이 특수한 이질성으로 서로 상반되는 체계일 때 포괄의 시를 이루어 좋은 시라 평할 수 있다. 그 까닭은 아이러니가 인생의 체험을 한 면만 보지 않고 그 정반대의 면도 동시에 보고 표현하는 방법이라고 보기 때문이다. 형식주의자들이 말하는 아이러니는 통상적인 의미의 해학적 요소 이상의 것으로서 인생에 대한 폭넓

---

23) 이상섭, 『문학비평 용어사전』, 민음사, 1978, p.188.
24) I. A. Richards, *Principles of literary Criticism*, 1963, pp.249~251.

은 비판 의식을 뜻한다.

② 운율(meter)

운율은 역사적으로는 춤(dancing)과 관련된다. 곧 어떤 움직임을 성립시키는 힘의 율동이다. 이 움직임의 시적 확산은 실제 춤과는 다른 음영을 나타낸다.

> 잔치는 끝났드라. 마지막 앉아서 국밥들을 마시고,
> 빠알간 불 사루고,
> 재를 남기고.
>
> — 서정주, 「행진곡」 부분

이 작품을 리듬의 면에서 볼 때 먼저 주목할 것은 그 구두점의 사용이다. 우리말에는 물음표와 느낌표를 제외하고는 '코머'와 '피리어드'에 해당하는 ','와 '.'의 두 가지 뿐이다. 그러나 우리 시에 있어서는 흔히 구두점이 사용되지 않는 경우가 있다. 이 작품에서 사용된 구두점은 코머와 피리어드의 두 가지뿐이지만, 그 두 가지의 어느 것도 사용하지 않은, 즉 구두점을 의식적으로 피한 곳이 몇 군데 있다. 따라서 이 작품은 기교적으로 전부 세 가지의 구두점을 사용하고 있는 셈이다. 작품의 제1행은 '잔치는 끝났드라'라는 짧은 문장으로 끝나지 않고 다음 문장의 한 절(節)까지도 포함한다. 이는 잔치가 끝나는 장면을 그리는 것을 첫 부분으로 삼으려는 것으로서, 이 작품의 구성을 위한 리듬의 기교를 보인 것이다. 만약 '잔치는 끝났드라'로서 제1행을 삼았더라면, 다음에 나오는 잔치의 마지막 장면 묘사가 의미상 잔치가 끝난 다음의 장면과 같은 어설픈 느낌을 자아낼 수 있기 때문이다.

그러나 행 가운데 '피리어드'를 가진 이 행은 행 말에는 구두점이 없다. 이것은 이 행의 리듬을 다음 행의 끝까지 끌고 나가게 함으로써 잔치의 마지막 장면의 부산함과 국밥을 마시는 동작을 암시하고, 또 '빠알간 불'의 불꽃의 강도를 죽이기 위한 배려로 볼 수 있다. 그러나 작가는 제2행의 끝에는 '코머'를 두어 다음 행의 '재를 남기고'를 강조함으로써 잔치의 끝장을 은연중에 일반적이요 상징적인 의미의 평면에까지 끌어올린다. 이 강조된 제3행은 그 말뜻만큼이나 허전한 여운을 수반하고 있다. 여기서 이 작품의 첫 부분이 끝나고 다음에 빈 행을 남긴 것은 주로 이 여운을 위해서다.[25]

리쳐즈가 말하는 의미와 운율의 관계를 열거하면 다음과 같다. ① 의미와 운율적 움직임은 상호 밀접한 관련을 나타낸다. ② 움직임의 단서는 언제나 의미가 아니다. ③ 움직임은 의미를 규정하고 특성화한다. ④ 움직임은 의성어(onomatopoeia)의 영역에서 연구된다. ⑤ 운율이 시에서 갖는 효과에 대한 연구를 통하여 시의 의미가 터득된다. ⑥ 운율은 정서의 규제에 직접적인 힘을 나타낸다. 예를 들어 '부드러운' '딱딱한' '혼란된' '우울한' '즐거운' 등의 수식어로 운율이 서술될 때의 경우를 생각하라. ⑦ 운율적 움직임의 보편적 효과는 시적 효과의 기본 골격을 산출한다. 곧 일상적 존재와 무관하고, 일상적 사건으로부터 벗어나는 시적 경험을 성립시킨다.[26]

접동
접동
아우래비 접동

— 김소월, 「접동새」 부분

이 구절은 의성어의 영역에서 움직임의 효과를 나타낸다. 동시에 '아우래비 접동'이 '아홉이나 남아 되든 오랩동생'이란 접동새의 슬픈 변신 설화에 접맥되어 의미와 결합된 의도적 장치라 볼 때, 시의 효과는 더욱 강하게 된다.

---

25) 김종길, 「의미와 음악」, 『사상계』, 1966년 5월.
26) I. A. Richards, 앞의 책, pp.144~146.

　　산새도 오리나무
　　우에서 운다.
　　산새는 왜 우노, 시메산골
　　영(嶺)넘어 갈라고 그래서 울지.

— 김소월, 「산」 부분

　여기서 '오리나무'의 특정한 의미상의 역할은 찾아내기 어렵다. 산새가 다른 나무 위에 앉아 울 수 있기 때문이다. 다만 의미와 결합된 기능을 찾을 수 있다면 '칠십 리' '육십 리'에 나타난 소리의 영역에서 동일한 음의 효과를 나타낼 수 있는데, 이것은 이 시에서 중요한 역할을 지니게 된다. '산새'는 말을 못하고 단지 울음으로만 자기의 뜻을 드러내는데, 문맥상 울음의 뜻은 영(嶺)넘어 가려는 행위의 의지다. '사나회'의 의지도 동일하게 작용하여 영넘어 가려고 하지만, 그는 말로써 자신의 현재 행위와 상반되는 심리적 갈등을 표시한다. 즉 십오 년 정분을 못 잊어서 '삼수갑산'을 떠나지 못하겠다는 심리적 애착이 발동한 것이다. 그런데 산새는 말을 못하고 울기만 하므로 '오리나무'의 배경적 장치가 필요한 것이다. 즉 '오리(五里)나무'라는 뜻으로 '사나회'의 '육십 리'에 대응되며, 가지 말라고 붙잡는 그 고장의 애착이 '오라'는 뜻으로도 설명할 수 있기 때문이다. '오리나무'는 바로 '산새'에게만 의도적 장치로 결합됐을 뿐 아니라 '사나회'의 전체 분위기가 느껴질 수 있는 대응 구조를 보여준다.

③ 객관적 상관물과 기지(wit)

　엘리어트는 감수성의 통합을 위하여 객관적 상관물(objective correlative)의 이론을 폈으며, 또한 낭만주의적 시편들의 약점을 극복하기 위하여 기지의 이론을 폈다. 엘리어트에 의하면, 객관적 상관물은 시에서 화자의 어떤 특별한 정서를 환기시키는 일련의 사물·정황·사건 등을 가리킨다. 아이러니는 기지 이론의 경우와 관계된다. 그것은 한편으로 리쳐즈의 이론을 보완하기 위하여 엘리어트의 견해가 나왔다고 볼 수도 있기 때문이다. 그래서 엘리어트의 경우, 위트란 일종의 경험을 취급하면서 동시에 또 다른 종류의 경험 세계를 확인케 하는 내적 균형을 의미한다. 환언하면 17세기 영국 형이상학파 시인들의 기법인 기상(conceit)을 현대적 이론으로 체계화한 것이라 할 수 있다. 그것은 두 이질적인 경험 세계를 폭력적으로 결합하여 충격의 세계를 성취하는 것이다. 존 단의 시 「유물」(Relipue) 중 다음과 같은 구절을 들 수 있다.

> 백골에 감긴 금발 팔지
> A bracelet of bright hair about the bone

이것은 생시에 사랑의 정표로 애인이 감아 준 머리카락의 팔찌가 팔뚝에 감겨 있는 것을 후세에 무덤 파는 사람이 보았을 경우를 생각하고서 한 말이다. 이러한 기상천외의 컨시이트는 존슨 박사의 말을 따르면 부조화의 조화다. 엘리어트의 유명한 '알프레드 프로프록의 연가' 가운데 나오는 '저녁'을 수술대 위의 마취된 환자에 비유하는 시구가 현대적 기상이며 위트다.27)

> 그러면 우리 갑시다, 그대와 나,
> 지금 저녁은 마치 수술대 위의 에테르로 마취된 환자처럼
> 하늘을 배경으로 펼쳐져 있습니다.
>
> Let us go then, you and I
> When Evening is spread out against the sky
> Lide a patient etherized upon a table.

여기서 '저녁'과 '환자'의 병치(竝置)는, 그것이 백일몽에 잠긴 주인공 프로프록의 의식 상황을 묘사한 대목 속에서 비로소 그 효과를 나타내는 것이지, 그

---

27) 이승훈, 『시론』, 고려원, pp.221~222.

구조를 떠나서는 의미가 없다. 즉 주인공의 몽롱한 의식 상태와 저녁이 마취된 환자의 그 희미하고 불확실한 것과의 함축적 의미가 일치한다. 그럼으로써 저녁이 마취된 환자 같다는 비유가 기능을 갖는 것이다. 동시에 시의 의미가 따로 있는 것이 아니라 바로 그 객관적 상관물의 의미가 시의 의미로 되어 있는 점을 주목해야 한다.28)

④ 애매성(Ambiguity)

I. A. 리쳐즈의 제자인 윌리엄 엠프슨의 유명한 저작『일곱 가지 유형의 애매성』이후, 애매성은 시인의 무능함의 결과가 아니라 의도된 의미의 일종이라는 견해가 이제는 널리 받아들여지고 있다. 애매성은 무의미가 아니라 해석해 내야 할 의미-다의미(多意味)인 것이다.

일반적으로 애매성은 언어학적 견지에서 다음과 같이 음성, 문법, 어휘등의 면에서의 규명을 전제로 한다. 첫째, 음성적 애매성-동음이의어(hononymy) : 말〔馬〕, 말〔言〕. 둘째, 문법적 애매성-하나의 소리에 여러 가지 의미가 결합되는 다의어(Polysemy)와 두 개 혹은 그 이상의 낱말이 소리를 같이하는 동음이의어를 구별하는 것이다. 그 과정을 설명할 때의 세 가지 유형의 애매성 중 시에서의 애매성은 역시 세 번째를 중심으로 하며, '애매성'이란 용어는 낱말의 첫째, 상호 결합된 상태에서의 의미, 둘째, 상호 보조를 필요로 하는 의미, 셋째, 각 의미의 연합으로 인하여 생기는 한 관계나 과정을 의미한다.

그러므로 엠프슨이 밝힌 애매성 그 자체가 의미할 수 있는 것으로는 첫째, 무엇에 관하여 말할 것인가에 대한 미결정 상태, 둘째, 여러 가지 사물을 동시에 말하고 싶어하는 의도, 셋째, 이것이나 저것, 혹은 그 두 개를 동시에 말할 수 있는 가능성, 넷째, 하나의 진술이 몇 가지 의미를 갖는다는 사실이며, 상대적으로는 이상의 각 요소 중 어느 하나 때문에 시에서 애매성이 나타남을 포착

---

28) 이창배,『20세기 영미시의 이해』, 민중서관, 1968, p.85 참조.

할 수 있다.

시어가 띠는 부차적 의미, 애매성이 합리적이어야 하는 이유는 하나의 단위(unit)로서 사고되는 시가 단일한 심적 질서를 표현해야 하며, 따라서 통일적(unitary)이어야 하기 때문이다. 그러나 애매성이 통일성을 유지하는 데에는 어떤 힘(forces)이 존재하지 않으면 안 되는데, 아직까지는 힘에 상응하는 것을 리듬이라고 보았다. 그러나 리듬이란 앞에서 잠시 말했듯이 의미를 결정하는 종속적 요소이지 의미 구조 자체를 뜻할 수는 없기 때문에 이 리듬과 같은 동물의 정서, 또는 정서적 요소를 우리는 애매성 형태의 동인적 요소로 볼 수 있다. 앰프슨의 표현을 빌면, 시인의 심적 상태의 표현인 어구상의 디테일의 고찰 속에서 확인되는 양태이다. 심리적으로는 인간이 낱말을 통해서가 아니라 문장이나 어구를 통하여 사고하기 때문에 그 문장이나 어구는 분명한 의미를 나타내야 한다. 그러나 실제로 문학 작품, 더욱이 시는 시인의 심리적 면의 미묘함과 그 복잡성 때문에 구분의 수용 자세에 불확실성의 원초적 단계가 내재함을 간과해서는 안 된다는 특수성에서 애매성이 시작된다.

> 눈들이 비단안개에 둘니울 때,
> 그때는 차마 잊지 못할 때러라.
> 만나서 울든 때도 그런 날이오,
> 그리워 미친 날도 그런 때러라.
> 눈들이 비단안개에 둘니울 때,
> 그때는 홀목숨은 못살 때러라.
> 눈풀리는 가지에 당치마귀로
> 젊은 계집 목매고 달닐 때러라.

— 김소월, 「비단안개」 부분

시 「비단안개」는 제목 자체가 복합적인 애매성의 느낌을 자극한다. 물의 이미지를 띤 안개와 아름다움의 표현인 비단의 이미지가 복합되어 기쁨과 슬픔

이 공존하는 이질적 충동 상태를 동시에 보여주고 있다. 만남과 이별의 상반되는 충격이 그 극치의 감정 상태에서는 정상적인 경험이 붕괴됨을 알 수 있다. 시인의 심리적인 미묘함과 복잡성 때문에 "눈들이 비단 안개에 둘니울 때" 라는 잡히지 않는 상태의 수용 자세가 구분할 수 없는 불확실한 원초적 단계로 표현되고 있다. 여기서 시의 감각이 낳는 애매성의 쾌감에 동참할 수 있게 되는 것이다.

⑤ 역설(Paradox)

리쳐즈의 '포괄시'의 이론은, 결국 시는 비논리의 아이러니라는 결론으로 발전된다. 그것은 형이상학파의 시를 "가장 이질적인 사상도 폭력으로 연결시킬 수 있다"고 말한 존슨(Samuel Johnson)의 달견이나, 엘리어트의 통합된 감수성의 이론이 당연히 도달하는 같은 결론이다. 미국의 신비평가들은 다시 새로운 용어를 사용했다. 랜섬은 결 혹은 조직(texture)과 구조(structure)를 구분하여 사용한다. 결은 시의 논리적인 사상 내용인 구조와 대조를 이루는 요소로서, 상황·비유·운율·이미지·어조·각운 등이 이 요소에 포함된다고 본다. 그의 제자 테이트는 또한 긴장(tension)이 있는 시가 좋은 시라는 견해를 내놓았는데, 이 말은 논리학에서 사용하는 내포(intension)와 외연(extension) 두 가지 종류의 반대된 단어를 합쳐서 ex-와 in-을 떼어 내고 텐션(tension)을 만들어 사용한 것이다. 이것은 두 가지 반대 작용이 동시에 작용하는 긴장이 있는 시의 특성을 표현하려는 의도에서다. 이 모든 이론을 그대로 받아들여, 그것을 전개하고 부연한 사람은 대표적인 신비평가인 클리언스 부룩스이며, 그는 역설의 시론을 제시한다.

부룩스는 '패러독스가 농후한 시가 우수한 시다'라는 평가 기준을 제시하고, 패러독스는 시가 피할 수 없는 언어라고 말하였다. 그는 "패러독스는 시에 적합하고 불가피한 언어다. 과학자의 진리는 그들의 언어에서 패러독스의 흔적을 모조리 제거하기를 요구한다'[29]라고 시어의 특성을 설명하였다. 이 견해는 시적인 발화(utterance)의 의미 범위를 확대 분석하여 생각하기를 요구하는 장치로서[30] 오늘날 리쳐즈의 아이러니 이론과 함께 인정받고 있다.

이 시는 보면 한 연(聯) 안에 상반되는 불합리한 말이 들어있음을 알 수 있다. 못 잊을 때 잊고 살라고 권고하며, 살다 보면 잊을 날이 있을 것이라는 주장으로 시를 이끌어 가고 있다. 그러면 그럴수록 못 잊는 마음이 우러나오는 상황적인 역설을 느끼게 되는데, 그것이 부룩스가 생각하는 패러독스다. 즉, 말로는 표현할 수 없는 상반되는 감정을 확대하여 표현하는 기법인 것이다. 마찬가지로,

> 먼 훗날 당신이 차즈시면
> 그때에 내 말이 니젓노라.

— 김소월, 「먼 훗날」 부분

> 못니저 생각이 나겟지요,
> 그런 대로 한세상 지내시구려,
> 사노라면 니칠 날 잇스리라.

— 김소월, 「못니저」 부분

이 시를 보면 시 안에는 '잊었노라'라는 과거형의 돌이킬 수 없는 냉정한 대답이 반복되고 있다. 그러나 '잊었노라'라는 가상의 시이기 때문에, 할 대답은 못 잊고 애타게 그리워함을 강력히 드러내는 뜻으로 읽게 만든다. 그러나 단순히 기다릴 수만도 없고 잊을 수만도 없는 화자(話者)의 심정이 가슴 저릿하게 다가오는 상황적인 역설에서 또한 패러독스의 기법을 느낄 수 있다.

---

29) C. Brooks, *The well wrought urn*, Harvest Books, 1961, p.229.
30) Robert Scholes, *Structuralism in Literature*, Yale Univ. Press, 1974, p.28.

산에는 꽃피네
꽃이 피네
갈 봄 여름 없이
꽃이 피네

산에
산에
피는 꽃은
저만치 혼자서 피어 있네

산에서 우는 적은 새요
꽃이 좋아
산에서
사노라네

산에는 꽃지네
꽃이 지네
갈 봄 여름 없이
꽃이 지네

— 김소월, 「산유화」 전문

이 시에서는 말을 고르는 어법(diction)이나 자수율(字數律)의 면에서나, 그리고 역설적인 상황에서 볼 때에도 완벽한 하나의 문맥을 형성하고 있음은 이미 여러 연구에서 종종 언급되어 왔다. '꽃피네' '갈 봄 여름' 등의 어순(語順) 배열이 긴장감을 조성하면서 문장의 이완을 배제하고, 7·5조 운율은 단순히 자수를 맞춘 리듬이 아니라 호흡의 길고 짧게 읽는 낭독법에 따라 단어를 배치하고 있다. 여기서 '갈 봄 여름 없이' 꽃이 피고 '갈 봄 여름 없이' 꽃이 지는 끝없이 되풀이되는 행위는 생명의 소멸과 생성을 보여준다. 결국 이 시는 생명의 유한성(mortality)을 지닌 존재로서의 꽃을 보여준다. 피고 지는 서로 정반대 되는 꽃의 행위는 산이라는 특수한 공간에서 펼쳐지는 생명의 드라마이다. 이를 통해 죽지 않는 존재로서의 산이 부각되는 것이다. 즉 산은 생성과 사멸을 포용하는 존재며 태어나고 죽는 고통을 바라보고 있는 불멸(immortality)의 존재인 것이다. 생사의 모순을 통합, 극복하는 역설적 상황으로 제시된 산은 인간이 도달할 수 없는 상태에 도달하고 있다. 이러한 산의 속성을 돋보이게 하는 역할을 담당하는 것이 꽃의 피고 짐이다. 이 시는 꽃이 자체 안에서 피고 지는 모순을 나타내고자 하였다기보다, 꽃의 모순이야 말로 나타낼 수 없는 또 다른 존재와의 상반성을 드러내고 있는데, 그것은 역설의 의미 확대 능력이다.31)

7. 영미 신비평의 검토

1950년대에 우리 나라에 신비평이 소개되자, 우리의 비평계와 학계에서는 서양의 많은 비평 방법 가운데 신비평이야말로 문학 비평의 비과학성을 해결해낼 수 있으며 더불어 문학을 이해하는 객관적 기준이라고 인식되어졌다. 때문에, 신비평은 곧바로 문학 교육의 현장에 수용되어 한국의 문학 연구와 실제 비평에 커다란 영향을 미쳤고 그 성과 또한 지대하였다.

신비평은 그 출발부터 '시 읽기의 방법'을 제안하면서 시작되었고, 그 방법이 실제 시교육에 적용되었으므로, 신비평은 문학 교육, 특히 시교육과는 필연적인 관련을 맺고 있다. 이러한 신비평은 미국 대학생들의 시교육에 큰 성과를 가져왔으며, 우리의 시교육에도 커다란 영향을 미쳤다. 그래서 신비평은 문학을 교실에서 가르칠 수 있는 과목으로 만드는 데 크게 이바지하였고, 또 어느 정도 성공을 거둔 문학 비평 이론이라고 할 수 있다.

신비평이 한국 문학 연구에 끼친 공적 몇 가지를 들자면, 첫째, '자세히 읽기

---

31) 김옥순, 『김소월 시의 패러독스 연구』, 이대 대학원 석사논문, 1981 참조.

'라는 방법론을 통하여 작품의 본문을 꼼꼼히 이해하도록 했으며, 동시에 해석에 대한 객관적인 기준을 마련해 주었다는 점이다. 둘째, 비평의 기초 어휘를 확정하거나 작품 분석의 방법을 심화시켰다는 점이다. 특히 신비평에서 규정된 비평 용어는 문학 교육에 활용되어 문학 현상을 선명하게 설명하는 개념으로 활용되었다. 셋째, 단순한 인상주의적 비평 방법론에서 벗어나 비평의 본질적 기능을 추구함으로써 문학 교육의 질적 향상을 이룩하였다는 점이다. 넷째, 주관적인 인상에서 벗어나 문학 작품의 가치를 작품 자체로만 평가함으로써 문학의 위상을 높였다는 점이다.

이렇듯 신비평은 실제적으로 문학 교육에 지대한 공헌을 했지만, 그에 못지 않게 비판을 받기도 했다. 그 비판들은 신비평 자체의 비평적 한계로 지적되는 것도 있고 또한 신비평을 잘못 수용한 결과에서 비롯되기도 한다. 이러한 신비평의 한계와 수용의 오류를 몇 가지를 들자면 다음과 같다.

첫째, 신비평은 대체로 시를 대상으로 삼는다는 점이다. 그리하여 문학의 본질을 시적 가치와 동일시하는 오류를 빚기 쉽다는 것이다. 물론 소설 등의 산문도 다루기는 하지만 소설을 다루는 경우에도 신비평의 원리에 알맞은 소설들을 선택해야 한다. 이는 문학 이론 내지 비평 이론으로서 한계를 지니는 것으로 지적된다.

둘째, 신비평의 본질보다는 문학 교육의 편리한 수단으로만 생각하여 그 기법에 초점을 맞추고 있다는 점이다. 그 결과 문학 교육을 단편적인 지식의 집합체로 만들어 문학적 감동을 실추시켰으며, 학습자의 능동적인 활동을 제약하고, 주입식 교육으로 안내하는 우를 범하게 되었다는 지적이다.

셋째, 신비평은 문학 작품을 자기 충족적 실재물로 보고 사회 역사적 환경과의 관련을 무시했다는 점이다. 신비평 이론의 전제는 작품을 독자적인 하나의 실체로 본다는 것이며, 그 대표적인 이론이 유기체론이다. 유기체론은 텍스트를 그 자체로 완결된 자율적 실체로 간주하는 것이며, 그 결과 신비평의 가장 중요한 방법론인 텍스트에 대한 정독(close reading)을 유발하게 된다. 그러나 작품을 역사와 사회와의 관련에서 완전히 제외시킨다는 것은 문학이 그 본질로써 지니고 있는 사상성을 탈색시키는 우를 범하게 될 수 있다는 지적이다.

넷째, 신비평의 지나친 분석은 작품이 지닌 생명력을 잃게 한다는 점이다. 동물을 해부하듯이 시를 해부하는 것은 작품의 문학적인 생명력을 말살하는 결과를 가져오는 것이다. 그리고 무조건적인 분석은 문학에 대한 호기심과 흥미를 잃게 할 수 있다. 그리하여 문학 작품이 지니고 있는 정서를 이끌어내는 데 장애물이 된다는 것이다.

이와 같이 한계에 직면하여, 신비평은 영미에서 공격을 받고 사멸의 길을 걷게 된다. 이후, 문학 비평계는 구조주의·문학 사회학·해석학·기호학 등과 같은 새로운 방법론들로 대체되기 시작하였다. 르네 웰렉 역시 신비평 이론에는 공감하면서도 그 결함들을 지적하고 있다. 즉 그에 따르면 신비평의 이론은 유럽 문학을 너무 한정적으로 다루며, 역사적 안목이 너무 짧으며, 문학사를 너무 무시하고 있고, 미학적 근거가 아직 충분히 개발되어 있지 않았으며, 문체론적 분석 기법에 현대 언어학을 적용하는 데도 실패했다는 것이다.[32]

최근 미국의 문학자 허쉬(E. D. Hirch)는 비평가들의 관심을 집중시키는 가운데 『해석의 타당성』(*Validity in interpretation*)을 발표함으로써 신비평가들의 견해에 대한 반론을 주장했다.[33] 그는 한 텍스트는 단일한 의미를 가지고 있을 뿐이라고 전제하고, 다시 그 단일한 의미는 그 저자가 애초에 의도했던 의미라고 주장한다. 한 텍스트의 의미는 그 저자의 통제를 벗어나서 존재하는 것이라고 믿는 것은, 현대의 비개성주의 예술관(impersonal theory of art)의 영향이라고 허쉬는 말한다. 언어의 의미에의 의도와 가치 창조에의 의도는 이렇게 확실히 구별해야 한다는 것이다. 의미를 잘 전달하고 못 전달하고는 평가의 문제고, 그

---

32) S. N. 그레브스타인(이상옥 역), 『형식주의 비평 서설』, 앞의 책, pp.182~183.
33) 이상섭, 앞의 논문 pp.96~97.

의미 자체가 무엇이냐 하는 문제는 해석의 문제라고 말한다. 애매성이라는 것 역시 해석자가 애써 발견해야 할, 그리하여 무엇 때문에, 어느 만큼 그러한가를 확정지어야 할 문제라는 것이다.

나아가 허쉬는 의미(meaning)와 의의(significance)를 구별한다. 한 텍스트의 의미는 자기가 의도한 또는 텍스트 자체가 구현하고 있는 대로 단일하지만, 그 의미 또는 텍스트의 어떤 성질에 대한 각자의 반응은 천차만별일 수 있다고 한다. 허쉬는 이렇게 다양한 반응을 텍스트가 독자에게 가지는 의의라고 보는 것이다. 예를 들어 햄릿이라는 인물은 무수한 종류와 관련해서 이해할 수 있는 까닭에-르네상스, 오이디푸스 복합 심리, 왕권, 종교 개혁, 지성의 비극, 풍요신화 등에 따라서-그 의의는 다양할 수 있다. 20대에 읽은 『햄릿』과 40대에 읽은 『햄릿』이 달라져 보이는 것은, 결국은 나와 햄릿의 관계가 달라진 까닭, 즉 의의가 달라진 것이라는 견해이다.

허쉬는 다시 해석(interpretation)과 이해(understanding)를 구별한다. 이해는 텍스트의 의미의 기본적 파악이고, 이는 일반 독자들도 어느 정도 가질 수 있는 기능이라고 한다. 그러나 해석은 이 파악된 의미를 다시 해설하는 작업이라고 주장한다. 그런 까닭에 해석이란 해석자의 의미의 이해 내용을 독자를 의식하면서 진술·전개하는 기술이라는 것이다. 그래서 해석은 하나의 예술로 볼 수 있다고 한다. 이해의 내용은 비슷할지 모르나 해석은 방식의 개인적 기술에 속하는 것이니까 상당히 달라질 수 있다는 견해이다. 나아가 해석의 역사성이라는 개념이 대단히 중요해지는 까닭은, 해석이 한 시대의 언어에 의하여 한 시대의 독자들을 향하여 하는 말이 되기 때문이라고 주장한다.

계속해서 허쉬는 의의의 파악을 판단(Judgment)으로, 그 판단의 효과적 진술을 비평(Criticism)으로 구별하고 있다. 대개의 문학적 텍스트의 독자는 그 의미 파악(이해)과 동시에 그것과 어떤 것과의 관계, 가장 흔하고 손쉽게는 자기 자신과의 관계를 파악하는 법이다. 그러나 그 파악된 관계를 효과적으로 전달하는 방법은 특수한 재질의 소유자에게만 가능하다. 즉 비평가는 예술에 종사한다고까지는 할 수 없어도 적어도 어떤 기술을 소지한 것은 사실이다. 그러니까 해석과 비평은 서로 대상을 달리하고 있으나 특수한 기술임에 있어서는 상통한다. 해석은 의미를 대상으로 하는 언어적 기술이며, 이해와 판단은 각각 이들에 앞서는 정신적 행위다.

영미 신비평의 한국적 수용 양상은 1930년 경부터 정기 간행물에 소개되기 시작하여 1970년대 초반까지 이론의 소개와 비판이 계속되었음을 볼 수 있다.34) 우리 나라에서의 신비평 방법론은 주로 고전 작품에 적용하거나 현대시의 작품 구조를 밝히는 작업이 있었는데, 일반적으로 영문학자들의 연구에서 볼 수 있다. 신비평이 과연 생경한 이론적 거리감을 극복했는가 하는 점은 50여 년이 넘는 오랜 기간의 논란과 문제점을 안고 비판되어져 오고 있다. 그러

---

34)　‘이론’
　　최재서, 「비평과 과학」,『문학과 지성』,1934.
　　엘리오트, (최승욱 옮김), 「비평의 경계」,『문학예술』, 1956.9.~10월.
　　백　철, 「뉴크리티시즘에 대하여」,『문학예술』, 1956.11.
　　＿＿＿, 「I. A. 리처즈 씨와의 문학 대화」,『사상계』,1958.5.
　　＿＿＿, 「뉴크리티시즘의 제문제」,『사상계』, 1958.11.
　　＿＿＿, 「뉴크리티시즘의 행방」,『사상계』, 1966.2.
　　＿＿＿, 「분석 비평의 의의」,『백철 문학 전집』, 1958.
　　김종문, 「T. S. 엘리오트의 전통정신」,『문학예술』, 1957.6.
　　R. W. 스톨먼, (김용권 옮김), 「뉴크리티시즘」,『문학예술』, 1957.4~5.
　　김용권, 「E. A. 리처즈의 비평과 그 방법」,『사상계』, 1957.12.
　　김병철, 「뉴크리티시즘」,『월간문학』, 1968.12.
　　조성규, 「The Fugitive Group에 관하여」,『영어문학』22호, 1967. 여름.
　　김홍규, 「뉴크리티시즘의 향방」,『심상』, 1975.4.
　　김혜니, 「뉴크리티시즘고」,『이화』, 1973.6.
　　유종호, 「성장과 심화의 궤적」,『사상계』, 1965.8.
　　　‘적용’
　　송　욱,『시학평전』, 일조각, 1963.
　　김종길, 「의미와 음악,『사상계』, 1966. 3,4,5월.
　　김용직, 「소월시와 엠비규이티」,『한국 문학의 비평적 성찰』, 1974.
　　이상섭,『말의 질서』, 민음사, 1976.

나 2000년대에 와서까지 문학 작품을 연구 할 때 기본적으로 작품 자체의 형식
과 의미를 통합하는 원리를 바탕으로 작업을 진행하고 있다고 볼 때, 형식주의
비평 방법은 한국 비평에 지대한 영향을 끼친 것으로 드러난다고 평가할 수 있
다.

참고문헌

Blackmur, Richard P., *Language as Gesture*, N. Y., 1952.

_______, New Criticism in the United States, Kenkyusha, Tokyo, 1959.

Bradury, John M, *The Fugitives*, Chapel Hill, 1958.

Brooks, C & R. B. Heilman, *Understanding Drama*, 2nd edition, N. Y., 1948.

Brooks, C & R. P. Warren, *Understanding Poetry*, 3nd edition, N. Y., 1958.

_______, *Understanding Fiction*, 2nd edition, N. Y., 1959.

_______, *Understanding Poetry*, 3nd edition, N. Y., 1960.

Brooks, Cleanth, *The Well Wrought Urn*, Harvest Book, N. Y., 1947.

Brooks, Kenneth, *A Grammar of Motives*, N. Y., 1945.

_______, *A Rhetoric of Motives*, N. Y., 1950.

_______, *Counter-Statement*, Phoenix Book. Chicago, 1952.

_______, *The Philosophy of Literary Form*, Baton Rouge, 1941.

Eliot, T. S., *On Poetry and Poets*, London, 1957.

_______, Selected Essays, 3rd enlarged edition, London, 1951.

_______, *The Sacred Wood*, Methuen & Co Ltd, 1920

_______, *The Use of poetry and the use of Criticism*, london, 1933.

Empson, William, *Seven Types of Ambiguity*, Meridian Book, N. Y., 1955.

Frank, Joseph, "Spatial Form, on Modern Literature", *Sewanee Review*, LⅢ, spring/summer/Autumn, 1945, pp.221~240/443~456/643~653.

Fraser, G. S., *Vision and Rhetoric*, London, 1959.

Hulme, T. E., *Further Speculations*, Minneapolis, 1955.

_______, *Speculations*, London, 1936.

Hyman, Stanley, Edgar, *Poetry and Criticism*, N. Y., 1961.

_______, *The Armed Vision*, Vintage Book, N. Y., 1955.

Kermode, Frank, *Romantic Image*, London, 1957.

Krieger, Murray, *The New Apologists for poetry*, Minneapolis, 1956.

Leavis, F. R., New *Bearings in English Poetry*, 2nd edition, London. 1950.

________, *Revaluations*, London, 1936.

Ogden, C. K. &. SI. A. Richards, *The Meaning of Meaning*, N. Y., 1927.

Ransom, John Crowe, *God Without Thunder*, N. Y. 1930.

________, *The new Criticism*, NorFolk, Conn, 1941.

________, *The World's body*, N. Y., 1938.

Richards, I. A., *Coleridge on Imagination*, N. Y., 1936.

________, *Principles of Literary Criticism, N. Y., 1925.*

________, *Science and Poetry*, N. Y., 1926.

________, Practical *Criticism, Harvest Book*, First Published in 1929.

________, *Speculative Instrument*, London, 1955.

________, *The Philosophy of Rhetoric*, N. Y., 1936.

Tate, Allen, *Collected Essays*, Denver, 1959.

________, *On The Limits of poetry*, N. Y., 1948.

________, *Reactionary Essay on Poetry and Ideas*, N. Y., 1936.

________, *Reason in Madness*, N. Y., 1941.

________, *The Forlorn*, Demon, Chicago, 1953.

________, *The Hovering and Other Essays*, Cummington, Mass., 1949.

________, *The Man of Letters in the Modern World*, Meridian Book, N. Y., 1955.

________(ed.), *The Language of Poetry*, Princeton, 1942.

Warren, Robert penn, Selected Essays, N. Y., 1958.

Wellek, Rene, "Literary Criticism and Philosophy : A Note on 'Revaluation'",. *Scrutiny*, V, VI, Mar./Sept., 1937, pp.375~383/195~197.

________, "Literary Theory, Criticism, and History", Sewane Review, IX VIII, Winter, 1960.

Wellek, Rene & Austin Warren, *Theory of Literature*, Harvest Book, N. Y., 1956.

Wimsatt, William K., Jr., *The Verbal Icon*, Lexington, 1954

Wimsatt, William K., Jr., & C Brooks, *Literary Criticism : A Short History*, N. Y., 1957.

Winters, Yvor, *In Defense of Reason*, N. Y., 1947.

____________, *The Function of Criticism*, Denver, 1957.

김용권, 「뉴크리티시즘」, 『문학예술』, 1967. 4~6

____, 「뉴크리티시즘과 한국문학」, 『자유문학』, 1960.10

김윤식, 「한국문학연구방법론-뉴크리티시즘에 대하여」, 『근대한국문학연구』, 일지사.

박철희·김시태, 『문학의 이론과 방법』, 이우출판사, 1984

백철, 「I. A. 리처즈와의 문학대화」, 『사상계』, 1958. 5.

____, 「뉴크리티시즘에 대하여」, 『문학예술』, 1956. 11.

____, 『비평의 이해』, 현암사, 1982.

송욱, 『시학평전』, 일조각, 1963.

이상섭, 『문학연구의 방법』, 탐구당, 1980.

____, 『복합성의 시학-뉴크리티시즘 연구』, 민음사, 1987.

이승훈, 『시론』, 고려원, 1973.

____, 『모더니즘 시론』, 문예출판사, 1995.

이창배, 『20세기 영미시의 이해』, 민중서관, 1968.

____, 『20세기 영미시의 형성』, 민중서관, 1972.

____, 편, 『현대영미문예비평사』, 을유문화사, 1981.

정상균, 『형식문화론』, 한신출판사, 1982.

최재서, 『문학과 지성』, 인문사, 1936.

C. 브룩스, 이경수 역, 『잘 빚어진 항아리』, 홍성사, 1983.

____, 이영걸 역, 『숨은 신』, 삼승당, 1977.

I. A. 리차즈, 김영수 역, 『문예비평의 원리』, 현암사, 1977.

____, 이양하 역, 『시와 과학』, 을유문화사, 1947.

데이비드 로지편, 윤지관 역, 『20세기 문화비평』, 까치, 1984.

르네 웰렉·오스틴 워렌, 김병철·백석 역, 『문학의 이론』 신구문화사, 1982.

____, 이경수 역, 『문학의 이론』 문예출판사, 1987.

____, 이국자 역, 『시와 과학』, 이삭, 1983.

엘리어트, 김용권 역, 『문학의 이론』, 을유문화사, 1947.

____, 이승근 역, 『시의 효용과 비평의 효용』, 학문사, 1985.

______, 최창호 역, 『엘리어트 문학론』, 서문당, 1972.

윌프레드 L. 궤린 외, 정재완·김성곤 역, 『문학의 이해와 비평』, 청록출판사, 1987.

이창배 역, 『T. S. 엘리어트 문학론』, 정연구, 1951

클리언스 브룩스·윔셋 2세, 한기찬 역, 『문예비평사』, 청하, 1984.

클리언스 브룩스·로버트 펜 웨렌, 안동림 역, 『소설의 분석』, 현암사, 1984

제3장 구조주의 비평

1. 구조주의 비평의 개념과 이론 전개

구조주의는 그 뒤를 이은 포스트 구조주의와 함께 20세기 후반 사상계와 비평계를 주도했다. 이러한 구조주의는 좁은 의미로 생각해 볼 때, 프랑스의 인류학자 레비-스트로스(Claude Levi-Strauss)의 일련의 저서와 그 방법을 가리킨다. 따라서 구조주의의 출발은 레비-스트로스의 『구조인류학』(*Anthropogie structurale*, 1958)과 『야만적 사고』(*La pansée sauvage*, 1962)를 기준으로 할 때 1960년 전후로 상정할 수 있다. 그런데 레비-스트로스는 오이디푸스 신화를 분석하면서 소쉬르(Ferdinand de Saussure, 1857~1913)의 언어학적 성과를 빌린다. 즉 그는 소쉬르의 구조 언어학을 모델로 해서 신화·친족 관계·요리법 등의 문화 현상을 분석한 것이다. 이렇게 볼 때 구조주의의 출발은, 소쉬르의 저서 『일반언어학강의』(*Cours de linguistique générale*, 1916)[35]가 출간된 1916년까지 소급될 수

---

35) 이 저술은 그가 1906년부터 1911년에 걸쳐 쥬네브에서 행한 일련의 강의를 들은 학생들의 노트를 재구성하여 1915년에 출간되었다. 또한 소쉬르는 '구조'에 대하여 말한 적은 한 번도 없다.

있다. 또한 러시아 형식주의의 발전 과정과 관련하여 보면, 야콥슨(Roman Jakobson) 등이 조직한 '시어연구회'(OPOTAZ)가 발족된 1915년 내지 1916년까지 소급할 수도 있다. 그리고 실제로 로만 야콥슨이 레비-스트로스의 저서 이전에 발표한 일련의 언어학 연구 논문도 구조주의의 범주에 포함시키고 있음을 본다.

구조주의는 모든 문화적 현상이나 활동 그리고 문학을 포함한 소산물들을 내적 상호 작용의 자족적, 자결적인 구조로 이루어진 하나의 사회적 관습 혹은 의미 체계(signifying system)로 보고 있다. 이 체계의 기본 단위들은 독자적 의미를 지닌 객관적 사실들이 아니고 순전히 상대적 사실들에 지나지 않는다. 다시 말해서 그것들의 정체는 그 체계 내의 다른 요소들과 상반 관계 또는 대립 관계에 의해 발생하는 것이다. 그리고 전체적 체계는 여러 층위의 계층 구조로 취급된다. 그 각 층위의 동일한 원리들의 작용은 보다 낮은 층위의 단위들이 더욱 복잡한 배합을 하고 기능을 조직화하는 데 공헌한다.

이러한 구조주의 비평은, 문학을 제2단계 체계로 보고 있다. 즉 문학은 제1단계 체계인 언어를 매개체로 하여 언어학 이론의 모델로 분석되어져야 한다는 것이다. 일반적으로 구조주의 비평가들은 한 권의 문학 작품이나 이와 서로 관련된 몇몇 한정된 작품들에 음소적(phonemic) 조직 층위와 형태소적(morphemic) 조직 층위를 구별한다든지, 연합 관계와 통합 관계를 밝히는 등 언어학적 개념을 적용하여 분석하고 있다. 또한 몇몇 이론가들은 명사, 동사, 형용사들이 합쳐져서 하나의 문장을 이루듯, 하나의 문학 작품 속의 구문을 그런 기능으로 보고, 통사론(Syntax)을 모델로 하여 문학 작품의 구조를 분석하고 있다. 또 다른 구조주의자들은 언어학적 모델을 충분히 활용하여, 작품에서 작가와 독자들이 무의식적으로 습득하고 있는 문학적 관습들과 결합 규칙들로 이루어진 기본 체계의 근거를 찾으려 했다. 이때 그들의 궁극적 목표는 묵시적 문법(tacit grammar) 또는 체계적 법칙들과 문학의 규약들을 하나의 의미 있는 사회적 관습처럼 명백하게 만들자는 것이다.

구조주의의 중심 개념은 구조라는 방법과 유럽의 근대 형이상학에 대한 비판적 태도에서 출발한다. 구조주의를 흔히 과학적 방법이라고 칭하고 있는데, 그 방법은 신(神)·이데아·이성 등과 같은 어떤 특정의 관점이나 원리에 의해서가 아니라 구조적 방법에 의해 사물을 분석한다는 것이다. 이러한 구조주의가 이데올로기냐, 아니면 단지 인문 과학의 한 방법에 지나지 않느냐 하는 점은 아직 명확한 해답을 제시할 수 없다. 그러나 인문 과학 전반에 걸쳐 도입된 하나의 새로운 인식 태도라는 점에서는 누구나 공통된 이론이다. 이러한 구조주의 비평은 문학을 근본적으로 현실의 모방이라고 보는 비평이나, 문학을 무엇보다도 작가의 감정이나 기질을 표현한 것이라고 보는 표현 비평이나, 문학을 작가와 독자 사이의 소통 양식으로 보는 수용 미학 이론과도 대립된다.

구조주의는 하나의 분야에서만 나타난 하나의 사상적 이론이 아니라 여러 분야에서 나타난 일종의 방법론이라고 해도 지나치지 않을 것이다.36) 우주의 여러 가지 현상이 동질적 구조를 가지고 있다는 전제를 받아들이고 있는 구조주의는 수학에서는 '집단'(groupe)의 개념을 낳게 되는데, 이 이론은 메이어슨(E. Meyerson)의 인식론이 근거를 두었던 반대명제(antithese)의 인위적 성질을 밝혀내 주게 된다. 그리고 특히 수학에 있어서 구조주의학파라고 부를 수 있는 부르바키(N. Bourbaki)의 '모체 구조' 이론이 현대 수학의 중요한 자리를 차지하게 된 것도 구조적 사고의 이론화에 기인하고 있으며, 이것이 결국 현대 논리학에 기여하게 된다. 물리학에서는 로렌츠(H. A. Lorentz)의 '변형 공식', 즉 시간과 공간의 수축을 미분계산에 삽입시켜 주는 '변형 공식' 등이 구조주의 이론에 입각한 것이며, 생물학에서는 모건(C. Llyod Morgan)의 '분출 이론'과 베르탈란피(L. Bertalanffy)의 '생체론' 등 게시탈트 심리학이 바로 구조심리학의 형식을 세우고(W. Kohler 와 L. Wertheimer를 들 수 있다), 사회심리학 (K.

---

36) 김치수, 「구조주의와 문학 연구」, 『문학사회학을 위하여』, 문학과지성사, 1979, p.268.

Lewin과 그 제자들을 말한다)으로 확대되었다. 문학의 연구에 가장 영향을 많이 미친 구조언어학의 경우에 있어서는 공시언어학 이론을 들 수 있는데 브룸필드(Bloomfield), 소쉬르(de Saussure), 촘스키(N. Chomsky), 방브니스트(E. Benveniste)등에 의해 하나의 구조는 내적 요구에 의한 자율적 존재라는 이론으로 정립됨으로써 오늘날 언어학이 인문과학의 꽃으로 등장하게 되었다. 그리고 인류학에서는 레비-스트로스(Levi-Strauss)의 구조인류학을 들 수 있다. 레비-스트로스는 인류의 문화에 있어서 발전의 이론을 부정하고 구조적 동질성을 가진 다양한 문화들의 존재를 주장하면서, 만약 인류 문화에 있어서 큰 혁명이 있다면 그것은 신석기시대 혁명이고, 다른 하나는 산업혁명이라고 언급한다.

구조주의의 흐름은 언어학자 소쉬르의 『일반 언어학 강의』가 러시아 구조주의자들에 의해 언어학과 문학을 과학화하려는 관심으로 발전되었는데, 러시아에서 점차 영향을 떨치기 시작한 마르크스주의 비평에 눌려 유럽으로 옮겨간다. 이 러시아 형식주의의 성과는 한편으론 프랑스의 구조주의와 다른 한편으론 영미의 신비평과 관련을 맺으며(킬러·스콜즈), 작품의 내재적·구조적 분석이라는 공통의 경향을 보여주었다.[37]

1955년 이전에 러시아 형식주의는 서양에는 전혀 알려지지 않은 것과 다름없었다.[38] 프랑스 비평은 구조주의자들의 자극에 오히려 늦게 반응을 일으켰다. 새로운 언어학의 괄목할 만한 개척자인 소쉬르의 뒤늦은 발견과 프랑스 인문과학 전 영역에 걸친 레비-스트로스의 구조주의적인 흐름과 연관된 성과(야콥슨·무카로프스키·프롭·브레몽·바르뜨·멜레친스키·토도로프), 그리고 이에 못지 않게 중요한 토도로프(Tzvetan Todorov)의 훌륭한 연구를 통한 러시아 형식주의자들의 유산에 대한 지식의 증대, 이러한 모든 것들이 총집결하여 1960년대의 파리를 문학적 구조주의가 생동하는 중심지로 바꾸어 놓았다.

---

37) D.W. 포케바·엘루드 쿤네-입쉬(윤지관 역), 『현대 문학 이론의 조류』, 학민사, 1983, '옮긴이의 말', pp.4~5.
38) 빅토르 어얼리치(박귀용 역), 『러시아 형식주의』, 문학과지성사, 1983, pp.17~18.

구조주의 조류로서의 문학 이론 연구의 두드러진 성과는 소련의 기호학(로 트만·바그틴), 이탈리아의 기호학(에코), 후기 구조주의(데리다·바르뜨·크리 스테바)를 들 수 있다.

2. 구조주의 비평의 용어

(1) 관계성

아리스토텔레스 이래 대부분 문학 이론가들은 문학 작품을 분석하는 데 있 어 구조의 중요성을 강조해 왔다. 구조주의 비평은 문학 작품을 하나의 총체적 구조로 보고 그 구조를 이루고 있는 요소들을 텍스트 안에서 찾아 문학의 독자 적이고 자족적인 존재성을 해명하려는 방법이다. 따라서 구조주의는 문학 텍스 트 내에 있는 구조들의 보편적인 현존과 그 구조들 사이의 필연적인 관련을 기 본 원리로 삼고 있다.

구조주의는 기본적으로, 무엇보다도 구조에 대한 지각과 기술(記述)에 연관 된, 세계에 대한 하나의 사고방식이라고 말할 수 있다. 즉 세계(world)는 사물에 의해서라기보다는 오히려 관계에 의하여 성립되어 있다는 새로운 개념은, 진정 ‘구조주의자’라고 불릴 수 있는 사람들의 사고 방식의 첫째 원리가 된다. 간단 히 말하면 어떤 실체든 경험이든 그것의 완전한 의미는 그것을 부분으로 삼고 있는 구조 안으로 통합되어짐으로써 비로소 인식될 수 있다는 것이다. 구조주 의적 이론가들은 소쉬르가 이룩한 언어 연구의 혁명적인 공헌을 평가함에 있 어서, 언어를 실질(substance)로 보는 견해를 배척하고 관계적이라는 견해를 취 하게 된 것에 있다고 말한다. 이것은 위에서 말한 바와 같은 인식 방법에서의 더 큰 변화에 긴밀히 연관되는 발상의 전환이다.

모든 비평 이론은 일종의 구조 개념을, 즉 작품에 있어서 전개상 통일성에 대한 개념을 지니고 있다. 마치 천체 운행이 어떤 자연 법칙에 의해서 이루어지듯이 문학도 전체와 부분, 부분과 부분 사이에 어떤 관계성이 존재한다는 것이다. 자연 현상에서 발견되는 질서를 자연 법칙 또는 자연 구조라고 한다면 언어·예절·제도 등은 인간이 만든 인위적 질서, 곧 인위적 구조가 된다. 그런데 어떠한 특성이 통일성을 제공하여 주는 것인가로 강조되는 데 따라 다양한 용어가 사용되어진다. 틀(pattern), 구성(plot), 이야기(story), 형태(form), 신화(myth), 질서, 골격 등이 그것이다.

이러한 개념들은 주어진 작품에서 통일성의 원리에 대한 가정에 도달하기 위한 조직적 수단으로서 구조에 관한 유형학(typology)이라고 말할 수 있다. 그러한 수단에는 많은 종류의 것들이 있으나, 크게는 두 가지의 주요 부류로 나누어 볼 수 있다. 그 하나는 특별히 문학 내에서 발견되어지기 쉬운 내적 수단(internal means)의 두드러진 특징에서부터 연유되는 것들이다. 다른 하나는 개인적 혹은 사회적 언어에서나 개인 심리학 혹은 사회 심리학에서의 모든 예술 분야와 인생에 있어서의 광범위한 영역의 양식에서, 또는 사회 구조에서 발견되어지는 일반 원리를 유형학적 목적을 위해 문학 작품에 적용함으로써 연유되는 것들이다.

(2) 부분의 전체

구조란 무엇인가. 구조(structure)라는 용어는 그대로 구축(construction), 구성(composition), 질서화(ordering), 조직(organization) 등의 동의어이며, 본질적으로 조직된 전체 속에서 부분들이 유기적으로 결합된 관계의 체계라고 말할 수 있다.39) 부분들의 체계라는 것은, 구성 요소들 사이의 관계뿐만 아니라 전체와 각 구성 요소들 사이와의 관계도 포함된다. 그래서 구조란 전체의 다양한 관계

---

39) Thomas A. Sebeck, *Encyclopedic Dictionary of Semiotics*, Tome 2, Mouton de Gruyter, 1986, p.991.

들의 망(網) 조직이라고 정의하기도 한다.

일반적으로 문학론에서 말하는 구조는 하나의 문학 작품 전체의 구성 요소들인 부분의 상호 관계의 총합을 뜻한다. 그렇다고 여기서 전체는 반드시 완성된 문학 작품을 의미하는 것은 아니다. 소설의 한 장, 희곡의 한 막, 시의 한 절, 한 줄, 한 구절까지도 하나의 전체로 볼 수 있다. 그 이유는 비록 큰 전체에 속하는 부분이지만, 그것들도 그들 나름대로 부분들을 가지고 있는 전체이기 때문이다.

이러한 부분은 형식적인 부분과 비형식적인 부분으로 나눌 수 있다. 형식적인 부분은 소리·낱말·문장·수사적 문채(文彩) 등이고, 비형식적 부문은 주제·소재·이야기거리·저자의 태도 등이다. 그러니까 하나의 작품을 놓고 그 소리의 배열과 조직을 알아보는 것은 그 작품의 형식적 구조 중 소리의 구조를 알아보는 것이 된다. 마찬가지로 그 작품에 작가의 인생관이 어떻게 표현되고 있는가를 알아보는 것은 그 비형식적 구조 중 저자의 의도적 구조를 알아보는 것이 된다. 그러나 작품 전체가 형식적 및 비형식적 부분들을 동시에 포괄하고 있다는 의식을 떠나서 단지 소리만을 또는 저자의 인생관만을 따진다면 그것은 구조적 이해가 아니라 그저 음성학, 또는 생애 연구가 된다. 형식적이든 비형식적이든 간에 한 부분에 주의를 기울여 그것을 전체와의 관련에서 검토할 때에 다른 부분들에 대하여서도 함께 고려를 하여야 한다.

(3) 랑그(Langue)와 파롤(Parole)

소쉬르의 독창성은, 언어가 하나의 전체적 체계로서, 그 한순간 전에 무엇인가가 그 체계에 변화를 주는 일이 있을지라도, 언제나 그 순간마다 완결되어 있다는 사실을 강조했던 데 있다. 즉 각 언어는 그 역사적 경위와는 관계없이 그 언어를 지금 말하고 있는 사람들의 입에서 나오는 음성의 체계라는 점에서 온전히 정당하게 존재하고 있으며, 그들의 발화(speech)는 사실상 언어의 현재의 모습을 (대개는 그 역사적 경위와는 관계없이) 형성하게 되는 것이다.

소쉬르는 언어 현상 전체의 고찰을 언어가 지니는 두 개의 기본적 차원에서 이론화한다. 그 이론에 따르면, 랑그는 '언어 체계'이며, 파롤은 '개인적 발화'이다. 언어 체계로서의 랑그는 사고를 표현하는 기호로 이루어진 체계다. 랑그는 말 혹은 표현 행위의 근간을 이루는 언어의 기본 체계이고, 파롤은 언어의 기본 체계를 말로 표현하는 개인의 발화인 것이다. 소쉬르의 언어학은 개인의 발화가 아니라 그것의 근간을 이루는 언어의 기본 체계에 더 관심을 둔다. 그 까닭은 개인의 발화란 언어 체계를 언어를 통해 구체화시키는 현상이기 때문이다. 발화는 그 자체가 의미를 지니는 것이 아니라 그 발화의 기본 체계인 랑그에 의해 의미를 지닌다. 때문에 개인의 발화를 이해하기 위해서는 구체화된 말의 기본 체계를 밝히는 것이 우선되어야 한다. 이와 같이 소쉬르의 언어학은 파롤이 아니라 랑그의 조직된 체계의 법칙을 연구하는 것을 임무로 삼는다. 이 것을 소쉬르는 체스(chess)에 인용하여 비유한다. 체스의 규칙은 놀이를 떠나서 별도로 존재하고 있으면서, 놀이가 전개될 때 그 구체적인 모습을 나타낸다. 언어도 마찬가지다. 랑그의 본질은 그때그때 나타나는 파롤의 성질을 넘어서서 존재하며 또 그것을 결정하는데, 발화되지 않으면 그 자체가 구체적으로는 존재하지 아니한다. 그러니까 파롤은 마치 물 위에 나타나 있는 빙산의 일각과 같은 것이며, 랑그는 그것을 받쳐주는, 그리고 말하는 사람과 듣는 사람이나 간에 다 같이 느껴지면서도 결코 그 자체는 모습을 나타내지 아니하는 더 큰 얼음덩이인 것이다. 언어는 만져 볼 수 없는 것이며, 또 결코 그 전체 모습을 한꺼번에 드러내는 일이 없고, 개개의 학자에 의해서 그 목록의 일부가 불완전하게 운용되는 데에서만 모습을 나타낸다.[40]

소쉬르는 '구조'에 대하여 한 번도 언급한 적이 없는 것으로 알려져 있다. 그는 언어가 그것에 의해 조직되는 그 내적 법칙을 지칭하는 데 있어 체계라는

---

40) 테렌스 호옥스(오원교 역), 『구조주의와 기호학』, 신아사, 1977, 1982, pp.19~25.

어휘를 사용했을 따름이다. 구조라는 어휘는 제1회 '슬라브 문헌학자 대회'(프라그, 1929)에서 언어학의 용어로 사용되었다.[41] 거기서 익명의 선언문이 발표되는데, 선언문을 기초한 주된 사람은 러시아 언어학자들인 야콥슨(R. Jakobson), 카르체브스키(Karcevskij), 트루베츠코이(Trubetzkoy) 등 세 사람이다. 이때 '구조'의 개념은 체계 안에서의 '관계'(relation)의 개념과 아주 밀접하게 연결된다. 그리고 그것은 한 랑그의 두 개 혹은 여러 개의 특징의 상호 의존을 지칭하였다. 예를 들면 아버지(pere)의 p와 어머니(mere)의 m은 상호 의존을 지칭한다. 즉 이 두 자음은 서로 양순음(兩脣音)이다. 그러나 동시에 하나는 무성음(p)이고, 하나는 비음(m)이기 때문에 서로 대립된다. 이 관계를 우리말로 예를 들면, 'ㄱ'의 음가를 정의하려면 'ㄲ'과 'ㅋ'이 'ㄱ'과 어떤 관계에 있는가를 밝혀야 하고, 또 그에 앞서 우리말 음운 체계 내에서의 그와 유사한 묶음을 이루는 'ㄷ' 'ㄸ' 'ㅌ' 'ㅂ' 'ㅃ' 'ㅍ' 등과의 관계를 통해서만이 'ㄱ'의 특성을 알 수 있다는 말이 된다.[42]

트루베츠코이는 다음과 같이 결정적인 구별을 제시한다. 음성학은 발음의 심리와 논리적 기능(입술, 입천장, 혀 기관의 놈새)을 연구하고, 음운론은 모음 사이의, 자음 사이의 의존 관련도, 관계(구조)를 연구한다는 것이다. 이와 같은 의미의 기초 제기는 언어학을 출범시키는 데 공헌한다. 구조의 제일차적 정의를 시도하는 데 pere와 mere의 예를 다시 들어보면, 그것은 이중의 구조를 갖고 있음을 알 수 있다. 첫째로 음운론적 측면의 구조인, p(무성양순음)와 m(비음양순음)의 관계다. 둘째로는 시니피에(의미당한 것, 記憶) 측면의 구조인데, pere와 mere는 성(性)이라는 공통축으로 서로 구별된다.

    père(남성)←성→mère(여성)

---

41) J. B. 퍄쥬(김현 역), 『구조주의란 무엇인가?』, 문예출판사, 1977, pp.20~47.
42) 레비스트로스(서정철 역), 「문법론」, 『역사와 문명』, 서문당, 1976, p.166.

소쉬르는 모든 언어의(말해지든, 말해지지 않든), 모든 사회적 기호의 일반 과학을 꿈꾸었다. 그는 이 과학을 기호학(semiology)이라고 명명한다. 그렇다면 언어학은 보다 일반적인 기호과학의 한 가지, 한 부분이 될 것이다. 이를 보다 정확하게 방법적으로 탐구한 것이 후에 기호학의 모델이 된다. 그래서 기호학은 의미하는 '형태'의 과학으로서, 구어나 몸짓·표지판·옷 같은 언어가 이에 속한다고 할 수 있고, 의미론(semantic)은 '의미되는 것'들의 과학, 곧 사물이나 사고의 심적 재현물의 과학이라고 할 수 있다.

(4) 시니피앙(signifiant)과 시니피에(signifié)

랑그는 기호(sign)로 조직된 체계다. 각각의 기호는 두 측면을 보여준다. 즉 인지할 수 있고 들을 수 있는 시니피앙과, 시니피앙 속에 포함되어 그것이 운반하고 다니는 시니피에가 그것이다. 이 두 요소의 결합은 일반적으로 자의적(arbitrary)인 것이 특색이므로, 말하자면 특정한 음성이 특정한 의미를 표현할 필연성은 없는 것이다.

① 시니피앙과 시니피에

구어의 시니피앙은 두 개로 분할(articulation)된다. 1차 분할은 어휘와 관계되는데, 그것은 말과 관계가 있다. '어소'(moneme) 하나하나의 말은 의미 단위를 이룬다-아버지, 어머니, 아이, 형제 등이 그것이다. 2차 분할은 알파벳과 관계되는데, 그 단위들인 음소(phoneme)는 변별적이다. 따로따로 놓고 보면 그것들은 아무것도 의미하지 않으나 의미할 수 있는 힘을 얻는 말이 되기 위해서는 필요 불가결한 것들이다- ㅇ/ㅏ/ㅂ/ㅓ/ㅈ/ㅣ 등이 그것이다. 1차 분할의 의미 단위(문자)는 수적으로 한정되어 있으며, 20에서 30사이다. 거기에서 랑그는 극도의 경제력을 보여준다. 이러한 이중 분할 이론은 조직화된 체계, 약호를 가지고 있는 언어체와 그것이 없는 언어체를 구별하는 데 있어 매우 중요하다. 약호나 랑그의 밑바탕에는 그 이중 분할이 숨어 있는데, 그럴 수 있는 언어체만이 랑그라는 이름을 얻을 수 있다. 예를 들자면 말과 문자를 가진 구어, 그리고 요리를 만드는 요리법(전골, 생선찌게, 볶음밥)과 각각의 요리 성분(쇠고기, 바다고기, 소금, 후추) 등이 그것이다. 반대로 약호, 체계가 없는 언어체들, 사진이나 영화 같은 '랑그 없는 언어체들'이 있다. 각각의 이미지들은 유사에 의해서든지 암시에 의해서든지 여러 개의 시니피에를 생기게 하지만, 그 이미지를 이루는 요소들은 체계화될 수 없다. 백색은 반드시 선(善)을 의미하지 않으며, 흑색(黑色)이 언제나 악(惡)만을 의미하지는 않는다.

시니피에는 의미론에서 특별히 다루어지며 내용에 관계된다. 소쉬르는 이들 양자가 결합할 때 지니는 중요성을 물에 비유한다. 물은 수소와 산소가 결합된 것이며, 만일 이 두 요소가 하나하나 분리된다면 물의 특성은 완전히 사라진다. 그러므로 언어의 의미는 언어 자체가 지니고 있는 어떤 대상에 대한 상징에 의해서가 아니라, 언어 기호와 다른 기호와의 차이 때문에 형성된다는 것이다.

② 의미 관계

기호는 위에서 말한 것처럼 시니피앙과 시니피에에 의해 구성된 전체다. 이 두 요소 사이에서 의미 관계가 이루어진다. 의미 관계의 작용에 대하여 소쉬르는 다양한 암시적인 비교를 제시한다. 가령 종잇장과 비교하고 있는 것을 살펴보면, 내가 그것을 자르면 나는 앞면(시니피앙)과 뒷면(시니피에)을 동시에 자르게 된다고 한다. 또한 겹쳐져 있는 수면과 대기면을 비교한 경우를 살펴보면, 물위로 보이는 파도(시니피앙)는 다양한 대기면의 압력(시니피에)을 나타낸다. 레이먼 셀던(Raman Selden)은 기호가 의미를 지니는 양상을 교통 신호등의 신호 체계를 들어 설명한다. 신호등의 색깔은 그 색깔이 지니는 상징이 아니라 다른 색깔과의 차이 때문에 의미를 지닌다고 말한다. 빨간색은 멈춤을 상징하는 것이 아니라 진행을 나타내는 파란색과의 차이로 인하여 의미를 지닌다는

것이다.[43]

  소쉬르에 따르면, 언어는 임의적이고 구별적인 성질을 지닌다. 언어 즉, 기호가 기표와 기의로 구성되는 것은 언어 관습의 산물이라는 것이다. 이는 기호가 어떤 대상을 상징하는 것이 아니며 기호들의 관계가 자연적이고 필연적이지 않다는 것이다. 기호의 의미는 변화될 수도 있고 서로 다른 언어의 다른 기호가 같은 의미를 지닐 수도 있다. 이것은 기호와 대상의 관계가 임의적이라는 말이다. 또한 기표는 다른 기표와 구별되기 때문에 의미를 형성한다. 소쉬르는 언어에서 볼 수 있는 차이에 대하여 '언어에는 차이만 있을 뿐이다'라고 설명한다. 이와 같이 기호의 의미는 그 기호와 다른 기호와의 관계와 차이에 의해 형성된다. 이러한 방법으로 말은 의미를 지닌다. 이것은 기호가 구별적인 성질을 지닌다는 것이다. 이러한 의미 관계를 표로 만들어 보면 다음과 같다.

$$S = \dfrac{Sa}{Se} \quad 즉\ 의미 = \dfrac{시니피앙}{시니피에}$$

(여기서 세로줄은 의미 관련을 나타낸다.)

  ③ 가치

  가치는 랑그가 시니피앙과 시니피에에 의한 소통, 기호 교환을 허락할 수 있도록 어떻게 구성되었는가를 이해하는 것이다. 예를 들면 500원짜리는 100원짜리 은행권과 1000원짜리 은행권 사이의 위치에 의해 결정된다. 기호의 가치는 자기 위치에서 나온다. 랑그는 말하자면 서로 다른 것과 관련을 맺으며 자리를 잡는 체계다. 롤랑 바르트는 시계 문자판을 예로 들고 있다. 바늘이 표시하는

---

43) Raman Selden, *A Reader's Guide to Contemporary Literary Theory*, 2nd ed.,N.Y:Harvester Wheatsheaf, 1989, p.53.

부채꼴의 숫자 각각은 앞선 숫자와 뒤따르는 숫자에 대면하여 자기 위치의 가치를 얻는다. 바늘이 12와 30이라는 숫자를 가리킬 때 그때에는 '지금은 12시 반이다' 라는 문장과 동등한 시간을 표시하는 진술이 형성된다. 이 진술은 12와 30이라는 '숫자'가 자기 위치에 의해 다른 '숫자'들에 대해 갖는 가치 때문에 의미를 획득한다는 것을 의미한다.

(5) 디노테이션(denotation)과 코노테이션(connotation)

이 구분은 우선적으로 문학·요리·영화·광고 등의 예술적 처리, 이데올로기적 편성, 수사학적 방법 등의 광범위한 분야를 포함하는 소통(communication) 체계를 분석하는 자들이 관심을 집중한 분야다. 먼저 롤랑 바르트에 의해 시작되었고, 뒤를 이어 그레마스가 실제적·신화적으로 구분하고 있음을 본다. 따라서 구조주의적 분석은 1차 언어체 혹은 기층 언어체를 뛰어넘어 모든 사실을 탐구하고 체계화하려고 노력함 따라 점차로 필요불가결하게 된다.

우선 몇 예를 들어보면, 한 친구가 진급했다. 나는 그 사실을 축하하고 그에게 나의 기쁨을 말하기 위해 편지를 쓴다. 부득이한 경우에는 전보를 친다. 모든 것을 단 몇 마디, 가령 '축하 (…) 개인적 기쁨' 따위로 말할 수 있다. 그러나 사회적 관습, 우정을 표현하는 방식 때문에 그 기층언어체(基層言語體)만으로는 안 된다. 나의 말과 편지를 통상적인 것이 아닌, '개인적'인 문체로 감정을 표현하는 방식으로 써야만 한다. 그래서 나는, '아마도 너는 축하 편지 더미에 싸여 있겠지 (…) 나도 너의 진급을 진심으로 축하하며 커다란 기쁨에 넘쳐 있음을 전한다.' 여기서 디노테이션은 '기층' 언어체 혹은 1차 언어체이고, 코노테이션은 '장식' 언어체 혹은 2차 언어체이다. 코노테이션을 이룩하기 위해 새문장이나 태깔부리는 말을 덧붙이는 것이 항상 필요한 것은 아니다. TV광고에 푸른 파도가 넘실거리고 젊은 남녀가 수상스키를 탄다. 그곳 모래사장에서는 젊은이들이 비치 파라솔 아래서 콜라를 마신다. 이것의 디노테이션은 여름의 피서객이지만, 코노테이션은 콜라 광고의 예(2차 언어체)가 된다. 이 기층 기호(디노테이션)는 코노테이션의 차원에 있는 2차 의미와 접촉하여 새 시니피앙을 이루게 된다. 이러한 관계를 소쉬르는 다음과 같이 제시하고 있다.

$$\frac{Sa}{Sé} = \frac{시니피앙}{시니피에}$$

1.	Sa Sé	코노테이션
2.	Sa | Sé	디노테이션

이것이 레비 스트로스가 말하는 신화소(mythemes)인데, 신화를 이런 언어학의 이론으로 분석하였을 때 아무런 의미도 해독할 수 없다. 따라서 의미하는 것(시니피앙)과 의미당한 것(시니피에)을 통합하여 한 차원 높인 의미 표상을 다시 한 차원 높였을 때 신화의 의미가 해독된다.[44]

신화	Ⅲ. 의미 표상	
	Ⅰ. 의미하는 것	Ⅱ. 의미당하는 것
	3. 의미 표상	
언어	1. 의미하는 것	2. 의미당하는 것

(6) 언어체와 초언어

1차언어이든, 2차언어이든, 디노테이션이든, 코노테이션이든 간에 일반 언어체에 대한 제2형태는 '탈연관'이 있다. 사람들이 언어체에 의문을 제기하기 위하여, 혹은 비평하기 위하여, 혹은 보다 정확하고 '과학적'인 제3언어체를 제시하기 위하여, 그들이 사용하는 언어체에 대해 거리감을 둘 때, 그들은 초언어(metalanguage)라고 불리는 조작을 해야 한다.

---

44) 이광규, 『레비 스트로스』, 대한기독교서회, 1978, p.105.

일반 회화에서 두 사람이 '사화'에 대해 말을 하고 있다. 어쩌다가 그들은 서로 '엉뚱한 대화'를 하고 있다는 것을 깨닫는다. 그들은 그때 말을 멈추고 서로 묻는다. '당신은 무슨 의미로 사화를 쓰고 있는가?' 한 사람은 역사학자여서 사화(史禍)라는 뜻을 사필(史筆)로 말미암은 옥사(獄事)를 말하고 있었고, 한 사람은 열렬한 불교신자여서 사화(四華)라는 석가가 법화경을 말할 때 하늘에서 내려온 네 가지의 연화(蓮華)를 말하고 있었던 것이다. 이 확인 조작이 초언어 조작이다. 모든 과학적 탐구는 자기 나름의 초언어를 가지고 있다. 음성학은 언어체의 소리를 연구하기 위하여 생리 용어(生理用語)를 사용할 것이고, 사회학은 인간의 파롤을 연구하기 위하여 자기 나름의 어휘를 사용할 것이다. 구조주의를 문제 삼는 철학이나 신학은 그들 자신의 초언어를 이용한다. 그러한 책임감은 인간이 확인하려는 한, 과학적 탐구를 하려는 한, 다양하다. 초언어를 도시할 수 있는 도식은 코노테이션을 도시했던 것의 반대 방향에서 이루어진다.

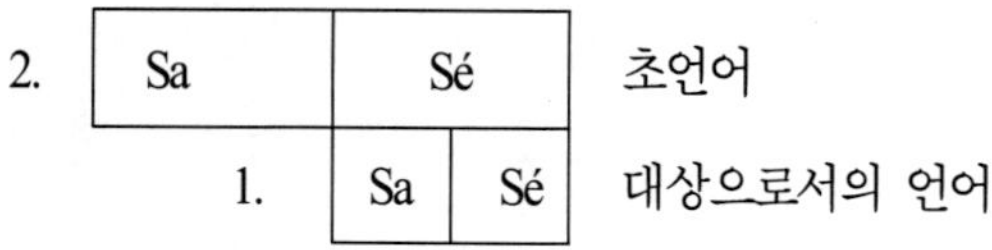

1의 차원에 사용된 언어체는 그의 차원에 있는 초언어에 의해 연구 대상처럼 취급된다. 그 언어체는 자기 자신의 기호, 그 나름의 기술 용어, 확인 용어로 표시되는 것이다.

3. 대표적 이론가와 이론

(1) 소쉬르 — 언어학 이론

소쉬르는 즈네브 대학에서 오랫동안 비교언어학과 산스크리스트학을 강의하며 구조주의 언어학을 정립했다. 소쉬르의 언어 이론은 『일반 언어학 강의』에 집약되어 있는데, 이는 구조주의적 비평의 기반을 이룩하고 있다. 그는 언어를 랑그와 파롤로 구분한다. 랑그는 인간의 머릿속에 형성된 의미 체계이며, 파롤은 실제로 발화되는 소리 체계이다. 따라서 랑그는 시니피에와, 파롤은 시니피앙과 연결된다. 또한 랑그는 사회 일반적인 약호(略號)이고 파롤은 개인적인 구체적 행동을 지칭한다.

언어는 기호들의 체계이다. 그 각각의 기호는 시니피앙과 시니피에로 구성되어 있다. 가령, '강아지'라는 3음절어는 한국인의 마음속에 시니피에로서의 강아지를 연상하게 하는 시니피앙이다. 이 시니피앙과 시니피에가 맺고 있는 관계는 자의적(恣意的)이다. 자의적이라는 말은 시니피에로서의 고양이와 시니피앙으로서의 고양이가 맺고 있는 관계가 필연적이지 않다는 것, 즉 우리가 그 동물(시니피에)을 강아지라고 불러주는 것(시니피에)은 단지 우연한 사회적 약속과 전통 때문이라는 것을 의미하는 것이다. 이것은 '강아지'와 다른 단어, 가령 '꽃'이라는 단어를 비교해 보면 쉽게 알 수 있다. 우리가 털 달린 애완 동물을 꼭 '강아지'로, 식물의 한 종류를 꼭 '꽃'으로 불러줘야 할 필연적인 이유는 없는 것이다.

이처럼 한국어 전체는 시니피앙과 시니피에 사이에 아무런 필연적 관계가 없는 기호의 쌍으로 이뤄진 거대한 체계로 구성되어 있다. 말하자면 의미란 대상 자체에서 오는 것이 아니라는 사실, 그리고 의미란 기호들의 구분을 통해서만 존재하게 된다는 것이다. 즉 강아지는 꽃이 아니기 때문에 강아지인 것이며, 꽃은 강아지가 아니기 때문에 꽃으로 존재하는 것이다. 말하자면 소쉬르가 '언어 체계에 있어서는 구분들만이 존재한다'고 말한 것은, 바로 언어와 그 지시 대상이 갖고 있는 이러한 관계를 지칭하는 것이다. 그러므로 의미란 기호 안에 신비하게 내재하고 있는 것이 아니라, 기능적인 것이며 다른 기호들과의 구별 작용이 낳은 결과에 불과한 것이다.

이러한 소쉬르의 이론을 확대하면, 어떤 체계의 개별 단위이든 간에 그것은 다른 것들과의 관계에 의해서만 의미를 갖게 된다. 가령, 노란색이란 수많은 구분된 색깔들의 전체 체계 속에서만 그 의미를 갖게 되며, 여자는 남자와 구분된 체계 속에서, 그리고 높음과 낮음과 구분되는 체계 속에서만 의미를 갖게 된다는 것이다. 이것을 문학 작품의 해석에 적용하면, 작품 속에 등장하는 '해'와 '달'의 그 두 이미지가 서로 맺고 있는 상호 관계를 탐색하는 것이다. 구조주의자에게 있어서 해와 달은 실체적인 의미를 가지는 것이 아니라 '상관적'인 의미만을 지니기 때문이다. 따라서 구조주의자는 해와 달의 의미를 설명하기 위해 외부적 지식에 기댈 필요가 전혀 없는 것이다. 이처럼 구조주의자는 실제 내용이 의미하는 바에는 관심이 없다. 그리고 이야기의 각 요소가 갖고 있는 공통적 역학 관계를 찾아내어 그것으로 작품을 통일해 버리고 그것들의 움직임에 주의를 집중하는 것이다.

(2) 피아제 — 구조의 개념

스위스의 심리학자인 피아제(Jean Piaget, 1896~1980)는 구조 개념의 특성으로 전체성(wholeness) · 변환(transformation) · 자기 규제(self-regulation) 등을 들고 있다.

전체성이란 고립된 요소들의 단순한 집합체가 아니라, 구성 요소들 사이의 관계에 의한 내적 통합성을 의미한다. 구성 요소들은 구조 내에 배치되어 관계를 형성하고, 그 요소들은 개개의 요소들의 성질을 결정하는 어떤 고유의 법칙에 따른다. 그 법칙은, 구조 내의 구성 요소들에게 개개의 요소들이 갖는 특성 이상의 전체적 특성을 부여한다. 그러나 구성 요소들은 그 구조를 벗어난 바깥에서는 그 구조 내부에서와 같은 형태로 독립하여 존재할 수 없다.

그런데 구조는 정적(靜的) 상태로 있는 것이 아니다. 그것을 지배하는 법칙은, 단지 그것이 구조화되도록 작용할 뿐만 아니라 구조 자체가 구조화하도록 작용한다. 따라서 이러한 구조화가 수동적 형태로 축소되는 것을 피하기 위하여, 구조는 변환의 수속을 행할 수 있어야 한다. 이리하여 구조는 새로운 소재를 구조에 의하여, 그리고 구조를 통해서 끊임없이 처리한다. 그 예를 언어 구조에서 볼 수 있다. 가령, 언어는 '주어+서술어' 또는 '주어+목적어+부사어+서술어' 등 기본적 구조에 의하여 여러 가지 문장을 매우 광범위하고 다양한 발화로까지 만들어 변환시키고, 한편 그 구체적인 발화는 언어 자체의 고유의 구조 범위 내에서 유지되도록 하는 것이다.

또한 구조는 자기 규제적이다. 즉, 구조는 앞에서 말한 변환 수속을 유효하게 하기 위하여, 구조 자체를 초월한 것에는 의존하지 않고, 이질적인 다른 시스템이 들어와서 관련을 갖지 않도록 시스템을 지키는 구실도 한다. 이는 언어는 현실의 패턴에 따라 조작되는 것이 아니라, 언어 그 자체의 내적 자기 충족적인 규칙에 의거하여 조직된다는 것이다. '강아지'라는 말은 한국어라는 언어 구조 속에 있으며, 네 발을 가진 짖는 짐승이라는 실제의 동물과는 관계없이, 명사라는 고유의 구조적 위치에서 조직되고 기능하는 것이다. '강아지' '하늘' '땅' 등도 이 말들이 지시하는 실제 대상 혹은 사물과는 관계없이 한국어라는 문법적 구조 안에서 조직되고 기능하는 것이다.

(3) 야콥슨 ― 정보 전달 구조

야콥슨은 1915년 모스크 언어학회의 창립 회원이었고, 1926년에는 프라그 언어학회를 주도했으며, 1941년 미국으로 이주했다. 그가 형식주의에서 구조주의로 전환하게 된 까닭은 지배소(dominant) 개념에 대한 새로운 인식 때문이다. 지배소란 형식주의 이론의 중심 개념인 낯설게 만들기를 발전시킨 개념으로, 형식주의와 구조주의의 경계를 표시한다.

야콥슨은 언어활동을 좀더 명확하게 하기 위하여 소쉬르가 사용한 랑그와 파롤이란 용어 대신 부호(code)와 전언(message)이라는 용어를 사용한다. 정보가 송신자에서 수신자에 전달되려면 양자 간에는 공통의 약호가 있어야 한다. 언어 행위란 송신자가 정보를 약호화(encode)하면 수신자는 이것을 해독하는 (docede)것이다. 보내지는 통보는 이러한 부호 체계에 의한 가능한 조합 중 특정한 것을 선택하여 현실화한 것이다. 이때 어떤 것이 현실화되었느냐에 따라 수신자는 정보를 취득할 수 있는 것이다.[45]

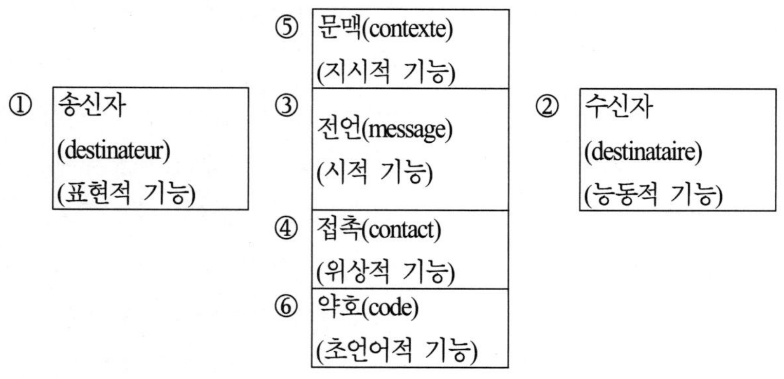

① 표현적 혹은 정감적 기능은 송신자에 집중되어 있는데, 그가 말하는 것에 대한 주체의 태도의 직접적 표출을 목적으로 한다.[46] ② 능동적 기능은 전언을 수신자에게 작용하게 하기 위해 전언을 두드러지게 한다. 예를 들면 그것은 명령형의 도움을 청한다. 이 두 기능은 상관적이다. 즉 '나/너'의 관계다. ③ 시적 기능은 전통적인 '시'의 이해에서 크게 벗어난다. 그것은 1차 언어체를 인지할 수 있는 예술로 변화시키는 모든 방법, 접촉할 수 있는 모든 기호를 포함한다. 따라서 코드, 곧 신호 체계의 수준에서는 등가성 혹은 유사성이 계기적 질서를 구성하는 원리가 된다. 더 정확히 말하면 그것은 전언 자체를 대상으로 하는 한, '예술적' 처리를 지칭한다. 여기에 수사학의 모든 문채(figure)가 자리잡는다.

---

45) 이광규, 앞의 책, p.149.
46) J.B. 파쥬, 앞의 책, pp.86~93.

④ 위상적 기능은 송신자와 수신자 사이의 접촉을 유지시키고 그 접촉이 정상적으로 유지되고 있는가 어떤가를 검증하는 것을 목표로 한다. 예를 들면 '여보세요 (…) 제 말 들리세요?' 등이 이에 해당한다. 직접적인 질문 외에도 이 기능은 언어체 내에서 순수한 군더더기 말의 모든 것, 담화자의 주의를 끌기 위해 이용되는 모든 것을 포함한다. ⑤ 지시적 기능은 한 문맥, 다시 말하자면 송신자와 수신자가 서로 의거할 수 있거나, 인지될 수 있거나, 상상될 수 있는 문맥을 지향한다. 시나피앙에서는 의성어의 경우를 제외하면 참고할 것을 발견하지 못한다. 반대로 시니피에는 거의 완전하게 지시 기능을 맡고 있다. 그것은 거의 리얼리티의 모의(模擬)이다. 그래서 현실주의와 허구의 문제, 다시 말하자면 어떤 형의 현실로 귀환시키는 문제는 디노테이션의 시니피에(1차 언어체·실제 언어체)가 문제이든, 코노테이션의 시니피에(2차 언어체·수사학적 혹은 이데올로기적 언어체)가 문제이든, 시니피에의 차원에서 연구해야만 한다. ⑥ 초언어적 기능은 대상으로 취급된 언어를 목표로 한다. 그것에 의해 송신자나 수신자는 그들이 같은 용어, 같은 문법, 같은 약호를 사용하고 있는가 어떤가를 상호확인, 검증한다. 여기서 초언어체적 훈련인 재담을 들 수 있다. "이것이 뭣이요?", "잣이요" 해서 먹고 "이것이 뭣이요?", "갓이요" 했더니 손님은 갔더라는 옛날 재담이 여기에 해당된다. '세련되었다는 대화'는 다소간 교묘하게 여러 의미 층위 사이에서 이 조작을 행한다. 여기에는 정의(定議)·명명(名命) 등이 있다. 야콥슨의 결론에 따르면 '시란, 표현을 위한 하나의 세트를 갖춘 발언이며, 그 결과 실용적·정서적 언어에 두드러지게 나타나는 '소통 기능'이 최소로 줄어들게 되는 것이다.[47]

야콥슨은 시에서 시문이 갖는 음성적 이미지가 그 시의 의미론적 통합에 어떻게 작용하고, 또 이와는 반대로 시의 의미론적 관련이 단어의 음성적 선택에 어떻게 영향을 주느냐를 검토하였다. 그리하여 시에서 음(音)은 의미를 불러일

---

47) D.W. 포케마, 엘루드 쿤네-입쉬, 앞의 책, p.35.

으키고, 의미는 음을 불러일으킨다는 사실을 알아냈다.

랑그와 파롤을 부호와 전언으로 대치한 것처럼, 소쉬르의 계열 관계와 통합 관계를 야콥슨은 선택(selection)과 통합(combination)으로 대치하였다. 언어 행위에 있어 부호에 포함될 음소나 어구, 즉 유사(類似)에 의해 연합되고 차이에 의해 대립하는 여러 항 중에서 적절한 것을 선택하여 이것을 상황이나 전후 문맥에 따라 결합하여 전언을 만들었다. 선택은 치환(substitution)의 가능성을 말한다. 그리고 음소에서 단어, 단어에서 문장으로 갈수록 자유의 계층이라 할 수 있는 것이 생긴다. 말하자면, 어느 국어(國語)를 말할 때 음소의 단계에서는 그 언어가 가진 변별적 특징을 가진 음소에 의해서만 말하게끔 화자(話者)를 강제하고 이것에서 이퇴(離退)하는 것을 허용하지 않는다. 그러나 음소를 단어와 결합시킬 때는 예외적인 신어(新語)를 만들 여지를 준다. 더욱이 문장까지 결합되면 같은 것을 여러 다른 문장으로 표현할 자유가 훨씬 넓어진다. 더 나아가 문장을 결합하여 언어 행위를 완성하는 단계에서는 자유가 더욱 증대된다. 대화자들은 상호 공통된 부호를 갖고 규칙을 따르면서도 자유를 행사함에 의하여 자타를 떼어놓는 외적 거리(外的距離)를 내적 관계로서 극복하는 것이다.

이와 같이 언어 행위에서 선택되고 치환되는 여러 항은 유사(類似, similarity)에 의해 연합되는 관계에 있고, 결합이 행해지는 문맥은 일반적으로 근접 관계에 있다. 다시 말하면 전자는 은유(隱喩)고, 후자는 환유(換喩)다. 이것을 더욱 명확하게 한 것이 실어증(失語症) 환자의 연구다. 이 증상에는 두 개의 유형이 있다. 하나는 유사성의 교란이고, 다른 하나는 근접성의 교란이다. 첫째 유형의 환자는 주어진 문맥에 따라서 회화를 계속할 수는 있으나 자기의 회화를 시작하기가 어렵고 주어진 말의 동의어를 말하기가 어렵다. 특히 일반적인 의미의 말을 차별 없이 사용하여 나이프 대신 포크라 하든지 램프 대신 책상이라든지 같은 것이나 유사한 것을 말하지 못하고 다만 습관적 문맥, 즉 근접 관계에만 의지할 뿐이다. 두 번째 유형의 환자는 단어를 단편적으로 발음하되 문맥을 가진 문장으로 만드는 데 곤란을 갖는다. 특히 유사한 것은 지적하지만 음운론적 수준에서 말을 문중 관계(文中關係)에 변형시킬 수 없어 활용이나 격변화를 하지 못한다.

실어증에 관한 야콥슨의 이러한 연구는 특수한 문제에 국한되는 것이 아니라 은유적인 것과 환유적인 것의 비교에서 한 걸음 더 나아가 고도의 능력에 의한 언어 사용, 즉 작가의 문체나 언어 예술의 형식을 분석하는 데까지 널리 활용되는 연구였다. 말하자면 선택과 결합은 언어 활동의 두 축을 이루는 것이니, 앞서 본 시(詩)의 경우와 같이 의미론적 결합이 음성적 선택에 영향을 주듯 음성적 선택이 의미론적 결합에 영향을 주는 것이다. 이러한 선택과 결합의 두 축은 언어 활동뿐만 아니라 더 나아가 조형 예술, 의식주 등의 여러 양식, 즉 표현 활동에 포함되는 것이다.48)

4. 텍스트의 구성 원리

(1) 텍스트(text)

구조주의 비평에서는 문학 작품을 텍스트로 간주하고 분석한다. 영미 형식 주의에서는 텍스트란 책에 쓰여진 본문을 의미한다. 말하자면, 독자가 접근할 수 있는 공공의 의미가 부여된 자립적 언어를 사물로 보는 것이다. 그러나 구조주의에서는 에크리튀르(écriture), 곧 문자 체계라 불리는 사회 제도의 일종으로 보고 있다. 이것은 바로 언어의 구성 형식인 것이다. 텍스트는 몇 개의 문(sentence)이 모여 구성된다. 언어학에서는 언어의 가장 큰 단위를 '문'으로 보고, 문 이하의 여러 단위들이 형성되고 결합되는 성질을 문법성이라는 규범에

---

48) 북택분방(北澤分邦), 『구조주의』(1970), p.46. (이광규, 앞의 책, pp.151~153에서 재인용.)

의하여 분석하고 검토한다. 그러나 텍스트는 여러 개의 문이 모여서 구성되므로, 텍스트를 구성하는 전체적인 구조로서의 통일된 체계라는 성질이 문제가 된다. 다시 말하여, 문이라는 차원에서 문법성을 가져야 하는 것과 같이, 문이 모여서 구성된 텍스트는 구조 전체로서의 텍스트성(textuality)이 있어야 한다. 텍스트는 여러 요소들의 관계 체계로 이루어진 구조를 가지고 있어야 하는 것이다. 이러한 텍스트의 구조에 있어서 문과 문의 관계를 미시적(microstructure) 구조라 하고, 문과 문이 모여서 전체적 구조로 통합되는 것은 거시적 구조(macrostructure)라고 칭한다. 따라서 일반 텍스트이건 문학 텍스트이건 간에 미시적 구조와 거시적 구조를 지니고 있다. 로트만(Yu. Lotman)은 다음과 같이 텍스트의 개념을 정리하고 있다.

첫째, 텍스트는 자연 언어에 의하여 표현된 제2차 언어의 체계이다. 텍스트가 표현된 존재라는 것은, 어떤 구조나 체계로 실현된 것을 의미하며, 언어 기호라는 자료의 물질적 구현이라고 볼 수 있다. 랑그와 파롤의 대립이라는 소쉬르의 언어학적 체계의 관점에서 보면 텍스트는 파롤의 체계이다. 텍스트는 언어 기호에 의하여 표현된 체계이므로, 그러한 요소들로 구성된 관계 체계와 더불어 텍스트 외적 체계의 요소와도 관련된다. 텍스트를 구성하는 요소들 중에는 사회적·역사적·문화적 사항과의 어떤 관련성을 가지고 있는 것이 있기 때문이다.

둘째, 텍스트는 '한계성'이라는 고유의 성질을 지닌다. 텍스트는 텍스트에 '편입된 것 / 편입되지 않은 것'이라는 원리에 의하여, 텍스트의 구조 속에 편입되지 않은, 물질적 상태로 있는 모든 다른 기호와 대립 관계를 이룬다. 또 한편, 경계(境界)의 표지를 분명하게 외부에 드러내지 않는 다른 여러 구조와도 대립된다. 가령, 자연 언어의 구조나 파롤의 차원에 있는 여러 텍스트들이 가지는 무한성(개방성)과 대립되는 것이다. 텍스트 내의 단어나 문은 그 한계성의 영역을 명백하게 드러낸다. '경계'라는 것은 텍스트의 종류에 따라 다르게 드러나는

데, 가령, 그림은 액자로, 연극은 무대상의 풋라이트(footlight)로, 기타 구성적 공간과 비공간적 공간의 구별 등이다.

셋째, 텍스트는 그 안에 계층성(hierarchy)을 가지고 있다. 텍스트의 체계는 여러 하위 체계의 복잡한 구성으로 분해할 수 있다. 내적 구조에 속하는 일련의 요소들은 여러 가지 형태의 하위 체계 가령, 장·절·시의 행·시의 어구 등으로 그 경계를 드러낸다. 각 상위 차원의 기본 단위들은 그 하위 차원의 단위들을 위하여 구조화된다. 그리고, 각 차원 내의 또한 차원들 사이에도 각각의 단위들이 결합되는 규칙이 있다. 구조 분석은 텍스트 안의 이러한 구조적 차원을 확정할 필요가 있다.

넷째, 텍스트는 '구조성'을 지니고 있다. 즉 선택된 언어들이 통합적(syntagmatic) 차원에서 하나의 전체적 구조로 전환되는 내적 조직을 갖는다.

이러한 텍스트 구조 분석의 원리는, 모든 단어의 선택은 자연 언어의 영역 내에서 이루어진다는 것이다. 자연 언어에서 선택된 언어들은 구문적 규칙, 가령 '주어+서술어' 또는 '관형어+주어+목적어+서술어'와 같은 구문 형식으로 결합된 제2차 언어 체계가 형성되는 것이다. 로트만은 이를 다음과 같이 설명한다.

> 첫째, 여러 가지 요소들 중에서 '문'에서 사용될 요소를 선택한다.
> 둘째, 단어가 의미론적·문법적으로 보아 정확한 연쇄를 형성하도록
>   결합한다.

첫째는 선택(selection)의 영역이며, 후자는 결합(combination)의 영역이다. 소쉬르는 첫째를 파라다임(paradigm), 둘째를 신태그마(syntagma)라고 구별했다. 선택과 결합은 언어 체계 안에서 각각 독자적 가치를 나타나게 할 뿐만 아니라, 인간의 정신 활동의 두 형태에 상응하는 것이다. 야콥슨은 시적 기능에 대하여, '등가의 원리를 선택의 축에서 결합의 축으로 투영한다'고 말한 바 있기도 하

다. 야콥슨은 선택과 결합을 시적 기능의 관점에서, 로트만은 텍스트의 구성 원
리로 확대하여 다루고 있는 것이다. 텍스트가 계열적(paradigme) 축과 통합적
(syntagme) 축, 다시 말하여 선택의 영역인 수직적 축과 결합의 영역인 수평적
축의 두 원리에 의해서 구성된다는 것은 소쉬르의 개념을 응용한 것이라 할 수
있다.

(2) 계열적(paradigme) 축과 통합적(syntagme) 축

　계열적 축, 곧 선택의 수직적 영역에서 선택된 요소들의 바깥에는 선택되지
않는 요소들의 집단이 잠재적으로 존재한다. 그리고 선택된 요소들, 곧 현재화
된 요소들은 선택되지 않은 잠재적 요소들에 대하여 부정적 관계를 가지고 있
으며, 다양한 관계 양상을 지닌다. 가령, ‘노동자’라는 선택어는 선택되지 않은
‘지게꾼’ ‘가정부’ ‘미화원’ ‘직공’ ‘사환’ 등과 관계가 있고, 나아가 ‘교수’ ‘사
장’ ‘공무원’ 등과도 관계를 지닌다. 여기서 선택은 등가성(equivalence)의 원리
에 의해 행해진다. ‘노동자’ ‘지게꾼’ ‘가정부’ ‘미화원’ ‘직공’ ‘사환’ 등은 의미
상으로나 성분상으로 등가성을 이룬다. 등가성은 텍스트의 구성 요소들 중에
서, 그 요소들이 동등한 차원에 있는 일정한 단어들의 모든 동의어들, 일정한
언어의 모든 주어, 모든 서술어, 모든 전치사들과 그러한 동등성이 없는 차원에
있는 요소들이 함께 할 때 발생한다. 등가성은 유사성과 더불어 비유사성도 암
시한다. 야콥슨은 선택은 등가성, 유사성과 상이성, 유의성(類義性)과 반의성(反
義性)을 기초로 행해진다고 말한다.
　텍스트 구성 요소들이 등가성을 가지면, 그 요소들의 단위는 상호 병립·대
립의 체계를 형성한다. 그리하여 서로 이질적인 요소들 속에서 유사성을 드러
내 보이기도 하고, 유사한 것들 속에서 여러 가지 의미의 차이를 드러내 보이
기도 한다. 또는 텍스트의 구성 요소들이 등가적인 것이 되면, 그것들이 곧 반
복과 리듬의 원리가 된다. 리듬이란 등가의 단위가 규칙적으로 반복하는 데서

형성된다. 그리고 등가성은 필연적으로 반복성을 지닌다. "산에는 꽃 피네 / 꽃이 피네. / 갈 봄 여름 없이 / 꽃이 피네"도 음절, 어휘, 의미의 등가가 반복하여 리듬을 드러내고 있다.

통합적 축은 야콥슨이 말한 바와 같이, 구성 요소들의 인접성(continuity)에 의하여 이루어진다. 로트만은 이 경우, 동일한 요소들의 결합과 이질적 요소들의 결합의 두 경우가 있다고 말한다. '꾀꼬리가 노래한다'에서 '꾀꼬리'는 '참새' '앵무새' '제비' 등의 새 종류 중에서 선택된 것이고, '노래한다'는 '운다' '지저귄다' '종알거린다' 등의 등가적인 계열의 단어 중에서 선택되어 결합된 것이다. 때문에 '꾀꼬리'와 '노래한다' 사이는 인접성의 관계가 성립된다는 것이다. 이처럼 선택된 요소들이 인접성에 의하여 결합되는 것이 통합의 축이다. 그런데 결합의 방식을 보면 동일한 요소들이 반복적으로 결합하는 경우와 이질적인 요소들이 결합하는 경우가 있다. 동일한 요소들의 결합이란 동일한 구성 요소들의 반복에 의한 연쇄를 의미한다. 결합된 동일한 요소들은 문장을 구성하기보다는 하나의 전체 속에서 반복에 의하여 기하학적 문양(紋樣)과 같은 타입을 만들어낸다. 그러니까 동일 요소들의 반복에 의한 결합은 초문장적 구조의 특징을 드러낸다. 같은 단어를 몇 번이고 반복할 때, 그 의미는 무의미화 되는 경향이 있고, 의미를 잃은 요소들의 반복적 결합은 요소들 그 자체를 형식화한다. 그리고 그러한 형식적 관계의 의미화가 동시에 발생한다. 시의 형식이 그렇고 은유의 형식이 그렇다.

그러나 이질적 요소들의 결합은 내적으로 특수화된 기호 연쇄로서 문장을 만들어낸다. 그것은 시작과 끝을 가지고 있다. 텍스트 구성의 문장적 결합과 초문장적 결합의 절대적 대비는 어려우나, 반드시 있어야할 요소로서 텍스트에 시작과 끝의 개념을 도입하면, 텍스트 전체를 하나의 문장으로 검토할 수 있다. 이 경우는 텍스트가 어떤 전체적 구조로 통합되어 있느냐의 여부, 곧 거시적 구조로서의 통합성을 검토할 수 있는 것이다. 그러나 텍스트를 구성하는 여러 분절들(행)도 시작과 끝을 가지고 일정한 통합적 도식에 따라 구성된 것이 되므로 역시 문장적인 것이 된다. 텍스트의 분절(행·연)은 문이거나 몇 개의 문의 연속으로 해석될 수 있다. 문과 문 사이의 관계 체계를 고찰하는 것은 미시적 구조로 보고 다루는 것이 되는 것이다.

　문자판을 예로 하여 계열축과 통합축을 살펴보자면, 시계침이 '12시 30분 45초'를 나타내주고 있다고 가정하자. 이는 이중의 관계 계열을 갖는다. 제1계열에서는 12시 30분 45초가 서로 동시적으로 연결된다. 이 관계가 '통합체 관계'이다. 제2계열은 12시는 11시와 13시 사이에 있고, 30분은 29분과 31분 사이에 있고, 45초는 44초와 46초 사이에 있다. 이 시간(분·초)의 계열은 기억의 관계를 이룬다. 이 관계가 바로 '계열체 관계' 혹은 '체계 관계'이다.

　또한 통합축과 계열축을 동시에 예를 들어 보인다면,

　　　통합축 ― 노새는 나무를 운반한다.
　　　계열축 ― 노새 / 당나귀 / 말 / 소.

　모든 진술은 그러므로 통합체와 체계의 조작 때문에 이해가 가능해진다. 통합체는 수평적으로 읽히며 계열축은 수직적으로 읽힌다. 계열축과 통합축을 도표화하여 예를 들면 다음과 같다.

	통 합 체	계 열 체
의 복	옷 한 벌 상의＋하의	상의/점퍼/쟈켓 하의/쇼트팬츠/반바지
음 식	메뉴 밥＋국＋반찬	-쌀밥/콩밥/팥밥/밥 -된장국/콩나물국/국 -김치/깍두기/반찬
동 산	침대＋책상＋가구	여러 모양의 침대, 책상, 가구
건 축	기둥＋주랑＋아치	여러 모양의 기둥, 주랑, 아치

통합축의 단위는 절단(decoupage) 작용을 해야 하고, 체계의 단위는 배열을 해야만 한다. 즉 '노새는 나무를 운반한다'라는 문장을 전달하려면 그 노새를 말, 나귀, 소와 대립하여 배열해야 하는 것이다.

통합체를 가장 이해하기 쉽게 말하자면, 사람들이 '문장'(phrase)이라고 부르는 계속적인 말, 연결되어 있는 말이다. 의미 단위를 얻기 위해서는 그것을 전달하여야만 한다. 그리고 절단하려면 언어학자들이 교체(commutation)라고 부르는 인공적인 작업을 거쳐야 한다. 이 작업은 인공적으로 표현면(시니피앙)의 변화가 내용면(시니피에)에 상관적 변화를 일으키는가 어떤가를 관찰하는 데 있다.49)

나 / 너 / 그 ― 나는 머리가 아프다 / 너는 머리가 아프다 / 그는 머리가 아프다.
아프다 / 덥다 / 춥다 ― 나는 아프다 / 나는 덥다 / 나는 춥다.
머리 / 손 / 발 ― 머리가 / 손이 / 발이

---

49) 롤랑 바르뜨, 『기호학 요강』 p.118. J.B. (파쥬, 앞의 책, p.35에서 재인용.)

이러한 세 번의 교체 작업은 세 개의 의미 단위를 이끌어 내게 한다.

체계라는 것은, 체계(혹은 '저장소' '기억')란 대립체들이 서로 다른 것과 관련을 맺으며 명백해지는 장소다. 이 대립체들은 계열체란 이름을 갖고 있다. 여기서는 단위들이 변별적(distinctive)이다. 소쉬르에 의하면 한 언어가 기능을 갖고 의미할 수 있게 하는 것은 '차이'다. 그림, 크림, 끄림에서 시니피앙을 구별시키는 것은 차이, ㄱ / ㅋ / ㄲ 사이의 상이(相異)다. 아무리 사소한 것이라 하더라도, 그것으로 의미의 '순간적 변화'가 일어나기에 충분한 것이다.

(3) 은유(metaphor)와 환유(metonymy)

야콥슨은 랑그와 파롤의 구별과 유사하게 언어의 수평적 차원과 수직적 차원으로 기본적인 구별 방법을 제시했다. 그는 은유와 환유를 이항 대립의 양극성을 지닌 특징적인 양식으로 보고 있는데, 이 양자가 존재하므로 선택과 결합이라는 두 겹으로 된 언어 기호의 형성 과정이 성립된다는 것이다. 따라서 주어진 발화는 모든 가능한 구성 요소들의 저장고인 코드(code)에서 선택된 구성 요소들 곧, 문장·낱말·음소의 결합이 된다.

의상 체계를 예로 하여, 수직적 차원에는 서로 대체될 수 있는 요소들의 목록들인 '군모' '중절모' '등산모' 등이 있고, 수평적 차원에는 그 목록에서 선택된 요소들로 실제의 연쇄체인 '중절모-양복-와이셔츠-넥타이-구두' 등을 구성한다. 따라서 주어진 문장도 수직적이거나 수평적으로 보여질 수 있다. 수직적으로는, 각 요소는 가능한 요소들의 집합에서부터 선택되고 그 집합 내에서는 다른 것으로 대체될 수 있다. 수평적으로는, 그 요소들은 하나의 파롤을 구성하는 하나의 연쇄로 적용된다. 야콥슨은 실어증 어린이를 주목하여, 그 어린이들은 이 차원 가운데 어느 하나를 사용할 능력을 상실한 듯하다고 말했다. 그리고 그는 실어증의 두 유형을 구별하여, 요소들을 하나의 연쇄체로 결합하는 능력이 결핍된 경우를 연속성 혼란(continuity disorder)이라고 하고, 한 요소를 다른 요소와 대체하는 능력이 결핍된 경우를 유사성의 혼란(similarity disorder)이라고 하였다.

　나아가 야콥슨은 위의 두 가지 혼란은 발화의 두 가지 비유, 곧 은유와 환유와 상응하다는 견해를 제시했다. 연속성의 혼란은 은유에서처럼 수직적 차원에서 귀결되고, 한편 유사성의 혼란은 환유에서처럼 전체를 구성하기 위해 연쇄체들의 일부를 만드는 것으로 귀결된다. 그러나 야콥슨은 정상적인 발화 행위도, 이 양극단 가운데 한 쪽으로 향하는 경향이 있으며, 문학적 스타일은 은유적이거나 아니면 환유적인 것으로 나타날 수밖에 없다고 주장한다. 이를 두 개의 축으로 표시하면 다음과 같다.

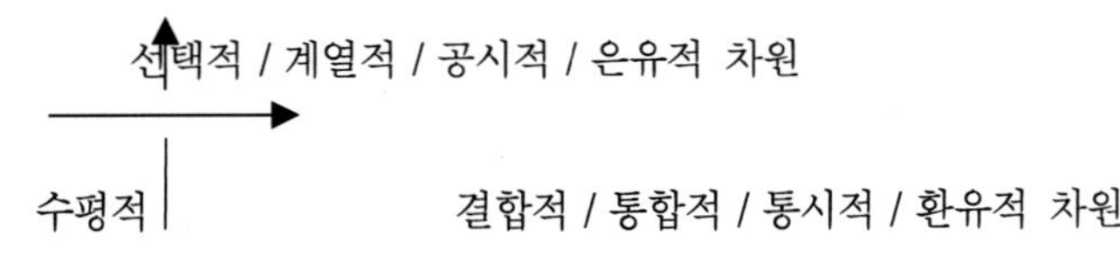

　이러한 이론에서 보면, 문학사상의 낭만주의→사실주의→상징주의에로의 발전은, 스타일상으로 은유적→환유적→다시 은유적으로에의 변화로 이해될 수 있다.

　데이비드 로지(David Lodge)는 『현대 문학의 양식』(*The Modes of Modern Writing*, 1977)에서 이러한 이론을 현대 문학에 적용하고 있다. 그런데 그는 앞의 순환 과정에다 한 단계를 더 첨가하여 모더니즘과 상징주의는 본질적으로 은유적인데 반해, 반모더니즘은 사실주의적이고 환유적이라고 말했다. 환유는 어떤 사물을 그 속성, 특징, 밀접한 관계가 있는 명칭으로 대신하는 표현법으로 '백발'로 '노인'을 '백 개의 돛의 군단'으로 '배'를 뜻한다. 따라서 환유가 작용하기 위해서는 일정한 문맥이 필요하다. 그래서 야콥슨은 사실주의를 환유와 관련시키는 것이다. 사실주의는 대상을 다룸에 있어, 하나의 전체를 환기시키기 위하여 독자에게 여러 양상, 부분, 문맥상의 세부 묘사 등을 제시하는 것이다.

5. 구조주의 설화학

(1) 프로프 — 민담 형태론

구조주의에서는 산문의 양식, 이야기 양식, 담화 혹은 담론의 양식으로서 문학을 해독하려고 하는데, 이를 츠베탕 토도로프는 내러톨로지(narratology), 곧 설화학이라는 용어를 사용하였다. 내러톨로지(서사학)는 주로 이야기(narrative)의 특성, 형태, 기능을 연구하는 것으로 언어학의 이론과 밀접한 관련이 있다. 언어학의 통어법, 바로 문장 구성의 규칙이나 음소론이 내러톨로지의 기본적 모델이 되는 것이다. 문장 단위의 가장 기초적인 구문론적 구분은 '주부+서술부'이다. 가령, "교수는(주부) 학생에게 강의를 했다."에서 '교수'라는 말 대신에 그 교수의 이름으로 대체할 수 있고, '학생' 대신에 '시민'으로 대체할 수 있다. 이러한 문장의 구조와 설화 구조의 애널러지를 추구하여 블라디미르 프로프(Vladimir Propp)는 러시아 민담의 이론을 개발했다. 프로프는 문장의 주부에 주인공들을 배치하고, 술부에 그들의 전형적인 행동을 배정하여 31개의 기본적인 기능을 항목으로 추출하여 형식화했던 것이다. 이 기능은 이야기를 구성하고 있는 언어의 기본 단위이며, 그 이야기를 형성하는 의미 있는 행위를 가리킨다. 31개 항목 가운데 마지막 부분은 다음과 같다.

25. 어려운 과업이 주인공에게 부과된다.
26. 그 과업이 해결된다.

27. 주인공의 정체가 드러난다.
28. 가짜 주인공 혹은 악당의 정체가 드러난다.
29. 가짜 주인공 혹은 악당에게 새로운 모습이 부여된다.
30. 가짜 주인공 혹은 악당이 처벌된다.
31. 주인공이 결혼하여 왕위에 오른다.

이러한 기능은 러시아의 민담뿐만 아니라 신화·서사시·소설·희극 등에도 적용된다. 그러나 프로프의 이러한 기본적 기능은 원형적인 단순한 기능의 제시이므로, 보다 복잡한 텍스트에 적용할 경우에는 변경해야만 한다. 가령 '오이디푸스' 신화에 적용해 보면 다음과 같다.

· 오이디푸스에게 스핑크스의 수수께끼라는 어려운 과업이 부여된다.
· 어려운 과업이 해결된다.
· 오이디푸스의 정체가 드러난다.
· 오이디푸스가 결혼하여 왕위에 오른다.
· 그런데 오이디푸스는 가짜 주인공이며 악당이다.
· 오이디푸스의 정체가 폭로되고(테베로 가는 도중에 아버지를 죽이고, 어머니인 왕비와 결혼함) 스스로 처벌을 가한다.

오이디푸스는 스핑크스 수수께끼를 푸는 과업을 맡아, 이 과업을 해결하고 인정받아 왕비와 결혼하여 왕위에 오른다. 이 점에서는 프로프의 기능과 동일하다. 그러나 오이디푸스는 또한 가짜 주인공이고 악당이기도 하다. 그는 정체가 드러나고 스스로 징벌을 가한다. 프로프는 31가지 기능에다 일곱 개의 '행동 영역' 내지 역할을 추가했다. 즉 악당, 시혜자, 조력자, 찾는 대상물, 보내는 자, 주인공, 가짜 주인공 등이다. 결국 한 인물이 몇 가지 역할을 담당할 수도 있다. 오이디푸스는 주인공, 시혜자, 가짜 주인공, 악당이기도 한 것이다.

(2) 레비-스트로스 — 신화소와 이항 대립

　구조주의 비평은 실존주의 몰락 이후인 1950년대 중엽부터 프랑스에서 문화 인류학자인 레비-스트로스에 의해 출발하여 70년대 초반기까지 성행한 비평 문학이다. 때문에 앞에서 이미 언급한 바 있듯이, 좁은 의미의 구조주의라고 할 때는 레비-스트로스의 일련의 저서와 그 방법을 가리킨다. 그의 '구조 인류학'은 이른바 '미개 사회'에 대한 구조적 연구에 해당한다. 레비-스트로스의 작업은 오늘의 서구 문화가 원시적 생활을 하고 있는 토인 문화보다 우월하다는 것이 힘을 존중하는 서양의 문화 중심적 사고 방식에서 나온 것이며, 동시에 세계의 지배를 염두에 두고 있는 이른바 지배 이념의 소산이라는 것이다. 그렇기 때문에 그는 토착민들의 원시 사회와 서양의 문명 사회는 관점이 다른, 그리고 창조 체계가 다른 두 사회이고, 두 사회를 그대로 비교할 수는 없다는 것이다. 이러한 레비-스트로스의 중요한 관점은 그의 사상의 이념적 성격을 바탕으로 한 그의 방법론에 있다

　레비-스트로스는 다음 두 가지 이론적 해석을 제시한다. 하나는, 모든 인간의 제도와 관습은 언어의 연장이며, 언어의 근본 구조는 이원적으로 대립된다는 것이다. 때문에 인간의 제도와 관습은 필연적으로 이원적 대립의 구조적 보편성에 의해 지배된다는 것이다. 또 하나는 그 이원적 대립은 인간 마음의 기본 구조이기 때문에 '모든 언어와 모든 다른 인간의 제도와 관습의 보편적 구조가 된다는 것이다. 이 두 논리에서 구조적 보편성이라는 견해는 주목할 만하다. 이 두 형태의 구조적 보편성은 언어 구조와 마음 구조에 기반을 두고 있는 언어적 구조주의와 심리적 구조주의라는 두 가지 형태의 구조주의를 생성해 내고 있는 것이다. 언어적 구조주의에서는 언어의 구조가 마음의 구조까지 결정짓고, 이러한 관계의 역으로써 심리적 구조주의에서는 마음의 구조가 언어의 구조를 결정짓는다는 것이다. 그러나 이러한 레비-스트로스의 구조주의는 비록 실패했지만 프랑스 지식 사회에 던져 준 충격은 부인할 수 없다.

레비-스트로스는 언어학 모델을 사용하여 본격적인 구조주의 방식으로 오이디푸스의 신화를 분석한다. 그는 신화의 단위를 '신화소'(mythemes)라고 불렀다. 신화소는 이항 대립으로 구성되어 있다. 오이디푸스 신화의 바탕을 이루는 일반적인 대립은 인간의 기원에 대한 두 가지 견해이다. 첫째, 인간은 자연(하나)에서 태어났다는 견해. 둘째, 인간은 성교(둘)에 의해 태어났다는 견해이다. 이 가운데 몇몇 신화소는 ① 친족 관계의 과대 평가, 가령 '오이디푸스가 어머니와 결혼한다. 안티고네가 국법을 어기고 오빠를 매장한다' 등과 ② 친족 관계의 과소 평가, 가령 '오이디푸스가 아버지를 죽인다. 베테오클레스가 형제를 죽인다' 라는 두 반대항 가운데서 어느 하나에 귀속된다. 레비-스트로스는 프로프의 서술 순서보다는 신화에 의미를 부여하는 구조적 패턴에 관심을 두고 있는 것이다. 그는 신화의 '음소적' 구조를 찾는다. 그는 이 언어학 모델로 인간 정신의 기본 구조, 다시 말하여 인간의 온갖 제도·구성물·지식의 형태들이 만들어지는 방식을 지배하는 구조를 밝힐 수 있다는 견해를 제시한 것이다.

(3) 그레마스 — 세 가지 기본 패턴과 이항 대립

그레마스(A.J. Greimas)의 『구조 의미론』(*Sémantique structurale*, 1966)은 의미론과 의미론의 역사 및 기능을 언어학의 가지로서 정의하는 것이 아니라, 의미론이 문학 연구에 기여한 바를 밝히는 것을 연구 영역으로 삼았다. 그는 의미 작용을 과학적으로 기술하고자 했다. 즉, 그는 단순한 목록이 아니라 하나의 모델을 만듦으로서 의미 작용의 기본적인 통사 구조 및 어휘를 규명하고자 한 것이다. 그리하여 그레마스는 통사론에 의거하여 행위소(actant)라는 개념을 도입한다. 행위소는 통사적 기능과 더불어 역할을 맡는다. 그것은 주체이다. 행위소들은 두 개씩 서로 대립하는데, 프로프의 일곱 가지 '행동 영역 대신 그는 여섯 가지 역할 곧, 행위자의 세 쌍의 이항 대립의 관계를 제시한다.

① 주 체 대 객 체
② 발신자 대 수신자
③ 협조자 대 반대자

이 쌍들은 모든 서술에서 항상 생기는 다음의 세 가지 기본 패턴을 나타낸다.

① 욕망·탐색·혹은 목표(주체 / 객체)
② 전달(발신자 / 수신자)
③ 보조적 지원 혹은 방해(협조자 / 적대자)

이것을 소포클레스(Sophokles, 496~406 BC)의 비극 『오이디푸스 왕』(*Oidipous Tyrannos*)에 적용하여 분석해 보면 다음과 같다.

① 오이디푸스는 전 왕 라이오스의 살인자를 탐색한다. 아이러니하게도 그는 자기 자신을 탐색한다.(그는 주체이자 객체이다)
② 아폴론의 신탁은 오이디푸스의 죄를 예언한다. 테이레시아스, 이오카스테, 사자(使者)와 목자들 모두가 알게 모르게 그것이 사실임을 확인해 준다. 이 극은 이 메시지에 대한 오이디푸스의 오해에 관한 것이다.
③ 테레시아스와 이오카스테는 오이디푸스가 살인자를 찾으려고 하는 것을 방해한다.(적대) 사자와 목자들은 내막을 모르고 이 탐색을 돕는다.(협조자) 오이디푸스 자신은 그 메시지에 대한 정확한 해석을 방해한다.(적대자)

행위자들 사이의 대립을 기초로 한 세 쌍의 이항 대립은 언어학에서의 음운론적 차원의 분석과 같다. 나아가 통사론적 차원의 분석이 필요하며 그렇게 함으로써 설화 구성 방식의 문법을 완결할 수 있다. 이리하여 그레마스는 레비-스트로스가 제안한 프로프의 31개항에 대한 수정안에 따라 31개의 기능을 이항 대립을 기본으로 20개의 기능으로 축소했다. 그리고 다시 세 쌍의 구조로 조정했다. 그것은 ① 계약적 구조 ② 행동적 구조 ③ 이접(離接)적 구조 등이다. 여기서 가장 중요한 것은 계약적 구조이다. 프로프는 '금지'와 '위반'을 별개의 기능으로 다루고 있으나, 그레마스는 이항 대립에 기초하여 '금지 / 위반'이라는 하나의 기능으로 묶는다. 그 이유는 '금지 / 위반'은 상호 전제함으로써, 즉 금지는 위반을, 위반은 금지를 각각 전제해서 성립된다. 여기서 그레마스의 구조주의적 특성이 명백하게 드러난다.

'금지 / 위반'의 패턴은 주인공이 무엇을 하도록, 또는 어디로 가도록 명령 내지 요구하는 것이다. 그레마스는 이것을 '명령 / 수락'의 관계로 환원한다. 그런데 의미 작용의 기본 구조 모델에 비추어 보면, 금지는 명령의 부정 변환이며 위반은 수락의 부정 변환이다. 이 4개의 기능은 가장 깊은 차원에 있어서 계약에 기초한 의미를 테마로 한 하나의 명확한 설화 구조를 발생케 한다고 볼 수 있다. 이를 '오이디푸스 왕'의 이야기에 적용해 보면, 오이디푸스는 부친 살해와 어머니와 근친 상간의 금지를 위반한 것이 된다. 그 결과 오이디푸스는 자기를 처벌한다.

이와 같이 그레마스는 기본적으로는 이전의 언어학적 모델에 의거해서 이야기체(narrative)의 구조를 기술하려 했다. 그리고 그가 추구한 것은 개개 문학 작품의 해명이라기보다는 오히려 그것들을 생성해 내는 문법의 본성이다. 이렇게 볼 때, 그의 구조주의에 대한 공적은 본질적으로 프로프(Vladimir Propp)의 독창적인 통찰을 발전시켰으며, 그런 점에서 궁극적 목적은 프로프의 그것과 같다고 할 수 있다. 다시 말하여, 기본적인 플롯의 계합(系合, paradigm)을 규정하고 이야기를 생성하는 얼개(mechanism)를 구축하는 일이 그것이다. 따라서 그레마스의 목적은 설화의 줄거리 파라다임을 만들어 그 결합 가능성을 검토하고자 한 것이다. 즉, 구조주의에서 말하는 설화의 결합론, 이야기를 만들어내는 방식을 구축해 보는 것이라고 평가할 수 있다.

(4) 토도로프 — 다섯 가지의 명제와 연쇄체(sequence)

토도로프는 한동안 형식주의 입장에서 이론을 펼쳤다. 그러나 그는 이야기 시학을 구성하는 데 있어서 구조주의 언어학 나아가 문법을 전범으로 삼고 있음을 본다. 토도로프는 프로프나 그레마스를 비롯한 비평가들의 성과를 종합하여 이론을 내놓았다. 그에 의하면 언어의 모든 구문론적 규칙인 행위자 그리고 서술의 규칙, 형용사적·동사적 기능, 상(相) 따위는 모두 이야기의 차원에서도 재 논의된다. 이야기의 최소 단위는 '명제'(proposition)이며, 그것은 '행위자'(agent:사람)이거나 '술어'(predicate:행동) 둘 가운데 하나다. 한 이야기의 명제 구조는 따라서 가장 추상적·보편적 형태로 묘사될 수 있다. 토도로프의 방법을 '오이디푸스 왕'에 적용하면 다음과 같은 다섯 가지 명제를 얻어낼 수 있다.

> ① X는 왕이다.
> ② Y는 X의 어머니다.
> ③ Z는 X의 아버지다.
> ④ X는 Y와 결혼한다.
> ⑤ X는 Z를 죽인다.
> (X: 오이디푸스 Y: 이오카스테 Z: 라이오스)

여기서 ①, ②, ③ 의 세 명제는 행위자를 명명하고 ④, ⑤ 두 명제는 술어를 포함한다. 술어는 형용사처럼 일의 정태적 상대 곧, '왕이라는 것'을 지칭할 수도 있고, 동사처럼 동적으로 작용하여 국법의 위반을 지적하기도 한다. 후자의 경우가 명제의 가장 동태적인 유형이다. 토도로프는 일단 최소 단위, 곧 명제를 수립하고 나서, 상위의 두 가지 구성이라 할 연쇄체와 텍스트를 설명했다. 그에 따르면, 일군의 진술이 하나의 연쇄체를 이룬다는 것이다. 비록 변형된 형태지만 흐트러졌다가 다시 수립되는 어떤 사태를 묘사하는 다섯 가지 명제가 기본적 연쇄체를 구성한다. 다섯 가지 연쇄체는 다음과 같다.

① 균형 1 (평화)
② 강제 1 (적의 침공)
③ 불균형 (전쟁)
④ 강제 2 (적의 패퇴)
⑤ 균형 2 (새로운 평화)

토도로프는 텍스트란 이러한 연쇄체들의 연속이라고 말한다. 그리고 연쇄체의 구성은 여러 가지 방식으로 이루어질 수 있는데, 가령 끼워넣기(이야기속의 이야기. 옆길로 빠지기), 연결짓기(일련의 연쇄체들), 바꾸기(연쇄체들을 섞어짜기) 등도 가능하고 아니면 이런 방식들을 혼합한 경우도 있다. 토도로프의 이론서 『데카메론 문법』(*Grammaire du Décameron*, 1969)은 그의 이론을 가장 뛰어나게 전개시키고 있다. 이야기의 보편적 구문을 수립하려는 토도로프의 시도에는 과학적인 이론을 수반하고 있는 것이다. 특히 토도로프는 저서 『비평의 비평』(1984)에서 그는 문학은 '구성'이며 또 '진리의 탐구'라고 주장하고 있음을 본다.

6. 구조주의와 기호학

구조주의 비평은 문학 작품을 하나의 총체적 구조로 보고 그 구조를 이루고 있는 요소들을 텍스트 내에서 찾아 독자적이고 자족적인 존재성을 밝히고자 하는 비평의 방식이다. 한편, 기호학 비평은 문학 작품을 언어의 기호 체계로 보고 그 기호가 보여주고 있는 의미가 무엇인가를 체계적으로 밝히려는 해석의 한 방식이다. 원래 기호란 어떤 요소나 사실을 대신 나타내는 다른 요소로서의 대용물이라고 할 수 있는 것이다. 이와 같이 구조주의와 기호학은 근본적으로 차이를 보인다. 말하자면 구조주의는 어떤 대상에 내재한 법칙이고, 기호는 어떤 대상에 내재한 의미인 것이다. 따라서 구조주의와 기호학은 한 마디로 법칙과 의미란 용어로 구별할 수 있다.

그러나 실제에 있어서 구조주의와 기호학은 많은 유사점을 보이고 있기 때문에 그만큼 혼동을 빚기도 한다. 그 이유는, 무엇보다도 구조주의나 기호학이 그 방법론의 원천을 소쉬르의 언어학에 두고 있는 데 기인한다. 소쉬르가 제시하고 있는 랑그와 파롤의 관계에 구조주의나 기호학 모두가 관심을 집중하고 있는데, 구조주의가 랑그에 치중한다면 기호학은 약호(코드, code)에 관심을 갖는다. 기호는 사회 집단의 약속에 의한 대용물이기 때문에 이러한 약속을 약호라고도 한다. 그런데 이러한 약호는 광범위하다. 문화적 코드, 사회적 코드 등 기호학이 추구하는 코드는 현대의 모든 생활 양식에 적용되고 있는 것이다.

다음으로 구조주의나 기호학은 언어적 특성에 기초하기 때문에 궁극적으로는 의미의 문제로 귀착된다는 데 유사점을 발견할 수 있다. 이들 비평의 목표는, 의미의 탄생을 변별적 혹은 차별적이라는 음소나 음운의 변별적 자질을 찾는 데 둔다. 또한 이항 대립, 모순 관계, 합의 관계 등 언어가 갖는 기본적인 원칙을 확장하여 문장, 작품, 신화, 설화, 담화에 내재한 변별성을 확인하는 데 둔다. 구조주의가 도달한 작품의 변별성은 문학성이나 시성, 또는 계열축과 통합축, 은유와 환유, 설화의 모티프 등 작품의 랑그적 영역에 한정하고 있다. 반면 기호학은 바르트가 지적하듯이 기호 표현과 기호 의미로 이루어지는 제2의 신화적 의미 또는 공시적 의미를 추구한다. 물론 기호학도 발신자의 1차적 전달 의도에만 충실하려는 전달의 기호학이나 2차적 의미까지 노리는 의미 작용의 기호학으로 양분되지만 기호학은 철저히 발신자의 의도나 텍스트의 이면에 내포된 의미까지 철저하게 추구한다는 데서 구조주의와는 상당한 편차를 드러내고 있는 것이다.

구조주의는 지나치게 보편적 규칙을 전제하고 있고, 통시적인 역사성을 배제하고 공시적인 현존에만 치중하고 있어 반휴머니즘이라는 지탄을 받기도 했다. 반면 기호학은 처음부터 보편성보다는 의미에 충실함으로써, 다시 말해 발신자와 메시지와 그 내용에 충실함으로써 이러한 난점을 벗어날 수 있다는 장점을 보인다. 기호학은 세계를 하나의 소통 기호, 곧 발신자와 수신자의 관계로 파악한다. 그런 점에서 언어 기호는 물론 지표, 신호, 도상, 상징의 방식을 취하는 문학, 예술, 문화, 사회 제도까지도 포괄하는 총체적 언어 과학으로 확장한 것이다. 이에, 기호학이 비록 복잡한 방식을 내포하고는 있으나 매우 설득력 있는 해석의 과학이라 할 수 있다.

그러나 기호학은 지나치게 언어적 층위의 규칙을 적용함으로써 기계적인 방법론이라는 비난을 받을 수 있다. 또한 객관적인 과학성을 중시하여 문학의 예술성, 곧 문학의 정서적이고 미학적인 체험의 세계가 위축될 수 있다는 한계를 지니고 있기도 하다.

7. 구조주의 비평의 실제

(1) 구조주의 시학

· 정지용의 「말〔馬〕」의 기호학적 분석[50]

아리스토텔레스로부터 지금까지 은유에 대한 많은 연구가 있어 왔지만 그것을 크게 둘로 나누어 보면 '낱말로서의 은유론'과 '언술로서의 은유론'으로 요약될 수 있을 것이다. 말하자면 은유를 낱말처럼 어휘 코드 중의 한 기호로 다

---

50) 이어령, 「정지용의 '말'의 기호학적 분석」, 『구조주의』, 고려원, 1992, pp.153~164.

루고 있는 대치 이론과 그와는 반대로 한 문장의 의미처럼 언술의 단위로 생각하는 긴장 이론이 바로 그것이다.51)

　대체로 프랑스권에서의 연구는 전자에 해당하고 영미의 문예비평가들의 그것은 후자에 속하는 것이라고 폴리 케에르는 말하고 있다.52)그리고 오늘날 새로운 은유 연구는 대부분이 언술로서의 은유론에 가깝다고 말해도 과언이 아닐 것이다.

　그러나 우리가 늘 그래 왔던 것처럼 어째서 은유를 고립된 낱말의 층위에서 파악해서는 안 되는지, 그리고 언술의 층위에서 은유를 파악한다는 것은 과연 어떤 의미를 갖는 것인지, 추상적인 이론보다 구체적인 시읽기를 통해서 밝혀 보기로 하겠다. 그리고 그 읽기의 예로서는 정지용의 「말 1」을 들기로 하겠다. 왜냐하면 그 시야말로 직유가 딱 하나밖에 나오지 않으면서도 시 전체가 은유적인 언술로 짜여져 있는 본보기가 될 수 있기 때문이다.

　　① 말아, 다락같은 말아,
　　② 너는 즘잔도 하다마는
　　③ 너는 웨그리 슬퍼 뵈니?
　　④ 말아, 사람편인 말아,
　　⑤ 검정 콩 푸렁 콩을 주마.
　　⑥ 이말은 누가 난줄도 모르고

---

51) '은유의 수사학은 어(語, mot)를 지시물의 단위로한다. 따라서 은유는 한 개의 낱말만으로 언술의 문채(文彩) 안에 분류되어 유사에 의한 전의(轉義) 비유(trope)로서 정의된다. 은유는 문채로서 어의의 이동이나 확장을 구성한다. 이같은 은유의 설명은 대치(代置) 이론(theorie de la substitution)에 속한다.' (…) '언술로서의 은유론과 어의로서의 은유론은 다른 것으로는 환원될 수 없는 대립 관계에 놓여진다. 이 양자 택일은 에멜 반베니스트로부터 차용한 의미론적인 것(semantique)과 기호론적인 것(semiotique)과의 구별에 의해 준비된다. 이 의미론적인 것과 기호론적인 것의 구별은 긴장 이론(theorie de la tension)과 대치 이론이 대응한다.' Paul Ricoeur, *La metaphore vive*, edition du Seuil, Paris, 1975, p.8.
52) 위의 책, pp.100~127 참조. 프랑스와 다른 리쳐즈(I.A.Richards)와 블레이크(Max Black) 등 영미 이론가들의 이론이 소개되어 있음.

⑦ 밤이면 먼데 달을 보며 잔다.

1. '다락같은 말'의 직유

정지용의 「말 1」은 '말아, 다락 같은 말아'의 직유로부터 그 첫 행을 시작하고 있다. 여기의 '다락'은 '다락집'을 일컫는 것으로서 사방을 전망하기 위해 높이 지은 누각을 의미하는 말이다. 빌딩이 들어선 오늘날에는 죽은 말이 되어버렸지만 옛날에는 무엇인가 높은 것을 표현하려고 할 때에는 곧잘 '다락같다'는 비유를 많이 써왔다. 그래서 물건값이 비싼 것을 보고도 사람들은 다락 같다고 말했던 것이다.

그러나 지용은 이 사유화(死喩化)된 직유를 말〔馬〕에다 씀으로써 새롭고 독특한 은유적 의미로 소생시켰다. 다락은 인간이 거주하는 보통 집들보다 높다. 그것처럼 말은 보통 짐승들보다 그 키가 높다. 그러므로 '다락같은 말'이라고 하면 말의 높은 키를 수식하는 비유가 된다. 그러나 물가를 수식하는 경우와는 달리 '다락같은 말'이라는 비유 속에는 높다는 의미소 하나만이 있는 것은 아니다. 우선 집을 떠받치고 있는 누각의 네 기둥은 말의 훤칠한 그 네 다리와 암묵적으로 연결된다. 날씬하면서도 육중한 말의 몸집은 누각 용마루의 우아하면서도 중량감이 있는 곡선과 어울린다. 뿐만이 아니라 인간에게 있어 누각과 말은 다 같이 '오르다'라는 서술어로(전문 용어로는 촉매 작용이라고 한다) 이어질 수가 있다. 우리가 누각에 오르는 것은 말잔등에 올라타는 것과 유사한 행위이다. 누각도 말도 그 위에 오르면 사방을 조망할 수가 있는 것이다.

그러나 이 같은 시각적 유사성은 정반대의 차이성 위에 뿌리를 두고 있다는 사실을 간과해서는 안 될 것이다. 그것은 동물 중에서도 가장 잘 뛰어다니는 말이 그와는 정반대로 뛰지도 움직이지도 못하는 무생물과 동일시되어 나타나 있다는 점이다. 즉, 동물이 건축물에 비유된 '다락같은 말'은 우리에게 관습화된 뛰는 말과는 다른, 움직이지 않는 말, 우두커니 서 있는 말의 모습을 드러나게 한다.

물가와 비유된 다락이 '높음'을 나타내는 일의적(一義的) 기호라면 말과 비교된 다락은 높다, 서다, 부동성(不動性) 등의 여러 가지 의미를 지닌 다의적(多義的) 기호라 할 수 있다. 그렇기 때문에 이때의 비유는 x를 y로 대치해 놓은 낱말이나 이름의 전용(trope)과는 달리 시 전체의 언술 속에서만 비로소 그 비유는 정당한 해석과 그 의미를 창출하게 될 것이다.

결국 첫 행에 등장한 '다락같은 말'의 직유는 그것으로서 완결된 닫혀진 비유가 아니라 앞을 향해 열려져 있는 비유이기 때문에 그것이 무엇을 의미하는 것인지 시 전체의 언술을 참조하지 않고서는 누구도 대답할 수가 없을 것이다.

2. 틀짜기 이론 — 체계로서의 은유

벤자민 흐루쇼프스키의 틀짜기 이론이나53) 헬리의 메타포의 공간 이론54)을 빌어서 설명하자면 이 비유는 낱말 차원이 아니라 말이라는 동물의 틀(fr1)과 다락이라는 건축물의 틀(fr2) 사이에서 빚어지는 것이라고 할 수가 있다. 그리고 그 비유는 단순한 의미의 내용만이 아니라 그 음성의 층위에서도 상호 연관을 맺고 있다. '말아, 다락같은 말아'의 시행에서 우리는 mARA~dARA~mARA의 반복을 느끼게 되는데, 그것은 '말'과 '다락' 두 단어의 음의 유사성에서 기인되고 있는 것이다.

따라서 비유의 체계는 시를 서술하고 있는 화자의 시점에서도 생겨난다. '말

---

53) Benjamin Hrushovki, *Poetic Metaphor land Frames of Reference*, Poetics Today Vol. 5, No. 1, 1984. 그의 틀짜기 이론은 언어가 아니라 지시하는 세계의 의미의 범주를 틀(frames of reference)로 만들어 메타포의 언술의 단위로 삼는다. 이때 의미의 범주의 틀을 'fr'로 표기하고 각기 다른 틀을 1, 2의 표시로서 구별한다. 이 논문에서의 부호 역시 같은 방법으로 기술된 것이다.

54) Michael C. Haley, *Noncrete abstraction : the linguistic universe of metaphor ; Linguistic Perspectives on Literature*, pp.13~154. 헬리 역시 비유를 사물의 범주에 의해서 고찰한다. 그는 비유가 발생하는 의미의 범주를 9등분으로 나누고 그것을 명사와 술어 작용에 의해 구체적으로 그 범주를 차이화하고 있다.

아, 다락같은 말아'는 화자가 말을 부르고 있는 것으로 그것은 2인칭 시점으로 서술하고 있다는 것을 알 수 있다. 원래 부름에 속하는 언술은 문답형의 커뮤니케이션을 전제로 한 것으로 말을 주고받을 수 있는 인간들 사이에서만 가능한 화법이다. 그러므로 동물이나 자연물을 돈호법이나 2인칭 대명사로 부르게 되면 야콥슨의 지적대로 애니미즘의 주술적인 텍스트가 되고 그것들은 모두 의인화되는 은유적 성격을 띠게 마련이다.[55]

그렇기 때문에 '말아, 다락같은 말아'라고 한 그 첫 행의 시구 속에는 '말은 건축물이다'라는 언술의 체계에 대응하여 '말은 인간이다'라는 의인화의 비유적 틀이(fr3) 숨겨져 있다는 사실을 알게 된다. 즉, 이 짧은 첫 행의 시구에는 동물의 틀(fr1)과 건축의 틀(fr2) 그리고 인간의 틀(fr3)의 세 가지 의미론적 영역이 내재되어 있고 그것을 약호로 표시해 분석해 보면,

$$\text{말(fr1) 아(fr3), 다락같은(fr2) 말(fr1) 아(fr3)} \Rightarrow \text{fr2}$$

로 될 것이다.

3. '점잖다'와 '슬프다'의 은유적 구조

첫 행에 나타난 두 비유 체계 fr2와 fr3는 2행과 3행('너는 즘잔도 하다마는/너는 웨그리 슬퍼 뵈니')로 각기 이어지면서 점차 그 은유적 의미를 뚜렷하게 그리고 더욱 깊이 있게 생성해 간다. 즉, 돈호법에 의해 잠재적으로 의인화된 1행의 '말아'는 2행과 3행에서 직접 '너'라는 2인칭 대명사로 불려지게 된다. 각 행마다 첫머리에 되풀이되는 2인칭 대명사는 화자의 시점을 겉으로 드러내 말을 더욱더 인간의 틀 안으로 가까이 끌어들이는 작용을 한다. 그래서 '다락같은 말'의 외관 묘사 역시 내면화되어 '점잖다' '슬프다' 등의 성격화로 옮겨간다.

---

55) Roman Jakobson, *Linguistic and Poetics in Selected Writings Ⅲ*, Mouton, 1981, p.24.

‘점잖다’라는 것은 감정을 억제하는 지적인 힘이며 ‘슬퍼 뵌다’는 것은 희로
애락의 정감의 움직임을 표시하는 요소 중의 하나이다. 이 같은 지(知)·정
(情)의 영역은 모두가 동물과의 차이화를 나타내는 인간 고유의 변별성에 속하
는 특징이다. 그러므로 ‘점잖은 말’ ‘슬픈 말’은 동물의 틀에서 벗어나 인간의
틀로 이동해 가는 의인화 과정을 극명하게 반영해주고 있다.

그러나 ‘점잖다’ ‘슬프다’라는 말의 성격화는 의인화 작용만이 아니라 첫 행
에서 직유로 제시된 건축의 틀(ff2)을 지속시키는 역할을 하고 있다.

‘다락같은 말’은 달리는 말이 아니라 우뚝히 서 있는 말의 부동성을 나타내
는 것이라고 했다. 이 부동적 특성을 내면화하면 바로 ‘점잖은 말’이 될 수밖에
없다. 뛰는 말을 까부는 말이라 한다면 가만히 서 있는 말은 그 반대의 점잖은
말로 표시되어야 하기 때문이다. 슬퍼 뵌다는 말 역시 마찬가지이다. 말이 뛰는
것이 기쁨이라면 다락처럼 한 곳에 서 있는 말은 슬픔이 된다. 정지용의 「말 2」
의 경우처럼 바다를 가르고 달리는 말, 영웅이라고 불리운 말에는 슬퍼 뵌다는
말이 결코 어울리지 않을 것이다. 우두커니 한 자리에 누각처럼 서 있는 말의
정지 상태에서만 비로소 그 슬프다는 표현은 의미론적 이소토피(동위태)를 지
니게 될 것이다.

특히 말을 슬프다고 하지 않고 슬퍼 뵌다고 한 것은 인간과 말의 동일과 차
이, 즉 같으면서도 같지 않은 갭 필링(gap feeling)을 보여주는 것이고 동시에 말
을 커뮤니케이션 대상으로 바라보는 화자의 시점을 보여주는 이중적인 기능을
담고 있다는 점을 눈여겨 보아야 할 것이다.

이렇게 밖에서 관찰되었던 1행의 말은 2행에 이르러 내면적인 말로 바뀌게
되고 건축의 틀과 인간의 틀은 ‘점잔’과 ‘슬픔’이란 말로 제각기 그 비유적 특
성을 증폭 발전시켜 나간다. 그래서 다락같이 높이 서 있는 말은 인간처럼 생
각하고 느끼는 말이 되고 동시에 점잖은 말, 슬픈 말이 되는 것이다. 그러므로
2, 3행의 시를 비유 체계로 약술하면 말의 의인화(ff3)가 겉으로 드러나면서 사

물화(fr2)된 말의 의미와 팽팽한 경합 관계를 벌이고 있는 것을 알 수가 있다.

　　　　너는(fr3) 즘잔도 하다마는(fr3, fr2)
　　　　너는(fr3) 웨그리 슬퍼 뵈니(fr3, fr2)

4. 건축과 인간의 병렬적 구조

4행에서는 지금까지 화자의 시점을 통해 간접적으로 보여 주었던 의인화 작용이 '사람편인 말아'라는 직접적인 언표 행위를 통해서 사람의 틀을 표층으로 노출시킨다. 특히 4행은 콩을 준다는 5행과 짝을 이루며 1행에서 보여 준 건축의 틀(fr2)을 인간의 틀(fr3)로 바꿔 놓는다. 비유적 언술은 다락에서 사람으로 옮겨진 것이다. 그러면서도 4행의 시형태는 1행의 시구와 병렬적 대응 구조를 이루고 있기 때문에 여전히 그 두 비유 체계는 메아리처럼 따라다닌다.

　　　　1행 ― 말아, 다락같은 말아, (fr2)
　　　　4행 ― 말아, 사람편인 말아, (fr3)

이 두 시행은 통사 구문, 자수와 음성적 구조, 그리고 반복의 수사법과 그 비유의 형태 등 뚜렷한 병렬성(parallelism)을 보여주고 있다. '다락같은 말아'는 '사람편인 말아'로 대응되어 그 비유의 두 축을 이루는 다락과 사람이 병립되어 강렬한 대조를 보이고 있음을 간파할 수 있다. 즉 '사람편인 말아'를 '사람같은 말아'로 옮겨 놓으면 그 비유 형태와 유사성까지 뚜렷이 드러나게 된다. 그리고 1행의 음운 형태가 mARA∼dARA∼mARA로 되어 있는데, 4행 역시 mARA∼sARA∼mARA로 유사한 음의 반복을 보이고 있는 것이다. 이러한 병렬 구조를 이룬 두 시행을 통해서 우리는 이 시의 패러디그마틱한 비유의 지층을 볼 수 있게 된다.

첫째는 이미 앞에서 언급한 대로 동물의 틀에 속하는 말이(fr1) 건축물(fr2)과 인간(fr3)의 두 범주의 평행 관계에 의해서 빚어지는 비유의 긴장성이다. 건축의 틀은 말을 외연적으로 그리고 있고 인간의 틀은 말을 내면화하고 있다. 그리고 말이 다락이라는 건축물의 틀에 들어오면 그 동물적인 속성을 빼앗겨 사물화로 퇴행해 가는 데 비해서, 그것이 사람의 틀 안에 들어오면 반대로 동물적 속성에는 지·정의 인간적 정신이 부가되어 고양된다는 점이다. 그러므로 이 1~4행의 병렬성은 반대의 두 극에서 진행되고 있는 말의 은유적 긴장을 가장 잘 구조화하고 있는 것이라고 볼 수 있다.

둘째, '다락같은 말'은 상사성의 법칙에 의해서 만들어진 비유, 야콥슨의 분류에 의하면 메타포에 속하게 되는 것이고 '사람편인 말'은 문자 그대로 인접성에 의해 이루어진 환유(메토니미)에 속하는 비유이다. 말이 사람과 동일성을 이루는 것은 사람이 말을 타기 때문이다. 그래서 사람의 몸과 말의 몸이 하나로 밀착되는 문자 그대로의 인접성을 보여 주는 것이다. 몸만이 아니라 말을 타고 갈 때 사람과 말은 동일한 방향성을 향해 같은 의지로 움직여 간다. 그러므로 인마(人馬)는 등가적인 존재물로 이따금 서로 구별없이 한 데 쓰이는 예가 많다. 김유신이 자고 있는 동안 그 말이 천관녀의 집으로 향했다는 유명한 일화처럼 김유신의 말은 김유신의 잠재 의식이기도 한 것이다. 「말 2」에서 정지용은 '내형제 말님을 찾아갔지'라고 자기의 분신처럼 말하고 있다.

1~4의 병렬 시행은 이렇게 서로 대응하는 두 가지 대표적인 비유의 축을 보여 주고 있는 것으로서, 이 시가 내용만이 아니라 그 형식에 있어서도 은유와 환유의 총체적 구조로 이루어져 있음을 보여 주는 것이라고 할 수 있다. 이 병렬 시행이 은유와 환유의 구조로 이루어져 있다는 것은 바로 모든 의미를 생성하는 선택과 결합, 상사성과 인접성, 대치와 연쇄, 의미론과 통사론, 그리고 코드와 메시지의 두 체계를 대조적으로 보여 주는 것이라고 할 수 있다.

셋째로 이러한 병렬법은 1행에서 이미 끝난 비유를 다시 환기시키는 역할을 하여 '다락같은'을 '사람편인'과 같은 위치에 놓이도록 한다. 그러므로 말(fr

1)~다락(ff2)~사람(ff3)의 세 가지 다른 범주를 동시적으로 중층화하는 기능을 갖게 한다. 그래서 인간과 말의 관계처럼 인간과 다락의 관계에도 같은 환유적 효과가 생겨나게 된다. 그래서 인간을 축으로 한 말의 인접성과 다락의 인접성 사이에 기묘한 상동 관계가 빚어지고 그 결과로 '다락같은 말'은 은유에서 환유적인 비유로 옮겨지는 특이한 변이 현상이 생겨난다. 즉, 누각은 같은 건축물이면서도 인간이 주거하는 일반적인 가옥과는 떨어진 곳에 위치해 있는 경우가 많다. 주로 경치를 조망하기 위해 세워진 누각은 자연 영역과 거주 영역(문화)의 경제적 공간에 위치해 있다. 그와 마찬가지로 말은 사람과 함께 사는 동물이면서도 개와 고양이처럼 방안에서 사는 애완동물과는 다르다. 그것은 다락집처럼 집에서 떨어진 경계 공간에 놓여 있는 것이다. 말은 인간의 영역 안에 있으면서도 끝없이 야성의 밖을 향해 달려가고 있는 가축이다. 고양이나 개가 인간이 거주하는 집의 공간과 같은 것이라면 말은 누각처럼 인간이 주거하는 영역 바깥을 향해 있는 것으로 그 인접 거리가 같다고 할 것이다.

이와 같은 말과 인간의 인접 관계는 5행의 '검정 콩 푸렁 콩을 주마'라는 시행에 의해서 더욱더 분명하게 드러난다. 인간과 말의 인접성은 콩이라는 곡물에 의해서 보강되고 있기 때문이다(야생마 길들이기를 생각해 보자). 말에게 콩을 준다는 것은 말이 야생적인 자연으로 돌아가게 할 수 없도록 하는 것이다. 콩은 풀이나 야생의 열매인 머루, 다래와 대립되는 의미소를 지니고 있는 까닭이다. 인간이 먹는 것을 말에게 준다는 것은 말과 인간을 동일시하는 것이면서도 동시에 차이를 강조하는 행위이기도 하다(아직도 말은 인간의 편이 아닌 데가 있기 때문에 인간과의 동일성을 위해서는 말 먹이 대신 콩을 주어야 하는 것이다).

5. 두보(杜甫)의 한별(恨別) — 달을 보며 자는 말

다락이나 2인칭으로 불리어지던 말이 둘째 연의 마지막 행에 이르면 갑자기

'이말은'으로 바뀐다. 3인칭의 객관적 시점으로 서술되는 '이말'은 이미 다락 같은 말도 아니며 사람같이 의인화된 말도 아닌 것이다.

> 이말은 누가 난줄도 모르고
> 밤이면 먼데 달을 보며 잔다.

　말은 그 자체로 그려져 있다.1, 2, 3행이 주로 건축적인 틀에 의해서 묘사된 말이라면 4, 5행은 인간의 틀에 의해 그려진 말이다. 그러나 마지막 2연째의 6, 7행은 본래의 동물적 틀에 의해 묘출된 말이라고 할 수 있다(fr2 1, 2, 3 → fr3 4, 5 → fr1 6, 7).

　그러나 그 비유의 틀은 여전히 지속되어 있을 뿐만이 아니라 오히려 이 종련에 이르러 건축과 인간의 비유는 하나로 통합되어 완성된다. 말이 밤에 달을 보고 자는 하나의 비유적 이벤트(figurative event)를 통해서 말과 다락 그리고 말과 인간의 은유적 구조는 하나로 통합되어 은유적인 세계를 현실의 세계로 옮겨 놓고 있기 때문이다.

　사람이나 모든 짐승들은 밤이 되어 잠을 잘 때에는 눕는다. 그러나 말만은 선 채로 잠을 잔다. '밤이면 먼데 달을 보며 잔다'는 시구는 바로 말이 서서 자는 동물이라는 특성을 유표화한 것이며, 이 대목에 와서 비로소 왜 말을 다락에 비유했는지 확실히 날 수가 있게 된다. 누각은 밤이 되어도 낮과 마찬가지로 그 자리에 그대로 서 있다. 그러므로 우리는 이따금 달밤에 기둥을 받치고 서 있는 누각을, 서서 자는 말처럼 바라볼 수가 있다. 그렇다. 달밤에 서서 잠들어 있는 말의 모습은 살아 있는 작은 누각이기도 한 것이다. 첫 행에서 한 번 등장했던 다락의 비유가 끝없이 지속되어 오다가 이렇게 마지막 행에 이르러 달이 등장함으로써 비로소 그 높이와 부동성이 현실의 말로써 매듭을 맺게 되는 것이다.56)

　그러나 '달'은 건축의 틀에 관련된 비유만을 현실화하고 있는 것이 아니라

'인간의 틀'(의인화)에서도 같은 빛을 비치고 있다.

즉, 6행의 '이말은 누가 난줄도 모르고'에서 지금까지 의인화된 말을 말 그 자체로서 돌려보낸다. 말은 짐승이기 때문에 자기를 낳아 준 부모나 자기의 태어난 생지(生地)를 모르는 까닭이다. 그러나 이같은 말의 조건 때문에 지금까지 의인화되었던 말의 속성이 더욱 분명해지는 것이다. 누가 난 줄도 모르는 말은 사람으로 치면 천애 고아 혹은 고향을 모르는 유랑민과도 같은 존재가 될 것이다. 그런데도 먼 달을 바라보며 선 채로 자기 때문에, 말은 의인화 이상으로 절실한 고독과 그리움을 보여 주고 있다.

'먼 달을 본다'는 것은 객지에서 고향을 생각하는 망향의 정을 나타내는 정형구이다. 그렇기 때문에 비유가 아닌 현실적 묘사인데도 먼 달을 보며 자는 말의 모습은 고향 상실자의 절대 고독의 내면 세계를 생생하게 드러낸다. 왜 말을 슬퍼 뵌다고 했는지 역시 이 마지막 행에 이르러서야 비로소 깨달을 수 있게 된다. 그러므로 6행과 7행의 비유 체계는 이렇게 약호화할 수 있을 것이다.

$$6행 = fr3 \rightarrow fr1$$
$$7행 = fr2 \rightarrow fr1$$

달은 밤의 시간과 실향의 공간(그냥 달이 아니라 여기에서는 먼 달로 되어 있다)을 부여함으로써 말을 개별화한다. 그래서 말 앞에는 '이'라는 지시대명사가 붙어 '이말'이 되고 '이말'로 한정된 말은 다락과 콩을 먹는 사람까지 흡수해 한별(恨別)을 쓴 두보와 맞먹는 시인과 동격이 되고 만다. 한별이라는 두보 시를 직접 읽어보자. 거기에도 달이 뜨고 고향집을 생각하며 홀로 밤중에 서

---

56) 1행의 '다락같은 말'에 내재된 술어 '서다'는 '달리다'에 대응하는 의미를 갖고 있지만 마지막 행의 '먼데 달을 보며 자는 말'과 관련된 술어는 '눕다'에 대립하는 의미의 차이를 보인다.

있는 다락 같은 그림자 하나가 나타나 있을 것이다.

> 思家步月淸宵立
> 고향집을 생각하며 달을 보고 거닐다가 맑은 밤에 서고
> 憶弟看雲白日眠
> 아우를 그리워하며 구름을 보며 밝은 대낮에 존다.

그러나 아무리 집을 그리워하는 시인도 달을 보며 걸음을 멈추고 설 수는 있어도 그것을 보며 선 채로 잠들 수는 없을 것이다. 그러나 지용은 건축의 틀과 인간의 틀로 비유되어 온 말을 하나로 통합시킴으로써 어떤 시인도 흉내낼 수 없는 고독의 절정을 그려냈다. '서다'는 '눕다'와 대립형을 이루는 것으로서 그것은 인간의 마음을 표징하는 신체 기호라고 할 수 있다. 그래서 슈트라우스는 '우리가 잠자기 위해서 몸을 눕히고 손발을 뻗는다는 것은 투항을 의미하는 것이다. 말하자면 눕는다는 것은 곧 세계에 대하여 자기 주장을 멈춘다는 것이다'[57]라고 말하고 있다. 눕는다는 것은 정지한다는 것, 생각도 행동도 중단하고 삶을 향해 눈을 감는다는 것이기도 하다. 그러나 서 있다는 것은 반대로 끝없이 희구하는 것이며 싸우는 것이며 '세계와 자기 자신을 형성하는 가능성을 획득'하는 것이라고 할 것이다.

> 다락 위에 떠 있는 달, ― (fr3)
> 달을 보며 서서 잠자는 말, ― (fr1)
> 달을 보며 고향을 생각하며 서 있는 시인, (실향민) ― (fr3)

정지용의 「말 1」은 이러한 세 가지 언술이 상호 작용을 통해 복합적인 비유의 구조를 만들어 낸 것이다. 건축·동물·인간의 각기 다른 범주가 달에 의해

---

57) Otto Fridich Bollnow, *Mensch und Raum, Kohlhammer*, 1980, p. 171.

서로 경계 침범을 하며 의미의 벽들을 무너뜨린다. 급기야 그 달빛은 그 여러 가지 목소리들을 하나로 통합하여 최고 경지를 이루는 지순한 향수의 빛깔을 던져준다. 그 그리움이 얼마나 처절하고 그 희구가 얼마나 절실한 것이기에 잠 들 때에도 누울 줄은 모르는가? 슬픔과 그리움이 극에 달했을 때 우리는 지용처럼 먼 달을 보며 서서 잠드는 말 한 마리를 발견하게 될 것이다. 다락집이자 시인인 한 마리의 말……

그리고 동시에 은유란 낱말이 아니라 언술 자체를 바꾸는 행위이고 현실 세계를 재기술하는 의미의 창조 행위라는 것을 깨닫게 될 것이다.

(2) 구조주의 소설학

· 구조주의 소설학의 분석 이론[58]

소설적 진술이 이루어지는 일반적 구조를 밝히는 일은 수많은 문장을 앞에 놓고 거기서 언어의 일반적 법칙을 찾아내는 것과 다를 바가 없다. 롤랑 바르트가 밝혔듯이 한 소설 작품과 하나의 문장 사이에는 유사 관계가 성립한다.[59] 문장에서의 의미 구조를 문제 삼을 때 의소(意素)와 의절(意節)을 넘어서 단어에 이르는 것처럼, 소설의 분석이 시작되어야 하는 곳은 작품의 언어적 요소들이 의미의 최소 단위(最小單位)를 형성했을 때다. 그러나 소설적 진술에서의 이 최소 단위는 언어학의 그것과는 달리 한 단어일 수도, 또 일련의 문단일 수도 있다. 이를 바르트는 어휘소(lexia, S/Z에서)로, 토마셰프스키는 모티프(『주제론』에서)라 불렀다. 그런데 이를 구체적으로 '기능 단위'라는 이름을 붙일 수 있다. 이는 소설 문법의 최소 단위며 전체 작품의 구조를 전제로 한 개념이다. 즉 문학적 진술의 일반 구조에로도 수렴시킬 수 있는 것이다. '기능'이란 개념은 토도로프가 언급한 바, 작품 요소들 상호간의 관계, 그리고 작품 전체에 대한 요

---

58) 최현무, 「소설의 구조 분석」, 『구조주의』, 고려원, 1992, pp.126~147(부분 발췌).
59) Roland Barthes, *Introduction A L'analyse des récits,* Communication 8, 1966, p.3

소들과의 관계를 포함하는 것이다. 이들 분절된 단위들은 각자가 가진 바 변별적 자질들에 의해 구분된다. 그리고 작품의 의미 구조의 분석에 들어가기 전에 미리 알아보아야 하는 것은 분절된 단위들에 배당될 기능의 일반적 분류 및 그들의 특성이다.

이미 모티프·어휘소를 살펴보았듯이 텍스트의 분절된 단위들이 가지는 '기능'의 분류는 토마셰프스키의 모티프의 구분과 바르트의 약호 이론에서 찾아볼 수 있다. 토마셰프스키가 각각의 모티프는 그들의 객관적인 기능에 의해 분류될 수 있다고 한 것이나, 텍스트의 모든 분절된 어휘소들이 분류되어 모이는 바르트의 다섯 개의 약호의 구분이 그것이다. 토마셰프스키의 모티프의 분류가 추상적임에 반해, 바르트의 구분은 텍스트의 구체적 분석과 맞닿아 있어 기능 분류의 출발점이 되었다. 그러나 약호와 기능 사이에는 근본적인 차이점이 있다. 기능이란 일차적으로 텍스트의 문법(文法)에 관여함에 반해, 약호란 원래의 의미대로 인습적 관례(convention)에 의한 규약인 것이다. 따라서 기능이란 작품을 따라가면서 재구성되어야 하는 문법적 단위들인데, 텍스트가 의존하는 약호 및 인습적 규약이란 이미 되어진 것의 흔적, 즉 이미 읽혀지고 보여지고 되어지고 경험된 어떤 것의 단편들인 것이다.[60]

소설적 진술이 두 개의 커다란 범주, 즉 소설 내의 사건의 진행과 관련된 동적(動的)인 범주와 사건의 전개에 직접적으로 관여하지는 않으나 동적인 범주에 연관되어 간접적으로 줄거리의 전개를 가능케 하는 정적인 범주로 이루어져 있음은 더 이상 새로운 사실이 아니다.[61] 그리고 텍스트의 분절된 단위들의 재구성을 가능케 하는 각 기능들은 이 두 범주의 하위 분류(下位分類)다. 모든 분

---

60) Roland Barthes, *S/Z*, trans. by Richard Miller, Hill & Wang, N.Y; Jonathan Cape, London, 1974, p.3.
61) 이는 토마체프스키가 『주제론』에서 역동적 모티프(상황을 바꾸는 것)와 정적모티프(상황을 바꾸지 않는 것)라 부른 것과도 관계된다. 후에 언어학의 용어에 힘입어 이 두 범주는 다양하게 정의되었다. 토도로프는 동사와 형용사로, 그레마스는 기능과 수식으로, 크리스테바는 서술적 수식과 한정적 수식이라 이름하고 있다.

절된 단위들은 하나 이상의 기능에 해당되며, 기능의 상이(相異)한 선(線)을 따라 모이면서 연쇄체(sequence)를 형성하고, 일련의 연쇄체의 모임이 텍스트 전체에로 이어진다. 그리고 이러한 분석·종합의 과정은 텍스트를 이루는 기능의 다양한 용례(用例)를 인식하는 데서 시작되는 것이다. 분석을 가능케 하는 기능의 용례, 그리고 각각의 간단한 특성을 알아보자.

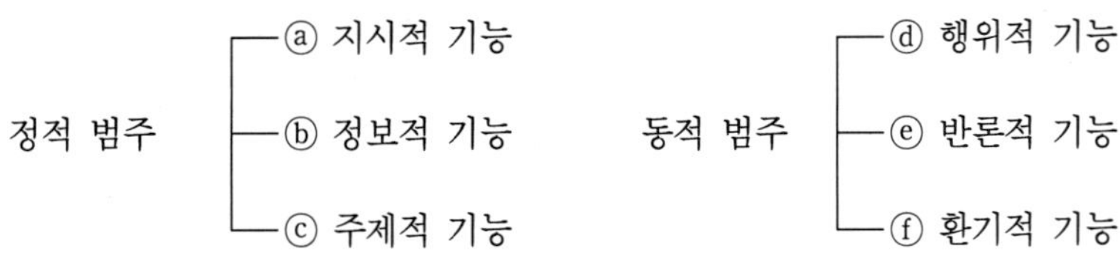

ⓐ 소설이란 허구의 세계에 해당하면서 동시에 늘 실제 경험의 세계, 사실의 세계와 연관을 맺고 있다. 허구이되 일어남직한 것이며 정말인 듯한 것으로 꾸며져야 한다. '지시적 기능'은 독자로 하여금 안심하고 허구의 세계와 사실의 세계를 연결시키도록 하는 제1차적 계약에 속한다. 좁은 의미에서 소설의 재현적이며 모방적인 측면에 관여한다. 지시적 기능 단위로 인하여 그것이 지시하는 세계를 인식할 수 있다. 가령 인물에 관한 부분적인 진술에서 드러난 특성이 작품의 다른 부분에서 타당성 있는 연결을 이루지 못할 경우, 이는 다만 언급된 사항에 대한 사실성을 명확히 하며 작품을 현실 속에 뿌리박게 할 뿐이다. 그러나 지시적 기능이 과도하게 연장되고 극단적으로 현실의 재현만을 취할 때는 오히려 소설 자체에 대해서는 부정적이 되는 수가 있다. 작품의 의미에 항거하며 핵심 줄거리를 거부하고 주제적 공허를 산출하는 것이다. 대개의 사실주의적인 작품에서 지시적 기능은 우월한 위치에 놓인다. 토마셰프스키는 소설 속의 요소를 실제화하려는, 현실과 부합시키려는 기법을 사실적 동기화라 했다.

ⓑ 그럴듯함의 측면에서 볼 때 지시적 기능과 정보적 기능은 한 종이의 앞·뒷면과 비슷한 관계에 놓여 있다. 지시적 기능이 외부적 세계의 사실들을 지시하는 반면에, 정보적 기능 단위는 작품 내부의 사실성의 여부에 관여하게 된다. 한 단위에서 특정의 정보가 추출되면 그것은 다른 단위들에 타당성을 부여하며 연결이 되어야 한다. 정보적 기능이 늘 내포된 의미들이라면 지시적인 것은 직접적·외연적이다. 정보란 독서에 의해 발굴되기를 기다리는 잠재된 의미들이다. 정보적 기능은 바르트의 의미적 약호(semical code)에 아주 가까이 있다. 그는 의미적 약호로써 주로 인물에 관한 정보를 우선시키고 있다. 이 약호의 각각의 단위는 한 인물을 구체체화시키기에는 불명확, 불안정, 산발적이다. 단편적인 여러 시니피앙이 하나의 시니피에로 모였을 때 한 인물은 구체화되는 것이다. 마찬가지로 당장에는 불필요한 듯이 보이는 어떤 장면의 묘사가 후에 있을 중요한 사건에 대한 조짐을 함축하는 경우는 허다하다. 정보적 기능의 단위들은 독자로 하여금 세심한 주의력과 구성 능력을 요구한다.

ⓒ 주제적 기능은 우선 주제의 개념을 다시 살펴보아야 한다. 주제는 흔히 쓰이는 대로 작품을 읽어 가면서 귀납적으로 얻어내는 주장이나 일련의 지식 혹은 플롯의 요약이 아니다. 주제의 파악은 오히려 연역적이어야 하며 분석에 의해 가능하다. 주제란 작품 전체를 단일로 묶는 의미의 밧줄이다. 그 기반 위에서 작품의 모든 부분의 다양한 의미화가 가능한 불변의 의미며, 변형의 형태로 잠재되어 있다가 분석의 과정에서 상징화의 작용을 통하여 드러난다. 상징이란 용어의 개념 그대로 내포된 의미와는 구별된다. 상징에 있어 시니피앙과 시니피에는 한 언술(言述) 속에 불가분으로 혼합되어 있다. 상징화의 작용이란 이 불가분의 혼합체에 보편적인 이름을 주는 것이며, 한 작품을 관류하는 핵심적 의미에 대해 '초언어' (metalanguage)를 만드는 직관적(혹은 경험적인) 공식화(公式化)의 작용이다. 가령 작품의 최소 단위들의 모임에 의해 '그늘 / 양지'의 대립이 추출될 경우 '어두움 / 밝음'→'밤 / 낮'→'죽음 / 생성' 등으로 연결되는

의미적 변형을 가능케 하는 것이다. 레비-스트로스의 오이디프스 신화 분석에서 '스파르타인들이 서로 죽이다' '오이디프스가 아버지 라이오스를 죽이다' '에테오클레스는 그의 형 폴리니세스를 죽이다'를 한 기둥으로 묶으면서 '혈족관계(血族關係)의 과소 평가'라고 이름짓는 과정이 바로 상징화의 작용, 주제에 닿는 과정이다. 이처럼 주제적 기능 단위가 종합되면 텍스트 내의 개별적 의미를 뛰어넘어 일반적 우주적 의미에 참여할 수 있는 강한 힘을 지닌다. 바르트가 그의 상징적 약호를 따라가면서 실상은 분석 대상 작품인, 발자크의 '사라진느'의 주제를 밝혔다는 것은 상징과 주제의 밀접한 연관성을 명백히 해준다. 주제적 기능 단위들은 무엇보다도 작품을 다각적으로 이해케 하는 것이다.

이상의 정적 범주의 기능들은 구성·종합되자마자 곧바로 동적 범주의 기능들에로 다시 연결된다. 동적 범주의 기능들은 소설의 사건, 이야기의 전개에 직접적으로 관여하므로 시간적·논리적 질서의 지배를 받는다. 그러나 소설의 진행을 지배하는 양대 질서 중 절대적인 것은 논리성이다. 즉 사건·행위에 늘 내재되어 있는 시간을 이해케 하는 것은 사건 진행의 논리, 행위 자체의 논리인 것이다. 소설의 내적 구조에서 시간성이란 하나의 지시적인 환상(幻想)에 지나지 않는다.

ⓓ 행위적 기능은 소설을 다른 문학 장르, 예컨대 (서정)시와 구별짓는 중요한 기준이 된다. 소설의 가장 큰 목소리는 행위가 담당한다 할 수 있다. 이 기능은 일차적으로 텍스트 내의 동사와 관계한다. 그럼으로써 행위적 기능은 행위자와 관련된 문제를 제기한다. 이야기 속의 인물에 대한 정의는 프로프의 『민담의 형태학』(*The Morphology of the Folktale*) 이후에 명확해졌다. 그것은 행위자로서의 인물의 강조이며, 소설의 구조를 축조하는 것은 인물들이 아니라 그들이 맡는 행위에 의해서이다. 이야기를 구성하는 것은 인물의 존재에 의해서가 아니라 그들의 참여하는 행위의 논리적 연쇄에 의해서다. 행위의 기능을 분석하는 것은 주인공이라 이름지어진 한 인물의 행위 내용만을 경청하는 것

이 아니라, 여러 인물들이 만들어 내는 다양한 행위의 선(線)을 동일 지평 위에 놓는 일이다. 이야기의 구조를 특권적인 관점, 곧 주인공이나 화자의 관점에 따라 구성하려고 하기보다는 동일한 도식의 통일성 안에서, 다양한 행위자에 고유한 시점의 다면성을 집약62)시키는, 이야기의 이기거나 지는 행위의 연속을 두루 포함한다. 또한 '싸우다'라고 이름 붙여진 작은 연쇄체는 더 큰 연쇄체를 열거나 닫는다. 일례로 '싸우다'라는 연쇄체는 '알게 되다' 혹은 '친하다'라는 전제 행위와, '화해하다' 혹은 '결별하다'라는 후속 행위를 지닌 더 큰 연쇄체의 중간 과정에 속할 수 있기 때문이다. 이야기 전체는 이처럼 무수한 연쇄체의 연결이라 할 수 있다. 이들 연쇄체의 작은 고리들인 행위적 기능들은 그들의 논리에 의해 작품에 연속성을 부여한다.

ⓔ 행위적 기능의 연결이 논리적 질서에 의하는 데 반하여, 반논리적 기능은 논리를 침해하는, 질서를 배반하는 기능이다. 한 소설적 이야기는 순수하게 논리적 직진성만으로는 불충분하다. 독서 중 활발히 지력이 요구되는 것은 이 직진의 논리에 장애가 생겼을 때다. 한 지점에서 논리의 장애가 일어나면 그 장애는 논리를 되찾을 때까지 계속된다. 이야기 속에 '미리 알 수 없는' 어떤 것을 삽입, 논리의 '어긋남'을 만드는 것은 반논리적 기능의 특질이다. 바르트의 해석적 약호(Hermeneutic code)는 바로 이야기의 이 형식에 관여하며, 어떤 의문이 제기되는 것으로 시작된다. 의문·수수께끼가 제시되고, 의문이 대답되어질 때까지의 여러 단계, 즉 해답 지연의 과정(이 과정은 왜곡된 대답, 예상, 모호한 이해, 단편적인 해답, 함정, 궁지 등에 의해 지연된다)을 통해 얽혀지면서 결정적인 해결에로 나아간다.

논리의 장애란 다른 말로 하면 논리에의 기대다. 똑같이 제기된 의문이란 해답에의 기대이며 지력(智力)의 발동이다. 그러나 많은 소설에서 의문이 제기되지 않고서 이야기의 논리 장애가 일어나는 경우는 허다하며, 반논리적 기능에

---

62) Claude Bremond, "La logique des possibles narratifs" *in Communication* 8, 1966, p.64.

이 두 가지를 다 포함시킬 수 있다. 반논리적 기능은 논리의 혼란에 관여함으로써 플롯을 강화한다. 역설적으로 말하면 이 혼란을 재정리하는 것은 독자의 논리 혹은 이야기 자체의 논리다. 반논리적 기능은 따라서 논리의 또 다른 측면, 즉 논리의 일종이라 할 수 있다.

ⓕ 동적 범주의 마지막 단계인 환기적 기능은 텍스트 내의 다양한 사건을 연결하는 데 있어 전적으로 반복의 관계에 의존하고 있다. 한 요소가 반복되어 나타남으로써 전(前)과 후(後)를 연결, 전의 것을 환기하는 것이다. 환기적 기능은 작품 내부에 고정된 환기 효과로써 작품의 다양하고 상이한 부분에 통일성을 주는 구성의 법칙으로 고려되어야 한다. 쉬클로프스키는 한 작품 내의 동일 요소의 계속되는 반복이란 작품의 다양하고 복합적인 단면들을 한데 묶는 동기화의 작용임을 밝혔다.63) 환기적 단위는 전의 상태나 성질을 환기하면서 줄거리의 전개를 돕고 작품에 연속성·통일성을 부여하는 것이다. 환기적 기능의 가장 기본적인 구성 형태를 도식화해 볼 수 있다.

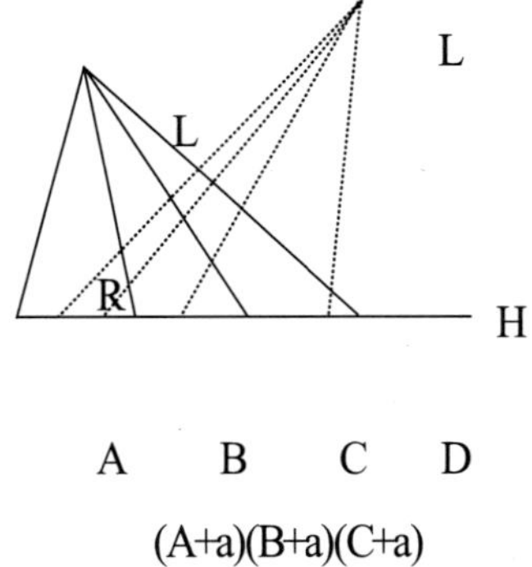

L은 반복되는 기능 단위의 내용이고, → H는 이야기의 진술 방향, R이란 반복되는 단위가 작품 내에서 최초로 의미 관계를 형성하는 선(線)이다. A·B·

---

63) Victor Shklovsky, "Stern's Tristram Shandy: Stylistic Commentary," in *Russian Formalist Critcism*, p.29.

C……는 L이 나타나는 이야기의 지점이며, L과의 관련하에 통일성을 유지하는 변화의 양상들이다. 동일한 요소(L)의 두 번째의 등장(B)은 A에 무언가 덧붙여진(+a)인 것이다. +a란 이야기의 전개 부분일 수도 있고, A와 B 혹은 B와 C 사이를 채우는 일련의 사건일 수도 있다. 이 도식은 물론 작품에 따라 변형이 가능하다. L이 여럿일수도 있으며(L'), A · B · C……의 횟수가 변할 수 있음은 물론이다. 그리고 토도로프가 반복의 형식64)으로 제시했던 것처럼 이들 반복 요소들은 '대조적인' 상황에 놓일 수도, '평형적'으로 병치될 수도, '점층적'으로 연결되면서 한 사건의 여러 발전 단계 위에 놓일 수도 있다. 이처럼 환기적 기능 단위들은 동적 범주의 다른 기능들과는 달리 계속적으로 나타나며, 반복될 때는 전술된 사실을 환기시킴으로써 마치 작품 전체를 통과하는 듯한 조화의 곡선을 그리는 것이다.

그러면, 이상 간단히 제시된 기능의 용례로써 한 작품의 특수한 의미 구조를 밝혀내 보자. 그것은 작품 속의 언어가 '기능'을 하게 되면서부터 출발한다. 출발이란 그 언어가 작품의 일정한 체계를 따르면서 가까이 혹은 멀리 있는 언어들과 긴밀하게 손을 잡는 순간이다. 작품의 어느 한 마디 언술도 그대로 잊혀질 수 없으며 다른 언술에 종속될 수도 없다. 형식주의자들이 밝혔듯이 작품의 모든 언어는 동기화되어 있는 것이다.

바로 그러한 이유로 한 텍스트는 분석에 의해 재구성되어야 하며, 분석을 가능케 하는 기능의 선(線)을 따라 종합되어야 한다. 더욱이 각 기능 또한 상호 의존적으로 종합된다. 이런 몇 단계에 걸친 통합적(syntagmatic) 과정을 거쳐 독서는 완결되고 작품의 총체성은 드러나는 것이다.

• 허윤석 소설들에 나타나는 「대립과 화해의 구조」

여기서, 허윤석(許允碩)의 소설 『유두(流頭)』를 분석해 보기로 한다. 분석의 첫

---

64) Tzvetan Todorov, "Categories du recit litteraire," *Communication* 8, 1966, p.128.

단계는 작품 전체를 최소한의 기능 단위로 분절하는 일이다. 그 다음은 각 기능의 선에 따른 종합, 그리고 기능들 사이의 긴밀한 연관 관계를 밝혀 주는 일이다. 『유두』는 모두 53개의 기능 단위로 나누어 볼 수 있다. 이하에서 볼 수 있는 것처럼 번호가 붙은 각 단위의 말미에 표시된 약자(略字)들이 한 단위가 맡는 기능을 나타낸다. 약자는 각 기능의 머릿자로 대신하기로 한다. (예 : 지시적 기능-지).

1.

① 유두(정, 반)
② 천방은 (지)/③ 비 많은 산이었다.(정)/④ 꽃도 피다 말고(정, 주)/⑤ 집은 산 그늘이 들어 매양 뜰이 어두웠다.(정)/⑥ 두꺼비와 지렁이가 거닐고 유듯날 밤이 오면 도마뱀이 푸른 불을 커드는 집이었다.(정, 반)/⑦ 이 집에서 할머니도 숨이 졌다. 그날 밤도 도마뱀이 푸른 불을 켜들고 들어 왔다는 이야기였다. 어머니도 산그늘이나 바라보다 이런 밤에 숨이 졌다. 벌써 달포 째나 푸독이 들어 누운 아내는 이런 밤이면(주①, 환, 주②, 정)/⑧ 겁을 먹고 허방댔다. (행)/⑨ 사랑나무 물로 다리를 씻고 두꺼비 고기를 먹었다.(행, 주)/⑩ 그러나 약은 듣지 않았다.(정)/⑪ 자리 위에 오줌, 똥을 받으니 차라리 할머니 때처럼, 어머니 때처럼, 도마뱀이 푸른 불을 커드는 그 밤을 기다리고 울었다.(행)/⑫ 초복 무렵이다. 산도 집도 안개 속에 들었다. 두꺼비와 지렁이가 기어나고 도마뱀이 푸른 불을 켜들고 나서는 밤이 왔다.(환)/⑬ 아내는 가매의 손길을 쥐고 푸른 불을 바라보며 울었다. 그러나 아내는 임종을 그리 서러워하지 않았다. 할머니와 어머니 때처럼 산새 소리에 아무렇지도 않게 숨이 졌다.(주①, 정, 주②, 행)/⑭ 늦피던 목련꽃이 지는 날 가매를 울리는 초라한 상여가 산도리나 가듯이 지천한 다래 넝쿨을 밟고 산으로 갔다.(주, 정)//

2.

⑮ 아내가 간 뒤에도 천방골은 좀더 초록으로 짙어갔다.(주)/⑯ 아내

가 가꾸던 논밭은 이랑마다 기름져 흘렀다. 손을 준 호박넝쿨도 더펄퍼
졌다.(주)/⑰ 호박잎을 흔들며 바람이 오면 아내의 손길이나 보듯이 마
음이 싱그러워 울었다. 저 싫어 죽은 연을 내가 설담 무얼하노! 이러고
울다가 올베만 익어라! 연이 보란듯이 떡을 치고 무덤으로 가 실컷 울
것까지 생각했다.(주, 정)/⑱ 그러나 바람은 호박잎을 뚝뚝 무질렀다. 첫
눈에 자라던 호박도 목이 달아났다. 날이 어둡자 바람은 다시 천방골로
비를 몰고 왔다. 산은 우수수 몸을 떨었다. 빗발마다 나뭇잎 따는 소리,
돌물 가는 숨찬 소리, 이렇게 비는 한숨도 못 와서 방천에서는 보뚝이
나간다는 다급한 소리였다.(주, 정)/⑲ 길재는 가슴이 무너졌다.(행)/⑳
삽을 차고 나서기는 했으나(행)/㉑ 사방이 물이었다. 갯물은 어느새 방
축을 절반이나 먹어 냈다.(정)/㉒ 모두 눈이 불이 되어 띠를 넣는다. 지
단을 휘어맨다. 물과 하늘과 얼무너져 싸왔으나(행)/㉓ 보뚝을 놓치고
말았다.(행)/㉔ 보뚝을 놓치던 날 밤도 도마뱀이 푸른 불을 켜들고 서
있었다.(환)//

3.

㉕ 청초는 물길에 묻히고 아내의 손자국이라고는 한참갈이 옥수수밭
이 남았을 뿐이었다.(주)/㉖ 날은 아직도 드는 둥 마는 둥 가랑비로 질
룸댔다.(정)/㉗ 하긴 기름진 곡식을 파방을 쳤으니 이끼진 옥수수대나
두어선 무엇에 쓰자는 거냐고 길재는 하늘을 보고 원망이었다.(행)/ ㉘
이런 바엔 가매나 대를 가실겸 흉년 많은 천방골을 훌쩍 떠나보고 싶었
으나, 아직 남은 곡식을 그냥두고 떠날 수가 없었다.(정, 행)/㉙ 밭이랑
에 풀이나 가시어 주자고 날들기를 기다려 소에 연장을 메웠다.(행)/㉚
소는 밭이랑에 들어가서 꺼림새를 시작했다. 아내의 손길로 길을 잡던
소라, 저만 몰아놓고 보니 혼자는 길잡이가 서툴렀었다.(주, 반)/㉛ 애를
써가며(행)/㉜ 절반쯤 휘저을까 해서였다. 옥수수잎을 휘저으며 산바람
이 돌아가자 구름은 다시 천방골을 파방치던 그 하늘 그대로였다. 산은
점점 어두워졌다. 번갯불이 소허리로 건너가고 하늘은 구름장마다 산이
무너지는 소리로 울었다.(정, 주)/㉝ 소는 놀라서 연장을 벗고 뛰어났다.
연장이 부러지는 바람에 길재는 허리에 밭이랑을 걸치고 되는대로 쓰러
졌다.(행, 반)/㉞ 비틀어진 얼굴을 들고 입술을 깨물다가 구름과 하늘을
보고 눈을 흘겼다. 정칠 놈의 하늘이!(행)/㉟ 하늘을 향해서 팔대질을

했다.(행)/㊱ 그러나 비는 억수같이 퍼부었다. 뇌성은 길재를 집어삼킬 듯이 으르댔다.(정, 반)/㊲ 아뿔사, 길재는 하늘을 향해 팔대질을 한 것이 역천을 했다고, 겁을 먹고 숲속으로 몸을 숨겼다.(행, 반)/㊳ 번갯불이 가는 곳마다 산은 사태가 졌다. 굿바위를 안고 산은 짝이져 넘어왔다. 벌써 갯물은 길이 넘었다. 진골쪽으로 장독이 떠는가 하면 지붕을 탄 사람들이 손을 헤젓는 것이었다.(주, 정)/㊴ 그제야 길재는 가매를 건질 생각에 집으로 달려 왔다.(환)/㊵ 뜰에는 벌써 두꺼비와 지렁이가 몸을 뒤틀었다./㊶ 가매는 토방에서 살구를 먹다 말고 아버지를 보자 마주와 안기었다.(행, 주, 정)/㊷ 산을 떠나자고 생각하니 길재도 서로 붙안고 화들화들 떨며 울었다. 이런 순간은 기쁨도 설움도 몰랐다. 장황한 순간에 그저 나오는 눈물이었다.(행)/㊸ 길재는 황급히 가매를 업으려 했으나 가매는 아버지의 등을 떠다 밀고 담 모퉁이로 돌아갔다. 그러고 무엇을 심느라고 껍신댔다.(행, 반①②)/

4.

㊹ 그 다음날이었다. 바위 아래서 밤을 새고 난 천방골 사람들은 두 갈랫길을 놓고 이론이 분분했다.(주)/㊺ 한 가닥은 강을 따라 양구로 가는 길이었고 또 한 가닥은 강릉, 삼척으로 가는 길이었다.(지)/㊻ 산을 벗어난 사람들은 이 붉은 길을 보자 모두 흥분해서 눈을 부라렸다.(행, 정)/㊼ 이왕 나선 길이니 북쪽으로 힁하니 길을 흘려 놓자는 것이었다.(지)/ ㊽ 일행이 양구 쪽으로 한 마정이나 가서였다.(행)/㊾ 가매는 아버지 옆으로 따라서며 이런 말을 곧잘 했다. 아버지? 봄만 옴 살구씨가 또 싹이 트겠지! 응야! 이 말에 길재는 가슴이 후끈했다. 가매가 심던 것 살구씨였구나! 저 녀석이 하필 그런 걸 심었구나!(반)/㊿ 역천을 한 건 길재 자기뿐이라고 한참이나 주저하다가(행)/51 여보게 먼저들 가게나! 나는 강물이 낮거던 뒤로 가지 않으리! 길재는 산 그늘에 앉아서 가는 사람들의 뒤를 바라보고 어깨를 흔들며 울었다.(행)/52 길재는 강물이 무서워서가 아니었다. 살구씨를 심던 가매의 마음이 다시금 보고 싶어서였다.(주)/53 천방골로 돌아온 밤은 다시 도마뱀이 푸른 불을 켜들고 서 있었다.(행, 환, 반)//

모든 작품의 제목이 그러하듯이 『유두』의 경우도 제목이 중요한 의미를 갖고 있다. 하나의 제목이 제시되었다는 것은 그 자체가 하나의 질문이자 의문이다. 그 질문은 작품이 진전됨에 따라 대답된다. 제목이 작품 자체에서 무엇을 의미하며 언젠가는 그 의미가 밝혀질 것이라는 기대 하에 독서를 진행한다. 이 의문이 독서를 진행시킨다 해도 과언이 아니다. 의문은 곧 대답될 수 있고 의문 말미에서 대답이 주어지는 수도, 혹은 작품이 다 끝난다 해도 명확히 밝혀지지 않는 수도 있다.

①의 경우 의문 제기로서의 반논리적 기능은 ①이 가진 또 하나의 기능, 즉 정보적 기능에 의해 좀더 복잡하게 되어 있다. 정보적 기능으로서의 ①은 두 가지 사실을 내표한다. 그것은 작품이 이루어지는 시간(한여름)과 유두의 관습에서 연상되는 물(水)과의 연관성이다. 여름이라는 시간적 배경과 함께 비·홍수 등은 이 작품의 갈등을 만들어 내는 자연의 거대한 힘에 대한 징후군(徵候群)의 일면을 담당하고 있다. 그러나 ①의 단계에서 여름 혹은 물과 연관되었다고는 해도 그것이 어떤 작용을 하는지는 아직 밝혀져 있지 않다. 즉 여름의 긍정적인 밝음의 세계와 맞닿아 있는지, 부정적인 세계와 연관될지를 알지 못한다. 바로 여기서 ①이 던지는 일차적인 의문이 막연한 정보와 만남으로써 배가된다. 이 의문은 물에 관해서일 경우 ③, ⑱, ㉑, ㉖, ㉜, ㊱ 등 다른 정보적 기능의 단위들과 만나면서 수혜자(授惠者)로서의 물이 아니라 자연의 파괴, 인간에의 시련, 저주로서의 홍수와 연관되면서 작품 배경의 주조를 이룬다.

이상의 정보 단위들은 각각 자연의 힘이 등가물인 바람·비·홍수 등의 조짐을 함축하고 있다. 가령 ③의 정보적 기능 단위의 효과는 '천방산은 비가 많았다'로 잠시 문장을 바꾸어 보면 더 잘 드러난다. 이 경우에 중점은 '비'에만 멈춘다. 그러나 원래의 문맥 '비 많은 산'에서는 비와 산의 의미가 중첩되면서 후에 연결된 홍수, 재난에의 암시가 이루어지게 된다. 이렇게 보면 ②의 천방이라는 지명(地名) 자체는 작품 전체에 아무런 개념 작용도 하지 못한다. 그것은 다른 어떤 것이어도 무방하다. 다만 사실적인 지역을 지시하는 데 나지지 않는다.

『유두』에서 지시적 기능은 거의 나타나지 않는다. ②, ㊺, ㊼의 세 기능 단위만이 그에 속한다. ㊺의 부분은 홍수로 인해 집·전답을 모두 잃은 마을 사람들이 고향을 등지고 떠나는 부분으로 그들 앞에는 다시 두 갈래의 길이 펼쳐져 있다. 한 길은 북쪽으로 한 길은 남쪽으로 난 길이다. 이 두 갈래 길의 부가 설명은 작품에서의 주된 사건, 즉 고향을 등지고 떠나는 행위가 현실의 어떤 특정의 시간, 공간 속에서 일어나는 일임을 밝히는 데서 주 기능을 하고 있다. ㊼도 마찬가지다. ㊼은 ㊺보다 좀더 구체적이다. ㊺에서 이미 북쪽과 남쪽으로 난 갈래 길이 제시된 바이기는 하나 ㊼의 전(前)에서든 후(後)에서든 자연과 인간 사이의 갈등이 귀천, 남북이 문제되는 사회적 갈등으로 확대된 것은 없었다. 이데올로기의 대립의 문제는 허윤석의 초기 작품들에서는 자주 발견되는 소재다. 『해녀』, 『갈매기』 등에서는 『유두』에서와는 달리 이 대립의 양상이 작품 전체를 지배하고 있다. 그러나 '유두'에서는 인간과 자연, 운명과의 갈등이 있을 뿐이다. 그리고 ㊺, ㊼의 단위로서 『유두』에서의 핵심적인 대립의 양상을 사회적인 대립에로 전개시킬 수도 없다. 『유두』에서 특히 이 부분에서 중요한 것은 무엇보다도 '떠남' 자체다. ㊼의 대립은 오히려 예외적인 것으로 당시의 사회적 현실, 이념적 대립에 대한 단편적인 지시를 하게 되며 작품의 서술 공간을 현실화하고 있다.

다시 ①로 돌아와서 물에 관계된 의문들이 다른 정보적 기능의 단위들과 연결되면서 밝혀지듯이, ①이 내포하는 여름에 관련된 것도 그 다음에 오는 정보적 단위들과 합치되면서 부분적인 해답이 마련된다. 그 기능의 단위들은 ④, ⑤, ⑥, ⑦이다. ④→⑦로 나아감에 따라 ①에서 제시된 여름은 부정적인 세계와 맞닿아 있음이 차츰 밝혀진다. ④에는 분명 '피다 / 말다(지다)'의 2개 동사의 의미 대립이 있다. 이 두 의미의 대립은 '풍요 / 결핍', '자연계의 생성(生成)

/ 인간의 죽음’ 등의 대립으로 발전하면서 작품 속에서 주제적 기능의 중요한 축(軸)의 하나를 이룬다. 그러나 정보적 기능으로서의 ④의 단위는 주제적 대비·대칭이 어느 한쪽으로 수렴한 후의 일이다. 식물은 주로 생성과 연관되어 나타난다(⑭, ⑮, ⑯, ⑰). 그러나 ④에서 생성은 제지당하며 작품의 배경인 산은 어두움의 실체로 나타난다(⑤). ⑥의 두꺼비·지렁이·도마뱀 등의 파충류는 양성적 삶보다는 습기에 서식하면서 여름의 이면(裏面), 어두움(산그늘, 유둣날 밤), 파멸 등에 연관되어 압제적인 힘의 세계를 대변한다.

그러나 이런 막연한 정보들은 아직 인간의 삶과 직접 연관되지 않은 채, ⑦에 가서 그 모든 징후들이 인간의 죽음에 관여했을 때에 이들 단위들은 일단 완결된다. 그리고 막연한 징후가 구체화된 모습을 띠게 될 때, ⑦은 환기적 기능의 단위가 될 수 있다. 이때에 제유(提喩)의 법칙을 간과할 수 없다. 이전까지 제시된 자연의 여러 징후 중 ‘도마뱀의 푸른 불’로서 전체를 대신하면서 공식을 만들고 있다. 이것은 환기적인 기능이 이루어지는 최초의 선(線)으로 앞에 제시한 도식의 ‘R’의 부분이 된다. 즉 ‘도마뱀의 푸른 불=자연의 인간에의 저주=인간의 죽음 혹은 재해’의 상관 관계가 성립되는 것이다. 환기적 기능은 ⑫→㉔→㊵→㊽로 반복, 발전되어 나타난다. 그리고 환기적 기능들 사이를 상이한 사건들이 메우고 있다.

『유두』의 정보적 기능 단위들은 크게 이분될 수 있다. 자연의 부정적 힘에 대한 정보와 그 힘 앞에 선 인물들의 모습에 대한 정보들이다. 이미 부분적으로 언급된 바이나 전자에 대한 것은 ①, ②, ③, ④, ⑤, ⑥, ⑦, ⑰, ⑱, ㉖, ㉜, ㊳이며, 후자에 대한 것은 ⑬ ,㊲, ㊳, ㊶, ㊻이다. 그리고 ⑭와 ㉑에는 한 단위 내에 양 정보가 동시에 나타나 있다. 자연에 대한 정보들은 ①에 이미 내포된 두 가지 전제-작품의 시간과 공간이 맞닿아 있는 부정적인 세계(어두움, 생명의 제지, 밤, 죽음)에의 묘사와, 물과 연관되어 발전되는 재난·홍수 및 그 과정의 묘사-의 발전들이다. 반면 그러한 자연의 힘 앞에 선 인간의 태도, 작품 속의 행위자들에 관한 정보들은 자연에의 순종 혹은 대항 등을 알리는 구체적 문맥들이다. '할머니-어머니-아내'에게로 이어지는 자연의 주술적 징후에의 승복(承服), (⑦, ⑬, ㊶)과 길재, 마을 사람들이 담당하는 대항, 거역(㉘, ㊲, ㊼) 그리고 이 모든 부정적 징후에서 제외되어 있는 가매(⑭, ㊶)의 세 축으로 나뉜다.

가매가 순종, 대립의 어느 축에도 가담하지 않는다는 것은 매우 중요한 사실이다. 궁극적으로는 가매의 행위가 순종을 향하였다고는 해도 이는 아내·어머니의 순종과는 구별된다. 성인의 세계가 자연의 저주, 그들의 비극적 운명에 대해 이미 알고 있기 때문에 순종 혹은 대항하는 것과는 달리 가매는 모든 부정적인 징후들을 접하기 이전의 무지 몰각의 무구한 순종의 영역이다. 길재를 작품의 끝에서 순종에로 이끄는 것은 바로 이러한 가매의 인격이다. 길재는 가매의 무목적, 무구의 순종을 배우며 그 자각이 '돌아옴'의 행위를 가능케 하는 주요 동기가 된다.

인물들에 그리고 그 밖의 요소에 부착된 이상의 정보적 단위들은 동적 범주의 기능들을 명백하고 타당하게 해준다. 막연히 제시된 이들 인물들은 행위적 기능의 단위에 연결되면서 명확해지고 이야기는 그때에야 전개된다. 이처럼 정보적 기능의 단위들이 종합되어도 작품을 전개시키는 역동적인 힘은 없다. 그들은 단지 무엇에 대한 정보로만 남아 있다. 종합되면서 점차로 한 인물 사건의 전제 상황, 작품의 토운 등을 형성해 다른 기능들에로의 확산을 위한 타당성을 부여할 뿐이다. 이미 언급했듯이 정보적 기능은 분산적으로 나타나며 이야기의 전체 논리에서 핵심적인 역할을 하지는 않는다. 이는 다른 기능들의 선(線)을 통과해야만 한다.

동적 범주의 단위들로 넘어가기 전에 주제적 기능을 살펴볼 필요가 있다. 작품의 가장 핵심적인 의미망인 주제에 닿기 위해서는 종합적 분석과 상징화의 작용이 필요함은 이미 언급한 바다. 상징화의 과정을 통해서 개별적인 요소의 가치들이 좀더 광범한 세계로 확대된다. 즉 한정된 소설 속의 세계와 신화적이고 역사적이며 자연적 세계와의 평형 관계를 유지시킬 수 있다. 개개의 의미를 일반적·우주적 의미로 연결시킨다. ④의 '피다 / 지다'의 의미 대립은 곧 '생성 / 소멸' '탄생 / 죽음' 등의 대립에로 확장되면서 우주적 질서의 이원적 대립과 평형을 유지한다. 그러나 상징화의 작용에 의한 의미의 외삽은 단지 자유로운 연상 작용이 아니라 법칙이 지배하는 과정이다.65) 법칙은 물론 작품에 내재한 것이며, 의미의 변형에 제한을 가한다.

주제는 주제적 기능 단위에만 한정된 것은 아니다. 다른 기능의 단위들 속에서도 변형·발전되어 잠재되어 있다. 행위·반논리적 기능 등의 전개란 어찌 보면 주제적 단위가 형성하는 의미 구조의 시간적·논리적 투사에 지나지 않는다. 그러나 주제적 기능은 다른 기능들에로 발전되어 나타날 수 있는 핵심적 의미가 극명히 드러난 일련의 단위들에 한정한다.

정보적 기능의 단위를 따라가면서 자연과 인간의 관계가 『유두』에서 중요한 의미를 지님을 보았다. 주제적 기능 단위들도 자연과 인간의 관계에서 파생한다. 그 가능한 관계는 합치와 불일치, 대립과 화해, 거부와 순종으로 요약된다. 이 두 대립적 관계는 『유두』내에서 또 다른 의미적 대립을 만든다. 그것은 인간의 존재가 자연에 뿌리를 내리려는 욕구와, 이에 대한 자연 자체의 거부, 즉 뿌리뽑힘이라 할 수 있다. 대립과 화해로부터 자연에 대한 인간 존재의 '뿌리내림과 뿌리뽑힘'은 『유두』의 주제적 대립의 근간이 된다. 즉 자연과의 합치에 뿌리내림이, 대립 혹은 불일치에 뿌리뽑힘의 현상이 대응되어 나타난다. 이 4자(四字)의 관계에 모든 주제적 기능의 단위들이 모인다. 이것은 A. J. 그레마스와 레비-스트로스가 이야기의 구조로 제시한 A/B=C/D의 사자동형관계(四字同型關係, four-term homology)를 형성한다.

자연과 인간의 합치를 나타내는 단위는 ⑨, ⑬, ⑰이다. 이들 단위들은 자연

---

65) Jonathan Culler, *Structuralist Poetics*, Cornell Univ. Press, 1975, p.225.

물과 인간적 삶의 깊은 유대를 나타낸다. 사랑나무, 두꺼비, 산새, 바람 등의 자연물들에서 인간은 존재의 위협보다는 합일을 느낀다. 그러나 합일의 단위들은 불일치·대립의 관계보다는 약화되어 있다. 이미 ④에서 생성과 소멸의 대립을 본 바이나, 이는 ⑦, ⑭, ⑮에서 인간·자연의 대립적 형상이 된다. '지천한 다래넝쿨 / 상여'(⑭), '초록의 천방골 / 아내의 죽음'(⑮)의 대립은 인간적 죽음과 그와는 무관한 자연 세계의 생성을 나타낸다. ⑦은 또한 또 다른 대립 구조의 가능성을 제시해 준다. '할머니-어머니-아내'는 여성군(女性群)으로 운명적 죽음의 수납자(受納者)들이다. 이들의 죽음은 작품 첫머리부터 어떤 결핍의 상황을 만들어 낸다. 현재에 속해 사건을 맡는 것은 남성뿐이다. 그리고 가매는 부정적 자연의 힘에 대한 인식하기 이전이듯이, 성(性)의 구별에서도 역시 제외되어 있다. ⑦에서의 여성의 부재는 '풍요 / 결핍'의 대립 중 한 항(項)만을 형성하게 되는 것이다.

자연에 내리는 인간 존재의 뿌리에 관하여서도 두 가지 면으로 생각해 볼 수 있다. 그것은 시간성의 뿌리와 공간성의 뿌리다. 시간성의 뿌리란 대(代)를 잇는 것에 관계되고, 공간성의 뿌리는 대지(大地)와의 화해로 식물, 곡물 등의 생성으로 대치되어 나타난다. 대를 이으려는 욕구는 ⑦(할머니-어머니-아내), ⑬(아내-가매), ⑪(길재-가매)의 단위 속에 표현되어 있다. 대지(大地)에의 뿌리내림은 호박넝쿨(⑯), 논밭(⑯), 옥수수밭(㉕), 소(㉚) 등에 간접적으로 나타난다. 더욱이 이들은 모두 아내의 생명과 연관(혹은 대치)된 것이어서 ⑦의 결핍에서의 회복을 욕구하고 있다.

이에 대한 자연 자체의 거부는 인간 존재의 뿌리뽑힘이 된다. ⑱, ㉜, ㊳, ㊹의 단위들은 자연적 재해의 실현으로 인해 뿌리내림이 직접적으로 거부되는 장면들이다. 호박넝쿨, 옥수수밭 등 공간적 뿌리내림의 욕구가 내재한 자연물들도 파괴되며(⑱, ㊷) 양대(兩大) 존재의 뿌리인 천방골조차 파괴된다.(㊳, ㊹). 이처럼 '자연과의 합일 / 자연과의 불일치=뿌리내림 / 뿌리뽑힘'의 상동관계가 주제적 기능의 단위들이 만들어 내는 의미의 축이다. 이같은 주제는 동적 범주의 기능들에 의해서 구체화되어 전개된다. 행위적 기능의 전개는 주체적 기능에 의해 밝혀진 대립의 양극 사이에서 인간이 그려내는 가능한 행동 반경의 전체라 할 수 있다.

행위적 기능은 ⑧의 단위에서 시작된다. 행위적 기능의 단위들은 나타나자마자 다음의 행위에로 이어진다. 이 연결이 구체적인 사건을 만든다. 이미 본 것처럼 『유두』의 자연과 인간적 삶은 대립되어 있다. 자연적 힘과 연관된 수많은 징후들은 인간의 힘의 영역과 커다란 거리를 지닌다. 그리고 이 거리는 부정적 거리다. 이 부정적 거리가 관계의 대립을 만든다. 그러나 이들 사이의 거리란 가변적인 것이 아니다. 정보적 기능의 종합에서 드러났듯이 인간에 대해 취하고 있는 자연의 높이는 고정되어 있다. 다만 인간의 갈등, 도전에 의해 그 높이에 가까워졌다 멀어졌다 할 뿐이다. 엄밀한 의미에서 대립은 없는 것이다. 자연적 힘의 부정적인 실현, 재난이란 인간에겐 운명적인 것이다. 그러나 인간의 행위는 끊임없이 자연 자체를 향해 이루어진다. 이 불균형한 힘의 대립에서 화해에로의 행위가 있다면 포기의 행위, 순종의 행위가 있을 뿐이다. 이것 역시 부정적인 화해다. 행위 기능과 반논리적 기능의 단위들을 동시적으로 종합해보면 이 두 관계의 추이(推移), 『유두』 내의 사건의 전개가 드러난다. 이들 기능의 단위들을 따라가면 단위들마다 요약된 이름을 줄 수 있다. 이 요약된 말들은 연쇄체의 부분들이며 이 부분들을 따라가는 것이 사건을 따라가는 것이 된다. 어떠한 인물이 중심된 사건이 아니라 작품 전반에 걸친 사건들 전체다.

하나의 행위는 대상을 전제한다. 그것은 타자(他者)일 수도, 사물일 수도, 행위자 그 자신일 수도 있다. 『유두』에서의 대부분의 행위의 대상은 인물이 아니며 따라서 반격하는 혹은 수반되는 행위도 없다. 대상이 있다면 이미 전제되어 있는 자연적 징후들, 어두움, 재난 등 인물에 가하는 자연의 부정적인 힘들이다. 행위들은 늘 이 부정적인 힘에 대한 조짐의 자각에서 비롯된다. 『유두』의 행위 기능 단위와 반논리적 기능 단위를 종합 배열하면 아래와 같다. 왼쪽은 텍스트 내의 문맥이고, 괄호 안은 각 단위에 붙일 수 있는 요약된 이름이다. 안쪽으로 들어간 번호들이 반논리적 기능 단위들이다.

I

⑧ 아내는 …… 겁을 먹고 허방댔다. (조짐 자각)
⑨ 사랑나무 물로 다리를 씻고 두꺼비 고기를 먹었다. (대항=대립)
⑪ 차라리 …… 그 밤을 기다리고 울었다. (포기=순종:a)
⑬ 임종을 그리 서러워하지 않았다. (포기=순종:b)

II

⑲ 길재는 가슴이 무너졌다. (조짐 자각)
⑳ 삽을 차고 나서기는 했으나 (대립:a)
㉒ 눈이 불이 되어 …… 물과 하늘과 얼무녀져 싸왔으나 (대립:b)
㉓ 보뚝은 놓치고야 말았다. (포기됨=순종)

III

㉗ 하늘을 보고 원망이었다. (대립)
㉘ 떠나고 싶었으나 …… 떠날 수가 없었다. (포기=순종:a)
㉙ 소에 연장을 메웠다. (화해=순종:b)
㉚ 소는 …… 꺼림새를 시작했다. (화해 거부=가해:a)
㉛ 애를 써가며 (화해=순종:c)
㉜ 소는 …… 연장을 벗고 뛰어났다. (화해 거부=가해:b)
㉝ 길재는 …… 되는 대로 쓰러졌다. (화해=순종의 무산→조짐 자각)
㉞ 구름과 하늘을 보고 눈을 흘겼다. (잠정적 대립:a)
㉟ 하늘을 향해서 팔대질을 했다. (잠정적 대립:b)
㊱ 뇌성은 길재를 삼킬 듯이 으르댔다. (가해:c)
㊲ 길재 …… 겁을 먹고, 몸을 숨기다. (역천의 자각)
㊳ 길재는 …… 집으로 달려 왔다. (대립의 구체화=떠남의 준비)
㊵ 가매는 …… 살구를 먹었다. (공간성의 뿌리)(대립의 거부=돌아옴
     의 동기:a)

㊶ 마주와 안기었다. (시간성의 뿌리)(대립의 거부=돌아옴의 동기:b)
㊷ 산을 떠나자고 생각하니 (대립의 구체화=떠남:a)
㊸ 가매는 …… 아버지 등을 떠다 밀고 (시간성의 뿌리)(대립의 거부=돌아옴의 동기:c)
㊸ 무언가 심느라고 껍신댔다. (공간성의 뿌리)(대립의 거부=돌아옴의 동기:d) (의문 제기:a)
㊻ 산을 벗어난 사람들은 (대립의 구체화=떠남:b)
㊽ 일행이 …… 한 마정이나 가서였다. (대립의 구체화=떠남:c)
㊾ 가매가 심던 것 살구씨였구나. (의문 해답:b)
㊾ 길재는 가슴이 후끈했다. (대립의 포기=돌아옴:a=역천의 자각)
㊿ 한참이나 주저하다가 (대립의 포기=순종→돌아옴:b=갈등)
(51) 나는 강물이 낮거던 뒤로 가지 않으리! (대립의 포기=순종→돌아옴:c=결정)
(52) 천방골로 돌아온 (대립의 포기=순종→돌아옴:d)
(53) 돌아온 밤은 다시 도마뱀이 푸른 불을 켜들고 서 있었다. (의문 제기)

이상에 나타난 대로『유두』는 모두 세 개의 커다란 행위 연쇄체로 되어 있음을 알 수 있다. 연쇄체를 이루는 단위들은 끌로드 부레몽이 밝힌 바, 한 사건의 전 과정을 밝히는 필연적인 세 양상인 삼연체(三漣體, tride)에 대응한다.『유두』는 '조짐 자각→대항→포기=순종'의 삼연체가 하나의 큰 연쇄체를 만든다. 이것은 Ⅰ,Ⅱ의 단계에서는 자명하다. Ⅲ의 부분에서는 이 큰 연쇄체의 단위들이 그 하부에 변형 형태의 작은 연쇄체를 가지고 있어 조금 복잡하게 구성되어 있을 뿐이다. Ⅲ의 단계를 다시 정리하여 볼 수 있다.

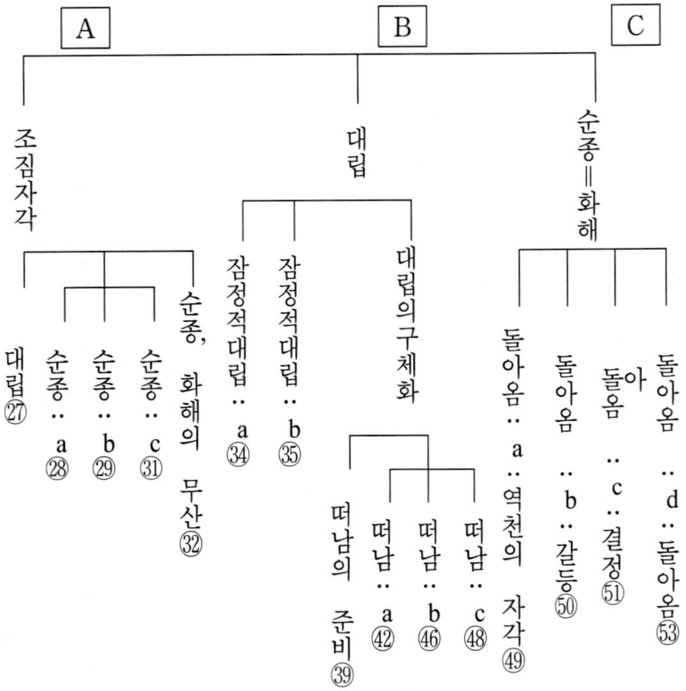

Ⅲ의 연쇄체가 Ⅰ, Ⅱ와 다른 것은 Ⅲ에 모여 있는 하위 연쇄체의 조성 외에 조짐 자각과 대립의 사이(A), 대립과 화해의 사이(B), 그리고 화해 이후(C)에서 작용하는 반논리적 기능들 때문이다. 화해, 거부 혹은 가해(加害)로 표시된 ㉚, ㉝, ㊱의 반논리적 기능 단위들은 인간의 시련을 만드는 자연의 파괴적 조짐을 자각케 하는 동시에 자각에서 발전될 행위의 논리를 지연하면서 강화한다. ㊲의 단위는 ㊾와 함께 역천의 자각이지만, ㊲은 이야기의 발전적 단계에서 벗어난 반논리적 단위가 된다. B부분의 반논리적 기능들은 A보다 더욱 중요하다.

이미 언급했듯이 『유두』에서 인간과 자연의 관계는 이미 고정되어 있다. 자연은 넘나들 수 있는 동일한 위상의 대상이 아니라 초월적 · 운명적으로 인간의 존재 위에 선 지배자다. 자연의 인간에 대한 하향적인 행위는 용납되나 인간의 자연에 대한 상향적인 행위는 용납되지 않는다. 따라서 대립 자체는 이미 역천이며 금기가 된다. 인간이 그에 대해 할 수 있는 행위는 단 하나밖에 없다. 대립을 포기하는 행위·순종 혹은 화해의 행위다. Ⅰ과 Ⅱ의 연쇄체는 반복에 의해 그 과정을 구체화하고 있다. Ⅰ은 아내의, Ⅱ는 길재와 마을 사람들의 행위다. 이들에게 포기와 순종은 이미 결정된 것이고, 따라서 수동적으로 표시되고도 있다. 즉 포기되는 것이다. 그러나 Ⅲ에서의 순종, 화해는 ⑪, ㉓의 단위와는 다르다. B의 반논리적 기능 단위들에 의해서다. 이 단위들은 떠남의 일련의 행위를 지연시키며 그 행위의 논리를 막음한다. 반면에 그것은 귀환의 일련의 행위를 가능케 한다. 천방골을 떠나는 행위가 역천임을 자각케 하는 것은 ㊶, ㊸, ㊾의 단위들이다. 또한 이는 주제적 기능 단위들과의 연관이 필연적으로 전제된다. 이미 보았듯이 떠남의 행위는 이미 운명적으로 주어진, 인간 존재의 양대(兩大) 뿌리의 근거지를 스스로 버리는 일이기 때문이다. 이는 운명에의 대립이며 거역이다.

그러나 B의 반논리적 단위들은 대립 자체를 거부하며 다시금 뿌리를 내리고자 한다. 이것은 가매에 의해 이루어진다. 이미 ⑭, ㊶의 정보적 단위를 통하여 가매가 자연과의 대립에서 제외되어 있음을 보았다. 그에게는 자연과의 합치만이 있을 뿐이다. 대립을 모르는 무구의 행위들은 떠남 자체, 대립 자체를 무화(無化)시킨다. 그리고 떠나는 행위가 인간 스스로 자연에 내린 존재의 뿌리를 뽑는 역천의 행위임을 자각케 한다. 귀환의 일련의 행위 논리가 전개될 타당성을 갖는 것이다. 돌아옴은 대립의 화해이나, '포기되는' 부정적인 화해가 아니라 가매의 능동성에서 배운 긍정적인 화해가 된다.

여기서 『유두』의 사건은 끝나나 사건이 작품의 끝은 아니다.

『유두』의 이야기는 점진적 전개라기보다는 근간을 이루는 중심 연쇄체의 반복에 의하고 있다. 요약해 본다면 아내의 죽음, 보뚝을 놓치는 사건, 그리고 홍수에 의해 마을을 떠나고 다시 귀환하는 작은 사건들의 평형적 연결이라 할 수 있다. 한 사건이 후속되는 사건의 동기가 되지 않는다는 의미에서 평균적이다. 『유두』의 행위 기능 단위들의 이 같은 연결법은 『유두』에서 환기적 기능의 단위들이 중요한 역할을 하는 것과 크게 관련되어 있다. 상이한 사건들을 동일한 의미로 묶음으로써 작품 전체에 통일성과 율동을 부여하는 것은 환기적 기능이기 때문이다. 앞서 제시한 도표에 『유두』를 적용하면 아래와 같다.

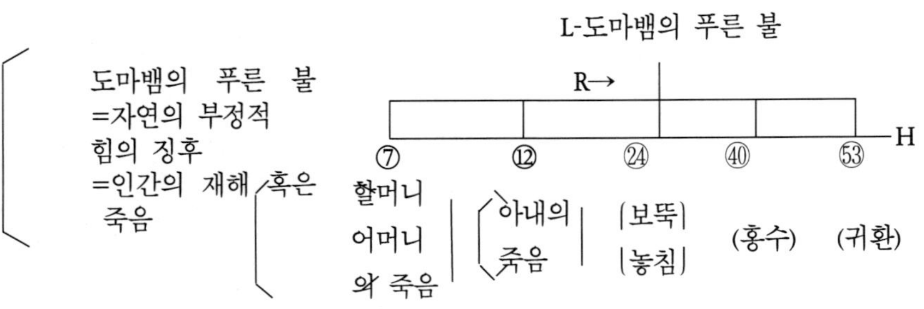

⑦, ⑫, ㉔, ㊵, 53은 동일한 언술의 계속적인 반복으로 환기적 기능의 단위들이 된다. ⑦, ⑫, ㉔, ㊵은 분명히 자연적 징후의 실현태(實現態)와 연관되어 있다. 할머니·어머니·아내의 죽음, 홍수 등의 사건은 분명히 비극적 재난에 속하며, 그 재해의 현장에는 늘 도마뱀의 푸른 불이 나타나 자연의 가해적인 힘의 실현을 환기시킨다. 그러나 53의 단위는 예외적 위치에 있다. 귀환은 언뜻 보면 분명 죽음이나 홍수와는 성격이 다른 것처럼 보인다. 이처럼 상이한 사건이 동일하게 환기적 기능 단위에 묶여져 있을 때 문제가 생겨난다. 의미 구조의 역전이 일어나는 것이다. 53은 행위·환기·반논리의 세 기능에 동시에 속해 있다. 53에서 '돌아옴'의 일련의 과정이 완결되고, 그때까지 그 행위는 긍정적인 화해로 머물러 있었다. 그러나 환기적 기능에 의해 이 순종·화해의 행위는 자연의 저주적 징후와 연결된다. 모순적인 의미를 배태하고 있는 두 기

능이 한 단위에서 연결됨으로써 바로 전까지 완결된 듯 보였던 이야기의 논리는 파괴되고, 자각에 의한 능동적 화해로 전도된 듯 보이던 자연과 인간과의 관계는 다시 그들의 원래의 위치를 되찾게 된다.

자연의 부정적 힘은 인간 저 높이에 고정되어 있고, 인간은 대립하든 화해하든 또 그의 화해가 부정적이든 긍정적이든 자연과는 무관하게 남아 있다. 귀환은 안식이 아니라 오히려 재해 · 저주입음의 가능성일 뿐이다. 돌아옴의 행위는 따라서 완결인 동시에 또 다른 새로운 연쇄체를 열어 놓는다. 이미 비극적인 존재적 상황은 제시되었고 이때 새로운 연쇄체는 상황의 더한 악화와 상황의 호전에로 동시에 열려 있다.66) 이 두 가지의 가능한 전개가 『유두』의 마지막 혼란을 만들며 의문을 제기한다. 그러나 이 의문은 대답될 수 없는 의문이다. (53)의 단위가 반논리적 기능에로 속하는 것은 이 때문이다. 이처럼 완결되지 않고 새로운 가능성에로 열려 있는 연쇄체의 불안정성이 『유두』가 지닌 긴장도의 원천이기도 하다. 마지막에서 완결된 논리를 파괴하면서 전의 모든 대립의 관계들을 재 정돈하는 것이다. 이 소급 과정에서 제기된 의문에 최소한의 대답이 주어질 수도 있을 것이다.

이상으로 여섯 기능에 의한 『유두』의 의미 구조의 분석은 일단락 지을 수 있다. 한 작품의 총체적인 의미는 몇 마디로 압축해 이야기할 수 없다. 총체적인 의미는 작품 내적 체계의 상호 연관성에 의해 불가분의 상태로 존재해 있다. 구조와 의미를 분리해서 다루는 것은 어느 하나를 상하게 하는 일이다. 각 기능 단위들은 분석 종합해 가면서 한 작품의 의미 구조가 파악되었을 때, 그 작품의 변형적 자질, 특수성이 동시에 드러나게 된다. 그리고 그때에야 한 작가의 다른 작품들 혹은 다른 작가의 작품들과의 비교가 가능해진다.

66) Clade Bremond, 앞의 논문, p.63.

8. 구조주의 비평의 검토

이상 살펴본 바와 같이 구조주의의 특성은 몇 가지로 요약된다.

첫째, 구조주의에 있어서는 구조라는 개념이 중심 원리가 된다는 것이다. 구조주의 목적은 결국 구조를 탐구하는 일이다. 피아제는, "구조주의자의 사고의 궁극적 원천은 항구적 구조(permanent structure), 즉 개개의 인간의 행위·지각·태도가 그 속에서 조화되고, 그러한 궁극적 성질이 그 속에서 도출되는, 그러한 구조다"[67]라고 말했다. 이처럼 구조주의는 눈에 보이거나 의식되는 체계가 아니라, 그것의 기초가 되는 무의식의 구조를 추구하는 것이다. 이 점에서 구조주의는 모방론·표현론·효용론과는 대립되며, 의식에 떠오르는 것을 그대로 직관하여 기술하는 현상학과도 대립된다.

둘째, 구조주의는 구성 부분들 혹은 구성 요소들의 상호 관계의 체계를 강조한다. 구조라는 용어는 부분들 그 자체에 의해서가 아니라 그 부분들의 관계에 의해서 정의되어야 한다. 이때 구성 요소들의 관계는 차이 즉 대조나 대립의 관계를 드러낸다. 소쉬르는 언어 차이를 체계라고 말한다. 모든 사물은 개별적으로 지각되고 분류되는 독립적 존재가 아니라 사물의 상호 관계 속에서 그 인식이 가능하다. 사물의 인식에는 관찰자와 관찰되어지는 것과의 관계가 있다. 사물의 의미는 사물 그 자체에 있는 것이 아니라 관찰자에 의하여 구성되는 사물과 사물 사이의 관계에 존재한다는 것이 구조주의적 사고의 원리인 것이다. 따라서 구조주의는 텍스트의 구성 원리에만 철저할 뿐 작가의 의도나 인간적인 휴머니티는 존재할 수 없다.

셋째, 구조주의는 공시론적(共時論的) 분석의 방법을 취한다. 모든 사물 곧 사회·문화·문학의 설립을 역사적·통시적 관점에서 추구하는 것이 아니라, 현

---

67) Terence Hawkes, *Structuralism and Semiotics*, Methuen, London, Co. Ltd, 1977, p.18.

재의 총체적 관계로서 추구하는 것이다. 소쉬르는 『일반언어학 강의』에서 언어 연구에 대한 역사적 관점, 곧 통시적 관점뿐만 아니라 그들의 상호 관계에서, 그리고 공시적 관점에서 연구해야 한다는 언어의 공시론적(synchronic) 연구의 중요성을 강조한 바 있다. 이것은 구조주의의 비역사성을 의미한다. 이러한 관점은 현재를 발전하는 역사적 한 과정의 국면으로 보는 헤겔이나 마르크스의 관점과는 대립된다.

넷째, 구조주의는 분석에 있어서 관계의 체계를 구성하는 요소들을 '형식화' 해야 한다. 레비-스트로스는 언어학에서 형식화된 음소나 단어의 이항 대립(binary contrasts)의 관계를 그의 신화 분석의 방법으로 도입했다. 구조의 구성 요소들은 사물이라는 객관적 사실이 아니라, 그 구조 내부에서 다른 요소들과의 차이나 대립적 관계에 있다. 대립적 관계에 있는 구성 요소들을 형식화, 추상화함으로써 구조의 일반적 모델에 도달할 수 있는 것이다.

이와 같이 구조주의는 어떠한 문화적 소산이건 간에 공시론적 관점에서 구성 요소들의 차이나 대립 관계의 체계를 분석하고 추상화함으로써 보이지 않는 구조를 밝혀내는 것이다. 그러나 궁극적으로 찾아내려고 하는 '항구적 구조'(permanent structure)는 구성 요소들로 이루어지는 계층 구조를 가지고 있다.

한 불문학자가 말하길 "1967년 우리 나라를 다녀가면서 '구조주의 선풍'을 일으킨 뒤랑(…)"[68]이라고 언급한 대로라면 구조주의는 1960년 말기에 한국에 소개된 것이 틀림없는 것 같다. 그런데 그 수용 양상을 보면 단순히 선풍이란 유행적인 흐름을 타고 한국에 발을 디뎠다기보다 시기적으로 한국 문학의 분야에 있어 새로운 시각을 제시해 주는 방법론으로서의 역할을 할 수 있었기 때문이었다.

그 시기적인 과정을 순서별로 구분해 보면, 첫째가 국문학자들의 구비 문학에 대한 연구 방법을 적용한 논저에 잘 나타난다. 1968년에 쓴 조동일의 논문

---

68) 김 현, 「구조주의의 확산」, 『현대 프랑스 문학을 찾아서』, 홍성사, 1978, p.570.

이나, 1971년에 출판된 김열규의 『한국 민속과 문학 연구』(일조각)를 보면 그 방대한 민속학·원형 비평·신화 연구의 적용 양상에서 구조주의 방법론의 입김을 느낄 수 있다. 여기서 주목할 것은, 이 구조주의 방법론이 제기된 분야가 민담학자 블라디미르 프로프이나, 문화인류학자라든가, 신화학자인 레비-스트로스의 연구와 우리 문학의 구비 문학 부분이 상응된다는 점이고, 또 하나는 이분들이 외국의 방법론을 절대적으로 신봉한 것이 아니라 구비 문학과 고전을 재인식하는데 필요한 분야를 광범위하게 수용, 분류하고 또 굴절하면서 구조주의를 그 중의 한 방법으로 채택하고 있다는 사실이다.

둘째로는, 문화인류학 분야에서 레비-스트로스에 대한 관심이다. 그의 구조 인류학에 대한 다양한 연구가 번역과 더불어 그를 소개하는 저서를 많이 출판하게 하였다. 대표적인 저서로 1873년에 이광규 교수가 지은 『레비-스트로스』(대한기독교서회)가 있다.

셋째로는, 불문학자들이 구조주의 이론을 본격적으로 번역하는 작업과 단편적인 소개 등이 뒤따른다. 1972년에 김현의 번역 『구조주의란 무엇인가?』(J. B. 파쥬)를 필두로 1977년 곽광수의 『구조시학』(츠베탕 토도로프)이 출간되었고, 1981년 김치수의 『러시아 형식주의』(이대출판부), 『구조주의와 문학비평』(홍성사)의 번역 소개가 구조주의의 윤곽을 본격적으로 드러내는 데 공헌하였다.

구조주의 비평 방법에 대한 비판은 무엇보다도 우선 비 역사성을 들 수 있다. 구조를 확고한 현상의 배면에 있는 형상 법칙으로서, 즉 함수적인 심층 구조로서 이해하는 것은 역사적인 변환을 도외시하고 있다는 비난에 봉착한다. 그러나 이 논쟁은 결국 구조주의적 분석과 역사 분석의 결과 가능성으로 기울어졌다. 다음으로는 공허한 보편성이다. 기본 구조의 엄청난 추상성은 바로 문학의 질을 형성하고 있는 모든 특수한 것들을 소홀히 한다는 비난으로 연결되고 있다. 재구성되어진 기본 형식이 보편화되면 될수록 명료한 구조는 더욱 잘 드러나게 되지만, 이 구조들은 점점 내용을 잃어가게 된다는 견해들이다. 세 번째로는 이중적 사고를 통한 제약을 들 수 있다. 이분 원리(二分原理)의 적용은 그 자체에 감쇄 효과(減殺效果)를 불러일으킨다는 것이다. 텍스트 분석에서 보듯이 대립의 분류는 문학의 객관적으로 주어진 복합성에 대해서 일종의 부적합성을 가지고 있다. 네 번째로는 복수적 중립이다. 다면 가치적인 복합성과 기술로부터 가치와는 무관한 중립적인 관찰자의 태도가 전개될 수 있으며, 이것 역시 그 관점 상실과 가치 평가의 단념 때문에 비판되고 있다. 그리고 마지막 다섯 번째로 탈(脫)사물화를 들 수 있다. 과학적 연구에 있어서 문학적 구조 자체, 생명의 설정에 대해서의 비판이다. 왜냐하면 문학 작품 안에 들어 있는 질료적인 사실성이 없어져 버리기 때문이다.69)

이와 같은 비판적인 결점의 지적에도 불구하고 구조주의 비평은 현재 가장 왕성하게 연구되고 있는 비평 경향이며 계속 결점 보완을 향해서 연구되고 있다. 초기(1960년대)의 구조주의 비평은 후기(1970년대)에 와서 기호학 분야로 발전되면서 새로운 작품에의 접근 방법으로 대두되었다. 이 방법이 문학의 전반적인 연구에 고루 접근될 수 있으며, 특히 구비 문학, 신화·민담·전설·판소리 등 연구에 큰 도움이 되고 있는데, 아직도 미개척인 문학 분야의 연구를 진행할 수 있다는 점에서 희망적인 면을 많이 지진 방법론이라고 할 수 있다.

---

69) 그리제바하(장영태 역), 『문학 연구의 방법론』(1979), 홍성사, 1983, pp.217-222.

참고문헌

Barthes, Roland, *Critical Essay*, R. Howard(trans.), Northwestern Univ. Press, Evanston, Illinois, 1972.

______, *Elements of Semiology*, A. Lavers and C, Smith(trans.), Jonathan Cape, London, 1967.

______, *Writing Degree Zero*, A. Lavers and C. Smit(trans), Jonathan Cape, London, 1967.

Culler, Jonathan, *Structuralist Poetics : Structuralism, Linguistics and the Study of Literature*, Routledge & Kegan Poul, London, 1975.

De Saussure, Ferdinand, *Course in General Linguistics*, W. Baskin(trans.), Fontana/Collins, London, 1974.

Doubrovsky, Serge, *The New Criticism in France*, D. Coltman(trans.), Univ. of chicago Press, Chicago and London, 1973.

Ehrmann, Jacques(ed.), *Structuralism, Doubleday*, Anchor Books, New York, 1970.

Genette, Gérard, Figures of Literary Discourse, A Sheridan(trans.), Blackwell, Oxford, 1982.

______, *Narrative Discourse*, Blackwell, Oxford, 1980.

Hawkes, Terence, *Structuralism and Semiotics*, Methuen, London, *1977*.

Jakobson, Roman, *Fundamentals of Language*, Mouton, The Hague and Paris, 1975.

______, "Linguistics and Poetics", *Style in Language*, T Sebeok(ed.), MITpress, Cambridge, Mass., 1960, pp.350~377.

Jameson, Fredric, *The Prison House of Language : A Critical Account of Structuralism and Russian Formalism*, Princeton Univ. Press, and London, 1972.

Lane, Michael(ed.), *Structuralism : A Reader.* Johnathan Cape, London, 1970.

Levi-Strauss, Claude, *Structural Anthropology*, C. Jacobson & B. G. Schoep(trans.), Allen Lane, London, 1968, chaps 2 and 11.

Lodge, David, *The Modes of Modern Writing : Metaphor, Metonymy, and the Typology of Modern Literature*, Arnold, London, 1977.

Propp, Vradimir, *The Morphology of the Folktale*, Texas Univ, Press, Austin and London, 1968.

Robbey, David(ed.), *Structuralism : An Introduction*, Clarendon Press, Oxford, 1973.

Scholes, Robert, *Structuralism in Literature : An Introduction*, Yale Univ, Press, New Heath, Stephen, The Nouveau Roman : A Study in the Practice of Writhing, Elek, London, 1972.

Todorov, Tzvertan, *Introduction to Poetics*, R. Howard(trans), The Harvester Press, Brighton, 1981.

______, *The Fantastic : A Structural Approach to a Literary Genre*, R. Howard(trans.), Comell Univ, Press, Ithaca, 1975.

김치수, 『구조주의와 문학비평』, 홍성사, 1980.

______, 『문학과 비평의 구조』, 문학과지성사, 1984.

김화영 편역, 『프랑스 현대 비평의 이해』, 민음사, 1984.

소두영, 『구조주의』, 민음사, 1984.

이승훈, 『한국시의 구조분석』, 종로서적, 1987.

______ 편, 『한국문학과 구조주의』, 문학과비평사, 1988.

전규태 편, 『문학의 구조주의적 접근』, 세종출판공사, 1973.

최현무 편, 『한국문학과 기호학』, 문학과비평사, 1988.

J. B. 파즈, 김현 역, 『구조주의란 무엇인가』, 문예출판사, 1973.

J. 꾸르떼, 오원교 역, 『기호학 입문』, 신아사, 1986.

L. 골드만, 조경숙 역, 『소설사회학을 위하여』, 청하, 1982.

M. 글룩스만, 정수봉 역, 『구조주의와 현대 마르크시즘』, 한울출판사, 1983.

R. 파울러, 김정신 역, 『언어학과 소설』, 문학과지성사, 1985.

레비-스트로스, 김진욱 역, 『구조인류학』, 종로서적, 1987.

레이만 셀든, 윤홍로·이유섭·이병규 역, 『현대문학이론』, 종로서적, 1987.

로만 야콥슨, 신문수 편역, 『문학 속의 언어학』, 문학과지성사, 1989.

로버트 숄즈, 유재천 역, 『기호학과 해석』, 현대문학, 1988.

롤랑 바르트 외, 김현 편역, 『현대비평의 혁명』, 홍성사, 1979.

미카엘 리파테르, 유재천 역, 『시의 기호학』, 민음사, 1989.

박종철 편역,『문학과 기호학』, 대방출판사, 1983.

베르나르 뚜쎙, 윤학로 역,『기호학이란 무엇인가』, 청하, 1987.

에디츠 쿠르츠웨일, 이광래 역,『구조주의의 시대』, 종로서적, 1984,

움베르토 에코, 서우석 역,『기호학 이론』, 문학과지성사. 1988.

__________, 서우석 · 전지호 역,『기호학과 언어생활』, 청하, 1987.

유리 로트만, 유재천 역,『詩 텍스트의 분석 : 詩의 구조』, 가나, 1987.

토도로프, 곽광수 역,『구조시학』, 문학과지성사, 1977.

포케마 D. W. · 입쉬 E. 쿠네, 정종화 역,『20세기 문학이론』, 을유문화사, 1985.

프랑스와 발르 외, 민희식 역,『구조주의란 무엇인가』, 고려원, 1985.

프레드릭 제임슨, 윤지관 역,『언어의 감옥』, 까치, 1985.

플라스 · 자끄 필리올레, 유재호 역,『언어학과 시학』, 1985.

제4장 탈구조주의·해체주의 비평

1. 탈구조주의 · 해체주의 비평의 출발과 개념

(1) 구조주의와 탈구조주의의 출발

앞장에서 살펴보았듯이, 구조주의 문학론은 언어학과 불가분의 관계에 있다. 구조주의 문학 이론은 소쉬르의 구조 언어학으로부터 시작되었고, 소쉬르의 언어학 이론은 모든 의미 있는 인간의 활동은 유형적 언어 양식과 그 상호 관계적 차이에 기초하고 있다. 그리하여 문학 연구 방법론에 랑그와 파롤, 기표와 기의 등과 같은 연구에 유용한 여러 개념을 제공해 준다. 그리고 소쉬르의 이와 같은 개념과 방법론들은 그레마스, 토도로프 등이 문학 연구 방법론의 모델로 이용한다. 물론 탈구조주의(Post-structuralism)는 언어학을 그 방법적 모델로 삼고 있지는 않다. 그러나 탈구조주의가 구조주의 바탕 위에서 이를 비판 극복하고자 하는 가운데서 출발하였기 때문에, 탈구조주의 역시 언어의 문제와 완전히 분리된 채 이해할 수는 없다. 가령, 탈구조주의자의 대표적인 이론가 데리다(Jacques Derrida)의 경우, 그 연구의 주안점을 언어의 기능과 역할에 두고 있으며, 자크 라캉(Jacques Lacan)도 인간 자아의 해명에 있어 언어의 역할을 강조하는 등 언어의 문제는 탈구조주의에도 여전히 중심 이론이 되고 있는 것이다. 그러나 구조주의자들이 문학 작품의 언어적 구조를 발견하고자 하는 것을 일차적 목표로 한다면, 탈구조주의자들은 이러한 구조를 찾는 시도가 텍스트 자체에 의해 전복된다는 사실을 보여줌으로써 언어적 구조와 외적 현실과의 상관관계를 규명하고자 한다.

실제로 탈구조주의의 사유 방식은 데리다의 해체 이론뿐만 아니라 넓은 의미에서 프랑스 역사학자인 미셸 푸코(Michel Foucault)의 저작, 정신분석학자인 자크 라캉, 그리고 여성 해방론의 철학자이자 비평가인 줄리아 크리스테바(Julia Keisteva) 등을 포함한다고 할 수 있다. 또한 데리다의 해체주의 비평 이론은 1970년대에 이르러 주로 예일대학교에 몸담고 있던 네 사람의 비평가들, 폴 드 만(Paul de Man), 힐리스 밀러(J. Hillis Miller), 제프리 하트만(Geoffrey H. Hartman), 바버러 존슨(Barbara Jonhson), 헤롤드 블룸(Harold Bloom) 등 소위 '예일학파'에 의해 본격적으로 이론적인 체계를 갖추게 된다.

탈구조주의는 레비-스트로스의 인류학 이론이나 소쉬르의 언어학 이론으로부터 비롯된 구조주의를 비판하면서 출발한다. 따라서 탈구조주의 또는 해체주의 비평은 하나의 텍스트가 그 자체의 구조·통일성·결정적 의미를 확정할 수 있는 적절한 토대들을, 그 텍스트 속에 전개되는 언어 체계 속에 갖고 있다는 절대적 주장을 뒤엎고 나온 텍스트 해독에 관한 연구 방법론이다. 이는 소쉬르의 이론에 그 근본 바탕을 두고 있는 구조주의 기호학에 의해 발달된 개념을 사용하면서, 근본적으로 소쉬르의 이론 체계와 구조주의 그 자체의 모든 토대를 무너뜨리는 데 목적이 있는 것이다.

따라서 해체주의 비평은 재래적인 작품 읽기나 해석 방법을 부정하고 새로운 텍스트 읽기를 주장한다. 이 점에서 해체주의는 다분히 포스트모더니즘적인 비평 방법이라고 할 수 있다. 즉 데리다를 비롯한 해체 비평가들은 재래의 이성과 음성 중심주의에서 오는 언어의 불확정성에 회의를 품고 기성의 작품 해석이나 주장들을 일체 부정하였다. 따라서 해체 비평가들은 텍스트의 해체적인 글읽기와 기존 서술에 대한 전면에 걸친 비평적 글쓰기 태도를 취한다. 그리고 해체주의는 신비평주의자들에 의해 이미 사용된 정독 혹은 자세히 읽기 방법을 통해 주어진 어느 한 텍스트를 분석하는 데 그 목적을 두었다. 말하자면 '해체'는 '파괴'의 의미보다는 오히려 '분석'이라는 의미에 더 가까운 것이다.

그런데 해체 비평의 양대 주체를 이룬 프랑스와 미국 '예일학파'의 문학 연구 방법론은 상이하다. 이처럼 비평가들의 견해가 상이하기 때문에 해체주의 비평은 그 성격을 규명하기가 쉽지 않다. 그러나 일반적으로 해체 비평이란, 텍스트의 이론과 분석을 주로 하는 한 양식으로서 전통적인 것들을 모두 뒤엎고 기호, 언어, 텍스트, 문맥, 작자, 독자, 해석 작업에 관해 새롭게 접근하여 제시한 비평 이론이라고 할 수 있다.

(2) 구조주의와 해체 비평의 개념

문학 연구에 처음으로 구조주의 이론을 도입한 롤랑 바르트(Roland Barthes)는 구조주의를 언어학과 직접적으로 연관되어 있는 방법적 동향에 한해서 사용해야 한다고 주장했다.[1] 이처럼 구조주의 이론은 언어학과 불가분의 관계에 있다. 탈구조주의의 경우, 구조주의와는 달리 언어학을 그 방법적 모델로 하고 있지는 않다. 그러나 탈구조주의가 구조주의에 대한 비판으로부터 시작되었으므로 탈구조주의 역시 언어의 문제와 따로 떼어놓고 생각할 수 없다. 즉 구조주의자들이 문학 작품의 문법을 발견하는 것을 목표로 한다면 후기 구조주의자들은 이러한 문법을 찾는 시도가 텍스트 자체에 의해 전복된다는 것을 보여준다. 따라서 이러한 문법의 존재 자체를 부정하는 해체 전략은 현대 언어학의

---

1) Roland Barthes, "Une problématique du sens", Cahiers Média, *Service d'eédition et de ventes des productions de I'éducation nationale*, 1, 1967~8, p.10.

기반 위에서만 가능하다.

구조주의가 탈구조주의로 전환한 것은 구조주의 자체가 갖는 근본적인 모순의 발견에서부터이다. 구조주의는 기본적으로 작품의 구조에 집착하는 데서 오는 공허하고 분명치 못한 보편성을 지니고 있다. 또한 본디 반역사주의적인 성향에서 오는 문학의 배경 등에 걸친 입체성을 상실하고 있다. 그리고 구조주의는 언어 구조 등에 치우치는 데서 오는 탈사물화 요소의 문제를 해결하지 못하고 있다. 이런 취약성을 내포하고 있는 프랑스 구조주의는 그 약점을 보완하기 위한 노력으로 후기 구조주의 혹은 해체주의로 이어진다. 따라서 구조주의자였던 푸코(Michel Foucault), 바르트 등은 자신들의 이론을 수정하고 탈구조주의 대열에 가담한다.

탈구조주의는 물론 구조주의에 대한 반성과 비판에서 시작되고 있지만, 구조주의와 마찬가지로 그 이론적 근거를 소쉬르의 언어학에 두고 있다. 소쉬르는 언어를 랑그(langue)와 파롤(parole)로 구별하여 전자는 언어 체계이며, 후자는 개인의 발화라고 설명한다. 랑그는 말 혹은 표현 행위의 근간을 이루는 언어의 기본 체계이고, 파롤은 언어의 기본 체계를 말로 표현하는 개인의 발화이다. 따라서 소쉬르의 언어학은 개인의 발화가 아니라 그것의 근간을 이루는 언어의 기본 체계에 더 관심을 둔다. 왜냐하면 개인의 발화란 언어 체계를 언어를 통해 구체화시키는 현상이기 때문이다. 또한 소쉬르는 '상징=사물'이 아니라 '기호=기표 / 기의'라는 이론을 제시한다. 말은 어떤 사물을 가리키는 상징이 아니라 기표(signifiant)와 기의(signifié)를 함축하는 기호이다. 즉 언어 기호는 사물과 명칭의 결합이 아니라 개념과 소리 이미지를 결합한 것이라는 견해이다.

따라서 언어학 연구는 말의 의미보다 말의 기저를 이루는 언어의 기본 체계를 발견하는 데 그 목적을 둔다. 그리고 구조주의는 언어학을 바탕으로 하기 때문에 인간의 사회적 행동의 기저를 이루는 기본 체계인 관습이나 법칙을 발견하는 데 그 목적을 두기도 한다. 문학에서도 구조주의자들은 작품의 겉모습보다는 그 작품 속에 내재하는 공통된 체계나 법칙을 찾으려 한다. 그러므로 구조주의는 작품의 의미보다 의미를 생성시키는 기본 체계를 발견하려 든다. 구조주의에 의거하여 문학 작품을 이해하려 한다면, 독자는 개인의 발화와 작품과 인물 행동의 기본 체계를 연구해야 한다. 하나하나의 사물에서가 아니라 그것들 사이의 관계에서 의미를 찾아야 한다는 것이다.

소쉬르는 시니피앙과 시니피에가 별개의 체계라는 것을 깨달았지만, 이 두 체계가 결합할 때 의미의 단위가 얼마나 불안정한 것인가를 간파하지 못했다. 언어가 물리적 현실에서 독립된 하나의 총체적 체계를 이룬다고 주장하면서도, 소쉬르는 기호의 응집된 의미를 유지하려고 노력한 것이다.

구조주의에서는 ‘문’과 ‘물’의 차이는 음성 기호의 차이에서 비롯되는 것으로 본다. 그래서 소쉬르는 언어에는 명확한 용어가 없이 다만 차이만 있을 뿐이라고 말한다. 그리고 지시어와 지시 대상은 매우 확실한 것으로 믿었다. 그러나 기호란 양면성을 가진 단위라기보다는 두 개의 유동적인 층 사이의 일시적인 상태일 뿐이다. 그것은 의미 작용의 불안정을 의미하기도 한다. 예컨데 ‘배움’이란 단어는 공부, 익힘, 깨달음 등 많은 의미 작용을 한다. 또한 ‘깨달음’이라는 단어도 앎, 정신적인 성숙, 지식의 축적 등의 의미를 갖는다. 이렇듯 하나의 지시어는 전후의 문맥이나 상황에 따라서 신축성 있고 가변적인 지시 대상을 요구하고 있는 것이다. 탈구조주의는 이런 점에서, 언어 기호의 본질은 의미 작용의 불안정성에 있다는 것을 파악한 것이다. 그리하여 탈구조주의는 의미하는 것과 의미되어지는 것을 분리시켜 의미 작용이 본질적으로 불안정하다는 데서 출발한다. 해체주의의 관점에서 보면, 언어에서 기표와 기의는 일 대 일로 대응하지 않는 반면, 하나의 기표는 여러 개의 기의를 지닌다. 의미화 과정이 무한히 반복되기 때문에 기호의 의미는 불확정적인 것이다. 따라서 해체주의는, 하나의 기표가 하나 혹은 그 이상의 확정된 기의를 갖는다는 구조주의 관점에서 벗어나, 여러 개의 기의를 가지고 있음을 인정하고 기표의 배열에서 달라지는 기의의 변화를 밝히려 한 것이다.

2. 데리다와 해체주의

　　탈구조주의(Post-structuralism)는 일명 탈구조주의, 해체주의(Deconstruction)라
고도 불리며 다분히 포스트모더니즘과도 연결된다. 프랑스에서 레비-스트로스
(Levi-Strauss)에 의하여 제기된 구조주의 비평론이 미국에 이입되고 학문적 성
과를 쌓아가기 시작할 무렵, 존스 홉킨스 대학은 '비평의 언어와 인간의 학문'
이라는 주제의 심포지엄을 개최하여 구조주의 비평론의 문학의 과학적 연구에
있어 그 가치와 효용성 및 방법적 특성들에 대한 종합적 토론의 장을 마련한다.
이 심포지엄에서 프랑스의 철학자 자크 데리다(Jacques Derrida)는 「인문 과학의
언술 행위에 있어서의 구조, 기호 그리고 유희」(*Structure, Sign and Play in the
Discourse of the Human Sciences*, 1966)라는 논문을 발표한다. 그 논문의 주장은,
플라톤 이래의 서구 철학의 기본적인 형이상학적 전제들에 대해 의문을 제기
하는 것이었다. 이 국제 심포지엄 이후 데리다의 이론은 '해체주의'라는 별칭으
로 불리어졌으며 이후 데리다의 서구 철학적 전통에 대한 해체론적 비판은 세
계 문학 연구가들에게 커다란 영향력을 행사한다. 가령 구조주의자의 대표자인
롤랑 바르트가 해체주의로 개종하며 현상학적 비평론의 선봉자인 프랑스의 힐
리스 밀러(J. Hillis Miller)가 해체론의 선도자로 탈바꿈한다. 이러한 해체주의는
1960년대 말과 1970년대 초 철학자 데리다에 의해 프랑스에 영향을 주지만 결
정적인 영향을 끼친 것은 1970년대와 1980년대 초 미국에서이다.

　　(1) 해체의 의미

　　데리다는 하이데거(Martin Heidegger)의 『존재와 시간』(*Being and Time*, 1927)

에 나오는 해체(destruction)라는 말을 프랑스어로 번역하면서 처음 해체 (deconstuction)라는 용어를 사용한다. 데리다의 해체론은 서구 전통적 철학의 해체에 역점을 두고 있다. 데리다는 "전통적인 철학적 대립 체계 안에는 서로 마주 보는 용어들 사이에 평화로운 공존이 있는 것이 아니라 파괴적인 위계질 서가 있다. 그 용어들 중의 하나는 가치론적으로나 혹은 논리적인 면에서 마주 선 다른 용어를 지배하고 있다. 즉 우월한 용어는 명령하는 지위를 점하고 있 는 것이다. 이 대립을 해체하는 일은 무엇보다도 한 특정의 계기에서 그 위계 질서를 역전시키는 일이다."2)라고 말한다. 이 언급은 해체의 의미를 단적으로 나타내준다. 즉 해체는 자연과 문화, 정신과 육체, 이성과 감성, 객관과 주관 등 플라톤 이후 서구 철학의 전통 속에서 전승되어 온 인식론적인 또는 윤리적인 이항 대립(二項對立)의 체계를 뒤집어엎는 일이다. 이때 해체론의 해체는 단순한 뒤집기가 아니다. 데리다의 해체론은 하나의 이중의 몸짓, 이중의 과학, 이중의 기술을 통하여 전통적 대립항을 역전시키면서 그 체계에 대한 하나의 일반적 인 원리를 실천해야만 한다. 말하자면 해체를 실천하기 위해서는 대상이 되는 체계의 용어들 안에서 그 체계를 파괴해야 한다는 것이다.

(2) 소쉬르의 구조주의 해체

데리다의 구조주의 해체는 소쉬르(Saussure)의 기호학의 해체를 그 중심에 놓는다. 데리다의 구조주의 비판은 의미 존재 자체를 부정하며 그 뿌리부터 뒤 흔드는 근본적인 것이다. 이러한 비판은 데리다의 『그라마톨로지에 대하여』(*De la Grammatologie*, 1967)에 잘 나타나 있다.

앞에서 살펴 본 바와 같이 소쉬르는 언어를 하나의 기호 체계로 보고 그 기 호의 본질을 규명하려 한다. 따라서 그의 연구는 기호를 기호일 수 있게 하는

---

2) Jacques Derrida, *Positions*, University of Chicago Press, 1981, pp.55~7.

요소가 무엇이며 이것은 어떻게 기능하는가 하는 물음을 중심으로 전개된다. 소쉬르는 기호를 완전히 자의적이고 관습적인 것으로 보며 그 자체에 내재하는 성질은 없고 다만 다른 기호들과의 '차이'(différence)에 의해서만 구별된다고 생각한다. 그런데 어떤 기호의 정체성이 오직 그것이 다른 기호가 아니라는 사실에 기인한다면 기호란 결국 실재하는 물체가 아니라 무한한 차이에 의해 생겨난 하나의 허상에 불과하다.

이러한 소쉬르의 입장은 기호의 하위 범주인 기표와 기의의 차원에서도 그대로 적용된다. 가령 '길'이라는 기표는 '도로' '아스팔트길' '산길' 등 다른 기표들과의 차이에 의해서 그 정체성을 획득하며 동시에 '길'이라는 기의를 산출해 내는데, 이러한 과정은 기호 일반의 경우와 마찬가지로 무한히 계속되어질 수 있다. 그러므로 기의는 무한히 많은 기표들끼리의 복합적인 상호 관계에 의해 만들어진 일종의 관계에 불과하다.

소쉬르는 기표와 기의는 1:1의 대응 관계에 있다고 보고 기표의 존재 이유는 기의를 반영하는 데 있다고 본다. 이러한 이론은 기의가 기표와는 관계없이 따로 존재한다는 것을 상정한다. 여기서 소쉬르의 이론은 자기 모순에 봉착한다. 왜냐하면 기의는 기표에 의해 생성되므로 생성자인 기표에 우선할 수 없으며 또한 기표와 기의의 관계 역시 획일하게 양분될 수 없기 때문이다. 말하자면 소쉬르의 이론은 기표와 기의의 관계에 있어서 기의가 기표에 선행한다고 보는 것이다. 데리다는 이러한 소쉬르의 모순이 그가 말 중심주의(logocentrisme)라고 부르는 서양 철학의 기본적인 입장에 기인한다고 보았다.

이와 같이 해체주의는 특히 방법론의 측면에서는 기호에 대한 소쉬르와 데리다의 차이를 전제로 한다. 데리다는 언어가 차이들에 토대를 둔 체계라는 소쉬르의 주장을 긍정하면서 출발한다. 그는 소쉬르의 말하는 의미론 곧, 기표들의 의미가 기표들의 관계와 차이에 의해 생산된다는 주장에 동의한다. 그러나 데리다는 이런 주장을 기의에도 적용한다. 기의 역시 기의들의 관계, 다른 기의들과의 차이를 통해서만 이해된다. 나아가 데리다는 기의란 기표의 절대적 의미를 생산하거나 그런 의미를 지향할 수 없다고 말한다. 그것은 기표와 기의의 관계는 자의적이고 인습적이기 때문이다. 또한 기의는 기표로서의 기능을 나타내기도 한다. 가령, '나는 꽃병에 꽃을 꽂다'에서 '꽃병'은 기표이며, 그 기의는 무엇인가를 채울 용기라는 개념이다. 그러나 '용기에 꽃을 꽂다'의 경우, '용기'는 앞 문장에서는 기의였지만 지금은 기표로 작용하고, 그 기의는 무엇인가로 채울 수 있는 사물이라는 개념이다.

(3) 음성 중심주의·이성 중심주의 해체 — 형이상학 비판

서양 철학에서는 옛부터 글을 쓰는 행위 대신 구어를 사용하고 그것을 내가 직접 듣는 방식을 채택해 왔다. 이것이 바로 음성 중심주의(phonocentric) 관점이다. 서양 철학에서는, 글은 나로부터 나의 존재를 빼앗아가는 곧, '나'와는 거리가 먼 2차적인 의사소통 양식이며, 나의 의도와는 상관없이 '나'의 육성을 건조하게 또 기계적으로 기록하는 괴물이라고 생각해 왔다. 이처럼 서양 철학이 글이라는 매체를 불신하고 음성을 중시해 온 배후에는 특정한 인간관이 개입되어 있다. 그 인간관은, 인간은 자연발생적으로 자신의 의미를 창조하고 표현할 수 있으며, 자신을 완전히 제어할 수 있다는 것, 그리고 인간은 자신 속에 있는 내밀한 존재를 표현할 수 있는 정직한 매체인 언어를 자기 의도대로 마음껏 지배할 수 있다는 것이다.

이러한 언어관을 뒷받침하고 있는 또 하나의 이론이 바로 서구의 이성 중심주의(logocentric) 사고 방식이다. 이것은 인간의 모든 사상과 언어와 경험의 궁극적 토대가 되는 '말씀', 존재나 본질 및 진리에 대한 믿음을 그 안에 내포하고 있는 용어이다. 이는 성서 속에 기록되어 있는 '태초에 말씀이 있었다' 등을 통해 그 전형적인 예를 볼 수 있다. 모든 존재의 근원을 이루고 있는 존재가 초월적 언어(이성, logos)이며, 그것은 신과 동일한 존재이다. 이 초월적 언어인

'이성(로고스)=신'은 흔들리는 모든 인간적 삶의 중심에 자리하고 있는 영역으로서 생명의 근거가 된다. 서양 철학의 중심 개념으로 존재해 온 이데아, 세계 정신, 자아, 물질 등의 언어는 바로 이런 이성(로고스)의 역사적 표현에 해당한다. 따라서 이것들은 기호의 구분이라는 상대적 세계 속에 포함되어 있지 않는 절대적인 기호로서, 언어의 외부에 독립적으로 또한 선행적으로 존재하는 궁극적·초월적 존재이다. 이 존재를 중심으로 하여 인간이 구사하는 모든 기호들이 그 주위를 돌고 있으며 또한 그 앞에 옹립하고 있는 것이다. 이를 중심으로 하여 장엄한 균형의 세계가 인간 앞에는 펼쳐져 있는 것이다.

데리다는 소쉬르의 언어 이론에서 그 모순점을 지적함으로써 중심이나 확정된 의미의 현존을 부재로 만든다. 다시 말하여 전통적 사고방식의 허구성을 지적한 것이다. 먼저 서양 철학에서는 '말하기'에 커다란 가치를 부여하고 있는데, 그것이 갖고 있는 중요한 전제 하나를 빠뜨리고 있다. 그것은 '말하기' 자체가 글 못지않게 물질적이라는 점이다. '말하기' 역시 말해진 기호이기 때문에 기호 체계가 갖고 있는 혼란의 성질을 공유하고 있다는 점에서는 '글쓰기'와 아무런 차이가 없는 것이다. 때문에 말하기 형식이란 것도 결국 글의 한 형식에 불과할 뿐이다. 또한 이성 중심주의 역시 전제 자체에 큰 모순을 안고 있다. 의미 작용의 끝없이 혼란스러운 활동 속에 포함되지 않으면서 존재할 수 있는 개념이란 상상할 수 없는 것이다. 단지 시니피앙들의 혼란된 활동 속에서 특정 시대의 사회적 이데올로기가 그 특정한 시니피앙을 다른 것들보다 더 '우월한' 위치에 올려놓는 경우가 있을 뿐이다. 가령 현대인들에게 흔들림 없는 개념, 곧 다른 모든 개념들의 중심 개념이라고 믿고 있는 자유·정의·독립·민주주의 등의 용어들이 이런 경우에 해당한다.

데리다는 의미의 모든 위계질서의 기초를 이루는 존재에 의존하는 모든 사상 체계인 제1의 원리를 '형이상학적'이라고 이름하였다. 데리다는 이러한 제1의 원리는 인간의 보편적인 심리적 욕망이 개입되어 있으며 어느 정도 필연적 현상이라고 인정한다. 그러나 그는 제1 원리들의 형성·생성되는 과정을 규명해냄으로써 중심주의적 사고방식 또는 형이상학적 사고방식의 권위를 해체하려 하였다. 이를 데리다의 해체주의적 방법이라고 부르며, 탈구조주의를 해체주의라는 별칭으로 부르고 있다.

(4) 이항 대립의 서열 해체

앞에서 언급한 바와 같이 제1의 원리들은 기존의 언어 체계 자체에서 형성된 것이 아니라 항상 기존 언어의 외부 세계에서 '주어진' 존재들인 것처럼 간주되며 또 그렇게 믿어진다. 그러나 이것은 허구이다. 왜냐하면, 모든 제1 원리들은 기존의 언어 체계 자체가 생산하는 것으로서 그 체계 안에서 특별한 권위를 부여받은 존재일 뿐이기 때문이다. 이런 종류의 제1 원리들은 보통 그 자신이 부정하고 배제하는 행위를 통해서만 존재할 수 있게 된다. 따라서 제1 원리는 항상 그것에 대립되는 존재의 쌍과 더불어 존재하기 마련이다. 미와 추, 선과 악, 이성과 감성, 중심과 주변, 밖과 안 등의 이원적 대립 쌍이 그 예들이다. 이때의 대립 쌍을 이항 대립이라고 말한다.

구조주의는 이러한 대립적 쌍들을 변별하여 그것들이 작품 속에서 어떻게 작용하고 있는가를 밝혀냄으로써 자신들의 연구를 끝맺음하고 있다. 그러나 해체주의는 바로 이 지점에서 연구를 출발시킨다. 해체주의는 이러한 대립을 부분적으로 붕괴시키거나, 그 대립이 텍스트상의 의미 진행에 있어서 서로를 침식할 수 있음을 보여 준다. 대립 관계의 쌍이 튼튼하지 않다는 것, 혹은 대립 관계를 이루고 있는 쌍이 서로 구분되는 것이 아니라 섞여 있는 것이라는 사실이 밝혀지게 된다면, 그 작품이 지향하는 의미 영역에 혼란이 일게 될 것이다.

이처럼 해체주의는 작품이 확고하게 서 있는 것이 아니라, 얼마나 위태로운 균형 위에 서 있는가, 즉 그 작품의 중심적 의미가 얼마나 흔들리고 있는가를 찾아내는 것이다. 그리하여 해체주의는 텍스트가 궁지에 몰리고 뿔뿔이 흩어지면서 자기 모순을 일으키는 '징후적인 대목들', 곧 의미가 곤경에 빠지는 상황인 아포리아(aporia)를 찾아낸다. 이것들을 찾아내면 그때까지 태연하게 균형을 유지하고 있는 척하던 텍스트는 자신의 허점을 드러낸다. 동시에 텍스트의 의미를 지탱하고 있던 대립적 관계의 망들도 그 선명성을 잃게 되고, 텍스트의 중심 목표 자체가 흔들리게 된다. 해체주의적 입장은 이것을 발굴하고 있는 것이다.

체계 속의 한 항목을 중심에 두는 것은 다른 항목을 탈중심화하는 일이기 때문에 서구 형이상학은 이항 조작 혹은 이항 대립(binary opposition) 체계에 토대를 둔다는 게 데리다의 결론이다. 남성과 여성, 선과 악의 경우 상호 중심이란 상호 대립적인 중심을 의미한다. 또한 서구 철학의 경우, 이항 조작 혹은 이항 대립 체계 속에는 한 중심이 우월하고 다른 중심은 대립적이고 열등한 것으로 정의된다. 그러나 결코 위의 이항 대립 가운데 남성과 선이 우월하기 때문에 위계질서가 창조되는 것은 아니다. 데리다는 이원적 체계 중 어느 하나에 우월권을 부여하지 않고 동등하게 인정하는 상황을 만들려고 한다. 이는 이항 대립의 요소들에게 상호 보완성을 유지시키려는 것이다. 즉 데리다는 이들 중 어느 것에도 우월권을 부여하지 않음으로써 절대적 진리가 현존한다는 사실은 허구라고 지적한다. 이는 현존의 부재를 확인하는 것이기도 하다.

(5) 보충과 차연

이항 대립 체계의 불완전성을 말하기 위해 데리다는 보충(supplement)이라는 용어를 내놓는다. 그의 보충은, 원래 글쓰기는 말하기의 보충이라는 음성 중심주의에 기반을 둔 서구 사고에 대한 도전에서 나온 개념이다. 이원론적 대립 관계를 부정하는 데리다는 글쓰기가 말하기의 보충일 뿐 아니라, 말하기가 글쓰기의 보충일 수도 있음을 밝힌 것이다. 그런 점에서 보충의 개념은 그의 해체 작업에 중요한 요소가 된다. 이런 보충은 모든 이항 대립 속에 존재한다.

‘서양과 동양’의 경우 서구 사상에 의하면 동양보다 서양이 우위에 놓이고, 따라서 동양은 단순한 보충적 역할만 담당한다. 이런 이성 중심적 사유에 의하면 서양은 우월하고 동양은 열등하다. 그러나 따지고 보면 열등함 역시 우월함을 내포하는 논리이다.

이러한 해체를 통해 데리다는 언어의 본질을 글쓰기의 본질과 일치시킨다. 데리다는 소쉬르의 ‘차이’의 자리에 ‘차연(差延)’이라는 신조어를 대치시킨다. 차연(différance)이란 말은 프랑스어 différer에서 온 것으로 ‘연기하다’(defer)와 ‘차이짓다’(differ)를 동시에 의미한다. 즉 차연은 ‘차이에 의한 실체 없음’과 ‘연기에 의한 의미의 유보’를 뜻한다. 차이는 말하는 사람이나 글 쓰는 사람이 의도하는 의미가 그대로 전달되는 것이 아니라 차이를 지니기 때문에 기의의 완전한 현존을 부정하는 것이다. 연기는 기의의 직접적인 현존이 연기된다는 것인데, 이는 기표와 다른 기표와의 관계에서 의미가 생성될 때 그 의미는 계속해서 연기된다는 것이다.

이러한 과정은 의미를 유보하며 유희를 유발하는 결과를 가져온다. 차연은 중심이 현존하도록 하지만 중심의 현존을 궁극적인 실체로서 결코 드러낼 수 없다. 그러므로 기호의 의미는 차이와 연기에 의해서 유보된다. 차연은 차이 때문에 의미를 생성시키지만 말하는 사람과 듣는 사람 그리고 글 쓰는 사람과 글을 읽는 사람 사이에 근본적으로 존재하는 의미의 차이로 인해 흔적을 수반한다. 차연은 기호의 의미를 유보하여 의미의 사라짐을 전제로 하는 것이다. 때문에 차연은 현존을 제시할 수는 있지만 그 자신 현존을 실체로서 드러낼 수는 없다. 이것은 기호의 의미가 스스로를 드러내는 순간 사라지는 것을 전제하기 때문이다.

기호는 기호의 대상을 직접 제시하지 못하며 부재하는 대상의 대체물로서 그 자리를 차지하고 있을 뿐이다. 그리고 기호는 다른 기호와 구별됨으로써 의미를 생성하지만 또 다른 차이에 의해 흔적을 보유할 뿐이다. 이러한 작용이 계속되기 때문에 기호의 의미는 연기되고 유보된다. 데리다는 기호를 '연기된 현존'3)이라고 부른다.

의미를 생성시키면서 동시에 그 의미를 소멸시키는 것, 곧 하나의 의미가 곧바로 흔적이 되어버리는 것을 공간 개념이 개입된 차연의 의미화 작용이라고 한다. 기호는 부재하는 대상의 대체물이기 때문에 다른 기호와 관련됨으로써 기호의 대상이 현존하는 것을 연기시킨다. 이것은 시간 개념이 개입된 차연의 의미화 작용이다. 차이는 언어와 그 언어가 재현하려는 것과의 차이를, 연기는 재현하려는 것의 현존이 유보되는 것을 의미한다. 차연은 이러한 두 가지 속성을 지닌다. 그러므로 차연은 현존을 부정하고 지금까지 현존한다고 믿는 대상들을 모두 부재하는 것으로 만들어 흔적이 되게 한다. 흔적은 근원이 없다는 사실을 증명하는 것과 다름 아니다.

3. 미국의 해체주의

미국의 해체주의는 프랑스 탈구조주의의 한 경향이 미국 문학 이론에 영향을 주면서 나타난다. 미국의 비평가들은 오랫동안 문학 연구 이론으로 군림하고 있는 신비평의 형식주의를 극복하려고 시도하면서, 타국의 많은 이론을 도입하여 연구하고자 했다. 그리하여 노드롭 프라이(Frye)의 신화비평, 루카치(Lukács)의 마르크스주의, 풀레(Poulet)의 현상학, 그리고 프랑스의 구조주의 등의 전성기를 누린다. 그러나 누구보다도 데리다의 해체론은 미국 비평가들에게 커다란 충격을 준다.

프랑스 철학자인 데리다가 처음 미국 문학계와 관련을 맺은 것은 1966년이다. 그는 존스 홉킨스 대학 심포지엄에서 논문 「인문 과학에 있어서의 구조, 기

---

3) Jacques Derrida, "Différance", *Margins of Philosophy*, by Derrida, trans. Allan Bass, Chicago : U of Chicago P, 1982, p.9.

호, 놀이」를 발표한다. 이 글에서 그는 플라톤 이래 서구 철학이 진리로 수용한 형이상학적 가정들에 대해 질문하고 비판하면서 구조주의가 드러내고 있는 혹은 드러내지 않은 복잡하고 도전적인 텍스트 분석 방법을 제시한다. 그러나 데리다 자신은 체계적인 해체 이론이나 방법론을 제시한 것은 아니다. 그의 접근법은 방법론이라기보다는 책략적 기법이고, 비평 이론이나 학파이기보다는 책략 혹은 접근법이다.

그러나 데리다가 제시한 견해는 프랑스 밖의 다른 나라, 특히 미국의 문학 이론과 비평에 커다란 충격을 준다. 그의 해체 개념은 특히 예일대학 비교문학 교수들, 영문학 교수들에게 영향을 준다. 데리다는 1975년부터 1985년까지 매년 예일대학에서 세미나를 개최하고, 1970년대에 폴 드 만을 중심으로 이른바 예일학파를 출범시킨다. 예일학파에 속하거나 비슷한 입장을 보이는 비평가들을 살피면 폴 드 만(Paul de Man), 헤롤드 블룸(Harold Bloom), 제프리 하트만(Geoffrey Hartman), 힐리스 밀러(J. Hillis Miller) 등이 있다.

(1) 폴 드 만 — 읽기와 해석

예일학파의 카리스마로 군림한 폴 드 만(Paul de Man)은 1984년 세상을 뜰 때까지 데리다와 밀접한 관계를 유지하며 미국의 해체주의를 실천한다. 그의 가장 뛰어난 업적은 문학 텍스트의 읽기와 해석을 철학적 수준에서 실천한 점이다. 따라서 그의 『눈멂과 통찰』(*Blindness and Insight*, 1971)과 『책읽기의 알레고리』(*Allegories of Reading*, 1979)는 수준 높은 해체 이론으로 평가받고 있다. 『눈멂과 통찰』에서 드 만은 모든 해석은 오해라는 역설적 비평의 입장을 취한다. 그의 역설에 따르면 통찰은 눈멂을 바탕으로 하며, 눈멂은 통찰을 가능하게 하고, 따라서 비평가란 눈멂을 통해서만 비로소 통찰력을 가질 수 있다고 한다. 그 이유는, 해석이란 대상을 조명하는 전제들을 요구하지만, 이 전제들은 동시에 대상을 모호하게 만들기 때문이다.

드 만을 위시하여 미국 해체주의는 글쓰기 혹은 원-글쓰기(arche-writing)로
서의 의미 작용이라는 데리다의 견해를 수용하면서, 그것을 전범적·규범적 해
석 방법에 도전하는 '회의적 읽기'로 전환시킨다. 그는, 주체의 부재가 의미 작
용의 조건이고, 따라서 모든 담론이 화자의 부재로 인해 오해 지향적인 글쓰기
를 공유한다면, 오해 혹은 오독은 모든 담론의 조건이 된다고 한다. 또한 그는,
의도·의미·진리라는 기존의 규범에 의존하는 해석, 곧 문학 텍스트의 적절하
고 고유한 해석을 부정하고 그런 해석 역시 자의적이라고 비판한다. 그의 주장
에 의하면, 오독을 능가하는 것은 아무 것도 없다는 것이다. 왜냐하면 오류는
언어의 조건이고, 따라서 문학 텍스트 읽기의 중심에는 의미 붕괴가 존재하기
때문이다.

이상과 같은 해체 이론은 『책읽기의 알레고리』에서 수사학으로 지속된다.
여기서 그는 텍스트의 언어에 초점을 두고 의미의 내재적 모순을 파헤친다. 따
라서 미국의 해체주의는 데리다의 글쓰기 개념, 곧 도상적 기호가 생산하는 복
잡한 효과의 다양성을 거부하고 있음을 알 수 있다. 미국 해체주의자들이 강조
하는 것은 철저한 읽기의 방법을 적용한 담론을 해체하자는 것이다. 따라서 그
들은 텍스트의 주변적 양상을 책략적으로 선택하고, 이 부분을 중심으로 텍스
트의 총체적 의미를 위협하는 다양한 의미의 층위들을 보여준다. 그리하여 텍
스트 중심, 위계질서를 해체하는 것이다. 이러한 읽기의 방법을 통해 텍스트의
모순과 내적 오류 등을 추적함으로써 텍스트는 아무 것도 말할 수 없고, 숨기
고 있는 것도 없다는 사실을 보여준다. 이런 방법은 인식론적이며 과격한 회의
혹은 아포리아를 강조하는 읽기 형식이 된다. 때문에 드 만의 문학 텍스트를
인식론적 모델이라고 평가하며, 따라서 그는 텍스트가 말할 수 있는 것과 말할
수 없는 것 혹은 우리가 알 수 있는 것과 알 수 없는 방식에 관심을 집중한다.

드 만의 이론은, 비평의 통찰력이 비평의 눈멂으로부터 기인하듯이 문학 텍
스트에 있어서 명백히 드러나는 비평적 성찰이 담긴 구절이나 주제에 대한 진

술은, 그러한 구절에서 사용되고 있는 수사학적 암시의 억제에 의존하고 있다는 것을 보여주고 있는 것이다. 그는 자신의 이론을 특정 텍스트의 철저한 독서를 통해 다지고 있으며, 현재 직접적 재현을 막는 것은 언어와 수사학이 끼치는 영향이라고 주장한다. 그는 언어가 본질적으로 비유적이고 지시적이거나 표현적인 것은 아니라고 주장함으로써 니체(Nietzsche)의 예를 따르고 있다. 니체의 역사 거부의 이론에 대해 그는 과거를 거역하는 일 가운데 과거의 망각이 현실적으로 불가능하다는 사실을 역설적으로 찾아 나선다. 니체는 인간의 존재는 자체의 부정과 파괴로부터 또 자체의 상호 모순에서 살아남아 간섭을 받지 아니하는 과거성이라고 말한다. 이에 대해 드 만은 문학사뿐만 아니라 역사 자체를 파괴하고자 한 것이다. 그는 문학사는 문학과 아무런 연관이 없으며, 소위 문학 해석이 문학사라고 주장한 것이다. 이처럼 역사에 대한 경험적 사실과 쓰여진 텍스트 사이의 정통성은 역사 말살로까지 확장되고, 역사 말살은 드 만에게 논쟁의 대상이 되었던 나치(Nazi) 문제에로까지 확대되어 그 자신 나치 전력을 말살하는 계기가 된다.

데리다와 함께 미국의 현대 문학 이론과 비평에 커다란 영향력을 행사한 폴 드 만은 논문을 통해 논쟁을 유도한다. 그의 논리는 항상 전체주의에 대한 대항이다. 존재의 영역과 과거의 말살이 그의 해체주의 비평 논법의 바탕을 차지하고 있는 것이다. 그가 최근 저서에서 역설한 해체적이고 기호학적인 수사의 다양성은 그를 대변하는 비평적 접근 방법이며, 특히 시상의 접근 방법에는 항상 방어적인 기법을 사용하고 있다. 역사를 주기적이며 지속적인 선험 도식이 아니라 일시적인 차원으로 생각하는 역사적 시학 접근 방법, 시적 상상력을 통해 상호 모순의 혼성 혹은 그것의 보상을 연상케 하는 구체적 시학 접근 방법, 시는 감성적 형태를 통해 시제와 직접적인 접촉을 함으로써 상호 화합이 가능하다는 순수한 시작 방법 등이 그의 비평적 특징을 말해 주고 있다.

(2) 헤롤드 블룸 ― 알레고리와 오독

헤롤드 블룸(Harold Bloom)은 그의 첫 저서 『셀리의 신화 만들기』(*Shelly's Mythmaking*, 1959)에서, 셀리(Shelly)의 상상력과 신화적이고 환영적인 창조를 돋보이게 하기 위해 신학자 마틴 부버의 '나-너' '나-그것의 관계, 곧 환영적 지각과 소외적 지각의 관계를 원용한다. 그의 초기 연구에 드러나던 상상력의 심리학은 그 후 정신분석적 모델로 심화된다. 프로이트에 의하면 아들은 아버지를 위험한 경쟁자로 인식한다. 이런 아버지 콤플렉스를 문학 이론에 적용하면서 블룸은 시적 영향에 대한 연구에 일대 혁명을 일으킨다. 그는 밀턴 이래로 시인들은 자신들의 '뒤늦음'(belatedness)을 인식하고 괴로워했다고 주장한다. 즉, 늦게 태어났기 때문에 선조들이 이미 사용 가능한 영감을 모두 고갈시켜버렸다는 것이다. 블룸은, 그런 의식 때문에 현재의 시인들은 괴로워한다고 하면서, 이러한 후배 시인의 선배 시인에 대한 불안이 심화되면 문학은 오이디푸스적 투쟁의 풍경을 연출할 수밖에 없다고 말한다. 따라서, 에페베(ephebe) 혹은 신인들은 오독(misreading) 혹은 비행(misprison)이라는 창조적 행위를 통해 강력한 선배 시인들의 영향을 불구로 만들고 억압하려는 책동을 부린다는 것이다. 이런 이유로 현재의 시인들은 마치 아버지를 혐오하는 오이디푸스적 콤플렉스를 경험하며, 아버지의 권위를 부정하려는 필사적인 욕망을 표출한다. 그 욕망이 바로 공격적인 왜곡으로 전통을 파괴하고 새롭게 창조력을 부활시키려는 시도이다.

블룸은 유태적 신비주의 등 비유의 조화에도 많은 관심을 집중하면서, 신비주의적 저술들4)의 수정주의적(revisionary) 텍스트에 기댄다. 특히 그는 16세기 판(版)인 아이삭 루리아(Issac Luria)의 신비주의적 텍스트를 수정 방법의 대표적인 예라고 믿는다. 그리하여 그는 루리아의 수정주의의 세 가지 단계, 곧 새로

---

4) 성서 속에 숨어 있는 의미를 드러내는 유태의 히브리어 텍스트들.

운 시각으로 보는 '제한' 다른 형태로 바꾸는 '대치' 의미를 회복시키는 '재현'
의 단계를 발전시킨다.

『오독의 지도』(*A Map of Misreading*, 1975)에서 블룸은 '강한'(strong) 시인들
이 예전의 강한 시인들의 언어에 반응하고 대항해서 사용하는 언어에 의해, 후
기 계몽주의 시대의 이미지들 속에서 어떻게 의미가 산출되는가를 도표로 보
여 주고 있다. '수사들'(tropes)과 '방어들'(defenses)은 상호 교환이 가능한 '수정
주의적 비율'(revisionary rations)의 형태들이다. 강한 시인들은 여섯 개의 심리
적 반어 단계를 개별적으로 또는 연속해서 채택함으로써 '영향에 대한 근
심'(anxiety of influence)을 극복하게 된다. 이러한 단계들은 그들의 시에서 시인
으로 하여금 선배 시인들로부터 '벗어나도록'(swerve) 허용해주는 비유로 나타
난다. 그 여섯 개의 비유는 아이러니, 제유, 환유, 과장법 혹은 곡언법, 은유, 전
유 등이다. 이와 같이 블룸이 내세운 수정주의적 비평 방법은 신비평이 애용하
는 엠비규어티(ambiguity)를 재해석하는 것이다. 신비평의 아이러니가 수정주의
적 입장에서는 해체적 비평 방법으로 전환되기 때문이다.

블룸은 시적 영향을 연구하면서 프라이의 원형 비평과 정신분석적 방법을
결합한다. 그가 강조하는 것은 신비평과 해체주의가 보여 주는 비역사적인 형
식으로부터 문학의 역사를 새롭게 세우려는 것이지만, 문학의 역사를 문학성에
만 초점을 두기 때문에 그는 문학 연구에 문학 외적 형식들을 다시 도입하려는
맑시스트 혹은 사회역사적 비평가들의 도전을 받는다. 비록 그가 상상력을 과
대 평가하고, 상상력을 역사적 우연성에서 도피하는 초월적 공간에 둔다는 점
이 비판되지만 그의 초기 연구는 낭만주의 이론의 발전에 기여한다. 그동안 낭
만주의는 인식론적 위기로 인식되었고, 그것은 영국 경험주의가 환기하는 주체
/객체, 자아/자연의 분리를 치료하려는 투쟁이었다. 블룸은 이런 경향을 더욱
견고하고 감각적으로 다듬었던 것이다. 블룸은 워즈워드, 셸리, 키츠, 테니슨의
낭만주의적 위기시(crisis-poems)에 특별한 주위를 집중시킨다. 이들은 각기 자

신들의 선배 시인들을 창조적으로 오독하기 위해 혼신의 노력을 한 시인들인 것이다.

블룸의 비평관은 작품의 내재적 의미 분석을 비평 행위의 대상으로 삼아 기존 작품에 대한 오독을 재창작적 입장에서 수정해야 한다는 것이다. 때문에 그의 특징은, 그가 읽은 텍스트에 대한 농도 짙은 감성과 투지 왕성한 재창작 행위의 결과 비평 문학에 있어서 경험적이고 능동적인 사고를 촉발시키게 하는 것이다. 그는 문학사나 기존 비평 문학의 확증된 관념이 갖는 표준치를 일단 거부하고 그것을 재독하는 습성을 통해 비평 행위를 지속한다. 신비평가들이 심상이나 상징 또는 은유에 의한 어휘나 의미간의 관계에 의존할 무렵 해체주의자들은 언어의 무한성을 주장하였다. 블룸은 초기 비평에서 정신분석학적 입장을 견지했으나, 후기에 해체주의 비평가들에 동조하여 은유의 힘을 부활하는 데 힘을 실었던 것이다.

(3) 힐리스 밀러 — 기호의 종합

60년대에 힐리스 밀러(J.Hillis Miller)는 풀레(George Poulet)의 영향을 받아 제네바학파의 현상학적 비평에 깊은 관심을 집중한다. 그런데 1970년대에 와서는 데리다의 영향을 받아 해체 이론에 초점을 맞춘다. 밀러는 에이브람즈(M.H. Abrams)의 『자연적 초자연주의』(*Natural Supernaturalism*, 1971)에 대하여, 전통이란 언어와 문학·역사·해석에 대해 적절치 못한 관념을 갖고 있다는 혹독한 서평을 발표한다. 이로 인하여 그는 현대 인본주의 학문과 그리고 풀레와 결별하게 된다. 그리고 이후 미국에서는 전통적인, 곧 이성중심적 비평과 해체론간의 심각한 분열이 발생한다.

밀러는 일찍이 데리다의 초석이 되는 논문인 「차연」(*La Différance*, 1968)을 읽고 이 이론에 심취한 바 있다. 사실 그의 해체론에 관한 후기의 글들은 대부분 차이가 텍스트 안에서 어떻게 작용하는가를 암암리에 드러낸다. 데리다와 만난 이후 밀러의 비평에 대해, 윌리엄 케인(William E. Cain)은 "해체주의는 중심과 근원을 긍정하는 서열 제도를 전복하려 하며 전복의 대상도 독백적 말중심주의가 아닌 대화적 말중심주의이다. 그런데 말중심의 형이상학은 그 자체의 전복을 내포한다. 해체주의는 언어 외적인 중심이나 근원에 집착하면서도 동시에 그것을 무너뜨려 언어의 완벽한 침투 여하를 검증한다."5) 라고 말했다. 이처럼 밀러는 종래의 전통적인 비평 방법을 전복하고, 말중심주의보다는 언어중심주의의 방법을 시험한다.

밀러에 따르면, 모든 유사성은 차이로부터 발생한다. 따라서 차이가 닮음과 반복, 유사성을 구성하는 것이다. 가령 두 마리 새가 서로 닮았다고 말하는 것은 그들의 근본적인 차이를 교묘하게 주장하는 것이다. 여기서 새들에 관해 적용되는 말은 단어에 대해서도 마찬가지이다. 새(bird)는 b-i-r-d가 아니다. 다시 말하여, 새의 몸체와 깃은 흰 종이 위에 네 개의 검은 잉크로 표시된 것은 아니라는 것이다. 단어와 지시물은 어쩔 수 없이 다르기 때문이다.

이런 주장이 강조하는 것은, 실체들 간의 관계가 통일성과 연속성에 근거하지 않는다는 것이다. 이 관계는 오히려 변별적이며 탈중심화된 형태로 이루어져 있다. 이러한 발견을 단어 일반에 적용하면서 밀러는 다음과 같은 사실을 지적한다. "모든 단어는 은유이다. 즉 모두가 변별적이고 다르며 연기된 것이다. 각각의 단어는 시작도 끝도 없는 움직임 속에서 하나의 대치물에 지나지 않는다."6) 밀러는 불연속적이고 변별적인 단일이나 기원이라는 개념은 있을 수 없다고 하면서, 차이라는 위력을 통해 전통적인 기원과 단일의 개념을 뒤집

---

5) William E. Cain, *The Crisis in Criticism : Theory, Literature and Reform in English Studies*. Baltimore : Johns Hopkins UP, 1984, p.31.
6) J.H. Millis, The Linguistic Moment in "The Wreck of the Deutschland", *The New Criticism and After*, ed. Thomas Daniel Young, Charlottesville, Virginia : University Press of Virginia, 1976, p.58.

어엎는다.

밀러에게 있어서 모든 기호는 수사학적 비유이다. 즉 모든 단어는 은유이다. 기호는 이름지어진 사물을 대치하고 사물의 출현을 연기하며 잉크를 실재로서 대체시킨다. 비평적 독서 작업에서 이 이론은 기호의 안정성을 끊임없이 전복한다. 그에 따라 의미가 미끄러져 감은 어찌할 수 없는, 치유 불가능한 상황이다. 진리는 언제나 빠져 달아난다. 나아가 밀러는 기호가 본질적으로 비유였다고 생각한다.

사실상 진리는 빠져 달아나는 것이 아니다. 진리는 처음부터 존재하지 않은 것이다. 언어의 지시적 기능은 여기서 철저하게 손상을 입는다. 밀러는 데리다와 드 만의 기호 이론이 가진 여러 요소를 통합하고 차이와 수사성을 혼합하여 해체 작업을 위한 도구를 만들어낸다. 두 개의 서로 다른 해체 양식에서 파생된 이와 같은 기호 이론을 가지고, 밀러는 지금까지의 위대한 전통의 안정된 텍스트들을 뿌리뽑는 데 놀랄만한 성공을 거둔다. 밀러의 이론 어느곳에서도 기호 이론을 천명하고 있지는 않다. 그러나 밀러는 분명히 기호를 차이의 파괴적인 힘 가운데 놓았던 것이다.

(4) 제프리 하트만 ― 창조적 독자

1950, 60년대에 제프리 하트만(Geoffrey Hartman)은 현상학적 비평에 관심을 집중하였지만, 1970, 80년대에는 언어지향적 방법으로 전환하고, 이때 데리다와 탈구조주의 영향을 받는다. 그는 예일학파 그리고 해체주의와 밀접한 관계에 있었지만, 탈구조주의의 원리를 도식적으로 원용했다고는 볼 수 없다. 그러나 그는 해석과 해석자의 자유, 창조적 비평의 문체 정립, 새로운 기술에 의한 문학적 언어의 이해, 그리고 이론 자체에 탈구조주의의 양상을 나타내고 있다. 그리하여 하트만은 신비평을 탈피하여 『형식주의를 넘어서』(*Beyond Formalism*, 1970), 『책읽기의 운명』(*The Fate of Reading*, 1975), 『광야에서의 비평』(*Criticism in the Wilderness*, 1980) 등의 책을 내놓는다. 드 만처럼 하트만도 문학 연구는 문학 밖이 아닌 문학 안에 있는 것으로 생각했던 것이다.

하트만이 문학 연구에서 중요하게 다루는 것은 해석자 혹은 독자 개념이다. 그는 독자는 단지 작품을 조명하고 해명하는, 즉 작품에 종속되는 자가 아니라 자신의 창조성을 발휘하는 텍스트와 대화적인 관계에 있는 사람이라고 말한다. 따라서 해석 자체가 창조적 글쓰기의 형식인 하나의 텍스트가 된다. 그가 강조하는 것은 지엽적인 해석이 아니라 문학사·장르·문학적 언어의 본질·비평적 실천 같은 폭 넓은 쟁점들이다. 특히 하트만은 비평가의 글쓰기, 곧 인습적·학술적인 산문 문체를 부정하고 비평가도 작가처럼 수사학적 문체론적 자유를 확보해야 한다고 주장하고 실천한다. 이런 그의 모험적 문체는 폭넓은 언어 유희·펀(pun)·수사학적 현란함으로 나타나며, 이는 주로 언어의 반향·생략·연상에 토대를 두는 기표의 놀이로 나타난다.

4. 그 밖의 이론가와 이론

(1) 롤랑 바르트 — 해체 전략

1950년 후반부터 1960년대 후반까지 롤랑 바르트(Roland Barthes)는 문학의 기호학적 구조주의의 중심에 서 있었다. 물론 그는 문학의 사회학적이고 문화적인 문제에도 관심을 기울렸다. 그러나 1960년대 후반 바르트는 프랑스의 다른 지도적 지식인들, 특히 '텔 켈'지7)와 관련된 사람들이 그러했듯이 해체론 쪽으로 방향을 전환한다.

바르트는 『기호학의 요소들』(*Elements of Semiology*, 1967)에서, 인간의 제반

---

7) '텔 켈'은 그룹의 해체론으로서의 방향 전환은 『*Théorie d'ensemble*』(1968)라는 논문집의 출판으로 확실해진다. 이 그룹 가운데에서 Julia Kristeva가 바르트에게 큰 영향을 미친다.

행위 이면에는 상이한 요소가 서로 관계를 이루고 있는 기존의 체계가 있다는 전제를 인간의 모든 사회적 관습에 적용하고 있다. 그는 사회적 제 관습들을 언어의 모델 위에서 작동하는 기호체계로 간주한다. 예를 들어 바르트는 의상의 착용을 조사할 때 그것을 개인의 표현이나 스타일의 문제로 보지 않고, 언어처럼 작용하는 의상 체계로 보는 것이다. 그렇다면 언어 특히 기호도 항상 역사적이고 문화적인 관습의 문제로 되어버린다. 그리고 자신을 자연적이라고 내세우는 기호들, 즉 자신이 세계를 조망하는 유일한 방법이라고 제시하는 기호들은 곧 그들의 권위주의적이고 이데올로기적인 속성을 드러내는 것이 된다. 이러한 이데올로기를 바르트는 사실주의나 재현적 이데올로기라고 부르는데, 사회 현실을 자연화하는 것, 즉 그것을 자연 그 자체처럼 순수하고 불변한 것으로 보이게 하려는 것이 그러한 이데올로기가 가진 기능이다. 이러한 기호들은 바르트에게는 불건강한 것으로 보일 수밖에 없었다. 여기에서 바르트는 그의 후기 구조주의의 영역으로 넘어설 단서를 엿보인다.

결국 바르트는 『기호학의 요소』(1967)에서 구조주의의 언술 자체가 설명의 대상이 될 수 있음을 인정했다. 구조주의자 혹은 기호학적 연구자는 자신의 언어를 '제1차' 대상 언어에 대해 당당하게 작용하는 '제2차' 언어로 보게 된다. 이 제2 순위 언어는 '메타언어'라 불린다. 그것은 대상을 굽어보며 사심없이 검토할 수 있는 위치에까지 올라가는 언어이다. 하지만 바르트가 『유행의 체계』 (*Systeme de la Mode*)에서도 인정하듯 궁극적인 메타언어란 존재하지 않는다. 왜냐하면 항상 다른 연구자가 나타나서 자신의 언어를 연구 대상으로 삼을 수 있으며, 어떤 메타언어라도 결국은 1차 언어의 위치에 놓여지고 또 다른 메타언어에 의하여 심문 받을 수 있기 때문이다. 이것은 무한한 아포리아(aporia, 회귀)이며 끊임없이 반복될 수 있는 것이다. 결국 문학언어는 밑창 없는 언어이고 텅 빈 의미에 의해 지탱되는 순수한 애매성 같은 것이다.[8]

---

8) 테리 이글턴(김명환 외 공역), 『문학이론입문』, 창작사, 1986, p.165

이후 그는 논문 「저자의 죽음」(*The Death of Author*, 1968)을 통하여 탈구조주의를 드러낸다. 바르트는 『저자의 죽음』은 소위 신비평에서 말하는 텍스트의 통일성을 부정하는 데서 시작된다. 바르트는 우선 저자의 텍스트의 근원이고 그 의미의 원천이며 유일한 해석의 권위자란 종래의 전통적 견해를 부정한다. 이것은 역사적·전기적 배경으로부터 독립을 주장하는 신비평과 동일한 진술을 하는 것처럼 보인다. 그러나 신비평가들은 텍스트의 통일성이 저자의 의도가 아닌 텍스트의 구조 속에 들어있다고 믿었지만, 바르트는 이 스스로 내재해 있는 통일성이 짙은 저자와 은밀한 관계를 맺고 있다고 주장한다. 그 이유는 신비평가들에 의하면 텍스트는 세상에 대한 작가의 직관과 부합되는 복합적인 언어의 도상(圖像)으로 되어 있는 것이기 때문이라는 것이다. 바르트는 이러한 의미에서의 작가도 부정해 버린다. 그리하여 그가 의미하는 저자란 모든 형이상학적 신분이 제기된 채, 인용과 반복과 메아리와 지시소들의 무한한 저장소인 언어가 교차하고 재교차하는 위치로 축소되어 버린다. 그러므로 독자는 어느 방향에서부터라도 텍스트 속에 진입할 수 있으며, 지시 대상에 개의치 않고 자유롭게 텍스트의 의미 형성 과정을 열고 닫을 수 있게 된다. 그들은 자유롭게 텍스트의 즐거움을 취할 수도 있고 또 지시 대상의 손아귀를 교묘하게 빠져나가는 지시어의 좁은 통로를 임의로 따라갈 수도 있게 된다.9) 이렇게 저자의 의도를 무시한 채 독자들이 텍스트 내에서 자유 분방하나 방종을 즐길 수 있음과 그 과정을 밝힌 것이 그의 『텍스트의 즐거움』(*The pleasures of the Text*, 1973)이런 저서이다.

이 저서에서 바르트는 먼저 텍스트와 작품을 구별한다. 구조주의 관점에서의 텍스트, 곧 문학 작품의 현상적 표면, 작품 안에 드러나는 말들의 짜임, 단일하고 안정된 의미를 드러내는 기호는 그에 의하면 작품을 지칭하는 것이다. 텍스트는 이러한 판독 가능한 완결된 대상으로서의 작품과는 완전히 구별되는

---

9) 위의 책, pp.115~116.

것으로, 그것은 하나의 산물이 아닌 생산성 그 자체로 정의되는 것이다. 바르트는 '텍스트=직물'이란 개념을 설정하는데, 이 개념은 시니피앙 또는 코드들의 무한한 짜임 안에 주체가 위치하며 해체되는 생산성·역동적인 의미를 강조한다.10)

이렇듯 텍스트가 더 이상 산물이나 시니피에의 창출 도구로 간주되지 않는다면 그리하여 의미 실천의 장·언술 행위 그 자체를 의미하는 것이 된다면, 그것은 글읽기가 곧 창조적 행위로 변모됨을 뜻한다. 즉 글읽기의 주체는 더 이상 소비자가 아닌 의미 생산의 주체로서 의사소통을 위한 표현의 언어를 해체하고, 무한한 시니피앙의 유희를 조작하고, 분산시키며 재분배하는 자이다. 그러므로 글 읽기는 곧 글쓰기를 의미하여 이런 점에서 볼 때 텍스트론은 새로운 인식론적인 대상으로 독자를 부각시키는 셈이 된다.11) 그리고 이때 독서란 그 자체로는 완결된 구조를 이루고 있지 못하는 텍스트를 구조화하는 행위가 된다.

바르트는 독자가 소비자로서, 단지 수동적으로 읽도록 만들어진 완결된 구조의 책을 '읽을 수 있는 텍스트'라고 하고, 독자가 의미 생산의 주체로서 구조화의 행위를 통하여 직접 쓰도록 유도하는 책을 '쓸 수 있는 텍스트'라고 한다. '읽을 수 있는 텍스트'는 독자에게 일반적 의미로써 마음이 쾌적한 상태인 즐거움(Plaisir)을 제공하는 반면 '쓸 수 있는 텍스트'는 독자에게 정신과 육체를 관통하는 보다 내적이고도 열렬하며 심오한 즐김(jouissance)을 이룩할 수 있게 한다고 주장한다. 이 즐거움과 즐김은 『텍스트의 즐거움』을 지배하는 두 축이다.

이렇듯 글쓰기가 표류하게 된 이탈의 축은 시스템·언어·규범·담론·장소 등 모든 기존의 이데올로기적 질서이며, 아토피는 그것으로부터의 벗어남·해방을 가리킨다. 의미를 강요하는 사회, 선택을 요구하는 그런 사회·장소로

---

10) 김희영, 「롤랑 바르트의 후기 문학 실천」, 『세계의 문학』 통권 53호, 1989 가을호, p.281.
11) 위의 책, p.283.

부터의 도피는 절대적으로 자동적인, 어떤 목적성도 가지지 않는 즐거움의 중성의 언어를 통해서만 가능하다. 이와 같이 바르트의 작업은 세계를 하나의 고정된 체계적이고도 일반적인 의미의 해독이 아닌 그 부단한 움직임과 의미의 역동적인 생성을 파악하려는 데에 목적이 있다는 점에서12) 그의 후기 구조주의적인 해체의 전략이 명료히 드러난다.

(2) 자크 라캉 ― 언어와 무의식

현대 프랑스의 정신분석학자인 자크 라캉(Jacques Lacan)은 일찍이 소쉬르의 이론에 동조하여 언어학과 기호학적 통찰을 통하여 전통적인 프로이트 이론을 재정립하는 작업에 들어갔다. 그리하여 탈구조주의적 관점에서 프로이트를 재해석하였다. 특히 그는 무의식은 언어와 같이 구조되었다는 것과 꿈 작업(dream-work)은 기표의 법칙을 따른다는 것을 인식했다. 이런 통찰이 뜻하는 바를 세심히 연구하는 가운데 라캉은 현대 정신분석학을 태동시켰으며, 기호학의 중심 이론가로 부상한다.

그의 접근 방법의 기본적 축은 주체의 형성 문제, 언어와 무의식의 관계이다. 그는 자신의 연구 작업을 통해 확고한 의미가 존재한다는 전제, 인간이 자신이 전달하고자 하는 의미를 언어를 통해 순수하게 전달할 수 있다는 전통적 전제를 파괴시킨다. 그가 제시한 결론은 '주제란 무엇인가' 하는 물음과 밀접하게 관련이 되어 있으며, 이 문제는 그가 제시한 두 단계의 아동 발달 단계인 '상상적 단계'와 '상징적 단계'의 이론과 관련된다.

상상적 단계란 자아가 형성되어 있지 않은 단계를 뜻하는 용어로서, 이 시기의 아동은 자신과 대상을 분리하지 못한 채 부단히 서로를 교환하면서 살아가

---

12) 위의 책, pp.287~289.

는 존재이다. 자신을 하나의 '독립적인 통일체'로 인식하지도 못한 채 살아가는 허상적 개념인 것이다. 이 상상적 단계 속의 아이는 거울 속에 비친 '나'를 통해서 곧, 대상을 통해서 '나'를 보는 단계인 '거울 단계'를 통하여 서서히 자기 중심을 만들어 나가기 시작한다. 이때의 아동은 거울 속에 비친 자신의 이미지를 통하여 유쾌한 통일감을 맛보며, 이것이 스스로에게 다시 투영되는 것을 경험하게 된다. 아이는 이러한 재 투영의 과정을 경험함으로써 '나'라는 의식을 점차적으로 키워가게 되는 것이다. 이때 거울 앞에서 자신을 바라보는 아동을 의미 부여가 필요한 대상인 '시니피앙'이라고 한다면, 거울 속에 비친 이미지는 '시니피에'라고 부를 수 있다. 아동이 보는 거울 속 이미지가 자신의 '의미'에 해당하기 때문이다.

그러나 어머니와 누리고 있던 일체적인 삶 속에 어머니와는 다른 성(性), 즉 남근을 지닌 존재인 아버지가 이 속에 개입하게 되면서 문제가 생기기 시작한다. 남근으로 상징되는 아버지를 통하여 아이는 성적(性的) 차이를 인식하게 되며, 따라서 자신에게 기대되는 성적 역할을 받아들여야 한다. 또한 어머니와의 분리를 경험하게 되면서 자신이 갖고 있는 가족 내에서의 위치를 선택하고 받아들여야 한다는 사실을 깨닫게 된다. 이와 동시에 이 시기의 아동은 언어도 습득하게 된다. 이것 역시 이 시기의 아이가 하나의 정체성이 다른 것과의 '차이'를 통해서만 형성된다는 것, 곧 하나의 존재란 다른 존재를 배제함으로써 존재하게 된다는 것을 알게 된다.

아이는 언어를 습득하면서 하나의 기호는 다른 기호들과의 차이를 통해서만 의미를 갖게 된다는 점, 기호는 그것이 지시하는 대상이 부재(不在)한다는 점 등을 인식하게 될 때 상징적 단계에 들어간다. 상징적 단계는 아이에게 고통스러운 단계이다. 아이는 속으로는 과거의 욕망을, 겉으로는 그것을 억압하는 의식의 세계를 갖고 있는 이중적이고 분열적인 삶을 살아가야 한다. 이제 아이는 현실을 충분하게 상상적으로 소유하던 세계에서 언어라는 '공허'한 세계로 추방되는 것이다. 언어는 차이와 부재의 무한한 과정에 불과하기 때문에 공허한 것이다. 아이는 이제 어떤 대상을 충분히 또한 완전하게 소유하는 대신에, 한 시니피앙이 다른 것을 함축하고 그것이 또 다른 것을 함축하는 과정이 무한히 반복되는 그 세계, 즉 공허한 언어의 세계 속으로 돌입하여 살아가야 하는 것이다.

라캉이 말하는 '욕망'의 의미는 이러한 과정 속에서 규정된다. 모든 욕망은 결핍에서 생겨나며 그것을 메우기 위해 운동하는 속성을 갖고 있다. 이때 결핍이란 기호가 지시하는 대상이 부재함을 의미한다. 이것은 언어 혹은 기호가 갖고 있는 기본적 속성과 일치하는 것이기도 하다. 따라서 언어를 사용한다는 것은 욕망의 포로가 된다는 것과 동일한 것이기도 하다.

무의식 역시 언어가 갖고 있는 동일한 성질을 갖고 있다고 라캉은 말한다. 라캉은 프로이트와는 좀 다른 방식으로 무의식의 속성을 설명한다. 그는 무의식이 언어처럼 기호, 즉 안정된 의미가 아닌 '시니피앙'으로 구성되어 있다고 본다. 즉 무의식은 쉬임없이 활동하는 여러 가지의 시니피앙으로 구성되어 있으며, 이것들의 시니피에는 억압되어 있기 때문에 접근하기가 매우 어렵다는 것이다. 그래서 라캉은 무의식이란 시니피에가 시니피앙 밑으로 미끄러져 가는 존재, 의미가 끊임없이 희미해지거나 사라지는 존재, 해독이 거의 불가능할 뿐만 아니라 그 궁극적 의미를 해결할 수 없는 모더니즘적인 텍스트라고 말하는 것이다.

이렇게 모든 의미가 끊임없이 미끄러지고 숨는 것이 언어의 본질이다. 이러한 언어의 본질은 라캉이 말하는 자아(ego)의 속성과도 일치한다. 라캉에게 있어서 자아라는 것은 우리가 동일시하는 대상으로 규정되는 것일 수밖에 없는데, 이렇게 형성된 자아(selfhood)라는 것은 하나의 그럴듯한 허상에 불과하다. 왜냐하면 자아란 언어처럼 무수한 기호의 차이를 따라 표류하고 분산되어 있는 존재이기 때문이다.

이와 같이 라캉은 주체의 허상적 성격, 욕망의 본질, 무의식의 구조, 의미의 부재 등에 관해 말하고 있다. 그리고 그의 일관된 주장은, 그것들이 언어가 갖고 있는 성질과 동일한 속성을 갖고 있다는 점이다. 이것들은 모두 '차이'와 '부재'라는 기본 속성을 지닌 채 시니피앙들의 무수한 연쇄 고리를 따라 끊임없이 표류하고 이동하는 속성을 지니고 있는 것이다. 라캉의 이러한 주장은 전형적인 탈구조주의자들의 이론과 합치된다.

5. 모더니즘과 포스트모더니즘

(1) 모더니즘과 포스트모더니즘의 개념

문학의 경우, 포스트모더니즘을 논의하는 데 있어서는 모더니즘과의 관계를 먼저 규명해야 한다. 왜냐하면 포스트모더니즘은 모더니즘을 출발점으로 삼고 있기 때문이다. 지금까지 포스트모더니즘이 모더니즘과 맺고 있는 관계는 흔히 포스트구조주의가 구조주의와 맺고 있는 관계에 비유되어 왔다. 이 이론에 따르면 모더니즘은 구조주의에, 포스트모더니즘을 포스트구조주의에 해당한다. 때문에 구조주의와 포스트구조주의는 어디까지나 모더니즘과 포스트모더니즘의 이론이라는 탈을 쓰고 있는 데 지나지 않는다. 그러나 문제는 겉으로 보이는 것처럼 그렇게 단순하지만은 않다. 모더니즘과 포스트모더니즘간의 관계는 정확하게 어떻게 다른가에 대해서 논란이 분분하기 때문이다. 나아가 모더니즘과 포스트모더니즘의 관련성을 어떻게 규정하는냐에 따라 바로 포스트모더니즘의 위상이 결정된다고 할 수 있다.

일반적으로 1910년부터 1930년에 이르는 20년을 모더니즘의 전성기로 파악하고 있다. 영문학계에서 모더니즘 운동을 주도한 문학적 대표자들을 꼽자면 T.S. 엘리엇(T.S. Eliot), 제임스 조이스(James Joyce), 에즈라 파운드(Ezra Pound),

윈덤 루이스(Windham Lewis), 버지니아 울프(Virginia Woolf), 월러스 스티븐슨 (Wallace Stevens), 거트루드 스타인(Gertrude Stein) 등이 있고, 불문학과 독문학 계에는 마르셀 프루스트(Marcel Proust), 스테판 말라르메(Stéphane Mallarmé), 앙드레 지드(Andreé Gide), 프란츠 카프카(Franz Kafka), 라이너 마리아 릴케 (Rainer Maria Rilke) 등이 있다.

이러한 작가들이 작품에 담았던 문학적 모더니즘의 중요한 특징들을 들자면 첫째, 인상주의와 주관성을 새롭게 강조했다. 즉 우리가 무엇을 보는가보다 어떻게 보는가에 초점을 맞추었다. 이런 특성은 특히 '의식의 흐름 기법'에 두드러지게 드러난다. 둘째, 맹백한 객관성에서 벗어나고자 했다. 가령 소설의 경우, 밖에서 조망하는 듯한 시선의 전지적 서술이나 고정된 서사 시점 그리고 명확한 도덕적 입장과 같은 특징을 거부한다. 셋째, 장르간의 구분이 모호해졌다. 가령 소설의 경우에 좀더 서정적이고 시적인 맛이 더해진 반면, 시는 기록물이나 산문 쪽으로 다가갔다. 넷째, 파편화된 형식과 불연속적인 서술 그리고 이질적인 소재들을 무작위적으로 이어붙이는 콜라주 기법을 새롭게 선호하게 되었다. 다섯째, '자기 성찰'이 주요 과제로 떠올랐다. 시·희곡·소설은 각각 자기 자신의 본질과 위상 그리고 역할에 관해 문제를 제기했던 것이다.

이러한 변화들은 궁극적으로 문학의 가장 큰 화두인 실험과 혁신이 되었다. 1930년대에 들어서면 모더니즘은 전성기를 지나 상당히 후퇴한 모습을 보였다. 그렇다면 포스트모더니즘은 모더니즘을 계승한 것인가, 그에 반발한 것인가. 포스트모더니즘과 모더니즘의 관계를 논의하는 데 있어서, 이론가들의 입장은 크게 세 유형으로 나누어진다. 첫째는 포스트모더니즘이 모더니즘의 연속이라는 주장, 둘째는 모더니즘과 단절된다는 주장, 셋째는 모더니즘의 연속이면서 단절이라는 절충주의적 주장이 그것이다.

포스트모더니즘을 가깝게는 모더니즘, 넓게는 낭만주의의 계승이나 논리적 발전으로 파악하는 입장에 따르면, 포스트모더니즘은 어디까지나 모더니즘이나 낭만주의와 동일한 선상에 위치하며, 따라서 모더니즘이나 낭만주의와 그렇게 변별적으로 구분되지 않는다. 이러한 입장을 펴는 이론가들의 관점에서 보면 포스트모더니즘은 모더니즘의 후기 현상이나 그것보다 한결 더 극단적으로 발전한 형태에 지나지 않는다. 포스트모더니즘이 흔히 후기모더니즘이라는 관점에서 논의되어 온 것은 바로 이러한 이유 때문이다. 이러한 관점에서 포스트모더니즘을 파악해 온 대표적 이론가로는 미국의 네오리얼리즘 이론가 제랄드 그라프(Gerald Graff)를 꼽을 수 있다. 그는 "포스트모더니즘은 낭만주의와 모더니즘이 견지하는 입장과의 단절이 아니라 오히려 이 두 운동의 기본 전제들을 논리적으로 발전시킨 극한점으로 파악하지 않으면 안 된다"13)고 주장한다. 포스트모더니즘을 일종의 '돌파구'로 파악하는 일부 이론가들의 태도를 가리켜 그가 '신화'라고 부르는 것은 바로 이러한 이유 때문이다.

또한 프랭크 커모우드(Frank Kermode) 역시 포스트모더니즘을 모더니즘의 연장선상에서 파악하고자 한다. 그의 저서 『연속성』(*Continuities*, 1968)에서는 아예 포스트모더니즘이라는 용어 자체를 거부하고 있기도 하다. 그는 모더니즘을 크게 팰리오모더니즘(舊모더니즘)과 네오모더니즘(新모더니즘)으로 구분한다. 팰리오모더니즘은 모더니즘의 역사적 발전에서 볼 때 초기나 중기의 모더니즘에 해당하는 반면, 신모더니즘은 후기의 모더니즘에 해당한다. 다시 말하여 네오모더니즘이 바로 포스트모더니즘을 가리킨다고 할 수 있다.

포스트모더니즘을 모더니즘과의 의식적 단절이나 비판적 반작용으로 파악하는 이론가에 따르면, 포스트모더니즘은 낭만주의는 말할 것도 없고 모더니즘과도 변별적으로 구별되며, 그 나름대로 독특하고 고유한 존재 이유를 지닌다. 다시 말하여 그것은 고전주의와 낭만주의, 그리고 리얼리즘과 모더니즘에 뒤이어 나타난 급진적으로 새로운 예술 전통이나 이론 또는 사조에 해당한다. 이러

---

13) G. Graff, 'The Myth of the Postmodern Breakthrough', in Literature *Against Itself : Literary Ideas in Modern Society*, Chicago : Univ. df Chicago Press, 1979, p.32.

한 입장을 내세우는 이론가들의 경우 포스트모더니즘은 단순히 탈모더니즘이나 반모더니즘적인 속성을 지니게 된다. 이런 관점의 대표적인 이론가는 네델란드의 다우브 W. 포크마(Douwe W. Fokkema)를 들 수 있다. 그는 러시아 형식주의를 출발점으로 하여 수용미학과 기호학을 거치며 문학사 개념에 이론의 기초를 두고 있다. 그의 『문학사, 모더니즘 그리고 포스트모더니즘』(*Literary History, Modernism, and Postmoernism*, 1984)에서는 이른바 '규범 체계의 변화'에 의거하여 문학사를 규명한다. 그는 "문학사에 결정적인 현상 중의 하나는 규범 체계의 변화이다. 즉 낭만주의가 리얼리즘에 의하여, 리얼리즘이 상징주의와 모더니즘에 의하여, 그리고 모더니즘이 포스트모더니즘에 의하여 교체된 것은 문학사를 통하여 중요한 사건에 해당된다."14)라고 언급한다. 때문에 포크마의 관점에서 보면 포스트모더니즘은 낭만주의와 리얼리즘 그리고 모더니즘과 같은 그 이전의 전통이나 이론들과 대등한 위치를 차지할 뿐만 아니라 그것들과 동등한 가치를 부여받고 있는 셈이다. 또한 어빙 하우(Irving Howe)는 논문 「대중 사회와 포스트모던 소설」(*Mass Society and Postmodernism*, 1970)을 통하여, 레슬리 피들러(Leslie Fiedler)는 논문 「경계선을 넘고—간격을 좁혀라」(*Cross the Border—Close the Gap*, 1977)를 통하여 각각 포스트모더니즘을 모더니즘과 대립되는 개념으로 파악하고 있음을 본다. 그리고 하버마스(Jürgen Habermas)나 제임슨(Fredric Jameson) 같은 이론가도 포스트모더니즘을 모더니즘의 단절 개념으로 인식한다. 제임슨에 의하면, 포스트모더니즘은 후기 자본주의 시대의 특유한 문화 현상으로 정의된다. 따라서 그것은 이전의 사실주의, 모더니즘과는 질적으로 다른 문화 개념이다.

이와 같이 서로 상충되고 대립되는 두 가지 입장을 절충주의적으로 파악하고자 하는 이론가들도 있다. 절충주의적 입장은 두 입장을 모두 포용하는 태도

---

14) D.W. Fokkema, *Literary History, Modernism, and Postmodernism*, Amsterdam/Philadelphia : John Benjamins, 1984, p.5.

를 취한다. 포스트모더니즘과 모더니즘의 관계는 단순히 연속이나 단절이라는 관점에서 파악할 수 없다. 포스트모더니즘은 한편으로는 모더니즘의 논리적 연속으로 파악될 수 있는 반면, 다른 한편으로는 모더니즘으로부터의 단절로도 파악될 수 있기 때문이다. 이 점과 관련하여 필립 스티빅(Philip Stevick)은 포스트모더니즘과 모더니즘이 맺고 있는 관계를 크게 변증법적 관계와 대립적 관계, 그리고 적대적 관계라는 세 유형으로 범주화했다. 또한 이합 핫산(Ihab. Hassan) 역시 이런 관점에서 포스트모더니즘의 특성을 밝히고 있다. 그에 의하면 포스트모더니즘은 이른바 불확정 편재성(indetermanence)이라는 개념으로 요약된다. 불확정성 편재성이란 불확정성(indeterminacy)과 보편적 내재성(immanence)을 결합시켜 만든 조어이다. 이는, 이 시대의 문화는 불확정적 요소가 보편화되고 있음을 나타낸다.

(2) 모더니즘과 포스트모더니즘의 상호 관련성

이러한 모더니즘의과 포스트모더니즘과의 상호 관련성은 대략 네 가지 유형으로 정리할 수 있다.15) 곧 계승적 관계, 발전적 관계, 대립적 관계, 적대적 관계가 그것이다.

첫째, 계승적 관계를 살펴보기로 한다. 실존적 위기의식과 소외감, 고립감과 같은 주제에서 본다면 포스트모더니즘은 모더니즘과 크게 다르지 않다. 인류 역사상 그 유래를 찾아볼 수 없는 제1차 세계대전을 겪은 후 많은 사람들은 극도의 위기의식과 비극적 상실감을 느꼈으며, 이런 위기의식이나 상실감은 제2차 세계대전 이후에 이르러 한층 더 첨예하게 부각되었다. 적어도 주제적 측면에서 볼 때, 포스트모더니즘은 바로 앞서 일어난 문학 전통이나 이론을 거의 그대로 계승하고 있는 셈이다. 따라서 포스트모더니즘과 모더니즘 사이에는 이

---

15) 김욱동, 『모더니즘과 포스트모더니즘』, 현암사, 1994, pp.190~193 참조.

렇다 할 만한 변별적인 구별이 발견되지 않는다. 바로 이러한 관점에서 포스트모더니즘은 모더니즘과 계승적 관계를 맺고 있다고 파악된다.

둘째, 발전적 관계를 살펴보기로 한다. 즉 과거의 전통이나 인습에서 벗어나 새로운 것을 창안하고자 하는 문학적 급진주의라는 형식적 관점에서 본다면 포스트모더니즘은 모더니즘 전통이나 이론을 상당 부분 발전시키고 있다. 초기 모더니즘을 주도한 에즈라 파운드(Ezra Pound)가 말하는 "모든 것을 새롭게 하라"는 모더니즘의 슬로건은 사실상 포스트모더니즘의 경우에도 거의 마찬가지로 적용되기 때문이다. 물론 네오 리얼리즘적인 경향 또한 포스트모더니즘을 규정하는 데 결코 무시할 수 없는 중요한 요소이다. 그러나 이러한 복고주의적인 성향에 못지 않게 전위적인 실험성은 포스트모더니즘을 특징짓는 가장 핵심적인 요소 가운데 하나라고 할 수 있다. 모더니즘 텍스트들은 일견 무질서하고 부조리하게 보이면서도 좀더 면밀히 살펴보면 그 속에 일종의 질서가 존재하고 있다. 예를 들어 의식의 흐름이나 내면 독백과 같은 난해한 수법 역시 궁극적으로 인간 의식의 통일성이나 일관성을 전제로 하여 이루어진다. 따라서 이러한 통일성이나 일관성을 캐는 열쇠만 발견하면 나머지 해답은 쉽게 풀리기 마련이다. 그러나 포스트모더니즘 계열에 속하는 텍스트의 경우에는 이보다 한결 더 복잡하고 미묘하다. 비유적으로 말해서 모더니즘의 실험성은 '일방통행로'에 해당하는 반면 포스트모더니즘의 그것은 '막다른 골목'에 해당하는 셈이다.

셋째, 대립적 관계를 살펴보자. 유기적인 구성이나 형식 또는 예술의 자기 목적성이라는 관점에서 본다면 포스트모더니즘은 모더니즘과는 상당히 대립적인 관계를 맺고 있다. 예술 작품을 일반적으로 '잘 빚어진 항아리'나 '언어적 성상(星像)'에 비유하는 모더니즘 계열의 작가들과는 달리 포스트모더니즘 작가들은 문학 작품의 유기적 통일성을 거의 모두 부정한다. 그들은 이러한 통일성이나 일관성보다는 오히려 편리성이나 임의성 또는 유희성을 더욱 설득력 있는 예술적 원리로 받아들이고 있다. 그러니까 그들의 관점에서 보면 문학 작품은 '잘 빚어진 항아리'가 아니라 오히려 '산산조각으로 깨어진 항아리'에, 그리고 '언어적 성상'이 아니라 오히려 '언어적 미로'에 해당되는 셈이다. 뿐만 아니라 포스트모더니스트들은 모더니스트들과는 달리 예술의 자기 목적성에 심각한 회의를 보인다. 포스트모더니스트들은 태양 아래 새로운 것이 존재하지 않듯이 예술에도 이제 더 이상 새로운 것은 존재하지 않는다고 주장한다. 예술적 소재의 고갈이나 소진을 누구보다도 첨예하게 깨닫고 있는 그들은 과거에 이미 존재했던 소재를 다시 재생하여 활용하고자 할 뿐 그들 자신의 작품에서 어떤 독창성이나 창조성과 같은 것을 아예 기대하지도 않는다. 포스트모더니즘과 관련하여 흔히 '작가의 죽음' 또는 '인간의 죽음'과 같은 문제는 어디까지나 이러한 현상을 지칭하는 표현에 지나지 않는다.

넷째, 적대적 관계를 살펴보자. 프로이트가 말하는 이른바 '억압된 것들의 복귀' 현상이라는 관점에서 본다면 포스트모더니즘은 모더니즘과 매우 적대적인 관계를 맺고 있는 것처럼 보인다. 그 동안 가부장 제도적인 모더니즘의 권위 아래에서 주변적인 위치밖에는 차지하지 못하면서 억압되었거나 무시되어 온 것들이 포스트모더니즘에 이르러 새로운 의미와 가치를 인정받으면서 부상되기 시작하였다. 다시 말해서 포스트모더니즘은 무엇보다도 주변적인 것들의 부상이라는 점으로 특징지을 수 있다. 기성 문화에 반기를 드는 청년 문화를 비롯한 반문화, 고답적이고 엘리트주의적인 고급 문화에 대항하는 대중 문화, 제1세계나 제2세계의 문학에 도전하는 제3세계의 문학, 가부장적 남성중심주의에 항거하는 페미니즘 문학 등이 바로 그것이다. 궁극적으로는 모두 탈중심화나 탈정전화 현상에서 비롯되는 이러한 현상은 포스트모더니즘에 이르러 가장 두드러지게 나타나기 시작했던 것이다.

요컨대, 포스트모더니즘은 모더니즘의 논리적인 연장이며 계승인 동시에 모더니즘에 대한 비판적 반작용이며 단절이다. 한편으로 포스트모더니즘은 아방

가르드(avant-garde) 예술 운동을 포함한 모더니즘의 기본 원리를 논리적으로
계승하여 극단적으로 발전시킨다. 다른 한편으로 포스트모더니즘은 모더니즘
에 내재하는 한계와 모순을 극복함으로써 새로운 대안을 제시하고자 한다. 따
라서 극단적으로 말하자면 '후기모더니즘'이나 '반모더니즘' 또는 '탈모더니즘'
은 모두 진정한 의미에서 포스트모더니즘과는 거리가 멀다고 할 수 있다. 왜냐
하면 이 두 개념은 포스트모더니즘이 포함하는 개념 중에서 유달리 어느 한쪽
만을 강조하기 때문이다. 따라서 포스트모더니즘과 모더니즘의 상관 관계는
'둘 다 모두'라는 관점에서 파악하여야만 할 것이다.

(3) 포스트모더니즘의 특징

우리 나라에서 포스트모더니즘이라는 용어는 1980년 중반부터 영미문학자
들 사이에 논의되기 시작하여, 국문학을 전공하는 학자들, 작가들, 예술가들,
그리고 건축·회화·음악·미술·무용 등 문화 일반에서도 관심을 집중해 왔
다. 그리하여 포스트모더니즘은 90년대 우리 문학의 새로운 풍토를 조성해 주
었다. 이러한 포스트모더니즘의 풍토는 2000년대를 어떻게 장식할 것인가, 그
향방은 미지수이다.

포스트모더니즘의 용어는 수잔 손탁(Susan Sontag), 레슬리 피들러(Leslie
fiedler), 이합 핫산(Ihab Hassan) 등 미국 비평가들에 의해 폭넓게 사용되었고 이
론적 체계가 섰다고 할 수 있다. 따라서 포스트모더니즘의 개념과 특징을 바르
게 이해하기 위해서는 미국적 현상으로서의 발생 과정을 살피는 일이 전제된
다. 정정호는 포스트모더니즘의 특징적 인식소들을 주로 핫산의 이론을 적용하
여 밝히고 있는데 다음과 같다.16)

---

16) 정정호, 「포스트모더니즘과 문학 비평」, 『현대문학비평 이론의 전망』, 성균관대출판
　　부, 1994, pp.207~217 참조.

① 불확정성

불확정성(Indeterminacy)은 우리 시대의 다양한 목소리와 원리들이 포용되고 통합되는 문화 현상으로 조금은 막연하고 거대한 특징 중의 하나이다. 불확정성에 도움이 되는 개념은 애매모호성, 불연속, 이단, 다원론, 임의성, 반역, 곡해, 절충주의, 무작위성, 해체, 변용의 정신들이다.

이러한 불확정성의 인식소는 서구의 모든 언술 행위의 영역에서도 물론 나타난다. 오늘날 우리는 문학에서 작가, 독자, 글쓰기, 책읽기, 책, 장르 등에 대해 종전과는 매우 다르게 생각하게 되었다. 가령, 미하일 바흐친(Mikhail Bakhtin)은 다성성과 카니발의 개념에 기초를 둔 대화적 상상력을 주장하고, 볼프강 이저(Wolfgang Iser)는 텍스트 내에 산재해 있는 '공백들'을 근거로 새로운 독서 이론을 수립하였다. 수잔 손탁은 '해석'을 거부하고 '독서 에로학'을 내세우며, 헤롤드 블룸(Harold Bloom)은 '오독'의 필요성을 역설하며, 엘랜 식수스(Helene Cixous)와 같은 일련의 프랑스 여권주의 비평가들은 '여성적 글쓰기'를 주창하여 종래의 남성적 글쓰기의 특징인 (선형)논리성과 이론의 고답성 들을 비판한다. 스탠리 피쉬(Stanley Fish)는 독자반응의 문체학(최근에 이르러서는 해석의 공동체 개념을 병행해서)을 내세우고, 해체주의 비평가인 폴 드 만(Paul de Man)은 문학의 본질을 수사학으로 파악하고 수사학의 기능은 '논리를 일시 중지시키고 기표와 기의의 지시적인 탈선의 변덕스러운 가능성'을 열어주는 것으로 본다. 또한 제프리 하트만(Geoffrey H.Hartman)은 '불확실성의 해석학'을 고집하며 문학과 비평의 경계선을 없애고자 하여 비평가를 '무질서와 혼돈에 대한 감식가'로 본다. 힐리스 밀러(J.Hillis Miller)는 종래의 비평가의 정의인 2차적인 또는 기생적인 해석의 기능공의 개념에서 '주인 또는 주체(해석하기 위해 초대된 손님으로서가 아닌)로서의 비평가'의 개념을 내세운다.

나아가 롤랑 바르트(Roland Barthes)는 문학 작품을 예술의 객체이며 완성된 제품으로서의 작품(work)으로 보는 개념을 탈피하여 텍스트의 개념을 수립하여 하나의 과정, 퍼포먼스, 해프닝을 강조하고 텍스트 상호 관계성을 논한다. 그는 종래의 '읽는 텍스트'(readerly text)와 새로운 '쓰는 텍스트'(writerly text)를 구별하고 있다. 바르트에 의하면, 문학 작품의 목적은 독자를 텍스트의 소비자로 만드는 것이 아니라 생산자로 만드는 것이다. 독자 자신이 텍스트의 의미를 다시 쓰는, 즉 창조·참여·생산하는 과정을 강조하여 새로운 즐거움의 텍스트학을 수립하고 있다. 바르트의 이성적 텍스트는 기의들이 모인 하나의 구조가 아닌 기표들이 복합적으로 상호 작용하는 은하계의 기라성 같은 모임이 된다.

이상에서 살펴 본 불확실성의 인식소는 현재를 감히 붕괴(disintegration), 해체(deconstruction), 전이(displacement), 차연(différance), 탈중심(decenterment), 분열(disjuction), 소멸(disappearance), 분해(decomposition), 정의해체(de-definition), 탈신비화(demystification), 탈총체화(detotalization), 탈합법화(delegitimation) 등의 개념에서 볼 때 de-, dis-의 시대로 생각하게 만든다. 이 불확정성은 다음에 나오는 여러 가지 다른 특징들과 중복되기도 하며 밀접한 관계를 맺게 된다.

② 단편화

단편화(Fragmentation)혹은 탈중심은 사회적·인식론적·시적인 종합을 거부하고 총체화를 부정적으로 생각하는 서구 현대의 특징 가운데 하나이다. 포스트모더니즘 시대는 산종(dissemination), 차연(différance), 변종(mutants)의 시대이다. 기법으로는 몽타주 수법, 꼴라주, 혼성모방 등이 있다. 이러한 포스트모더니즘의 단편화의 기법은 T.S 엘리어트의 『황무지』에서 볼 수 있듯이 모더니즘에서도 쓰였다. 그러나 모더니즘과 포스트모더니즘의 단편화에 대한 태도에는 중요한 차이가 있다. 모더니즘에 있어서 단편화는 어떤 질서나 통합에 대한 동경과 향수가 있지만, 포스트모더니즘의 경우는 그러한 질서나 통합을 위한 단편화가 아니라 단편화 그 자체를 보여주고 받아들이는 것으로 끝난다.

은유보다 환유가 중요시되고 편집병이라기보다는 분열증의 시대이며 역설과 배리가 자주 등장한다. 또 종속 형식(hypotactic form)보다 병렬 형식(paratactic form)이 더 중요시된다. 헤이든 화이트(Hayden White)는 『비평의 문화』(*Cultural Criticism*, 1971)이라는 글에서 "이 시대의 혁신적인 예술가들과 사상가들이 항거해 온 것은 실재계의 구성을 종속과 지배 관계에서 요구하는 의식인 구문적으로 구성되는 비전이라는 바로 그 원리이다. 병렬적인 관습은 심상들과 지각들의 위계 질서적인 배열에 관한 어떤 충동도 거부하려고 하며, 병렬이라는 단어는 어근 자체가 보여주듯이 '나란히 함께 배열'하는 것을 시인하고 있다. 병렬적 문체는 본질적으로 사회 관습적이기보다는 공동 사회적인 문제이다. 그것은 선천적으로 귀족적이고 엘리트적이기보다는 민주적이며 평등주의적이다. 그리고 금세기 초 예술과 사상에서 병렬적 구문의 재탄생은 새로운 전체주의 출현이나 또는 신화로 되돌아가는 것"이 아니라고 언급하고 있는데, 이는 병렬적 구조(병체 결합)의 특성과 중요성을 잘 설명하고 있다.

③ 탈정전화

탈정전화(Decannonization)는 혹은 탈경전화라고도 한다. 이는 한 마디로 말해 거대 담론의 거부이다. 장-프랑소아 리요타르(Jean-Francois Lyotard)는 현대 사회에서의 지배 서술(master narrative)의 탈권위화와 그 붕괴를 주장하고 그 대신에 소수 언술 행위(monority discourse)와 '사소한 이야기들'을 내세운다. 데리다, 푸코, 바르트 등과 같은 포스트구조주의자들의 '해체 이론'은 서구의 전통적인 형이상학 체계인 진리·주체·초월적 이성 등을 거부하며 신의 죽음과 아버지의 죽음 그리고 작가의 죽음을 선언하고 권위에 대한 야유와 전통적 커리큘럼의 개정을 요구하고 나선다. 이와 관련하여 타자·국외자·변두리 인간에 대한 관심이 늘어나는 것도 특기할 만하다.

서구 문학 연구에서는 '타자'에 대한 관심이 고조되어 어린이·바보·광인·광대·불구자·이방인·여성·노동자 계급·동성연애자 등에 관한 연구가 점차로 늘어난다. 미국의 경우, 흑인에 대한 관심과 여성에 대한 관심 그리고 소수 민족문학(ethnic literature), 즉·인디언·남미인 동양 등에 대한 관심이 점차 확산되었다. 영국에서는 전통적인 본국인들만의 영문학 이외에 소위 영어로 쓰여진 영연방 문학(Commonwealth literature), 즉 인도·서인도제도·아프리카·호주·뉴질랜드·캐나다 등 과거 영국 식민지에서 산출되는 문학을 '새로운 영문학(New English Literature)이라 부르고 활발한 연구를 진행시켰다.

주변부 타자로서의 여성 문제도 활발하게 논의된다. 특히 가부장적 남성중심사회에 대한 여권주의적인 거부와 해체 작업이 활발하게 이루어지고 있으며 정신분석학·마르크스주의·기호학·포스트구조주의 등의 영향으로 여성적 글쓰기와 여성적 책읽기에 대한 이론화 작업이 이루어진다. 이러한 문화적 성차별주의와 여성적 미학에 대한 관심은 앞으로 우리 문화의 방향에 지대한 영향을 주는 문제이기도 하다.

이와 같이 규범·정전·경전에 대한 도전은 서구 중심주의·엘리트주의·남성위주를 반대하고 제3세계문학·소수민족문학·대중문학·노동자문학·여성문학·변두리문학 등의 중요성을 증가시켜 주었다.

④ 혼성모방

포스트모더니즘의 특징 가운데 하나는 이종혼합(Hybridization)을 들 수 있다. 이것은 풍자·조롱적 모방(parody)·우스꽝스러운 모방(travesty)·혼성모방(pastiche)을 포함한 장르의 돌연변이적 복사, 즉 장르 의식의 붕괴와 장르의 혼합과 절충주의적 확산이다. 다원적이고 확산적이며 논리와 경계를 무시하는 유동적인 현재 상황에 맞추기 위한 전략인 장르 경계의 해체와 혼합에 대해서는, 미국 문화인류학자인 클리포드 기어츠(Clifford Geertz)가 그의 저서『국지적 지식-해석학적 인류학에 관한 에세이』(*Local Knowledge-Further Essays in Interpretive Anthropology*, 1983)에서 잘 설명해주고 있다. 가령 예를 들면, 레비

-스트로스의 이론은 여행기를 닮았고, 바르트는 작가·비평가·언어학자·철학자 등의 어떤 범위 속에 집어넣을 수 없을 정도로 다양하고 복잡한 인물이라고 설명하고 있는 것이다.

문학을 살펴보면 뉴저널리즘(New Journalism), 논픽션 소설, 주변부 문학(para-literature), 한계 문학(threshold literature) 등이 있고, 사회에서는 사실과 허구가 밀고 당기며 혼합된다. 이렇게 해서 트루먼 커포티의 '논픽션'이, 스타이런의 '역사에 대한 명상'이, 노만 메일러의 '전기로서의 역사'가, 톰 울프의 '뉴저널리즘'이 생기게 된다.

이러한 혼합 장르 혹은 장르 해체는 사실적인 것이 안전하거나 명백하지 않고, 오히려 불가사의할 정도로 기이하고 괴상하게 보이는 지엽적이고 허구적인 경험이 결코 그렇게 멀리 떨어져 있거나 낯선 것처럼 느껴지지 않는다. 오히려 일상 경험과 기이할 만큼 닮은 점을 지닌 경험 지대를 다루고 있는 느낌을 준다. 이러한 것들은 전통에 대한 다른 개념들을 보완해 준다. 지속과 단절, 고급 문화와 저급 문화가 혼합되고 현재 속에서 과거를 모방하는 것이 아니라 과거를 확장시키게 된다. 이러한 혼성모방을 통해 현재와 과거를 연결하는 변증법적인 '등시성'과 병렬적·수평적·평등적인 공간의 확산을 통한 공동체 의식인 공간 상호성이 확산된다.

고급 문학과 대중 문학의 분명한 경계도 모호해진다. 그래서 레슬리 피들러(Leslie a. Fiedler)는 순수성(고급성)과 대중성(저급성)의 '경계를 건너서 그 간극을 메우는' 것이 새로운 시대의 문학운동 즉 포스트모더니즘의 목표라고 말한다. 피들러가 이미 지적한 바와 같이, 이제까지 권위적인 문학 장르인 시·소설·희곡 등에 집중되었던 관심이 일종의 아(亞) 장르(subgenre)인 여행기·일기·편지·수필·평론(이론)·논픽션·공상과학소설·탐정소설·괴기소설·로망스·전기문학·르포문학 등의 '변종들'로 옮아간다.

⑤ 대중주의

포스트모더니즘은 고급문화와 정통 모더니즘에 대한 적대감에서 대중문화 (pop culture/mass culture)에 관심을 보인다. 이것이 바로 대중주의(Populism) 혹은 반엘리트주의이다.

화가인 로버트 라우센버그는 도시에서 살아가는 우리들의 주변에서 흔히 발견되는 일상생활의 재료들을 즐겁게 그리고 거의 전적으로 수용하여 창작하고 있다. 그는 비누그릇이나 거울 그리고 콜라깡통들과 같은 물건들을 더럽다고 생각하는 사람들을 동정한다. 왜냐하면 우리가 도시의 반문화에 대해 어떻게 생각한다고 해도 그러한 물건은 실상이고 몇몇 지식인들이 좋아하지 않는다고 사라질 것도 아니기 때문이다. 따라서 우리는 그것들은 사랑하는 법을 배워야 한다. 우리는 이 세상을 새로운 방식으로 볼 수 있도록 우리의 관심 또는 의식을 바꿔야 한다. 이러한 관점에서 앤디 워홀의 캠벨스프 깡통, 블릴로 상자, 수퍼맨 만화, 기념사진 등이 나왔고, 이것들은 무수히 늘어놓은 혼성모방의 기법을 사용한 것이다.

포스트모더니즘은 오브제(object) 자체를 미술 개념에서 제거해 버림으로써 모더니즘의 형식을 초월하여 내용 지향적인 경향을 띠게 된다. 미술은 자체의 표현을 위한 수단으로서가 아니라 다른 '비미술적'인 경험을 해석하기 위한 수단으로 평가된다. 또한 작가들은 그들이 처한 현실 상황에 대해 관심을 둠으로써 일상적 세계의 오브제를 팝아트를 통해 현대 미술의 고급 문화적 성격에 저항한다. 또한 이들은 벽, 지하철 혹은 거리와 같은 대중적인 장소에 침투하여 미술을 누구나 즐길 수 있는 것으로 만들고 뉴욕에서 벌어지는 갖가지 사회적 정치적 사건들을 테마로 다룸으로써 세계에 대한 인간 경험을 강화시키고 세계를 변혁시키는 방식을 제시하고 있는 것이다.

그러나 추상 표현주의에 대한 반발로 일상생활 세계의 변경 내에서 출발하여 다원적이며 혼성적 성격을 띤 대중 예술이 친근감을 주는 것은 사실이나,

반드시 대중들에게 이해되기 쉬운 것만은 아니라는 사실은 지적되어야 한다.

⑥ 퍼포먼스

포스트모더니즘은 퍼포먼스(performance)와 참여(participation)를 강조한다. 포스트모던한 텍스트는 언어적이건 비언어적이건 간에 퍼포먼스와 참여를 유도하며, 텍스트와 행위자(배우), 텍스트와 독자(관객), 행위자와 청중 사이의 간극은 메꾸어지고 수정된다. 예술은 행위로서 시간, 죽음, 청중 또는 다른 사람들에 의해서 변화된다.

현재 예술의 여러 갈래 경향을 가로질러 흐르고 있는 인식소는 놀이(play)의 개념을 바탕으로 한다. 니체에 따르면, 신의 죽음 뒤에 남는 공백을 메꾸는 것을 놀이라고 볼 수 있다. 요즈음 많은 예술가들은 엄격한 실증주의적인 통제와 인간관계의 틀을 버리고 우연(chance)의 작용을 신봉하고 있다. 우주는 이미 고립되고 통제된 체계 속에서 운영되는 것만은 아니다. 예술에서도 구조보다는 과정이 더 중요하게 되었고, 존재하고 의미하기보다는 작용하게 된다고 볼 수 있다.

데리다는 『글쓰기와 차연』(1978)에서 '머뭇거림은 탈중심화로서의 글쓰기와 놀이의 확인으로서의 글쓰기 사이에서 끊임없이 계속된다'라고 말함으로써 퍼포먼스의 또 다른 영역을 지적해 내고 있다. 퍼포먼스의 놀이성·무작위성·순간성·실험성 등은 행위 하는 자아를 발견하고 검증하며 압박과 난관에 대한 쾌락 추구적인 반응이다. 물론 이것은 유아론(唯我論)적이며 자기 도취적이기는 하지만, 비디오 등 여러 전자 매체의 사용과 더불어 관객들의 참여 또는 간섭으로 인한 개인의 통제와 연계의 불가피성도 동시에 보여준다.

60년대 이후에 본격적으로 시작되는 행위 예술은 예술 자체를 문제 삼아서 충격적인 과격한 예술 행위로까지 발전되었다. 새로운 가능성을 실험하고 형식으로부터 벗어나서 궁극적으로 예술은 행위를 통해 그 영역을 확대했다. 동시에 난해성과 과격성이 문제점을 드러낸다. 그러나 포스트모더니즘 계열의 현대 희극에 나타나는 새로운 수법이나 표현들은 단순히 허무주의 · 현실 도피적 · 오락적 · 체제 보존적인 것이 아니라 오히려 그 은유성 · 우화성 · 회화성 등으로 미루어 상당한 저항과 체제 부정적인 힘을 가진다고 할 수 있다.

⑦ 재현불가능성

많은 작가들이 현재 통념적인 미메시스의 개념을 거부하고, 문학의 '한계'를 추구하고, '소모'를 즐기고, '침묵' 속에 존재하여서 플라톤 이래로 내려온 문학 고유의 재현 양식을 문제시하는 반리얼리즘, 마술적 리얼리즘 또는 초/비리얼리즘의 성격을 보여준다. 소위 이러한 인식소들이 재현불가능성(Unrepresentable)이라는 포스트모더니즘의 특징이다.

쥬리아 크리스테바는 재현불가능성을 '언어를 통해 보자면 어떤 특정 언어의 일부가 되지 못하는 것…, 의미로서는 견딜 수 없는 것, 생각하기 어려운 것, 즉 너무 무서운 것, 저열한 것'으로 규정짓고 있다. 리요타르는 칸트의 숭고미의 개념을 원용하여 현대 문화의 무형태성 · 공허 · 절대 등의 본질은 근본적으로 재현할 수 없는 것들이라고 간주하며 '포스트모더니즘적인 것이란 재현 자체 속에서 재현할 수 없는 것으로 향해가는 것이며, 좋은 형식들이 주는 위안을 거부하고 새로운 재현을 추구하는 것'이라고 파악하고 있다. 영화 · 사진 · 비디오 · 컴퓨터 · 팩시밀리 등 전자 매체의 새롭고도 다양한 가능성은 재현 양식의 변화를 강요해 왔다. 또한 우리를 둘러싼 삶의 양식이 종전의 한 국가중심적인 상황에서 지구촌 전체를 다루어야만 하는 변모된 상황도 무시할 수 없는 요인이다. 형식(매체)과 내용(제재) 양면에서 우리는 종래의 고전주의적 리얼리즘을 고수하기가 어렵게 되었는지도 모른다.

⑧ 보편내재성

앞에서 지적한 불확실성의 분산은 거대한 확산을 가져온다. 보편내재성 (Immanence)의 경향은 정보·지식·의견의 산포·유포·상호 작용·소통·상호 의존·상호 침투 등의 잡다한 개념들에 의해 드러난다. 이러한 개념들 속에는 정신 자체를 세계화, 보편화하려는 경향이 있다. 아놀드 토인비의 영화(靈化), 벅민스터 풀러의 무상화, 어빈 라스즈로의 개념화, 파우로 소레리의 비물질화, 칼 마르크스의 역사화된 자연, 데이야르 드 샤르넹의 혹성화된 인류의 개념들이 만들어진다. 이렇듯 상징을 통해 정신 자체를 일반화하려는 우리의 능력이 점차로 커지고 있는 것이다. 그리고 우리는 어디에서나 새로운 통신 수단과 전자 매체들과 기술의 눈부신 확산을 통해 우리 자신의 의식과 정신의 확장을 경험한다.

이런 관점에서 핫산은 '하나의 예술적·철학적·사회적인 현상으로서의 포스트모더니즘은 아이러니와 파편들의 담화, 부재와 분열의 창백한 이데올로기, 분산에 대한 욕망, 복잡하고 분절된 침묵의 환기 등 개방적이고 장난기1 있고 기원적이며 잠정적이고 분열적이거나 불확정적인 형태들의 방향으로 바뀌고 있다'고 말한다. 또한 그러면서도 널리 퍼지는 과정들과 도처에 있는 상호 작용들, 보편적으로 내재해 있는 부호들, 매체들, 언어들을 향하여 반대는 아니더라도 어떤 다른 움직임을 보여줌을 지적해 내고 포스트모더니즘의 보편 내재적 특성을 강조하고 있다.

6. 포스트모더니즘·탈구조주의·해체주의

포스트모더니즘(postmodernism)이라는 용어는 원래 건축에서 처음 사용된 것인데, 문학의 경우에는 모더니즘과 리얼리즘에 반발하여 새롭게 시작된 움직임으로서 대략 1970년대부터 활성화하여 사용하게 된다. 이런 포스트모더니즘이라는 용어는 후기 모더니즘이라는 뜻이 아니다. 그것은 포스트모던 시대의 사조라는 뜻으로, 모더니즘의 한계를 극복하고 벗어난다는 의미에서 탈모더니즘이라는 뜻을 지닌다. 따라서 이미 앞에서도 언급한 바 있지만, 포스트모더니즘을 단순히 모더니즘의 연장이나 변형으로 착각하여 논의하는 것은 많은 오류를 범할 수 있다. 그것은 물론 구조주의와 탈구조주의의 경우에 있어서도 마찬가지이다.

그러나 포스트모더니즘은 모더니즘의 존재나 당위성마저도 부정하는 반모더니즘은 아니다. 포스트모더니즘은 모더니즘의 제국주의적 속성, 파시즘적 속성, 냉전 이데올로기적 속성에 반발하여 일어난 새로운 문예사조인 것이다. 포스트모더니즘은 열림과 개방성을 특성으로 그 형성 및 전개 과정에 있어 현대의 다른 중요한 정신적 사조들과 직·간접적으로 관련을 맺어왔다. 이러한 복잡한 영향의 주고받음은 그 자체가 역으로 포스트모더니즘에 대한 성격 규정에 장애가 되었다. 그러나 오늘날 포스트모더니즘의 위상 정립을 위한 연구가 활발히 진행되고 있으며, 그 가운데 특히 탈구조주의와의 관련성 여부는 주목의 대상이 되고 있다. 왜냐하면 미국에서 출발하여 전세계적으로 확산되고 있는 포스트모더니즘과 프랑스에서 시작되어 서구에 영향력을 행사하고 있는 탈구조주의가 어느 지점에서 만나고 혹은 어긋날 수 있는지의 문제야말로 서구의 정신사적 흐름을 핵심적으로 이해할 수 있는 조감도이기 때문이다.

포스트모더니즘과 탈구조주의에 관하여 가장 널리 통용되고 있는 견해는, 포스트모더니즘이 곧 탈구조주의이며 그것의 기본 명제가 탈구조주의를 대표하는 데리다나 푸코의 이론과 매우 부합된다는 점이다. 미국을 비롯한 서구의 대표적인 포스트모더니즘 이론가들은 비록 이념적 입장에 따라 탈구조주의에 대한 평가가 달라지기는 해도 거의 빠짐없이 포스트모더니즘에 대한 논의에 데리다나 푸코의 이름을 등장시키고 있다. 그들의 견해는, 포스트모더니즘이 모더니즘을 대치한 것처럼, 탈구조주의는 신비평을 초월한 것이고 신비평이 모더니즘을 옹호한 것이므로 당연히 탈구조주의는 포스트모더니즘과 연관된다는 것이다.

그런데 우리 나라의 경우 포스트모더니즘, 탈구조주의, 해체주의와도 같은 이질적이면서 동시에 공통의 속성을 지닌 사조들이 거의 동시에 수용되고 있다. 그리하여 이들 이론을 더욱 복잡하고 불명확하게 만들고 있다. 곧 포스트모더니즘과 탈구조주의 그리고 해체주의를 하나의 동일화된 범주로 다루고 있을 뿐만 아니라 하나의 사조에 속한 어떠한 명제가 곧바로 다른 사조에도 적용될 것이라는 오류를 범하기도 한다. 포스트모더니즘과 탈구조주의를 동일하게 보고 둘 사이의 유사성을 강조하려 할 때, 의미 있는 성과를 기대하기보다는 그러한 시도가 극단적이고 획일적인 방향으로만 이루어질 때 생겨날 수 있는 위험성이 발생할 수 있다는 것이다. 왜냐하면, 우선 둘 사이의 유사성만을 강조할 경우, 프랑스 탈구조주의 이론이 지니는 나름대로의 독특한 정치적·문화적 배경을 희석화 시켜서 결국 탈구조주의의 영역을 축소시키는 결과를 가져올 수 있기 때문이다. 따라서 포스트모더니즘과 탈구조주의 사이의 논의는 생산적 논의가 되지 못하고 포스트모던한 것이 곧바로 탈구조의에 적용된다는 편견이 발생하고 있다. 예를 들면, 포스트모더니즘에서 논의되는 모더니즘적 엘리트주의에 대한 배격과 미학적 대중주의가 탈구조주의에서도 마찬가지로 받아들여지는 것은 아니다. 오히려 탈구조주의는 모더니즘적 예술지상주의의 한 변형으로 인식될 수 있는 요소들을 지니고 있는 것이다. 다른 한편으로 그것은 프랑스에서 전위적인 것은 곧 포스트모던하다는 등식에 빠질 위험이 있다. 그리하여 가령 포스트모더니즘과 탈구조주의에 관한 도식적인 관련 속에서 자칫 누보로망까지도 포스트모던한 것 속에 포함시켜 그것을 포스트모더니즘 속으로 용해시켜버리는 오류를 범할 수 있는 것이다.[17]

포스트모더니즘과 탈구조주의를 병행시키는 사고법은 미국적인 현상이다.

---

17) 박성창, 「탈구조주의와 포스트모더니즘」, 『외국문학』23호, 1990 여름. p.255 참조.

이에 반하여 유럽의 지적 풍토에서는 포스트모더니즘이 적극적으로 수용되고 있지 못하며 오히려 포스트모더니즘과 탈구조주의간의 서로 다른 특질이 강조되고 있다. 비판 이론의 전통이 강한 유럽에서는 탈구조주의를 포스트모더니즘이 아닌 모더니즘과 관련하여 논의하는 경향이 있는 것이다. 그러므로 포스트모더니즘과 탈구조주의는 분명 공통점이 있지만 그 둘을 연결시키면서도 각각의 변별적 특성을 간과하지 않는 균형 있는 자세가 필요하다.

포스트모더니즘과 해체이론은 많은 면에서 공통점을 갖는다. 그 중에서도 중요한 것은 두 사조 모두가 외부에서의 파괴가 아닌 내부에서의 해체 전략을 사용하고 있다는 점이다. 가령 포스트모더니즘의 패러디 전략은 바로 해체 이론의 탈구축 전략과 맥을 같이한다. 패러디 역시 기존의 전통을 전면 부정하는 것이라기보다는 그것의 스타일을 역이용하여 그것으로 하여금 스스로 무너지게 하는 수법이기 때문이다. 그러나 포스트모더니즘, 탈구조주의, 해체주의에 관해서는 그것들이 각각 지엽적이고 세부적인 차원에 머물지 않게 앞으로 보다 깊고 포괄적인 논의가 요구된다.

이와 같이 해체 이론은 탈중심과 탈구축의 인식과 전략을 제시해줌으로써, 오늘날 기존의 지배 문화의 억압으로부터 벗어나려는 탈(de) 시대에 살고 있는 현대인들에게 고무적인 모험을 제공해 주고 있다. 그러나 프랑스와 미국을 비롯하여 세계 지성계를 지배했던 해체주의 이론도 80년대에 들어오면서 그 힘이 약화되고 있다. 그것은 허체주의 자체 내에 적지 않은 취약점을 안고 있기 때문이다. 에이브람스(M.H. Abrams)의 지적처럼, 일종의 부조리 철학인 해체 이론이 텍스트 의미의 불확정성을 주장함으로써, 텍스트 해석을 불가능하게 만들었으며 우리의 일상 체계와 상식을 뒤흔들어 놓았다는 점이다. 미국 해체주의의 중심인물인 헤롤드 블룸은 해체 비평 이론이 극단적이고 회의적이라고 말한 바 있다. 또한 폴 드 만의 사후, 미국에서는 그의 친나치적 글을 썼던 비행이 드러나서 그가 주창해온 해체적 글 읽기 자체부터 해체해야 한다는 일반

여론이 일었다. 이런 해체주의의 한계 때문에 신역사주의 주창자들은 해체주의와 마르크스주의적인 두 요소를 모태로 하면서 동시에 이것들에서의 탈피를 모색하고 있기도 한다.

이 밖에 해체주의 이론은, 모든 것을 텍스트로 축소시킴으로써 사회적·정치적·역사적 탐색을 소홀히 다룬다는 점, 텍스트만을 강조하기 때문에 독자 반응을 철저히 무시하거나 간과하고 있다는 점, 창작과 비평을 구분하지 않음으로써 비평이 창작을 압도한다는 점 등에서 비판의 소지를 안고 있다. 롤랑 바르트의 유희 이론 역시 문제점이 드러난다. 문학 작품 그 자체를 무의미한 유희의 대상으로 전락시켜버린 듯한 감이 내재하고 있는 것이다. 이러한 해체 이론에 대해서, 우리는 성급하게 심취하거나 무조건적으로 거부감을 표명할 필요는 없을 것이다.

7. 해체주의 비평의 실제

• 『날개』의 해체적 글쓰기[18]

이상의 「날개」에 대한 이제까지의 연구들이 결코 의미 없는 것이 아니다. 그러나 이러한 연구들은 해체론적 의미에 있어 '오독(誤讀)'들이다. 본질적으로 모든 글읽기는 오독이기 때문이다. 모든 독서는 텍스트의 산종을 어느 한계에서 억압하고 제약하기 때문이다. 물론 필자가 시도하고자 하는 이 독서 역시 하나의 오독을 첨가할 뿐이다. 다만 하나의 진지하고 심각한 오독이기를 바랄 뿐이다.

이상은 「날개」에서 산종하는 기호들을 만들어 보여 주고 있다. 이 기호들은 결코 그 의미를 붙잡을 수 없다. 모든 언어 기호의 숙명이 그러하지만 이 텍스

---

18) 김진국, 『문학현상학과 해체론적 비평론』, 예림기획, 1999, pp.347~357.

트 안에 있는 몇몇의 기호는 그 기호에 어떤 콘텍스트를 씌워 봐도 의미의 결정 불가능성을 재삼 인식하게 해준다. '도스토예프스키 정신이란 자칫 낭비일 것 같소', '유고는 불란서의 빵 한 조각이라고는 누가 그랬는지 지언인 듯 싶소'. 첫 번째 인용문에서의 의미 산종을 따라가 보자. 먼저 이 인용문은 우리를 '도스토예프스키 정신'의 기표를 기의로 대치하기 위해 상호 텍스트성에로 끌고 간다. 이 「날개」와 '도스토예프스키 정신이 구현된 작품들'이 이루어 내는 상호 텍스트 위에 서게 한다. 그러나 도스토예프스키의 많은 작품들을 앞에 놓고 우리는 무엇이 그의 정신인가를 결정할 수 없다. 그 상호 텍스트의 넓이와 깊이는 한계가 없기 때문이다. 그의 「지하실 생활자의 수기」에서 근대적 문학 정신의 태아를 발견하고 그것을 이상의 도스토예프스키 정신으로 해석하여 이 기호를 이해한다 해도 그것은 다시 '낭비'라는 기호에 의하여 해체된다. 이 인용문의 기표들은 상호 텍스트의 표면을 가로지르면서 자의적으로 질주한다. 이 기표의 질주가 멈출 곳을 우리는 알 수 없다. 두 번째의 인용문의 경우도 마찬가지다. '유고'와 '빵'을 결합하여 낭만주의 정신을 오독하고 그런 정신에 속지 말라고 말하는 이상의 의도가 무엇인가를 해독하려는 일 역시 기표의 놀이 속에 질질 끌려갈 뿐이다. 유고가 낭만주의라는 기의로 해석되면, 다시 낭만주의는 기표가 되고 그것이 예를 들어 자유로운 상상력이라는 기의로 해석된다면 다시 자유와 상상력은 기표가 되어 새로운 기의를 불러들인다. 우리는 현기증 나는 이 기표의 놀이의 어딘가에서 멈춰야 한다. 그러나 이 기표들은 그 멈춤을 넘어서 무한하게 미끄러져 나아갈 것이다.

이러한 문학사가 상호 텍스트화되어 놀이하는 기호들 외에도 이상은 텍스트가, 즉 기호가 자신의 진리를 스스로 드러내지 못하는 다른 예들을 보여 주고 있다. '감정은 어떤 포즈(그 포즈의 원소만을 지적하는 것이 아닌지 모르겠소) 그 포즈가 부동자세에까지 고도화할 때 감정은 딱 공급을 정지합네다' 감정과 포즈는 일견 상당히 깊은 관계가 있는 것 같아 보인다. 감정이 변하면 자세도 그에 상응하는 변화를 보일 수 있다고 패러프레이즈하자. 그러나 감정의 메타언어로서의 포즈는 다시 우리에게 또 하나의 메타언어를 요구한다. 포즈는 자세이다. 포즈는 꾸민 태도이다. 포즈는 첫 도미노 패를 판에 내놓는 일이다. 텍스트 자체는, 즉 감정이라는 기표는 이 메타언어들 중 어느 것이 진실된 기의인지 스스로 말해 주지 못한다. 이 중 어느 하나를 선택하여 전체 인용문을 패러프레이즈하는 일은 다만 독자의 개인적인 독서의 쾌락에 만족하는 일이다.

언어를 의사 전달의 매체로서가 아니라 언어가 어떻게 스스로 유희하고 있는가를 보여 주기 위하여 이상이 만들어 낸 기초의 조합 중에 해독의 불가능성을 단적으로 보여 주고 있는 문장에는 '테이프가 끊어지면 피가 나오'라는 것이 있다. 이 문장에서는 테이프와 피라는 단어가 그 지시적 기능을 상실하고 있다. 패러프레이즈의 가능성마저 차단하고 있다. 우리의 이성은 이 기호들 속에 끼여들 틈을 발견할 수 없다. 「종생기」의 '나는 그런 쓰레기 우거지 같은 테잎을-내 종생기 처처에다 가련히 심어 놓은 자질구레한 치레를 위하여 – 뿌려 보려는 것인데'에서 나타나는 테이프과 함께 상호 텍스트를 이루게 하여 해독하고자 해도 「종생기」가 「날개」의 뒤에 오는 작품이라는 점이 다시 우리를 무력하게 만든다. 억지로 두 인용문을 오버랩 시킬 때 오히려 기표들은 어떤 결정적 의미로 고정되는 것이 아니라 오히려 더욱 허공에 부유하면서 떠돌 뿐이다.

이상의 「날개」의 내부 이야기의 전개에 있어서도 해체적 글쓰기의 모습을 드러내 보여 준다. 이상은 대상이나 자아를 기술함에 있어 끊임없는 뒤집기를 시도하고 있다.

첫 번째 단락에서 이상은 33번지에 사는 사람들을 묘사하는 부분에서 거짓말을 하고 있다. '그들은 밤에는 잠을 자지 않나? 알 수 없다. 나는 밤이나 낮이나 잠만 자느라고 그런 것은 알 길이 없다.' 서사적 자아인 '나'는 하루 종일 잠만 자기 때문에 18가구에 사는 사람들이 무엇을 하는지 모른다고 하면서 곧 이어서 그는 '전등불이 켜진 뒤의 18가구는 낮보다 훨씬 화려하다'고 쓰고 있다.

이렇게 눈을 뜨고 보고 있을 뿐 아니라 후각을 세우고 '비웃 굽는 내 탕고도오 란 내 뜨물 내 비눗 내 …' 등의 냄새를 맡고 있다.

두 번째 단락에서는 그는 '아내' 즉 '그 꽃에 매달려 사는 나라는 존재가 도 무지 형용할 수 없는 거북살스러운 존재가 아닐 수 없었다'고 자신의 존재 상 태를 부정적으로 그리다가 곧이어 셋째 단락에서 '내 방이…마음에 들었다. … 쾌적하다. …이런 방을 위하여 이 세상에 태어난 것만 같아서 즐거웠다.'고 정 면으로 배반한다.

다시 넷째 단락에서는 첫 번째 단락에서 '33번지'에는 '해가 들지 않는다'고 하였던 말을 뒤집고 아랫방은 그래도 해가 든다'고 말하고 있다. 이 단락에서의 돋보기와 거울의 놀이를 위해 뒤집고 있다.

여섯 번째 단락에서 '나'는 처음으로 자신에 대해 아내가 가지고 있는 태도 를 언급한다. 아내는 '내게 옷을 주지 않는다. …빨래를 될 수 있는 데까지 하 지 않아도 보기 싫지 않도록 …부드러운 사루마다를 입고 …잘 놀았다.' 여기 아내의 태도에 나에 대한 애정이나 존경심이 없다. 그러나 아홉 번째 단락에서 는 '먹고 남은 음식을 나에게 주려 들지 않는다. …나를 존경하는 마음일 것임 에 틀림없다.'고 다시 뒤집기를 하고 있다.

다시 여섯 번째 단락에서 언어의 전달 기능을 해체하고 있다. '내가 제법 한 사람의 사회인의 자격으로 일을 해보는 것도… 게으른 동물처럼 게으른 것이 좋았다. …이 무의미한 인간의 탈을 벗어버리고 싶었다.'

일곱 번째 단락에서도 뒤집기는 이어진다. '나는 18가구의 아무와도 얼굴이 마주치는 일이 거의 없다. …나는 이 18가구의 젊은 여인에 얼굴을 거반 다 기 억하고 있다.' 이 ' ' 안의 두 문장은 상호간을 정면으로 부정한다.

여덟 번째 단락에서는 다시 '내 방'에서의 삶을 뒤집어엎는다. '닭이나 강아 지처럼 … 모이를 넙죽넙죽 받아먹기는 했으나 야속하게 생각한 적은 더러 없 지 않다. … 여기저기가 배겨서 나는 배겨 낼 수가 없었다.' 쾌적하고 아늑하고 즐겁고 불평이 없는 생활이 뒤집혀지고 있다.

열두 번째의 단락에서는 프롤로그에서 말한 '육신이 흐느적흐느적하도록 피로했을 때만 정신이 은화처럼 맑소'라는 이야기를 뒤집는다. '피로를 잊고 어서 잠이 들었으면 좋았다. 한잠 잘 자고 싶었다.' 은화를 들고 길거리를 배회하면서 피곤해졌을 때 외출을 후회하면서 잠들고 싶어 하는 이 단락에서의 나의 모습은 정신이 맑은 천재의 모습이 아니라 보통의 일상인의 반응과 같다.

열다섯 번째 단락에서도 다시 이상은 앞의 이야기를 뒤집는다. '외출'을 후회하던 나는 여기에 오게 되면 '나는 … 여간 즐거운 것이 아니다. 빙그레 웃어 보았다. … 나는 어깨춤이 났다.' '나는 또 오늘밤에도 외출하고 싶었다.'고 외출의 경험의 의미를 뒤집고 있다.

열여섯 번째 단락과 열일곱 번째 단락에 걸쳐 다시 아내와 나의 관계에 대해 논리적으로 불일치되는 묘사를 하고 있다. '우리 부부는 이야기하는 법이 없다'와 '아내의 말소리는 참 부드러웠다. 정다웠다'가 그것이다. '엣소, …내 귀에도 …속삭이는 것이다.'에 의하여 부부 사이의 침묵과 다정한 말소리 사이에 틈을 만들고 있다.

열일곱 번째 단락에서는 다시 첫 번째 단락의 '나는 밤이나 낮이나 잤다'로 되돌아가면서 그 이후의 서사 전체를 역전시킨다. 그러면서 열 번째 단락에서의 '나는 이렇게 지구 위에서는 현기증도 날 것 같고 해서 한시 바삐 내려 버리고 싶었다'에 대하여 대극적인 표현인 '이렇게도 편안하고 즐거운 세월을 하나님께 흠씬 자랑하여 주고 싶었다'는 말로 현재의 삶의 의미를 뒤집고 있다. 곧 이어서 이 기쁨은 다시 아내가 감기약으로 준 아스피린이 수면제 아달린으로 뒤집어지면서 '나는 까무러칠 뻔하였다'는 말로 다시 역전된다.

열여덟 번째의 단락에서는 그 역전된 세계의 의미를 '인간 세상에 아무 것도 보기가 싫었던 것이다'고 말하고 있다. 그러나 나는 세상이 보기 싫다고 말하면서도 세상이 조망되는 산을 찾아 오르고 있다. 그러나 다시 아달린은 아스피린으로 되 뒤집힌다. '나는 참 미안한 것이다. 나는 아내에게 이렇게 큰 의혹을 가졌다는 것이 참 안됐다'고 생각하면서 다시 세상으로 내려오는 '나'를 그려 보이고 있다. 그러나 이 아내와의 화해를 위한 하산은 다시 '아내가 … 내 먹살을 잡는 것이다. … 내 살을 함부로 물어뜯는 것이다. … 밉다.'에서 보듯이 결정적인 부부 관계의 파국으로 달려가고 있다.

이러한 서사와 묘사의 뒤집기 놀이는 여기서 그치지 않는다. 그는 작품의 말미에서 '나'는 다시 앞서 동물처럼 기생하면서 사육되던 나를 자학하면서 자신의 삶의 무의미성을 비판할 때 동물과 인간의 대립적 인식을 보여 주고 이 두 기호 가운데 건강한 인간에 우월성을 부여하던 태도를 바꾸어 어항에 든 금붕어, 즉 동물과 거리 속의 인간을 대립시키되 금붕어에 건강성을 부여하고 인간들에게 생활의 무의미성을 부여하고 있는 모습으로 묘사되고 있다.

「날개」의 마지막 부분에서도 서술의 역전은 다시 한 번 이루어진다. '사실은 사실대로, 오해는 오해대로 그저 끝없이 절뚝거리면서 세상을 걸어가면 되는 것이다'와 '날개야 다시 돋아라. 날자, 날자'에서 보듯이 수평적 삶에의 여정을 수직적 삶의 비상에로 뒤집고 있는 것이다.

이렇게 이상은 작품 전체를 끝없이 앞의 이야기를 뒤이어 뒤집어엎는 서사 구조로 엮어 가고 있다. 이 소설을 끝없이 스스로 해체하고 있는 글쓰기로 규정하고 있는 것은, 이 뒤집기가 앞서의 의미 결정을 뒤의 의미 부여가 부정하고 지워버리는 것이 아니라 이 두 대립되는 규정이 서로서로를 지우면서 보존하고 있기 때문이다. 예를 들면 '내 방'은 사회로부터 격리되어 있고 폐쇄되어 있으면서 동시에 열려져 있다. 나는 게으르면서도 부지런하다. 나는 거북하고 부끄러운 생을 살면서 유쾌하고 즐겁고 신이 나는 삶을 영위하고 있다. 나는 아내에게 불평이 없으면서 야속하게 생각한다. 내가 먹은 아스피린 위에 아달린이 겹쳐진다. 아내는 나를 존경하면서 돈도 주고 먹여 주면서 나를 살해한다. 이러한 서술과 묘사의 이중성은 앞의 언어의 흔적을 보유한 채 놀이하는 차이의 유희로 해석될 수 있을 것이다. 이상은 해체론적인 의미에서 언어 게임을 하고 있는 것이다. 단어와 지시 대상의 직접적인 관계를 단절시키고 하나의 단어가 자신과 상반하는 단어에 의하여 뒤집어지는 게임에는 '의미하는 것'과 '의미되는 것' 사이의 괴리가 명백하게 의식되어 있는 것이다.

이상이 이성 중심적 텍스트 개념에서 글쓰기를 하지 않고 해체적 글쓰기를 시도하고 있다는 생각을 뒷받침하는 문장들을 우리는 또한 발견할 수 있다. 이들을 논의의 편의상 먼저 나열하여 보자.

… 제목을 하나 골라서 연구하였다 …

참 여러 가지 발명도 하였고 논문도 많이 썼다. 시도 많이 지었다. 그러나 그것들은 내가 잠이 드는 것과 동시에 내 방에 담겨서 철철 넘치는 그 흐늑흐늑한 공기에 비누처럼 풀어져서 온데간데 없고 …

아스피린 · 아달린 · 아스피린 · 아달린 · 맑스 · 말사스 · 마도로스 · 아스피린 · 아달린

우리 부부는 숙명적으로 발이 맞지 않는 절름발이인 것이다. 내가 아내나 제 거동에 로직을 붙일 필요는 없다… 사실은 사실대로, 오해는 오해대로 그저 끝없이 절뚝거리면서 세상을 걸어가면 되는 것이다.

온갖 유리와 강철과 대리석과 지폐와 잉크가 부글부글 끓고 수선을 떨고 하는 것 같은 찰라. … 오늘은 없는 이 날개, 머릿속에서는 희망이 야심이 말소된 페이지가 딕셔너리 넘어가듯 번뜩였다.

첫 번째 인용문에서 나열되고 있는 것들은 모두 글쓰기에 관련되어 있다. 연구, 논문, 발명, 시는 그것이 비록 작품 내부에서 구체적인 글쓰기로 구상화되지 않지만 글쓰기에 의해서만 가능한 일이다. 이 '나'의 다양한 종류의 글쓰기가 '비누처럼 풀어져' 사라진다는 것은 그 글쓰기들의 기호들이 스스로 해체되

고 풀어지면서 '공기' 속에 부유하고 있음을 말하고 있다. 기호들은 '나'가 잠이 들면, '내방'에서 공기처럼 해체되어 떠돌고 있다는 이 구절에서 우리는 이상의 「날개」의 언어들이 곧 이 공기처럼 흐르는 언어라고 볼 수 있는 가능성을 얻게 되는 것이다. 이상은 작품의 서사 구조를 통해서 뿐만 아니라 '나'의 의식 상태 의 기술에서도 언어 기호들이 본래 어떤 기원이나 목적이 없이 스스로 분해되 고 해체되는 것임을 밝히고 있는 것이다.

두 번째 인용문에서는 어떻게 단어들이 서로 다른 단어를 부르면서 혼란스 럽게 뒤섞이고 있는가를 보여 주고 있다. 발음의 유사성과 비유사성이 교차하 면서 직조해 내는 기호의 텍스트는 '나'의 의식의 무질서를 표현하기 위한 목 적에서 만들어진 것이라기보다는 "언어란 정신을 삐걱이게 만들고 뒤틀며 분 열시키는 모순되는 요소들의 충돌"[19]이라는 해체적 언어관으로 이해될 수 있 는 의도인 미로의 텍스트 만들기의 결과라고 볼 수 없는가.

세 번째 인용문에서는 이상은 보다 명백한 어조를 자신의 글쓰기가 해체적 임을 보여 주고 있다. 만일 '우리 부부'란 서로가 서로를 의미화한다는 점에서 '기의'와 '기표'라 볼 수 있다면 우리는 그 인용문의 첫 부분을 '기호는 숙명적 으로 발이 맞지 않는 절름발이인 것이다'고 바꾸어 쓸 수가 있을 것이다. 아니 면 「날개」가 종국에서는 '나'와 '아내'에 대한 글쓰기라면 '우리 부부'를 '우리 부부에 대한 글쓰기'로 바꾸어 볼 수도 있을 것이다. 이때 이 인용문에서 나타 난 이상의 글쓰기의 태도에 해체론적 요소가 보다 명백하게 드러난다고 말해 도 좋을 것이다. 기호의 '기의'와 '기표' 사이에는 논리를 붙일 필요가 없다는 이 변형된 텍스트는 전통적 의미의 글쓰기를 해체하고 있는 것이다.

마지막 인용문에서 발견할 수 있는 '잉크'와 '페이지', '딕셔너리'라는 용어 들은 「날개」가 이제까지 언급한 글쓰기와 관련된 소설이라는 생각을 희미하지 만 다시 한 번 확인시켜 준다. '잉크'는 '페이지' 위에 기호를 흔적으로 남긴 채

---

19) J. Derrida, *Dissemination*, University of Chicago Press, p.27

사라지는 물질이다. 그러므로 '잉크'를 언어 기호로 대치해 이 문장을 읽을 수도 있을 것이다. '나'가 작품의 끝 부분에서 바라보고 있는 세계의 모습의 표현인 '잉크가 부글부글 끓고 수선을 떨고' 있는 모습은 '언어들이 부글부글 끓고 수선을 떨고' 있는 모습으로 대체할 수 있을 것이다. 이러한 대치는 독자의 독서의 자유의 권리이다. 그러나 이 자유는 독자가 본래 가지고 있는 것이 아니라 '언어'의 자유로운 놀이 때문에 가능한 것이다. 이상은 앞서의 '언어들이 공기처럼 풀어져 떠도는' 모습과 '언어들이 물처럼 끓고' 있는 모습을 겹쳐 보여 줌으로서 자신의 글쓰기에 있어 기표들이 어떻게 '일상 언어'의 그것들과 달리 이성 중심주의로부터 일탈하는가를 보여 주고 있다고 말할 수는 없는 것인가. 이 인용문의 마지막 문장, '오늘은 없는 이 날개, 머릿속에서는 희망과 야심이 말소된 페이지가 딕셔너리 넘어가듯 번뜩였다'는 이 글쓰기도 새로운 텍스트로 재생산될 수 있을 것이다. 이 '날개'와 '페이지'를 동격으로 보자. 딕셔너리는 기호들과 그것들의 메타 기호들이 집합되어 있는 모든 말하기, 글쓰기의 원천이 되는 것이다. '페이지'란 그 딕셔너리에서 선택된 단어들이 나열되어 있는 텍스트이다. 그 페이지가 '딕셔너리 넘어가듯 번뜩였다'는 말은 그 백지 위에 늘어놓은 기호들이 현존의 형이상학적 관념에 근거해서 무엇인가 진리를 전달하고자 하는 기능으로부터 일탈하여 스스로 질주하고 있는 모습을 뜻한다고 말할 수 있을 것이다. 그렇다면 '나'의 마지막 의식의 세계는 '날개 단 기호들이 질주하고 있는' 세계일 것이다. 대화의 희망, 세계의 진리를 전달한다는 야심이 버려진 기호들의 놀이가 그가 본 세계라는 텍스트일 수 있을 것이다.

　이러한 「날개」에 대한 해체론적 독서에서 본다면 이 작품의 최후의 기호들 역시 어떤 형이상학적 존재론에 의하여 그 의미가 밝혀질 지시적이고 표현적인 것들이 아니라, 하나의 고정된 메타 언어로 환원될 기호들이 아니라 의미의 다양성을 생성시키는 즉 스스로 의미를 산종하고 있는 부유하는 기호로 보아야 할 것이다. 이 기호의 산종하는 힘이 '날자'의 의미에 대해 대립적인 해석을 낳는 전통적 주제론을 가능하게 한 것이라 할 수 있게 된다. 이제 「날개」의 오독을 이쯤에서 멈추고자 한다.

8. 해체주의 비평의 검토

해체론은 비평 개념들을 수정하고 특수한 주제들을 밝혀내는 작업을 넘어서서 하나의 독특한 글 읽기 양식을 실천하고 있다. 이러한 글 읽기 양식은 데리다가 철학적 작품들을 읽는 방식에 의해 영향을 받고 있다. 이러한 해체적 글 읽기의 방식을 요약하면 대략 다음과 같다.

첫째, 텍스트를 지배하는 이항 대립들을 발견한다. 둘째, 이 이항 대립 체계들을 역전시킨다. 다시 말하여 데리다가 말하기와 글쓰기 사이의 관계의 해체를 시도하고 있는 것처럼, 첫 번째 용어의 우월성을 주장하는 논리를 뒤엎고 주변적이고 보완적인 두 번째 용어가 오히려 첫 번째 용어의 가능성의 조건임을 입증할 수 있는가를 밝힌다. 셋째, 새로운 역전에 의해 텍스트가 생산할 수 있는 다양한 의미의 수준들에 대해 생각한다. 넷째, 확정되지 않는 텍스트의 의미에 대해 말한다. 다섯째, 이런 불확정적 의미를 찾기 위해 텍스트가 생산하는 다양한, 서로 모순되는 갈등적인 해석을 사용하고, 다시 말하여 의미의 놀이를 생각해 보고, 텍스트가 제기하는 질문에 대해 텍스트 자체가 대답하지 않는 혹은 못하는 다양한 방식을 살피고, 언어의 불안정과 의미의 불확정성에 대해 말한다. 마지막으로 텍스트가 강조하는 이데올로기의 한계를 암시하는 갈등적인 요소들에 대해 말한다. 텍스트의 중심 주제를 구성하는 이항 대립 체계의 발견은 곧장 이데올로기의 발견과 통하는 것이다.[20]

탈구조적 관점에 의하면, 구조주의가 중점적으로 강조하는 중심적 존재, 곧

---

20) 이승훈, 해체주의, 『현대비평이론』, 태학사, 2001, pp.130~131 참조.

확고한 구조라는 개념 자체는 원래부터 '존재했던 것'이 아니라, 인간에 의해 '만들어진 존재'이다. 이런 점을 탈구조주의자들은 언어가 갖고 있는 속성에서 도출해낸다. 언어란 의미를 확정해주는 존재가 아니라는 점, 의미란 하나의 언어와 쌍을 이루어 안정적으로 존재하는 것이 아니라, 기호들 사이의 관계 속에서 무한정적으로 표류할 수밖에 없는 존재라는 점을 입증한 것이 그것이다. 따라서 탈구조주의자에게 있어서 의미란 영원히 확정이 불가능한 미지의 영역이 되는 것이다. 탈구조주의는 이렇게 구조주의가 기대고 있는 중심 근거를 파괴함으로써 문학을 비롯한 모든 언어 행위의 탈신비화에 깊이 관여한다.

참고문헌

Atkins, G. Douglas, *Reading Deconstruction : Deconstructive Reading*, Univ, Press of Kentucky, Lexingtion, 1983.

Barthes, R, *S/Z*, R. Miller(trans.), Hill & Wang, New York ; Jonathan Cape, London, 1975.

______, *The Pleasure of the Text*, R. Miller(trans.), Hill & Wang, New York, 1975.

______, "The Death of Author", *Image – Music – Text*, S. Heath(trans.), Hill & Wang, New York ; Fontana, London, 1977.

Bloom, Harold, *A Map of Misreading*, Oxford Univ. Press, New York, Toronto, Melbourne, 1975.

______, *the Anxiety of Influence : A Theory of Poetry*, Oxford Univ. Press, New York and London, 1973.

Coward, Rosalind & Ellis, John, *Language and Materialism : Developments in Semiology and the Theory of the Subject*, Routledge & Kegan Paul, London, 1977.

Culler, Jonathan, *On Deconstruction : Theory and Criticism after Structuralism*, Routledge & Kegan Paul, London, Melbourne and Henley., 1983.

______, "Jacques Derrida", *Structuralism and since : From Levi – Strauss to Derrida*, J. Sturrock(ed.), Oxford Univ. Press, Oxford, 1979, PP.150~158.

Deleuze, Gilles & Guattari, Felix, *Anti – Oedipus : Capitalism and Schizophrenia*, Viking Press, New York. 1971.

Derrida, Jacques, *Of Grammatology*, G. C. Spivak(trans.), Johns Hopkins Univ. Press, Baltimore, 1876.

______, "Signature Event Context" *Glyph*, 1977.

Foucault, Michel, *Language, counter – Memory, Practice : Selected Essays and Interviews*, D. F. Bouchard(ed.), Blackwell, Oxford : Cornell Univ. Press Ithaca, 1979.

Hartman, Geoffey H., *Criticism in the Wilderness*, Johns Hopkins Univ. Press, Baltimore, 1980.

______, *Saving the Text : Literature /Derrida/ Philosophy*, Johns Hopkins Univ. Press, Baltimore and London, 1981.

Johnson Barbara, *The Critical Difference : Essay in the Contemporary Rhetoric of Reading*, Johns Hopkins Univ, Press, Baltimore and London, 1980.

Lacan Jacques, *Ecrits : A Selection*, A. Sheridan(trans), Tavistock, London, 1977.

Laplanche, Jean & Pontalis, Jean – Baptiste, *The Language of Psycho – Analysis*, D. Nicholsion – Smith(trans.), Hogarth Press, London, 1973.

Leitch, Vincent B, *Deconstructive Criticism : An Advances Introduction*, Huchinson, London, Melbourne, 1983.

Lentricchia, Frank, *After the New Criticism*, Athlone Press, London, 1980.

Ma Cabe, Colin, *The Talking Cure : Essays in Psychoanalysis and language*, Macmillan, london, Basingstoke, 1981.

Macksey, Richard & Donato, Eugenio(ed.), *The Structuralist controversy : The language of Criticism and the Sciences of Man*, John Hopkins Univ. Press, Baltimore and London, 1972.

Miller, J Hillis, "The Fiction of Realism", *Charles Dickens and George Cruickshank*, Wm Andrew Clark Memorial Library, California Univ. Press, Los Angeles, 1971.

Norris, Christopher, *Deconstruction Turn : Theory and Practice*, Methuen London, 1982.

____, The *Deconstructive Turn : Essays in the Rhetoric of Philosophy*, Methuen, London and New York, 1983.

Ryan, Michael, *Marxism and Deconstruction : A Critical Articulation*, John Hopkins Univ. Press, Baltimore and London, 1982.

Said, Edward W., *Beginnings : intention and Method*, John Hopkins Univ. Press, Baltimore and London, 1975.

Said, Edward W., *The world, the Text, and Critic*, Harvard Univ. Press, Cambridge, Mass, 1983.

Searle, John, "Reiterating the Difference", *Glyph* 1, 1977.

White, Hayden, *Tropics of Discourse*, Johns Hopkins Univ. Press, Baltimore and London, 1978.

Wright, Elizabeth, *Psychoanalytic Criticism : Theory I Practice*, Methuen, London, and New York, 1984.

Young, Robert(ed.), *Untying the Text : A post – Structuralist Reading*, Routledge & Kegan Paul,

Boston, London and Henley, 1981.

Paul de Man, *Allegories of Reading : Figural Language in Rousseau, Nietzsche, Rilke, and Proust,* Yale Univ. Press, New Haven, 1979.

__________, *Blindness and Insight : Essays in the Rhetoric of Contemporary Criticism,* Oxford Univ. Press, New York, 1977.

김성곤, 『탈모더니즘 시대의 미국문학』, 서울대출판부, 1989.

______, 『미로 속의 언어』, 민음사, 1986.

______ 편, 『탈구조주의의 이해』, 민음사, 1988.

김욱동, 『대화적 상상력 – 바흐친의 문학이론』, 문학과지성사, 1988.

김현 편, 『미셸 푸코의 문학비평』, 문학과지성사, 1989.

김형효, 『구조주의의 사유체계와 사상』, 인간사랑, 1989.

윤호병, 『문학의 파르마콘』, 새미, 1998.

이광래, 『미셸 푸코 – 광기의 역사에서 성의 역사까지』, 민음사, 1989.

______ 편, 『해체주의란 무엇인가』, 교보문고, 1989.

이승훈, 『해체시론』, 새미, 1998.

______, 『한국현대시의 이해』, 집문당, 1999.

______, 『포스트모더니즘 시론』, 세계사, 1991.

정정호·강내희 편, 『포스트 모더니즘론』, 터, 1989.

드레피스·라버노우, 서우석 역, 『미셸푸코 : 구조주의와 해석학을 넘어서』, 나남출판사, 1989.

라이치, 권택영 역, 『해체비평이란 무엇인가』, 문예출판사, 1988.

레이먼 셀던, 현대문학이론연구회 역, 「페미니즘 비평」, 『현대문학이론』, 문학과지성사, 1987.

마이클 라이언, 나병철·이경훈 역, 『해체론과 변증법』, 평민사, 1994.

마크 포스터, 조광제 역, 『푸코와 마르크스주의』, 민맥, 1989.

미셸 푸코, 박정자 역, 『성과 권력』, 인간사, 1988.

__________, 박홍규 역, 『감시와 처벌 : 감옥의 탄생』, 강원대출판부, 1989.

마하일 바흐찐, 전승희 외 역, 『장편소설과 민중언어』, 창비, 1988.

______, 김근식 역, 『도스토예프스키 시학』, 정음사, 1988.

______, 이득재 역, 『바흐찐의 소설미학』, 열린책들, 1988.

앤 제퍼슨·데이비드 로비, 차혜숙 역, 『현대문학이론-개론적 비교』, 탐구당, 1986.

이합 핫산, 정정호 편역, 『포스트모더니즘』, 종로서적, 1985.

존 레웰린, 서우석·김세중 역, 『데리다의 해체주의』, 문학과지성사, 1988.

조너던 컬러, 이만식 역, 『해체비평』, 현대미학사, 1998.

츠베땅 토도로프, 최현무 역, 『바흐찐 : 문학사회학과 대화이론』, 까치, 1987.

테리 이글턴, 김명환 외 역, 『문학이론입문』, 창작과비평사, 1986.

퍼트리샤 워, 김상구 역, 『메타픽션-포스트 모더니즘 문학이론』, 열음사, 1989.

헤롤드 블룸, 윤호병 역, 『시적 영향에 대한 불안』, 고려원, 1991.

제5장 기호학 비평

1. 기호학 비평의 출발과 개념

기호학 혹은 기호론이라는 용어와 개념의 독자적 출발은 록크(John Loke, 1632~1704)의 『인간오성론』*(An Essay concerning Human Understanding, 1960)*에서 엿볼 수 있다.[1] 나아가 기호 중에서도 가장 보편적인 것이 말(logos)이므로, 록크의 기호학(semiotic)은 바로 논리학의 의미를 지닌 것이었다. 다시 말하여 그 것은 기호학이학(記號論理學)과 동궤라고 할 수 있다. 그러나 당시의 기호학이라 는 것은 언어의 일반 이론 또는 언어 철학과 확연히 구분이 되지는 않았다.

기호학 또는 기호론이 하나의 독립 과학으로 자리하게 된 계기는 미국의 철 학자 퍼어스(Charles Sanders Peirce, 1839~1914)의 『철학논집』*(Collected Papers, 1931~1935)*에서의 기호 내지는 기호론의 개념 규정과, 소쉬르(Ferdinand de Saussure, 1857~1913)의 『일반언어학강의』*(Cours de linguistique générale, 1916 초판)*에서의 언어 기호 이론과 기호학의 성립 가능성에 대한 독창적 논의로부

---

1) 록크는 헬레니즘 시대의 스토아학파 학문의 3분과를 부활시키고, 그 대응 관계에
   의하여 철학을 자연학·실천학·기호학으로 분류했다. 곧, 기호학이란 말을 학문 전
   반의 기본적 구분을 나타내는 한 부분의 명칭으로 사용한 것이다.

터 비롯된다. 퍼어스의 기호 규정은 모리스(Charles Morris, 1901~1979)의 『기호이론의 기초』(*Foundations of the Theory of Signs*, 1938)를 계승·발전한 것이다. 그리고 벨기에의 뷔이상스(Eric Buyssens)는 『말과 언설』(*Les langages et le discours*, 1943)을 통하여 소쉬르의 기호학 개념의 여러 범주를 독립 과학으로서의 구축 혹은 정립을 시도한다. 소쉬르는 언어를 체계적인 기호로 보고, 자율적인 언어 체계가 내재적으로 지니고 있는 법칙을 발견하고자 했다. 이러한 논의 과정에서 소쉬르는 기호의 사회적 기능을 강조하였고, 퍼어스는 그 논리적 기능을 강조하였다. 그런데 이들 퍼어스와 소쉬르의 기호론에 대한 구상 논의는 서로간의 교류 없이 각각 별개로 진행되었다.

이후 20세기 후반에 들어와서 불어권에서 소쉬르의 논의를 바탕으로 기호학(semiologie)이 활발히 진행되었고, 동시에 모리스의 기호론(semiotics)의 개념도 영어권에서 다시 거론된다. 그리고 이 두 흐름의 연구는 서로 교류되기에 이른다. 그러나 기호학과 기호론은 서로 다른 이름의 이론은 아니다. 다만 소쉬르는 기호들의 삶을 연구하는 학문을 '기호론'이라고 정의했고, 퍼어스는 기호들의 과학을 '기호학'이라 명명했을 따름이다. 그리하여 영어권에서는 주로 기호학, 불어권에서는 기호론이라 각각 불리어졌다.

현대 기호학의 방향은 크게 전달의 기호학(semiologie de la communication)과 의미작용의 기호학(semiologie de la signification)이라는 두 갈래로 나뉜다. 이 구분은 프리에토(Luis Prieto)가 소쉬르의 기호학의 성립을 예고하려고 쓴 논문 「기호학」(*La semiologie*)에서 명명되었는데, 기호학의 경향을 구분하여 규정한 것이다. 그리고 그는 기호론의 나아갈 방향은 '전달'에 있다고 주장한다.

전달의 기호학은 뷔이상스에서 출발하여 프리에토가 추구한 일반 기호학의 기초를 정립하려는 시도이다. 곧, 프리에토는 전달의 의도가 분명한 넓은 의미의 기호를 신호(signal)로 규정하고 이를 그 연구 대상으로 한정하려 했다. 이러한 프레에토의 2분법은 다시 무냉(George Mounin)에 의해 확대 제기되었고, 기호학 논의 대상의 틀을 제공하게 되었다. 반면, 롤랑 바르트(Roland Barthes)는 소쉬르의 기호학 논의에서 사회적 사상(事象)의 의미작용의 분석에 집중한다. 그리하여 의상 유행의 의미작용과 같이 전달의 의도가 명시적이 아닌 사회문화 현상의 의미를 해독하는 방향으로 나아간다. 바르트의 『신화론』(*Mythologies*, 1957)을 비롯하여 그의 본격적인 기호학의 기초 이론서인 『기호학의 원리』(*Elements de semiologie*, 1964), 그리고 구체적 응용서인 『의상 유행의 체계』(*Systeme de la Mode*, 1967)는 프리에토가 규정한 이른바 의미작용의 기호학을 바탕으로 한 저서의 첫 출발이라고 할 수 있다.

프리에토는, 전달의 의도가 명시적이 아닌 사회문화현상은 단순한 현시(現示, manifestation)일뿐, 지시작용(indication)에 의한 진정한 전달이 아니기 때문에 따라서 그런 것은 기호학의 대상에서 제외되어야 한다는 입장을 밝힌다. 이는 기호학의 대상은 의도가 분명한 신호에 한정되어야 한다는 프리에토의 입장을 말해주고 있는 것이다. 그러나 바르트는, 프리에토가 논의한 전달의 기호학은 기껏해야 도로 표지 등의 단순한 기호현상만을 대상으로 하는 것이므로 그 성과가 빈약하다고 규정한다. 그리하여 영화, 의상, 식품 등 전달 의도가 명시되지 않더라도 의미작용(signification)을 발휘하는 모든 비언어적 사회문화 현상도 기호로 간주하여 이를 연구 대상에 넣어야 한다고 주장한다. 이리하여 기호학은 방대한 영역을 차지하게 된다.

이렇듯 전달의 기호학과 의미작용의 기호학이라는 이분법은 프리에토 이래로 자주 제기되어 지나치게 상호배제적인 대립으로 받아드려진다. 그러나 전달과 의미작용이란 개념의 대립은 결코 상호배제적인 것이 아니다. '무엇이 무엇인가를 의미한다'는 의미작용의 존재는 어떤 현상을 '기호현상'으로서 기본적으로 특징 지우는 것이다. 그런 의미에서 모든 기호현상은 의미작용을 내포하고 있는 것이다. 이런 의미에서 본다면 프리에토와 무냉이 주장하는 전달의 기호학은 에코(Umberto Eco)가 언급한 바와 같이, 명확한 약호에 바탕을 둔다는 의미에서 소쉬르의 기호학을 계승하고자 했지만, 엄밀한 의미에서는 의미작용의 기호학과 다름 아니다.

이후, 문화기호론이 큰 흐름을 타고 전개되는데, 이탈리아의 기호학자 에코는 그의 『열린 작품』(*L'oeuvre ouverte*, 1962)[2])에서 문학 작품뿐만 아니라 조형 예술 작품이나 음악까지 포함한 예술 작품을 무한정하게 해석할 수 있는 기호로 포착하여 기호론적 분석을 시도한다.

기호학(semiology)은 기호현상을 연구하는 과학으로, 기호에 관한 학문 혹은 이론이다. 그런데 기호란 단순한 개념이 아니고 여러 가지 기능과 의미와 구조를 지니기 때문에, 기호학은 기호가 갖고 있는 이러한 제 원리를 규명하는 학문이나 연구 방법론이라고 할 수 있다. 그러나 기호학 비평은 구조주의와 명확하게 구별이 되지 않기 때문에 분명한 입장 정리가 필요하다. 기호학은 구조주의와 많은 공통점을 지니고, 그 뿌리가 소쉬르의 언어학에 있는 만큼 개념 또한 혼동을 빚을 수 있다. 이런 점을 고려하면서 가장 기본적인 차이점을 제기해 볼 때, 구조주의가 언어나 사회에 내재한 보편적 문법인 랑그(langue)를 찾는 것이라면, 기호학 비평은 문학 작품을 언어의 기호체로 보고 그 기호가 보여주고 있는 의미가 무엇인가를 체계적으로 밝히는 것이다. 여기서 체계란 구조를 내포한 개념으로 기호들이 서로 의존하고 있는 그 집합 내에서의 일정한 원리에 의해 이루어진 통일된 전체를 뜻한다. 따라서 기호학이란 의사 전달의 일반적인 현상을 나타내는 구조를 이론적인 연구로서 밝혀내는 것으로 의사 전달 행위를 전제로 한다.

의사 전달이 수행되기 위해서는 반드시 발신자와 수신자가 있어야 한다. 이때 발신자와 수신자 사이의 의사 전달을 위하여 존재하는 매개체가 기호인 것이다. 그리고 기호가 되기 위해서는 그 사회나 집단에서 공통되는 약속을 바탕으로 할 때 그 기호가 인정된다. 이때에 약속된 규약을 일반적으로 약호(略號,

---

2) Umberto Eco, *L'oeuvre ouverte*, trad. en francais, Paris, Seuil, 1962.

code)라고 한다. 이것은 어떤 표현을 기호화시키는 기본 요건이다. 모든 메시지는 기호로 되어 있다. 때문에 기호학이라고 불리우는 기호의 과학은 모든 종류의 기호 구조를 밑받침하고 있는 일반 원칙을 다루고 있다. 또한 기호학은 메시지 안에서 기호를 이용하는 방식을, 또 여러 가지의 기호 체계와 종류의 기호를 사용하는 다양한 메시지의 특성을 다루게 된다. 따라서 일상적인 언어의 의미는 곧바로 문면에 제시되지만 문학 작품, 특히 시의 경우는 문면보다는 그 이면에 숨겨진 상징적 의미를 읽어내야 하는데, 기호학 비평은 바로 그 숨겨진 상징적 의미까지 합리적으로 밝혀낼 수 있다는 데 그 의의가 있다.

이러한 기호학은 규약과 매체에 대한 연구로서 이데올로기, 사회·경제적 구조, 심리 분석, 시학, 담화 이론 등에 관심을 갖는다. 그리고 역사적으로 기호학의 발전은 프랑스 구조주의 혹은 후기구조주의에 의해 크게 영향을 받았다. 즉 클로드 레비-스트로스(C. Lévi-Strauss)의 구조인류학, 루이스 알튀세(L. Althusser)의 네오마르크스주의, 미셸 푸코(M. Foucault)의 고고학, 자크 라캉(J. Lacan)의 신푸로이트주의, 자크 데리다(J. Derrida)의 문법학 등의 영향을 받은 것이다.

2. 전달작용과 의미작용의 기호학

기호학이란 기호 체계를 다루는 학문이다. 이러한 기호 체계는 어떠한 사회 집단 속에서 정보를 전달하는 역할을 하는데, 이 때 기호의 전달작용(communication)과 의미작용(signification)이 모두 이루어지게 된다. 기호의 기능이 사회적으로 관습화될 가능성을 안고 있을 때 그것은 의미작용이지만, 그러한 가능성이 실제적인 목적을 위해 실현된다면 그것은 전달작용이 되는 것이다. 여기에는 일정한 규칙이 있고 그 규칙이 실행되는 과정이 있다. 기호학이 다루는 영역은 기호의 이와 같은 의미작용에서 전달작용에 이르는 영역에 걸쳐 있다. 이러한 의미작용은 인간들 사이에 이루어지는 모든 전달작용의 필요 조건인 것이다.

전달작용의 기호학은 뷔이상스에서 비롯된다. 그는 일반 기호학의 기초를 정립하려는 시도로서 전달의 의도가 분명한 넓은 의미의 기호를 신호(signal)로 규정하고 이를 그 연구 대상으로 한정하려고 했다. 전달작용의 기호학이란 발신자와 수신자 사이의 의사소통을 기본 원리로 삼아 기호를 1차 모델 형성 체계로, 시 양식을 2차 모델 형성 체계로 간주하고 탐색하는 분야이다. 이 분야의 대표적 이론가는 뷔이상스를 비롯하여 프리에토, 무냉, 마르티네(J. Martinet), 기로(P. Guiraud) 등이다.

전달이란 정보의 공유나 전달, 의사소통으로 사상·태도·감정 또는 정서의 교환을 뜻한다. 전달이란 말의 분명한 구분은 그것이 의식적이냐 무의식적이냐에 기준을 둘 수 있다. 의식적인 전달의 기능은 전달하고자 하는 의도에 달려 있는데, 뷔이상스는 이 전달 의도의 존재를 모든 기호의 전제 조건으로 삼아야 한다고 말한다. 따라서 의도적인 모든 전달의 과정은 먼저 '발신자(destinateur) →전신 혹은 전언(message)→ 수신자(destinataire)'가 있는 것이 전제되어야 한다. 이러한 과정을 통하여 전달되는 것이 정보이고 이 통신 이론을 정보 이론이라고 한다.

한편 의미작용의 기호론이란 발신자와 수신자 사이의 의사소통을 기본 원리로 삼지만, 그 발신자는 반드시 인간이 아닐 수도 있다. 즉 그 발신자의 범위를 자연 현상의 징후까지 포함시키는 것이다. 또한 기호표현(signifiant)과 기호내용(signifié)의 관계를 매우 주관적으로 보려한다. 이 점이 전달의 기호학과 구별된다. 의미작용은 행위와 상태를 가리키는 경우도 있는데, 이때 행위를 기호작용, 상태를 의미 또는 의의로 이해할 수도 있다. 그 대표적인 이론가들로는 바르트, 퍼어스, 그레마스(A.J. Greimas)등을 꼽을 수 있다.

퍼어스는 의미작용을 공시(共示, connotation)라 하였고, 통용 의미인 개념을 외시(外示, dénotation)라는 뜻으로 규정한다. 그는 의미작용(signification)이란 용어를 applicationrhk 대응시켜, 밀(John Stewart Mill)이 공시와 외시라고 부른 개념에 적용시킨 것이다. 그 이유는, 의미작용이란 용어를 쉽게 말하면 보통 의미(sens)라는 뜻으로도 혹은 의의, 또 확대된 의미, 즉 함축적 의미 등으로 마구 쓰이는 데서 오는 혼동을 피하고자 한 것이다. 이처럼 의미작용은 기호 행위라는 동적인 의미에서는 기호작용 또는 표의 작용으로, 넓은 의미의 언설(discourse) 안에서 실현된 정적인 상태의 의미에서는 의미작용 또는 의의로 규정할 수 있다. 따라서 외시와 공시의 대립적 개념에 있어서, 외시는 어휘적 단어가 지니고 있는 의의가 안정된 요소로서 언어 공동체의 합의로 이루어지는 의미이므로 비주관적이며 언설 밖에서도 분석이 가능하다. 반면, 내시는 문학 작품 속에 있는 언어 기호처럼 주관적인 의의로서 문맥에 따라 바뀔 수 있는 요소들로 이루어져 있다. 이를 다시 외시는 기초적 언어 또는 제1차 언어라고 명명하고, 내시는 수식적 언어 또는 제2차 언어라고 규정하기도 한다. 이를 도표화하면 다음과 같다.

제1차 언어 1 →	Sa Sé	· · · · · 외시 dénotation
제2차 언어 2 →	Sa Sé	· · · · · 내시 connotation

제1차 언어인 외시는 제2차 표의작용과의 관련해서 한 덩어리가 되어 새로운 기호표현을 형성하고, 제2차 표의작용은 다시 내시의 수준에 자리하게 된다. 즉 내시라는 제2차 언어는 외시이라는 제1차 언어와의 관련에 의해 거기서 떨어져나간 광범위한 파생체라 할 수 있다. 옐름슬레(Louis Hjelmslev)는 이런 '외시/내시'의 관계를 외시 언어의 전체, 곧 기호표현과 기호내용 전체가 하나의 기호표현(expression)이 되어 하나의 새로운 기호내용(contenu), 곧 내시로 나타난다고 말한다. 언어의 외시 기능은 기호에 관한 소쉬르 이론의 테두리에서 언

어에 관련된 것이지만, 내시의 기능은 언어학의 테두리를 넘어서는 것으로서 기호론, 다시 말해서 언어 기호에만 머무르지 않고 언어 기호를 넘어서는 기호 일반의 연구에 관련된다는 것이다.

3. 기호의 의미와 종류

일반적인 사전적 의미에서의 기호는, 어떤 요소를 나타내는 다른 요소로서 그 대용물이다. 곧, 어떤 요소의 대용물이 되어 그것을 표상(表象, représenter)하는 기본적인 기능을 가진 것을 의미한다. 따라서 넓은 의미에서 사용되는 기호의 종류는 여러 가지를 들 수 있다. 우선 언어 기호를 대신할 수 있는, 특히 감각 기관이 부자유한 사람들이 사용하는 수화나 점자 등이 있다. 그리고 알파벳이나 그리스어 문자, 로마숫자 및 아라비아숫자가 있으며, 수학 기호, 물리·화학기호뿐만 아니라 여러 가지 부호 등이 널리 사용되고 있다. 또한 언어나 과학 이외의 분야에서도 시각적이거나 청각적인 기호가 자주 사용된다. 가령 교통 표지, 상표, 간판, 나팔소리, 호각소리, 몸짓, 표정, 제복, 지도, 사진, 도표 등 일일이 열거할 수 없을 정도로 매우 많다.

그러나 대용물이 되는 표상이라고 해서 무엇이든 기호가 되는 것은 아니다. 순전히 개인적이고 즉발적인 표현은 기호로서 인정을 받지 못한다. 대용물로서의 표현이 기호가 되기 위해서는 그 사회나 집단에서 공통되는 규약(convention)으로서의 대용물이 되는 표현이라고 인정될 필요가 있다. 이와 같이 집단의 규약 혹은 약속을 바탕으로 어떤 요소가 다른 요소의 대용물로서의 표상이 될 때, 그 요소는 기호가 된다. 이 때의 약속을 규약(code) 혹은 약호라고 한다. 이것이 바로 전언(message)을 만들기 위한 약호 편성(encodage)의 준거 기준이 되는 약호인 것이다. 이것은 어떤 표현이 기호가 되기 위한 가장 기본적인 요건이다.

기호학에서의 좁은 의미로 규정된 기호에는 우선 언어 기호와 비언어 기호가 있다. 언어 기호는 비언어 기호처럼 시각이나 촉각으로 감지할 수 있는 것이 아니고 음성으로 구성되며 청각으로 감지할 수 있는 것이다. 그러나 북소리나 피리소리 같은 것은 일종의 신호에 속하는 것으로 인간의 구강 음성이 아닌 소리에 의하여 발음되는 음성 기호에 속한다. 따라서 언어 기호(signe linguistique)는 인간의 구강 음성에 의하여 발음되는 음성 기호인 것이다. 언어 기호는 다른 어느 기호보다 가장 잘 분절되고 정교화된 것으로서 기호 가운데 가장 대표되는 것이다. 그러한 언어 기호에는 음성 언어와 문자 언어가 있다.

그런데 일반적으로 기호학자들이 쓰는 기호라는 용어는 넓은 의미로 사용해 온다. 넓은 의미에서의 기호 종류는 지표(指標, indice-index), 신호(信號, signal-signal), 상징(象徵, symbole-symol), 유상(類象, icone-icon) 등을 꼽을 수 있다.

지표란 직접적으로 지각할 수 없는 사상(事象) B를 지시하는, 직접적으로 지각할 수 있는 다른 사상 A를 말한다. 지표는 B와 A의 인접성(contigui'té)에 그 특성이 있다. 인접성이란 A와 B가 원인과 결과라는 인과 관계에 있거나, A와 B가 공간적으로 인접해 있거나, A가 B의 일부이거나 하는 경우를 포괄하는 개념이다. 가령, 먹구름은 비의 지표가 되며, 연기는 불의 지표가 되는 것 등이다. 이렇듯 지표가 자연과 인과 관계에 있을 때 이것을 자연적 지표라고 한다. 이러한 자연적 지표 가운데 어떤 사상이 일어날 듯한 전조(前兆, présage) 또는 조짐을 징후(徵候, symptome)라고 할 수 있다. 가령, 먹구름은 비의 징후이며, 주름살은 노화의 징후라고 할 수 있는 것이다. 이 밖에도 인공적 지표, 사회적 지표, 문화적 지표 등이 있다.

프리에토는 인간이 고안해낸 인공적 지표를 특별히 신호라고 규정했다. 그는 전달의 의도와 약호의 존재를 가장 확실한 기호학 대상의 기준으로 설정하고자 했기 때문에 도로교통 표지 같은 것을 분석의 대상으로 삼았다. 교통표지는 통행인이나 운전자에게 특정한 행위를 하게 유발한다. 가령, 빨간 신호등이나 파랑 신호등이 그것이다. 이러한 교통 신호는 일정한 장소 또는 그와 근접한 장소에 설치되기 때문에 인접성이 강하며 공간적이다. 이것을 통신 이론의 테두리에서 말한다면 맥락(脈絡, contexte)이요, 일반적으로 말한다면 상황이다. 그런데 교통 신호는 언어 기호나 유상적 기호(iconic sign)나 상징적인 기호를 곁들여 쓰는 경우가 많다. 가령 횡단보도의 빨강색, 파랑색은 유상이지만, 빨강 삼각형 도로 표지판에 '정지'라고 써넣었을 때는 언어 기호를 아울러 사용한 것이다. 그런가 하면 고속도로 교통 표지판에 나이프와 포크를 교차시켜 그려 놓은 것은 유상적이지만, 나이프와 포크가 곧바로 식당은 아니다. 다만 그 식당을 구성하는 한 부분이기 때문에 제유법에 의한 상징이라고 할 수 있으며, 기호성이 강하다. 또한 하나의 기호표현을 지표, 신호, 유상, 상징 기호 중의 어느 것에 속하는지 규정하기 어려울 경우가 있다.

기호 가운데 상징은 그 사용법과 개념이 매우 다양하고 유동적이다. 지표는 인접성으로, 신호는 직접성으로 그 대상과의 관계를 맺는 것이다. 그리고 상징은 대상과의 유추 관계에 있다. 백색은 순수를, 적색은 정열, 십자가는 기독교의 상징이 된다는 것은 매우 보편적인 통념인 것이다. 다시 말하여 상징이란 질적으로 다른 범주에 속하는 두 개의 사물과 개념이 어떤 유추 작용에 의하여, 전자가 후자를 표상하는 관계에 있을 때 그 전자를 말한다. 유상(icone)에 있어서의 유사성은 인접성을 특징으로 하는 데 반해, 상징은 유추 작용을 특징으로 한다. 그러므로 상징의 유추 작용에는 어떤 비약이 있다는 점에서 유상과 상징은 구별된다. 간단하게 말하자면, 유추 작용은 질적으로 다른 두 개의 사항 사이에 간극을 메워주는 것으로, 거기에는 관념의 비약이 개입하지 않을 수 없는 것이다. 그 비약이 이루어지는 계기는 비합리적 직관이거나 은유이거나 그 밖의 주관적인 감정적 요소라고 할 수 있다. 때문에 상징은 일반적으로 예술이나 종교 및 창조성과 깊이 관계하게 된다.

상징의 논리적 비약이라는 기본적 성격은 간극, 곧 이산적(離散的, uniédiscréte) 사이에 공간적 경계를 만든다. 그 공간적 경계에 성스러운 것과 금기(禁忌, tabou) 등의 상징이 자리하게 되는 것이다. 가령, 사찰의 문은 상징적인 것으로 성스러운 세계와 속스러운 세계의 경계를 의미한다. 또한 집과 집 사이의 경계선은 마음대로 침범해서는 안 되는 금기를 지닌다. 그러한 경계에는 유상성이 강한 상징적 기호가 표지(標識, marque)로 표시되어 있는 경우가 많다. 또한, 시간적 개념의 이산적 분절 사이의 경계에서는 그 간극을 메운다기보다는 연속시키는 통과의례(通過儀禮)가 마련된다. 해마다 명절의 시간적 개념의 경계에서는 그것을 건너가는 '비약하는' 축제(祝祭, festival)가 마련된다. 그리고 미혼→결혼, 삶→죽음으로 이행할 때 각각 그 경계를 메우고 비약하기 위해 성인식, 결혼식, 장례식과 같은 의식이 통과의례로 행해진다. 이러한 것들은, 개념적으로 소쉬르가 기호학의 대상으로 예상한 의식(儀式, rite)에 속하는 것으로, 이러한 의식에서 일상적인 기존 질서가 창조적으로 허물어지고 해방됨으로써 그것이 일상성의 활기가 되어 사람들은 또다시 연속되는 세계로 복귀하게 되는 것이다.

유상은 대상의 모형 또는 모상의 기능을 하는 것을 말한다. 이 용어는 퍼어스가 처음으로 지표, 상징과 함께 크게 기호의 세 종류의 하나로 분류한 것이다. 유상은 1960년대 프랑스에서 구조주의와 더불어 기호학 연구가 진행되면서 어느새 아이콘(icone)이란 대응 용어로서 그 개념이 도입되었다. 퍼어스가 술어화한 이후, 유상이란 개념은 일반적으로 대상과의 유사성의 관계에 있는 기호로 받아들여지고 있다. 가령 발자국 같은 흔적은 발의 유상이고 그것을 남긴 사람을 대상으로 볼 때는 지표로 봐야 할 것이다. 또한 수면이나 거울에 비친 대상물의 그림자는 유상이며, 초상화는 그러한 그림자를 모방한 것과 같은 유상이며 사진도 그 대상의 유상이다. 이처럼 유상은 기호의 여러 종류 가운데 상대적으로 가장 직접적인 기호인 것이다.

그런데 유상의 개념으로 포괄하는 대상은 반드시 시각적인 것뿐만은 아니다. 유상성은 청각적·후각적·미각적 대상과 그 유상 사이에도 있을 수 있다. 따라서 유상은 굳이 시각적인 형태에만 있는 것은 아니다. 국화꽃 내음은 국화의 유상이며, 포도 맛은 포도의 유상이다. 소쉬르가 언어 기호에 있어서의 기호 표현을 청각 영상으로 포착한 것은, 언어가 아닌 사람의 목소리가 청각 영상일 수 있으며, 목소리는 그 소유자의 유상이라는 개념을 말하는 것이다. 불어권에서는 일상적으로 유상을 영상(image)라고 부른다. 현대 사회의 삽화, 광고, 포스터, 영화, 텔레비전 등 소위 시청각 매체 등도 유상적인 지각상을 떠올릴 수 있으므로, 유상의 개념에 포괄된다.

4. 기호의 본질

(1) 약호·약호성

기호는 개인적이거나 즉흥적인 것이 아니라 사회나 집단이 공통적으로 사용하는 약속, 규약이어야 한다. 기호는 사회 집단의 약속에 의한 대용물이기 때문에 이러한 약속을 약호(約號, code)라고 한다. 이러한 약호의 대표적인 형식은 언어이다. 언어 기호에는 음성 언어와 문자 언어가 있다. 약호의 경우 사회적 약속의 정도나 성격에 따라서 그 약속의 공공성이나 객관성이 강할 수도 있고 약할 수도 있다. 그러한 기호의 공신력을 약호성(約號性)이라고 한다. 가령, 하늘에 먹구름이 비의 징조이기는 하지만, 이러한 자연 현상의 경우에는 발신자인 자연이 수신자인 인간에게 무엇인가를 전달하려는 의도를 가졌다고 할 수는 없다. 반면 텔레비전에서 일기를 설명하려고 먹구름을 그려 표시하여 보인다면 그것은 분명 발신자의 의도가 내재된 것이다. 이처럼 자연 또는 생물과 무생물이 발신하는 것을 자연적 지표(指標, index)라고 한다. 그리고 먹구름을 그려 표시한 것은 유상(類像, icone)을 이용한 신호(信號, signal)라고 한다. 따라서 전자의 경우는 약호성이 약하고 후자의 경우는 약호성이 강하다고 할 수 있다. 이런 견지에서 보면 뷔이상스, 프리에토, 무냉이 논의한 전달의 기호학은 의도적이면서 약호성이 완전할 정도로 강한 신호의 전달에만 그 대상을 국한하려 했던 것이다. 나아가 바르트 이후의 의미작용의 신호학은 약호성이 비교적 약하거나 전연 없는 인간 문화 사상에서까지도 그 의미를 읽어내려고 하는, 말하자면 기호학의 영역을 확대하고자 하였음을 알 수 있다.

그런데 기호가 성립되려면 기호의 발신자와 수신자가 있어야 한다. 발신자는 수신자에게 무엇인가 전달하기 위하여 그 의도를 어떤 대용물에 담아서 전한다. 기호를 발신자가 수신자에게 무엇을 대신하여 전하는 것이라 할 때, 그 기호에는 무엇이라는 기호내용(signifié)이 있고, 그 내용을 대신하는 기호표현(signifiant)이 있다. 그리하여 수신자는 기호표현에 의해 기호내용을 감지하게 된다. 그리고 기호내용을 감지하려면 반드시 기호표현이 있어야 하고, 기호표현을 감지하려면 기호표현을 구별할 수 있는 변별성이 있어야 한다. 빨강색인가 파랑색인가의 구별에 의해서 운동과 정지의 개념을 인식할 수 있는 것이다. 따라서 인간이 무엇을 인지한다는 것은 반드시 인간의 감각 기관을 통하여 얻어진 지각상과 그 사상(事象)의 개념(concept)의 연합 작용이라 할 수 있다. 이것이 바로 의미작용이다. 가령 먹구름을 보고 비가 올 것을 안다는 것은, 먹구름이란 사상을 통하여 비란 개념을 인지하는 것으로 이를 기호작용 혹은 의미작용이라고 한다.

그런데 인간이 기호를 고안할 때는 모두가 동일한 규칙을 사용하는 것은 아니다. 가령 별이라는 사상을 기호로 표시할 때, 우리 나라에서는 '별'이라는 음성 형식의 문자를 쓰지만 영어권에서는 'star'라는 음성 형식을 사용한다. 그러므로 실제 자연물로서 별과 기호로 표시된 '별'이니 'star'니 하는 음성 형식과는 아무런 필연성이 없다. 기호내용과 기호표현은 자의적이고, 일단 결정된 기호표현과 기호내용은 사회적인 공공성을 갖게 되어 약속점이 되며 공공의 약호로 되는 것이다.

(2) 개념과 의미작용

어떤 사상의 개념(槪念, concept)이란 그 사상의 개별적 특징을 버리고 그 사물이 속하는 범주의 공통성만을 추상(abstraction)함으로써, 인간의 정신 속에 형성된 관념이다. 일찍이 소쉬르도 기호내용을 처음에는 관념이라고 명명했다가 나중에 개념이라고 한 바 있다. 가령, '꽃'의 경우 개별적인 꽃 하나하나나 그 종류를 버리고 그것을 꽃이라는 범주에 대한 일반적인 관념이 이루어졌을 때, 우리는 그것을 나무의 '개념'이라고 한다. 그런데 개념 형성에 있어서는 같은 범주에 속하는 사물의 공통성에만 반응을 일으키는 추상 작용과 다른 범주에 속하는 사물에 대한 개념과의 차이에 반응하는 구별 작용이 있다. 가령, 꽃과 나무의 구별이 그것이다. 소쉬르의 기호 이론에서 중요한 조작 개념이 되는 시차성(différence)은 구별 작용의 경우에서 연유한다는 것을 추론할 수 있다.

의미작용이라는 것은 인간의 감각 기관을 통하여 얻어진 외부 세계의 사상의 지각성(image percu)과 그 사상 개념의 연합 작용을 말한다. 가령, 꽃이 우리 눈앞에 피어있을 때, 그 시각상(image visuelle)은 우리 뇌 속의 연합 혹은 연상 작용에 의하여 꽃의 개념을 환기시킨다. 그래서 우리는 그것이 꽃이라는 의미를 알게 된다. 동물도 어느 정도 단순한 인식 능력을 가지고 있다. 동물 세계에서도 그들은 자기네의 환경을 어느 정도 지각하여, 본능과 경험에 의하여 형성된 개념과 결부시킨다. 그리하여 살 수 있는 곳과 살 수 없는 곳을 분간하고 나아가 배설물이나 채취로 영역을 표시 하는 신호 비슷한 것을 내보내게 된다. 다시 말하여 의미작용은 경험과 지식을 바탕으로 하는 인식작용이라고 할 수 있다.

(3) 기호작용

전달의 기호학에서는 신호를 가장 넓은 의미의 기호의 포괄적인 개념으로 사용하고, 그 하위 부분에 좁은 의미의 기호를 포함시키고 있다. 그러나 일반적인 의미에 있어서는 기호가 신호를 하위 개념으로 포괄하고 있다. 프리에토는 신호를 인공적 지표라고 규정한다. 그의 개념을 일반화하면, 기호가 바로 인공적 지표라고 할 수 있다. 이렇게 볼 때, 인간은 인간 특유의 이성에 의하여 기호를 인공적으로 발명하고 고안하는 의미작용의 세계에 살고 있다고 할 수 있다. 그리고 이 점이 인간과 동물의 한계점이기도 하다.

원래 signification은 기호작용이라고 해야 옳을 것이다. 그러나 기호는 그 기호작용에 반드시 어떤 의미를 수반하기 때문에 일반적으로 '의미' '의의'의 뜻으로 해석되고 있으며, 그래서 기호학이나 의미론에서 의미작용이라고 번역되거나 해석되고 있다. 사전적 의미에서, 기호(signe, sign)는 어떤 요소를 다른 요소로 대신하여 가리키는 것이다. 그러한 기호의 동사형인 'signifier, signify'는 라틴어의 'significare'에서 온 것으로 그 원 뜻은 '기호로 가리키다' 혹은 '기호로 지시하다'라는 뜻이다. 그리고 그 동사의 추상명사형인 'signification'은 다시 라틴어의 'significatio'에서 온 것으로 '기호를 보내는 행위'라는 뜻이다. 따라서 원래 'signification'은 기호작용이라고 해석해야 옳다. 그러나 기호는 그 기호작용에 반드시 어떤 의미를 수반하는 것이므로 일반적으로 '의미' 혹은 '의의'의 뜻으로 해석되고 있다. 그래서 기호학이나 의미론에서 동일하게 의미작용이라고 번역되거나 해석되고 있는 것이다. 그러나 엄밀히 구별하자면, 기호작용은 앞서 말한 의미작용에 있어서 사상의 지각상이었던 것이 기호의 지각상으로 대체된 정신작용이다. 이때의 기호의 지각상이 바로 기호표현인 것이다. 그러므로 기호작용이란 기호표현과 사상의 개념(기호내용)의 연합작용이라고 할 수 있다.

기호의 종류에 따라서 각각 청각·후각·미각 등의 기관에 일정한 자극을 준다. 가령, 문자기호・유상기호・영상 등은 시각 기관에 일정한 자극을 주며, 또한 음성기호는 청각 기관에 일정한 자극을 준다. 이러한 자극에 의해 감각 기관은 충격을 받아, 그것이 대뇌의 그에 대응하는 감각 부위에 이르러 지각된다. 이렇게 하여 지각상이 성립된다. 예를 들면, 인간이 '사람'이라는 문자기호를 보았을 때, 그 원형은 빛의 파동이 되어 인간의 망막을 자극한다. 망막의 시신경은 그 원형에 대응되는 충격을 받는다. 그것은 다시 영상처리적인 조작을 거쳐 대뇌의 지각 부위에 전달되어 거기서 비로소 '사람'이라는 원형이 지각된다. 이렇게 '사람'이라는 문자기호의 시각상이 얻어지고, 그것은 'saram'이라는 청각 영상을 환기시키고, 그것은 사람의 개념과 연합작용을 하게 되는 것이다.

이러한 의미에서 소쉬르가 언어의 청각 영상을 기호표현으로, 개념을 기호내용으로 규정한 것이다. 언어기호의 경우에는 음성기호가 선재적이고 문학기호가 후속적이기 때문에 청각 영상이 훨씬 직접적으로 개념과 결부된다. 그러나 문자기호가 있기 때문에 시각상과 청각상은 밀접하게 연합되어 있다. 따라서 기호작용은 기호의 지각상과 개념을 결합시키는 작용이라고 할 수 있다. 다만 언어에 있어서는 청각상과 시각상이 밀접히 관련되어 있고, 비언어적인 시각기호에 있어서는 시각상이 우선적이기는 하다. 그렇지만 기호론적 견지에서 볼 때, 어떤 의미에서는 시각기호도 언어로 번역되어야만 그 기호내용이 분명해진다. 때문에 모든 기호 체계는 언어를 거치지 않으면 안 된다는 바르트의 주장은 설득력을 가진다.

(4) 지시작용

사상과 개념은 의미작용을 생성한다. 사상은 인간이 여러 가지 기회에 반복적으로 경험하고 그 공통성만이 추상되어 인간의 정신 안에서 동화된다. 이것이 바로 개념 형성인데, 이것에 의하여 사상이 의미작용을 발휘하게 되는 것이다. 그러나 인간이 기호를 고안해 낸 다음에는 개념이 기호내용이 되고 사상에서 일탈하게 되어 기호표현과 결부된다. 이 경우를 기호작용이라고 한다. 그런 데 인간은 사상이 눈앞에 없는 데서도 언어기호에 의하여 사고할 수도 있고 사 물을 기호로서 지시할 수도 있다. 이런 경우를 기호의 지시작용(inidication)이라 고 한다. 지시작용이란 원래 지표(indice-index)를 보내는 작용이다.

특별히 프리에토는 기호의 지시작용을 정식화하려 했다. 그는 기호의 지시 기능, 말하자면 어떤 사상을 가리키는 작용을 지시작용이라고 이름하고, 그 표 현면을 지시표현(indiquant), 내용면을 지시내용(indiqué)이라고 했다. 그런데, 이 는 소쉬르의 기호표현과 기호내용의 구조와 동일한 의미를 지닌다고 할 수 있 다. 프리에토는 지시작용이라는 용어를 주로 신호의 지시 기능에 적용하고 있 음을 본다. 그는 신호를 넓은 의미의 기호의 개념으로 사용하고 있는 것이다. 이 점을 참고하여 볼 때, 그가 사용한 지시작용은 기호의 지시 기능을 가리키 는 개념과 같다고 할 수 있다. 다만, 프리에토는 이 용어를 자기 정의대로 인공 적 지표인 신호에만 국한하여 사용하고 있지만, 그가 정의한 인공적 지표인 신 호는 넓은 의미의 기호에 해당되므로 지시작용과 합치되는 것이 분명하다. 또 한 그의 지시작용은 퍼어스의 경우에는 대상(objet-object)으로, 야콥슨의 경우에 는 지시대상(référent)으로 부르고 있기도 한다.

5. 문학기호학

(1) 기호학과 문학

문학이란 어사(語辭)에 의한 텍스트 일반 중에서도 특수한 텍스트의 집합이 다. 문학 기호론의 일반적인 원리는 첫째, 하나의 문학적 텍스트는 선재하는 언 어에 의하여 언표되는 언표작용이고, 둘째, 누가 누구에게 언표하는 언표작용 이며, 셋째, 어떤 시간에 어떤 사회적ㆍ문화적 맥락(문맥, contexte)에서 언표되는 언표작용인가 하는 데 공통성이 있다. 문학텍스트는 반드시 누군가에 의해서 언표되는 것이기 때문에 주로 개인적인 텍스트 또는 복수의 개인의 텍스트를 대상으로 하게 된다. 때문에 소쉬르가 구분한 언어(lansgue)에 대비되는 언사(parole)의 기호론이기도 하다. 나아가 문학 텍스트는 하나의 선재하는 언어에 대한 언표작용이기 때문에 문학기호론은 언어학과 긴밀한 관계를 가지게 된다.3)

문학기호학은 무엇보다도 문학을 기호 체계로 보는 데 그 핵심을 둔다. 기호 체계 속에서 기호들로 분절된 요소들 사이의 관계는 중요한 의미를 지닌다. 이러한 분절은 인간의 인식 작용을 통해 이루어진다. 문학은 기호가 갖는 의미작용과 전달 작용의 역할을 모두 갖게 된다. 문학기호학에서는 문학의 이러한 의미작용과 전달 작용의 법칙을 밝혀내는 데 있다.

문학을 기호학적으로 탐색할 때, 그 구체적 대상은 텍스트가 된다. 기호학자들은 텍스트를 작품과 구분한다. 텍스트는 작품과는 달리 정의된 대상이 아니라 방법론적인 것이며, 기존의 방법론을 거부하고 새로운 것을 추구하는 창조적 속성을 지닌다. 텍스트의 개방성과 능동성은 문학기호학과 형식주의의 차이점을 드러내준다. 텍스트는 그 자체가 의미작용을 실행하며 또 산출하기도 한다. 이러한 점은 텍스트가 작자에 의해 만들어진 작품으로서의 의미보다도 더 큰 문화적 체계의 한 단위이며, 또한 새로운 텍스트를 낳게 할 잠재성을 지닌 존재로서의 의미가 중요함을 일컫는 것이다. 텍스트는 관계로 짜여진 망이기 때문에, 관계가 갖는 의미는 실체가 갖는 닫혀진 의미와는 달리 열려진 의미로 간주되는 것이다.

문학적 텍스트를 기호 체계로 보았을 때 장르론, 그리고 수사학에서 문학사에 이르기까지 여러 분야에 그 의미를 확대 적용할 수 있다. 문학적 체계는 다양한 층위와 국면으로 이루어진다. 이러한 층위들은 문학의 통시론적 전개와

---

3) 소두영, 「문학기호론의 원리」, 『기호학』, 인간사랑, 1991, p.233 참조.

공시론적 분절 안에 함축되며, 그것의 제도적인 형식과 장르들 사이의 상호 작용과 문학적 현상들 사이에 존재하는 미묘한 관계들로부터 기인한다. 더 큰 문학적 체계 속에서 작자는 그 자신의 하위 체계들을 창조하나, 이는 다만 하나의 체계에서 비롯한 것이지 작자 자신에게서 비롯한 것은 아니다. 말하자면, 한 문학적 텍스트에 의미가 부여되는 기반은 바로 언어 체계 전체로 볼 수 있는 것이다.

이와 같이 문학 텍스트는 열려 있다. 이 점이 영미 신비평가들의 작품 개념과 다른 점이다. 작품은 완전한 자족적 객체로서 뚜렷한 틀을 구축하고 있다. 그러나 문학 텍스트는 항상 불완전하고 불충분하기 때문에 해석자에 의해 새로운 의미로 채워질 가능성을 안고 있는 것이다. 나아가 이러한 점은 문학 텍스트가 갖는 문학성을 구명해 내는 시학(poetics)과 관련을 맺고 있을 뿐 아니라, 텍스트의 의미를 찾아내는 독서론, 소위 해석과도 깊은 관련을 가진다. 문학 텍스트 해석의 일부인 생성 과정의 통사론적·의미론적·화용론적 방책의 가장 중요한 사례가 바로 열려진 텍스트이기 때문이다.

기호학은 이러한 텍스트가 지닌 의미작용과 전달작용의 법칙을 읽어낸다. 문학 텍스트에 있어서 의미작용은 기호 체계 속의 다양한 관계들에 의해 이루어지지만, 전달 작용은 이른바 발신자와 수신자를 전제로 한다. 그런데, 이때의 발신자와 수신자는 반드시 실제의 작가나 실제의 독자로 볼 수 없다. 문학에 의해 구성된 정보와 전달 체계 안의 발신자와 수신자의 공통된 능력이 있을 뿐이다. 이러한 잠재적 능력으로부터 다양한 가능성의 실천이 이루어질 수 있음은 물론이다.

그런데 수신자의 지각에 의해 그것이 문학적 텍스트인가 비문학적 텍스트인가가 결정되기도 한다. 그러한 점에서, 스콜즈(R. Scholes)는 전달 도식의 한 요소에서 시적 기능을 유추한 야콥슨(R. Jakobson)의 견해가 문학성을 전달 그 자체의 특질로 보는 관점과 거리가 있다고 말한다. 스콜즈에 의하면, 발화의 문학성은 야콥슨이 제시한 전달의 여섯 가지 기능들이 단순성을 잃고 다양화되거나 중복될 때 느껴질 수 있다. 이러한 중복성은 전달적·지시적인 기능과 비전달적·자족적인 기능 사이의 문학적 긴장을 발생시킨다. 가령, 야콥슨이 별로 중요하게 생각하지 않았던 맥락에 대해서 스콜즈는 현재의 맥락에 기반을 둔 문학성은 그 맥락에 대한 기호학적 파괴에서 기인하며 수사, 형상, 반어라 부르는 것도 사실은 맥락의 한 기능이라고 보았던 것이다. 러시아 형식주의자들이 말한 '낯설게 하기'의 효과도, 결국은 문학적 전달 체계 속에서 수신자의 지각 활동에 의해 문학성이 인식되는 경우이다. 이러한 견해는, 기호학이 문학성을 탐구하는 시학에 어떻게 기여할 수 있는가를 보여준다.

또한 기호학은 문학 텍스트의 의미를 읽어내는 해석에 새로운 시야를 제공했다. 많은 텍스트들은 발신자와 수신자가 공유한 맥락에 의해 하나의 삶의 경험을 가정한다. 그리고 이러한 경험이 약호화 되었을 때, 하나의 형식이 생성된다. 문학텍스트의 기호 체계는 전달 작용을 생성시키고 그에 따른 해석이 이루어진다. 그러므로, 이러한 해석을 뒷받침하는 관습들과 기호학적 작용들의 기술이 가능하며, 그것을 또한 문학텍스트의 의미작용이라고 한다. 이러한 해석의 과정에서 독자의 역할은 매우 중요하지만, 실상 해석은 독자 자신의 개인적인 체험에 의한 것이라기보다는 문학적인 관습과 체계 속에서 생성되는 해석이다. 언어 안에서 텍스트를 생성하는 것이 문화적 층위의 제약을 받아들이는 것이라면, 텍스트를 읽는 일은 바로 그러한 제약을 읽어내는 일이기도 하다. 이러한 것은 바로 독자가 가지는 능력에서 비롯되는데, 쇼버(E. Schauber)와 스폴스키(E. Spolsky)는 그 능력을 다음과 같이 세 가지로 구분한다.

첫째, 자율적인 언어학적 체계에 의해 기술되는 언어학적 능력이다. 곧, 화자가 어떻게 언어로 씌어진 문장을 산출하고 이해하는가, 낱말과 낱말이 어떻게 엮어지는가를 이해하는 능력이다. 이러한 언어학적 능력은 기호학적으로 텍스트를 읽어나갈 때 근간으로 삼는 언어학적 모델의 적용과는 다른 문제이다. 언어학적 모델은 단순히 언어에 대한 이해를 넘어서 기호학적 사고 전체에 영향을 끼치기 때문이다. 둘째, 화용론적인 하위 체계들의 다양성으로 기술되는 전달적 능력이다. 이는 맥락 안에서의 독자의 언어적인 전달 능력이 문제된다. 언어학적 체계가 아닌 제2의 기호학적 체계가 이루어지며, 이러한 체계를 통해서 사회학적·심리학적 해석이 가능하다. 셋째, 여러 체계의 문학적 관습들이 기술되는 문학적 능력이다. 텍스트의 의미는 어떻게 정당화되며, 문학이 기반을 두는 해석 작용은 무엇인가를 이해하는 능력이다. 이를 통해 문학적 장르가 구명될 수도 있다.

이러한 독자의 세 가지 능력에 의해 체계가 생성되는데, 그 의미의 양상 역시 세 가지를 들 수 있다. 첫째, 언어학적 능력·전달적 능력은 삶과 문학 안의 의미 양상을 생성한다. 둘째, 언어학적 능력·전달적 능력·문학적 능력은 문학 안의 의미 양상을 생성한다. 셋째, 언어학적 능력·문학적 능력은 문학 안의 의미 양상을 생성한다. 이는 다시 말하여, 독자의 능력에 따라 문학의 기호학적 체계가 다양하게 해석되는 양상을 드러내주고 있음이다. 이처럼 문학기호학은 텍스트의 문학적 특성에 대한 기술에 초점을 맞출 뿐만 아니라, 문학 텍스트가 스스로의 기호 체계를 생성해 내는 특수한 방식으로까지 확장된다.

(2) 문학의 기호학적 방법

기호학에 있어서 하나의 문학 작품이란 발신자(작가)에게서 수신자(독자)에게로 전달되는 기호 체계이다. 그러므로 체계의 개념은 기호학의 중심에 자리한다. 가장 일반적인 의미에서 구조기호학은 체계의 사상이라고 정의할 수 있다. 그러므로 발신자에 의해 약호화되어 있는 작품의 의미 구조를 해독하기 위해서는 총체적인 구조적 독서 행위가 필요한 것이다. 그 까닭은 한 작품의 구조는 작품 내에서 언어의 특수한 연합 체계에 의해 밝혀지는 것이기 때문이다.

기호학의 방법은 문학 작품에 있어서 단위, 규칙, 문법을 찾으려고 한 데서 객관성을 지닌다. 또한 이 객관성이 문학 연구의 과학화, 곧 문학과학의 지평을 열어주고 있는 것이다. 소쉬르가 처음으로 체계화한 기호론은, 문학 작품의 언어적 의미는 보이지 않는 언어의 관계성이며, 그것은 공시적인 관계 속에서 파악되어야 한다는 점이다. 소쉬르는 언어를 사고의 표현으로 파악했던 이전의 언어 이론들과는 대조적으로, 언어를 기호들의 체계로 이해했던 것이다. 소쉬르는 이 체계 내에서 기호표현과 기호의미 사이에 자의적 관계를 이끌어낸다. 자의성이란 이미 언급한 바 있는데, 어떤 사상을 가리키는 음성의 연속과 그것이 나타내는 개념과의 사이에서는 아무런 자연적이거나 내적 관계가 없다는 것을 일컫는다. 가령, 나비의 기호표현 'ㄴ+ㅏ+ㅂ+ㅣ'라는 음성의 연속과 '나비'라는 실제 사물의 사이에는 필연적인 관계가 없다는 것이다.

기호는 세 가지 기본 요소로 이루어지는데, 곧 기호표현, 기호의미 그리고 기호 자체이다. 기호 자체는 기표와 기의가 연합하여 만들어낸 새로운 요소가 된다. 이렇게 기표와 기의를 결합시키는 작용을 의미작용 또는 의미화라고 부른다. 의미작용은 기호를 만들어 낼 때에만 생성되는 것이 아니고, 기호의 의미를 해석할 때도 생성된다. 이를 도표화하면 다음과 같다.

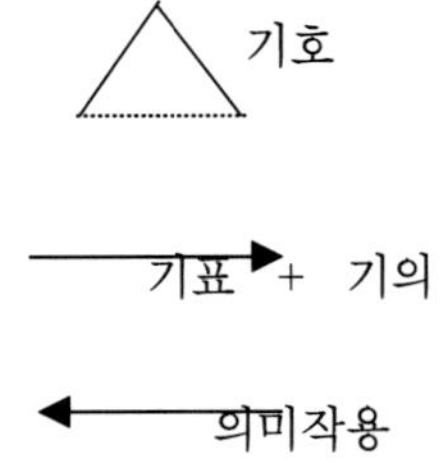

일반적으로 기표를 전언 혹은 메시지라고 하며, 메시지의 수신자 쪽에서 보면 의미를 재생산해 내는 작용이 된다. 발신자와 수신자를 연결하는 것은 전달

된 기표뿐이고 전달된 기표는 수신자에게 의미를 재생산할 기회를 제공한다. 결국 외부 세계가 공급하는 기표, 마음이라고 하는 내부 세계가 공급하는 기의, 이 두 가지가 연합하여 표상의 세계에 편입하는 기호가 탄생된다.

　문학적 기호는 단일한 의미를 생성하는 것이 아니라 여러 가지 의미를 생성하는 의미체이다. 기표와 기의가 자의로 연결되는 경험에 따라 그 기호는 여러 가지 뜻을 생성한다. 가령, '불'이라는 기호의 외시적 의미는 '물질이 산소와 화합해서 열과 빛을 내며 타는 현상'이다. 이렇듯 외시(外示) 의미는 객관적이고 구체적이어서 선명하다. 그런데 이것은 기호 속의 기의가 누구에게나 똑같이 알려져 있을 때 통용되는 의미이다. 그러나 '불'은 외시 의미 이외에 여러 가지 함축적 의미를 가지고 있다. 함축적 의미는 개개인이 '불'을 통해 어떤 문화적 경험을 했는가에 따라 달라진다. 가령, 화목하게 성장한 어떤 사람에게 그것은 '따뜻함'일 수도 있고, 어떤 종교가에게는 '성스러움'일 수도 있다. 그러나 화재를 경험한 사람은 '공포'일 수도 있는 것이다.

　이처럼 자연언어로 된 1차 모델 체계는 발신자가 보낸 메시지를 수신자는 별다른 변경없이 거의 그대로 수용한다. 이것이 바로 전달의 기호학이다. 그러나 2차 모델 체계인 문학 언어는 고정적인 약호 체계를 일탈하여 다각적인 약호 체계의 창조에 참여한다. 이 약호 체계는 초월적이고 일탈적인 성격을 강하게 띤다. 이와 같은 텍스트의 탐색이 소위 의미작용의 기호학 또는 분석적 기호학인 것이다. 그리고 문학기호학은 일반적으로 의미작용의 기호현상에 중점을 두고 있다. 이러한 분석 방법은 주로 소쉬르가 제기한 구조 언어학의 주요한 개념인 랑그(langue)와 파롤(parole), 시니피앙(記標, signifier)과 시니피에(記意, signifié)의 연합 관계와 통합 관계 등이다. 문학 텍스트에 나타난 언어는 파롤에 의해 발휘된다. 따라서 언어의 개인적 변용 행위를 가리키는 파롤은 언어 체계 속에 들어 있는 기호들을 선택하여 의미 있는 메시지를 생성한다.

　메시지를 생성하는 파롤의 기본 행위는 '선택'이라는 연합 관계와 '조합'이라는 통합 관계의 원리에 있다. 파롤, 곧 언술은 개인 단위의 행위이기 때문에 기호의 변용은 수없이 발생한다. 그러나 그러한 변용에도 나름대로의 규칙과 코드가 있다. 이러한 규칙과 코드를 분석하는 것이 바로 문학기호학인 것이다. 또한 소쉬르의 '차이' 이론도 문학기호학의 기초 이론을 제공한다. 소쉬르는 언어를 차이의 체계로 보았다. 하나의 독립된 기호는 그 자체로는 무의미하다. '말' '맛'이 각각 의미를 갖는 것도 사실은 이 차이 때문이다. 곧, 'ㄹ' 'ㅅ' 사이의 차이 때문에 서로가 다른 의미를 갖는다. 그러므로 기호학의 기본을 이루고 있는 것은 차이이고, 차이는 이항대립적 관계에서 비롯된다. 가령, '낮'이라는 단어의 의미는 대립항인 '밤'이라는 단어가 있기 때문에 가능한 것이다. 인간 세계에 있어서 대립항은 남과 여, 탄생과 죽음, 위와 아래, 아름다움과 추함 등 셀 수 없을 정도로 존재하고 있다. 이러한 관점에서 본다면, 언어로 구성된 문학 작품의 분석과 그 의미의 생성은 작품 내의 관계망을 통한 이른바 '차이'를 인식할 때 이루어질 수 있는 것이다. 이러한 이항대립의 개념은 주로 공간 기호학 비평에서 중요한 원리로 사용된다.

6. 구조주의 · 러시아 형식주의 · 기호학

문학적 구조주의는 1960년대에 현대 구조언어학의 창시자인 소쉬르의 방법 및 통찰을 문학에 적용하려고 시도하면서 발전된다. 소쉬르는 언어를 기호들의 체계로 보았다. 그 체계는 공시적으로(sinchronically), 곧 일정한 시점에서 볼 때 완전한 체계로서 연구되어야 하며, 역사적발전 과정을 통해 통시적으로 (diachronically)으로 연구되어서는 안 된다는 입장을 취했다. 그리고 각각의 기호는 음성 이미지 혹은 그것의 문자 등가물인 시니피앙(signifiant)과 개념 혹은 의미인 시니피에(signifié)로 구성되었다고 보았다. 또한 소쉬르는 언어학이 실제 대화, 곧 파롤(parole)에 관계한다면 대혼란에 빠질 것이라고 믿었다. 그리하여 그는 사람들의 대화를 가능하게 만든 기호들의 객관적 구조에 관심을 집중했으며, 이것을 랑그(langue)라고 불렀다.

일반적으로 구조주의는 이러한 언어학 이론을 언어 자체보다는 다른 대상과 행위들에 적용하려는 시도이다. 가령, 신화·레슬링 경기·종족 관계의 체계·음식점 메뉴·유화(油畵) 등을 기호 체계로 볼 수 있다. 나아가 구조주의적 분석은 이 기호들이 결합하여 의미를 이루게 되는 근원적인 법칙군을 분리하려고 한다. 대체로 그것은 기호들이 실제로 무엇을 말하는가는 무시하며, 그 대신 상호간의 내적 관계에 집중한다. 말하자면, 구조주의는 모든 것을 언어학의 용어로 다시 한 번 생각하려는 시도이다. 이리하여 구조주의는 언어가 자신의 문제점, 신비, 함축적 의미와 더불어 20세기 지적 삶의 패러다임인 동시에 강박 관념이 되었다고 볼 수 있다.

러시아 형식주의는 엄밀히 말해서 구조주의가 아니다. 그럼에도 불구하고 소쉬르의 언어관은 러시아 형식주의자들에게 상당한 영향을 끼쳤다. 러시아 형식주의는 문학 텍스트를 구조적으로 보고, 기호 그 자체를 검토하기 위해 지시 대상에 대한 관심을 유보한다. 하지만 러시아 형식주의는 상호 구별되는 것으로서의 의미에 특별한 관심을 두지 않으며, 많은 경우에 문학 텍스트 뒤에 숨어 있는 심층의 법칙과 구조들에도 특별한 관심을 주지 않는다.

그런데 러시아 형식주의자의 한 사람인 언어학자 로만 야콥슨(Roman Jacobson)에 의해 러시아 형식주의와 현대 구조주의 사이에 중요한 연관이 마련된다. 야콥슨의 이론은 러시아 형식주의·체코 구조주의·현대 언어학 분야에 두루 영향을 미쳤다. 그가 언어학 분야의 일부로 간주한 시학에 특히 공헌한 것은 '시적인 것'은 무엇보다도 언어가 자기 자신과 일종의 자의식적 관계에 놓여 있다는 생각이다. 야콥슨에 있어서 모든 의사소통은 6가지 요소가 들어 있다. 발신자와 수신자, 발신자와 수신자 사이에 오고가는 전언, 그 전언을 이해할 수 있게 하는 공유 약호, 접촉 혹은 의사소통의 물리적 매체, 그리고 전언이 가리키는 관계 상황 혹은 전후 맥락 등이다. 특정한 의사소통 행위에서 이 요소들 중 어느 하나가 우위를 차지할 수 있다. 발신자의 관점에서 본 언어는 정서적이거나 마음의 상태를 표현하는 것이다. 수신자의 관점에서 본 언어는 능동적이거나 어떤 효과를 노리는 것이다. 만약 의사소통이 전후 맥락에 관계된다면 그것은 '지시적인 것'이고 의사소통이 약호 자체를 향한 '친교적인 것'이다. 의사소통이 전언 자체에 초점을 맞출 때 '시적' 기능이 지배적이다. 즉, 어떤 상황에서 누가 왜 무엇을 말하느냐가 아닌 단어들 자체가 우리 관심에 전면으로 나타날 때이다.

소쉬르의 이론인 은유와 환유의 구분을 야콥슨 역시 중요시한다. 은유에 있어서 하나의 기호가 다른 것으로 대체되는 이유는 둘이 서로 비슷하기 때문이다. 가령 정열은 불꽃이 된다. 환유에 있어서 하나의 기호는 다른 기호를 연상시킨다. 가령, 날개는 비행기를 연상시키는데, 그 이유는 날개는 비행기의 일부분이기 때문이다. 그런데 단어를 선택할 때나 혹은 단어를 결합하는 과정에서도 '등가물'에 주의를 기울이는 것은 시를 읽을 때 일어난다. 사람들은 의미로든 리듬으로든 소리로든 또는 다른 어떤 방식으로든 등가적인 단어들을 함께 묶는다. 이것은 야콥슨이 정의한, 시적 기능은 선택의 축에서부터 결합의 축으로 등가 원리를 투사한다는 언급에 잘 드러난다. 이 말은 곧, 시에 있어서는 '유사성이 인접성에 덧붙여진다'는 것이다.

야콥슨, 얀 무카로프스키(Jan Mukarovsky) 등 프라하 언어학자들은 러시아 형식주의로부터 현대 구조주의에로의 이행한 한 면모를 보여준다. 그들은 형식주의자들의 생각을 정교하게 만들었고, 그것은 소쉬르 언어학의 틀 안에서 더욱 경고하게 체계화시켰다. 무카로프스키에 따르면, 예술 작품은 의미작용들의 더 일반적인 배경 하에서만, 그리고 언어 규범으로부터의 체계적 '일탈'로서만이 간주된다. 이렇게 배경이 변함에 따라 작품의 해석 및 평가도 변하며, 작품이 더 이상 예술 작품으로 이해되지 않을 수도 있다. 무카로프스키는 『사회적 사실들로서의 미적 기능·규범·가치』(*Esteticka funkce, norma a hodnota jako socialni fakty*, 1936)에서, 때나 장소 혹은 평가자와는 무관하게 미적 기능을 가지는 것은 아무 것도 없으며, 적당한 조건에서 그런 기능을 갖지 못한 것도 없다고 주장한다. 실제의 책이나 회화 혹은 조각을 뜻하는 '물질적 예술 작품'과 이 실제 사실에 대한 인간의 해석 안에서만 존재하는 '미적 대상'을 무카로프스키는 분명히 구분한다.

프라하학파의 저작 활동에 의해 구조주의라는 용어는 기호학에 가깝게 다가간다. 기호학은 기호에 대한 체계적 연구를 뜻한다. 구조주의라는 말은 연구의 방법을 의미하며, 이것은 축구 경기장에서 경제적 생산 양식에 이르기까지 전 영역의 대상에 적용할 수 있다. 반면 기호학은 특정한 연구 분야를 나타낸다. 즉 기호학은 시작품, 새소리, 교통신호, 의학적 증상 등 일상적 의미에서 기호로 간주될 수 있는 체계들의 분야를 다룬다. 이와 같이 구조주의와 기호학이라는 두 용어는 서로 겹치는데, 그 이유는 구조주의가 가령, 부족사회의 친족 관계처럼 일반적으로는 기호체계로 생각되지 않는 것을 마치 기호체계인 양 다루기 때문이다. 그리고 기호학은 보통 구조주의적 방법을 사용하기 때문이다.

7. 대표적 이론가와 이론

(1) 소쉬르 — 언어기호학 구상

기호학은 소쉬르의 언어학 이론을 기반으로 하고 있다. 소쉬르는 『일반기호학강의』(*Cours de linguistique générale*, 1916)에서 언어 활동(langage)과 언어(langue)의 개념을 구분짓는 이론을 전개한 끝에 「인간 사상 속에서의 언어의 위치-기호학」(*Place de la langue dans les faits humains-La sémiologie*) 라는 소제

목을 통하여 다음과 같이 언급하고 있다.4)

> 언어는 사상을 표현하는 기호의 체계이며 따라서 문자법, 농아의 수화, 상징적 양식, 예절의 형식, 군대의 신호 등과 견줄 수 있다. 그런데 언어는 그와 같은 여러 체계 중에서도 가장 중요한 체계이다. 그러므로 우리는 사회 생활 속에서의 기호의 생태를 연구하는 하나의 과학을 구상해 볼 수 있는데, 그것은 사회심리학이나 일반심리학의 한 부분을 이루게 될 것이다. 그러한 과학을 기호학(sémiologie)이라고 부르고자 한다.
>
> 그 과학은 기호가 무엇으로 이루어지며 어떤 법칙이 그것을 지배하는지를 우리에게 가르쳐 줄 수 있을 것이다. 그러나 아직은 그러한 과학은 존재하지 않으므로 그것이 어떤 것이 될 것인가 미리 말할 수 없지만, 그것은 존재할 권리가 있으며 그 위치는 이미 정해져 있다. 언어학은 그러한 일반과학의 한 부분에 지나지 않으며 기호학이 발견하게 될 법칙은 언어학에도 적용할 수 있을 것이다. 이리하여 언어학은 전체 인간 사상 가운데서 가장 정의가 잘 내려진 한 영역에 관련지어질 것이다.

소쉬르의 정의는 기호학적 인식을 확산시키는 데 공헌했다. 그의 『일반언어학강의』에서는 기호학의 성립 가능성, 기호학과 언어학의 포섭 관계, 기호학의 예견할 수 있는 가능한 대상의 제시 등을 다루고 있다. 그는 특히 의식(rite), 습관(coutume), 예절(politesse), 유행(mode) 등을 모두 기호학의 대상으로 거론하고 있음을 본다. 이것은 일반적으로 사회적 사상은 물론 나아가 문화 현상까지도 기호학의 고려 대상이 될 수 있음을 시사한 것이다. 이후 전달의 기호학이나 의미작용의 기호학은 모두 소쉬르의 기호학 구상에서 그 원류를 찾을 수 있다. 더욱 최근의 문화기호론은 의미작용을 발휘하는 여러 가지 문화 사상에서 기호로서의 의미를 읽어냄으로써 문화를 기호론적인 측면에서 이해하고자 하는 것이다. 이것 역시 소쉬르의 기호 개념에서 비롯된 것이라 할 수 있다.

---

4) F. Saussure, *Cours de linguishtique générale*, Paris, Payot, 1972, p.33.

이러한 소쉬르의 일반적인 언어 특성을 간략하면 다음과 같다.

첫째, 기호는 불가분의 두 가지 구성 성분인 기표와 기의로 이루어진다. 둘째, 개념을 나타내는 언표기호는 자의적이다. 즉 의성어를 제외하고는 언어 형식과 그것이 의미하는 것과는 어떠한 필연성도 없다. 셋째, 어떤 언어 내의 모든 요소들, 곧 단어나 언어 음성, 그리고 그 단어가 의미하는 개념들의 본질은 절대성을 지니고 있다. 그러나 이러한 음성이나 개념 등은 이런 요소들이 지닌 객관적 특성에 의해 결정되는 것이 아니다. 그것은 특정한 언어 체계 안에서만 통용되는 다른 단어 음성이나 다른 단어나 의미와의 차이나 대립으로 구성되는 변별성(difference) 또는 관계망에 의해서 결정된다. 넷째, 언어학이나 그 밖의 다른 기호학들의 연구 목적은 음성 표현이나 혹은 기호나 기호군의 특수한 사용이라고 할 수 있는 파롤과, 어떤 특수한 기호의 사용을 규정짓는 랑그의 실례로만 보는 데 있다. 그러므로 기호학적 관심사는 파롤이 아니라 랑그의 기저 체계이다.

이러한 소쉬르의 언어 이론을 바탕으로 구조주의자들이나 기호학 비평가들은 언어뿐만 아니라 언어로 구성된 문학 작품, 일단의 의미 있는 사회 현상들이나 산물들이라도 그것을 차이에 의해 결정된 요소들과 기능적 규약(code)들, 즉 부호들과 결합 법칙들의 자족적·자치적·계층적 구조들로 형성되었음을 인정하고 이를 구조나 기호로 다룬다. 레비-스트로스는 원시 사회의 아주 다양한 현상들과 관행들을 분석하는 데 사용할 하나의 모델로 소쉬르의 언어학을 사용함으로써 처음으로 기호학을 문화인류학에 응용하고 프랑스 구조주의를 창시했다. 원시 사회의 현상들과 관행들 속에는 친족 체계, 토템 체계, 음식 요리 방법, 신화, 그리고 전논리적(前論理的)인 세계 해석 방법들이 포함되어 있다. 또한 라캉(J. Lacan)은 기호학을 정신분석에 응용하여, 무의식도 언어처럼 기호들의 구조로 해석한다. 그리고 푸코(M. Foucault)는 광증의 식별, 분류 및 치료 방법 등을 분석했을 뿐만 아니라 특정 시대의 병의 증상들에 대한 의학적 해석들을 분석하기 위해 기호학적 방법을 전개해 왔다. 바르트(R. Barthes)는 소쉬르의 방법들을 직접적으로 적용하여 사회적 기호 체계들, 여성의 유행을 묘사하고 촉진하는 광고들 속에 있는 구성 요소들과 규약들에 관한 기호학적인 논저들을 쓰기도 했다.

(2) 퍼어스 — 기호 이론

미국의 실용주의(pragmatism) 철학을 창시한 바 있으며 철학자이자 논리학자인 퍼어스(Charles Sanders Perce)는 현상학의 입장에서 규범과학으로서의 논리학을 정립하는 과정에 방대한 『철학논집』(1932~1935)을 남겼다. 퍼어스는 그 논집 전반에 걸쳐 기호학에 관한 독특하고도 난해한 학설을 전개하고 있다. 비록 퍼어스의 기호학 이론이 난삽하고 까다롭다고 하더라도, 그의 이론은 독창적이면서 매우 중요한 영향을 끼쳤기 때문에, 소쉬르와 더불어 현대 기호학 창시의 쌍벽을 이루고 있다. 그의 기호 이론은 『철학논집』 전반에 걸쳐 산재해 있으나, 그 중에서 어느 정도 정리된 이론은 제2권 『논리의 원리』(*Elements of Logic*)의 제2부 「사변적 문법」(*Speculative Grammar*)이다.

퍼어스에 의하면, 기호 과정은 세 가지 요인 또는 측면으로 이루어지는데, 곧 기호(sign, representamen)와 그 대상(object), 기호와 대상을 관계짓는 해석 내용(interpretant) 등이다. 그리고 이 3항의 관계적 작용은 다시 비교, 운용, 사고라는 각각의 경우로 분류된다. 그리하여 해석자가 인지할 수 있는 방법은 모두 한데 합해서 아홉 가지 종류로 구분된다. 3분법적 규범 원리를 간략하면 다음과 같다.

첫째, 비교에 의한 3항 관계는 일단 구체화되면 기호로서 기능하는 성질인 질기호(qualsign), 단순하게 단독으로 작용하는 존재 기호(sinsign), 문법처럼 작동하는 법칙 기호(legisign) 등이 있다.

둘째, 운용에 의한 3항 관계는 유상(icon)·지표(index)·상징(symbol)으로 구분된다. 유상의 기호로서의 특성은, 그 기호의 성질이 그 대상의 성질과 유사하다는 점에 있다. 즉, 어떤 기호가 그 대상과 어떤 성질에 있어서 유사하고 그유사성을 바탕으로 그 대상의 기호가 되는 경우이다.5) 가령, 초상화와 사진과의 유사성, 지도와 기상도 그리고 평면도의 유사성 등이 이에 속한다. 지표는유상처럼 그 지시 대상과 특별히 중요한 유사성을 가지고 있지는 않고 그 대상과 물리적인 인접성을 지니고 있다. 그리하여 지표는 일방적으로 인간의 주의를 그 대상이 기울이게 한다. 즉, 지표는, 그 의미 대상과 인과 관계를 맺고 있는 기호이다. 가령, 풍향계는 바람의 방향을 지시하고, 한란계의 수은주의 높이는 기온을 지시하며, 문을 두드리는 소리는 손님이 왔다는 것을 지시하는 것등이다. 상징이란 어떤 법규에 의하여, 보통은 일반 관념의 연합에 의하여 그것이 지시하는 대상을 표의하는 기호이며, 그 경우 그 법칙이나 일반 관념의 연합은 그 대상을 표의하는 것으로 해석되도록 작용한다.6) 때문에 상징에 있어서의미하는 것과 의미되는 것과의 관계는 자연적이 아니라 순전히 사회적 관습에 기인한다. 가령, 신호등의 빨강색은 관례적으로 '정지'를 말하고 '파랑불'은행동을 의미한다. 그런데 상징은 일반적 관념에 의하여 그 대상을 표의하는 기호이기 때문에 개별적 사물을 지시할 수 없고 사물의 부류를 지시한다. 가령,'사람'이라는 말은 모든 사람, 사람이라는 일반적 관념, 다시 말해 사람의 부류를 의미하는 것이다. 다시 말하여 상징이란, 사물의 일반적인 개념을 매개로 하여 그 대상을 가리키는 것이다. 또한 상징 기호는 습관 또는 규약성에 의거한다. 셋째, 사고의 3항 관계는 대상의 종류에 근거한다. 이것은 각각 평언적인기호(評言的 記號, rheme · seme), 술언적 기호(術言的 記號, dicent · dicisign · pheme), 논증적 기호(論證的 記號, argument) 등이 있다. 평언적 기호는 어떤 대상에 관해 해석자가 이해되어 있는 가능성을 말하는데, 기회가 있으면 해석자에

---

5) C. S. Peirce, *Collected Papers of Charles Peirce*, Vol. 2, § 2. Harvard Univ Press, 1932~1935, p.276.
6) C.S. Peirce, op. cit., §2. 249

의해서 실현되거나 발동되는 것이다. 술언적 기호는 그 대상에 관한 정보를 전하는 것인데, 정보가 그로부터 유래하는 기호와 대립되는 것이다. 논증적 기호는 그 대상이 궁극적으로 단독이 아니고 법칙인 바의 기호를 말한다.

그런데 이러한 분류에 의해 3항 짝에 포함된 기호들은 서로 배타적인 종류의 기호가 아니라, 그것들은 기호와 대상 혹은 시니피앙과 시니피에간의 관계의 세 가지 계층적 관계를 이루어 공존하고 있다. 그러나 기호의 실제 사용에서는 이처럼 명확한 구분이 이루어지지 않고 상징적인 도상이라든가 도상적인 상징이라는 식의 양상을 띠게 된다. 어떤 기호가 그 성질상 어떤 양식을 궁극적으로 두드러지게 나타내는가는, 그것이 실제로 사용되는 맥락에 의해 결정된다. 소쉬르와 퍼어스의 기호에 관한 견해는 서로 차이가 발견된다. 소쉬르의 기호학에서는 인간을 전제로 하여 기호를 발신하고 있으나, 퍼어스에서는 반드시 인간만을 전제로 하고 있지는 않다. 따라서 퍼어스에 있어서, 기호는 반드시 의도적으로 발신되거나 인공적으로 만들어진 것이 아니어도 좋다. 또한 이 둘의 더 큰 견해의 차이는, 소쉬르의 시니피앙과 시니피에가 퍼어스의 기호와 해석소에 대응한다는 점이다. 이것으로 볼 때, 퍼어스의 기호학은 대상이 덧붙여졌으며, 전달작용보다는 의미작용에 중점을 둔 기호학이라고 파악할 수 있다.

또한 퍼어스가 전개한 지표와 상징의 이론에 대해서도 문제가 제기된다. 지표에서는 맥락이 결정적 영향을 끼치지만 상징은 다만 일반적인 의미를 가질 뿐이다. 그렇다면 지표와 상징은 각각 화용론적 의미와 의미론적 의미에 대응하는 것으로 간주될 수 있다. 이 점은 우리에게 기호에 대한 새로운 시각을 열어준다. 기호는 어떤 자질이나 관념으로 이루어진 지속적 핵심을 갖는 것이기도 하지만, 또한 그것이 지시하는 세계 속의 대상을 함축하기도 한다는 것이다. 지시의 개념은 기호학에서 새롭게 다루어질 문제이고, 그 기반이 되는 맥락은 언어학적·사회문화적 성격을 지니게 된다. 요컨대 기호는 독자적으로 존립하기보다는 더 넓은 맥락 안에서 존재해야 하기에, 기호의 기능 수행도 사회적인 상호 작용이 강조될 수밖에 없는 것이다.

기호에 있어서 주체(subject)의 문제도 간과할 수 없다. 기호학이 의미작용에 대한 연구라 할 때, 의미작용은 그것을 사용하고 그것에 의해 정의되는 인간적 주체와 분리될 수 없는 것이다. 의미작용의 이론이 점차적으로 주체와 상징적 질서를 연루시키는 방식 안에서 전개됨을 보여준 학자는 에밀 방브니스트(E. Benveniste)이다. 그는 언어, 언술(discourse)이 주관성(subjectivity)과 분리될 수 없는 것으로 보았다. 따라서 하나의 낱말도 그 화자와의 관련 속에서 의미를 가질 수 있는 것이다. 언어를 주관성의 가능성이라 보았는데, 그것은 항상 주관성의 표현에 적절한 언어학적 형식들이 함축되기 때문이다. 이러한 점은 결국 기호학이 심리분석과 연계되는 것을 말하는 것이다. 소쉬르의 기호학에서도 이러한 점은 이미 예고된 바 있으며, 퍼어스, 바르트(R. Barthes), 데리다(J. Derrida) 등에 의해 더욱 심화된다. 이들은 기호의 의미작용과 전달작용이 인간 심리, 신화나 이념과 같은 더 넓은 영역에서 일어날 수 있음을 보여준 것이다.

(3) 모리스 — 기호론 정립

모리스(Charles Morris)는 퍼어스의 기호 이론에서 출발하여 행동주의적 기호 이론을 정립키는 데 크게 공헌한다. 그는, 기호 과정이란 어떤 것이 기호로 작용하는 과정이라고 규정하고, 그 기호 과정의 4가지 요인으로서 기호 매체(sign vehicle)·기호의 지시 대상(designatum)·기호의 해석 내용(interpretant)·기호의 해석자(interpreter)를 들고 있다.[7] 나아가 그는, 기호의 해석 내용은 특수한 경우를 제외하고는 기호의 해석자와 일체를 이룬다는 의미에서 기호 과정의 구성 요소를 궁극적으로는 기호 매체(S)·기호의 지시 대상(D)·기호의 해석 내용(I)의 세 가지를 환원하여 (S)-(I)-(D), 3요소의 상호 관계로 포착했다. 이러한

---

7) C. Morris, *Foundations of the Theory of Signs*, Univ. of Chicago Press. 1938, p.3.

모리스의 구상은 유기체의 행동 양식으로 행동주의 심리학에서 설명하는 기본 도식, 곧 자극(stimulus, S)-목적(object, O)-반응(response, R)에 대응되는 것이다. 또한 모리스는 행동주의적 기호 이론의 입장에서 특히 인간의 습관을 매우 중요시하고 있다.

이러한 관점에서 출발한 모리스는 기호 자체의 3항 관계를 기호 매체·해석 내용·표시 대상으로 설정한다. 이것은 각각 퍼어스의 기호·해석 내용·대상에 해당된다고 할 수 있다. 이러한 기본적인 틀을 바탕으로 그는 기호 이론을 구문론(syntactics)·의미론(semantics)·어용론(pragmatics) 등 세 부문으로 분류하여 이론을 전개한다.

구문론은 기호와 기호와의 관계를 규정하는 통사 규칙을 기술하는 것이다. 언어의 기호 체계는 두 가지의 통사 규칙으로 이루어진다. 곧, 허용될 수 있는 기호의 독자적인 결합을 결정하는 구성 법칙과 어떤 다른 기호가 주어진 기호에 내포될 수 있는가를 결정하는 변환 법칙이 그것이다. 의미론은 한 기호가 어떤 대상이나 상황에 적용될 수 있는 조건을 결정하는 의미 규칙을 규정하는 것이다. 유상·지표·상징과 같은 다른 종류의 기호에는 다른 종류의 의미론적 규칙이 고려된다. 그런데 상징의 경우, 그 기호 매체의 특징을 바탕으로 하여 규정지워질 수 없기 때문에 그 의미론적 규칙은 다른 기호와 대조해 보지 않으면 안 된다. 어용론(語用論, pragmatics)은 모리스의 기호론 가운데 가장 큰 특징이라 할 수 있다. 어용론은 어떤 기호가 어떤 해석 내용을 가지고 있는가를 기호의 사용자인 해석자와의 관련에서 고찰하여 어용론적 법칙을 분석·기술하는 분야이다. 다시 말하자면, 기호 과정의 어용론적 차원은 기호와 해석자와의 기호 활용면의 관계를 고찰하는 것이다.

구문론적 차원은 복합적인 기호나 기호 체계 내부에서의 기호 매체와 다른 기호 매체와의 관계이다. 의미론적 차원은 기호와 그것이 적용되는 표시 대상과의 관계이며, 어용론적 차원은 기호와 해석 내용의 매개자인 해석자와의 관계를 말한다. 이러한 각 차원의 관계를 결정하는 법칙을 분석·기술하는 것이 각각 구문론·의미론·어용론이다. 나아가 모리스는 기호 이론의 일반 행동론적 정식화를 시도했는데, 기호 과정의 일반적 양식의 측면에서 기호의 용도를 분류한다. 그의 기호작용의 양식과 기호 사용을 통한 16가지 담화의 유형(type of discourse)을 도표로 표시하면 다음과 같다.[8]

사용 양식	정보적 Information	가치 판단적 Valuative	유발적 Incitive	체계적 Systemic
표시적 Designative	과학적 Scientific	소설적 Fictive	법적 Legal	우주론적 Cosmological
평가적 Appraisive	신화적 Mythical	시적 Poetic	도덕적 Moral	비평적 Critical
지령적 Prescriptive	기술적 Technological	정치적 Political	종교적 Religious	선전적 Propagandistic
형식적 Formative	논리·수학적 Logico- mathematical	수사적 Rhetorical	문법적 Grammatical	형이상학적 Metaphysical

위 표에서, 기호작용의 4가지 양식은 반응-경향을 야기하는 자극의 4가지 형(where, what, why, how)에 대응된다. 이 4가지 양식은 모두 술어적인 기호 작용을 하는 것이 특색이다. 사용법이란 인간이 기호를 사용할 때 작동하는 욕구, 의도를 달성하기 위한 사용 방식을 말하는 것이다. 다시 말하자면, 첫째, 어떤 정보를 주거나 고지를 하기 위하여, 둘째, 가치 판단을 하기 위하여, 셋째, 상대자에게서 어떤 반응을 유발하기 위하여, 넷째, 어떤 체계나 사상을 터득하기 위하여 언어 기호를 사용하는 것이다.

또한 모리스는 비언어 기호, 비음성기호, 시각 기호, 청각 기호 등도 중요시

---

8) 소두영, 앞의 책, p. 62.

한다. 그리하여 인쇄물, 사진, 회화, 영화, 텔레비전을 비롯하여 축제 행렬, 무용, 의상, 유희, 건축 등에도 관심을 집중한다. 그리고 모리스는 자신이 제안하는 기호론의 기본적 술어가 그 일반성에 도움을 준다고 주장한다. 그 이유는 그 술어들은 언어이든 비언어이든, 또 청각, 시각, 촉각에 의한 기호이든 간에 모든 기호에 대해서 논급할 수 있는 것이기 때문이다.

퍼어스와 모리스 이후 미국의 기호론은 1964년 인디애나대학에서 열린 기호학대회를 계기로 재발전을 보게 된다. 이 대회를 통해 semiotic으로 표시되어 왔던 기호론이 언어학(linguistics)이나 수학(mathematics)과 같은 다른 학문명처럼 -s를 부가하여 semiotics로 불리게 된다. 이때부터 semiotics라는 용어는 불어권에서는 sémiotique로, 이태리에서는 semiotica로 번역되어 널리 퍼지면서 일반 기호론 혹은 응용 기호론의 개념으로 사용되기에 이른다.

(4) 뷔이상스 — 전달의 기호학

소쉬르는 언사(言辭) 행위에 있어서 언사의 순환을 설명하면서 '전달'(communcation)이라는 용어를 오직 한 번 사용했을 따름인데, 뷔이상스(Eric Buyssens)는 소쉬르의 언사 행위를 전달 일반으로 확대 해석하여 여러 기호의 전달 과정에 적용한다. 그런데 뷔이상스의 이러한 시도는 다만 의도가 있는 전달의 경우에만 기호의 기능을 한정하려고 한 것이다. 이는 뷔이상스가 그의 저서 『말과 담론』(*Les langages et la discours*, 1943)에서 소쉬르의 기호학 구상을 실현하고자 한다는 언급에서 잘 드러나 있다.9)

뷔이상스는 전달 행위를 정의하여, 어떤 개인이 상대의 의식 상태와 연결되어 지각할 수 있다는 것을 인식하면서, 상대방이 그 행위의 목적을 이해하고 자신의 의식 속에 재구성할 수 있도록 실현하는 행위라고 규정한다. 그러면서 뷔이상스는 여러 가지 언어의 전달 기능을 기능주의적으로 강조한다. 그는 모

---

9) E. Buyssens, *Les langages et le discours*, Bruxelles, Office de Publicité, 1943, p.6.

든 전달 행위는 하나의 사회적 관계를 이루는 것으로 고지(information)·의향 (interrogation)·명령 또는 질의(injonction ou interpellation)의 세 가지 기능을 가지고 있다고 말한다. 고지는 도로표지판의 경우에 나타나는 관계이다. 그런데 그는 진정한 전달 행위는 의도를 지니고 있어야 하며, 무의도적인 것은 단순한 현시(現示)에 지나지 않는다고 한다.

뷔이상스의 기호학적인 연구에서는, 각각 전달을 산출하는 구체적인 행위를 기호 행위, 그 구체적 실현이 전달을 가능케 하는 이상적인 절차를 기호체라고 이름한다. 따라서 기호 행위는 기호체의 구체적 실현을 말하는 것이다. 나아가 그는 기호 행위를 통해서 구체적으로 실현되는 것은 기호 체계이며, 기호는 아니라고 주장한다. 가령, 목욕탕 앞의 온천(♨)은 '여기 목욕탕이 있음'을 나타내는 언표 혹은 문장에 해당하며, 이러한 일정한 내용을 가진 비언어적 기호는 하나의 단위 기호가 아니라 기호체라는 것이다. 다시 말하자면, 일정한 의미를 가진 하나 또는 그 이상의 기호의 연결을 기호체라고 한 것이다. 나아가 그는 기호체가 기호 행위의 구체적 실현으로서의 지각 가능한 행위의 측면을 기호체의 형식, 또 하나의 측면을 기호체의 의미라고 규정했는데, 이것은 소쉬르가 기호의 두 가지 측면, 곧 음성 형태면을 기호표현(시니피앙), 그 의미 내용면을 기호내용(시니피에)으로 규정한 데 대응시킨 것과 다름 아니다.

또한 뷔이상스는 기호계를 체계적 기호계와 비체계적 기호계로 나눈다. 기호계는 그 계열을 구성하는 기호체가 기호로 분해할 수 있을 때 체계적 기호체가 된다. 따라서 언어에 있어서 담론은 불특정 다수의 언표의 집합이라고 볼 수 있기 때문에 체계적 기호계에 속한다. 또한 담론과 그것을 문자로 전사(轉寫)한 것, 도로신호표지, 해상신호표지, 군대의 나팔신호, 경적(고동), 뿔피리, 북소리, 수학·물리학·화학의 공식, 상업상 상표, 음악 기호, 음률 기호 등은 모두 체계적 기호에 속한다. 반면 예술, 광고, 간판, 예절 형식, 몸짓, 휘장(마크) 등은 그것을 구성하는 동류의 기호체를 기호로 분해하기 어렵기 때문에 비체계적 기호계에 속한다. 다시 말해서, 체계적 기호계는 전달의 의도를 지니고 있으면서 약호(code) 또는 협약(convention)을 바탕으로 하는 것이므로 기호학의 확실한 대상이 될 수 있다. 그러나 뷔이상스는, 전달의 의도나 약호가 불분명하거나 전혀 없는 비체계적 기호계는 기호학의 대상에서 배제시키고 있다.

후에, 프리에토(Luis Prieto)는 저서 『전언과 신호』(*Messages et signaux*, 1966)를 통해, 뷔이상스의 이러한 체계적 기호계와 비체계적 기호계의 구분에 근거하여 전달의 기호학과 의미작용의 기호학을 구분하고 있다. 또한 조르쥬 무냉(George Mounin)은 뷔이상스와 프리에토가 전개한 전달의 기호학에 동조하면서 기호학에 관심을 표명하는 논문집 『기호학서설』(*Introduction a' la seémiologie*, 1970)을 펴내고 있기도 한다.

(5) 바르트 ― 의미작용의 기호학

실질적인 의미작용의 기호학은 프랑스의 롤랑 바르트(Roland Barthes)에 의해서 처음으로 전개된다. 그는 소쉬르의 구조 언어학과 레비 스트로스의 구조 인류학을 토대로 의미작용의 기호학 이론을 전개해 나갔다. 바르트는 그의 저서 『신화론』(*Mythologies*)의 제2부 「오늘의 신화」(*Le mythe, aujourd'hui*)에서 "신화도 하나의 전달 체계이며 또한 의미작용의 양식"10)이라는 전제에서 의미작용의 기호학에 대한 가설을 세웠다. 그의 이러한 언급은, 전달의 기호학과 의미작용의 기호론을 각각 대립된 대등한 개념으로 파악한 것이 아니라 동시적 관계로 파악한 것으로 볼 수 있다.

프리에토와 무냉은, 소쉬르의 기호학을 전달의 기호학으로 그리고 퍼어스의 기호론을 의미작용의 기호론으로 규정함으로써 서로 대립적 관계에 있는 것으로 보았다. 그런데 바르트의 의미작용의 기호학은 소쉬르의 기호학 구상을 토대로 하고 있으면서도, 상호 배제적인 것처럼 대립되었던 전달의 기호학과 의

---

10) R. Barthes, *Mythologies*, Paris, Seuil, 1957, p. 193.

미작용의 기호학을 동시적 관계로 파악하는 논의를 펼쳤던 것이다. 이는 기호에 의한 전달이 가능하게 되는 것은, 곧 의미를 전달하는 의미작용을 전제로하지 않을 수 없다는 입장이다. 이러한 인식에서 출발한 바르트의 기본 이론은 그의 저서 『기호학의 원리』(Ele'ments de sémiologie, 1964)에서 전개되고 있다.

바르트의 기본 이론은 소쉬르의 언어에 대한 기초 개념인 '언어langue/언사parole' '기호표현singifiant/기호내용singifié' '연사(連辭)syntagme/체계systéme' 그리고 옐름슬레우(Louis Hjelmslev)의 정밀 개념인 '외시dénotation/공시connotation'를 토대로 하면서, 이를 또한 언어를 넘어선 일반 기호현상에까지 확대 적용할 수있는 조작 개념의 테두리를 구축한다. 말하자면 바르트는 소쉬르의 일반 언어학과 옐름슬레우의 이론을 원용하여 비언어적 기호를 분석하는 방향으로 나아간 것이다.

바르트에 따르면, 의미작용에는 두 수준의 질서가 있다. 제1차 질서는 현실의 수준 혹은 자연의 수준이며, 제2차 질서는 문화의 수준이다. 제1차 질서는 기호가 현실을 대표하는 기초적 표상의 세계에 대한 것으로 기표와 기의가 결합하여 기호를 이루는 기본적 의미작용이 일어나는 수준이다. 이 수준에서 기호는 모호함이 없는 객관적·직접적 자연의 의미를 생성한다. 의미작용의 제1차 질서는 기호가 그것이 표상하는 현실의 외연적 의미만을 생산한다. 그러므로 제1차 질서는 기호의 사회적·축어적 해석만을 허용한다. 제2차 질서는 두가지로 나뉜다. 하나는 함축의 질서이고, 다른 하나는 신화의 질서이다. 함축은 기표의 제2차 의미작용을 나타내는 것으로, 기표가 기호의 형태를 결정한다. 이 기표는 모든 사람의 문화적 배경과 체험에 따라 천차만별의 함축적 의미를 생성한다. 가령, 한 방울의 물을 보고 어떤 사람은 '눈물'을, 어떤 사람은 '바다'를, 또 어떤 사람은 '덧없는 인간의 삶'을 상상할 수도 있을 것이다. 신화란 바로 이러한 함축적 기의들로 엮인 고리의 체계를 말한다. 따라서 바르트는 신화를 '함축의 의미 체계'라고 정의하는데, 그러한 신화는 끊임없는 변형을 시도한다.

　바르트의 신화 체계는 고전적인 것을 말하는 것이 아니라 '하나의 이야기' 혹은 '하나의 특수한 언술'을 가리키는 것이다. 즉, 기호의 의미 체계를 형성하고 있는 섬유 조직 자체와 같은 것이다. 그의 신화 모델 체계를 살펴보면 다음과 같다.

<table>
<tr><td colspan="2">1. 기호표현</td><td rowspan="2">2. 기호의미</td><td></td></tr>
</table>

1. 기호표현	2. 기호의미	→ 언어학적
3. 기호	Ⅱ	→ 언어학적·신화적
Ⅰ. (새로운 기호표현)	(새로운 기호의미)	→ 언어학적·신화적
Ⅲ. 기호(Sign)		→ 신화적

　이와 같이 제1차 체계의 의미작용은 기호표현과 기호의미가 결합하여 기호가 되면서 생성된다. 이러한 1차적 기호는 기호가 지니는 직접적이고도 명확한 자연적 의미, 즉 객관적이고 외연적(外示, denotation)의미를 띠고 있다. 2차 체계의 의미작용은 이러한 1차 기호의 의미를 바탕으로 새롭게 형성된다. 1차 기호의 기호표현과 기호의미를 바탕으로 형성된 2차 기호의 기호표현은 새로운 기호의미를 생성하는 것이다. 바르트는 2차 기호의 기호표현을 수사적으로, 그리고 2차 기호의 기호의미를 신화적으로 파악하고 있다. 이러한 신화작용에 의하여 의미작용은 수없이 생성되면서 복잡해진다. 즉, 1차 기호는 말해지고 있는 자체를 의미하는 것이지만, 2차 기호는 말해지고 있는 것 이외의 다른 무엇을 의미하는 것이다. 이처럼 2차 기호는 언어의 문학적 내지 미학적 사용을 나타내는 것으로 메타언어와 관련된다. 요컨대, 바르트의 신화적 기호체계에서 언어학적 기호는 단지 기호표현이 될 뿐이며, 이 기호표현은 언어학적 기호내용과는 다른 기호내용을 나타낸다. 이것은 그의 메타언어 체계와 관련을 갖는데, 왜냐하면 메타언어 체계에서도 1차적 언어체계에서의 기호를 기호내용으로 파악하기 때문이다.

　이러한 바르트의 신화체계에 있어서 의미작용의 특징 여섯 가지는 다음과 같다. 첫째, 신화는 모든 것을 숨김없이 드러낸다. 언어학에서 기호표현과 기호의미는 전자가 드러나면 후자는 그 배후에 숨겨지고 후자가 드러나면 전자가 숨겨지지만, 신화에서는 이 두 요소가 동시에 현존하게 된다. 둘째, 신화의 개념과 그 의미를 결합하는 관계는 본질적으로 변용의 관계이다. 소쉬르의 언어학에서의 기호가 언어에 관계되듯이 바르트의 신화에서의 의미작용은 신화에 관계된다. 셋째, 신화는 이중 체계를 유지한다. 신화에서의 의미작용은 기호표현의 순수한 의식과 상상력의 순수한 의식을 선별적으로 드러내는 기능을 갖는다. 넷째, 신화는 일종의 가치이다. 신화에서의 기호표현은 양면적이다. 의미는 형식을 드러내기 위해 현존하고 형식은 의미를 이끌기 위해 현존한다. 즉, 의미와 형식 사이에는 어떠한 대립이나 갈등, 반복이 없다. 다섯째, 신화는 명령적이고 지속적이다. 역사적인 개념에서 비롯된 명령과 지속성에 의해서 신화가 추구하는 것은 '나-자신'이다. 여섯째, 신화는 동기 부여를 한다. 언어학에서의 기호표현과 기호의미는 자의적이며 기호에는 동기 부여가 되어 있지 않지만, 신화에서의 의미작용은 자의적인 것이 아니며 부분적인 동기 부여와 어느 정도의 유추를 내포하고 있다. 소쉬르의 언어학에 바탕을 둔 바르트의 기호학에서 랑그와 파롤은 모든 기호체계를 포괄할 수 있는 보편적 범주이다. 그는 이러한 범주의 예로써 의상 체계, 음식 체계, 자동차와 가구 체계, 복합 체계 등을 들고 있다.11)

　결국 바르트는 ≪콤뮤니카시옹≫(*Communication*)지 8호(1966)에 논문 「설화의 구조분석서설」(*Introduction á l'analyse structurale du récit*)을 발표하여 일반적인 설화 문법을 규정한다. 이 논문에서 그는 일반 설화의 등장인물의 행동에 관한 것은 '기능'(fonction)으로, 인물의 성격이나 분위기에 관한 것은 '지표'(indice)로 규정하고, 그 기능과 지표의 연쇄가 설화를 이루고 있다는 논의를

---

11) 홍문표, 「기호학 비평」,『문학비평론』, 문원각, pp.344~345.

전개한다. 그리하여 그 논의에서 설화의 상징적인 의미, 곧 내포(共示, connotation)를 해독하는 원리를 소개한다. 이러한 그의 분석 원리는 후에 다른 연구자들에 의하여 적용, 확대되어 개성 있는 설화 기호론으로 발전된다.

이와 같이 바르트의 신화도 하나의 전달체계이며 또한 의미작용의 양식이라고 할 수 있다. 이러한 원리에 의해 바르트는 그 원리의 적용편인『의상유행의 체계』(*Systéme de la Mode*, 1967)를 펴낸다. 그리하여 의상유행이라는 문화 요소의 기호체계에 있어서도 기호표현과 기호내용이 언어에 의한 전사(轉寫, transcription)에 의해서만 그 분절이 가능하다는 것을 보여준다. 바르트는 구체적으로 텍스트의 의미를 해독하는 방법론에 관심을 집중하는 데, 발자크(H. Balzac)의 소설『사라진느』(*Sarrazine*)에 대한 연구『S/Z』(1970) 등이 그것이다. 이러한 바르트의 구조 기호학 이론은 그레마스(A.J. Gremas), 주네트(G. Genette), 토도로프(T.D. Todorov) 등의 기호학자들에 의해 심화된다. 그레마스의『구조적 의미론』(*Sémantiques tructural*, 1966), 주네트의『문체Ⅰ~Ⅲ』(*Figure* Ⅰ~Ⅲ, 1969), 토도로프의『산문의 시학』(*Poetique de la prose*, 1971) 등이 그것이다.

(6) 로트만 ― 예술 이론의 기호학

소련의 기호학자 유리 로트만(Yuri Lotman)은 '예술을 위한 기호학적 총서'로『예술 텍스트의 구조』(*Structure Khudo Zhetvennogo*, 1970)와『시텍스트 분석』(*Analiz poetichestogo teksta*, 1972)을 출간한다.

그의 기호학은 소통 이론에서 시작하여, 그 언어 범주 내에서 진행되는 소통 수단인 예술 작품은 독특한 예술적 정보를 발송하는 텍스트로 간주할 수 있다고 단언한다. 이러한 정보는 좁게는 예술 텍스트의 구조, 넓게는 예술 언어의 구조로부터 분리될 수 없다는 것이다. 따라서 로트만은 한 텍스트의 구조가 관념의 구조에 어떤 방식으로 대응하는가를 설명하는 데 중점을 둔다. 그리하여 로트만 이론은 예술을 언어처럼 연구하는 데서 출발한다. 그는 러시아 형식주의자들의 영향을 받아 예술을 2차적인 언어로, 예술 작품을 2차적인 언어에 속하는 텍스트로 간주한다. 그는 구조의 복잡함과 정보의 복잡함을 다시 연결시켜, 시적 담론은 매우 복잡한 구조를 지닌다고 주장하고 있다.

한편, 로트만의 예술 작품에 나타나는 예술 언어에 대한 연구는 독자에게 미학적인 관계에 대한 개별적인 규범을 제공할 뿐만 아니라, 가장 일반적인 범주와 구조적인 원칙 내에서 세계에 대한 모델을 재생해준다. 그는 시간의 흐름에 따라 인간의 지각은 변하기 마련이며, 작품은 처음에는 전언으로 지각되었다가 후에 형식으로 지각되는 것이라고 말한다. 그의 소통 이론은 예술 약호들의 복수성에 관해, 곧 발신자와 수신자는 동일한 약호를 사용하는가 아니면 다른 약호를 사용하는가에 주의를 집중한다. 또한 로트만은, 작품을 서로서로 끼워 맞추어지는 조립식 기호들의 체계로 본다. 그리고 예술 언어는 상호 관계가 있는 언어들의 복잡한 위계질서라고 말한다. 그 결과 텍스트는 각 독자군에게 서로 상이한 정보를 제공하며, 독자는 다시 읽을 때마다 다른 양의 정보를 획득하게 된다고 한다.

로트만은 시텍스트의 의미를, 전후 맥락에 따라서만 존재하며 유사성과 대립들의 지배를 받는 층상(層狀) 체계로 본다. 그에 따르면, 텍스트에서 차이와 유사성은 그 자체가 상대적인 것이며, 상호 관계에 의해서만 인식될 수 있다. 시에 있어서 내용을 규정하는 것은 시니피앙의 성격, 곧 페이지 위의 부호들에 의해 이루어진 소리와 리듬의 패턴이다. 시텍스트는 의미가 포화 상태에 있으므로 다른 어떤 담론보다도 많은 정보를 함축한다. 시는 정보를 전달하기보다는 의사소통을 촉진시키기 위해 담론 속에 최소한의 '군더더기' 기호들을 가지고 있지만, 다른 어떤 언어 형식보다도 풍부한 일련의 메시지들을 생산해낸다. 시작품은 충분한 정보를 담고 있지 못할 경우 불완전하게 된다. 왜냐하면 정보가 바로 미(美)이기 때문이다. 이는 문학텍스트를 막론하고 여러 개의 체계들,

즉 어의적·도상적·운율적·음성적 등 체계들로 이루어져 있으며, 이 체계들 사이의 부단한 충돌과 긴장을 통해 그 효과를 얻는다. 각 체계는 다른 체계들이 위반하는 일종의 기대 규약을 설정하면서 다른 체계들이 이탈하는 '규범'을 나타내기에 이른다. 가령, 운율은 시작품의 구문(syntax)이 가로지르고 침범할지 모를 어떤 패턴을 만들어낸다. 이런 방식으로 텍스트의 각 체계는 다른 체계들을 '낯설게 하고' 그들의 규칙성을 깨뜨리며 또한 그들이 좀더 생생하도록 돋보이게 만든다.

또한 로트만에 의하면, 문학 작품은 사전적 의미가 지닌 여러 '층위들'의 충돌과 압축에 의해 새로운 의미를 만들어내면서 그 단순한 사전적 의미를 계속적으로 풍부하게 하고 변형시킨다. 그리고 어떤 두 단어든지 무언가 등가적 측면을 근간으로 해서 병치될 수 있기 때문에 이러한 가능성은 다소 무한하다. 텍스트의 각 단어는 일련의 형식적 구조들 전체에 의해 몇몇 다른 단어들에 연결된다. 따라서 그 의미는 항상 지나치게 규정되며, 항상 서로 다른 몇몇 규정자들이 함께 작용한 결과이다. 하나의 개별 단어는 각각 다른 단어들과의 유운(類韻, assonance), 통사적 등가(syntatic equivalence), 어형적 유사(morphological parallelism)를 통해서 연결될 수 있다. 이렇게 각 기호는 몇 가지 서로 다른 연합적 패턴 혹은 체계들에 동시에 관련되며, 이러한 복합성은 기호가 놓이는 '통합적' 사슬에 의해서, 다시 말하여 '수직적' 구조들이 아닌 '수평적' 구조들에 의해 그 정도가 심화된다.

따라서 유리 로트만에 있어, 시텍스트는 '체계들의 체계'이자 '관계들의 관계'이다. 시텍스트는 여러 개의 체계들을 함께 압축하고 있는 상상할 수 있는 가장 복잡한 담론 형식인데, 그 각 체계들은 저마다 고유한 긴장·유사 관계·반복·대립을 지니고 있으며, 다른 모든 체계들을 끊임없이 변화시킨다. 사실 하나의 시작품은 한 번만 읽혀지는 것이 아니라 다시 읽힐 수밖에 없다. 왜냐하면 시작품의 구조들 중 일부는 오직 반복해서 읽음으로써만 인식될 수 있기 때문이다. 시는 시니피앙 전체를 활동시킬 뿐만 아니라, 주위 단어들의 강력한 압력 아래서 한 단어가 활발하게 활동하여 그 잠재력을 가장 풍부하게 내보이 도록 한다.

그런데 독자가 텍스트 안에서 인식하는 것은 무엇이든 대조와 구별에 의해 서만 인식한다. 다른 것과의 구별 관계를 갖지 않은 요소는 독자의 눈에 띄지 못한다. 나아가 어떤 기법들의 부재마저 의미를 생산해 낼 수 있다. 이것이 로 트만의 부재기법(minus device)이다. 작품이 만들어낸 약호들이 독자로 하여금 구체화되지 않은 압운이나 해피앤딩을 기대하도록 이끌어갔다면, 이 기법은 여 느 기법만큼이나 효과적인 의미 단위일 수 있는 것이다. 이처럼 문학 작품은 끊임없이 기대를 불러일으키고 침범하는 것이다. 또한 문학 작품은 규칙적인 것과 임의적인 것, 규범과 일탈, 상투적인 패턴과 극적인 낯설게 하기 사이의 복합적인 상호 작용이다.

이와 같이 로트만의 기호학은 텍스트를 생물에 가까운 조직체로 간주하며 자신의 연구를 일반적인 과학적 의미를 밝히는 것으로 여기고 있다. 작가는 스 스로 텍스트의 언어를 선택한다. 텍스트의 해독은 어려울수록 그만큼 더 많은 양의 정보를 제공한다. 텍스트는 동시에 두 가지 또는 그 이상의 언어에 속한 다. 그것은 또한 예상했던 구조적인 규범들을 어길 수도 있다. 텍스트들은 한 가지 기능을 갖지만, 그러나 도스토예프스키가 탐정 소설의 구조를 사용하는 것이나, 시인이 산문의 구조를 사용하고, 또는 반대로 소설가가 시인의 구조를 사용하는 것처럼 그 기능을 위반할 수 있는 것이다.

따라서 예술 텍스트를 검토한다는 것은 텍스트가 놓인 교차점에서 수많은 구조들을 파악하는 것이다. 여러 층위들에 대한 완벽한 기술은 그러한 사실들 을 발견했다는 점에서는 가치를 갖지만, 독자에게는 극복될 수 없는 한계로서 작용할 위험이 있다. 그러므로 예술 작품의 최후의 해석, 곧 종합적 진단을 해 야한다. 로트만이 주장한 문학 기호학의 주요한 특징들, 그가 해결한 문제들은 바로 여기에 있다. 형식주의자의 계승자인 로트만은 작품이 작품과 세계, 부분과 전체를 어떻게 지시하고, 상징으로 표현하며, 모델화하는지를 보여주면서 실재에 이르고 있다. 기호는 전체에 대한 기호가 되며, 기호학은 형식들의 순수한 놀이에서 벗어나고 있는 것이다.

8. 기호학 비평의 실제

• 조이스 '이블린'에 대한 기호론적 접근[12]
－로버트 스콜즈

본고의 목적은 단순한 것이다. 소설 텍스트에 대한 특정의 기호론적 접근이 각기 그 자체로는 불완전한 것이기는 해도 소설에 대한 실제 비평을 용이하게 해주는 한 방식으로 결합될 수 있다는 점을 가능한 대로 논의하고 보여주고자 한다. 한 가지의 단일 방법론으로 결합시키고자 하는 세 가지 접근법은 다음과 같다.

첫째, 『데카메론의 문법』에서 예시된 바의 츠베탕 토도로프(Tzvetan Todorov)의 접근법.

둘째, 『서사체 언술』에서의 제라르 쥬네트(Gérard Genette)의 접근법.

셋째, 『S/Z』에서의 롤랑 바르트(Roland Barthes)의 접근법.

위의 각 예에서 비평가는 직접 고려하고 있는 개별 자료에 적합한 분석 방법을 만들어 내고, 그 자료에다 그 방법을 시험하고자 하였다. 그러나 모든 경우에 그 방법이 널리 적용될 수 있음도 시사하였다. 본고에서의 필자의 논의는 물론 이들 세 가지 방법을 널리 적용한다는 점과 다른 각도에서 소설 텍스트를

---

12) R. Scholes, Semiotic Approaches to Joyce's "Eveline," *Semiotics and Interpretatien*, Yale University Press, 1982. pp.87~104. (박종철 편역, 『문학과 기호학』, 대방출판사, 1983, pp.262~282. 재인용)

논함에 있어 서로를 보완한다는 점과, 나아가 각각은 통합적 과정의 단위들-그 질서가 항시 일률적이어야 하는 단위-로 기능하는 메타 방법에서 하나의 분절로 나타나는 유용한 시퀀스를 제시하기도 한다는 점이다. 필자가 예시코자 하는 메타 방법은 순서상 토도로프에서 쥬네트를 거쳐 바르트에 이르는, 이들의 텍스트에 접근하는 방법을 포괄한다. 예시는 조이스의 『더블린 사람들』 중의 '이블린'이라 하는 한 단편에 기반을 두고 있다.

세 비평가는 그 작업이 본질적으로 어떤 점에서 중복되기는 하지만, 실제로 그 텍스트의 다른 층위 또는 다른 특질을 검토하고 있다. 토도로프는 보카치오의 『데카메론』의 이야기 100개에다 그의 방법의 기초를 두고, 그의 연구를 '문법'이라고 불렀다. 쥬네트는 프루스트의 『잃어버린 시간을 찾아서』에다 그의 체계를 예시하고, 텍스트의 '수사적' 층위에서 조정되는 '문체'(文彩, figures)에 관심을 보인다. 바르트는 발자크의 소설로 작업을 하여 보다 완벽한 기호학적 이론을 체계화했는데, 그것은 소설 텍스트가 의미작용을 만들어내는 모든 방법을 규약화하고자 했기 때문이다. 그래서 이 세 비평가들은 우리에게 소설의 문법과 수사법, 끝으로 기호론을 제시하고 있다. 다음의 논의에서 나타나는 내용을 살펴보면 이를 잘 증명하고 있다.

토도로프의 문법에는 두 가지 주된 특질이 있다. 그는 소설을 단순한 행위에 대해 일차적으로 주제적(thematic) 관심을 드러낼 수 있도록 그의 상징적 표시법의 의미론적 특질을 규약화했다. 토도로프의 방법은 우선 이야기의 행위에 대한 요약이 만들어지고, 그리고 나서 그 요약이 상징적 형식으로 축약되기를 요청한다. 그러나 이러한 경과에는 두 가지 큰 결함이 있다. 첫째로 그 요약은 어떤 명시적 체계에도 지배받지 않으므로 직관적임에 틀림이 없고, 둘째로는 결과로 나타나는 표시법은 소설 자체보다는 요약과의 유사성에 기반을 둔 겉치레의 엄밀성을 지닌다. 보카치오의 이야기처럼 단순하면서도 빈틈없이 묘사된 이야기를 다루면서 작업할 때에는 그것이 그리 큰 문제가 되지 않지만 현대 소설로 옮겨오면서 이 문제는 심각해진다.

현대 소설 텍스트로 다루는 비평가는 토도로프의 접근법을 발견적인 도구로서, 모든 소설 텍스트의 특정한 특질에 대한 이해에 초점을 두는 방식으로 사용하여야 한다. 우리가 소설을 소설로 받아들이는 일은 바르트가 행위의 규약 체계라고 부르는 것에 대한 이해에 부분적으로나마 의존하고 있다. 우리는 이야기 속에서 아리스토텔레스가 지적한 바와 같이 시작과 중간과 결말을 가지는 인과적(causal)이며 순차적(chronological)인 체계를 받아들이게 되기 때문에 이야기로 깨닫게 된다. 토도로프는 우리에게 어떤 소설 작품에서나 주요 행위를 우리의 관심의 근저에 이끌어오기 위해서 그것을 분리해 내는 한 방식을 제시했다. 우리는 그의 표시법 체계를 사용하여 어느 소설 작품에서나 이야기를 찾아낸다. 분명한 것은 대부분의 소설이 단순한 이야기 그 이상의 것이라는 점인데, 특히 현대 소설에서 그러하다. 그리고 어떤 소설들은 반-이야기이거나 의사(擬似)-이야기로 그 속에서는 이야기라는 개념 자체가 어떤 이념적 또는 주제적 목적에서 희화(戱化)되거나 부정된다. 토도로프는 어느 소설에서나 이야기를 찾고, 그러한 탐구의 결과를 기록하는 방법을 우리에게 제시한다. 만약 우리가 어떤 이야기도 찾아내지 못한다면, 또는 부분적으로만 이야기라고 한다면 그것 역시 의미 있는 결과이다.

그렇다면 이야기란 무엇인가? 토도로프는 우리가 그 질문에 정확한 대답을 할 수 있도록 도와준다. 이야기란 특정한 종류의 명제들(propositions)의 연속체인데 소설의 명제에는 두 가지 명제가 있다. 그것은 수식과 행위이다. 가장 기본적인 소설적 시퀀스는 수식(attribution)과 행위(action)와 수식-즉, 시작과 중간과 결말이다. 인물들이 명사이고, 속성(attribute)이 형용사이며, 행위가 동사라면, 우리는 다음과 같이 단순한 이야기를 나타내 보일 수 있다.

$$X\text{-}A+(XA)optX \rightarrow Xa \rightarrow XA,$$

X=소년
A=사랑, 어떤 이에게 사랑 받음
a=사랑을 찾음과 구애
optX=소년(X)은 바란다(opt)
-=수식의 부정 : -A는 사랑의 결핍, 사랑 받지 못함

　그러므로 그 시퀀스는 소년에게는 사랑이 결핍되어 있고, 소년은 사랑 받기를 원하며, 그래서 그 소년은 사랑을 찾고자 하며, 그리고 나서 소년은 사랑을 받게 된다. 우리는 이것이 같은 주제(subject)를 포괄하는 명제들의 연속체이기 때문에 이야기라는 것을 알게 되는데, 그 마지막 명제는 처음 명제의 변형이다. 불행한 결말은 첫 번 명제 X-A!가 될 것인데, 소년이 철저한 사랑의 결핍에 빠지는 것이다. 행복한 것이거나 불행한 것이거나 그 연속체를 하나의 이야기로 만드는 것은 결말 부분에서의 시작 명제로의 복귀이다. 이야기들이란 속성의 성공적이거나 비성공적인 변형에 관한 것이다.

　토도로프의 방법을 현대의 이야기에 적용시킬 때, 첫 번째 문제는 흔히 행위들로부터 주요 시퀀스를 분리해 내는 것인데, 그것은 기본(master) 이야기를 찾아내는 것이다. 『더블린 사람들』에서의 '이블린'은 이 관점에서는 오히려 단순한 것이지만 나머지 다른 이야기들은 훨씬 난해하다. '10월 6일(파넬 기념일)의 위원실 Ivy Day'에서 한 줄기 이야기를 찾아내기란 결코 용이치 않다. 그러나 '이블린'에서도 다른 종류의 문제가 나타나기는 한다. 한 이야기의 통사를 나타내는 일련의 상징들은 그 '문법'의 한 양상일 뿐이다. 다른 양상은 어휘적이거나 의미론적인 것이다. 우리는 인물들과 결합된 복합적 특질들(바르트가 함축적 규약이라고 부른)을 이야기 자체로 활성화하는 몇 개의 요약적 특질로 축약시켜야만 한다. 이 의미론적 요약은 이 분석의 층위에서 해석 과정상 가장 결정적인 양상이다. 실제의 실행에서는 해석자가 더 이상의 정제(精製)가 불가능할 때까지 수식구를 시험해야만 한다. 여기 이 방법은 해석자의 기술을 요하며

그 기술 부족을 가차없이 보여줄 것이지만, 그렇다고 해서 그 방법이 그러한 기술을 마련해주는 것은 아니다. 다음은 '이블린' 이야기의 이형(Version)이다.

$$1 \quad 2 \quad 3 \quad 4 \quad\quad 5$$
$$XA+XB \rightarrow X\text{-}C+YaX+(X\text{-}A+X\text{-}B \rightarrow XC)predX \rightarrow$$
$$6 \quad\quad 7 \quad\quad 8 \quad\quad 9$$
$$(XbY)predX+XA! \rightarrow XnotbY \rightarrow (XB+X\text{-}C)!imp$$

X=이블린	Y=프랭크
A=더블린 사람	B=독신자
C=행복 —존중받음, 구조	

a=도피의 제안	b=도피의 수락
-=수식의 부정	not=동사의 부정
pred=예기 또는 기대	imp=언술에 의한 암시

주석을 달면 다음과 같다. 이블린은 더블린 사람으로, 문자 그대로 더블린 시의 거주자이지만 비유적으로는 훨씬 그 이상이다. 이 속성은 이야기의 전체 시퀀스에 걸쳐 구조되어 있으며, 그 책의 제목이 말해 주는 바와 같이 실상, 이야기들이 무엇에 관한 것인가 하는 것이다. 이 이야기에서도 대부분의 다른 이야기에서와 같이 소외, 상실, 억제와 같은 특질들이 두드러지게 나타난다. 그것들은 이 삶의 조건들을 바꾸기 위한 행동을 취할 수조차 없는 무력과 결합되는 것이다. 이블린은 독신이기도 하다. 더블린 사람들은 독신이거나 불행하게 결혼한 상태이다. 그리고 그 이야기 가운데서 독신, 흔히 불완전성이나 욕구불만, 소외를 내포하는 부정적 수식으로 드러난다. 세 번째 명제는 이블린이 자신의 삶을 불행하게 여김을 가리킨다. 이 점이 명백하다고는 할 수 없지만 프랭크의 제안에 대한 반응과 그녀의 가정생활에 대한 다른 묘사로부터 추출할 수 있다. 그 이야기의 행위는 프랭크의 도피 행각의 제안에서 출발하여, 그 제안은 이블

린이 자신의 상황이 좀더 나은 것으로 바뀌리라 상상하도록 해주는데, 그 제안
은 다섯 번째 명제에서 수식에 대한 기호의 역전으로 의미화된다. 여섯 번째
명제에 있어서의 도피 행각에 대한 그녀의 예견은 그녀 자신이 다섯 번째 명제
에서 예견한 변화와 실제로 밀접한 관계가 있다. 그 텍스트에서 이 모든 것은
상당히 명시적이다. 그러나 이블린은 더블린 사람인 것이다. 그녀는 결국 도피
를 거부하며, 그 이야기는 그녀의 본래의 조건이 회복되는, 다만 더블린을 떠나
그녀의 삶을 변화시킬 이 기회를 아쉬워하는 것으로 강화되었을 뿐인 강한 암
시로 끝맺는다.

이것은 단순한 이야기로, 어렵지 않게 블라드미르 프롭(Vladimir Propp)의
러시아 민담 한 편에 대한 부정으로 규약화될 수 있을 것이다. 왕자가 악마
의 소굴로부터 공주를 구하러 오지만, 공주는 그곳을 떠나느니보다는 소굴
에 남는 편이 덜 겁나는 것이라고 단정을 내리고 영웅을 빈손으로 집으로
돌려보낸다. 자연주의는 때로는 로만스의 전도로 '신빙성'을 생성하기도 한
다. 그러나 우리는 표시법의 과정과 이것이 드러내는 바가 무엇인가의 문제
로 돌아가기로 하자.

이 시점에서 통사적 배열을 소박하게 들여다보면 '이블린'의 '상황'을 구성
하는 세 가지 수식적 명제가 서술의 종말이나 그 언저리에서 강조되어 반복되
고 있음을 우리는 보게 된다. 그리고 이 반복이 진술의 문제라기보다는 암시의
문제이지만, 그 암시는 상당히 분명한 것이다. 우리는 그 속성이 바뀌지 않은
채로 남아 있음도 알 수 있다. 본질적으로 불행한 상황이 끝까지 고수되며, 강
화되기조차 하는 것이다. 사실, 이것이 『더블린 사람들』의 법칙인 것이다. 이
이야기들의 문법은 불쾌한 조건의 고수-나쁜 데서 더욱 나빠지는-를 지향하고
있다. 몇 가지 이야기는 좀 나은 데서 나쁜 것으로의 변화를 보여주기도 한다.
시작되는 상황의 개선을 보여주는 것은 '두 부랑자들'(Two Gallants) 뿐인데 그
작품에서 무일푼인 레나한(Lenehan)은 결국 그의 친구 코올리(Corley)에게 기식

하여 득을 볼 것 같은데, 그 친구는 성격 제공을 한 대가로 한 하녀로부터 금화 한 닢을 막 받은 참이었다. 그러나 이 '행복한' 결말 배면에는 더블린식 존재의 덫에 갇힌 나이 든 기식자인 레나한의 초상이 점점 분명해진다. 그의 실제의 조건은 이블린보다 나을 바가 없다.

이 논의의 요점은 토도로프식 표시법이 우리가 수식의 문제에 초점을 두도록 한다는 점인데, 이 점은 그 작업을 주제화해 주기도 한다.『더블린 사람들』에서와 같이 단일 작가에 의한 일군의 작품에 적용될 때는 이 표시법이 왜 그렇게 많은 이야기들이 독신이나 그 비슷한 변형으로 설정되는가 하는 문제와 결국 더블린 사람이 되어 있는 상태인 궁극적인 수식에 대한 의문을 일으키는 통합적이고 의미론적인 기호 작용의 반복적인 특질을 주목하게 한다. 그 텍스트에 대한 단지 두 개의 총체적 특질인 행위와 수식만을 검토하는 이 방법은 비교적 생소하지만, 분석자와 교육자를 위한 유용성은 물론 아주 실제적이다.

소설 텍스트를 위해 발전된 가장 완전하고도 체계적인 장치는 레라르 주네트가『서사체 언술』에서 제시한 것이다. 푸르스트의『잃어버린 시간을 찾아서』에 대한 광범위한 논의의 과정에서, 주네트는 시제(tense)와 법(mood)과 테(voice)에 따라서 소설 텍스트를 분석하는, 따라서 모든 소설이 '동사의 확장'이라고 볼 수 있다는 근거에서 동사에 대한 전통 문법으로부터 그의 용어를 차용한 방법을 제안했다. 주네트는 그 텍스트가 소설적임을 우리가 깨닫게 해주며 연구의 출발점을 제공해 주기도 하는 소설 텍스트의 세 가지 양상을 구분함으로써 시작한다. 모든 소설 텍스트는 실제의 텍스트인, 이야기 또는 서사체 언술의 형식으로 우리에게 주어진다. 그리고 이 언술은 우리에게 텍스트 자체와는 구별될 수 있는 일련의 소설적 사건을 알려 준다.

모든 소설 텍스트는 우리에게 하나의 이야기를 전달해 주며, 그 이야기는 텍스트 그 자체에서나, 그리고 그 자체의 제작 또는 우리의 독서에서 각기 상이한 공간적 존재의 시간(spatiotemporal) 상황으로 존재한다. 이 점에 의하면, 모든 서사체 텍스트는 명시적으로 또는 암시적으로 서술의 상황이나 텍스트로서의 존재에 대한 설명을 전달하는데, 양자는 서술된 사건과 피서술자 내지 청중과 관련된다. 한 편의 텍스트의 서사적 상황이 면밀하게 검토될 때에는, 실제로 서술자와 피서술자가 작자와 독자로 맞아 떨어지지는 않으며, 서술의 상황이 책의 실제의 저술과 독서의 상황과 일치하지도 않는다.

모든 기술된 소설의 이 세 가지 요소들(텍스트와 서술과 이야기)을 유념하면서 주네트는 그가 소설적 '시제'라고 부르는 것에 대한 양상을 검토하면서 그의 서사체에 대한 연구를 시작한다. 소설에 있어서의 시간적 배열에서 그는 탐구를 위한 세 가지 영역, 질서와 지속과 빈도를 구별한다.

'질서'(order)란 이야기와 텍스트의 관계로써 표현된 사건들의 배열이며, 언술이 시간 순차를 배열하여 우리에게 나타내는 방법과는 상반되는 이야기의 시간 질서이다(이것은 러시아 형식주의자들의 이야기와 플롯간의 구분에 가까운 것이다). '지속'(duration)이란 이야기에서의 사건들의 시간적 연장과 사건에 바쳐지는 언술에 의한 배려간의 관계이다. 이것은 속도 또는 속력의 문제로 이야기 시간의 시간과 날짜, 햇수와 인쇄된 텍스트의 단어나 면수(面數) 사이의 비율로 표현될 수 있다. 소설 텍스트의 세 번째 시간 양상인 '빈도'(frequency)는 이야기 자체에서(한 번 이상 일어나는 동일 사건) 또는 그 언술에서(한 번 이상 기술되는 동일 사건) 그 사건이 반복될 수 있는 방법을 포괄한다.

시제의 세 가지 주요 양상에서 주네트는 더 이상의 분별을 해내고 있는데, 모든 것이 '이블린' 연구에서 중요한 것은 아니기 때문에 여기서 경청하게 되는 것은 몇 가지뿐이다.

'이블린'에 있어서의 사건 제시의 질서는 단순하면서도 복잡하다. 서사체의 기본 시간은 이블린이 더블린을 출발하기로 계획을 세운 날의 저녁이다. 조이스는 이 사건들을 두 장면으로 제시한다. 첫 번 장면은 216면에서(채트맨의 논문 속의 분석 텍스트) 그녀가 창가에 앉아 있을 때 어둠이 깔려오는 것에서 시작되어, 223면에서 그녀가 일어서는 것으로 끝이 난다. 두 번째 장면은 223면에서 단위 101에서 시작한다. 시간은 그날 밤이며(우리가 추출해 내야 하는 것이지만), 그 장면은 이야기의 끝까지 계속된다. 아무튼, 이 단순하고도 시간 순차적인 도식 속에서 이 이야기는 시간적 배열의 기이한 복잡성을 통하여 움직여 간다. 잠깐 동안 우리를 상당히 크고도 선뜻 구별되는 시간의 토막에 우리를 속박시킨다면 아래와 같이 1에서 6까지의 시간 토막에 번호를 매겨서 이야기에서의 시간의 움직임을 식별할 수 있다.

A. 기본 시간(채트맨 분석 단위 번호 1~5) 5
B. 어린 시절(6~12) 1
C. 기본 시간(13~19) 5
D. (이후에 좀더 면밀하게 식별해야 할 복잡한 부분)
E. 최근의 과거(29~35 : 개번 양과 가게) 4
F. 미래(36~39 : '그녀의 새 가정') 6
G. 최근의 과거(40~44 : '토요일 저녁') 4
H. 미래(45~51 : '그녀는 하려 한다') 6
I. 최근의 과거(52~72 : 이블린과 프랭크와의 관계) 4
J. 좀더 이전의 과거(65~69 : 프랭크의 전력) 2
K. 기본 시간(73~85 : '깊어가는 저녁') 5
L. 이전의 과거(86~91 : 이블린의 어머님의 병환과 죽음) 3
M. 미래와 뒤섞인 기본 시간(92~100 : 첫 부분의 끝) 5/6
N. 기본 시간의 생략 5
O. 기본 시간(101~끝 : 두 번째 장면의 전체 및 미래에 대한 암시) 5

많은 부차적인 시간의 추이를 무시함에도 불구하고 우리는 그녀의 어린 시절에서 프랭크와의 가능성의 미래에 이르는 이블린의 삶에서 최소한 여섯 개의 별도의 기간에 걸친 열다섯 개의 구별되는 단락을 식별할 수 있다. 그러나 조이스가 이 이야기의 관점을 조작한 방법 때문에 이들 모든 시간은 두 장면의 기본 시간에 담겨 있다. 그들은 모두 '현재형' 시제에 가까운 기본 시간 내에서의 이블린의 사고의 양상으로 우리에게 제시된다. 생략마저도 현재형이며 극적인 시간 경과를 암시한다. 주네트가 관점을 '법'의 양상으로 논의했기 때문에 우리는 동떨어져 있는 시간의 특정한 양상을 면밀하게 검토한 뒤에 그것으로 돌아가야 한다.

위에서의 네 번째 시간 단위는 아주 복잡해서 시간에 있어서의 위치 선정을 특수화하면서 반복하였다. 이제 이것을 좀더 면밀하게 검토해 보도록 하자. 세 번째 단락은 이블린이 그녀의 어두워 오는 방을 둘러볼 때에(단위 번호 22) 우리를 기본 시간인 '이제'와 '집'으로 돌아가게 한다. 이제 두어줄의 문장에서의 시간의 움직임을 면밀하게 보도록 하자.

> 그녀는 방안을 이리저리 살피며(기본 시간) 오랫동안 자기가 일주일에 한 번씩 먼지를 털은(과거, 반추) 낯익은 물건들을 다시금 보며(기본 시간), 그 모든 먼지가 세상에 어디서 왔을까 이상스러웠다(과거, 반추). 아마 그 낯익은 물건들을 다시는 보지 못하리라(미래, 조건부, 부정). 갈라지리라고는(미래, 과거 부정 속의 미래) 꿈엔들 생각지 않던(과거, 부정, 미래에 속한 것) 그 물건들인데.

우리가 여기서 보는 것은 반추로서 덤덤하지만 안정되어 있는 반복되는 사건의 친숙한 주변, 보이는 과거와 이 친숙한 주변의 부재 때문에 희미하게 인식되는 미래 사이의 급박한 진동이다. 부재로서의 미래('결코 다시는 보지 않을')는 겁나는 가망성이다. 그녀는 그 문제의 양면을 가늠해 보려고 하기 때문이다. 이블린의 사고는 계속적으로 과거로부터 미래로 움직인다.
그러나 그녀는 그 미래가 최악으로 부정적(강한)이며 최상으로 조건부이다.
"그녀는 결혼해 있을 것이다. 사람들은 존대해서 대할 것이다. 어머니 같은 푸대접은 받지 않겠지"(단위 37, 38, 39). 그리고 그 미래는 불가피하게 그녀를 과거로 데려갔다. 그녀는 미래를 단지 희미하게, 부정적으로, 조건부로만 알 수 있었다.

그녀의 아버지의 '일상적' 표현 속에서 멜보른이 현실감을 갖지 않았던 만큼, 그녀에게는 장소로서의 부에노스아이레스가 현실감이 없었다. 그녀는 남의 아내가 된 자신을 생각할 때 어머니를 생각함으로써 숙명적으로 결론을 맺었다. 이 관점에서 우리는 미래에 못지 않게 그녀 자신을 회피해야 한다는 것이 문제라는 점에 유의해야 한다. 그녀가 '그 문제의 양면'을 가늠해 보는 동안에 우리는 그녀가 '맥박이 뛰고 있는 사람임'을 알고 '최근' 그녀의 아버지가 육체적 폭력으로 그녀를 위협하기 시작한 것을 안다. 그리고 우리는 그녀의 어머니가 과거에 육체적으로 혹사당한 것을 추정할 수 있다. 이블린은 이 생각을 그녀 자신이 '어머니가 당한 것처럼' 취급받지 않겠다고 숙고하면서, 다음 문장에서 아버지의 폭력(단위 40)을 생각하는 데로 옮아갈 때의 의식에서 이런 생각을 인정할 수 있다. 이블린의 공상에서 표현되지 않은 부분이 과거와 미래의 양쪽에 많이 있다.

이 고려가 진전되면서 나는 시제에 대한 생각으로부터 태와 관점에 대한 의문으로 옮아가게 되었다. 주네트가 지적한 대로 이런 종류의 일이 분석에서는 불가피하다. 왜냐하면 우리는 분리할 수 없는 사물을 논의를 위해 자의적으로 가르기 때문이다. 그러나 이 분석은 우리가 하고자만 한다면, 그 이야기에 대한 그 이상의 관심에 몰두하게 한다. 보다시피 시간은 단순히 서사 구조의 한 가지 특질인 것이 아니라 이블린의 상황의 주된 요소가 된다. "그녀의 시간은 흘러가고 있었다." 서술자는 우리에게 말해 준다(단위 82). 그리고 그녀도 그 점을 알고 있다. 그녀는 자신이 상정할 수 없는 미래와 그녀가 수락할 수 없는 미래 사이의 곤란한 선택의 순간에 처해 있다. 인간은 언어와 비전을 통해서 계획을 세우고 미래에 도달할 수 있는 능력 때문에 다른 동물들과 구분된다. 그러나 이블린은 과거-죽은 어머니와의 약속과 교회에서의 의식-속에 갇혀 있어서 미래를 두려워 할 뿐만 아니라 전적으로 현재의 의식에서 퇴각한다. "그녀의 입술은 고요하고 경건한 기도자의 모습으로 움직였다"(단위 111). 그녀는 결국 말하는 능력을 잃고, 인식하고 소통하는 능력을 잃게 된다. "그녀는 가망 없는 동물과도 같이 수동적으로"(단위 126)되고 만다.

텍스트의 시간 질서로부터 지속의 문제로 돌아가서 주네트는 서술의 네 가지 기본 속도를 구별한다.

    1. 생략 — 무한하게 급격함
    2. 요약 — 상대적으로 급격함
    3. 장면 — 상대적으로 느림
    4. 기술상의 공백 — 진행의 영도

그가 지시하는 기본적인 소설적 리듬은 연결을 제공하는 비연극적인 요약과 결정적인 행위가 일어나는 극적인 장면간의 교체이다. '이블린'에는 지속의 네 가지 모든 가능태가 있다. 서사의 두 단락 사이의 생략과 이블린과 프랭크의 과거의 전력에 대한 요약과 부두에서의 극적인 장면과 아주 짧지만 이야기에 휴지를 두기 위한 것으로 몇 사람에 대한 묘사까지도 있다. 그러나 우리는 조이스가 사용한 이들 기법의 특별한 양상이 있음을 알아차릴 필요가 있다. 우선 그는 사물들을 그렇게 다룸으로써 모든 묘사와 요약이 이블린의 생각의 형태로 나타나게 하였고, 따라서 드라마나 장면으로 가능하게 하였다. 서사의 분절은 기본 시간 안에 처리되어 있으면서도 실제로는 연장된 지속의 장면을 구성한다. 이야기에서 상대적으로 짧은 시간이 그 텍스트의 긴 부분을 점유하는 것이다. 모든 시간의 진폭을 가진 첫째 장면은 아주 천천히 지나가는 기본 시간이라는 개념을 우리에게 제공한다. 생략 후의 두 번째 장면은 더욱더 시간을 펴 보임으로써 초마다의 지나감을 강조하는데, 배의 출발의 냉혹한 과정(시간과 조수는 기다려 주지 않는다.)이 미래와 과거를 일치의 한순간에 이르게 함으로써 더 이상 미래와 과거를 견주어 볼 수 없는 이블린은 인간적 시간으로부터 동결된 동물적 존재의 현재로 추방되기 때문이다.

소설적 법(mood)에 대한 주네트의 취급은 조이스의 이야기에서도 유효한 방식을 제공한다. 주네트는 법을 두 가지로 구분하는데 거리와 관점이 그것이다. 서사적 거리는 어느 텍스트에서나 제공되는 세부의 총합이자 정밀성으로 기능한다. 세부가 제공되면 될수록 우리는 장면적 묘사에 접근하게 된다. 몇 가지 세부는 문자 그대로 '실제 그곳에 있기' 때문에 이름지워진 것의 '실제의 효과'를 내는 것으로 나타난다. '이블린'에서 '먼지 낀 목천 냄새' 따위의 항목들, 또는 '축성(祝聖)받은 마가렛 메리 알라콕에게 한 약속을 적은 채색 그림'과 같은 항목들은 삶의 단편으로서는 '불필요한' 방식으로 작용하는 것 같다. 그러나 조이스의 수중에서는 이러한 정보들의 조각들이 한 개의 규약 이상의 의미를 전달하는 듯하다. 이런 관점에서 주네트의 접근법은 다음에서 이어 제시하려는 바와 같이 롤랑 바르트의 접근법으로 보충할 필요가 있다.

거리와 관점에 대한 논의에서 주네트는 소설에서의 '보여줌' 대 '말해줌'에 대한 비평적 논란과 '보여줌'에 대한 현대인의 몰두를 고찰하였다. 이것은 서술자의 표면상의 소거(消去)로 나타나는, 요약에 대한 장면의 선택이라고 그는 설명하였다. 조이스가 최소한 '이블린'에서 이런 경향의 완전한 예임은 분명하다. '이블린'에서는 장면이 모든 요약을 포괄하는 데 이르고, 이블린의 목소리와 관점을 차단하는 서사적 인물을 방어해 주는 탁월한 교묘함을 수련시켜 준다. 주네트는 비평 연구에서 관점과 태 사이의 구분에 대한 분석자의 관찰을 고수한다. 이블린에서는 거의 의미를 달리할 정도의 차이가 없는 것 같지만, 우리가 통해서 보게 되는 눈이나 우리가 듣게 되는 목소리는 서사체에서 필연적으로 같은 것일 수는 없다.

소설에 적용되는 다양한 관점은 초점의 문제이다. 어느 이야기에서나 사건에 대한 특정의 양상은 서사의 초점에 의해 명백해질 수 있다. 왜냐하면 다른 사람들은 잠정적으로나 영속적으로나 숨거나 흐려질 것이기 때문이다. 초점은 한 인물의 삶 가운데 얼마나 깊이 우리가 침투할 수 있는가와 얼마나 많은 인물들이 내적 엄정성에 개방되어 있는가를 결정한다. "초점의 유형은 필연적으로 작품 전체에 고정되어 있는 것이 아니라, 아주 간결한 서사체의 확정적인 분절에 고정되어 있다"고 주네트는 보았다. 그는 내적, 외적, 고정적, 가변적, 다수의, 또는 초점을 두지 않은 등의 많은 관점의 양태에 관한 용어를 발전시켰는데, 그러나 소설의 시점에 대해 미국에서 논의되고 있는 용어들의 짝과 같은 이 용어는 분류상의 복잡성을 정당화하는 분석적 가치를 충족시키지는 않는다. 실제로 문제가 되는 서사의 초점 이동은 언어적 민감성과 직관이 장치 이상으로 고려되는 차원에서 작용한다. 아무튼 주네트는 여기에서도 우리를 흥미롭게 이끈다. 그는 자신이 '과소 정보 제공'(paralipse)과 '과대 정보 제공'(paralepse)이라고 부르는 책략을 기용하는 소설의 경향을 지적한다. 즉, 쓰여지고 있는 초점에 의하여 받아들여야만 하는 정보를 독자에게서 철회하는 것과, 쓰여지고 있는 초점 집중의 정도가 접근하기 어렵게 하는 정보를 독자에게 제시하는 것이다.

나로서는 조이스가 고도의 과대 정보 제공의 작가라고 하고 싶다. '이블린'에서나 다른 작품에서도 주네트가 고정적인 내적 초점이라고 부른 것을 그는 이야기에서 선택하였고, 모든 생각은 이블린의 마음을 여과한 것이며 통사와 어법 양자가 그녀 자신의 것인 듯이 나타난다(이것이 기법상으로는 관점의 문제라기보다는 태의 문제이지만, 또는 그녀의 언어는 관점의 문제이며, 화자인 그의 언어는 태의 문제이지만). 초점으로서 이블린을 선택하면서 조이스는 다른 이야기에서나 마찬가지로 별로 지적이지 못한 중심적 지능을 선택하였다. 이 점이 프루스트나 헨리 제임스와 특별히 다른 점인데, 그들은 그들의 작품의 중심에다 그들 자신과 같이 지적인 인물을 설정했다. '메이지가 아는 것'(What Maisie knew)과 같이 몇 가지 예외가 있기는 한데, 그러나 메이지도 잠정적으로는 제임스적인 지적 인물로 논의될 수 있으며 그는 분명히 제임스적인 목소리에 에워싸여 있다. 그러나 조이스는『더블린 사람들』의 이야기에서 이야기의 사건에 대한 특정의 지식을 박탈했을 뿐만 아니라 교육과 지성에 있어서도 제한받는, 절대적으로 정신에 고정된 내적 관점에 힘입고 있다. 무엇보다도 고통스러운 상황에 대처하려고 하는 이 제한된 정신들은 이야기에다 역설적이고 자연스러운 정취를 준다. 이 방법은 조이스에게 그가 즐겨 해결하고자 한 미적인 문제인 과대 정보 제공의 문제를 제시하였다. 그것은 요청된 규약 체계가 그의 관점에 의해 의미를 전달'해야만' 하는 것 이상의 정보를 독자에게 전달해야 하는 문제이다.

수사학적으로 말한다면, 과소 정보 제공이나 과대 정보 제공에 접할 때마다 우리는 역설에 직면하게 된다. '이블린'의 경우에 우리는 이미 어떻게 이블린이 더블린에서의 그녀의 장래에 관한 특정의 생각을 억누를 수 있었던가를 주목하였으며, 아버지의 난폭성과 어머니의 비정상과 죽음을 논리적인 연관을 제시함도 없이 연합적으로 연결시키고 있는 방식과, 이러한 예에서 알고 있는 이야기를 우리가 '구성하게' 돕는 결과를 낳도록 이끌어 준다. 우리는 추론의 행위에 의해서 몇 가지 이블린의 상황을 연결하고, 동시에 그녀는 우리가 추찰한 문제를 억제하고 있다는 점을 추론할 수 있게 해준다. 이런 점이 롤랑 바르트가 '필사체 대본' 텍스트라고 부른 독자가 사건과 의미의 창조에 관여하게 되는 현대적(Modernist) 소설의 측면에서 조이스를 고려하게 한다. 그러나 나는 그가 우리가 즐기는 의미를 구성하는 자유를 부여하기를 중단하는 점에 대하여 논의하고자 한다. 우리의 추론은 우리가 탐구해 온, 그리고 탐구해 나갈 방도를 방해받지 않으면서 그러나 엄격하게 유도되어 왔다.

이 논의는 매우 훌륭한 이유가 없다면, 주네트의 소설 분석의 체계의 범위를 벗어나는 것인데, 프루스트에 관하여 조명하는 것인 소설적인 목소리에 대한 그의 취급이 조이스로 돌아왔을 때는, 조이스가 아주 목소리를 잘 내는 작가이면서도, 그다지 도움이 안 된다. 이것은 주네트가 목소리로 분별되는 화자와 그들이 관여시키는 이야기들 사이의 관련성을 포괄하는 문제만으로 고려했기 때문이다. 조이스류의 복화술의 효과는 그 속에서 삼인칭으로 인물을 보면서 그 인물의 목소리를 빌어 그가 진술하는 것인데, 삼인칭은 그 인물이 생각할 만한 것을 말하는 데 한정하는 것이지만 이 말은 보이지 않는 화자의 관점을 전달하는 데에 쓰이는 것이다. 이 가능성을 주네트는 충분히 고려하지는 않았으나 그 까닭은 관점과 목소리의 상호 작용이 포괄되어 있을 것이기 때문이며, 그것을 분리해 내기가 매우 곤란했기 때문일 것이다. '이블린'과 같은 텍스트의 분석을 완결시킬 필요성을 우리에게 제시해 준 이가 바로 롤랑 바르트라고 할 수 있다.

『S/Z』의 전장에 걸친 발자크의 이야기 『사라진느』(*Sarrasine*)의 분석에서 바르트는 그 텍스트를 통해 몇 문구나 문장을 동시에 자기 방식으로 시험하고, 다섯 가지 의미화의 체계 또는 규약 체계로 의미를 생성시키는 방식에 의거하여 그가 'lexias'라고 부른 것을 설명하였다. 그의 다섯 가지 규약 체계는 다음과 같다.

첫째, 규약 또는 행위의 규약 체계. 그가 '독본 텍스트의 주요 골격'이라고 부른 것으로, 그 중에서도 특히 그가 의미한 것은 사실상 서사체인 모든 텍스트였다. 아리스토텔레스나 토도로프와 같은 가장 전통적인 비평가들이 주요 행위나 플롯만을 찾아내려 했던 곳에서 바르트는 가장 하잘것없는 문의 열림으로부터 로만스의 모험에 이르는 모든 행위를 (이론상) 규약 체계화할 수 있는 것으로 보았다. 우리는 행위에다 이름을 붙일 수 있기 때문에 그것을 깨닫게 된다. 대부분의 소설(바르트의 독본 텍스트)에서 우리는 시작된 행위가 완성되기를 기다린다. 그러므로 일차적 행위는 그러한 텍스트의 주요한 골격이 된다(토도로프의 표시법은 연구를 위해 이 주요 골격을 분리해 내고자 한다).

둘째, 해석학적인 규약, 또는 수수께끼의 규약은 텍스트가 일으키는 의문에 대한 답인 '진실'에 대한 독자의 욕망을 이용하는 것이다. 『사라진느』를 검토하면서 바르트는 문제의 일차적인 제기나 수수께끼가 될 한 주제의 동기화로부터 궁극적인 드러냄이나 보류된 바에 대한 해독에 이르기까지의 해석학적 기호 작용의 열 가지 국면에다 이름을 붙였다. 행위의 규약과 같이 수수께끼의 규약은 전통적인 서사체에서 일차적으로 구조화하는 인자(因子)이다. 서사체에서의 수수께끼의 제시와 해결 사이에 바르트는 해결을 노출시키지 않은 채 수수께끼를 살려두는 여덟 가지 방법—양의어(兩意語) 사용, 함정, 부분적인 답변 등을 설정했다. 탐정 소설과 같은 특정 종류의 소설에서는 해석학적 규약이 전체 언술을 지배한다. 행위의 규약과 함께 텍스트를 완성하고자 하는, 끝맺고자 하는 독자의 욕망인 서사적 긴장에 책임이 있다.

셋째, 문화적 규약 체계로 이런 것들이 많다. 이미 알려졌으며, 문화에 의해 규약화되는 사물에 대한 텍스트의 지시 대상을 구성한다. 바르트는 전통적 사실주의를 이미 알려진 것에 대한 지시성으로 설명할 수 있다고 본다. 플로베르의 '수용된 관념의 사전'은 사실주의자의 성전이다. 한 문화 또는 부속 문화의 금언이나 속담들은 소설가가 의존할 수 있는 이미 규약화된 최소 단위(bit)를 구성한다. 발자크의 작품은 이런 식으로 주밀하게 규약화되어 있다.

넷째, 함축적 규약 체계. 이 항목으로 우리는 한 가지 규약만이 아니라 여러 가지를 볼 수 있다. 독서에서 독자는 그 텍스트를 '동기화'한다. 그는 그 텍스트에서 단어와 문구들의 특정한 함축이 다른 단어와 문구의 흡사한 함축과 조화될 수 있다는 점을 명심한다. 우리가 함축의 '공통 핵심'을 깨닫게 되기 때문에 우리는 그 텍스트에다 주제를 설정한다. 함축의 덩어리들은 특수한 보통의 이름에 달려있기 때문에 우리는 특정 속성으로 한 인물을 인식한다(바르트가 외연을 단순히 '최종적'이며 강력한 함축으로 고려했다는 점을 명심할 필요가 있다).

다섯째, 상징의 장. 소설적인 규약 작용에서 가장 특수하게 '구조주의적'인 또는 엄밀히 말해서 후기 구조주의적인 양상이다. 바르트의 제시로서는 의미는 일차적인 이원의 대립 또는 유분으로부터 나온다는 관념에 기반을 두고 있다. 발화의 생성에서 음운이 되는 음성의 차원이나 어린이가 어머니와 아버지는 서로 다르며, 이 차이는 그들 중 하나와 같이 또는 다른 한 쪽과는 다르게 만드는 성관념의 대립 차원, 신화론적으로 규약화할 수 있는 대립되는 세력과 가치로써 세계를 원시적으로, 문화적으로 분리해내는 차원이다. 언어로 된 텍스트에서 이런류의 상징적 대립은 바르트의 상징체계에서 우선권을 가진 비유인, 반명제와 같은 수사적 비유로 기호 작성이 될 수 있다.

'이블린'의 어휘를 통해 바르트식 대들보를 위한 공간과 시간이 유효화하지 않기 때문에 그의 경과를 전환시켜 조이스의 텍스트에서 발견된 각 규약마다 몇 가지 요소를 설정하려고 한다.

(1) 행위의 규약(proairetic)

'이블린'에서 상대적으로 사소하다 할 '그녀는 앉아 있다.'에서 물론 결코 일어나지 않았으나, 나은 삶을 찾기 위해 더블린을 떠나는 이후의 연속적인 행동까지의 범위는 4페이지 뒤에서 '그녀는 일어섰다.'로 완성된다. 이것은 마비의 이야기로 『더블린 사람들』의 이야기 가운데서 주요한 함축적 규약이다. 분명히 우리는 이블린이 한 발자욱이라도 움직이는 것을 보지 못한다. 마지막 결정의 장면에서까지도 그녀의 행위는 '그녀는…한 채 서 있었다. 그녀는 …를 움켜잡았다. 그녀는 자기 얼굴을 가렸다.'로 묘사되고 있다. 이 증대하는 경직은 마비라는 함축적 규약을 주제화하고 있다.

(2) 수수께끼의 규약(해석적)

조이스는 이 규약에는 그다지 의존하고 있지 않다. 무엇보다도 이를 완성시킬 필요성을 느끼지 않고 있다. 우리는 우선 이블린은 누구이며, 왜 지쳐 있거나 그런 듯이 느껴지는가에 대한 의문에서 시작한다. 그러나 이것에 무슨 신비가 있는 것은 아니다. 물론 프랭크는 수수께끼이다. 언술이 그에 대하여 몇 가지인가를 말해주지만 프랭크의 여러 삶 중 한 면에 대한 그녀의 생각을 일러줄 따름이다. 이블린의 어머니에게 붙여진 신비도 있다. 죽음의 원인이라든가 아무도 해득할 수 없었던 그녀가 지껄인 신비한 구절이 덧붙여진다. 그러나 언술은 이런 신비를 완성시키거나 '해결해' 주지 않는다. 멜보른으로 간 사제나 마찬가지로, 발자크의 안정된 사실주의를 넘어서서, 그들은 완전히 헤아릴 수 없는 세계를 지시한다. 마지막 수수께끼인 이블린의 거절의 이유는 우리로 하여금 그 텍스트로 돌아가게 하며, 우회적인 '진실'의 확신을 결코 갖지 못할 해결책을 찾으려 하는 여타의 '더블린 사람들' 밖으로 나가게 한다.

(3) 문화적 규약

이 이야기에서의 문화적 규약화는 특정의 서사적 목소리라든가 또는 언술 그 자체의 성질이라기보다는 인물들의 정신에 깔려 있는 그 무엇이다. 이블린의 부친은 어버이로서의 냉소적인 분별로 프랭크를 바라본다. '나는 이런 뱃놈들을 다 알고 있어.' 이블린은 로맨틱한 소설로서 규약화된 모습의 그를 바라본다. '프랭크는 매우 친절하고, 남자답고, 너그러워.' 그 언술은 어느 쪽 견해도 시인하지 않는다. 그 언술은 인물들의 삶을 지배하는 더블린의 문화적 규약을 회피한 것이다. 이들 중에서 가장 강력한 것은 아일랜드 가톨릭교의 규약 체계로 이블린의 행위를 죄로 분류해 주는 것이다.

(4) 함축적 규약

지배적인 함축적 규약은 마비의 규약인데, 이블린의 성격에서나 그녀를 에워싼 세계에서나 마찬가지로 주요 요소이다. 이야기를 통하여 그녀가 움직이지 않은 채 있음으로 함축된다. 지루하고 단조한 문장 구조마저도 주어, 동사, 한

정어의 계속적인 반복으로 전달된다. 그리고 신앙생활에 자신을 봉헌할 것을 맹서할 때까지 마비되어 있는 축성(祝聖)받은 마가렛 메리 알라콕에게 한 약속과 같은 세부에 의해 규약화된다. 이블린 자신의 삶에다 이 성녀의 삶을 언급하는 방식은 다른 차원의 함축적인 역설을 이끌어 들인다. 기호들의 역설적인 결합을 통하여 그 언술은 그녀 자신의 감지를 벗어나는 이블린의 상황에 대한 한 관점을 과대 정보 제공으로 우리를 유도한다. 그녀는 확증을 가늠해 보고 결정하는 것으로써 자신을 본다. 그러나 언술은 역설적으로 그녀에게 선택권이 없음을 암시하고 있다. 그녀는 이미 조이스의 규약에 있어서 더블린 사람으로 새겨져 있고, 더블린 사람은 결코 아무런 결정을 내릴 수도, 도피할 수도 없다. 디데로의 '운명론자 자크'(Jacquesle fataliste)가 그랬듯이 조이스의 텍스트에서도 그 이상으로 기술되어 있다.

(5) 상징적 규약

『더블린 사람들』에서의 조이스에게는 일차적 대립이 '남성 대 여성'이 아니라 보통 '독신자 대 난봉꾼'으로 나타나는 '유성 대 무성'의 대립이다. 그 대립은 거의 어떤 연결되는 용어로도 중개되지 않는 것이다. 조이스의 황무지에서는 죽은 자 만이 열매 맺을 수 있고 성적 능력이 있다. '이블린'에서는 뱃사람인 프랭크가 가짜 어머니 역할을 하고 있는 이블린을 사이에 둔 적대적 상대인 아버지와 대립 관계로 설정되어 있다. 이 상징적 대립에서 프랭크는 물과 자유와 미지의 것과 미래와 성적인 능력과 결부되어 있다. 아버지의 집은 먼지 끼여 있고 이블린은 그 속의 노예이며, 그러나 과거와 불모인 것에 뿌리박고 있음이 알려져 있다. 아버지의 노예이자 아내격인 이블린은 불임이며, 성적 능력이 없고, 독신이며, 일종의 유모라 할 더블린 사람이다.

이 상징적 대립은 마지막 장면의 단일 문장에서 함축이 충돌될 때 가장 강력하게 나타나는데, '방축 옆에 누워 있는 배의 검은 덩치'를 이블린이 보았을 때이다. 이 '검은 덩치'는 이블린이 여기서 관조하고 있는 행위의 사악한 힘을 함축하기도 하는 소박한 묘사의 문장이다. 배를 타고 육지를 떠나 바다로 들어가는 것은 알려진 것이며, 안전하고 이미 규약화된 것을 떠나는 것이 된다. 무엇보다도 교회의 가르침을 조롱하고 죄를 짓는 것이 된다는 점이다. 처녀이며 유모 격인 의식의 문화적 규약 속에 안전한 독신은 그 뱃바닥인 검은 덩치가 모독적으로 소모된 오욕의 여인과 대립된다. 그러나 보다 면밀하게 보라. 다른 악의 없는 묘사 구절인 '누워 있다(=산욕에 들다)'는 아이를 나으려는 것이며, 열매맺을 수 있고, 독신이 아니며, 아버지를 위해 어머니의 역할을 수행하는 것이 아니다. 그녀와 아버지를 제거함으로써 두 사람을 과거로 돌려보내는 것이다. 이는 삶을, 죽음의 위험까지도 함께 수락하는 것이다.

이 함축은 반명제의 병치에 의해서 그 텍스트의 상징적 층위를 활성화한다. 그리고 '세상의 모든 바다가 그녀의 가슴에서 물결쳤다.' 그 언술은 삶으로 충일된, 양수로 에워싸인 심장과 그녀 자신이 더 이상 깨닫기를 수락할 수 없는 사람에 의해 그녀의 심층을 넘어서 이끌렸던 삶 자체에 함몰될 것 같은 공포 양자를 포괄한다.

이블린에 대한 마지막 전망은 상징적 박탈의 상태에 놓인 피조물에 대한 전망이다. 만약 상징적 규약 체계가 인식과 분절의 근본적인 과정에 뿌리박고 있다면 '이블린'의 말미에서의 규약에 의해 의미화되고 있는 것은 발화와 언어의 차원에서만이 아니라 보다 근본적인 기호론적 기능인 몸짓이나 표정의 근본적인 과정을 상실한 한 피조물이다. "그녀는 수용적인 채 어쩔 수 없는 짐승처럼 그에게로 창백한 얼굴을 돌렸다. 그녀의 눈은 그에게 사랑의 표시도 안녕의 표시도 하지 않았으며, 알아보는 것 같지조차 않았다." 그러나 우리는 그 이야기를 해석하며 '아무런 신호'조차도 보낼 수 없는 불소통자인 이 젊은 여인의 상황을 순전히 연민과 공포를 가지고 바라보고자 할 따름이다.

9. 기호학 비평의 검토

기호학 내지 기호론은 소쉬르와 퍼어스에 의하여 구상되거나 시험된다. 미국 기호학의 창시자인 퍼어스는 기호를 세 가지 기본적인 종류로 구분한다. 첫째, 한 인물을 찍은 사진처럼 기호가 나타내는 바와 어느 정도 닮은 '도상적인 것'(the iconic)이 있다. 둘째, '인덱스적인 것'(the indexical)이 있는데, 여기서 기호는 그 대상을 연상시킨다. 가령, 연기와 불, 먹구름과 소나기, 장미와 열정 등이다. 셋째, '상징적인 것'(the symblic)이 있다. 여기서 기호는 소쉬르에서처럼 그 지시 대상과 자의적이거나 관습적으로만 연결된다.

이후 소쉬르와 퍼어스의 기호학 이론은, 그 후계자들에 의하여 개념이 정립되는 과정에서 결과적으로 전달의 기호학과 의미작용의 기호학이라는 두 갈래의 방향으로 논의된다. 그러나 뒤이어 의미작용을 전제하지 않는 전달이란 상정할 수 없다는 논의에 의해, 프리에토나 무냉은 기호현상까지 기호론의 대상에 포함시킴으로써 이론을 심화 확대시킨다. 그리하여 기호학은 범위의 폭을 넓혀, 어떤 기호현상의 배후에 어떤 종류의 약호가 상정되기만 하면 의미작용이 일어나고 있다는 방향으로 전개되어 갔다.

일반적으로 기호학은 한 기호가 나타내는 바인 '외연'(外延, 外示, denotation)과 다른 기호들과의 연관인 '내포'(內包, 共示, connotation)를 구분하고, 규칙의 지배를 받는 의미 산출 구조들인 약호와 그 약호에 의해 전달된 전언들을 구분한다. 서로를 대신할 기호군 전체인 '연합적인 것'(the papadigmatic)과 기호들이 하나의 사슬 안에서 서로 짝지어 연결되는 '통합적인 것'(the syntagmatic)을 구분한다. 그리고 기호학은 문학 비평과 문학 사이의 관계처럼 하나의 기호 체계가 다른 기호 체계를 나타내는 '메타언어'(meta-language) 그리고 하나의 의미를 가진 '다의적'(poly-semic) 기호의 개념을 논한다.

이러한 기호현상에서는 사회·문화 현상에서도 어떤 의미를 간파할 수 있을 경우 의미작용이 생성된다고 본다. 즉, 모든 문화적 요소도 기호현상으로 간주하여 그 의미작용의 원리를 발견해내려는 문화기호론이 등장한 것이다. 그리하여 문화기호론은 모든 인간 문화 현상을 대상으로 하는 극히 넓은 영역을 포섭하게 된다. 기호학이 세계를 하나의 소통 기호, 즉 발신자와 수신자의 관계로 파악하고 그런 점에서 언어 기호는 물론 지표·신호·도상·상징의 방식을 취하는 문학·예술·문화 사회 제도까지도 포괄하는 총체적 언어 과정으로 확장된 것이다. 그러나 한편 문화기호론은 아직 그 원리와 방법을 정확하게 정립하지 못하고, 모든 문화적 요소가 기호론의 적용 대상이 될 수 있다는 가설에 머물고 있기도 하다.

그러나 문학기호학이 지니고 있는 문제점 혹은 한계점도 지적된다. 그것은 무엇보다도 문학기호학의 연구 방법이 광범위하여 다른 비평 방법론과 명확하게 구분되지 않는다는 것이다. 특히 구조주의 비평과 기호학 비평은 많은 유사점을 지니고 있기 때문에 서로 혼선을 빚기 쉽다. 그것은 구조주의나 기호학이 그 방법의 원천을 소쉬르의 언어학에 두고 있기 때문이기도 하다. 소쉬르가 제시하고 있는 랑그와 파롤의 관계에 있어서도 모두가 랑그에 관심을 집중한다. 구조주의의 랑그에 해당하는 것이 기호학의 코드(code)이다. 코드는 어떤 현상의 배후에 내재한 사회적·보편적 규칙이라는 데 구조주의와 공통점을 지닌다. 다만 기호학이 추구하는 코드는 광범위하다는 것이다.

둘째, 문학기호학은 수신자와 발신자 그리고 텍스트 사이에 어느 쪽을 대상으로 하고 있는지 그 구분이 모호하다. 구조주의는 작품의 변별성은 문학성이나 시성, 계열축과 통합축, 은유와 환유, 설화와 모티프 등 작품의 랑그적 영역에 관심을 집중한다. 반면 기호학은 바르트가 지적하듯이 기호표현과 기호내용으로 이루어지는 제2의 신화적 의미, 또는 공시적 의미를 추구한다. 물론 기호학은 발신자의 1차적 전달 의도를 충실하게 파악하려는 전달의 기호학, 2차적 의미까지 파악하려는 의미작용의 기호학으로 양분된다. 그러나 기호학은 철저히 발신자의 의도나 텍스트의 이면에 내포된 의미까지 추구하려는 데서 그 대상의 문제가 흐려지는 경향이 있는 것이다.

셋째, 기호학은 문학 작품의 미학적 기능을 도외시하고 있다. 기호학은 지나치게 언어적 층위의 규칙을 적용함으로써 기계적인 방법론이라고 오해를 받을 수 있다. 이는 기호학이 전기적 사실이나 문학과 문화의 역사를 전혀 고려하지 않는 데서 발생한 것이다. 따라서 기호학은 객관적인 과학성을 중시하여 문학의 예술성, 즉 문학의 정서적이며 미학적 체험의 세계가 위축되지 않도록 주위를 기우려야 할 것이다.

넷째, 문학기호학은 작가와 독자를 무시하고 있다. 기호학은 작가 개념에 대한 비판을 통해 권위주의적 해석학을 거부한다. 기호학적 비평가에 있어서 문학 텍스트의 생산자는 언어를 통해 인간의 주체성을 획득한 문화의 창조물일 따름이다. 말하자면, 작가는 완전한 자아(ego)가 아니라 대중과 개인, 의식적 혹은 무의식적 요소의 혼합물인 것이다. 독자 역시 문학 작품을 자신의 개성에 따라 자유롭게 해석할 수 없다.

어떤 문학 연구도 순수하게 형식적일 수는 없으며, 순수하게 형식적인 차원으로 문학 연구를 환원시키려는 연구는 잘못된 것이다. 따라서 기호학 연구가들이, 의미를 생성하고 전달하는 것은 순수한 형식적인 체계의 문제라고 주장하는 것 역시 잘못이다. 많은 기호학자들은 어떤 단어나 기호의 의미는 순전히 연합적인 체계 내에서의 위치와, 통합적 상황에서의 사용의 기능이라고 주장한다. 그렇다면 의미 역시 인간 경험의 기능이라고 할 수 있다. 다시 말하자면, 문학 창작 행위는 단순한 기호들 속에서 경험들의 기호학적 등가물을 생성하려는 시도에 근거한다고 할 것이다. 우리 문화에서 현재 생산되고 있는 가장 복잡한 문학적 구조들을 만들고 해석하는 데 관련된 기술은 고도의 질서이며, 단순한 언어 능력을 넘는 훈련을 요구한다. 문학기호학의 기능은 이러한 훈련을 명확히 하고 그것을 완성시키는 데 요구되는 전달 기술에 초점을 맞추고 있다. 따라서 그것이 바로 문학기호학의 능력이라고 할 수 있다. 인류 전체 문화에 대한 문학기호학의 가치는, 문화를 살아 기능하게 하기 위하여 그리고 인간의 관념들을 생성하기 위해 전달 매체를 사용할 수도 있다는 점이 아닐까 한다.

참고문헌

Barthes, R., S/Z : *Une Application de la critique linguistique à la nouvelle de Balzac : Sarrazine*, Coll. Tel Quel, Paris, Seuil, 1970.

______, *Essais critiques*, Paris, Seuil, 1964.

______, "Eléments de sémiologie" in *Communication 4*, Paris, Seuil, 1964.

______, Mythologies, Paris, Seuil, 1957.

______, "Introduction à l'analyse structurale des récits" in *Communication 8*, Paris, seuil, 1966.

______, *Système de la Mode*, Paris, seuil, 1967.

______, *Le degré zéro de l'écriture*, Paris, seuil, 1953.

Buyssens, Eric, *Les langages et le discours*, Essai de linguistique Fonctionelle dans le cadre de la sémioligie, Bruxelles, Office de publicité, 1943.

______, *La Communication et l'articulation linguistique*, Paris Bruxelles, Presses Universitaire de Bruxelles et de France. 1967.

Eco, Umberto, *A theory of Semiotics*, Bloomington, Indiana Univ. Press, 1979.

______, *L'œuvre ouverte*, Paris, Seuil, 1965.

______, *La structure absent*, Paris, Mercure de France, 1972.

Fages, J.-B., *Comprendre le structuralisme*, Privat, Toulouse, 1968.

______, *Comprendre Lévi-strauss*, Privat, Toulouse, 1972.

Fontaine, J., *Le Cercle linguistique de prague*, Paris, Mame, 1974.

Genette, G., Figure Ⅰ-Ⅲ, Coll, Tel Quel, Paris, Edition de Seuil, 1969.

Greimas, A.-J., *Essais de sémiotique poétique*, Paris, Larousse, 1972.

______, *Sémantiques tructurale*, Paris, Larousse, 1966.

______, *Du Sens : Essais sémiotiques*, Paris, seuil, 1970.

______, et Cuurtés, Joseph, *Sémiotique : Dictionnaire raisonné de la théorie lu langage*, Paris,

Hachette, 1979.

Hjelmslev, L., *Essais linguistiqus*, Paris, Ed, de Minuit, 1971.

__________, *prolégomènes à une théorie du langage*, Paris, Minuit, 1968.

Kristeva, Julia, Sémeiotiké, *Recherche pour une sémanalyse*, Paris, Sueil, 1969.

__________, *La révolution du langage poétique*, Paris, Seuil, 1974.

Lévi-Stauss, *Anthropologie Struturale*, Paris, Plon, 1958.

__________, *Mythologiqus 1. : Le cru et le cuit*, Paris, Plon, 1962.

__________, *La pensée sauvage*, Paris, Plon, 1962.

__________, *Le totémisme aujourd'hui*, Paris, P.U.F., 1962.

__________, *L'homme nu*, Paris, Plon, 1972.

Morris, Charles, *foundations of theory of sighs*, Univ. of Chicago Press, 1938.

__________, *Signs, Language and Behavior*, New York, Prentice Hall, Inc., 1946.

Peirce, Charles Sanders, *collected papers of charles sanders peirce*, Vol. 1-6, Harvard Univ. Press, 1932-35.

__________, *selected Writings*, ed, Philip. p. Wiener. New York, Dover Pub, Inc. 1958.

Prieto, Luis, J., Principes de Noologie, La Haye, Mouton, 1964. "La sémioligie" in *le Language* : Encyclopédie de la Pléiade, Paris, Gallimard, 1968.

__________, *Messages et signaux*, Paris, P.U.F., 1972.

__________, *Pertinence et pratique*, Paris, Minuit, 1975.

__________, *Etudes de linguistique et de sémiologie générales*, Genéve, Droz, 1975.

Propp, Vladimir, *Morphologie du conte populaire*, Paris, Seuil, 1965.

Saussure, F. de, *Cours de linguistique générale*, Paris, Payot, 1962.

Todorov, Tzvetan et Docrot, Oswald, *Dictionnaire encyclopéque des sciences du language*, Paris, seuil, 1972.

Todorov, Tzvetan, *Grammaire du Décaméron*, La Haye-Paris, Mouton, 1959.

__________, *Théorie de la Littérature*, Paris, Seuil, 1965.

__________, *Poétique de la prose*, Paris, Seuil, 1971.

__________, *Poétique*, in Qu'est ce que le structuralisme, Paris, Seuil, 1968.

Communication N。4, Paris, Seuil, 1964.

Communication N。8, Paris, Seuil, 1966.

Communication N。15, Paris, Seuil, 1970.

김종진, 「문학을 위하여 언어학은 무엇을 할 수 있는가」, 『서강』 제10호, 1980.

김치수, 「롤랑 바르트의 기호학적 구조분석」, 『구조주의와 문화비평』, 홍성사, 1982.

소두영, 『기호학』, 인간사랑, 1991.

움베르트 에코, 서우석 역, 『기호학 이론』, 문학과지성사, 1987.

유리 로트만, 유재천 역, 『詩 텍스트 분석: 詩의 구조』, 도서출판 가나, 1987.

테렌스 호옥스, 오원교 역, 『구조주의와 기호학』, 신아사, 1988.

테리 이글턴, 김명환 외 공역, 『문학이론 입문』, 창작과비평사, 1986.

제Ⅱ부 비평문학의 이론

제1장 역설의 언어[13)

— 클리언스 브룩스

1. 내포된 역설

　시의 언어가 역설의 언어라는 명제를 쉽게 받아들이려는 사람은 별로 없다. 역설은 격렬하고 발랄하며 재치가 있는 궤변의 언어이기 때문에 영혼의 언어가 되기는 어려운 것이다. 체스터슨(Chesterton) 이론가는 역설의 이론을 훌륭하게 사용하여 효과를 거둔 사람이기도 하다. 우리는 특수한 시의 경구(警句)나, 풍자시에서 역설이 사용되고 있음을 알 수 있다. 그리고 우리는 어떤 편견에 의해서 역설이 정서적이라기보다는 지적이며, 심오하다기보다는 영특하며, 비이성적이라기보다는 이성적이라고들 생각한다.

　그러나 시에 있어서 역설은 그 사용이 적절하고 불가피하다. 과학자의 진리는 분명히 역설을 통해서만 접근될 수 있다. 그리고 역설이 시의 본질에 있어서 흔히 간과되기 쉬운 몇 가지 요소들을 밝혀주고 있다는 근거도 제시할 수

---

13) Cleanth Brooks, *The Well Wrought Urn*, Harvest Book, N.Y., 1947(이경수 역, 『잘 빚어진 항아리』, 홍성사, 1983, pp.7~29 참조)

있다. 가령, 윌리엄 워즈워드(William Wordsworth)의 경우는 이 점에서 암시하
는 바가 많다. 겉으로 보기에는 그의 시가 역설의 언어를 많이 사용하고 있지
않은 것처럼 보인다. 그는 흔히 정면 공격을 택하기 때문이다. 그는 단순성을
고집하기 때문에 궤변처럼 보이는 것이면 무엇이든 불신한다. 그렇지만 전형적
인 워즈워드의 시야말로 역설적인 분위기에 바탕을 두고 있다. 다음은 그의 유
명한 시이다.

> 고요하고 거칠 것 없는 아름다운 저녁,
> 성스러운 시간이 고요하기는
> 마치 경배심으로 숨죽이는 수녀와 같고…
> It is a beauteous evening, calm and free
> The holy time is quiet as a Num
> Breathless with adoration…

　시인은 경배심으로 가득 차 있지만 그의 옆에서 걷고 있는 소녀는 그렇지 않
다. 소녀가 성스러운 시간에 감동되어 수녀처럼, 저녁 그 자체처럼 되리라는 사
실이 암시되어 있기는 하지만, 그녀의 경배심은 비정한 자연 자체보다는 덜한
것처럼 보이는 것이다. 그러나 시의 행은 다음과 같이 계속된다.

> 너 비록 숭고한 생각에 미치지 못할지라도,
> 너의 타고난 신성이 줄어들지는 않는 것,
> 너는 한 해 내내 아브라함의 품에 안기어,
> 대사원 안의 성스러운 곳에서 기도를 올려,
> 우리가 모르는 새 신은 늘 너의 곁에 있나니,
> If thou appear untouched by solemn thougth
> Thy nature is not therefore less divine :
> Thou liest in Abram's bosom all the year ;
> And worship'st at the Temple's inner shrine,
> God being with thee when we know it not.

시의 밑바닥에 깔려 있는 역설은 독자들을 위해서 반드시 필요하다. 왜 순진한 소녀의 경배심이 곁에 걷고 있는 시인보다 더 깊다는 것인가? 그 이유는, 소녀는 단순히 장엄하거나 숭고한 대상만 아니라 자연의 '모든 것'에 대한 무의식적인 공감으로 가득 차 있기 때문이다. 워즈워드의 친구 코울리지(Coleridge)가 쓴 다음과 같은 시를 살펴보자.

> 그는 헤아릴 수 없이 기도하고 헤아릴 수 없이 사랑하노니
> 크고 작은 모든 것들을 위하여.
> He Prayeth best, who loveth best
> All things both great and small

그녀는 무의식적으로 신앙심에 공감한다. 그녀는 '한 해 내내' 자연과 교감하기 때문에 신앙심이 지속적인 반면, 시인의 그것은 우발적이고 순간적이다. 그러나 이것으로 역설의 설명이 끝나는 것은 아니다. 역설은 이 시의 저변에 깔려 있으며, 이 경우에는 워즈워드의 경우이기 때문에 약간 조심스럽기는 하지만, 시 자체가 어느 정도의 역설을 말해 주고 있다. 사실상 저녁과 수녀와의 대비에는 한 가지 차원 이상의 것이 담겨 있다. 감각이 다소 둔한 사람이라 할지라도 저녁의 고요는 분명 '경배심'을 의미한다. 그것은 누구라도 그렇게 생각할 수 있는 수녀의 의미와도 상통하는 데가 있다. 그리하여 그것은 단순히 성스러운 것만을 암시하는 것이 아니라, 시의 전체적 분위기가 가식적인 성스러움을 띠게 해준다. 소녀의 꾸밈없는 순진은 그 자체가 끊임없는 내밀한 경배심의 상징을 나타내주고 있으므로, 그러한 가식적인 성스러움과는 대조가 되는 것이다.

가령, 워즈워드의 소네트 「웨스트민스터 다리 위에서」(*Composed upon Westminster Bridge*)를 살펴보기로 하자. 일반적으로 독자들은 이 시가 워즈워드의 가장 성공적인 시 중의 하나라고 인정할 것이다. 그러면서도 대개의 학생들

은 이 시의 훌륭한 점을 설명하는 데 큰 곤란을 겪는다. 이 시를 감정의 고상함이라는 측면에서 설명하려 한다면, 그 노력은 바로 실패하게 될 것이다. 그러한 기준에서 볼 때 이 시는 단지 이렇게 설명할 수밖에 없다. 즉 아침 햇살 속의 도시는 매우 감각이 둔한 자가 아니라면 누구에게나 장엄하고도 감동적인 정경을 드러내 준다. 그러나 이 시는 그러한 정경에 대해서는 더 이상의 언급이 거의 없다시피 하다. 즉 아침 햇살 속에서 도시는 아름답고 괴기할 정도로 고요하기만 하다. 그런데 이미지의 명료성이라는 면에서 이 시를 설명하려 하는 것도 역시 바로 좌절되고 만다. 그것을 뒷받침할 현장 검증이 헛된 수고에 그치고 만다. 즉 현실적인 언급이 뒤따르지 않기 때문이다. 실제로 시인은 단순히 여러 세부들을 한꺼번에 늘어놓고 있을 뿐이다.

고요하고 벌거벗은 채
배들, 탑들, 지붕들, 극장들, 사원들이
벌판을 향하여 펼쳐 있노니…

silent, bare,
Ships, towers, domes, theaters, and temples lie
Open unto the fields…

우리는 하나의 희미한 인상을 얻게 된다. — 하늘을 배경으로 펼쳐져 있는 지붕들과 첨탑들의 무수한 점들 같은 윤곽들이 모두 아침 햇살 속에서 반짝이고 있는 것이다. 더욱이 이 소네트는 전체적으로 보면 매우 평범한 기술(記述)과 몇 개의 진부한 비유들을 포함하고 있다.

독자는 이렇게 반문할 수도 있다. 그렇다면 이 시가 좋은 점은 어디에 있다는 것인가? 내가 보기에는 이 시의 우수성은 이 시를 탄생시킨 역설적인 상황에서 생겨난다. 화자는 정직하게 놀라움을 보여 주고, 시 속에 어느 정도의 경악감을 불어넣는다. 도시가 '아침의 아름다움을 지닐' 수 있다는 사실이 시인에

게는 야릇하게 느껴지는 것이다. 스노우엔산(山)이나 스키도나 몽블랑이라면 천
연 그대로 아침의 아름다움을 지닐 수 있지만 더럽고 열병 같은 런던은 어림도
없는 것이다. 이것이 바로 거의 충격적인 외침에까지 이르게 한다.

> 태양은 첫 햇살의 아름다움으로
> 이보다 더 아름답게 물들일 수 없었다. '계곡'과 '바위'와 '언덕'을…
> Never did sun more beautifully, steep
> In his first splendour, valley, rock, or hill…

'연기가 아닌 대기'가 시인이 여지껏 존재하리라고 생각지도 못했던 도시의
모습을 드러내고 있는 것이다. 말하자면, 인공의 도시 런던 또한 자연의 일부이
기에 자연의 태양에 의해 빛을 받아 아름다운 모습으로 비치고 있지 않은가?

> 강물은 저절로 흐르노니…
> The river glideth at his own sweet will…

강물은 우리가 가장 '자연스러운' 것이라고 상상할 수 있는 것이다. 그것은
강물이 자연 자체의 유동성과 곡선을 지니고 있기 때문이다. 예전에는 시인이
이것을 한 번도 실제의 강물이라고 생각할 수 없었지만, 거룻배들이 널려 있지
않은 지금은 강물이 딱딱하고 기계적인 형태를 전혀 띠지 않는다. 그것은 수선
화나 산골짜기 시냇물과 같이 자연 그대로이며 변덕스럽고 지극히 '자연스럽
다'. 이 시는 다음과 같이 끝을 맺고 있다.

> 주여! 집들마저 잠들어 있는 듯 싶사옵고
> 그리고 저 거센 심장은 고요히 누워 있사옵니다!
> Dear God! the very houses seem asleep ;
> And all that mighty heart is lying still!

아침을 보는 시인의 통찰 속에서 도시는 단순히 기계적인 것이 아니라, 유기적인 것으로 파악돼야 할 권리를 획득한 셈이다. 그 때문에 잠들어 있는 집이라는 진부한 메타포(metaphor)가 이상하게도 다시 새로워지고 있는 것이다. 집들에 대해서 시인이 말할 수 있는 가장 감동적인 것은 집들이 '잠들어' 있다는 것이다.

시인은 이제까지는 그 집들을 단지 기계적이고 생명이 없는 죽은 것으로 치부하여 버렸다. 따라서 그것들이 '잠들어' 있다고 말하는 것은 그것들이 살아 있다고, 곧 그것들이 자연의 생명 활동 속에 참여하고 있다고 말하는 것과 같다. 마찬가지로, 대도시를 한 제국의 요동하는 심장으로 파악하는 낡고 케케묵은 메타포가 다시 생동하는 효과를 지니게 된다. 도시가 시인이 인정할 수 있는 유일한 생명, 곧 '자연'이라는 유기적 생명을 잉태한 채로 실제로 살아 있다고 느껴질 수 있는 순간은 도시가 죽은 듯한 모습을 띠고 있을 때뿐이다.

내포된 역설에 대한 워즈워드 자신의 의식을 과장하려는 것이 내 의도는 아니다. 이 시에서도 그는 여느 때처럼 정면 공격을 택하고 있다. 그러나 이 시에서의 상황은 그의 시가 대부분 그렇듯이 역설적이다. 워즈워드는 그의 『서정시집』(*Lyrical Ballads*) 재판 서문에서, 그의 일반적인 목적은 '평범한 일상 생활에서 사건과 정황을 택하면서도' 그것들을 다루는 데 있어서는 '그 일상적인 것들이 독특한 양상으로 독자의 심중에 파고들도록'하는 데 있다고 언급한 바 있다. 코울리지는 나중에 워즈워드의 목적을 옹호해야 할 입장에 처했을 때 역설에 대한 그의 개척을 훨씬 더 분명하게 설명했다. 즉 '워즈워드씨는 (…) 무기력한 관습으로부터 마음의 관심을 일깨워, 독자들을, 자신들 앞에 펼쳐진 세계의 아름다움과 경이로움으로 인도하게 한다. 이처럼 그는, 일상적인 사물들에게 신선한 매력을 부여하여 독자의 마음을 초자연에 가까운 감정을 환기시키는 것을 그의 목적으로 삼았다. (…)' 다시 말하자면, 워즈워드는 평범한 것도 실상은 평범한 것이 아니며, 산문적인 것도 실상은 시적이라는 사실을 의식적으로 독자들에게 보여 주려 했다는 것이다.

2. 아이러니와 경이

'일상적인 사물들에게 신선한 매력을 부여한다' '마음을 일깨운다' 하는 코울리지의 말은 경이, 곧 놀라움 혹은 때문은 일상의 세계를 새로운 광채 속으로 몰아넣는 계시에 대한 낭만주의적 집념을 암시해 준다. 이것은 대부분의 낭만주의적 역설의 '존재 이유'(raison détre)가 될 수도 있겠지만, 신고전주의의 시인들도 대개는 그와 같은 이유로서 역설을 이용한다. 포프(Alexander Pope)의 「인간론」(*The Essay on Man*)을 살펴보기로 하자.

> 몸과 마음은 의아심 속에서
> 태어나자 이내 죽고 사리를 따져 보았자 과오를 범하네.
> 무지에서와 같이 이성에서도 그러하나니,
> 지나치게 생각이 없든지 아니면 너무 많든지 간에…
>
> 반은 흥하고 또 반은 쇠퇴하게 태어난
> 만물의 영장이자 만물의 희생물
> 끝없는 과오 속에 던져진, 진리의 유일한 심판,
> 영광이여, 어릿광대여, 세상의 수수께끼여!

> In doubt his Mind or Body to prefer ;
> Born but to die, and reas'ning but to err ;
> Alike in ignorance, his Reason such,
> Whether he thinks too little, or too much…
>
> Created half to rise, and half to fall ;
> Great Lord of all things, yet a Prey to all ;

Sole Judge of Truth, in endless Error hurl'd ;
The Glory, Jest, and Riddle of the world!

위의 시에서는 사실상 역설이 경이보다는 차라리 아이러니에 기울고 있다. 그러나 포프 역시 인간의 일상사를 다루면서 새롭고 현란한 빛 속에서 스스로를 돌아볼 수 있도록 인간의 정신을 각성시켰다고 주장했을 법하다. 그리고 워즈워드의 소네트에도 어느 정도의 아이러니가 내포되어 있듯이, 포프에게도 어느 정도의 경이감이 있기 마련이다. 물론 그 양자가 동시에 존재해서는 안 된다는 법은 없으며, 그 양자는 얼마든지 동시에 존재할 수도 있다. 경이감과 아이러니는 블레이크(William Blake)의 서정시들에도 혼합되어 있고, 코울리지의 「늙은수부」(*Ancient Nariner*)에서도 그러하다. 단지 그 강조하는 변수가 다양할 뿐이다. 그레이(Thomas Gray)의 「비가」(*Elegy*)는 전원 풍경과, '조상(祖上)'을 거울로 삼아 관찰된 농부들이 곁들여진 전형적인 워즈워드의 '정황'을 사용한다. 그러나 「비가」에서는 균형이 아이러니 쪽으로 훨씬 기울어 있다. 즉 경이의 계시라기보다는 아이러닉한 계시에 가깝다.

> 사연 적힌 항아리나 살아 있는 듯한 흉상인들
> 그 저택 같은 무덤에다 일순의 호흡인들 불러들일 수 있겠는가?
> 명예의 음성인들 말없는 유해를 불러 낼 수 있겠는가?
> 아니면 아첨이 저 주검의 싸늘하게 막힌 귀를 달랠 수 있겠는가?
> Can storied urn or animated bust
> Back to mansion call the fleeting breath?
> Can Honour's voice provoke the silent dust?
> Or Flatt'ry sooth the dull cold ear of Death?

그러나 여기서 나는 있을 법한 변수들을 낱낱이 열거하는 데 흥미를 가지고 있는 것은 아니다. 오히려 역설이란 시인의 구사하는 언어의 속성 자체에서 생겨난다고 하는 입장에 관심을 갖는다. 그런 언어에서는 내포가 외연만큼 큰 역할을 한다. 그렇다고 해서 내포가 눈앞의 실제적 사물에다 어떤 종류의 장식품, 즉 외형적인 그 무엇을 제공하기 때문에 그것이 중요하다는 것은 아니다. 과학자 같으면 당연히 그렇다고 말할 수 있겠지만, 시인은 어떤 기호 같은 것을 사용하지는 않는다는 것을 나는 말하고 싶은 것이다. 시인은 어떤 한계 내에서 그의 뜻대로 언어를 구사해야만 한다.

T.S. 엘리어트는 시 속에서 '언어의 영속적이면서도 사소한 변화, 새롭고 당돌한 결합 속에 영속적으로 병치되어 있는 어휘들'이 발생하는 것을 논평한 바 있다. 그러한 변화는 영속적이며, 시를 떠나서는 유지될 수 없으며, 시 속에서만 규정되고 통제될 수 있다. 용어를 고정시키고 엄밀한 외연으로 응결시킬 필요가 있는 것이 과학의 경향이라면, 시인의 경향은 이와는 대조적으로 분열적이다. 시인의 용어는 꾸준히 상호 수식하면서 그 사전적인 의미를 파악한다.

간단한 실례를 들기 위해서 워즈워드의 「저녁 소네트」에 나오는 형용사들, '아름다운' '고요한' '거칠 것 없는' '성스러운' '조용한' '숨죽이는' 등을 살펴보기로 하자. 그 병치들은 놀라울 것이 없지만 저녁은 경배심으로 숨 죽이는 수녀와 같다는 구절을 주목해 보자. '숨 죽이는'이라는 형용사는 커다란 흥분을 암시하지만 그럼에도 불구하고 저녁은 조용할 뿐만 아니라 '고요하다'고까지 표현되어 있다. 확실히 궁극적인 모순은 없다. '그런' 식의 충분한 고요와 '그런' 식의 충분한 흥분인 것이다. 그리고 두 가지 상태가 동시에 일어날 수도 있다. 그러나 시인에게는 그러한 상태를 묘사할 수 있는 한마디의 단어가 없다. 설사 시인이 기술적으로 하나의 다음절어(多音節語)를 사용했다고 하더라도, 그 용어가 이 문제에 대한 해결책을 마련해 주지는 못할 것이다. 시인은 모순과 의미 부여를 가지고 작업해야 하는 것이다.

시인은 유추로써 글을 써야 한다는 식으로 이 문제에 접근할 수도 있다. 리쳐즈(I.A. Richards)가 지적한 것처럼, 더욱 미묘한 온갖 정서들은 반드시 표현에 알맞은 메타포를 필요로 한다. 시인은 유추로써 글을 써야 하지만, 그렇다고 해서 메타포들이 동일한 평면에 놓여 있거나 마디마디가 딱 들어맞는 것은 아니다. 계속해서 한 면이 기울어지거나 필연적인 중복, 모순, 당착이 생기기 마련이다. 우리가 시인의 창작에 좀더 민감하다면, 매우 직선적이고 단순한 시인일지라도 우리가 생각하는 것보다 훨씬 더 많이 역설에 끌린다는 사실을 알게 될 것이다.

그러나 시인의 창작상의 어려움을 설명하느라고, 시인을 곤경에 빠뜨리게 된다거나 혹은 그 방법을 가지고서는 엄밀한 정확성을 기하지 못하리라는 인상을 남기고 싶지는 않다. 셰익스피어의 표현을 빌자면 시인은,

옆길로 에돌아서
간접적 방법으로 직접적 사실을 알아낼 수 있다.
with assays of bias
By indirections find directions out.

셰익스피어는 목구(lawnbowls) 놀이를 염두에 두고 이 말을 한 것인데, 목구란 것은 본래 중심이 치우쳐 있어서, 노련한 선수만이 그 치우침을 이용해 훌륭한 커브를 그릴 수 있는 것이다. 이 표현을 좀더 자세히 설명하자면, 과학은 완전한 구형을 사용하기 때문에 그 공격이 직접적일 수가 있다. 내가 믿기로는 예술의 방법은 절대로 직접적일 수가 없다. 그것은 늘 간접적이다. 그렇다고 해서 게임의 명수가 목구를 자기가 원하는 장소로 보낼 수가 없다는 의미는 아니다. 심각한 곤란은 그가 자기의 게임을 과학자의 게임과 혼동하고 자기의 적절한 도구의 속성을 오해할 때 비로소 생겨난 것이다. 몇 해 전에 스튜어트 체이스(Stuart Chase)씨는 목구에서 치우침을 제거하라고, 즉 언어를 기호처럼 다루라고 권고함으로써 측은할 정도의 소박함을 보여 주었다.

나는 단순하고 직선적인 시인까지도 그의 기법을 위해 역설에 이끌린다고 말했다. 다른 기법으로는 획득할 수 없는 간결함이나 정확성을 취하기 위해, 시

인은 의식적으로 역설을 사용하는 것이다. 다른 방법도 마찬가지겠지만, 이런 방법 역시 그 자체의 위험이 수반되지만, 그렇게 피하기 어려운 위험은 아니다. 시란 결국 피상적이거나 번뜩이는 궤변 같은 것으로 귀착되는 것이 아니기 때문이다. 역설은 시어의 정상적인 확대이지 오용은 아니다.

3. 메타포의 분석

독자를 위해서 구체적인 예를 들어보자. 존 단(John Donne)의 시 「성도(聖徒)가 되다」(*Canonization*)에서 그 충분한 예증을 볼 수 있다. 이 시의 저변에 깔려 있는, 그리고 제목 자체에 반영되어 있는 기본적인 메타포는 일종의 역설을 내포하고 있다. 왜냐하면 시인은 비속한 사랑을 마치 성스러운 사랑인양 다루고 있기 때문이다. 이 시에서 성도가 되는 것은 속세와 육신을 버린, 그야말로 성스러운 한 쌍의 은자들이 아니다. 서로의 안식처란 것이 상대방의 육체를 의미하는 것이면서도, 그들은 속세와는 인연을 끊은 것처럼 행세하고 있는 것이다. 따라서 성도라는 그들의 칭호에는 음흉스러움이 담겨 있다. 그렇다면 이 시는 기독교의 성도를 풍자한 것이다. 그렇지만 가부간의 해답만을 쉽게 구하는 데 습관이 되어 온 현대인으로서는 좀 이해하기 힘드는, 꽤나 심각한 풍자이다. 현대인은 역설을 신중한 수사학적 도구로서 인정하기를 거부한다. 그리고 현대인은 역설을 단지 보잘것없는 책략으로만 간주할 것이므로 곧 다음과 같은 딜레마에 봉착하게 마련이다. 즉, 단은 사랑을 진지하게 생각하지 않기 때문에, 이 시에서는 단지 그의 기지가 일종의 기교적인 구사로서 번뜩였을 뿐이라는 견해거나, 혹은 단이 성도를 진지하게 생각하지 않기 때문에 이 시에서는 단지 냉소적이고 외설적인 풍자에 탐닉해 있을 뿐이라는 견해이다.

그 어느 견해도 올바르지 못하다. 시를 자세히 읽어보면, 사랑과 종교를 다

같이 진지하게 받아들이고 있음을 알 수 있다. 게다가 여기서의 역설은 불가피한 기법임을 알 수 있다. 그러나 이러한 사실을 쉽게 파악하기 위해서는, 평소의 시를 읽을 때보다는 더욱 면밀한 검토가 요구된다.

시는 격분한 어조로 극적 전개를 이룬다. 화자가 말하는 '상대(you)'는 밝혀져 있지 않다. 그 상대는 화자의 연애를 반대하는 한 사람, 어쩌면 한 친구라고 상상할 수 있다. 여하튼 그 사람은 연애를 실없는 짓으로 간주하는 실제 세계를 대표하는 인물이다. 시의 기초가 되는 메타포대로 하자면 친구는 연인들이 포기해 버린 세속적 세계를 대표한다.

단은 첫 연에서 친구에게 경멸적인 대안을 제시함으로써 이 메타포를 암시한다.

> …내 중풍이나 통풍(通風)을 걱정해도 좋고,
> 몇 올의 내 흰 머리나 탕진한 가산을 비웃어도 좋고…
> …chide my palsie, or my gout,
> My five gray haires, or ruin'd fortune flout…

내포된 의미는 다음과 같다. ① 내 사랑을 자네 멋대로 하나의 약점, 하나의 질환으로 생각해도 좋다. 하지만 자네의 비난을 내 중풍이나 노경(老境)이나 탕진한 가산 따위와 같은 다른 약점들에 국한시켜다오. 그것을 치유하는 데는 자네가 나보다 유리한 입장에 있겠지만, 그 하나의 약점을 비난하는 일만은 자네에게나 나에게나 시간 낭비일 뿐이다. ② 자네 자신의 부나 명예와 같은 복지에나 계속해서 관심을 쏟아라. 내 비록 사랑을 구하느라고 그것들을 포기한다 하더라도 자네에게 무슨 상관이 있겠는가?

그리하여 세속적 성공의 두 가지 중요한 범주가 다음과 같은 행에 교묘하고도 경멸적으로 압축되어 있다.

진짜 용안(龍顏)이나 화폐의 용안이나…
Or the Kings real, or his stamped face…

궁정과의 교제를 돈독히 하여 거기서 임금의 용안을 배알한다든가, 아니면
정 원한다면 사업에 투신하여 동전에 새겨진 용안이나 들여다보라, 하지만 나
만은 내버려다오, 하는 의미일 것이다.

사랑의 세계에 빠져 있는 연인과 '실제' 세계 사이의 이러한 갈등은 시 전체
를 통해 일관되어 있다. 그것은 사랑의 고통이 연인에게는 뚜렷하지만 실제 세
계에는 조금도 영향을 미치지 않는 둘째 연에서 더욱 자세히 드러나 있다.

내 한숨에 뉘 집 상선(商船)이 침몰했나?
What merchants ships have my sighs drown'd?

그것은 넷째 연에서 열왕들과 군주들의 역사, 즉 화려하고도 장엄한 세속적
역사를 암시하는 '연대기'(Chronicle)라는 단어와, 사소하면서도 정밀한 복잡성
을 암시하는 '시편'(sonnets)이라는 단어의 대비 속에 잘 나타나 있다. 그러한 갈
등은 마지막 연에서도 다시 나타나는데, 그것은 속세를 버린, 사랑의 성도들인
연인들이 역설적으로 더욱 집중된 세계를 성취할 때 비로소 해소될 뿐이다. 하
지만 여기서 역설은 아직도 뚜렷한 메타포 속에 살아 있고, 속세에 의해서 지
탱되고 있다. 그리하여 성스러운 은자는 그것을 포기함으로써 보다 더 좋은 세
계를 얻게 되는 것이다.

그러나 이 주제의 진전을 계속 논의하기에 앞서, 둘째 연의 그 밖의 역할은
무엇인가를 살피는 게 좋다. 왜냐하면 처음 시작될 때의 격분한 시의 어조가
종결될 때에는 전혀 다른 어조로 옮겨가는데, 바로 둘째 연과 셋째 연이기 때
문이다.

단은 사랑의 메타포의 분석을 사용함으로써 어조의 조화를 이루고 있다. 그

의 여러 시에서 보여주는 것과 마찬가지로, 이 시에서도 그는 자기의 작업을 스스로 철저하게 의식하고 있음을 보여 준다. 그는 연인들의 한숨을 바람에 비유하고, 연인들의 눈물을 홍수에 비유한다. 이 방법은 전통적인 페트라르카(petrarcha)의 인습적 비유법인데 둘째 연을 채우고 있다. 이러한 비유법은 속세의 저속한 친구가 연인을 꾀는 데나 쓸 만한 과도한 비유법이다.

시인 자신은 그러한 페트라르카식의 사랑의 메타포가 우스꽝스럽다는 것을 인식하고 있음을 암시한다. 그러나 그것이 어쨌다는 것인가? 연인들 사이에서나 주고받을 수사법의 우스꽝스러움 그 자체야말로, 연인들의 사랑이 세상에서 보기에는 아무리 우스꽝스러울지라도, 그것이 세상에 아무런 해도 끼치지 않는다는 시인의 주장을 뒷받침해 주는 것이다. 실제적인 친구가 걱정할 것은 하나도 없다. 세상에는 아직도 싸워야 할 전쟁과 시비를 가려야 할 소송거리가 있으니까.

셋째 연의 서두에서는 이 아이러니의 흐름이 지속되어야 함을 암시해 준다. 시인은 그러한 우스꽝스러움이 연인들에게는 무한한 재산이 될 수 있음을 지적해 주고 있다.

> 그녀를 날파리라고, 나도 그거라고 부르게,
> 우리는 또한 촛불이어서 제 몸을 태워서 죽는다네…
> Call her one, mee another flye,
> We'are Tapers too, and at our owne cost die…

그래서 연인들은 그들 스스로 그와 같은 환상적 비유를 많이 만들어 낼 수 있다. 즉, 그들은 세상이 그들을 어떻게 생각하는가를 알고 있다. 그러나 셋째 연의 이러한 비유들은 더 이상 페트라르카식의 진부한 인습에 젖어 있지는 않다. 거기에는 예리함과 통렬함이 깃들어 있다. 마지막에서 연인들을 불사조에 비유하는 것은 대단히 심각하다. 그리고 이 비유와 더불어 어조는 아이러닉한 장난에서 오만하면서도 통제된 유연성으로 바뀐다.

연인들의 분명한 광기를 알아차리게 해주는 시인의 이러한 암시적 효과는
메타포를 명료하고 생생하게 해준다. 즉, 그것은 메타포를 수용한 시인의 감각
을 드러내 보이면서, 시의 마지막 두 연을 지배하는 훌륭하고도 진지한 메타포
를 우리로 하여금 진지하게 받아들이도록 해준다.

넷째 연의 서두,

> 우리는 사랑으로 살 수는 없어도, 죽을 수는 있다네,
> Wee can dye by it, if not live by love,

는 부드러운 효과와 신중한 결의의 효과를 거두고 있다. 연인들은 세상을 버릴
각오가 되어 있다. 즉, 그들은 일을 저질러 놓고 있다. 그들은 철이 없지도 않으
며 확신을 가지고 있다(주목해 보면, 성도의 기본적인 메타포가 계속되고 있음
을 알 수 있다). 즉 세상을 버리려는 연인들에게는 성도의 단호한 신념과도 같
은 것이 있다. 그런데 단의 시대에는

> …우리의 전설이 비명(碑銘)이나 명정(銘旌)거리는 못되어도—
> …if unfit for tombes and hearse Our legend bee—

에서의 '전설'(legend)이라는 단어가 '성도전(聖徒傳)'을 의미한다. 연인들은 어마
어마하면서 번지르르한 연대기에 앞서 사소하고 비실제적인 '시편'을 기꺼이
대신 받아들이지만, 유골단지가 정교하게 꾸며지기만 한다면, 그것은 화려하고
거대한 기념비보다도 한 사람의 주검의 재를 위해서는 더욱 훌륭한 기념이 될
것이다. 상당히 경멸적이지만 조용한 구절 '백 평의 능'(陵; halfe-acre tombes)이
있음으로 해서, 연인들이 거부하는 세상은 조잡하고 속된 것으로 확대된다. 그
러나 이 비유는 그 이상의 작용을 한다. 즉, 아름다운 시편은 단순히 주검의 재
를 이 지상의 고상한 기념으로서 보존하는 것에 그치지 않는다. 그들의 전설,

즉 그들의 사랑의 이야기는 그들에게 성도의 자격을 부여해 줄 것이다. 그리하여 그들이 사랑의 성도로서 인정되면 다른 연인들이 그들을 찬송하게 될 것이다.

끝 연에서 주제는 복잡해진다. 생을 실제로 거부한 연인들은 가장 참된 생에이른다. 이런 역설은 일찍이 불사조의 메타포에 암시되어 있다. 이 역설은 여기서 힘찬 극화(dramatization)를 받아들인다. 은자가 되어가는 연인들은 세상을잃은 게 아니라 서로의 안에서 이제는 보다 더 힘차고 보다 더 의미 있는 세계를 얻게 되었음을 깨닫는다. 단은, 이런 깨달음이 그들에게 저절로 찾아 온 것으로 다루기보다는, 그들이 능동적으로 성취해 가는 것으로 다루고 있다. 즉 그들은 신의 사도인 성도들과 마찬가지인 것이다.

온 세상의 영혼을 '짜내서'
그대들의 눈의 거울 속에 '몰아넣은'…
Who did the whole worlds soule contract, and drove
Into the glasses of your eyes…

이 이미지는 강력한 손이 거세게 쥐어짜는 그런 이미지이다. 그런데 연인들이 서로 상대방의 눈 속으로 '몰아넣는'(drive) 것은 무엇인가? 이 시의 첫 연에서 그들이 포기해 버린 '시골과 도시들' 그리고 '궁정들'이 그것이다. 그리하여속세를 버린 연인들이 가장 '세속적인' 것이 되는 것이다.

이 시는 대단히 성공적인 어조로 끝을 맺고 있다. 이 어조는 돌연한 것이 아니라, 이전의 여러 요소들이 기여함으로써 발전된 것이다. 우리에게 이 마지막역설을 받아들이도록 작용하는 중요한 요소 중의 하나는 불사조의 비유인데,그것의 분석이 좀더 필요하다.

두 연인을 불사조에다 비유한 것은 이전의 두 개의 비유와 교묘하게 관련되어 있다. 즉, 그 하나는 연인들이 타고 있는 촛불과 같다는 것이고, 다른 하나는 그들이 독수리나 비둘기와 같다는 것이다. 불사조의 비유는 불사조가 새이며 촛불처럼 탄다는 두 가지를 모두 포함한다. 지금까지 우리는 일련의 구체적인 사물들을 다루어 왔기 때문에 불사조의 모습은 자연스러운 연상의 흐름 속에 나타나는 것처럼 보인다. '우리를 무어라고든 부르게' 하고 연인은 말한다. 그리고는 실의 속에서 생각나는 대로 첫 번째 비유를 주워삼킨다. 그리하여 불사조의 비유는 단순히 또 다른 이색적 비유, 즉 모든 비유 중에서 가장 터무니없는 비유처럼 보인다. 그러나 시인이 너무 서두른 나머지 매우 당돌하게 여겨지는 가장 환상적인 이 비유야말로 그가 계속해서 전개시킨 비유이다.

실제로 그것은 연인들을 가장 훌륭하게 묘사하고 있으며, 세상과 그들과의 단절을 정당화한다. 왜냐하면 불사조는 둘이 아니라 하나, 즉 '둘이면서 하나인 우리가 바로 그것'이며 제 몸을 태워서 죽는 촛불과는 달리 다시 소생하기 때문이다. 그것의 죽음은 곧 생명이므로, '우리는 죽어서 같은 것으로 되어 승천한다…'. 시인은 환상적인 확신을 그대로 정당화시키고 있다. 16세기와 17세기에는 '죽는다'는 말은 사랑의 행위와 극치를 경험한다는 의미였다. 그런 행위 이후의 연인들은 같은 것이 된다. 그들의 사랑은 단순한 성욕만으로 사라지는 것이 아니다. 이 때문에 그들은 성도의 칭호를 받을 자격이 있다. 그들의 사랑은 불사조와 같은 것이다.

3. 상상력과 역설

'죽음'의 의미를 가지고 요술을 부리고 있다는 인상을 주고 싶지는 않다. 내가 인용한 의미는 그 시대의 문학에서는 충분히 정당화될 수 있다. 셰익스피어도 '죽음'을 이런 의미로 사용했으며, 드라이든(Drydes) 역시 그러했다. 게다가 내가 그것을 부당하게 강조한다고 생각되지도 않는다. 이 어휘는 결정적인 위치에 있다. 그것을 축으로 해서 다음의 변화가 생긴다.

우리는 사랑으로 살 수는 없어도, 죽을 수는 있다네,
그리고 비명(碑銘)거리는 못 되어도…
Wee can dye by it, if not live by love,
And if unfit for tombes…

무엇보다도 가장 중요한 사실은 '죽음'의 부차적인 의미인 성적(性的)인 의미가 다른 의미와 모순되지 않는다는 사실이다. 즉 '우리의 죽음은 실제로는 더 강렬한 생명이다' '우리는 죽음(사랑)을 위하여 생명(세계)을 바꿀 수가 있는 것이다. 왜냐하면 그러한 죽음이야말로 생의 극치이기 때문이다' '결국 인간은 사랑으로 인해 살기를 기대하지 않고, 사랑으로 인해 죽기를 기대하고 또 원한다'라고 시인은 말하고 있는 것이다.

그러나 전체적으로 보면 그는 또한 이렇게도 말하고 있다. '우리의 사랑은 현실의 것이 아니기 때문에 우리는 속세를 등질 수 있다' '우리의 사랑은 단순한 욕망이 아니라서 우리는 부나 권력에 대한 욕망 같은 다른 욕망을 포기할 수 있다.' 그리고 세상을 너무도 잘 아는 사람답게 아이러니를 약간 섞어 이렇게도 말할 수 있다. '그 까닭인즉 우리의 사랑은 그 극치를 오래 지속할 수 있으며 우리는 하나의 사소한 기적이요, 사랑의 성도들이기 때문이다.' 아이러니컬한 유연성과 구체성을 지니고 있는 이 구절은 시의 종결부의 번뜩이는 역설에 단서를 마련해 주고 그것을 뒷받침해 준다.

마지막 효과를 전개시키고 지속해 나가는 데 있어서의 요인 하나를 더 들 수 있다. 이 시는 그것이 주장하는 원칙의 한 본보기이다. 그러니까 시는 주장과 그 주장의 실현을 다같이 포괄하고 있다. 시인은 실제로 우리의 눈앞에 '보금자리'를 만들어 놓았으며 그것으로 연인들이 만족할 수 있다고 말하고 있는 것이다. 그러니까 이 시 자체가 바로 연인들의 재(灰)를 보존할 수 있는 항아리, 그리고 왕자의 '백 평의 능'과 비교해 봐도 조금도 슬플 것이 없는 잘 빚어진 항아리인 것이다.

그러면 역설은 어느 정도 필요한가? 단은 직접 '오두막 속의 사랑도 그것으로 충분하다'고 말할 수도 있었을 것이다. 「성도가 되다」는 이 훌륭한 주제를 내포하고 있지만, 그 이상의 훨씬 더 많은 것을 내포하고 있다. '우리는 아담한 초옥을 지으리라/ 서쪽 나라 어느곳엔가/ 그리고 이 세상 남은 이들 스쳐가게 해야지' 하고 썼던 후세의 어느 서정시인처럼 그는 노골적으로 쓸 수도 있었을 것이다. 혹은 '당신은 내 커피 속의 크림입니다' 하는 식의 더욱 형이상학적인 서정시를 흉내 낼 수도 있었을 것이다. 「성도가 되다」는 이 모든 성찰들을 내포할 뿐만 아니라, 그 품위나 엄밀성에 있어서 그것들을 초월한다.

「성도가 되다」에서 시인이 말하고자 했던 바는 역설을 통해서만 가능했다. 직접적인 방법들을 사용할 수도 있겠지만, 그러한 방법들은 하고 싶은 말을 약화시키거나 왜곡시킨다. 시인들이 하고 싶은 많은 말은 역설을 통해서였다. 대부분 연인들의 말이 그러하고, 「성도가 되다」가 그 좋은 예가 되듯이 대부분의 종교의 언어 또한 그러하다. 가령 '생명을 구하고자 하는 이는 그것을 잃을 것이요' '끝난다는 것은 시작한다는 것이다' 등이 그것이다. 진정으로 위대한 시를 확실하게 정당화시키는 대부분의 중요한 통찰력은 그런 식으로 진술되어야만 했다. 아이러니와 경이감이 함께 수반되는 역설의 특성을 상실한다면 단의 시의 내용은 생물학적·사회학적·경제학적 '사실'만이 남을 것이다. 만일 시인이 단의 연인들에게 부여하는 그 초자연적 힘을 빌지 않고 '과학적'으로 그 연인들을 관찰한다면 그들은 어떻게 될까? 혹은 셰익스피어도 『로미오와 줄리엣』에서 「성도가 되다」의 기본적인 메타포를 이용하고 있는데, 셰익스피어의 연인들은 어떻게 될 것인가? 그들의 첫 대화에서 연인들은 사랑과 성지 순례 사이의 비유로써 시작한다. 줄리엣은 말한다.

성자의 손은 순례자가 손을 갖다 대기 위해 있는 것이고
손바닥과 손바닥을 맞대는 것이 거룩한 순례자들의 키스라죠.
For saints have that pilgrims' hand do touch
And palm to palm is holy palmers' kiss

과학적으로 고찰해 보면, 연인들은 올더스 헉슬리(Aldous Huxley)가 『멋진 신세계』에서 말하는 '손바닥과 손바닥을 맞대고 조용히 땀을 흘리고 있는 짐승'이 되는 것을 알 수 있다. 그리고 오늘날에 있어서 단의 상상력은, 연인들이 하나가 되고 영혼이 신과 결합한다는 의미의 단일성 문제를 표현하고자 한 것 같다. 흔히 볼 수 있는 것처럼, 결합의 한 형태는 다른 결합을 위한 메타포가 된다. 이 두 요소를 창의적인 상상력이 작용하는 결합의 본보기로서, 그리고 그 결합의 메타포로서 보는 것은 엉뚱한 역설이 아닐 것이다. 왜냐하면 그 융합은 논리적이지 못하기 때문이다. 그것은 과학과 상식을 넘어서서 부조화와 모순을 동시에 융화시킨다. 코울리지는 고전적인 묘사를 통해 그러한 결합의 특성과 효과를 우리에게 보여준 바 있다. 그에 의하면, '그것은 서로 반대되거나 모순되는 성격의 균형 혹은 융합 속에서 모습을 드러내는 것이다. 즉 이질적인 것과 동질적인 것, 구체적인 것과 일반적인 것, 이미지와 관념, 전형적인 것과 개체, 오랫동안 익숙해 온 대상과 신기하고 신선한 감각, 평상적 질서와 평상적 정서 이상의 것 따위들의 균형 혹은 융합으로…' 이것은 대단히 명징한 진실이면서도 일련의 역설들이다. 분명히 코울리지는 상상력의 효과를 이 이외의 다른 방법으로 설명할 수 없었을 것이다.

세익스피어는 그의 시 한 편에서 신기하게도 코울리지와 비슷한 묘사를 하고 있다.

이성은 그 자체에 혼동하여,
분신이 함께 자라서는,

그것들이면서도 그 어느 것도 아닌 것이 되니,
단순한 것들이 그리도 잘 혼합되었다.
Reason in it self confounded
Saw Division grow together,
To themselves yet either neither,
Simple were so well compound

그의 「불사조와 비둘기」(*The phoenix and the Turtle*)가 무엇을 축복하는지 나는 잘 모른다. 아마 존 솔즈베리 경(Sir John Salisbury)과 어슐라 스탠리 (Ursula Stanley)의 결혼을 축복하기 위해 씌어졌는지도 모른다. 아니면 불사조는 베드퍼드(Bedford) 백작 부인인 루시일 수도 있다. 혹은 이 시는 단순히 정신적인 사랑에 관한 소론일 수도 있다. 그러나 우리들 나름대로 무리하게 이 시를 해석해도 인습적인 사고방식에 저촉되지 않을 정도로, 학자들 자신도 별 뚜렷한 확신이 없을 것이다. 확실히 이 시는 코울리지가 그리고자 했던 마술적인 힘의 본보기임에 틀림없는데, 우리는 이 시를 그런 지대한 힘에 대한 시로서 잠깐 인정해 보자.

그들은 사랑했다, 둘의 사랑이
본시 오직 하나인 듯이,
둘로 갈라져 있지만 분신은 아닌 것,
사랑 속에서 수(數)는 이미 죽었기에.

심장은 떨어져 있어도 둘은 아니다,
'비둘기'와 그의 여왕 사이에는,
거리는 있되 공간은 없으니,
그들 말고 누가 불가사의이리요…

이렇게 속성이 섬뜩토록 놀라우니,
자아는 바로 그 자아가 아니다.

속성은 하나 이름은 둘이니,
하나로도 둘로도 부를 수 없다.

So they love in twaine,
Had the essence but in one,
Two distant, Division none,
Number there in love was slaine.

Hearts remote, yet not asunder ;
Distance and no space was seene,
Twixt this Turtle and his Queene ;
But in were a wonder…

Propertie was thus appalled,
That the selfe was not the same ;
Single Natures double name,
Nrither two nor one was called.

절묘한 표현이다! 속성은 하나, 결합된 하나다. 그런데 이름은 둘이다. 그리고 오늘날 학문이 다양화하면서 그것은 다양하다. 만일 시인이 그의 시에 진실하다면 그것을 둘이라거나 하나라고 불러서는 안 된다. 왜냐하면 역설만이 시인의 해결 방안이기 때문이다. 이 점의 어려움은 셰익스피어 시대부터 강조되었다. 지금까지 조심성 많은 시인은 '속성은 하나 이름은 둘이니' 라는 문제에 직면해서 흔히들 당황해 버렸다. 드라이든 시대부터 오늘날 우리의 시대에 이르기까지 시의 역사는 그 부제(副題)가 말하듯 '반쪽 심장을 가진 불사조'로서 일관해 왔는지도 모른다.

　세익스피어의 시에서 이성은 불사조와 비둘기의 결합에서 '그 자체가 혼동하지만' 그 자체의 파탄을 인정하는 경지를 되찾는다.

어느 부분이 그렇게 결합해도,
사랑은 이성을 갖지만 이성은 그렇지 못한 법…
Love hath Reason, Reason none,
If what parts, can so remaine…

그리고 시의 종결부를 이루는 아름다운 탄식을 연발하는 것은 바로 이 이성인 것이다.

미와 진리, 그리고 진귀함과,
우아함이 온갖 단순성 속에,
여기 잿더미 속에 싸여 있거니.

이제 죽음이 불사조의 보금자리에 깃들고,
'비둘기'의 정숙한 가슴은
영혼 속에서 쉬고 있구나…

진리와 미가 여기에 묻혔으니,
진리처럼 보여도 있을 수 없고,
미라고 허풍떨어도 미는 아닌 것.

진실하고 아름다운,
그들을 이 항아리에 담아,
죽은 새들을 위해 기도를 드려라.

Beautie, Truth, and Raritie,
Grace in all simplicitie,
Here enclosde, in cinders lie.

Death is now the pheonix nest,
And the Turtles loyall brest,
To eternitie doth rest…

Truth may seeme, but cannot be,
Beautie bragge, but'tis not she,
Truth and Beautie buried be.

To this urne let those repaire,
That are either true or faire,
For these dead Birds, sigh a prayer.

이 시를 좀더 계속해서 살펴보자. 우리가 불려 갈 항아리, 불사조의 재를 보존하는 항아리는 불사조와 같은 연인들의 재를 간직하고 있던 단의 「성도가 되다」 속의 잘 빚어진 항아리와 같은 것이다. 그것은 시 자체라고도 할 수 있다. 또 다른 항아리가 생각나는데, 셰익스피어의 항아리가 '미와 진실과 진귀함'을 담고 있는 것처럼 키츠(Keats)에게는 진실과 미를 담고 있는 키츠의 그리스 항아리가 있다. 그러나 그렇게 잘 빚어진 항아리들이 모두 불사조의 재를 간직하고 있다는 의미는 한결같다. 비록 문학교수들에게는 때때로 그 항아리의 기념적 목적이 중요한 의미를 지니는 것 같지만, 그것이 본래 항아리의 유일한 목적은 아니다. 그 재에서 불사조가 솟아나고 또 당연히 솟아나야 하지만, 그 재를 단순히 체로 치고 가치를 따져 보거나 혹은 그 화학적 성분을 아무리 따져 보았자 불사조는 솟아오르지 않을 것이다. 우리는 상상력 자체에 담긴 역설을 받아들일 채비를 갖춰야 한다. 그렇지 않으면 '미 · 진실 · 진귀성'은 그것들의 잿더미 속에 그대로 묻혀 있을 것이며, 우리의 모든 수고에도 불구하고 우리는 그 본질적인 잿더미와 더불어 끝날 것이다.

제2장 기술로서의 예술[1)

— 빅토르 쉬클로프스키

1. 시적 인상 효과와 이미지

'예술이란 이미지로 사유한다.' 이 문장은 고등학교 학생들까지도 이해할 수 있는 말이지만, 체계적인 문학론을 세워보려는 언어학자들의 시발점이기도 하다. 이러한 발상을 가진 사람으로 알렉산더 포테브냐(A.A. Potebnia)를 들 수 있다. 그는 『문학의 이론에 관한 노트』(*Notes sur la théorie dela littérature*, 1905)에서 "이미지 없이는 예술이 있을 수 없고, 특히 시는 존재하지도 않는다"라고 언급하고 있다. 또한 "산문은 물론 시도 무엇보다 먼저 사유하고 인식하는 특수한 방법"이라고 말한다.

시는 사고의 한 특수한 방법이다. 엄밀히 말해서 그것은 이미지로 사고하는 법이며, '정신적 노력의 경제'라고 흔히 일컬어지는 것을 가능하게 하는 방법, '그 과정이 비교적 용이한 지각'을 이루는 방법이다. 미학적 의식은 바로 이 지각의 경제성에 대한 반응이다. 이것이 학술원 회원인 오프샤니코 쿨리코프스키

---

1) 한기찬(역), 「기술로서의 예술」, 『신비평과 형식주의』, 고려원, 1991, pp.168~189 참조.

(Ovsyaniko-Kulikovsky)가[2] 자신의 스승인 포테브냐의 저작을 주의 깊게 읽고 나서 그 사상을 거의 정확하게 이해하여 올바르게 요약한 것이다. 포테브냐와 그의 많은 제자들은 시를 사고 작용의 특수한 일종-이미지를 수단으로 하는 사고 작용으로 생각했다. 그들은 심상의 목적이 여러 가지 대상과 행위를 덩어리로 나누는 과정을 돕는 것이며, 기지(既知)의 것을 수단으로 해서 미지의 것을 해명하는 것이라고 느꼈다. 포테브냐에 의한, 해명되고 있는 것과 이미지의 관계는 다음과 같다.

첫째, 이미지는 변화를 입는 것에 대한 고정된 진술-가변성으로서 인식된 것을 끌어당기는 불변의 수단이다. (…) 둘째, 이미지는 그것이 해명하는 것보다 더 명백하고 단순하다. 즉 다시 말하자면, 심상의 목적은 유사에 의해 그 이미지가 뜻하는 의미를 우리에게 환기시키는 것이기 때문에, 또한 이것과는 별도로 이미지는 사상에는 무익한 것이기 때문에, 우리는 이미지가 해명하는 것보다 이미지에 더 친숙하지 않으면 안 된다. 이 원리를, 여름 번개를 농아(聾啞)의 악마에 비유한 튜체프(Tyutchev)나 하늘을 망토처럼 생긴 신의 옷에 비유한 고골리(Gogol)에 적용해 보는 것도 흥미로운 일일 것이다.

'이미지 없이는 예술도 없다' '예술이란 이미지에 의한 사유이다.' 이러한 격언은 사람들로 하여금, 견강부회(牽强附會) 식의 해석을 유도해 왔다. 또한 음악·건축·서정시를 이미지에 의한 사유로써 이해하려고 하였다. 사반세기 동안 이러한 시도를 한 끝에 오프샤니코 쿨리코프스키는 마침내 서정시·건축·음악을 이미지 없는 예술의 특별한 범주 속에 넣고, 그것들을 정서에 직접 호소하는 서정적 예술로서 규정했다. 그리하여 예술의 한 거대한 영역, 곧 하나의 사유하는 방식이 아닌 영역이 존재한다는 것이 밝혀진다. 이 영역의 한 분야인 서정시(좁은 의미에서의)는 시각 예술과 아주 흡사한 반면, 또한 언어 예술이기

---

2) 드리트리 오프샤니코 쿨리코프스키(1853~1920)는 마르크스지(誌)에서 일찍이 활약한 바 있고 보수적 문학관을 갖고 있었으며, 미래파들의 의도적인 무의미시에 대해 적대적이었다(편자 주).

도 하다. 그러나 더욱 중요한 것은, 시각 예술이 거의 알아차릴 수 없을 정도로 비시각적 예술로 변화하는 데도 그 두 가지에 대한 우리의 지각 작용이 유사하다는 것이다. 그럼에도 불구하고 예술이 상징의 산물이라는 '예술은 이미지에 의한 사유이다'라는 정의를 뒷받침하는 이론은 실추를 모면한다. 그것은 주로 상징주의의 부흥 속에서, 특히 상징주의 운동의 이론가들 사이에 살아남아 있다.

따라서 많은 사람들은 아직도 이미지에 의한 사유, '길과 풍경' '밭고랑과 울타리' 등이 시의 주된 특징을 나타내 준다고 생각한다. 결국 그들은 그들이 일컫는 '이미지적 예술'의 역사가 이미지의 변천사로 구성될 것을 기대했음에 틀림이 없다. 그러나 우리는 이미지가 거의 변화하지 않는다는 것을 알고 있다. 세기가 변하고 나라가 달라지고 시인이 바뀌어도 이미지란 변화하지 않은 채 전달된다. 이미지란 어느 곳에도 속하지 않으며 '신의 것'이다. 우리가 한 시대를 이해할수록 우리는 어느 시인이 이미지에 탐닉하여 그의 것이라고 생각했던 이미지가 거의 아무 변화 없이 다른 시인으로부터 취해진 것임을 더욱더 확신하게 될 것이다. 시인의 작품은 시인이 발굴하여 공유하는 새로운 기법에 따라, 그리고 그들이 언어의 자원을 개발하고 정돈함에 따라 분류되고 나누어지는 것이다. 또한 시인들은 이미지를 창조하는 것보다 이미지를 정리하는 데 더 많은 관심을 갖고 있다. 이미지는 시인들에게 부여되지만, 이미지를 기억하는 능력은 이미지를 창조하는 능력보다 더욱 중요한 것이다.

어떻든 이미지적 사고 작용이 예술의 모든 양식을 포괄하는 것은 아니며, 또 언어 예술의 전 양식조차 포함하는 것은 아니다. 비록 그것이 실제로 이러한 의도 없이 창조된다고 해도, 하나의 표현은 시적인 것으로 미학적 쾌감을 위해 창조되는 것으로 간주되곤 한다. 예컨대, 슬라브어가 특히 시적이라는 안넨스키(Annensky)의 견해와 명사 뒤에 형용사를 배치하는 기법에 대한 안드레이 벨리(André Biély)의 희열이 그렇다. 벨리는 기법을 예술적인 어떤 것으로, 보다 정확히 말해서 만일 우리가 의도를 예술로 간주할 경우 의도된 것으로서 쾌히 받아들였다. 실제에 있어서는 그것이 단지 교회에서 사용되는 슬라브어의 영향에서 유래한 언어의 보편적인 특성에 지나지 않았다. 실제로 형용사-명사의 일반적 순서에 대한 이런 반전은 그 언어의 기습(奇習)이다. 이처럼 대상이란 첫째, 지루하게 산문적으로 창조되어 시적으로 지각될 수 있거나 둘째, 시적으로 창조되어 지루하게 산문적으로 지각될 수 있다. 이것은, 소정의 작품에 부여된 것으로 추정되는 예술적 효과는 우리가 그것을 인식하는 방법에서 결과한다는 것을 시사하는 말이다. 협의의 '예술품'으로서, 우리는 작품을 가능한 한 뚜렷하게 예술적으로 만들어 주도록 고안된 특수한 기법에 의해 창조된 작품을 의미하는 것이다.

'시는 이미지이다'로 등식화될 수 있는 포테브냐의 결론은 '이미지는 상징과 동일하다'라는, 즉 이미지는 다양한 주제에 관해 불변의 진술로서 공헌한다라는 이론의 근거로 사용된다. 그리고 이러한 결론은 상징주의자들 곧 벨리, 메레즈코프스키(D. Merezhkovsky) 그리고 그의 영원한 동반자들 같은 몇몇 상징주의 대표자의 흥미를 끌었으며 사실상 상징주의 이론의 기반을 형성하였다. 포테브냐로 하여금 이러한 결론에 도달하게 했던 이유 가운데 하나는, 그가 시의 언어와 산문 언어를 구별하지 않았던 데 있다. 때문에 사유하는 실제적 방식으로서의 이미지와 인상을 보다 강하게 하는 수단으로서의 시적 이미지라는 두 가지 양태의 이미지가 존재한다는 것을 알아차리지 못했다.

한 가지 예를 들어보자. 내가 길을 가고 있는데, 내 앞에 가던 모자 쓴 사람이 짐보따리 하나를 흘린 것을 본다. 나는 그를 부른다. "이봐! 모자, 자네 짐보따리가 빠졌어." 이것은 단순한 산문적인 이미지나 전의(轉義)의 한 예이다. 또 다른 예를 들어보자. 여러 병사들이 열을 지어 서 있다. 그런데 그 소대의 중사가 병사들 가운데 한 명이 제대로 서 있지 못한 것을 발견하고 그에게 "이봐 누더기 같은 녀석, 자넨 어떻게 서 있나?" 라고 말한다. 이러한 이미지는 하나의 시적인 전의인 것이다.

첫 번째의 경우, 모자라는 단어는 환유이며, 두 번째의 경우는 은유이다. 그러나 나에게 중요하게 보이는 것은 이러한 구분이 아니다. 시적 이미지란 가능한 강력한 인상을 창조하는 방법 가운데 하나이다. 기능면에서 볼 때, 기법으로서의 이미지는 시적 언어의 여러 가지 다른 방법들과 대등하다. 병치법·비교법·반복법·대칭법·과장법과 대등하고, 문채 (figure)라고 불리우는 모든 것과 대등하며, 어떤 대상(하나의 작품에서는 단어와 소리까지도 또한 대상일 수 있다)에 의해 생긴 감각을 강하게 하는데 적합한 모든 방식들과 대등한 것이다. 그러나 시적 이미지는 우화나 속요 속의 진부한 심상 혹은 이미지로 하는 사고 작용의 어느 한 가지와 외견상으로만 공통점이 있을 뿐이다. 가령, 오프샤니코 쿨리코프스키의 『언어와 예술』(*Language and art*) 속에 나오는 어린 소녀가 공을 작은 수박이라고 부르는데, 둥근 공 대신에 수박, 또는 머리통 대신에 수박은 대상의 특징 중 '둥글다'는 공통점에 대한 추상화에 지나지 않는다. 산문적 이미지는 추상의 수단이다. 그것은 머리와 수박은 둘 다 둥글다고 말하는 것과 같다. 이것은 의미된 것이긴 하지만 시와는 무관하다.

2. 시어에 있어서의 경제적 원리

창조적 힘의 경제 원리도 또한 보편적으로 인정된 원리들의 그룹에 속한다. 허버트 스펜서(Herbert Spencer)는 『문체의 철학』(*The Philosophie du style*, 1882)에서, "현재 통용되고 있는 이러한 격언들의 기초가 되는 법칙의 실마리를 찾아보면, 독자나 청취자의 주의를 절약하게 하는 것의 중요성이 그 대부분의 전조(前兆)가 되어 있음을 알 수 있다. 가능한 최소의 정신적 노력으로 이해될 수 있도록 사상을 표현한다는 것은 위에 대부분의 법칙이 지향하고 있는 희망 사항이다."라고 말한다. 또한 리쳐즈 아베나리우스 (Richard Avenarius)는, "인간이 무궁무진한 힘을 소유했다면 그에게는 무진장한 자원에서 얼마만큼 소비될 것인지는 대수롭지 않은 문제일 것이다. 단지 불가피하게 소비될 시간만이 중요하다. 그러나 이러한 능력은 제한되어 있기 때문에, 가능한한 최소한의 힘의 낭비로 최상의 결과를 낳기를 기대해야 할 것이다.” 라고 말한다.

이러한 정신적 힘의 경제라는 일반 법칙에 의거하여 페트라치스키(Petrazhitsky)는 인간 정서의 물리적 토대에 관한 제임스(William James)의 이론을 배격했다. 창조적 힘의 경제 원칙은 리듬의 연구에서 특히 마음을 끄는 것으로서 스펜서의 생각을 연장시킨 베셀레프스키에 의해서도 인정되었다. 즉 “문체의 장점은 최소한의 단어 속에 최대한의 사상을 담기게 하는 데 있다”는 스펜서의 주장에 동의한 것이다. 그리고 안드레이 벨리도 그의 훌륭한 저서에서 ‘거칠게 한’ 리듬의 무수한 예를 들었으며, 특히 바라친스키(Evgeni A. Baratynsky)의 운문에 대해 시적인 형용어의 모호한 성격을 보여주었다. 벨리는 또한 그의 저서에서 경제 법칙을 논의하는 것이 필요하다고 깨닫는다. 그의 저서는 이제는 낡아빠진 책들에서 검증 없이 빌어온 사실들과, 시적 창작 기법들에 관한 굉장한 지식과 고등학교에서 사용하는 크라예비치(Krayevich)의 물리 교과서를 바탕으로 한 예술 이론에 대한 과감한 시론을 보여주고 있다.

창조의 법칙과 목적으로서의 힘의 경제 법칙은 언어의 특수한 경우에 있어서, 다시 말해서 일상적 혹은 실용적 언어에 적용될 경우에는 사실일 것이다. 이와 동일한 관념들은 시적 언어에까지 확대된다. 그래서 그들은 일상어의 법칙과 시어의 법칙을 적절히 구분하지 않은 결과를 초래한 것이다. 일본의 시가 회화체에서는 들을 수 없는 음을 가지고 있다는 사실은 시어와 일상어의 차이점에 관한 실제적이며 중요한 지적이 될 수 없다. 레오 야쿠빈스키(Leo Jakubinsky)는 유음의 이화 법칙(異化法則)이 시어의 경우에 적용되지 않는다는 것을 관찰한다. 이것은 그에게 시어는 발음하기 어려운 유사한 음의 덩어리에 대해 관대하다는 암시를 준다. 과학적 비평의 최초의 예 가운데 하나인 자신의 논문에서 그는 시어의 법칙과 일상어의 법칙 사이의 상이점을 귀납적으로 지적한다.

때문에 우리는 산문에서 유추한 기반에서가 아니라 시어의 법칙을 바탕으로 해서 시어에 있어서의 소비와 경제의 법칙을 살펴보자.

지각의 보편적인 법칙을 살펴보면, 인간의 행동들이란 일단 습관화되면 또한 자동화된다는 것을 알 수 있다. 이처럼 우리의 모든 습관은 무의식적이며 자동화된 영역 속에 빠져버린다. 예컨대, 만일 어떤 사람이 처음으로 펜을 잡았다던가 외국어를 말했을 때의 감각을 기억하고 나서 이러한 감각을 수천 번 되풀이했을 때 느낀 감각과 비교해 본다면, 그 사람은 이 말에 동의할 것이다. 이런 습관화는 일상 화법에서 우리의 미완의 문장과 혹은 단어를 반만 표현한 채로 남겨 두는 원리를 설명해 준다. 대수학(代數學)에서 이상적인 것으로 알려져 있는 이 과정에서는 사물들이 상징에 의해 대치된다. 빠른 일상적 담화에서 단어들은 다 발음되는 것이 아니다. 의식 속에 나타나는 명사들의 첫 음들만이 발음되는 것이다. 알렉산더 포고딘(Alexander Pogodin)은 『창조로서의 언어』(*La Langue Comme Création*)에서 "스위스 산은 아름답다" Les montagnes de la Suisse sont belles 라는 문장을 L, m, I, S, s, b라는 글자의 연속으로 생각하는 한 소년의 예를 든다.

사유의 이러한 특징은 대수학의 방법뿐만 아니라 상징의 선택(글자, 특히 약자)까지도 암시해준다. 사유의 이 '대수학적' 방법에 의해서 우리는 분명치 않은 형태만으로 된 대상을 이해하게 된다. 또한 대상의 전체를 보는 것이 아니라 그것이 가진 주요 특징으로 대상을 인식한다. 우리는 대상을 그것이 마치 자루 속에 들어 있는 것처럼 본다. 즉 우리는 그 윤곽으로 그것이 무엇인지는 알지만 사실은 단지 그것의 실루엣만을 보고 있을 뿐이다. 평범한 지각의 방법으로 이처럼 지각된 대상은 사라져 그 첫 인상조차 남지 않게 된다. 또 결국은 그것이 무엇이었다는 지각의 알맹이조차 잊혀져 버린다. 이와 같은 지각 작용은 왜 우리가 단조로운 단어의 전부를 들을 수 없는가(레오 야쿠빈스키의 논문 참조3))를, 그래서 왜 우리가 그 단어를 잘 발음할 수 없는가(라프쉬스4) 발생)를 설명해 준다. 한 대상에 대한 완전한 자동화를 의미하는 대수화의 과정은 지각의 노력을 가장 절약할 수 있게 해 준다. 대상은 단 하나의 적절한 형태, 가령 숫자로 지정되거나 그렇지 않으면 대상은 공식에 의한 것처럼 작용하여 인식조차 되지 않는다.

> 나는 방을 청소하고 나서 방을 한바퀴 돈 다음 소파로 갔다. 그런데 나는 내가 방을 청소했는지 하지 않았는지를 기억해 낼 수 없었다. 이러한 동작은 습관적으로 무의식적이기 때문에 나는 기억해 낼 수가 없다. 그리고 내가 그것을 기억해 내는 것이 이미 불가능해졌다고 느꼈다. 따라서 내가 방을 청소하고 그 사실을 잊어버렸다면, 다시 말해서 내가 무의식적으로 행동했다면 그것은 바로 그러한 행동을 하지 않은 것과 같다. 만일 의식 있는 어떤 사람이 나를 보았다면 아마도 내 행동을 재현할 수 있을 것이다. 그러나 만일 아무도 그것을 보지 않았다면, 혹은 누가 그것을 무의식적으로 보았다면, 그리고 수많은 인간의 일체의 복합적인 생활이 무의식적으로 전개된다면, 이러한 생활은 없었던 것과 같다.

> — 1897년 2월 28일, 레온 톨스토이 Léon Tolstoï의 일기장. 1915년 12월 니콜스코에 Nikolskoé의 『레토피스』(Létopis)에서.

이처럼 생활은 하나의 무(無)로 변형됨으로써 사라져 버린다. 자동화란 모든 대상들, 의복들, 가구들, 여자 그리고 전쟁의 두려움을 삼켜버린다. '만일 수많은 사람들 전체의 복합적인 생활이 무의식적으로 전개된다면, 이런 생활은 결코 존재하지 않았던 것과 마찬가지인 것이다.' 그러므로 생활 감각을 다시 갖기

---

3) 『스보르니키』제1권, 1916년의 논문.
4) 라프쉬스(lapsus) : 무의식적으로 어떤 단어를 다른 단어로 발음하거나 단어의 어떤 음을 생략하여 발음하는 현상.

위하여, 대상들을 느끼기 위하여, 돌을 정말 '돌답게' 느끼지 위해 예술이 존재하는 것이다. 예술의 목적은 사물에 대한 감각을 알려져 있는 대로가 아니라 지각된 대로 부여하는 것이다. 예술의 기법은 사물을 '낯설게' 만들고 형식을 어렵게 하며, 지각을 힘들게 하고 지각에 소요되는 시간을 연장한다. '예술이란 대상의 생성을 느끼게 하는 하나의 방법이며, 이미 생성된 것은 예술에 있어서 중요하지 않은 것이다.'

시적(예술적) 작품의 범위는 감각에서 인식으로, 시에서 산문으로, 구상에서 추상으로 확대된다. 즉 세르반테스(Cervantes)의 『돈키호테』(*Don Quixote*)에서 투르게네프(Turgenev)의 노골적이면서도 공허한 돈키호테로, 샤를마뉴 대제(Charlemagne)에서 '왕'(korol)이란 이름으로 확대되는 것이다.5) 한 작품의 의미는 기교와 예술적 효과가 희미해질 정도로까지 확대된다. 그래서 우화는 시보다, 속담은 우화보다 더 많은 것을 상징한다. 결국 포테브냐의 이론에서 자기 모순이 가장 적은 부분은 우화를 다룬 부분인데 그것을 그는 자신의 관점으로 철저히 연구했다. 그러나 그의 이론은 '표현적인' 예술 작품에 대비하지 않았기 때문에, 그의 저서를 완성시킬 수 없었다. 다 아는 바와 같이 그의 『문학 이론에 관한 노트』(*Notes on the Theory of Literature*)는, 포테브냐 사후 13년 뒤인 1905년에 간행되었다. 포테브냐 자신은 우화에 관한 장만을 완결했다.6)

• 낯설게 하기

우리는 한 대상을 여러 번 본 후에 비로소 그것을 인식하기 시작한다. 즉 대상은 우리의 앞에 있으며 우리는 그것에 대해 알고 있으나 그것을 더 이상 눈으로 보지 않은 것이다.7) 바로 그 때문에 우리는 그것에 관해 아무 것도 말할

---

5) 러시아에서 왕(korol)이란 단어는 샤를마뉴(Charlemage, Karolus)란 이름에서 유래했다.
6) 「우화·격언·속담」, 『문학의 이론에 관한 노트』, 카르코프(Kharkov), 1914에서.
7) 쉬클로프스키, 『말의 부활』(*Voskresheniye slova*), Petersburg, 1914에서

수 없다. 예술은 다양한 방법으로 대상에서 지각의 자동화를 제거한다. 여기서 나는 레오 톨스토이에 의해 반복되어 사용된 한 가지 방법을 설명하고자 한다. 적어도 메레즈코프스키에 있어서 그 작가는 사물을 본 그대로, 사물의 전부를 본 그대로 개조하지 않고 표현한 작가처럼 여겨지고 있다.

톨스토이는 친숙한 대상물을 그 이름으로 부르지 않고, 대상을 처음으로 본 것처럼 서술함으로써 친숙한 것을 낯선 것으로 만든다. 그는 하나의 대상을 마치 처음 본 것처럼, 하나의 사건을 최초로 일어난 것인 양 묘사한다. 어떤 것을 묘사할 경우 그는 그 대상의 어느 부분의 명칭을 피하고 대신에 다른 대상에서 그에 상응하는 부분의 명칭을 갖다 붙인다. 가령 『수치』(Shame)라는 작품에서 톨스토이는 이 방법으로 태형(笞刑)의 관념을 '낯설게 한다' 즉 '범법자들의 옷을 벗기고 그들에게 욕설을 퍼부으며 엉덩이를 회초리로 친다.' 그리고 몇 줄 뒤에 '벌거벗은 엉덩이를 채찍질한다.' 그리고 나서 톨스토이는 다음과 같이 언급한다. "왜 다른 방법, 가령 어깨 또는 신체의 다른 부분을 바늘로 찌르거나 집게로 손이나 발을 집는 방법이나 이런 종류의 어떤 방법 대신 남을 아프게 하는 바로 이 어리석고 야만적인 방법이 특히 사용될까?" 이러한 거친 예를 드는 것이 미안하지만, 그러나 그것이 바로 우리의 의식에 영향을 미치게 하기 위해 톨스토이가 사용한 방법들의 특징이다. 태형에 대한 낯익음은 묘사에 의해 그리고 그것의 성질이 아니라 형태를 변화시키려는 계획에 의해 낯설어진다.

톨스토이는 끊임없이 이러한 특수화의 방법을 사용한다. 예로 『콜스토머』(Kholstomer)란 작품에서는 한 마리의 말(馬)이 화자이며, 말의 시점으로 진행시킴으로써 소설의 내용을 낯설게 한다. 그 말이 사유재산제도를 어떻게 생각하는지 살펴보자.

나는 사람들이 태형과 기독교 정신에 대해서 말하는 내용은 이해했지만, '나의 소유'라든가 '나의 망아지' 라는 말의 뜻에 대해서는 전혀 이해하지 못했다. 이런 말 때문에, 사람들이 나와 마굿간 사이에 어떤 관계를 세워놓았다는 것을 알았지만, 그때 그 관계가 어떤 것인지 전혀 이해할 수 없었다. 얼마 후 그들이 나를 다른 말들과 떼어놓았을 때에야, 나는 그것에 대해 이해하기 시작했다. 그러나 그때에도 그들이 나를 '사람의 소유물'이라고 부르는 의미를 알 수 없었다. '나의 말'이란 것은 살아 있는 한 마리 말인 나를 지칭한 것이었지만, '나의 땅' '나의 공기' '나의 물' 같은 것처럼 내겐 낯설게 여겨졌다.

그러나 그 단어들은 내게 깊은 인상을 주었다. 나는 그것에 대해 끊임없이 생각했지만, 사람들과 다양한 관계를 맺은 다음에야 비로소 그 뜻을 이해했다. 그 뜻은 이렇다. 즉, 사람들은 생활하면서 행위에 의해서가 아니라 언어에 의해서 지시를 받는다. 그들이 좋아하는 것은, 어떤 행위를 할 수 있다거나 하지 못하다는 것이 아니라 오히려 여러 가지 주제에 대해서 그들 사이에 약속된 단어로 이야기할 수 있느냐 없느냐 하는 것이다. 이런 것들로는 '나의'와 '나의 소유'라는 것이 있는데, 그들은 이것을 다른 사물, 피조물, 대상, 심지어는 땅, 사람, 그리고 말〔馬〕에 적용시키는 것이다. 그들은 하나의 동일한 대상이 오직 한 사람에 의해서만이 '나의 것'이라고 불리울 수 있다는 데 합의한다. 그리고 가장 많은 사물에 대해 '나의 것'이라고 말하는 사람을 가장 행복하다고 생각한다. 왜 그럴까? 나는 그 이유를 잘 모르지만 그것은 사실이다. 오랫동안 나는 그것이 어떤 직접적인 특권과 관계되었다고 생각해 왔다. 그런데 나는 그것이 잘못되어 있다는 것을 알았다.

예를 들어서, 나를 자기 것이라고 말한 많은 사람들은 내 등에 올라탄 적도 없었다. 다른 사람들은 올라탔는데 말이다. 내게 먹이를 주는 사람들에게 있어서도 이 점은 같았다. 또한 마부나 수의사, 그리고 대개 낯선 사람들은 내게 친절히 대했는데 나를 자기 것이라고 부르는 사람들은 그렇지 못했다. 머지 않아서 내 관찰 시야가 넓어졌기 때문에 나는 '나의' 라는 개념이 우리 말들에 관해서 뿐만 아니라 사유 재산에 관한 권리나 인식을 일컫는 인간의 편협한 본능 이외의 다른 기반을 갖고 있지 않다고 확신했다. 어떤 사람은 '이 집은 내 것이다'라고 말하지만 그 속에서는 결코 살지 않는다. 단지 그는 그것의 수리나 유지비를 걱정할 뿐이다. 예컨대 어떤 상인은 '내 점포' '내 포목점'이라고 말하지만 상점에 쌓아 둔 좋은 옷감으로 옷을 해 입지 않는다. 땅을 '나의 땅'이라고 말하는 사람도 있지만 땅을 쳐다보지도 그 위에서 어슬렁거려 보지도 않는다. 다른 사람을 보고 자기 소유라고 말하는 사람도 있지만 결코, 그들을 알고 있지도 않다. 그리고 그들 사이의 전체 관계는 소위 '주인들'이 그들을 불공평하게 다루는 데 있다.

여자를 자기 소유 혹은 자기 '부인'이라 말하는 사람들도 그들과 같이 생활하지도 않는다. 그리고 사람들은 좋은 일 때문에 다투는 것이 아니라 자기 소유라고 부를 수 있는 재산을 위해 싸운다.

나는 이 점이 사람과 우리 사이의 중요한 차이점이라는 것을 이제야 깨달았다. 그래서 우리가 다른 면에서까지는 아니더라도 생물들의 등급에서 우리가 인간보다는 더 높은 위치를 차지하고 있다고 감히 주장할 수 있다. 인간의 행위는, 적어도 내가 관계했던 사람들의 행위는 '언어'에 의해 결정된다. 반면 우리의 행위는 사실에 의해 결정된다.

이 말[馬]은 소설의 끝 부분에서 살해되지만 그 소설의 기법은 바뀌지 않는다. 즉

오랜 후에 그들은, 세상을 겪었으며 먹고 마시며 살아왔던 세르푸코프스키의 몸뚱이를 땅 속에 묻었다. 사람들은 그의 가죽과 살과 뼈의 어떤 것도 유익하게 써먹을 수 없었다.

세상에서 20년 동안 열심히 일해 왔던 그 시체는 무거운 짐이어서 그것을 매장하는 일은 사람들을 아주 곤혹스럽게 했다. 오랫동안 아무도 그를 필요로 하지 않았으며, 오랫동안 그는 모두에게 짐스러웠다. 하지만 그럼에도 불구하고 시체를 매장하는 사람들은 즉시 썩기 시작한 이 부풀어오른 몸뚱이에 훌륭한 옷과 장화를 입힐 필요가 있음을 알았다. 그래서 그들은 네 귀퉁이에 새 장식술이 달린 새로 만든 훌륭한 관 속에 시체를 넣고, 다시 이것을 납으로 만든 관에 넣어 모스크바로 운반했다. 거기서 낡은 뼈를 파낸 후 그 자리에서, 구더기가 들끓는 썩은 가죽을 벗기고 새 옷과 깨끗한 장화를 신기고 나서 시체를 진흙으로 완전히 덮었다.

이같이 해서 우리는 이 소설의 종결에서 톨스토이가 그 기법을 쓸 만한 이유가 없어졌음에도 그것을 계속 사용하고 있다는 것을 파악했다.

『전쟁과 평화』(*Guerre et Paix*)에서 톨스토이는 마치 전쟁이 어떤 낯선 것인 것처럼, 전쟁 전체를 묘사하는 데에 동일한 기법을 쓴다. 네 권으로 된 소설에서 중요한 부분을 발췌해서 인용하는 것은 필요한 일일지도 모르지만, 이러한 묘사들은 인용하기에는 너무 길다. 그러나 톨스토이는 살롱들과 극장의 묘사에 있어서도 동일한 방식을 사용한다.

무대 중앙의 바닥에는 판자 한 장이 깔려 있고, 가장자리에는 나무 그림이 장식되어 있으며, 뒷면에는 린넨 천이 바닥까지 늘어져 있었다. 무대 한복판에 붉은 상의와 흰 치마를 입은 소녀들이 앉아 있었는데, 그 중 제일 튼튼하게 보이는 소녀 한 명이 푸른 등받이가 있는 벤치에 홀로 떨어져 앉아 있었다. 그들은 모두 노래를 부르고 있었는데, 노래를 끝마치자 흰옷을 입은 소녀가 후견인 석으로 다가갔다. 그때 꽉 끼는 반바지와 비단옷을 입고, 깃털 달린 모자를 쓰고, 혁대에 단도를 꽂은 굵은 다리의 한 남자가 그녀에게 다가가서 두 팔을 벌리고는 절망적인 몸짓으로 노래를 부르기 시작했다. 굵은 다리의 이 남자가 노래를 끝내자 이번에는 그 소녀가 노래를 부르기 시작했다. 그 노래가 끝나자 관현악단이 다시 연주를 시작했으며, 이 남자는 이중창을 하기 위한 소절을 기다리면서 박자에 맞추어 그 소녀의 손을 살며시 두드렸다. 그들은 함께 노래를 불렀다. 그들의 노래가 끝나자 극장 안의 모든 청중들은 환호성을 지르며 박수 갈채를 보냈다. 그러자 연인으로 분장한 그 남녀는 무대 위에서 손을 흔들며 미소로써 답례했다.

제2막에서는 달빛이 비쳐드는 린넨 커튼, 창문과 무덤 그림의 배경과 함께 창틀에는 램프의 그림자가 드리워져 있었다. 악사들이 베이스호른과 카운터베이스를 연주하지 검은 외투를 두른 사람들이 무대 좌우에서 무더기로 쏟아져 나오기 시작했다. 그들은 단도를 들고 팔을 휘둘렀으며, 다른 한 쪽에서는 또 다른 무리가 뛰어나왔다. 그들은 흰옷을 입었던 그러나 지금은 푸른옷을 입고 있는 그 소녀를 끌어내기 시작했다. 그러나 그녀를 즉시 끌어내지 않고 오랫동안 그녀와 함께 노래를 불렀다. 그들이 마침내 소녀를 데려갔을 때 무대 뒤에서 금속성의 소리가 세 번 울렸다. 그러자 모든 배우들은 무릎을 꿇고 기도를 올렸다. 이러한 장면들은 관중들의 열광적인 외침 때문에 여러 번 중단되었다가 계속되었다.

제3막에서도 같은 기법이 사용된다.

그러나 갑작스럽게 폭풍이 불어닥쳤다. 오케스트라에서는 반음계와 제7음단조와의 화음이 울려퍼졌다. 모든 사람들이 뛰어다녔으며, 배우 가운데 한 사람이 무대 뒤로 끌려갔다. 그 다음에 막이 내렸다.

제4막에서는, '어떤 악마가 팔을 휘두르며 이동 무대의 문이 열릴 때까지 노래를 부르다가 그 문이 열리자 사라져 버렸다.'8)

또한 『부활』(Résurrection)에서도 톨스토이는 이와 같은 방식으로 도시와 궁정을 묘사한다. 그리고 『크로이체 소나타』(la Sonate a' Kreutzer)에서 이런 식으로 결혼을 묘사했다. 즉 '사람들은 마음의 친화력이 있는 경우에는 왜 잠자리를 같이 하는가?'라는 것이다. 그러나 그는 자신이 부정적으로 제시하고자 하는 어떤 대상에 대해서만 낯설게 하는 기법을 적용하지는 않았다.

피에르는 일어나서 그의 새 동료들을 떠나 모닥불 사이를 걸어서 포로들이 묶여 있는 길 저쪽으로 가려고 했다. 그는 포로들과 말하고 싶었다. 그러나 프랑스군 보초가 도중에서 그를 막고 돌아가라고 명령했다. 피에르는 발걸음을 되돌렸지만, 그의 전우들이 있는 쪽으로 가지 않았다. 그는 마구(馬具)가 채워지지 않은 채 방치된 마차가 있는 데로 갔다. 그곳에서 그는 몸을 웅크렸다. 그는 마차 바퀴에 몸을 기댄 채 땅바닥에 다리를 꼬고 앉아서 고개를 숙이고는 오랫동안 꼼짝도 하지 않은 채 생각에 잠겼다. 한 시간이 지났다. 아무도 그를 방해하지 않았다. 갑자기 그가 우렁찬 소리로 웃음을 터뜨렸다. 웃음소리가 어찌나 요란했

---

8) 톨스토이, 『전쟁과 평화』, 제8권, 제8부, 제9장

던지 사람들은 깜짝 놀라 주위를 둘러보았다.

"하! 하! 하!" 하고 웃으며 피에르는 큰 소리로 말했다. "군인들이 나를 지나가지 못하게 했어. 그들은 나를 붙잡고 가두었어. 그러나 누구를 붙들었단 말인가? 나를? 내 불멸의 영혼을? 하! 하! 하!" 그가 어찌나 크게 웃었던지 그의 눈에서 눈물이 나왔다(…).

피에르는 죽어가는 사람의 심정으로 별이 반짝이는 하늘을 응시했다. "이 모두가 나의 것이다. 이 모든 것이 내 속에 존재한다. 이 모든 것이 다름 아닌 바로 '나'다." 피에르는 생각했다. "그리고 그들이 붙잡아 판자울 속에 가둔 것은 결국 이 모든 것이었구나." 그는 미소를 지었으며 전우로부터 떨어진 곳에 누워 잠들었다.[9]

톨스토이의 작품을 잘 아는 사람들은 누구나 이러한 유형의 수많은 예를 그에게서 발견할 수 있다. 평범한 전후 관계를 이탈해서 사물을 바라보는 그의 방법은 후기 작품 속에서도 뚜렷이 나타난다. 톨스토이는 그가 공격하는 교리와 의식을 마치 그것들이 낯선 것인 양 묘사한다. 즉, 그는 교회 의식에 흔히 쓰이는 용어를 그 관습적이고 종교적인 의미 대신 일상적인 의미로 대치시킨다. 그 때문에 많은 사람들의 마음을 상하게 한다. 그들은 자신들이 성스럽게 받아들이고 있는 것을 낯설고 기괴한 것으로 표현하는 것은 모독이라고 생각했다. 그들의 이런 반응은 주로 톨스토이가 자신의 환경을 지각하여 기록한 기법에 기인하는 것이다. 오랫동안 회피해 왔던 것에 손을 댄 후에야 톨스토이는 자신의 지각이 자신의 신념을 어지럽혔다는 것을 깨닫는다.

• 낯설게 하기의 기법

낯설게 하기의 기법은 오로지 톨스토이만의 특성은 아니다. 그의 작품이 일반적으로 널리 알려져 있기 때문에 그를 인용했을 뿐이다.

이제 이러한 기법의 특성을 밝혀 보았으니, 다음에 그 기법의 적용의 한계를

---

9) 위의 책, 제4권, 제13부, 제14장.

보기로 한다. 개인적인 생각으로는 이미지가 있는 곳이면 거의 어디에서나 낯설게 하기의 기법이 존재할 것 같다. 달리 표현하자면, 포테브냐의 관점과 우리의 관점 사이의 차이점은 다음과 같이 공식화될 수 있다. 즉 이미지란 항상 변하는 주제에 대한 하나의 불변의 용언이 아니다. 이미지의 목표는 그것이 지닌 의미를 우리의 이해에 보다 더 접근시키는 데 있는 것이 아니다. 이미지의 목표는 대상을 지각하도록 하는 데 있다기보다는 대상을 특수하게 지각하도록 하는 데 있다. 그것은 대상을 인지하는 수단으로서 이바지하기보다는 대상에 대한 통찰력을 창조한다.

이미지의 여러 기능에 관한 가장 효과적인 관찰을 우리에게 제공해 주는 것은 에로틱한 예술이다.[10] 여기에서 에로틱한 대상은 이전에 본 적이 없는 것처럼 흔히 제시된다. 고골리의 『크리스마스날 밤』(*la Nuit de Noël*)에서 예를 들어 보자.

> 그러자 그는 헛기침을 하면서 솔로카에게 가까이 가서 미소를 짓고 그녀의 통통한 팔뚝을 어루만지며, 그가 호의를 갖고 있으며 솜씨도 좋다는 것을 표시했다.
> "어여쁜 솔로카, 이게 뭐지?" 말하면서 그는 살짝 뒤로 물러났다.
> "뭐라구요? 이건 내 팔이예요, 오십 니키포로비치!" 그녀가 대답했다.
> "음! 팔이라, 헤헤헤!" 그 성당지기는 자신의 수작에 만족해 하며 진심으로 말했다. 그는 방안을 이리저리 거닐었다.
> "사랑스런 솔로카, 그럼 이건 뭐지?" 그는 다시 그녀에게 다가가서 그녀의 목덜미를 살짝 잡고는 역시 이번에도 뒤로 조금 물러서며 말했다.
> "마치 당신은 눈에 그것이 보이지 않는 것 같군요! 내 목이예요, 그리고 내 목에 있는 진주 목걸이예요." 그녀는 대답했다.
> "음! 목에 건 목걸이라? 헤헤헤!" 그는 손을 비벼대며 다시 방안을 서성거렸다.

---

10) 이 주제로 쉬클로프스키는 소련의 검열과의 갈등을 가져왔다.

"아름다운 솔로카! 이건 뭐야?" 그 음탕한 성당지기가 이번엔 그의 손가락으로 무엇을 만졌는지 아무도 더 이상 알지 못했다.[11]

그리고 크누트 함순(Knut Hamsun)의 『굶주림』(*la Faim*)에서는 다음과 같이 씌어 있다. 즉, "두 개의 하얀 신비로운 것이 그녀의 블라우스 속에서 나타났다." 때때로 에로틱한 대상의 표현은 우회적인 방법으로 이루어지는데, 이러한 방법의 목표는 우리를 그것의 '인지'로부터 떼어놓으려는 뚜렷한 목적을 가지고 상징적으로 표현된다. 이러한 유형의 표현에서는 성기(性器)는 자물쇠와 열쇠[12], 베틀[13], 활과 화살, 고리와 쇠막대 등으로 표현된다. 스타베르(Staver)에 관한 서사시에서도 마찬가지로 나타난다.[14] 즉 남편이 기사의 옷을 입은 자기 부인을 알아보지 못하자, 부인이 수수께끼를 낸다.

> "기억해 보세요, 스타베르, 당신은
> 우리가 젊었을 적 거리에서 무엇을 하며 놀았는지 기억이 나요?
> 당신과 나는 곧잘 쇠막대기를 갖고 놀았지요—
> 당신은 은빛 쇠막대를 가졌고,
> 나는 금빛 고리를 가졌던가요?
> 그때 내가 고리를 들고 있으면
> 당신은 늘 쇠막대를 고리 속에 집어넣곤 했지요."
> 고딘느(Godine)의 아들, 스타베르가 말하기를,
> "뭐라고? 나는 당신과 쇠막대기를 갖고 논 적이 없어요!"
> 그러자 바실리사 미쿨리츠나(Vassilissa Mikoulitchna)는 : "설마 그럴라구요.
> 당신은 기억하시나요, 스타베르, 생각나지요?

---

11) 고골리의 『디칸카 부근의 주민의 야회(夜會)』 2권에서.
12) 디미트리 사보드니코프(Dimitry Savodnikov), 『러시아 민중의 수수께끼』(*Zagadki russkovo naroda, St. Petersburg*), 1901, pp.102~107.
13) 위의 책, pp.588~591.
14) 그루친스키(A.E. Gruzinsky) (편), 『P.N. 리프니코프 가곡선집』(*Pesnisobrannye P.N. Rybnikovym*), Moscow, 1909~1910, No. 30.(러시아 무훈시집)

당신도 이젠 알텐데요. 당신과 나는 함께 읽고 쓰기를 배웠는데 ;
내 것은 은색 잉크병이었고,
당신 것은 금색 펜이 아니었나요?
내가 그것을 적셔주었지요,
내가 늘 그것을 적셔주었지요."

이 서사시의 다른 변형판에서 수수께끼의 열쇠를 찾을 수 있다.

이때 그 무서운 사절(使節) 바실류시카(Vassilouchka)는
치마를 바로 배꼽까지 들어올렸다.
그러나 고딘느의 아들인 젊은 스타베르가
그녀의 금빛 고리를 알아보았다.15)

그러나 이러한 낯설게 하기의 기법은 단지 에로틱한 수수께끼나 완곡법의
기법에만 사용되는 것이 아니다. 이것은 모든 종류의 수수께끼의 기초가 되는
동시에 유일한 의미를 갖는다. 개개의 수수께끼는 보통 때는 적용되지 않는 단
어들에 의한 대상의 묘사, 대상의 정의라든지(예를 들면, '두 개의 끝' '두 개의
고리' 그리고 그 가운데 있는 '하나의 쇠막대기'), 그리고 약간의 변형된 반복을
통해 얻어진 음성학적인 특수화이다.

수수께끼로 의도되지 않은 에로틱한 이미지도 낯설게 된다. 가령, '젖이 큰
여자' '화냥년' '계집년' 등이 그것이다. 또한 널리 알려진 심상에는 흔히 '잔디
짓밟기' '까마귀밥나무 꺾기' 같은 것들이 있다. 낯설게 하기의 기법은 사람을
알아보지 못하는 짐승들의 이야기 속에서 명백하게 에로틱한 주제를 부각시키
고 있다. 다음 젤레닌(D.S. Zélénine)의 설화집『페르미아 지방의 위대한 러시아
설화집』70번 (*Contes grand-russes du gouvernement de Perm*, No. 70)을 통하여,
사람을 알아보지 못하는 짐승들의 전형적인 이야기를 살펴보자.

---

15) 위의 책, No. 171.

어떤 러시아 농부가 얼룩암말로 밭을 갈고 있었다. 그때 곰 한 마리가 다가와서 묻기를, "아저씨, 이 암말은 왜 얼룩이 졌어요?" 농부가 말하기를, "내 손으로 얼룩지게 만들었단다." 곰이 다시 말하기를, "어떻게 그렇게 하셨어요?" 농부가 "그럼 너도 그렇게 해줄까?" 곰이 허락하자, 농부는 곰의 다리를 밧줄로 묶고 바퀴 두 개가 달린 쟁기에서 보습을 떼어 불에 달군 다음 그것을 곰의 옆구리에 갖다 대었다. 농부는 뜨거운 보습으로 곰의 털을 벗기고 가죽을 남겨 얼룩무늬를 만들었다. 농부가 곰을 풀어주자 곰은 나무 아래로 가서 누웠다.

잠시 후, 까치 한 마리가 날아와서 농부의 보따리에 싸둔 고기를 쪼아먹었다. 농부는 까치를 붙잡아 다리 하나를 부러뜨렸다. 까치가 날아간 뒤, 이번에는 커다란 쇠파리 한 마리가 농부 곁으로 와서 얼룩암말 위에 앉은 다음 그 말을 쪼기 시작했다. 농부는 지팡이 끝으로 쇠파리를 밀어 쫓아 버렸다. 쇠파리는 날아서 이미 까치와 곰이 있는 나무로 갔다. 이제 그 나무에는 모두 셋이 앉아 있었다.

농부의 아내가 저녁밥을 들고 들판으로 나왔다. 농부와 그의 아내는 맑은 공기 속에서 저녁밥을 먹고 나서, 농부는 아내를 땅 위에 쓰러뜨린다. 그것을 본 곰은 까치와 쇠파리에게 말한다. "맙소사, 농부가 또 누군가를 얼룩지게 하려고 하네." 까치가 말했다. "아냐, 농부는 누군가의 다리를 부러뜨리려고 하는 거야." 쇠파리가 말했다. "아냐, 그는 누군가의 엉덩이를 막대기로 박고 싶은 거야."

톨스토이의 『콜스토머』(*Kholstomer*)의 기법과 위의 이야기에서의 기법은 매우 유사하다. 문학 작품 속에서는 아주 빈번히 성행위 자체가 낯설게 된다. 가령, 『데카메론』(*Decameron*)에서는 '통씻기' '나이팅게일 사냥' '양털 두드리는 사람의 즐거운 일' 등으로 언급되어 있다. 이러한 일련의 플롯은 알아보지 못하기에 바탕을 두고 있다. 예를 들어, 아파나셰프(Afanasyev)의 『친근한 이야기』(*Intimate Tales*)에 나오는 「수줍음 타는 부인」(*The Say Mistress*)이 그것이다. 즉 이야기 전체는 대상을 그 고유의 이름으로 부르지 않는다는 사실에 알아보지 못하기 게임에 바탕을 두고 있다. 이런 것은 온추코프(Onchukov)의 『얼룩진 페티코트』(*Spotted Petticoats*)에 나오는 제525화와, 곰과 토끼가 '상처'를 입는다는

『친근한 이야기』속의 「곰과 토끼」(*The Bear and Hare*)에서도 마찬가지다. 『데카메론』의 「공이와 절구」(*The pestle and mortar*), 「닉 노인과 지옥」(*Old Nick and the infernal regions*) 등도 낯설게 하기의 기법을 다루고 있다.

이상에서 플롯 구성에 관한 한 논문에서 심리학적 대구법에서의 낯설게 하기의 수법을 살펴보았다. 그런데, 여기서 강조하고 싶은 것은 조화된 문맥 속에서 부조화를 지각하는 것이 대구법에서 중요하다는 것이다. 이미지의 일반적 목적에서처럼, 대구법의 목적 또한 대상에 대한 평범한 지각을 새로운 지각 영역으로 전이시키는 것, 곧 독특한 의미의 변화를 이루는 것이다.

• 시적 언어와 산문적 언어

단어들의 독특한 배치와 그 단어들에 의해 구축된 구조는 물론, 그 음성학적·어휘론적 구조로써 시의 어법을 연구할 경우, 우리는 도처에서 예술적 상표, 즉 분명히 지각의 자동화를 제거하기 위해 고안된 요소를 발견한다. 작가의 목적은 바로 비자동화된 지각에서 유래하는 비전을 창조하는 것이다. 즉, 한 작품은 독자들의 지각을 방해하고 지체하도록 하여 가능한 최대로 예술적 효과를 창조할 수 있도록 한 것이다. 이렇게 독자들의 지각을 질질 끌어서, 대상을 공간적 넓이에서가 아니라 시간 속에서 지속적으로 지각하게 한다. 시적 언어는 이러한 조건을 만족시켜 준다.

아리스토텔레스에 의하면, 시적 언어는 낯설고 놀라게 하는 성질을 가져야 한다는 것이다. 그리고 그것은 실제로 종종 외국어로 표현된다. 즉 앗시리아인에 의해 사용된 수메리아어, 중세 유럽의 라틴어, 페르시아에서의 아라비아풍, 러시아 문학 속의 고대 불가리아어, 혹은 민요 속에 쓰이는 거의 문학어에 가까운 고상한 말 등이 그것이다. 시어에서 흔히 나타나는 의고체, 부드러운 새 문체(dolce stil nuovo, 12세기의 언어) 속에 보이는 딱딱한 말, 발음하기 어렵고 거친 형식을 쓴 아르나우트 다니엘(Arnaut Daniel)의 모호하고 애매한 문체 등도 낯설게 하기의 성질을 지닌 시어이다. 레오 야쿠빈스키는 비슷한 음을 반복하게 되는 특별한 경우에서 시어를 음성적으로 거칠게 하는 원리를 주장한다. 이때 시어는 다루기 어렵고 한결 거칠어지며 방해받는 언어가 된다. 몇 가지 특수한 경우, 시어는 산문어에 근접하지만, 이것 역시 거칠게 한 형식 원리와 다름 아니다.

> 그녀의 언니는 타티아나라고 불렀다.
> 처음으로 우리는
> 이 이름으로 소설의 섬세한 부분들을
> 자유자재로 빛나게 할 것이다.

푸슈킨은 위와 같이 노래하고 있다. 푸슈킨 시대에 있어서는 일반적으로 데르자빈(Derzhavin)의 우아한 문체를 사용하였다. 반면, 푸슈킨의 문체는 당시에 난해한 것으로 여겨진 것이어서 그의 동시대인들에게는 어렵게 생각되는 것이었다. 우리는 그의 비속한 표현에 대한 당대인들의 경악을 상기해 두자. 푸시킨은 주의를 집중시키려는 기법으로서 통속어를 사용했는데, 그것은 그의 동시대인들이 일반적으로 프랑스어 회화 속에서 러시아어를 섞어 썼던 것과 마찬가지인 것이다(톨스토이의 『전쟁과 평화』에 나타난 예를 참조할 것).

그런데 최근에 더욱 이상한 현상이 나타나고 있다. 원래 러시아어는 낯설게 여겨졌던 문학 언어가 너무 많이 민중 언어 속에 스며들어 섞어 쓰이게 되었다. 반면 문학은 이제 방언(레미조프(Remizov),[16] 클뤼예프 (Klyuyev)[17], 에세닌

---

16) 알렉쎄이 레미조프(1877~1957) : 러시아의 소설가. 장편 소설 『연못』(1907), 『십자가의 자매』(1910) 등 많은 단편을 써서 러시아 산문의 새로운 표현 분야를 개척했다. 그의 레스코프류의 민간 전승풍의 구어체와 로자노프류의 자유로운 구어체 표현 방법은 톨스토이 등 러시아의 많은 작가들에게 영향을 미쳤다.(편자 주)
17) 니콜라스 클뤼예프(1885~1937) : 러시아의 시인. 『풍자시집』, 『떡갈나무 밑의 돼지』(1824), 『물고기의 춤』(1824), 『면도』(1828) 등의 작품은 대체로 망은(忘恩), 군주의 우둔함을 풍자하고 있다. 사회악과 국가 권력이 끼치는 죄악을 독특한 유우머가 넘

(Essenin)[18]), 그리고 재능이 각각 다르면서도 사용한 언어는 비슷한 많은 작가들이 고의적으로 지방색을 드러냈다)과 야만주의(세베라닌 그룹(Severyanin group)을 일으킨)를 사용하는 풍조를 드러내기 시작했다. 그리고 막심 고리키(Mazim Gorky)는 그의 어법을 낡은 문학 언어에서 레스코프(N.S. Leskov)[19]식의 새로운 문학적 구어체로 바꾸고 있다. 그럼으로써 일상 회화와 문학 언어는 서로 위치를 바꾸게 되었다(바체슬라프 이바노프 외 많은 작가의 작품 참조). 그리하여 마침내, 클레브니코(V. Khlebnikov)를 중심으로 특수한 시적 언어를 창조하려는 강력한 경향이 출현했다.

이러한 발전의 조명 속에서 우리는 시를 '난해하고 뒤틀린' 회화체로서 정의할 수 있는 것이다. 시의 어법은 힘들여 '형성된 어법'이다. 이에 반해 산문은 평범한 어법이다. 즉, 산문의 여신은 경제적이며 쉽고 적절하고 정확하고 형식의 여신이며 어린아이의 솔직한 표현이다. 플롯 구성에 관한 한 논문에서, 좀더 깊이 예술 일반 '법칙'으로서의 애매모호한 현상과 이완 현상을 논할 것이다.

힘의 경제라는 개념이란 시적 언어에 끊임없이 존재한다고 주장하고, 그것이 시적 언어의 결정 요소라고 주장하는 사람들은, 리듬 문제에 대해서도 매우 정당화된 위치를 차지하고 있다. 리듬에 관한 스펜서(Herbert Spencer)의 진술을 살펴보자. 그에 따르면, 불규칙적으로 우리에게 가해진 충격들은 우리의 근육을 해롭게 하는 긴장감을 조성한다. 왜냐하면 우리는 그 타격의 반복을 예견하지 못하기 때문이다. 이러한 타격이 규칙적인 것이 될 때 우리는 우리의 힘을

치는 우의시(寓意詩)로 풍자했다. 서민의 일상 언어를 자유롭게 그러나 격조 높게 사용하여 그의 시구는 그대로 새로운 격언이 되어 이용되었다(편자 주).

18) 세르게이 에세닌(1895~1925) : 러시아의 시인. 시집으로 『주정뱅이의 모스크바』가 있다. 농촌의 자연과 생활을 섬세한 서정과 애수를 담아서 노래한 서정시인이다. 그의 뛰어난 서정성, 민중성, 예리한 내면성은 막심 고리키 등에게 높이 평가되었다(편자 주).

19) 니콜라스 레스코프(1831~1895) : 소설가이자 단편 작가. 그는 구연 skaz을 대중화하는 데 공헌했으며, 구연 skaz 속에서 독특하게 방언을 구사하여 러시아 문학 언어를 개척했다(편자 주).

절약할 수 있다. 스펜서의 이러한 언급은 겉으로 보기에는 아주 설득력 있게 보이지만, 시적 언어의 법칙을 산문 언어의 법칙과 혼동하는 악습으로 인해 잘못을 저지르고 있다. 스펜서는 그의 『문체의 철학』(*Philosophy of style*)에서 이 두 법칙 사이에 있는 차이를 전혀 알지 못하고 있다. 하지만 리듬에는 두 기능이 존재한다. 산문적 리듬과 두비누쉬까(Dubinushka)[20] 같이 노동을 할 때 부르는 노래의 리듬이 그것이다. 두비누쉬까의 리듬은 '함께 일하기'를 가능케 하여 작업을 자동화시킴으로써 노동을 쉽게 만들어준다. 실제로 음악이 없을 때보다 음악이 있을 때 행진은 한결 쉬워지며 나아가서 활기찬 대화를 나누게 되는데, 그것은 행진을 무의식적으로 이루어지도록 하기 때문이다.

이처럼 산문 리듬은 중요한 자동화의 요소인데 반해 시의 리듬은 그렇지 않다. 예술에는 '질서'가 있지만 그리스 사원의 어느 원주도 정확한 질서 속에 서 있는 것은 없다. 마찬가지로 시의 리듬 역시 무질서하다. 그 불규칙성을 체계화하려는 시도가 있어 왔으며, 이런 시도는 리듬론의 당면 문제의 한 부분이다. 그러나 그 체계화는 효과가 없을 것이 분명하다. 왜냐하면 실제로 그 문제는 리듬의 복잡성에 관한 것이 아니라 리듬의 불규칙성에 관한 것이기 때문이다. 그리고 그 불규칙성은 예견될 수 없는 것이기도 하다. 리듬의 불규칙성이 하나의 관습이라면 언어를 거칠게 하는 장치로서는 별로 효과가 없을 것이다. 여기서 리듬에 관해서 더 이상 상세하게 언급하지 않겠지만, 그러나 앞으로 한 권을 저술할 예정이다.

---

20) 힘든 육체노동을 하는 가운데 불려지는 러시아 민요.

제3장 구조주의와 문학 비평[1]

— 제라르 쥬네트

1

지금은 고전이 된 『야만적 사고』(*La pensée sauvage*)[2]의 한 장에서 클로드 레비-스트로스는 신화적인 사고를 '일종의 지적 조립'[3] 비슷하게 성격지운다. 실제로 이 조립의 특성은 그 조립 활동을 실행함에 있어서, 엔지니어의 그것처럼 그 활동을 위해서 만들어지지 않은 도구들의 집합[4]으로부터 시작하는 것이

---

1) Gérard Genettnm, Structuralisme et critique littéraire, *Figures*, Paris, le Seuli, 1966, pp.145~170. (김치수 역, 『구조주의와 문학비평』, 홍성사, 1983, pp.149~174.)

2) 프랑스의 구조인류학자 레비-스트로스는 '원시적 사고'와 '야만적 사고'를 대립시키고서, 전자는 논리 이전의 개념을 의미한다면, 후자는 엄격한 논리로 이루어진 것임을 증명한다. 특히 브라질의 토착민들의 생활에 대한 분석을 통해서 원시인의 사고에 역사의식이 없다는 사르트르의 이론에 대해서 학문적인 반론을 제기하고 있다.

3) 조립(組立, bricolage)이라는 표현은, 가령 에디슨 블록을 가지고 자동차를 만든다든가 집을 만드는 행위를 말한다. 이때 블록 하나하나는 자동차의 구성 요소가 되거나 집의 구성 요소가 됨에 따라서 그 기능을 달리하게 된다. 따라서 조립자의 입장에서 본다면 자동차를 만드느냐 집을 만드느냐에 따라서 하나의 블록의 기능을 정하게 된다.

4) 집합(ensemble)이란 수학적인 개념으로서 여러 가지 요소들이 어떤 조건에 의해 하나의 구조를 형성함에 있어서 그 전체를 가리킨다.

다. 조립에 있어서 규칙은 '언제든지 당장 가지고 있는 수단으로 해결하는 것이며', 분석(구성된 다양한 집합들에서 다양한 요소들을 추출해내는 것)과 종합(이 이질적인 요소들을 가지고 새로운 집합을 구성하는 것. 이때 새로운 집합 속에서는 재사용된 요소들의 어느 것도 본래 지녔던 기능을 다시 갖게 되지 않을 것)이라는 2중 조작에 의하여 신속한 제작이라는 경제성을 띠면서 옛날 구조들로부터 용도 변경된 잔재물들을 새로운 구조에 투자하는 것이다. 따라서 정교한 연구를 통해 나머지들을 분배하는 데 있어 생산의 실책을 보상하게 되는, 이 전형적인 '구조주의적'(structuralite) 조작은, 인종학자가 '원시적' 문명들을 연구하면서 신화적 발명의 수준에서 재발견한 것임을 상기해 두자.

그러나 가장 '발전된' 문화에 대한 적합한 또 다른 지적 활동이 있는데, 이 분석이 바로 한 마디 한 마디 그 활동에 적용될 수 있다. 즉 그것은 비평을, 특히 문학 비평을, 그것이 다루고 있는 작품들과 동일한 물질(글자)을 사용한다는 사실 때문에 다른 모든 종류의 비평들과 구분됨을 두고 하는 말이다. 다시 말하면 예술 비평이나 음악 비평은 분명히 음(音)이나 색(色)으로 의견 표시를 하지 않지만, 문학 비평은 그 비평 대상과 동일한 언어로 말한다. 그러니까 문학 비평은 '메타언어'(méta-langage), '담화에 관한 담화'(discours sur un discours)[5]이다. 즉 문학 비평은 따라서 메타문학, 다시 말하면 '그 문학 자체가 강요된 대상인 문학'(une littérature dont la littérature meme est i'objet imopsé)[6]인 것이다.

사실 비평 활동 가운데서 가장 눈에 띄는 기능 두 가지-그 당대의 작품들을 평가하고 감정함으로써 대중의 선택을 쉽게 해주는 역할을 하는 순수한 의미에 있어서 '비평적' 기능(언론 기관과 관계된 기능)과, 오직 알고자 하는 목적으로 문학 작품들의 존재 조건들(텍스트 유형, 원천, 심리적 혹은 역사적인 유래 등)의 적극

---

5) 롤랑 바르트, 『*Essais critiques*』, p.225.
6) 폴 발레리, 「알베르 티보데論」, 『N. R. F』, 1936, 7월호, p.6.

적인 연구를 목적으로 삼고 있는 '과학적'인 기능(이것은 근본적으로는 대학 기구에 연결되어 있다)-를 떼어놓고 나면, 물론 세 번째 기능만이 남게 되는데, 이 세 번째 기능이 순수하게 말해서 문학적인 것이다. 『포르-르와이알』(Poet-Royal)[7]이나『문학적 공간』(l'Espace littéraire)[8]과 같은 비평서는 그 중에서도 특히 한 권의 책이고 그 저자는 자기 나름대로, 최소한 어느 정도까지는 롤랑 바르트가 '작가'(écrivain, 단순한 '서사'(書士), écrivant와는 대립되는)[9]라고 부르는 것에 해당한다. 다시 말하면 부분적으로 눈에 띄지 않는 경향이 있는 어떤 전언(傳言 ; message)의 작자인 것이다.

미학적인 소비 대상으로 고정되고 구성되는 의미의 이러한 '상실', 그것이 아마도 문학 전체의 구성 운동(혹은 차라리 '정지')일지도 모른다. 문학의 대상은 그 대상으로만 존재할 뿐이고 그 대신 그 스스로에 따를 따름이다. 상황에 따라서 그 텍스트가 흥행물로 받아들여졌느냐에, 아니면 전언으로 받아들여졌느냐에 따라서 어떤 텍스트든지 문학일 수도 있고 문학이 아닐 수도 있다. 문학의 역사란 이러한 왕복과 이러한 유동으로 이루어진 것이다. 이것은 적절하게 말해서 문학적 대상이란 없는 것이며 오직 '문학적 기능', 즉 어떤 기술 대상이나 차례차례 탐구할 수 있고 혹은 포기할 수 있는 문학적인 기능만이 있을 뿐임을 의미한다. 부분적이고, 불완전하고, 애매한 그 문학성은 따라서 비평의 특징이 아니다. 비평을 문학의 다른 '장르들'과 구분해 주는 것은 비평의 '부수적'인 성격이다. 바로 여기에 '조립'에 대한 레비-스트로스의 고찰이 어쩌면 뜻하

---

7) 생트-뵈브는 원래 1837~1938년 로잔느에서 포르-르와이알이라는 얀센파에 대한 강의를 했는데, 이것을 책으로 엮어서 『Port-Royal』이라는 제목을 붙였다. 이 책에서 저자는 고전주의의 대가 라신, 브왈로, 마담 드 세비뉴, 파스칼 등의 사상과 그 흐름을 분석하고 있다.
8) 모리스 블랑쇼의 저서. 1955년에 출판한 이 책에서 그는 '문학적 공간이란 죽음의 공간이다'라는 명제를 탐구하고 있다.
9) 롤랑 바르트의 『Essais critiques』, pp.147~154, 계간 『문학과 지성』, 1970년 가을호에 「작가와 지식인」이라는 제목으로 번역되었음.

지 않은 적용 가능성을 발견하는 것이다.

조립자(bricoleur)의 도구의 세계는 '닫힌 세계'이다. 그 도구의 목록이란 그것이 아무리 광범위하다고 할지라도 '제한되어 있다.' 바로 이 제한이 조립자를 기사(技士 ; ingénieur), 즉 원천적으로 필요한 기술에 특별히 맞는 도구를 끊임없이 입수할 수 있는 기사와 구분시켜 준다. 그것은 기사가 '세계를 조사하는 데 반하여 조립자는 인간의 작품의 잔재물 수집, 다시 말하면 문화의 하위 집합(sous-ensemble)에 호소하고 있기' 때문이다.

비평의 문학적인 위치를 정의하기 위해서는, 윗 문장에 있는 '기사'와 '조립자'라는 단어를 '소설가'와 '비평가'라는 단어로 대치시키기만 하면 된다. 비평 작업의 재료들은 실제로 '인간의 작품들의 잔재'로서 일단 주제, 모티프, 열쇠되는 말, 집념의 은유, 인용, 카드, 참고문헌으로 변형된 작품들이다. 본래의 작품은, 조립자가 필요한 목적에 따라서 그 구성 요소들을 끌어내기 위해서 무너뜨려버린 처음의 집합처럼, 하나의 구조이다. 비평가 또한 하나의 구조를 여러 가지 요소로 분해한다. 즉 카드 한 장에 하나의 요소를 적어 넣는 것이 조립자의 좌우명이 되고 '이건 언젠가는 써먹을 수 있다'는 것이 물질적이든, 정신적이든 카드함을 작성할 때 비평가에게 떠오르는 공식이기조차 하다. 그리고 이 좌우명은 수긍이 간다. 그 다음에는 '이 잔재들을 조립함으로써' 새로운 구조를 하나 만들어내는 것이 문제인 것이다. 레비-스트로스의 말을 환문(換文)하면 다음과 같이 말할 수 있을 것이다. '비평적 사고는 작품이라고 하는 구조화된 하나의 집합의 중개로 구조화된 여러 집합들을 세우게 된다. 그러나 비평적 사고가 그 구조화된 여러 집합들을 독점하는 것은 구조의 차원에서가 아니다. 비평적 사고는 그 이전의 문학적인 담화의 폐물들을 가지고 그의 이념적인 궁전들을 건립한다.'

비평가와 작가의 구분은 비평 재료(문학)의, 다시 말해서 소설이나 시의 재료(세계)의 제한되지 않은, 제일차적 성격과 대립되는 비평적 재료의 제한되고 부수적인 성격에만 있는 것이 아니다. 작가 다음에 언제나 비평가가 온다는 사실, 그리고 작가가 미리 선택함으로써 강제로 떠맡게 된 재료들만을 비평가가 다룬다는 사실과 관계를 맺고 있는, 어떤 의미에서 양적인 이 열등성은 다음과 같은 또 하나의 차이에 의해서 악화될 수도 있고 어쩌면 보상받을 수도 있다. '작가는 개념들을 사용해서 작업을 하고, 비평가는 기호(signes)를 사용해서 작업을 한다. 자연과 문화 사이에 있는 대립의 축 위에서 그들이 사용하고 있는 집합들은 눈에 띄지 않게 어긋나 있다. 사실 기호가 개념에 대립되고 있는 방식들 가운데 하나는, 개념이 현실에 대해서 완전히 투명하고자 하는 반면에 기호는 상당한 두께의 인간미가 그 현실에 섞여지기를 요구하기까지 한다는 사실과 관련되고 있다.'

만일 작가가 세계를 조사한다면 비평가는 문학을, 다시 말하면 기호의 세계를 조사하는 것이다. 그러나 작가에게 기호였던 것(작품)이 비평가에게는 의미가 되고(왜냐하면 비평적 담화의 대상이기 때문이다), 다른 면에서는 작가에게 의미였던 것(작가의 세계관)이 문학의 본성으로서의 테마나 상징처럼 비평가에게는 기호가 된다. 레비-스트로스가 신화적 사고에 관해서 이야기한 것도 바로 그것인바, 신화적 사고란 보아스[10]가 이미 주목한 것처럼 새로운 세계를 끊임없이 창조하지만 목적과 수단을 전도시킨다. 즉 '기의(signifiés)는 기표(signifiants)가 되며 그 역의 현상도 일어난다.' 기호와 의미의 이 끝없는 혼합, 이 영원한 전도는 비평 작업의 이중적 기능을 가리키는 것으로서, 다른 사람들의 작품으로 의미를 만들고, 그 의미를 가지고 자기 작품을 만드는 것이다.

따라서 '비평적 시'가 하나 존재한다면 그것은 레비-스트로스가 '조립의 시'에 관해서 이야기한 뜻에서 가능하다. 즉 조립자가 '사물들을 수단으로 하여 말하는 것'처럼 비평가는 책들을 수단으로 하여 이야기하고-보다 강한 의미로는

---

10) Franz Boas(1858~1942) : 독일 태생의 미국 인종학자. 에스키모와 미국의 인디안들에 관한 연구에서 물질적인 인류학(환경의 영향에 따른 종족의 변화)과 문화적 인류학(신화와 구전의 전통)에 많은 업적을 남겼다.

혼자 이야기하고 있다. 레비-스트로스의 이야기를 마지막으로 환문한다면 '자기 계획을 결코 달성하지 못하면서도 비평가는 언제나 거기에 자기 자신의 어떤 것을 덧붙인다.'

그런 의미에서라면 문학 비평을 '일종의 구조주의적 활동'으로 볼 수도 있다. 그러나 잘 알다시피 이 경우에는 함축적인 구조주의를 의미하는 것이지 깊이 생각된 구조주의를 의미하지는 않는다. 언어학이나 인류학과 같은 인간 과학(sciences humaines)의 현재의 방향 때문에 제기된 문제는, 비평이 구조주의적인 방법으로 비평의 구조주의적 사명을 명백하게 체계화하도록 반드시 운명 지어지지 않았나 알아보는 데 있는 것이다. 구조주의가 비평의 대상에 접근하는 주된 노선들, 그리고 구조주의가 스스로 비평에게 비옥한 절차로 제시될 수 있는 주된 노선들을 가리켜줌으로써 이 질문의 의미와 범위를 명확하게 하는 것만이 문제가 된다.

2

문학이 우선 언어로 된 작품이고 구조주의가 또한 일종의 명백한 언어학적 방법이라면, 이 두 분야의 가장 가능성 있는 만남은 물론 언어학적 도구의 영역에서 이루어졌을 것이다. 음(sons), 형태(formes), 단어(mots), 문장(phrases)은, 러시아 형식주의 운동의 초기의 열기 속에서 문학을 단순한 하나의 방언처럼 정의하고, 문학에 대한 연구를 일반 방언학의 부록처럼11) 생각할 수 있었을 정도로, 언어학자와 문헌학자의 공동의 대상을 구성한다. 그리고 구조주의 언어학의 모태들 가운데 하나로 당연하게 생각되고 있는 러시아 형식주의는 본래 시 언어의 영역에서의 언어학자와 비평가의 만남이다.

---

11) 보리스 토마체프스키, 「러시아에 있어서 문학사의 새로운 학파」, 『*Revue des Etudes slaves*』, 1928, p.231.

문학을 이처럼 어떤 방언과 동일시하는 것은 너무나 자명한 이론(異論)들을 불러일으킨다. 만일 방언이 있다면, 그것은 초언어학적인 방법(un dialecte translinguistique)일 것이고, 따라서 그것은 마치 다양한 은어들이 다양한 언어들에 기생하면서도 그 은어들의 기생적인 기능들에서 서로 닮고 있는 것처럼, 방법상으로는 다르지만 그들의 기능에 있어서는 유사한 상당한 숫자의 다양한 변형(transformations)을 모든 언어에 실시하는 것이다. 방언들에 관한 어떠한 것도 이보다 더 진전될 수 없다. 그리고 특히 '문학 언어'를 공통 언어와 구별시켜 주고 있는 차이는 목적에서보다는 수단에서 더 적은 것이다. 몇 가지 굴절을 제외하고는 작가는 언어의 다른 사용자와 동일한 언어를 사용한다. 그러나 그는 동일한 언어라고 해서 동일한 방식으로 사용하는 것도 아니고, 동일한 의도로 사용하지도 않는다. 그러니까 물질은 같지만 기능은 차이가 난다. 그리고 이러한 규약은 방언의 규약과는 완전히 반대인 것이다.

그러나 형식주의의 다른 '극단적인 표현'과 마찬가지로 여기에서 보이는 극단적인 점은 세정적(洗淨的)인 가치를 지니고 있다. 글 내용의 일시적인 망각, 문학의 '문학적 존재'의 언어학적 존재에로의 일시적인 변형12)은 문학적 담화의 '진실'과 관련된 몇 가지 낡은 당연지사들을 재점검하게 해주고 문학의 묵계들의 체계를 보다 가까이 연구하게 한다. 우리는 문학을 충분히 오랫동안 약호 없는 전언으로 바라보았기 때문에, 한순간 동안만은 문학을 전언 없는 약호로 보는 것이 필요하다.

구조주의적인 방법은 약호 속에서 전언을 다시 발견하게 되는 바로 그 순간-이때 전언은 내재적 구조(structures immanentes)의 분석으로 끌어낸 것이지, 이념적인 편견에 의해서 외부로부터 강요된 것이 아니다-에 이처럼 이룩된다. 그리고 이 순간은 오래 지체될 수 없다.13) 왜냐하면 모든 층위(niveaux)에 있어서

---

12) '문학 연구의 대상은 문학 전체가 아니라 그 문학성(littérarité)이다. 다시 말하면 그것을 하나의 문학 작품으로 만들고 있는 것이다.' 1921년 로만 야콥슨에 의해서 쓰여진 이 문장은 러시아 형식주의의 지상 명령 가운데 하나였다.

기호는 형식(forme)과 의미(sens)의 관계에 근거를 두기 때문이다. 그리하여 로만 야콥슨(Roman Jakobson)은 체코의 운문시에 관한 그의 1923년의 연구에서, 각 언어가 운율상 가장 큰 중요성을 의미론적인 측면에 가장 관여적인 대립 체계에 부여하는 경향이 있음으로 해서, 음성 특징의 운율적인 가치와 그 특징의 의미상 가치 사이에 어떤 관계가 있다는 것을 발견한다. 즉 러시아아어에 있어서 강도의 차이, 희랍어에 있어서 음의 장단의 차이, 세르비아 크로아티아 말에 있어서 고저의 차이가 그것이다.14) 음성학으로부터 음소학으로의 이행, 다시 말해서 형식주의자들의 초기의 착상에 아주 귀중한 역할을 할 순수한 음의 실체로부터 의미 체계(혹은 최소한 의미 작용에 맞는)로서의 이 실체의 조직으로의 이동은 운률학의 연구에만 관심을 느끼는 것이 아니다. 왜냐하면 거기에서 당연히 음율학적 방법의 전조가 보였기 때문이다.15) 이것은 문학 형태학 (morphologie littéraire)의 연구 전체에 미치는 구조주의의 연구가 어떤 것일 수 있는지 잘 보여주고 있다. 즉 시학, 문제론, 구성론이 그것이다. 문학 '형식'을 결국은 무형의(왜냐하면 비기표 : 非記標 non-signifiant이니까)16) 음의 물질로 변형시키는 순수한 형식주의와, 형식 하나하나에 자율적이고 실체적인 '표현적 가치'를 부여하는 고전적인 사실주의 사이에서 구조주의적인 분석은, 용어 하나 하나의 유사성 탐구 대신에 전체적인 동일성을 탐구를 함으로써 형식 체계와 의미 체계 사이에 있는 관계를 끌어내게 해주어야 한다.

이 점에 관한 개념을 설정하는 간단한 예 하나를 들어보자. 표현성 이론의 전통적인 두통거리 가운데 하나가, 랭보의 소네트로 주목을 끌게 된 모음들의

---

13) '언어학에서와 마찬가지로 신화학에서 형식의 분석은 즉각적으로 의미(sens) 문제를 제기한다.', 레비-스트로스『구조적 인류학』, p.266.
14) Victor Erlich,『러시아 형식주의』, pp.188~189 참조.
15) Troubetskoy,『음운학의 원리』, 불어판, pp.5~6.
16) 한 편의 시가 완전히 미지의 언어로 쓰였기나 한 것처럼 그 시의 음도(音度)를 연구하도록 강요된 청각 운율학적 방법들에 대한 Eichenbaum, Jakobson, Tynianov의 비판을 참조할 것. Erlich의 상게서, p.187.

‘색깔’ 문제이다.17) 제스페르센18)이나 그라몽19)처럼 음성 표현성의 지지자들은 각 음소에 고유한 암시 가치를 부여하고자 모든 언어에 어떤 단어들의 구성을 강요했을 것이라고 한다. 그리고 다른 사람들은 이러한 가설의 근거가 미비함을 보여주었다.20) 특히 모음들의 색깔에 관해서는 에티엥블21)에 의해 제시된 대조표들이, 비판의 여지없이 채색된 청각의 지지자들이 어떤 추정에서도 서로 일치하지 않음을 보여준다.22) 그들과 대립된 사람들은 물론 채색된 청각이 하나의 신화에 지나지 않는다고 결론을 내린다. 그리고 자연적인 사실로서의 그 청각은 어쩌면 그 이상 아무것도 아닐 것이다. 그러나 각 개인의 대조표의 불일치가 그들 각자의 진정성을 파괴하는 것은 아니다.

여기에서 구조주의는, 각 색채로서의 모음 관계의 임의성과 동시에 모음 채색의 널리 알려진 감정을 고려하게 되는 하나의 설명을 진전시킬 수 있다. 어떤 모음도 물론 그 하나하나가 별도로 어떤 색깔을 상기시키지 않는다는 것은 사실이다. 그러나 스팩트럼(젤브와 골드슈타인23)이 증명한 바와 마찬가지로 스펙트럼 자체가 시각적인 사실인 만큼 언어적인 사실이기도 한다) 안에서 색깔들의 분포가 주어진 언어의 모음 분포에서 그 일치를 발견하게 되는 것도 사실이다. 여기에서 바로 일치된 도표의 개념이 나오는 바, 그것은 세부에서는 일정하지 않지만 그 기능에 있어서는 변함이 없다. 색채의 스펙트럼이 있는 것과 마찬가지로 모음

---

17) 랭보의 「모음들」이라는 시는 ‘(아)는 검은색, (으)는 흰색, (이)는 붉은색, (우)는 초록색, (오)는 푸른색’이라고 시작된다.
18) Otto Jespersen(1860~1943) : 덴마크의 언어학자로서 소쉬르와는 같은 계열은 아니지만 현대 언어학의 선구자 가운데 한 사람으로 이야기된다.
19) Maurice Grammont : 프랑스의 현대 언어학자로 그의 『음성학 개론』, 『작시법 개론』은 현재에도 이 방면의 고전으로 널리 읽힌다.
20) 폴 델부이유, 『시와 청도(聽度)』, (파리, 1961)라는 책을 보면 이 방면에 대한 비판 이론들의 전체를 볼 수 있다.
21) 『랭보의 신화』Ⅱ, pp.81~194.
22) ‘모든 색깔들은 적어도 한 번은 각 모음에 할당되었다.’ 델부이유의 상게서, p.248.
23) Kurt Goldstein(1878~1965) : 독일 출신의 미국의 신경정신의학자.

의 스펙트럼이 있는 것이고, 두 체계는 서로 서로를 불러일으키고 서로의 주의를 끌고 있다. 그리고 전체적인 동일성이 하나 하나의 유사성이라는 환상을 낳게 되는데, 그 환상이란 레비–스트로스가 토테미즘에 관해서 분석한 것에 비교할 만한 상징적 동기화의 행위를 통해 자기 나름으로 실천하고 있는 것이다. 객관적으로는 임의적이고 주관적으로는 근거가 있는 개인의 동기 작용 하나하나는 정신에 관계된 어떤 외형의 징조처럼 생각될 수 있다. 이 경우에 구조적인 가설은, 그것이 대상의 문체론에서 끌어낸 것을 주체의 문체론에 다시 쏟는 것이다.

따라서 아무 것도 구조주의로 하여금 '표면'의 분석에만 몰두하게 강요하는 것이 아니다. 오히려 그 반대이다. 다른 경향에서나 마찬가지로 여기에서도 구조주의적 작업의 지평은 의미 작용들의 분석이다. '시란 어쩌면 언제나 우선 속 발적(recurrent)인 음의 형상이다. 그러나 단순히 그런 것만은 아니다. 발레리(P. Vaiéry)의 공식-음과 의미 사이에서 연장되고 있는 망설임으로서의 시-은 음성학적인 폐쇄주의의 모든 형식들보다 훨씬 더 현실주의적이고 과학적이다.'24) 파스테르나크에 관한 1935년의 그의 논문 이후로 로만 야콥슨이 전의(轉義 : tropes)의 수사학에서 빌려온 은유와 환유라는 개념들에 부여한 중요성은 이런 방향의 특징을 지니고 있다. 특히 초기 형식주의가 즐겨 쓰는 주장 가운데 하나가 이미지들의 경멸이었고, 전의들의 평가 절하가 시의 언어의 특징이었다는 것을 생각할 경우에는 더욱 그렇다. 야콥슨 자신도 또한 푸시킨(Pouchkin)의 시 한 편에 관해서 1936년에 이미지 없는 시의 존재를 주장하였다.25) 그는 1958년에 매우 강한 어조로 이 문제를 다시 거론하고 있다. '개론서들에서는 이미지가 없는 시들이 실제로 존재한다고 믿는다. 그러나 사실은 어휘 전의의 빈약함은 문법적인 문체와 화려한 전의에 의해 상쇄된다.'26) 다 알다시피 전의들이란 의

---

24) 로만 야콥슨, 『*Essais de linguistique générale*』, 파리, 1963, p.233.
25) Erlich의 상게서, p.149.
26) 로만 야콥슨, 상게서, p.244.

미 작용의 문체들이다. 야콥슨은 언어와 문학의 자기 유형학(typologie)의 양극으로 은유와 환유를 채택함으로써, 수사학에 경의만을 표하지는 않았다. 그는 의미의 범주를 구조적 방법의 중심에다 위치시킨다.

'시적 언어'의 구조적 연구와 일반적으로 문학적인 표현의 형식들에 관한 구조적 연구는 사실상 약호(code)와 전언(message) 사이의 관계에 관한 분석을 금할 수 없다. 로만 야콥슨이 의사 전달의 전문가들과 홉킨스(Hopkins)[27], 발레리(Valéry) 같은 시인들이나 혹은 랜섬(Ransom)[28], 엠프슨 (Empson)[29] 같은 비평가들에게 경쟁적으로 호소하고 있는 「언어학과 시학」(Linguistique et poétique)이라는 그의 논문이 그것을 명백하게 보여준다. 즉 '애매성이란 그 자체에 집중된 모든 전언의 내재적인 파기할 수 없는 특징이다. 한마디로 그

것은 시가 부과하고 있는 일종의 필연적인 귀결이다. 우리는 엠프슨이 이야기하고 있는 것처럼 애매성의 음모들은 시의 뿌리에 속한다고 되풀이 말한다.'[30] 구조주의의 야심은 운각(韻脚) 수를 센다거나 음소의 반복을 끌어내는 것으로 만족하지 않는다. 구조주의는, 말라르메 이후 알려진 것처럼 시의 언어의 본질을 구성하고 있는 의미론적 현상들을 다루고자 하며, 보다 일반적으로는 문학 기호학의 문제들을 다루고자 한다.

오늘날 활발히 진행되고 있는 문학 연구의 가장 새로운 방법 가운데 하나는, 문장이라는 틀-순수한 의미에서의 언어학으로서는 뛰어넘을 수 없는-의 너머로 담화의 '대단위'(grandes unités)들의 구조적 연구일 것이다. 러시아 형식주의자

---

27) 19세기 영국 시인 G.M. Hopkins를 가리키는데, 야콥슨은 그의 『*Essais de linguisique générale*』 마지막 장 「언어학과 시학」에서 홉킨스와 발레리의 시를 인용하고 잇다.

28) John c. Ransom(1888~) : 미국의 시인, 비평가. 밴더빌트대학과 케년대학의 교수를 지내면서 『케년리뷰』를 중심으로 뉴크리티시즘의 중심 인물이 되었으며, 특히 분석 비평에 공헌했다.

29) William Empson (1906~   ) : 영국의 시인, 비평가. 케임브리지대학에서 수학을 전공하다가 문학 연구로 전향, 리처즈가 개혁한 과학적 연쿱을 확대·심화함으로써 신비평의 선구자 중 한 사람이 되었다.

30) 로만 야콥슨, 『*Essais de linguistique générale*』, p.238.

프로프31)는 상당한 규모의 텍스트, 매우 많은 숫자의 문장으로 구성된 텍스트들을 언표로서 다룬 최초의 인물이다. 그 언표는 언어학의 고전적 단위들과 동등한 것으로서 이중 노출(superposition)과 전환(commutation) 작업을 통해서, 변하기 쉬운 요소들과 변하지 않는 기능들을 구분하는 분석에서 유래한 것이다. 이는 통합체적(syntagmatique)인 관계(어떤 텍스트의 연속 속에서 보게 되는 기능들의 실제적인 연계)들과 계열체적 (paradigmatiques)인 관계들(고려의 대상이 된 자료체(corpus) 전체에서 한 텍스트와 다른 텍스트의 유사한 기능들이나 대립 기능들 사이에 있는 잠재적인 관계들)로 된, 소쉬르 언어학에서 흔히 보게 되는 양축 체계(systéme bi-axial)를 다시 발견할 수 있는 분석에서 유래한 것이기도 하다.

그리하여 보다 높은 일반성이라는 수준의 체계들 즉 이야기(recit)32), 묘사(description), 그리고 문학적 표현의 다른 형식들을 연구하게 된다. 그렇게 되면 담화33)의 언어학(linguistique du discours)으로 연구하게 되는데, 이것은 곧 초언어학(translinguistique)이다. 왜냐하면 언어의 사실들이 그 언어학에게는 큰 덩어리로, 그리고 흔히 제2차적으로 나타나기 때문이다. 다시 말하면 결국 그 언어학은 하나의 수사학이다. 이 새로운 수사학은 프랑시스 퐁쥬34)가 최근에 주장한 바 있지만, 우리에게는 아직 연구된 바 없는 수사학일 것이다.

---

31) 블라디미르 프로프의 「옛날이야기의 형태학」.
32) 클로드 브르몽의 'Le Message narratif', 『콤뮤니카시옹』지 4호, 1964.
33) 담화(discours)란 일반적으로는 사유의 언어적 표현을 말하지만 언어학적으로는 spectacle, signe, systéms, code 등과 대립 개념으로서 massage의 총체를 가리킨다.
34) Francis Ponge : 프랑스의 시인으로서 사물들에 대한 존재론적인 우선권을 인정하고, 사물들의 존재의 자율성을 느끼고, 객관적이면서 대단히 세밀한 묘사에 도달하고 있다. 그의 시세계는 언어에 대한 반성의 한 관점을 연 것으로 평가되기도 하고 누보 로망의 선구자로 받들어 지기도 한다.

3

모든 수준에 있어서 언어의 구조적 성격은 오늘날 충분히 보편적으로 인정되어서, 문학적 표현의 구조적 '접근'은 필요불가결하다. 언어학(혹은 레오 스피처35)에 의하면 형식과 문체의 연구가 이룩하게 되는 '문학사와 언어학 사이에 걸쳐진 다리')의 차원을 떠나서 전통적으로 비평가에게 맡겨진 영역인 '내용'의 차원에 착수하기만 하면, 곧 구조주의적 관점의 정당성은 대단히 중대한 원칙적인 문제들을 제기한다. 분명히 선험적 방법으로서의 구조주의는 그 구조들과 부딪치게 되는 곳에서는 어디에서나 그 구조들을 연구하는 것이 당연하다.

그러나 우선은 그 구조들이 아직은 우연한 발굴품들이 아니다. 그것은 지각된 것이라기보다는 생각된 것으로서 분석이 그 체계들을 끌어냄에 따라서 구축하게 되는 잠재적 관계 체계이며, 분석을 함으로써 그 체계들을 발견했다고 믿으면서도 발명할 위험이 있는 잠재적 관계 체계들이다. 다른 한편으로 구조주의는 하나의 방법일 뿐만 아니라 카시러36)가 '사고의 일반적인 성향'이라고 명명한 것이다. 다른 사람들은 보다 분명하게 하나의 이념(idéologie), 즉 그 기정방침이 바로 실체를 희생시켜서 구조들에 가치를 부여하는 이념이라고, 따라서 그 구조들의 설명적인 가치를 과대평가할 수 있는 하나의 이념이라고 말할 것이다. 문제는 어떤 연구 대상 속에 관계 체계가 있느냐 없느냐 알아보는 데 있는 것이 아니라-왜냐하면 그것은 어디에나 있는 것이기 때문이다-다른 이해 요소들과 비교해서 그 체계의 상대적 중요성을 밝히는 데 있다. 바로 이 중요

---

35) Léo Spitzer(1887~1960) : 오스트리아 태생의 언어학자. 마르부르그대학과 쾰른대학에서 교수로 있다가 1933년에 독일로부터 추방당하여 이스탄불대학을 거쳐 1936년부터 미국의 존 홉킨스대학에서 재직, 말년에는 이탈리아에서 보냈다. 그의 글을 모아서 『문체의 연구』를 출간하여 신비평의 선구자로 평가받고 있다.

36) Ernst Cassirer(1874~1945) : 독일의 철학자. 원래는 함부르그대학 교수였으나 유태인이었기 때문에 미국으로 건너가 예일대학 교수로 있었다. 근대 해석학과 구조주의의 선구자로 알려져 있다.

성이 구조적 방법의 유효 정도를 측정하는 것이다. 그러나 이 방법을 사용하지 않고서 이번에는 어떻게 그 중요성을 측정한다는 말인가? 이것이 바로 순환 논법이다.

흔히 문학 비평이 문학 작품의 외적인 제한이나 존재 조건들-심리학이든, 사회학이든, 혹은 다른 것이든-에 대한 탐구를 포기하고, 어떤 효과로서가 아니라 절대적 존재로서 생각된 작품 자체에 주의를 집중시키는 것이 외관상 구조주의의 본령일 것이다. 그런 의미에서 구조주의는, 실증주의와 '역사화한'(historisante) 역사와 '전기적인 환상'(illusion biographique)에 대하여 이반 작용(離反作用 : désaffection)의 일반적인 운동과 관련된 성격을 소유하고 있으며 그 운동이야말로 여러 가지로 프루스트나 엘리어트나 발레리 같은 사람의 비평, 러시아 형식주의 같은 비평, 프랑스의 '테마 비평', 혹은 앵글로 색슨의 '신비평'이 보여준 운동이다.37)

어떤 의미에서 구조적 분석의 개념은 미국 연구가들이 '치밀한 독서'라고 부른 것과 단순한 동의어일 수 있고 레오 스피처(Leo Spitzer)의 본을 받아서 유럽의 연구가들이 작품의 '내재적 연구'라고 부를 수 있는 것과 동의어일 수 있다. 스피처는 그의 초기 문체 연구 방법론인 작가 심리에 집중하는 심리주의 방법론으로부터 벗어난다. 그리하여 방향 전환을 한 그는 1960년 특정한 시적 조직체에 문체론적 분석을 시도하고, 이 새로운 방법을 '구조주의적'이라고 평가하

---

37) 그렇지만 이러한 '철학'을 내세우지 않는 작가들에게서 어떤 의미에서는 구조주의의 순수 방법론적인 상태를 발견할 수도 있다. 뒤메질(Dume'zil)의 경우가 그것인데, 전형적인 역사적 연구를 하는 데 있어서 그는 여러 기능들의 분석, 즉 인도와 유럽 신화의 구성 요소들을 결합시키는, 그러면서 이 요소들보다 더 의미 있다고 판단되는 기능들의 분석을 사용하고 있다. 그리고 샤를르 모롱(Ch. Mauron)의 경우도 여기에 속한다. 그의 심리 비평은 독립된 테마들을 해석하는 것이 아니라, 구조는 바뀌지 않지만 용어는 변할 수 있는 구조의 망(réseaux)을 해석한다. 체계들의 연구라고 해서 반드시 발생의 연구나 계통 연구를 배제하는 것은 아니다. 구조주의의 최소한의 프로그램은 전자의 연구가 후자의 연구보다 선행하는 것이고 후자를 지휘하는 것이다.

였다. 따라서 작품들의 동기나 원천을 고려하지 않고 하나의 작품 속에 몰두하고 있는 분석은 모두 암암리에 구조주의적이다. 그리고 구조적인 방법은, 내재적 연구에 일종의 이해의 합리성을 부여하기 위하여 노력하고, 이러한 이해의 합리성은 작품의 원인들의 탐구와 함께 포기된 설명의 합리성을 대신하게 된다.

어떻게 보면 공간적인 구조의 결정론은, 각 단위가 계통이 아니라 관계라는 용어로 정리됨으로써, 근대적인 '발상에서 발생의 시간적인 결정론'과 교대하게 될 것이다.38) '주제에 따른' 분석은 따라서, 상이한 주제들이 무리를 지어 '망'을 형성하고 있는 구조적 종합으로 완성되기를 지향하고 그렇게 느끼게 되는 것을 자발적으로 지향함으로써 작품의 체계 속에서 그들의 위치와 기능으로부터 최대의 의미를 끌어내고자 한다. 이것이 쟝 피에르 리샤르(Jean-Pierre Richard)39)가 그의 『말라르메의 상상적 세계』(*Univers imaginaire de Mallarmé*)에서 설정한 구상이며, 쟝 루세(Jean Rousset)40)가 다음과 같이 언급함으로써 설정한 구상이다. 즉 '어떤 화음(和音), 혹은 어떤 관계, 어떤 힘의 방향, 어떤 집요한 모습, 존재나 반향의 경위, 수감(收歛)의 망이 있는 곳에만 포착할 수 있는 형태가 있다. 정신세계를 드러내주고, 각 예술가가 자기의 필요에 따라 재발명하는 이 형식적인 항수(恒數), 이 관계들을 나는 '구조'라고 부르겠다.41)

모든 내재 비평에게 있어서 구조주의는 따라서 주제에 따른 분석을 위협하고 있는 풍화의 위험에 대항하는 수단이다. 즉 어떤 작품의 통일성과 그 일관

---

38) '양자역학(量子力學)과 마찬가지로 구조적 언어학은 시간의 결정론에서 잃게 되는 것을 모르핀의 결정론에서 얻게 된다.' 양콥슨의 상게서, p.76.
39) Jean-Pierre Richard : 파리대학 교수로서, 죠르즈 풀레, 스타로빈스키 등과 함께 현대의 테마 비평에 새로운 길을 개척하였다.
40) Jean Rousset : 구조를 형식으로 생각함으로써 문학 연구가 결국 작품 형식의 의미화임을 보여준 「형식과 의미」, 「바로크 시대의 문학」, 「나르시스적 소설가」, 「내부와 외부」 등을 쓴 비평가.
41) 쟝 루세, 『*Forme et Signification*』, p.XⅡ.

성의 원리를 재구성하는 수단으로서, 스피처가 '어원어'(etymon)라고 부르는 것
이다. 사실 문제는 어쩌면 보다 더 복잡할지도 모른다. 왜냐하면 내재 비평은
하나의 작품을 앞에 놓고서 그 작품을 하나의 대상으로 생각하느냐, 혹은 하나
의 주체로 생각하느냐에 따라서 대단히 상이한, 어쩌면 정반대이기까지 한 두
가지 유형의 태도를 취할 수 있기 때문이다. 이 두 태도 사이에 있는 대립 관계
는 죠르즈 풀레(Georges Poulet)[42] 자신이 스스로를 두 번째 태도의 지지자로
자처하고 나선 다음과 같은 텍스트에서 가장 분명하게 나타나고 있다. 즉 '모든
사람과 마찬가지로 나는 비평의 목표가 비평된 현실의 내적인 지식에 도달하
는 것이라고 믿는다. 그런데 이러한 내적 성질은 비평적 사고가 비평된 사고가
됨에 따라서만 가능한 것이고, 비평적 사고가 비평된 사고를 그 내부로부터 다
시 느끼고 다시 생각하고 다시 상상하는데 도달하는 것에 따라서만 가능한 것
이다. 정신의 이러한 운동보다 덜 객관적인 것은 아무것도 없다. 사람들이 상상
한 것과는 반대로 비평은 그 어떤 대상 하나(비록 그것이 타자처럼 다루어진 작가 개
인이든, 사물로 생각된 그의 작품이든)를 목표로 삼지 않도록 경계해야 한다. 왜냐하
면 달성되어야 하는 것은 하나의 주체이기 때문이다. 다시 말하면, 그의 위치에
처해 봄으로써만 이해할 수 있고, 우리 내부에서 주체로서의 그의 역할을 그로
하여금 또다시 하게 함으로써만 이해할 수 있는 일종의 정신적인 활동이기 때
문이다.'[43]

    죠르즈 풀레의 작품 자체가 놀랄 만큼 잘 보여주고 있는 이 주관적 비평은
딜타이와 다른 몇몇 사람들(그 중에 스피처가 끼어 있다)의 뒤를 이어 폴 리쾨르
(Paul Ricoeur)[44]가 '해석학'이라고 이름 붙인 이해의 유형에 관련되어 있다. 한

---

42) Georges Poulet : 현대의 테마 비평에 많은 업적을 남긴 제네바학파의 거두. 니스대
    학 교수를 끝으로 은퇴. 저서로는 『인간의 시간에 관한 연구』, 『내적인 거리』, 『푸
    르스트의 공간』, 『비평의식』 등이 있다.
43) 『*Les Lettres nouvelles*』지, 1959. 6. 24.
44) Paul Ricoeur : 프랑스의 철학자. 야스퍼스의 실존 철학과 후서얼의 현상학의 영향
    을 받아서 의지의 심리적·윤리적·형이상학적 문제들을 분석했다. 정신분석학으로

작품의 의미는 일 년의 지적인 활동을 통해서 고안된 것이 아니다. 그것은, 옛 날 것이면서 동시에 언제나 쇄신된 전언처럼 부활되고 되풀이된 것이다. 거꾸로 구조적 비평이 풀레에 의해 지탄을 받았던 이 객관주의의 영역에 속한다는 것도 분명하다. 왜냐하면 구조들이란 창조 의식에 의해 경험된 것도 아니고 비평 의식에 의해 경험된 것도 아니다. 그 구조들이란 어쩌면 작품의 중심에 있는 것이겠지만 그러나 그 작품의 잠재된 뼈대와 같은 것이고, 분석과 전환이라는 길을 통해서만 일종의 기하학적 정신-즉 의식은 아닌-에 도달할 수 있는, 객관적 명료성이라는 원칙과 같은 것이다. 구조적 비평이란 예를 들면 정신분석학이나 혹은 마르크스주의적인 설명의 뛰어난 변형과 전혀 상관이 없다. 그러나 구조적 비평은 그 나름으로 작품의 실체를 통과하여 그 작품의 뼈대에 도달하는 일종의 내적 변형을 실시하고 있다. 확실히 표면적인 시선이 아니라, 말하자면 X선과 같은 통찰력의 시선으로서, 그것이 보다 날카로우면 날카로울수록 더욱 외면적이다.

그러므로 여기에서는 리쾨르가 구조적 신화학에 고정시켰던 것과 비교할 만한 어떤 한계가 분명히 드러난다. 즉 의미의 해석학적인 되풀이가 두 의식의 직관적인 조화 속에서 가능하고 기대할 만한 곳에서는 어디에서나 구조적 분석은 용납될 수 없는 것이고 비관여적(적어도 부분적으로는)일 것이다. 그러면 문학의 장(場)을 두 영역으로 나누어 생각할 수 있다. 그 하나는 '살아 있는' 문학, 즉 비평 의식에 의해 경험될 수 있는 문학의 영역으로서, 리쾨르가 유태적이며 희랍적인 전통, 즉 고갈될 수 없이 언제나 한없이 존재하는 의미 과잉 상태에 있는 전통의 영역을 주장한 것처럼 해석학적 비평에 맡겨야 할 영역이다. 다른 하나는 '죽지'는 않았지만 말하자면 판독(判讀)하기에 힘든 아득한 문학의 영역으로서, 그 잃어버린 의미는 인종학자들의 독점 분야인 '토템 신앙' 문화의 영

혁신을 하게 된 해석학의 철학을 정립함으로써 상징적 담화의 특성과 조건을 파악하려고 노력했다.

역과 마찬가지로 구조적 지능의 행동에만 감지될 수 있다.

이와 같은 작업의 분할은 원칙적으로는 전혀 모순된 것이 없다. 그리고 우선은 그 분할이 조심성의 제한에, 즉 구조주의가 그 방법의 적용에 가장 잘, 그리고 최소한의 '여분'을 남긴 채 적응하는 영역에 우선적으로 도전하여 스스로에게 부과하고 있는 조심성의 제한에 대답하고 있음을 관찰해야 한다.45) 그리고 또한 이러한 분할이 구조주의적 연구에 광대한, 거의 처녀지라고 할 수 있는 영역을 남겨 놓게 될 것이다. 실제로 '잃어버린 의미'를 가진 문학의 구실은 '살아 있는' 문학의 구실보다 훨씬 더 넓은 것으로서, 언제나 적은 관심의 대상인 것이 아니다. 어떻게 보면 문학의 인종학적인 한 영역이 온통 존재하는데 그것의 탐험이야말로 구조주의를 열광시키는 것이리라. 즉 그 영역에 속하는 것은 시간적·공간적으로 멀리 떨어진 문학이며, 멜로드라마나 연재소설과 같은 최근의 형식을 포함한 대중 문학과 아동 문학인데, 비평은 이 문학들을 소홀하게 무시해 왔다.

그 이유는 아카데믹한 편견에 의한 것일 뿐만 아니라, 주관적인 관여를 하더라도 연구가 활발하지 못했고 또 비평을 그 연구로 이끌지 못했기 때문이기도 하다. 그리고 그러한 문학들을 어떤 구조적 비평은 인종학적인 재료로 다룰 수도 있을 것이고, 프로프(Propp)나 스카티모프(Skaftymov) 같은 민속학자들에 의해서 열린 길을 따름으로써 대량으로, 그리고 그들의 속발적 기능(fonctions récurrents)에 따라 연구할 수도 있을 것이다. 원시 신화들에 관한 레비-스트로스의 작업들과 마찬가지로 이러한 작업들은 이런 종류의 텍스트들에 적용된 구조적 방법의 풍요성을 이미 보여주고 있으며, 종규(宗規)에 합치된(canonique) 문학이 모르고 있었던 토대 위에서 구조적 방법이 드러낼 수 있는 모든 것을 보여주고 있다. 『유령』(Fantomas), 『잔인한 남편』(Barbe-bleue : 17세기의 페로라는 작가가 쓴 옛날 이야기임—역주), 『스완』(Swann),46) 『햄릿』(Hamlet)과 마찬

---

45) 끌로드 레비-스트로스, 상게서, p.632 참조.

가지로 가까이서 우리에게 이야기하고 있지 않다. 그렇지만 이 두 작품들이 어쩌면 다른 작품 못지않게 우리에게 가르쳐주는 것이 있을 것이다. 코르네이유(Corneille)47) 작품처럼 공식적으로 인정된 것이면서도 사실은 우리에게 대부분 낯설게 된 어떤 작품들은, 그들에게 부과하기를 끊임없이 고집하고 있는, 그렇지만 쓸데없는 그 거짓된 친근감의 언어보다도 거리감과 낯선 언어로 어쩌면 더 잘 이야기할 것이다.

여기에서 구조주의는 해석학에게 양보해 주었던 영토의 일부를 되찾기 시작하는 것이다. 왜냐하면 이 두 '방법' 사이의 차이는 대상 속에 있는 것이 아니라 비평적 입장 속에 있기 때문이다. 폴 리쾨르는 우리가 위에서 본 분할을 레비-스트로스에게 제안하면서 다음과 같이 주장하였다. 즉 '일부의 문명, 우리의 문화가 거기에서 유래하지 않은 문명은 다른 문명보다 구조적 방법의 적용에 더욱 적합하다.' 이러한 리쾨르에게 레비-스트로스는 다음과 같이 물음으로써 대꾸하고 있다. '두 종류의 사고와 문명 사이에 있는 내재적인 어떤 차이가 문제가 되고 있는가? 아니면 다른 문명에 대해서는 정상적인 것으로 보이는 관점과 동일한 관점을 자기 자신의 문명에 대해서는 취할 수 없는 관찰자의 상대적 입장이 단순히 문제되고 있는가?'48) 리쾨르가 유태적이고 기독교적인 신화에의 구조주의의 우발적인 적용에서 발견하고 있는 비관여성, 그것을 멜라네시아49) 철학자는 그 자신의 신화적인 전통들, 즉 기독교인이 성서의 전언을 내재화시키는 것처럼 그가 모두 내재화시키고 있는 그 자신의 신화적 전통들의 구

---

46) 프루스트의 『잃어버린 시간을 찾아서』에서 화자 마르셀의 어린 시절의 추억을 차지하고 있는 인물.
47) Corneille(1606~1684) : 17세기 프랑스의 3대 극작가 중에 한 사람. 그의 이름이 유명하기 때문에 그의 작품을 다 읽은 것 같은 생각이 들지만 정작 그의 작품을 대하면 낯선 것이다.
48) 클로드 레비-스트로스, 상게서, p.633.
49) 레비-스트로스가 멜라네시아에 관한 연구를 했기 때문에 이러한 이름을 붙인 것이다.

조적 분석에서 발견해낼 것이다. 그러나 거꾸로 그 멜라네시아 사람은 성서의 어떤 구조적 분석을 관여적이라고 생각할지도 모른다. 메를로-퐁티(Merleau-Ponty)[50]가 인종학에 관한 연구 분야에 썼던 것이 구조주의에는 방법처럼 적용될 수가 있다. '원시 사회란 어떤 특정한 대상에 의해 정의된 특산물이 아니다. 그것은 생각하는 하나의 방식이다. 즉 대상이 '다를' 때, 그리고 그 대상이 우리 스스로 우리의 태도를 바꾸기를 요구할 때 어쩔 수 없이 취하게 되는 방식이다. 그리하여 우리가 우리 자신의 사회에 관한 인종학자가 된다.'[51]

이렇게 해서 구조주의와 해석학을 결합시키고 있는 관계는 기계학적인 분리나 배척에 속할 수 있는 것이 아니라 보충적일 수 있을 것이다. 즉 하나의 같은 작품에 대해서 해석학적 비평은 의미의 재현과 내면의 재창조의 언어를 구사할 것이고, 구조적인 비평은 거리가 먼 말투와 명료한 재구성의 언어를 사용할 것이다. 이 두 가지 비평은 그리하여 상보적인 의미 작용들을 끌어낼 것이며, 이 두 비평이 서로 대화를 하게 되면 그것은 보다 더 풍요하게 할 따름이지만, 그러나 그것은 이 두 가지 언어를 결코 동시에 사용할 수는 없다는 것을 조건으로 하고 있다.[52] 그것은 어쨌든, 문학 비평은 구조주의가 겉으로는 가장 가깝고 가장 친밀한 작품들로부터 그 작품들의 어투의 간격을 둠으로써 얻을 수 있는 새로운 의미 작용에 귀를 기울이기를 거절할 이유는 전혀 없다. 왜냐하면 현대 인류학의 가장 심오한 교훈 가운데 하나는 멀리 떨어진 것도 또한 우리에게 가깝게 느껴지고 또 거리상으로도 가깝다는 것이기 때문이다.

그런데, 19세기 비평에 의해 개시되고 오늘날에도 여러 종류의 테마 비평에

---

50) Merleau-Ponty(1908~1961) : 프랑스의 철학자. 그의 저서는 인간 경험의 이해를 끊임없이 새롭게 하려는 노력으로 이루어져 있다. 『행동 양식의 구조』, 『지각의 현상학』, 『의미와 비의미』, 『변증법의 모험』, 『기호들』 등이 그의 저서이다.
51) 『기호들』, p.151.
52) 레비-스트로스는 인종학과 역사 사이에 있는 이와 동일한 유형의 관계를 지적하고 있다. 『인종학에 있어서 구조의 개념의 한계』, 『구조라는 단어의 의미와 사용』, Mouton, 1962, pp.44~45.

의해 계속된 심리적인 이해의 노력은 너무나 독점적으로 작가의 심리학에만 국한되어 왔지, 대중이나 독자의 심리학에는 너무나 불충분한 상태에 있었다. 예를 들어, 우리는 다음과 같은 사실을 알고 있다. 즉 테마 분석에 있어서 장애물 가운데 하나는, 창조적 개성의 환원될 수 없는 특이성이 되어 버린 부분을, 어떤 시대의 취향이나 감수성이나 이념에 보다 보편적으로 속해 있는, 보다 넓게 말해서 어떤 장르나 문학 형식의 영원한 전통과 묵계에 속해 있는 부분과 구분함에 있어서, 테마 분석이 부딪치게 되는 어려움에 있는 것이다. 이 어려움의 요점은 어떤 의미에서 창조적 개인의 독창적이며 '심오한' 주제 비평과 옛날 수사학에서 '논점'(論點 ; topique)이라고 불렀던 것의 주제 비평 사이의 만남에 있는 것인데, 여기에서 '논점'이라고 하는 것은 문화와 전통의 공동 재산을 구성하고 있는 주제와 형식의 보고(寶庫)를 말한다. 개인적인 주제 비평은 집단적 논점에 의해 제공된 여러 가지 가능성들 가운데서 행해진 하나의 선택을 나타낼 따름이다. 좀더 도식적으로 말하자면, '토포스'(topos)53)의 몫은 이른바 '하층의' 장르에서 차라리 더 큰 것이고 따라서 민간 설화나 모험 소설 같은 하층의 장르들을 더욱 근본적이라고 이야기해야 할 것이다. 창조적 개성의 역할은 여기에서 상당히 약화되어서 비평의 조사 방향은, 흔히 대중의 '기대'라고 하는 것을 구성하는 대중의 취향, 요구, 필요 쪽으로 자발적으로 전환하게 된다. 그러나 또한 '위대한 작품들', 가장 독창적인 작품들조차도 이 공동의 성향에서 빌려온 것이 있는 바, 그것을 밝혀야 할 것이다. 예를 들어서 소설적 상상력의 공동의 테마 비평을 역사적이며 초자연적인 보편성 속에서 생각해보지 않는다면 어떻게 스탕달 소설의 특수한 장점을 감상할 수 있겠는가?54) 레오 스피처는, 그가 고전 문학에서 전통적인 토포스의 중요성으로 생각해 온 뒤늦은-결국 매우 순진한-발견이, 정신분석학적인 문체론으로 자기를 '실망시키는' 데

---

53) 희랍어 topos에서 나온 수사학의 용어로서 논점을 말한다.
54) 이런 생각을 하게 한 것은 질베르 듀랑(G. Durand)의 대단히 훌륭한 책 『*Le Décor mythique de la Chartreuse de Parme*』(조제 코르티, 1961)이다.

기여한 사건들 중에 하나였다고 언급했다.[55]

그러나 작가의 심리주의라고 부를 수 있는 것으로부터 절대적인 반심리주의에로의 이동이, 생각한 것만큼 불가피한 것은 아니었을지도 모른다. 왜냐하면 토포스가 비록 묵계된 것이라고 할지라도 심리적으로 개인적인 테마보다 더 임의적인 것은 아니기 때문이다. 여기서 토포스는 다른 심리학에 속하는 것으로서 집단적이기 때문에, 오늘의 인류학이 거의 그 집단 심리학에 대비하지 못했으며, 그 문학적인 함축은 조직적으로 탐구될 가치가 있을 것이다. 현대 비평의 결점은 그 심리주의에 있는 것이 아니라, 심리학의 너무나 개인적인 개념에 있을지도 모른다.

고전적인 비평-아리스토텔레스로부터 아르프(La Harpe)[56]에 이르기까지-은 어떤 의미에서 문학의 이 인류학적인 자료에 훨씬 더 주의를 기울였다. 그 고전적인 비평은 대단히 좁은 의미에서, 그러나 매우 정확하게 '그럴 듯한'이라는 것의 요구를, 다시 말해서 대중이 사실이나 가능한 것에 대해서 갖고 있는 관념을 측정할 줄 알고 있다. 서사적인 것, 비극적인 것, 영웅적인 것, 희극적인 것, 소설적인 것이라는 개념들과 장르들 사이에 있는 구분은 정신 자세의 대범위에 대답하는 것으로서, 그 정신 자세의 범주들이 독자의 상상력을 어떤 방식으로 처리하게 되고, 독자로 하여금 상황과 행동의 정해진 유형들을, 그리고 심리적·윤리적·미학적인 가치들의 정해진 유형들을 바라고 기다리게 만든다.

따라서 인류의 문학적 감수성을 함께 나누고 알려주는(그리고 질베르 뒤랑[57])이 바로 '상상적인 것의 인류학적인 구조'라고 명명한) 이 위대한 특이 소

---

55) 「언어와 문학」, 『문체의 연구와 여러 나라』, p.27.
56) La Harpe(1739~1803) : 프랑스의 극작가이며 비평가. 그의 『Cours de littérature ancienne et moderne』는 희곡의 자유를 지지하면서도 동시에 고전주의의 규칙을 지켜야 한다고 한 점에서 그의 태도의 다양성을 보여준 것이다.
57) Gilbert Durand : 그르노블대학의 교수로서 『상상적인 것의 인류학적 구조』는 바슐라르의 제자인 저자가 『불의 정신분석학』에 의해 시작된 그 유명한 탐구를 인류학적으로 완성시키고자 한 최초의 저서이다.

질들의 연구를 지금까지 문학 비평이나 이론이 충분히 책임져 왔다고 말할 수는 없다. 바슐라르(Bachelard)[58]는 우리에게 '물질적' 상상력의 어떤 유형을 제공하였다. 그렇다면 예를 들어서 행동의 상상력, 상황의 상상력, 인간관계의 상상력, 그리고 연극 작품이나 소설 작품들의 생산과 소비를 힘 있게 활기를 띠게 해주는 넓은 의미에서의 '연극적인 상상력'도 존재한다는 것은 의심할 여지가 없다.

이러한 상상력의 '논점'과 그 작용의 구조적 법칙들은 분명히, 그리고 가장 문학 비평에 중요한 것이다. 이 법칙들은 발레리가 그 시급한 필요성을 우리에게 밝혀준 바 있는 문학의 그 막대한 공리(公理) 비평의 노력 가운데 하나를 아마도 이룩하게 될 것이다. 문학의 가장 높은 효용성은 기대와 뜻밖의 일-'세상의 모든 기대도 이 뜻밖의 일을 능가할 수 없다[59]-사이에서의, 대중에 의해 예견되고 원해진 '그럴 듯함'과 창작과 예측 불능의 것 사이에서의 정교한 게임에 근거를 두고 있다. 그러나 위대한 작품들의 한없는 충격인 예측 불능의 것조차도 '그럴 듯함'의 비밀스런 심연 속에서 온 힘을 다하여 메아리치는 것은 아닌가? 보르헤즈(Borges)[60]는 '위대한 시인은 발명하는 사람이라기보다는 발견하는 사람이다'[61]라고 말한다.

---

58) Bachelard(1884~1962) : 프랑스의 철학자. 그에 관한 훌륭한 연구로서 곽광수·김현 공저의 『바슐라르 연구』를 참조할 것.
59) 폴 발레리의 『전집』, 플레야드판 Ⅱ, p.560.
60) Borges(1899~　) : 알르젠틴이 낳은 20세기 최대의 작가 가운데 한 사람으로 프랑스에 널리 알려졌다. 상징주의의 성격을 띤 그의 작품은 문학에 대한 질문을 제기하게 된다.
61) 보르헤즈의 『미로』, 불어판, p.119.

4

발레리는 '작가들의 역사나 생애의 사건들의 역사 혹은 그 작품들 연보에 얽힌 사건들의 역사로서가 아니라, 문학을 생산하고 소비하는 범위 내에서 정신의 역사로 이해된 문학의 역사를 꿈꾸었다. 그리고 이 역사는 한 사람의 작가의 이름도 거기에 발설되지 않고 이루어질 수 있을 것이다.' 이러한 생각이 보르헤즈나 블랑쇼(Blanchot)[62] 같은 작가들에게서 어떤 방향을 불러일으켰는지 우리는 알고 있다. 이미 티보데(Thibaudet)[63]는 많은 비교와 끊임없는 주입을 통해서 사람들의 구별이 흐려지는 경향이 있는 문학 공화국(République des Lettres)을 세우기를 즐겨하였다.

문학의 장의 이 통일된 비전은 매우 심오한 이상으로서 매력을 느끼게 하는 데는 이유가 있다. 왜냐하면 문학이란, 우연적이며 개별적인 일련의 만남으로서로 영향을 미치거나 혹은 자율적이거나 한 작품들의 한 집단일 뿐만 아니다. 문학은, 그 내부에서 작품들이 서로 상통하고 서로 뒤섞이고 있는 동일한 공간이며 동질의 집합이다. 문학은 또한 '문화'의 보다 넓은 공간 속에서 다른 방들과 연결된 하나의 방으로서, 그 안에서의 문학 자체의 가치는 전체에 따라 결정된다. 이 2중의 이유로 문학은 내면적이고 외면적인 구조 연구의 영역에 속한다.

어린이의 언어 습득은 단순한 단어의 확대에 의해서가 아니라 전체 수용지를 변화시키지 않고서 일련의 내면적인 분류에 의해 이루어진다는 것을 알고

---

62) Blanchot(1907~) : 프랑스의 에세이스트이며 소설가. 그는 비평이나 소설에서 새로운 길을 개척하고자 하여 전위적인 작가로 알려졌다. 『문학적 공간』, 『미래의 책』, 『로트레아몽과 사드』 등의 저서가 있다.

63) Thibaudet(1874~1936) : 프랑스의 비평가. 베르그송 철학의 영향을 받았고, 지리와 역사의 교사자격증을 취득한 뒤 쥬네브대학에서 문학을 가르쳤다. 그의 비평은 제1차 대전과 제2차 대전 사이의 비평계에 많은 영향을 미쳤다.

있다. 어린이에게 있어서는 각 단계마다 그가 사용하는 몇 마디 단어들이 언어 전부인 것이다. 그리고 그 단어들은 점점 더 정확하게 빈틈없이 모든 사물을 지시하는 데 사용된다. 이와 마찬가지로 한 권의 책만을 읽은 사람에게는 그 책이 이 용어의 제1차적인 의미에 그의 '문학' 전체인 것이다. 그가 두 권의 책을 읽게 되면 그 두 권의 책은 그들 사이에 어떤 공백도 없이 이 사람의 문학의 장 전체를 공유하게 된다. 그런데 어떤 문화가 풍부해질 수 있는 것은 바로 그 문화가 메꾸어야 할 공백이 없기 때문이다. 문화란 그것이 확대되지 않아도 되기 때문에 스스로 깊어지고 스스로 변화한다.

어떤 의미에서는 인류의 '문학'은 전체가(다시 말하면 글자로 쓰여진 작품들이 인간들의 정신 속에서 조작되고 있는 방식이) 이와 유사한 절차에 의해—물론 여기에서 범할 수밖에 없는 거친 단순화에 대해서는 유보를 해놓고—구성되고 있다고 생각할 수 있다. 즉 문학의 '생산'은 소쉬르의 의미에서 일종의 파롤(parole)[64] 로서 부분적으로 자율적이고 예측할 수 없는 일련의 개인적 행위들이다. 그러나 그 사회에 의해서 이루어지는 문학의 '소비'는 하나의 랑그(langue)이다. 다시 말하면, 그 구성 요소들의 숫자나 성질이 어떤 것이든 간에 그 구성 요소들이 동질의 어떤 체계로 정독되는 경향이 있는 하나의 집합인 것이다.

레이몽 크노(Raymond Quenau)[65]는 모든 문학 작품이 『일리아드』이거나 『오디세이』이거나 둘 중에 하나라고 세밀하게 말하고 있다. 이 이분법이 언제나 하나의 은유인 것은 아니다. 플라톤에게서는, 거의 이 두 편의 시로 귀착되었고

---

64) 소쉬르에 의하면 언어를 구성하고 있는 요소들이 개별적으로는 어떠한 독립적인 가치를 가지고 있지 않으면서 그 구성 요소들 상호간에 이어주는 체계 전체를 랑그(langue)라고 한다. 그리고 개인적인 변화에서 오는 것을 파롤(parole)이라고 한다. 따라서 랑그와 파롤의 대립은 소쉬르 이론의 기초가 되는 바, 랑그는 사회적 산물인 반면에 파롤은 언어의 개인적인 구성 요소이다.
65) Raymond Quenau(1925~   ) : 프랑스의 작가. 다방면에 종사한 그는 특히 프랑스어의 새로움을 추구하면서 '은어' 등의 사용에서 구어체의 새로운 길을 열 수 있는 가능성을 발견하고 있다.

그렇다고 해서 스스로를 미완의 것이라고 판단하지 않았던 한 '문학'의 묘사가
아직도 엿보인다. 이온(Ion)[66]은 호머 외에는 아무것도 알고 있지 않고, 알고자
하지도 않는다. '그 정도면 충분한 것으로 보인다'고 그는 말하고 있다. 왜냐하
면 호머는 모든 것에 관해서 충분히 이야기하고 있기 때문이다. 그러면 만일
시가 정말로 어떤 지식으로부터 유래한다면(플라톤이 항의하고 있는 것은 바로 이 점
이지 작품의 보편성이 아니다) 음송(吟誦) 서사시의 자격은 백과사전적인 것이다. 그
이후로 문학은 확대되었다기보다는 분할되었다. 그리고 여러 세기 동안 호머의
작품에서 모든 문학의 기원과 원천을 우리는 계속 보아왔던 것이다. 이 신화는
사실이 없는 것은 아니다. 알렉산드리아의 방화범이 코란 하나를 도서관 하나
전체와 비교한 것은 완전히 틀린 것이 아니었다. 하나의 도서관이 한 권의 책
을 수장하고 있든, 두 권의 책을 수장하고 있든 혹은 수천 권의 책을 수장하고
있든 간에, 한 문명의 도서관은 언제나 완비된 것이다. 왜냐하면 인간들의 정신
속에서 그 도서관은 그 실체를 지니게 되고 그 체계를 지니게 되기 때문이다.

　고전적인 수사학은 그것이 장르들의 이론에서 형식화한 이 체계에 대해서
날카로운 의식을 가지고 있다. 서사시와 비극과 희극 등의 장르가 있었던 것이
다. 그리고 이 모든 장르들은 문학적 장의 전체를 남김없이 공유하였다. 이 이
론에서 결핍되어 있었던 것은 시간적인 차원으로서 하나의 체계가 진화할 수
있다는 생각이었다. 브왈로(Boileau)[67]는 서사시가 사라지고 소설이 태어나고
있는 것을 보았으면서도 그의 『시론』에 그러한 수정을 합류시킬 수 없었던 것
이다. 19세기는 역사를 발견하였지만 전체의 결합을 잊어버렸던 것이었다. 즉
작품들과 작가들의 개인적인 역사가 장르들의 도표를 지워버린다. 브뤼티에르
(Brunetiére)[68] 혼자서 그 종합을 시도하였다. 그러나 브왈로와 다윈(Darwin)의

---

66) Ion : 이오니아사람이라는 이름이 유래한 희랍의 영웅, 아테네를 방어하고 다스렸다.
67) Boileau(1636~1711) : 17세기 프랑스의 작가. 부르주와 출신으로 시와 희곡을 썼으
　　며, 그의 대표작 『시론』은 많은 걸작품을 통해서 고전주의 이론을 완성시키고 있다.
68) Brunetiére(1849~1906) : 19세기 프랑스 비평가. 그는 문학 장르들의 진화 이론을 주

이 결합이 대단히 행복하지 않았다는 것을 우리는 알고 있다. 브륀티에르에 의하면 장르들의 진화는 순수한 생체론(生體論)에서 유래하고 있고, 각 장르는 그 옆의 장르와 상관하지 않고 마치 단생종(單生種)처럼 혼자 태어나서 성장하고 죽는다는 것이다.

여기에서 구조주의 사상이란, 여러 단계에 있어서 공시적 재단법을 실행하고, 그 도표들을 서로 비교함으로써 문학을 그 전체적인 진화의 측면에서 쫓아가 보는 것이다. 그러면 문학의 진화는 매우 풍요한 것으로 나타나는데, 그 풍요함은 문학의 체계 자체가 끊임없이 스스로 변화하면서 존속하고 있기 때문이다. 여기에서 또한 러시아 형식주의자들이, 구조적 역학 현상들에 매우 뚜렷한 관심을 보여줌으로써, 그리고 **'기능의 변화'**라는 개념을 끌어냄으로써 길을 열어놓았다. 통시적 진화의 어느 지점에 문학적인 어떤 주제나 형식이 단독적으로 존재하느냐 부재하느냐 하는 것을 기록한다는 것은, 그 체계 속에서 이 요소의 기능이 어떤 것인지 공시적 연구가 입증하지 못한 한, 아무런 의미가 없는 것이다.

하나의 요소는 기능을 바꿔가면서 존재할 수 있고 혹은 그 반대로 자기의 기능을 다른 요소에 넘겨주면서 사라질 수도 있다. 이 점에 관한 형식주의자들의 연구의 경과를 이야기하면서 토마셰프스키는 점점 그런 식으로 자신의 의견을 분명히 밝혔다. '문학 진화의 메커니즘은, 서로 대치되고 있는 형식들의 연속으로 제시되는 것이 아니라, 문학 방법들의 미학적인 기능의 계속적인 변동으로 제시된다. 개개의 작품은 문단 세계의 관련 아래 방향이 주어지며 작품의 개개의 구성 요소는 전체 작품과 관련 아래 방향이 주어지는 것이다. 어느 시대에 정해진 가치를 지니고 있던 어떤 요소는 다른 시대에는 완전히 그 기능을 바꿀 것이다. 고전주의 시대에 있어서 희극의 원천으로 생각되었던 우스꽝스러운 형식이 낭만주의 시대에 있어서는 비극의 원천들 가운데 하나가 되었다. 문학 작

장하였다.

품의 구성 요소들의 진정한 생명은 기능의 계속적인 변경 속에 있는 것이다.'69)

특히 쉬클로프스키와 티니아노프는 러시아 문학에 있어서 이러한 기능적인 변화를 연구했는데, 이 기능적인 변화는 예를 들면, 하나의 동일한 형식을 소수의 대열로부터 '관례적 형식'의 대열로 넘어가게 하고, 민간 문학(littérature populaire)과 공식 문학(littérature officielle) 사이, 아카데미즘70)과 '전위'(avant-garde) 사이, 시와 산문 사이 등등이 끊임없이 이주(移注)를 지속하고 있다. 상속이란 일반적으로 아저씨에게서 조카에게 행해지는 것이라고 쉬클로프스키는 즐겨 이야기하곤 한다. 그리고 진화는 가장 뒤늦게 생긴 나뭇가지를 큰 가지의 서열에 올려놓는다. 그리하여 푸슈킨은 그 위대한 시에 18세기의 앨범 시의 효과를 수입해 오고, 네크라조프(Nekrassov)71)는 저널리즘과 통속 희극에서 빌려 오고, 블로크(Alexanderv Blok)72)는 보헤미아의 노래에서 빌려오고, 도스토예프스키는 탐정 소설에서 빌려온다.73)

이렇게 해서 이해된 문학의 역사는 하나의 체계의 역사가 된다. 여기에서 의미 있는 것은 기능들의 진화이지 구성 요소들의 진화가 아니다. 그리고 공시적 관계들의 인식은 필연적으로 융기(隆起) 부분들의 인식에서 비롯하는 것이다. 그러나 다른 한편으로는 로만 야콥슨이 지적한 것처럼, 한 시대의 문학의 도표는 창작의 현재뿐만 아니라 문화의 현재, 따라서 과거의 어떤 모습을 묘사하는 것이다. 즉 '주어진 시대의 문학적인 산물들뿐만 아니라, 문제가 되고 있는 시대에 살아남아 있거나 부활된 일부의 문학 전통을 묘사하는 것이다. (…) 새로

---

69) 토마체프스키, 「러시아에 있어서 문학사의 새 학파」, 『슬라브 연구』지, 1928, pp.238~239.

70) 여기에서는 관학풍(官學風)이라는 뜻이다.

71) Nekrassov(1821~1877) : 러시아의 신문기자이며 시인. 그의 시작품은 한편으로는 문학적이고 다른 한편으로 민중적이라는 점에서 이중적이다.

72) Alexanderv Blok(1880~1921) : 러시아의 시인. 상징주의 대가로 불리운다.

73) 문학사의 형식주의적인 개념에 관해서는 에켄바움의 「형식적 방법의 이론」과 티니아노프의 『문학의 이론』 가운데 「문학적 진화에 관하여」 참조. 그리고 또한 에를리히의 『Russian Formalisms』, pp.227~228 참조.

운 사조가 여러 고전적 사조들 가운데서 하게 되는 선택이라든가, 새로운 사조가 고전적 사조들에 대해서 하게 되는 재해석, 공시적 문학 연구에 있어서 근본적인 것은 바로 이런 것들이다'74) 따라서 계속적인 이 공시적 도표들을 통시적 관점으로 바라보는 것에 지나지 않는 문학의 구조적 역사에 있어서도 그런 것들이 바로 근본적인 것이다.

프랑스의 고전주의의 도표에 호머와 베르질리우스가 그들의 이름을 남기고 있지만 단테와 셰익스피어는 그들의 이름을 남기고 있지는 않다. 현재 우리 문학의 풍경화에서 바로크 문학의 발견(혹은 발명)이 낭만주의 문학 유산보다 더 중요한 것이다. 우리 시대 셰익스피어는 볼테르의 셰익스피어도 아니고 빅토르 위고의 셰익스피어도 아니다. 그는 우리 시대의 세르반테스가 카프카와 같은 시대인 것처럼 브레히트(Bertolt Brecht)75)와 클로델과 동시대인 것이다. 한 시대는 그 시대가 쓴 작품들에 의해 나타나는 만큼 그 시대가 읽는 작품들에 의해서 나타나기도 한다. 그 시대의 '문학'의 이 두 가지 양상은 상호적으로 결정된다. '오늘의 책의 어느 페이지를 사람들이 마치 서기 2000년에 읽을 것처럼 나에게 읽게 해준다면 나는 바로 서기 2000년의 문학을 알게 될 것이다'76)

문학적 장의 '내부 분활'의 이 역사, 즉 그 프로그램이 매우 풍부한 이 역사(산문과 시 사이에 있는 대립, 즉 대립치고는 근본적이며 본질적이고, 그 기능에 있어서 한결같으며 변하지 않고, 그 방법에 있어서는 끊임없이 개혁되어 온 대립의 보편적인 역사가 그러리라고 단순하게 생각하게 된 역사)에다, 문학 아닌 모든 것과 문학인 것 사이에의 분할, 즉 분할치고는 훨씬 광범한 분할의 역사를 덧붙여야 할 것이다. 그것이야말로 문학의 역사가 아니라 사회생활 전체와 문학 사이에 있는 관계의 역사일 것이다. 즉 **문학의 기능**'의 역사일 것이다. 러시아 형식주의자

---

74) 로만 야콥슨, 『*Essais de linguistique générale*』, 불어판, p.212.
75) Bertolt Brecht(1898~1956) : 독일의 20세기 최대 극작가, 시인, 소설가. 현대 연극에 가장 큰 영향을 미친 전위적인 극작가로 통한다.
76) 보르헤즈의 『조사』, 불어판, p.224.

들은 문학적 사실의 '차이를 나타내는 성격'을 강조하였다. '문학성'이란 '비문
학성'과 함수 관계에 있는 것이며, 그것에 관해서는 어떤 확고 부동한 정의도
주어질 수 없는 것이다. 오직 남아 있는 것은 거기에도 어떤 제한이 있다는 의
식이다. 영화의 탄생이 문학의 지위를 변경시켰다는 것을 누구나 알고 있다. 영
화가 문학의 기능들 가운데 어떤 것을 빼앗아 가고 또한 영화 고유의 방법들을
문학에게 제공함으로써 문학의 지위를 변경시켰다. 그러나 이러한 변형은 물론
하나의 시작에 불과하다. 의사 전달의 다른 여러 가지 수단들의 발전에 문학은
어떻게 사용될 것인가? 우리들은 아리스토텔레스에서 라 아르프에 이르기까지
사람들이 생각했던 것처럼, 예술이란 자연의 모방이라고는 이제 더 이상 생각
하지 않는다. 그리고 고전주의자들이 어떻게 해서든지 아름답게 닮은 것을 추
구했던 바로 그곳에서 우리는 그와 반대로 근본적인 독창성과 절대적인 창작
을 추구하고 있다.

　'책'(Livre)이 지식의 주된 전달 수단이기를 멈추게 되는 날에도 문학은 그
의미를 바꾸게 되지 않을 것인가? 어쩌면 우리는 단순하게 '책의 최후의 시대'
를 살고 있을지도 모른다. 현재 진행되고 있는 이 모험이 우리로 하여금 지나
간 삽화들에 보다 주의를 기울이게 할 것이다. 즉 우리는, 마치 문학의 존재가
당연했던 것처럼, 그리고 그 문학이 세계와 인간들과 맺고 있는 관계가 결코
변화한 적이 없었던 것처럼 문학에 관해서 무한정으로 이야기할 수는 없다. 예
를 들면 우리에게는 독서의 역사가 없다. 지성의 역사도, 사회의 역사도, 심지
어는 물질의 역사도 없다. 만일 성 아우구스트[77]의 말을 믿는다면, 그의 스승
앙브와즈(Ambroise)[78]는 텍스트를 높은 목소리로 음절 별로 명확히 발음하지
않고 대강대강 읽을 줄 안 고대 사회의 최초의 인물일 것이다. 진정한 역사는
바로 이 위대한 침묵의 순간들로 이루어진 것이다. 그리고 어떤 방법의 가치는

---

77) 『참회록』 4권에서.
78) Ambroise(330~397) : 로마 제국의 고급 관리. 성 아우구스트에게 세례를 주었다.

어쩌면 개개의 침묵이 있을 때마다 하나의 질문을 찾아내는 그 능력에 있을지
도 모른다.

제4장 데리다의 해체 전략[79)]
― E.T. 배넷

데리다가 우리들에게 가르쳐 준 교훈 가운데 하나는 텍스트와 대결하는 가장 효과적인 방법이 반드시 텍스트와 정면으로 대결하는 게 아니라는 사실, 따라서 때로는 우연적이거나 주변적인 세부들, 텍스트와 관련이 없는 세부들에 관심을 기울이는 다소 '부정적'인 방법이 텍스트의 활동이나 텍스트의 내적 모순에 대해 많은 정보를 알려준다는 사실이다. 경기·반복·글쓰기는 데리다의 텍스트 속에서 연결된다. 그러나 이들의 연결 방식은 다른 시각으로 접근할 때 비로소 명백해진다.

데리다는 권위, 규범, 필연성을 중심으로 글쓰기와 경기에 대해 기술한다. '경기에 대해 무언가를 첨가함으로써 권위를 느끼게 되는 사람은 경기에 대해서 제대로 이해할 수 없을 것이다. … 글읽기와 글쓰기라는 보충 행위는 엄격히 규정되어야 하지만, 그것들은 경기의 필연성에 따라야 한다. 경기 같은 기호(sign)의 세계는 자율적인 능력 체계로 인식되지 않으면 안 된다'(『파종』, p.72.). 다른 부분에서 데리다는 다시 글쓰기와 경기를 연결시키면서 글쓰기는 자의적

---

79) E.T. Bannet, *Structuralism and the Logic of Dissent*, Macnilan press, 1989, pp.203~227. (이승훈 역, 『포스트모더니즘 시론』, 세계사, 1991, pp.285~318.)

인 것이 아니며, 경기는 단순한 우연의 세계가 아니라고 강조한다.

데리다는 스스로 '이중적 글 읽기' '이중적 글쓰기' '이중적 침몰'이라고 부르는 반복을 설명하면서 '규칙'에 대해 말한다. '이 규칙에 따라 개념은 두 개의 유사한 표시, 곧 동일하지 않은 반복이라는 내적 표시와 해체된 체계라는 외적 표시를 반드시 수용하게 된다'(『파종』, p.10.). 이런 규칙의 보기들은 예컨대 글쓰기를 '규제하는 법칙' '파종(dissemination)의 법칙' '보충의 법칙' 등으로 나타낼 수 있다. 경기는 흔히 '규정된 것'으로 기술된다. 곧 경기는 '공적 내용'과 '필연적 국면들'을 소유한다. 데리다는 텍스트의 필연적 조작에 대해 기술하면서 여러 차례 걸쳐 필연성을 강조하고 있다.

글쓰기, 반복, 경기에 있어서 규칙들을 지키는 일은 참으로 필연적인 현상이다. 글쓰기가 반복의 현상, 언제나 동일한 것을 의미하게 되는 것은 경기의 규칙들을 따르기 때문이다. 노트를 읽거나 쓰게 될 때 재생하거나 반복하는 동일한 '구조적 항수(invariables)'가 경기의 규칙들에 해당된다. 바꿔 말하면 반복적으로 재생되는 모든 차연(différance)이 이 규칙들을 구성한다.

이런 규칙 때문에 반복은 필수적인 현상이 되고, 반복이 가능함으로써 글쓰기는 확장된다. 반복은 반드시 동일해야 할 필요는 없다. 반복이 쾌락과 위트를 환기하는 것은 반복 현상이 차별성을 보여주기 때문이다. 그러나 반복 행위가 동일한 구조적 항수를 재생할 수 없다면, 이른바 자연을 재현할 수 없다면 경기에는 무언가 첨가하게 되고, 따라서 경기의 규칙에 위배된다. 칼러(J. Culler)가 지적했듯이, 해체를 통해 '비평가가 일정한 유형의 구조를 증명하고 생산'할 수 있다면, 그 이유는 이런 유형의 구조가 증명되고 생산되는 모습들을 해체가 규정하기 때문이다. 해체가 엄격한 규칙들을 환기한다면, 그 이유는 해체가 이런 규칙들에 첨가되기 때문이다. 또한 많은 독자들이 해체에 의해 모든 것들이 동일하게 된다고 불평한다면, 그 이유는 그들이 훌륭한 독자들이기 때문이다.

텍스트를 읽거나 쓸 때 원용되는 규칙으로는 네 가지가 있으며, 이 규칙들은 실제로 겹쳐서 사용된다. 그러나 이 자리에서 관심의 초점이 되는 것은 다음과 같다. 첫째로 우리는 비평적인 글 읽기와 글쓰기의 문맥에서 이 네 가지 규칙을 다시 고찰하고자 하며, 둘째로 다른 사람의 텍스트를 읽을 때와 자신의 텍스트를 쓸 때, 이 규칙들을 '중첩'시키고 '조화'시키는 데리다의 방법을 살펴보고자 한다.

서로 겹치는 네 가지 규칙은 데리다의 표상 ×로 손쉽게 표시될 수 있다. 이 표상을 읽기 위해 우리는 공백들에 관심을 두어야 한다. 기호 속의 공백들은 네 개의 V를 형성하며, 이것들은 차례로 중첩되어 마침내 서로 교차된다. 앞으로 알게 되겠지만 서로 겹치는 네 가지 규칙인 이 네 개의 V, 곧 분열(division)·연결(articulation)·선회(pivot)·치환의 베일(veil of displacement)은 서로 밀접하게 얽힌다. 데리다는 대체로 이 네 가지 규칙을 그의 주요 텍스트에서 구사하고 있다.

1. 분열의 규칙

분열에는 두 가지 유형이 있다. 첫째 유형은 둘을 분리하는 경우에 해당된다. 바꿔 말하면 이런 분열은 단일한 실체로 구성된다고 가정하는 것, 혹은 자체의 고유한 동일성을 소유한다고 생각되는 것을 대상으로 한다. 따라서 이런 분열은 존재, 현존, 동일성, 본질, 진리, 자율적 형식과 속성이라는 개념에 적용되며 동시에 하나의 존재, 현존, 동일성, 본질, 진리, 내적 일관성, 자율적인 형식이나 속성을 소유한다고 생각되는 실체들에도 적용된다. 분열에 의하면 이런 실체들은 자신들로부터 구별된다. 곧 분열의 책략은 하나, 혹은 동일한 것으로 생각되던 실체가 사실은 적어도 둘 혹은 서로 다른 것들로 구성되었음을 알려주며, 동일성의 세계로 믿었던 것이 사실은 그렇지 않다는 점을 알려준다.

문학적인 것이든 철학적인 것이든 하나의 '텍스트'는 오랫동안 단일한 세계, 그리고 그 동일성이 증명될 수 있다고 가정되어 왔다. 따라서 당연한 결과로, 비평가나 해설자의 임무는 텍스트 속에서 발견되는 모순점들을 조화시키고, 비일관성이나 모호성을 설명함으로써 마침내 텍스트의 기본적 통일성, 기본적 일관성, 내적 형식이나 본질을 드러내는 일로 생각되어 왔다.

그러나 분열의 전략은 텍스트의 모순성, 비일관성, 모호성을 추구하고 이런 특성들을 거대한 모순 체계로 발전시킴으로써 텍스트를 단일하고 수미 일관하고 실증될 수 있는 세계로 보는 개념을 해체한다. 텍스트가 보여주는 이런 모순들은 어떤 방법으로도 조화를 이룰 수 없다. 텍스트를 읽을 때 이런 모순들은 서로 떨어져 있거나 거리를 두고 나타난다. 이런 사실을 지칭하기 위한 전문 용어로는 교차구문법(chiasmus)이라는 낱말이 적절할 것 같다. 텍스트는 대체로 처음에 한 가지 사실을 말하고 다음에는 그것과 반대되는 사실을 말하는 방식으로 구현된다. 따라서 텍스트는 '두 개의 풍경'을 가지고 노는 유희의 세계라고 할 수 있다. 이런 사실은 텍스트의 불확정성을 강조한다. 왜냐하면 만일 텍스트가 어떤 것에 대해 말하면서 동시에 그것에 대립되는 것을 말한다면, 그런 텍스트는 사실 어떤 것에 대해서도 말하지 않는 것이기 때문이다. 텍스트가 스스로의 세계에 저항할 때, 텍스트는 확정적인 지위를 지닐 수 없게 된다. 데리다가 『자서전』에서 지적하듯이 중첩된다는 것은 또한 중립적이 됨을 의미한다.

「플라톤의 약국」(pharmacie)과 「오우이시아와 그램」(Ouisia et Gramme)에서 이러한 기법들의 보기를 찾을 수 있다. 데리다의 논의는 길고 복잡하기 때문에 여기서는 그 기본 구조를 제시하기 위하여 윤곽만을 살피기로 한다.

「플라톤의 약국」에서 데리다는 글쓰기가 악이라는 소크라테스의 주장에 대해 설명한다. 소크라테스의 경우 지식은 진리가 인간의 정신 속에 생생하게 반복되는 것, 곧 사물의 본질적 형식이나 관념이 반복되는 것을 뜻한다. 이런 진리는 그 진리를 아는 사람들에 의해 변호되거나 설명될 수 있다. 이와는 달리 글쓰기는 단지 죽은 반복, 기계적 반복의 체계로서, 오직 동일한 낱말들을 반복할 수 있을 뿐이며, 게다가 기억을 위한 버팀목, 참된 지식의 대리물로 사용될 수 있다.

데리다는 계속해서 살아 있는 지식이 어떻게 인간의 기억 속에 새겨지고 기록되는가를 기술하기 위해 소크라테스가 자주 글쓰기의 은유를 사용한다고 말한다. 따라서 데리다의 주장에 따르면, 이 세상에는 훌륭한 글쓰기와 졸렬한 글쓰기, 살아 있는 글쓰기와 죽은 글쓰기, 참된 글쓰기와 사이비 진리로서의 글쓰기가 있다. 그렇기 때문에 텍스트 속에서 글쓰기는 '좋은/나쁜' '살아 있는/죽은' '진리의/허위의' 글쓰기 양자를 포함한다. 따라서 순수한 의미에서의 글쓰기란, 만일 아직도 순수한 것이 존재한다면, 좋은 글쓰기도 나쁜 글쓰기도 아니며, 진리의 글쓰기도 허위의 글쓰기도 아니다.

「오우이시아와 그램」에서 데리다는 동일한 기법을 사용하여 다음과 같은 사실들을 설명한다. 첫째로 아리스토텔레스는 현재의 존재와 시간의 지속성을 가정하고, 다음 시간은 분리될 수 있는 여러 겹의 부분들로 구성되며, 현재는 그런 부분들로 존재하지 않는다는 사실을 제시한다. 그러나 만일 시간이 연속체(continuum)이거나 비연속체, 혹은 이 양자 가운데 어느 것에도 속하지 않는다면 과연 시간이란 무엇일까? 만일 현재라는 것이 존재이거나 부재, 혹은 존재이면서 동시에 부재에 속한다면 과연 현재란 무엇일까? 그리고 현재의 존재를 가정하면서 또한 그 현재가 아무것도 보여주는 게 없다는 주장은 과연 무슨 말을 하는 것일까?

분열의 둘째 유형은 우리가 흔히 서로 결합되어 있다고 가정하며 연결될 때만 의미가 생산된다고 믿는 두 사물 혹은 두 항목을 분리하는 경우에 해당된다. 창조자가 그의 창조물로부터 분리되었듯이, 기원은 발생으로부터 분리되고, 원인은 결과로부터 분리되고, 논증의 가설은 결과로부터 분리된다. 이런 낯익은 짝들은, 첫째 항목을 둘째 항목과 단절시키고, 둘째 항목을 어떤 토대도 없이 증식시켜 첫째(kdahr)로부터 완전히 독립된 상태에서 반복하고 재생산함으로써 해체된다. 이런 조작은 계기적 재현이 실제로 부재 혹은 무를 토대로 구축되기 때문에 때때로 '심연에 두기'(mise en abIme)로 기술된다. 또한 이런 조작은 계기적 재현이 계기적으로 앞선 부분들과는 다소 다르고 따라서 기본적 결여, 곧 무 자체에 자신을 첨가하고, 자신을 그런 결여의 대치물로 삼기 때문에 보충적 구조로 인식된다.

데리다는 진리, 현실, 역사 혹은 작가가 소유한다고 생각할 수 있는 토대나 기원으로부터 텍스트를 분리하기 위해 이런 유형의 분열 규칙을 사용하며, 개별적인 차이에도 불구하고 모든 텍스트가 결국은 여러 텍스트를 반복하며, 또한 상호 반복 현상에 지나지 않는다는 사실을 제시하기 위해 이런 분열 규칙을 사용한다. 예컨대 「오우이시아와 그램」에서 데리다는 베르그송의 텍스트, 헤겔의 텍스트, 하이데거의 텍스트 모두가 무언가를 다소 보충하면서, 아리스토텔레스의 텍스트가 제기하는 문제점을 반복한다고 주장한다. 그 문제점이란 부재를 나타내는 현재의 존재라는 가정을 중심으로 한다.

「이중 상연」에서 데리다는 여러 계기적 모방이나 재현 행위들이 어떤 근원적 모방 대상도 결여한 채 서로를 모방하거나 재현한다고 말한다. 말라르메의 「모방」은 그가 책에서 읽은 이야기를 다시 보여주고, 그가 관람한 모방극을 다시 언급하거나 재현하고, 현실적으로 어디에서도 발생한 적이 없는 죄를 재현한다. 「독립선언서」(『자서전』)에서 데리다는 독립선언서를 쓰기는 했지만 그 글에 서명을 하지 않은 제퍼슨(Jefferson)이, 미합중국을 대표하는 의회의 대표자로서 그 글을 썼고, 의회가 그 글을 고쳤으며 독립선언서가 서명되기 전에는 존재하지 않았던 미합중국 국민들을 대표하여 그 글에 서명을 했다는 사실을 제시함으로써, 그 글의 작가 혹은 작가성으로부터 독립선언서를 분리한다. 이런 연쇄적 재현에 유의할 때 선언문의 작가나 작가성은 어떤 한 사람이나 한 집단이 될 수 없다. 그리고 이런 사실 때문에 독립선언서는 기안자와, 그 작가성을 보장하는 사람 양자로부터 분리된다.

이와 동일한 구조가 「우편 엽서」와 「철학에 대한 최근의 묵시록적 태도」에서는 더욱 신비하고 묵시록적으로 반복되는데, 여기서 데리다는 천사를 의미하는 히브리어(malach)가 문서 배달자를 뜻한다는 사실을 토대로 텍스트의 작가를 사자(使者) 혹은 천사로 기술한다. 문서 배달자나 사자라는 의미로서의 작가는 어떤 사람이 받아쓰게 한 것을 받아쓰고 전달할 뿐이며, 이때의 어떤 사람은 또한 그 전달 내용을 다른 사람에게서 받아들이며, 이 사람은 그것을 또 다른 사람에게서 받아들인다.

이러한 사자들의 연쇄 행위 때문에 우리는 전달되어야 할 목적지를 확정할 수 없으며 또한 전달물의 작가를 확정할 수 없다. 왜냐하면 사자는 모두가 또한 수용자이며, 그 내용이 일단 종이에 기록되면 전달 체계는 개방되어 누구에게나 수용될 수 있기 때문이다. 따라서 각 사자는 익명의 목적지를 향해 떠나는 익명의 전달 체계 속에서 하나의 전환점을 마련한다. 그리고 전달이나 문서 자체는 단지 전달되는 것, 그러니까 어디인가로 보내지는 것에 지나지 않는다. 종이에 기술된 것으로만 고려됨으로써 이런 전달물은 우편엽서나 날아가는 편지에 지나지 않게 된다.

심연 혹은 보충적 구조는 또한 역전될 수도 있다. 바꿔 말하면 우리는 일련의 텍스트들을 기원, 작가, 현실이 상실되고 따라서 진리 역시 상실된 것으로 간주하여 이런 상실을 보충하며 읽는 대신, 텍스트가 의미나 진리를 역전된 상태에서 유지하고, 다른 텍스트들에 관해 말함으로써 계속 자체의 의미를 연기하거나 지연시키는 것으로 인식할 수 있다. 예컨대 데리다가 알려주는 바에 의하면『존재와 시간』제1권에 나오는 하이데거의 언급은 아리스토텔레스, 베르그송, 헤겔을 참고한다는 암시로 가득 차지만 이런 사정은 제2권까지 지연되며 이 제2권은 완성될 수 없었다.

분열의 둘째 유형, 곧 심연적(abyssal) 분열은 첫째 유형인 교차구문적(chiasmic) 분열과 교차되며 데리다는 이 두 유형의 분열을 때때로 결합해서 사용한다. 현실의 기원, 원인, 가설 혹은 토대는 실증될 수 있는 실체이기보다는 무 혹은 그 자체가 이미 무에 토대를 둔 대립의 세계라는 사실을 보여줌으로써, 매우 간결하게 제시되거나 심연 속으로 떨어질 수 있다.

데리다는 그의 글쓰기에서 다양한 방식으로 분열의 두 유형을 반복해서 사용하고 있다. 예컨대「철학의 여백」에는 심연적 구조나 보충적 구조가 반복되며, 여기서 데리다는 하이데거의 각주를 보충함으로써 자신의 텍스트「오우이시아와 그램」을 완성한다. 이 텍스트는 동일한 텍스트에 대한 앞선 해석들을 다양하게 반복하고 있다. 하이데거의 각주를 보면 헤겔과 베르그송이 아리스토텔레스의 현재 개념들을 끌어들이는 방법에 대해 언급함을 알 수 있는데, 데리다는 베르그송, 헤겔, 칸트, 하이데거가 모두 아리스토텔레스의 명확치 않은 시간 개념을 반복하는 방식들에 대해 기술함으로써 아리스토텔레스의 각주를 보충한다.

여기서 데리다는 그의 '비평적' 텍스트「오우이시아와 그램」을 변주된 반복, 따라서 동일한 계열의 일부로 제시한다. 곧 베르그송, 헤겔, 칸트, 하이데거의 텍스트가 이 방법 저 방법으로, 때로는 빛에 대해 말하거나 은폐하면서, 아리스토텔레스의 텍스트를 재현하듯이, 데리다의 텍스트 역시 아리스토텔레스의 텍스트를 재현하는 베르그송, 칸트, 헤겔, 하이데거의 텍스트를 다시 재현한다. 데리다의 텍스트는 또한 데리다 자신의 고유한 글 읽기, 고유한 방법을 이론적으로 재현함으로써 자신의 고유한 텍스트를 재현한다.

동시에 아리스토텔레스의 텍스트가 스스로에서 분리되어 고유한 진리가 훼손되고 그 현실적 시간적 토대가 침식된다면, 데리다의 텍스트를 포함하여, 아리스토텔레스의 텍스트를 재현하는 모든 행위는 진리의 토대, 현실의 토대를 결여할 수밖에 없는데, 이런 단정은 진리와 현실이, 데리다가 말하듯이, 이런 재현의 영역에 존재하지 않는다는 사실, 또한 실제로 재현된 것이 다시 재현하는 모든 행위 속에 드러나는 존재가 무에 지나지 않는다는 사실을 전제로 한다.

데리다의 글쓰기에는 또한 이런 심연적 구조가 역전되는 경우가 나타난다. 곧 텍스트의 의미가 역전되고, 다른 텍스트에 대해 언급함으로써 그 의미가 암시되면서 동시에 지연되는 경우가 나타난다. 「우물과 피라밋」에서 데리다는 자신이 '무엇보다도 우회법'에 의해 글을 쓴다는 사실을 독자에게 알리곤 한다. 데리다는 텍스트 「우물과 피라밋」에서 우물이나 피라밋 혹은 기호 따위에 대해 말하고자 할 때 오직 일련의 우회법을 통해 말할 뿐이다. 이런 우회법은 세 가지 방식으로 구성된다. 첫째는 데리다의 텍스트가 헤겔의 텍스트를 재현하며, 소쉬르의 입장을 재현하는 계열적 방식이다. 둘째는 '기대'의 방식이다. 이때 데리다는 어떤 관념을 제시하지만 그 관념을 발전시키지 않고 앞으로 계속 발전되리라는 기대를 갖게 하며, 각주를 통해 나타난 관념들을 더욱 발전시킨다. 셋째는 데리다의 텍스트가 다른 텍스트들의 읽기에 적용되는 방법들을 재현한다는 점이다.

분열의 첫째 유형, 곧 서로 대립되는 두 의미를 분열시키거나 거리를 두게 함으로써 텍스트를 텍스트 자체에서 분리시키는 방법, 말하자면 텍스트의 자체 분리는 데리다의 『파종』 속에 구체적으로 예시되고 있다. 여기서 말라르메의 텍스트에서 인용한 두 개의 글 사이에 「이중 상연」이라는 에세이를 삽입한다. 이 에세이 역시 말라르메의 텍스트에 토대를 둔 것이다. 말라르메의 글은 p.197 「전환 구획(1)」(Transe partition)(1)의 끝 부분에서 시작되며, 그 사이에 「이중 상연」이 삽입되고, p.318, 「전환 구획(2)」의 시작 부분에서 끝난다.

이것은 문학적·철학적 텍스트들이 자체에서 분리되고, 비평적 텍스트가 개입함으로써 두 개로 분리되어 모순적인 의미들을 소유한다는 사실을 알려준다. 여기서 '책의 개방성을 유지하여' 분리 상태를 지속시키면서 동시에 단일한 자기 조화적 전체를 형성케 하는 것은 비평적 텍스트이다. 다른 방식으로 말하면 텍스트 행위는 파열을 생산하는 문학적·철학적 텍스트 속에서 그 파열을 기술한다.

데리다가 말하듯이 솔레르즈(Sollers)의 「숫자들」 속에 나오는 거울, 영사막, 벽의 구성, 곧 기계의 일반 구조에 대한 기술은 이미 다른 책의 지령을 따르고, 다른 책을 인용하는 행위에 지나지 않게 된다. 따라서 다른 책들은 「숫자들」 속에 다시 기록되며, 이런 기록이 「숫자들」의 자체 분리를 가능케 하며, 고유한 연속체로서의 성격을 훼손시킨다(『파종』, p.352). 이런 사실은 자필 원고나 자서전의 가능성을 개방한다. 곧 비평적 텍스트는 문학적·철학적 텍스트 속에 자체의 고유한 '명상적' 이야기나 구조적 이야기를 기록할 수 있고, 따라서 문학적·철학적 텍스트를 읽는 행위가 이런 텍스트와 겹쳐지거나 이런 텍스트에 다시 원용될 수 있다.

분열의 첫째 유형, 곧 텍스트를 자체적으로 분열시키는 방식은 또한 데리다의 『파종』 속에 구체적으로 예시된다. 여기서 그는 자신의 에세이 「플라톤의 약국」이라는 텍스트 속에 헤겔, 사드, 말라르메의 「전환 구획(1)」으로부터 인용한 글들을 삽입한다. 「플라톤의 약국」은 p.71에서 p.186으로 건너뛰고, p.197에서 「전환 구획(1)」이 인용되어 p.198에서 끝난다. 이런 사정은 분열의 방법에는 여러 가지가 있다는 사실을 알려준다. 비평적 텍스트가 문학적·철학적 텍스트를 그 자체에서 양분하듯이, 비평적 텍스트 속에 삽입된 문학적·철학적 텍스트의 인용문들 역시 비평적 텍스트를 양분한다. 비평적 텍스트는 문학적·철학적 텍스트 속에 '다른 택의 규범들'을 기록함으로써 그런 텍스트로 하여금 단일한 일관된 실체가 될 수 없게 만든다. 그러나 문학적·철학적 텍스트로부터의 인용, 그리고 그런 텍스트에 기대어 '말하고자 하는 것'을 말하려는 비평적 텍스트의 욕구는 또한 비평적 텍스트의 실체성, 곧 증명 가능한 실체로서의 특성을 파괴한다. 이런 인용 때문에 비평적 텍스트는 문학적·철학적 텍스트와 분별되는 '다른 책'이 될 수 없다.

우연히 혹은 의도적으로, 아니면 데리다가 말하는 '우연과 법칙의 결합'에 의해서 「전환 구획(1)」은 「플라톤의 약국」 속에 이런 방식으로 삽입됨으로써 다음 논증을 구획 짓거나 분리시킨다.

> ① 두 가지, 곧 본문과 인용문의 글쓰기는 구별해야 한다. ② 그러나 이 두 가지 반복은 서로를 반복하며 따라서 서로를 대치한다.

이상의 논증으로부터 다음과 같은 주장이 나온다.

> ① 아니다. 두 가지 반복은 구별되지 않는다. 그들은 치환되지도 않는다. 그들은 첨가의 관계에 있다.
> ② 확실히 그렇다.

과연 우리는 데리다의 비평적 텍스트 속에서 반복 현상들을 구별할 수 있는가? 데리다의 텍스트가 문학적·철학적 텍스트를 충실하게 재현하고 재생하는 부분이 어디인가를 확정하고, 또한 문학적·철학적 텍스트에 기대어 말하며 자체 속에 '다른 책의 규범들'을 기록하는 부분이 어디인가를 확정할 수 있는가? 말라르메, 헤겔, 솔레르즈, 플라톤을 대상으로 한 데리다의 글 읽기와 그것들을 다시 기술하고 그것을 자신의 텍스트, 자신의 자필 원고로 대치하는 행위를 구별할 수 있는가? 또한 데리다의 텍스트 속에 나오는 인용문의 인용된 텍스트의 어느 부분을 재현하며, 인용문의 어느 부분이 데리다의 성찰을 촉진시키며, 혹은 그런 성찰을 방해하는 지를 밝힐 수 있는가? 「전환 구획」은 데리다의 텍스트를 내적으로 구획하면서 동시에 데리다의 다른 텍스트들과의 관계에서는 외적으로 구획한다.

또한 이러한 구획 행위는, 데리다의 용어에 따르면, 실제로 어떤 구획도 없는 곳에서도 가능하다. 왜냐하면 보충이란 자신을 다른 것과 대치하면서 동시에 그 다른 것에 자신을 첨가하는 반복 현상이기 때문이다. 이와 유사하게 문학적·철학적 텍스트를 재현하는 행위와 데리다의 비평적 텍스트는 서로를 보충하는 관계에 있으며, 한쪽이 결여한 부분을 서로가 공급한다. 어떤 텍스트를 재현하는 일과 비평적 텍스트는 상호 삽입의 관계에 놓인다. 따라서 한 텍스트가 어디서 시작되고 다른 텍스트가 어디서 끝나는지는 확정할 수 없고, 그때 말하는 주체가 누구인지도 확정할 수 없게 된다. 분열은 모든 형식, 예컨대 자기동일성의 파괴, 심연 위에 구축된 보충적 구조, 혹은 이들을 반복하는 글쓰기 등을 통해, 언제나 차연(différance)이 보여주는 불확정성, 비확정성의 세계로 돌아간다.

2. 결합의 규칙

결합이란 정상적으로 연결되기 어렵다고 생각되는 사물들을 대상으로 한다. 결합은 일차적으로 낱말을 통해 조작된다. 소쉬르에 의하면 '낱말은 언제나 어떤 방식으로든 낱말 자체와 연결될 수 있는 것들은 환기한다. …하나의 특수한 낱말은 성좌의 중심과 비슷하다. 곧 이런 낱말은 통합될 수 있는 무한한 항목들이 한 곳으로 수렴되는 중심점에 해당한다.' 탈무드식의 해석 원리 가운데 하나는 '두 개의 구절 속에 나타나는 낱말이나 어구의 유사성을 유추함으로써, 곧 한 구절 속에 나타난 낱말이나 어구가 다른 구절에 적용된다는 사실'에 의해 성립된다. 데리다는 유사성의 관계에 있는 낱말들이나 어구들을 혼용한다. 그는 낱말을 상이한 구절, 텍스트, 문맥이 환기할 수 있는 모든 가능한 의미들의 흔적으로 취급하면서 동시에 다른 낱말들에 대해 띠는 모든 차별적 관계들의 흔적들을 취급한다.

이런 관계는 순전히 음성적 현상으로 나타날 수 있다. 예컨대 marge-marque-march 혹은 crise de vers-crise de nerfs-brise d'hivers-drise de verre의 관계가 그렇다. 이 낱말들은 소쉬르의 고전적 보기인 faire-de'faire-refaire-contrefaire, 혹은 데리다가 보기로 드는 pharmakon-pharmakos-pharmakpi-pharma처럼 공통의 뿌리에 토대를 두거나, 소쉬르가 말하는 이른바 '담론 밖에서 형성된' 정신적 연상으로 인식될 수 있다. 소쉬르가 지적하듯이 우리의 정신은 담론의 이해 가능성을 흐리게 하는 연상들을 자연스럽게 제거한다.

데리다가 소쉬르의 주장에서 개발하는 것은 모순적이거나 부조화의 상태에 있는 의미들, 혹은 텍스트들의 동일한 낱말에 의존하기 때문에 이런 의미들은 서로 연결될 수 있다는 사실이다. 데리다는 낱말을 가능한 모든 의미, 문맥, 연상, 차별적 관계의 흔적으로 취급하고, 이런 흔적들이 주어진 텍스트나 문맥 속에서 그가 말하는 이른바 '의미 효과'를 생산한다거나 그런 효과에 전용된다는 사실을 제시하기 위해 노력한다. 따라서 그는 낱말을 '성좌의 중심, 대등한 용어들의 무한한 수렴 지점'으로 전환시킨다. 그는 낱말을 '중심점', 곧 '모든 대립적인 광선들이 즉시 수렴되는 중심점'이 되게 하고, '상이한 의미와 연상들이 연결될 수 있는 환경'으로 인식한다.

분열의 책략이 내적인 공격에 의해 단일한 실체로서의 '텍스트'를 파멸시킨다면, 결합의 책략은 텍스트 간의 경계를 용해하고, 그 한계를 파괴함으로써 단일한 자기 포섭적 실체로서의 텍스트라는 개념을 공격한다. 낱말의 흔적들을 텍스트 내부와 외부에서 동시에 추적하고, 텍스트 내부에 나타나는 다양한 의미, 상이한 관계, 연상, 그리고 텍스트 외부의 문맥들에 의해 낱말을 다시 규정함으로써 결합의 책략은 텍스트 내부와 텍스트 외부를 결합한다. 이런 방식에 의해서 텍스트 내부에 '현존'하는 낱말들의 의미 혹은 낱말과 텍스트 내부에는 '부재'하지만 낱말들의 연상적 연쇄 혹은 상이한 관계에 의해 암시되는 의미들과 연상은 서로 결합한다.

물론 이런 조작은 작가의 의도, 언어적 의도성, 그리고 의식적 의도와 무의식적 의도의 차이 같은 개념들을 삭제할 때 가능하다. 낱말은 문학적·철학적 텍스트 속에서 훌륭하게 사용되는 경우 수많은 다른 문학적·철학적 텍스트들을 유도할 뿐만 아니라 '무한한 상호 참조'의 체계 속에 놓인다. 데리다가 설명하듯이, '어떤 기호나 인용될 수 있고, 인용 부호로 나타낼 수 있다. 이런 방식으로 그 기호는 주어진 문맥에 따라 파괴되며, 이런 방식으로 무한히 새로운 문맥들을 생성한다'(『철학의 여백』, p.381).

예컨대 「플라톤의 약국」 속의 pharmakon이라는 낱말이 무엇을 발생시키는가 하는 문제를 간단히 살피기로 한다. pharmakon은 매력, 미약(媚藥), 약, 치료, 독물 같은 상이한 의미, 그리고 이런 의미들이 보여주는 모순적인 암시들, 곧 '삶/죽음' '건강/질병' '이로운/해로운' 효과 등에 의해 발전한다. 또한 이 낱말은 속죄양, 요술사, 마술사, 독살자를 의미하는 pharmakos, 혹은 약학을 의미하는 pharmakeus처럼 동일한 뿌리에서 형성된 다른 낱말과의 연상에 의해 발전하며, 이런 의미들이 암시하는 것, 곧 속죄양의 추방, 제약에 있어서의 '치료/독물'의 혼합 등에 의해 발전한다. phaedrus라는 낱말을 선택하고 보면 pharmakon이라는 낱말은 그 모든 의미와 연상을 지닌 채, 어디로 가든 이끼가 생기지 않는 굴러가는 돌처럼, 다른 텍스트를 환기하게 된다.

이때 pharmakon이라는 낱말은 플라톤의 다른 텍스트들, 고대 희랍의 신화적 신념과 제의적 실천에 대해 쓴 텍스트들, 희랍 낱말의 어원에 대해 쓴 텍스트들을 환기한다. pharmakon 혹은 pharmakos-pharmakeus를 통합적 수준에서 연상시키는 것이 있다면, 그것이 어떤 종류의 것이든, 그것을 버티게 해야 한다. 만약 플라톤이 pharmakon 혹은 pharmakos-pharmakeus라는 낱말을 글쓰기, 말하기,

기억, 지식, 모방, 법칙, 소크라테스와 연결시켜 사용한다면, 플라톤이 유의하는 그런 연결을 전제로 pharmakon이라는 낱말은 새로운 문맥 속에 놓이게 된다. pharmakon이라는 낱말은 따라서 그 낱말이 놓이게 되는 각각의 문맥 속에서 새로운 의미들과 암시적 의미들을 획득한다. 그리고 역으로 이 문맥들이 pharmakon의 양상으로 화한다. 곧 글쓰기, 말하기, 기억, 모방, 법칙 등은 생명을 부여하는 치료의 의미와 죽음을 불러오는 독물의 의미를 환기하며, 소크라테스는 '치료/독물'을 조정하는 요술사, 마술사, 조정사로 나타나고, 속죄양은 추방된다. 따라서 상이한 주제나 문맥, 그리고 이런 문맥 속에 나오는 상이한 인물들은 '이로운/해로운' 효과를 동반한 채 pharmakon이라는 낱말의 미덕 혹은 악덕에 의해 서로 결합된다. 이렇게 모순되고 다양한 요소들을 연결시키는 중심점으로서의 pharmakon이라는 낱말은 약국, 곧 약물과 독물이 혼합되는 장소이다.

따라서 결합의 책략은 텍스트 상호간에 존재하는 낱말의 흔적들, 그리고 텍스트 외부에 존재하는 문맥들이 보여주는 낱말의 흔적들을 추적함으로써 텍스트의 경계를 허물며 모든 텍스트를 서로 '접목'(graft)시킨다. 이런 과정이 명시하는 것은 결합의 책략이 또한 텍스트의 중심을 파괴시키는, 이른바 탈중심화한다는 사실이다. 이런 과정 속에서 자체의 고유한 의미를 소유하는 텍스트는 더 이상 자체의 고유한 중심도 못되고, 비평적 담론의 중심이 될 수도 없다. 결합의 책략은 한 텍스트에서 '인용된' 낱말을 사용하는 바, 이때 그 텍스트는 하나의 낱말을 중심으로 하는 텍스트, 문맥, 모순적인 의미들로 가득 찬 성좌 속에 놓이게 된다. 상이한 화제, 텍스트, 모순적인 의미들이 수렴되는 한 점으로서의 낱말은 이제 중심 무대가 된다. 또한 낱말은 중심을 유지하는 바, 그 이유는 낱말이 이렇게 상이한 텍스트, 문맥, 의미들의 사이, 데리다적인 의미에서의 '사이'에 존재하기 때문이다. 곧 '혼융된 형식으로든 분리된 형식으로든 사이에 존재하는 낱말은 조작을 가능케 한다'(『파종』, p.250).

모든 문맥 사이에, 혹은 모순들 사이에, 그들 가운데 어느 것도 흡수하거나 접수하지 않는 상태로 머물기 위해서, 곧 상이한 의미와 문맥들이 수렴되는 '중심점'으로, 그리고 이들을 연결할 수 있는 수단으로 머물기 위해 낱말은 '제로의 상징적 가치'를 소유하지 않으면 안 된다. 이때 낱말은 고유한 확정적 의미를 결여해야 하고, 어떤 문맥이나 의미에 의해서든 공평하게 보충될 수 있는 결핍을 나타내야 한다. 바꿔 말하면, 낱말은 '절대적인 정박지가 없이 오직 문맥들에 의해서만 구성되어야 한다'(『철학의 여백』, p.381). 따라서 낱말은 공백, 곧 공허한 의미로 가득찬 간격, 그리고 그 속에서 모든 의미가 공평하게 되는 공간으로 나타난다. 낱말은 언제나 차연(différance)처럼 구성된다.

데리다는 낱말의 선택은 중요치 않으며, 따라서 어떤 낱말이라도 그것이 이른바 '사이'에 놓인다면, 이런 기능을 발휘할 수 있다고 주장한다. 그는 다음처럼 말하고 있다.

> 어휘로서의 풍부성, 낱말이나 개념의 무한한 의미, 풍요와 밀도, '지속/단절' '내적/외적' '동일성/차별성' 같은 모순된 의미가 낱말이나 개념 속에 어떻게 합치되는가 하는 것들은 여기서 중요치 않다. 여기서 중요한 것은 낱말이나 개념을 구성하고 파괴하는 형식적·통사론적 실천이다. …그 효과는 일차적으로 '사이'에 할당되는 통사가 생산하며, 이런 방식으로 진행됨으로써 미결 상태는 낱말들의 의미가 아니라 장소에 의존한다(『파종』, p.249).

데리다의 실천이 보여주는 것은 어떤 낱말들이 '사이'를 점유하면서 다른 낱말들보다 더욱 성공적으로 차연을 반복한다는 사실이다. 예컨대 pharmakon, pyramid, hymen 같은 낱말들은 marge-marque-marche, 그리고 프로이트의 담론에 나오는 fort-da, 혹은 『파종』에 나오는 흰색과 공백을 지시하는 어휘들보다 더욱 훌륭한 기능을 발휘한다. 또한 너무 낯설기 때문에 우리들의 정신 속에 어떤 이미지도 산출할 수 없고, 자유롭게 번역되어 다양한 변형 과정을 겪는 라틴어나 희랍어가 일상적이고 흔한 낱말들보다 유리하다는 사실에 유념하지 않으면 안 된다. 그러나 결합의 책략이 일련의 텍스트를 서로 접목시키는 한, 결합의 책략과 분열의 책략은 교차하고, 분열의 경우처럼 결합의 책략도 비평적 텍스트에 의해 생산된다는 사실에 유념하는 것이 더욱 중요하다. 우리가 정상적으로 결합시킬 수 없는 것을 결합하고, 모순적이고 일치될 수 없는 요소들을 미결 상태, 공백성, 불확정적이고 비차별적인 낱말의 공간에 한결같이 존재케 하는 것은 비평적 텍스트가 보여주는 '형식적·통사론적 실천'이기 때문이다.

이러한 관점에서 글 쓰기와 글 읽기의 행위가 보여주는 반복성에 대해 말할 수 있다면 그것은 데리다의 텍스트를 그 자체로 분열시키는 방법에 의해서만 가능하다. 곧 데리다의 경우 그것은 고유한 실천을 보여주는 텍스트들의 재현 양식으로부터 형식적 통사적 실천을 구별할 때 가능하다. 이때 결합의 책략은 두 가지 방식을 취한다.

첫째 방식은 차연의 시학, 공백의 신화학, 혹은 '사이'에 들기라는 전환점은 은유의 이론이라고 말할 수 있다. 데리다가 결혼의 신, 질(膣)에 넣기, 피라밋, 보충, 혹은 차연 같은 낱말을 사용하는 것은 다른 텍스트들에 대한 텍스트적 조작을 성취하기 위해서만은 아니다. 그가 이런 낱말들을 사용하는 것은 개방의 정점에 나타나는 구멍, 틈, 공백, 공허한 구절, 무한한 신비를 조사하고, 복잡한 결합의 책략들이 교차점에 존재하는 무의 공간을 제시하는 방법을 조사하기 위해서이다. 그리고 그는 언어가 어떤 방법으로 침묵하게 되는가, 혹은 그의 은유를 빌면 텍스트에 어떻게 구멍들이 뚫리고 그 구멍들이 결합되어 공허의 신비를 재현하는가를 발견하기 위해 이런 낱말들을 사용한다. 그의 말에 따르면 '글쓰기는 철학소들(philosophemes)을 제공한다. 그리고 이 시대의 모든 텍스트는 철학사에서 표현될 수 없었던 어떤 것, 아무튼 어디에도 현존하지 않는 어떤 것의 증상으로 읽혀야 한다'(『철학의 공백』, p.302). 데리다의 텍스트는 마치 신비한 텍스트들이 복잡한 신성(神聖)의 세계로 회귀하듯이 종결되지 않는 무한한 타자로 회귀한다.

결합의 책략은 또한 「팀판」(tympan) 같은 텍스트 속에 구체적으로 재현된다. 이런 텍스트 속에서는 전적으로 상이한 두 개의 텍스트가 동일 페이지 위에 인쇄되며, 두 텍스트는 페이지의 중심을 차지하는 넓은 공백에 의해 분리된다. 여기서 결합의 책략은 텍스트들을 비평하는 비평가나 독자를 위한 안내의 역할을 한다. 페이지의 중심을 차지하는 공백은 처음 볼 때는, 무언가로 채워져야 할 결핍을 표시한다. 곧 그것은 페이지 위에 있는 두 텍스트의 분명한 관계, 결합, 연결이 결여되었음을 나타낸다. 두 텍스트를 연결하거나, 접목시키기 위해 독자나 비평가는 작업하지 않으면 안 된다. 그리고 그는 자신이나 자신의 텍스트를 페이지 위에 존재하는 두 텍스트의 '사이'에 놓아야 한다. 두말할 필요도 없이 자신들의 텍스트를 이런 개방의 공간에 위치시킨 비평가들이 일찍이 존재했었다. 그러나 데리다를 보충하고자 하는 비평가는 그의 텍스트가 데리다의 페이지 위에 있는 두 텍스트 '사이'에 존재한다는 사실을 확증할 것이다. 바꿔 말하면 그의 텍스트 역시 공간화가 환기하는 불확정성, 무차별성, 공백성을 보존하거나 재현한다.

3. 선회의 규칙

선회의 책략은 인습적인 위계 질서를 역전시킨다. 이 책략은 '현존/부재' '말하기/글쓰기' '개념/은유' 같은 모든 대립적인 짝 속에서 한 항목이 습관적으로 다른 항목을 지배한다는 사실을 가정한다. 그리고 이 책략은 지배되는 항목으로 하여금 대립되는 두 항목의 조건이나 토대가 되게 함으로써 그 위계 질서를 역전시킨다. 예컨대, 데리다에 의하면 모든 서구 철학은 부재를 제외하거나, 부재를 현존의 순간이나 형식으로 간주하고 현존을 출발점으로 사용함으로써 부재보다 현존을 우위에 둔다. 따라서 데리다는 차별성 혹은 공간화의 형식이라는 점에서 부재가 모든 사물의 현존이나 부재의 전제 조건이 된다고 주장한다.

또한 데리다는 숨결을 정신이나 의식과 동일시함으로써 글쓰기를 숨결, 곧 말하기의 문자적 복사로 환원시킨 것과 모든 서구 철학에서는 말하기가 글쓰기보다 우위에 놓인다는 사실을 제시한다. 따라서 그는 차별성이라는 일반적 체계에 따를 때 글쓰기가 말하기와, 단지 말하기를 복사하는 글쓰기 양자에 대한 전제 조건이 된다고 주장한다. 또 그는 모든 서구 철학이 은유보다 개념을 우위에 두고, 최상의 경우 은유를 사용하며, 최악의 경우 은유를 오류와 혼란의 근원으로 환원시키는 방법을 설명한다. 따라서 그는 실제로 은유가 모든 철학적 개념들의 기초를 형성하며, 그렇기 때문에 은유는 철학적 개념들, 그리고 철학이 무시하는 양자의 조건으로 고려되어야 한다고 주장한다. 결국 선회의 책략에 따라 비평적 텍스트는 그 가정을 역전시킴으로써 읽기의 대상이 되는 텍스트 속에 적극적으로 개입한다.

선회의 책략은 매우 간결하게 분열의 책략, 결합의 책략과 교차된다. 예컨대 텍스트의 다중성이 통일성보다 더욱 중요하게 되고, 혹은 결과가 원인과 대치되고, 보충이 근원과 대치되는 분열의 경우 위계질서는 역전되며 따라서 분열의 책략은 선회의 책략과 교차된다. 또한 흔히 주변적인 것으로 간주되던 낱말이 중심적인 것이 되고, 무분별의 공간으로 이해된 공백이 중심성의 조건이 되는 결합의 경우 위계질서가 역전되며, 따라서 결합의 책략은 선회의 책략과 교차된다. 더욱 한 낱말이 반대의 의미로 사용될 때 그 낱말의 가치들은 낱말의 '내부'에서 선회한다.

그러나 선회의 책략은 대립성을 중심으로 대립되는 것들의 위계질서를 단지 역전시키는 것만을 뜻하지 않는다. 선회의 책략은 또한 대립성의 외부에서 그 대립성을 용해한다. 이런 작업은 토대가 되는 항목을 그 반대가 되게 함으로써 확장시키고, 모든 항목을 포위하게 하여 어떤 것도 의미할 수 없게 만듦으로써 가능하다. 데리다가 말했듯이, 하나의 항목들을 우리는 '그 한계를 없앰으로써 그 자체를 무효가 되게 만든다'(『파종』, p.252). 단순 은유처럼 이성이 이성 자체에 대립되고 따라서 모든 이성이 은유적 특성을 보여준다면, 일체가 은유적인 것으로 수용된다.

데리다가 지적하고 있듯이 '일체가 은유가 된다면, 고유한 의미란 어디에도 존재하지 않게 되며, 따라서 은유도 존재하지 않게 된다'(『파종』, p.209). 글쓰기가 이런 정도로 확장되어 모든 말하기, 모든 글쓰기, 언어와 말을 재현하는 모든 인쇄 형식뿐만 아니라 모든 사물의 존재를 가능케 하는 차이라는 일반적 체계를 의미한다면, '글쓰기가 아닌 것은 없게 된다'(『파종』, p.252). 글쓰기는 '글쓰기를 초월하는 것이 아무것도 없게 되는 그런 영역으로까지 확장된다'(『파종』, p.252). 일제의 자연·문화 현상, 사물, 언어, 책이 글쓰기 혹은 '텍스트'라면 참으로 '텍스트 외에는 아무것도 없다'면, 텍스트만이 존재할 뿐이며 텍스트 외에는 아무것도 존재하지 않게 된다. 그러나 글쓰기와 텍스트는 어떤 것도 의미하지 않게 되는 지점까지 확장된다. 말하자면 글쓰기와 텍스트는 부조리의 영역으로 확장된다. 어린아이가 태양을 지시하며 '글쓰기', 음식을 지시하며 '글쓰기', 텔레비전을 지시하며 '글쓰기' 정원의 개미들을 지시하며 '글쓰기! 글쓰기!' 라고 말하는 경우를 상상해 보라.

선회의 책략은 헤겔의 변증법에서처럼 본질적 통일성을 구성하는 제2의 명제에 의해 대립적 명제들을 화해시킴으로써 용해시킬 뿐만 아니라, 데리다가 말하는 이른바 '불확정적인 것' 속에 상호 교차시킴으로써 대립성을 용해시킨다.

> 말하자면 '불확정적인 것'은 가짜의 통일성 혹은 의태적simulated 통일성, 곧 '허위의' 언어적 속성을 뜻하는 바, 이런 통일성은 명목론상으로나 의미론상으로나 철학적 근원 대립에 의해서는 이해될 수 없다. 그렇지만 이런 통일성은 제3의 명제를 구성하지 않고 곧 헤겔적인 변증법

의 양식을 허용치 않으면서 대립성에 저항하고, 대립성을 해체시키면서
그 대립성 속에 머문다(『입장들』, p.58).

　가짜 통일성, 혹은 의태적 통일성은 한 명제를 확장시켜 그 명제로 하여금
하나의 사물 혹은 다른 사물을 의미케 하거나, 여러 사물들 가운데 한 사물을
의미할 수 있게 만들 때 나타나며, 이때 그 의미는 이 사물들 가운데 어느 것에
도 적용되지 않는다. '글쓰기'나 '텍스트' 혹은 '파종' (dissemination)은 '불확정
적인 것', 가짜의 통일성, 의태적 통일성으로 인식되는 바, 그 이유는 '최후의
분석에서 이런 통일성들이 아무것도 의미할 수 없고, 무어라고 정의할 수 없게
되기 때문이다'(『입장들』, p.61). 문제를 해결하기 위해서는 '글쓰기' '텍스트'
'공간화' '파종' '차이' 같은 용어들이 이런 방식으로 사용됨으로써 은유가 된
다는 사실에 유의할 필요가 있다.

　이상의 용어들은 분명히 '고유한 의미'를 결여하는 은유, 무한한 상호 지시
의 관계에 있는 은유로서 데리다의 여러 텍스트 속에 상호 반복의 관계, 상호
재현의 관계로 나타난다. 어떤 '고유한 의미'도 없이 이런 은유들이 데리다의
텍스트 전 공간을 차지하게 될 때 그것들은 또한 텍스트의 공간을 심연으로 만
든다. 데리다의 텍스트들이 어떤 '고유한 의미'도 없는 상태에서 그가 말하는
이른바 '의미의 효과', 혹은 '의미의 보충'을 생산하는 것은 이 은유들 때문이
다.

　그러나 데리다가 지적하듯이 여기에는 일반적 돌발 사태를 회피하면서 뒤로
미루어진 어떤 것, 곧 '휴식'이 존재한다. 우리의 사고가 은유에 토대를 두는
한, 은유를 변화시키는 일은 생산적 행위가 된다. 곧 이런 변화는 새로운 통찰
을 생성하고 살포한다. 또한 은유가 묵시록적으로 이해될 때, 은유가 곧 신비주
의자들이 사용하듯 '수용할 수 없는 것'을 전달하기 위한 수단으로 간주될 때,
은유는 문학의 '환영적'(visionary) 차원 혹은 정신적·천상적 차원을 새롭게

검토하는 방법이 된다. 독자와 작가가 언제나 글쓰기에 몰두하는 사람들이라면, 그들은 일체의 현상을 글쓰기라고 명명함으로써 자유로워진다.

이런 언명에 의해 여러 학문의 경계가 용해되고, 도서관과 현실 세계의 대립이 제거되고, 독자와 작가는 그들의 뜻에 따라 어디서나 마음대로 배회할 수 있다. 예컨대 그들은 자연과 문화, 사회 형식과 철학 텍스트, 미적 재현과 모방적 재현, 그리고 동일한 열망과 권위를 환기하는 일체의 사항들에 대해 글을 쓰고 읽을 수 있다. 이런 행위가 가능했던 것은 그 능력이 협소하게 제한되기 이전의 대학에서였다. 또한 비평적 텍스트가 앞선 텍스트들을 언제나 보충하는 '다른 책의 규범들'을 자신의 텍스트 속에 삽입하는 한, 모든 텍스트를 보충이라고 명명하고 모든 비평을 자서전이라고 명명함으로써 우리는 자유로워진다.

비평가를 예술가로 만들려던 와일드의 기획처럼 이런 명명은 비평가로 하여금 텍스트의 '참된' 의미나 '기원적' 의미를 탐구하려는 압박감으로부터 자유롭게 만들고 자신의 텍스트를 첨가물이나 대치물로 간주케 한다. 말하자면 이런 명명에 의해 비평가는 그가 대상으로 하는 문화를 비판할 뿐만 아니라 그것을 전복시킨다. 왜냐하면 보충이란 자기 충족적 행위이기 때문이다. 곧 무한한 대치 과정에 의해 텍스트들의 '참된' 의미나 '기원적' 의미는 상실되기 때문이다. 모든 텍스트가 은유적 현상이라는 관념, 이 세계의 모든 현상이 텍스트라는 관념에 의해 특히 문학 비평가들은 자유롭게 된다. 이런 관념은 '주변적' 원리로 취급되어야 했던 것들을 모든 학문적 행위의 중심에 위치시키고, 문학 연구의 고유한 대상을 '문학'이라고 불린 것들에 대한 고찰로부터 모든 텍스트의 일반적 고찰로 확장시킨다. '문학은 그 한계가 해체됨으로써 가치를 잃는다'(『살포』, p.252)고 데리다가 지적한 사실을 비평가는 기억해야 한다.

그리고 중요한 것은 이런 사실이다. 왜냐하면 데리다의 '역전'에도 불구하고 '남게 되는' 가장 가치 있는 것 가운데 하나는 과거에 지식이 존재했다고 생각하는 곳에 현재는 오직 문학이 존재한다는 사실이며, '문학을 초월하는 것'은

‘무’, 곧 부재에 대해 말하는 또 다른 방법이라는 사실이다(『파종』, p.62).

데리다의 글 읽기가 환기하는 것은, 그가 구체적으로 제시하듯이, 우리의 모든 글쓰기, 곧 그 자체가 여러 텍스트들을 재현하는 또다른 텍스트들에 언급하고, 텍스트들의 이러한 재현성을 논함으로써 텍스트들을 재현하기 위한 우리의 글쓰기가 기원, 진리, 현존, 본질, 현실 따위를 근본적으로 무시하는 심연에 머문다는 사실이다. 말하자면 우리들이 행하는 지식에 대한 모든 보충이 실제로는 근본적으로 그 ‘기원’이 결여된 지식을 다른 지식으로 대치하는 행위라는 사실이며, 또한 우리의 모든 글 읽기, 학식, 은유가 우리들이 소유한 지식의 한계를 자각케 한다는 사실이다. 그리고 데리다의 글 읽기가 환기하는 것은 우리가 솔로몬처럼 현명하고, 데리다처럼 박식하고, 헤겔처럼 해박하고, ‘지상에 성취된 모든 사물들에 대한 지혜의 힘을 빌어 열정적으로 추구하고 탐구할 수 있다면’, ‘많은 책을 쓰는 행위는 끝없이 지속되며’, ‘처음부터 끝까지 신이 만드는 작품을 누구도 발견할 수 없다’는 사실이다.

4. 치환의 규칙

말라르메가 말한 것처럼 ‘모든 방법은 허구이다.’ 그러나 조지 오웰이라면 어떤 방법들은 허구성을 초월한다고 말했을 것이다. 데리다는 ‘기원적’ 방법을 내포하는 이런 허구를 주로 전통적인 학술 작품과 철학 텍스트 양자에 걸쳐 낯익은, 따라서 광범위하게 확산된 사고 관습이 보여주는 기원을 은폐함으로써 생산한다. 그가 의태적인 낯선 세계와 기이한 세계를 생산하는 것은 낯익은 사고의 인습을 새로운 대상과 새로운 용법으로 치환하기 때문이다.

앞에서 말한 분열이란, 순수하게 구조나 텍스트적 ‘조작’으로 간주되는 경우의 구별, 곧 사물들을 서로 분별하는 것에 지나지 않고, 연결의 책략은 결합, 곧 사물들 상호간에 관계를 맺는 것에 지나지 않는다. 그리고 확실히 텍스트에 관해 말하거나 글을 쓸 때 이런 일들이 발생한다. 교사들은 텍스트의 주제, 인물 혹은 형식적·언어학적 자질들을 비교하지만, 이때 이런 요소들은 응집되어 단일하고 궁극적인 '현실'이나 진리를 환기하는 수단이 되지는 않는다. 물론 비평가와 교사들은 텍스트의 인물, 관념, 주제, 혹은 형식적·언어학적 자질들을 다른 텍스트 속에 나타나는 그런 요소들과 관련을 짓거나 이런 요소들을 다른 텍스트에서 획득되는 비평적 방법, 기호론적 구조, 무의식적 패턴, 혹은 사회-역사적 틀과 관련시킨다. 이런 관점에서 모든 문학 비평가와 문학 교사들은 언제나 텍스트 '내부'와 '외부'에서 동시에 작업하며, 그들의 담론은 텍스트와 텍스트 '사이'에 존재하게 된다. 또한 문학 비평가, 문학 교사 혹은 철학 교사는 때때로 하나의 주제, 전형적 주인공, 장르, 은유, 혹은 선과 악의 존재에 대한 논증이 어떻게 고대, 르네상스 시대, 18세기 혹은 20세기 초부터 현재까지 일련의 텍스트를 통해 다소의 차이를 보여주면서도 반복되는가를 제시함으로써 그들의 담론과 책을 구성하곤 한다.

그리고 물론 하나의 텍스트가 다른 하나의 텍스트에 대해 언급하면서 논의가 시작될 때 그 텍스트는 필연적으로 '기원의 기원'이라는 형식으로 나타난다. 곧 다른 텍스트는 한 텍스트가 '재현'하거나 '의미'하는 것을 고찰하기 위한 출발점, 그리고 현실, 역사, 정신의 보편적 구조, 혹은 자기의 삶, 경험, 무의식과 관련되는 텍스트의 기원을 고찰하기 위한 출발점이 된다. 이런 기원들은 그것들이 언제나 불확실하고 따라서 다양한 해석을 낳기 때문에 '확정할 수 없는 것'이 된다. 대립 관계를 선회시키고 위계질서를 연전시키는 구조는 여기서 더 이상 기능을 발휘할 수 없다.

그렇다면 우리가 낭만파들을 높이 평가하고, 던(Donne)을 모든 문학의 모범으로 간주하고, 혹은 자연과 상상력에 대한 19세기적 예찬이 이성과 문화에 대한 18세기적 예찬을 역전시켰으며, 또한 자연과 상상력을 모든 글쓰기의 토대와 조건으로 삼게 되었다고 말할 때, 우리는 과연 무슨 일을 행하고 있는 것일까? 분열, 결합, 보충 구조, 선회라는 친숙한 개념에 대해서도 똑같은 문제가 드러난다. 그러나 이런 개념들은 구별과 결합을 자신의 논리의 출발점으로 삼는 아리스토텔레스, 문학을 초월적 이데아가 모방된 요소들을 다시 모방하는 적절치 못한 세계로 간주하는 플라톤, 대립적인 요소들은 상호의 흔적을 포함하며, 그 흔적들을 선회시켜 대립 관계에 있는 한 명제의 대립성을 무효가 되게 하고, 따라서 그 명제를 다른 명제로 치환하는 변증법을 제시하는 헤겔, 혹은 기원적 결핍을 강조하는 라캉적 프로이트주의와 관련시킬 때 한결 장황해진다.

데리다는 이러한 낯익은 사고 습관을 두 가지 방식으로 치환한다. 첫째로 그는 이제까지 우리가 살폈듯이 낯익은 모든 사고 습관을 상이한 공간에서 분열시키고 결합하고 선회시킨다. 그는 우리가 습관적으로 하나, 혹은 서로 연결된 것으로 생각해 온 것들을 분열시키고, 서로 분리된 것으로 생각해 온 것들을 결합하고, 이전에는 유의하지 못했던, 따라서 별로 의심하지 않았던 사물들의 위계 질서를 선회시킨다. 그리고 둘째로 그는 이와 같은 조작들을 새롭게 명명한다. 그러나 그가 고안하는 이러한 새로운 용어들, 곧 이탈, 심연에 두기, 의태적 통일성, 위계 질서의 역전, 접목들은 흔히 과학적이며 학술적인 실천에 적합하다는 점, 그리고 의미를 산출한다는 점이 지적되지 않으면 안 된다.

또한 데리다는 희미한 상태로이긴 하지만 분열, 연결, 선회의 형식들과는 다른 형식들을 제시한다. 그 차이는 다음과 같다. 사람들이 하나의 텍스트나 일련의 텍스트 속에 현존하는 것을 기술, 설명하기 위해 분열, 결합, 선회의 책략을 사용하는 곳에서 데리다는 우리가 안다고 생각하는 것들이 실은 확정될 수 없으며, 우리가 현존한다고 생각한 것들이 실은 부재한다는 사실을 강조하기 위해 이런 책략들을 사용한다. 우리가 알고 있듯이 분열, 결합, 선회라는 책략은 모두가 공평성 혹은 비차별성, 균열, 심연, 내적인 불확정성과 무의미한 낱말의 세계로 회귀한다. 전통적인 분석 방법과 다른 점은, 데리다의 경우, 기표

(signifiant)와 기의(signifié)가 마치 종이의 표리 관계처럼 상호 관련된다는 소쉬르의 주장을 원용한다는 사실이다. 이런 용어들에 의해 데리다는 전통적인 분열, 결합, 선회의 형식들과는 다르게 '기표와 기의 사이에는 엄청난 거리가 있다는 점, 곧 표리 관계에 있는 그 종이가 눈에 보이지 않는 두께로 나타난다'(『파종』, p.127)는 사실에 유의한다.

데리다는 언제나 텍스트의 낱말들과 그 '고유한' 의미 사이에, 그리고 텍스트와 현실, 텍스트와 작가성 혹은 권위 사이에 자신이 종이를 삽입시키듯이 그의 방법과 의미 생산 사이에도 자신의 종이를 삽입한다. 그는 이런 대립성의 표기를 '의미의 효과' '이론적 명제의 효과' 혹은 개념이 부재하는 상태에서의 글읽기의 가능성만을 산출하는 '허구' '계엄' '환상' '의태'(simulation)라고 기술한다. 그는 여러 텍스트, 문맥, 서로 대립되는 의미들을 수렴하는 기호나 낱말들을 '미결 상태' '가짜 혹은 의태적 통일성' 혹은 '기호를 만드는 환상'이라고 말한다. 그가 주장하는 바에 따르면 여러 방법이 활동하고, 여러 텍스트가 씌어지고 읽히고, 낱말들이 기능을 발휘할 수 있는 것은 구체적인 사물이나 인간에 대한 지시가 부재한다는 점뿐만 아니라 '말하고자 하는' 것, 전달의 의도, 의미 작용이 부재한다는 점에 의존한다. 그리고 그는 해체의 개념을 니체적인 초인 개념과 연결하는 바, 이 초인은 '그의 텍스트를 불태우고, 그의 발자국의 흔적을 지우며, 옛 사고 양식으로 돌아갈 수 있는 가능성을 차단시킴으로써 뒤로 물러서서 웃는 존재이다(『철학의 여백』, p.163).

5. 해체의 목적

이상이 네 가지 해체 규칙이다. 곧 분열, 결합, 선회, 치환의 책략은 모두가 유명한 데리다적인 ×, 곧 존재하는 모든 것을 제거하는 이른바 ×로 우리를 인도하며, 이런 상황을 너머 불확정성, 비차별성의 세계로 인도한다. 이제까지 우리가 살폈듯이 이상의 규칙은 서로 중첩되어 무한한 타자, 곧 '생각할 수도 없고 말할 수도 없는' 세계, '정의할 수 없는 부정성으로서의 타자'를 열어 보인다(『기술과 차별성』, p.168). 이러한 타자로의 무한한 개방, 우리들의 언어와 사고로는 탈취할 수도 없고, 병합할 수도 없고, 포섭할 수도 없고, 감쌀 수도 없고, 지배할 수도 없는 것을 향해 끝없이 개방되는 것이 해체 규칙의 목적이며 당위이다.

데리다가 말하듯이 '존재의 통일성 속에서 타자, 부재, 타자로서의 부재를 격렬하게 분출시킬 수 없다면 글쓰기, 혹은 글쓰기라는 경기는 필요 없을지도 모른다'(『파종』, p.189). 따라서 중요한 것은 규칙이 경기의 놀이, 글쓰기의 반복과 확장을 위해 필요하다기보다는 이런 규칙 때문에 글쓰기, 반복, 경기가 필요하다는 점이다. 규칙은 무한한 타자의 개방, 그리고 그 과정 속에서 해체를 수행하고, 무언가를 단언하기 위해 필요하다.

데리다의 규칙이 파괴하기 시작하는 것은 서구 철학이 보여주는 민족중심주의, 자기 지시성이다. 곧 데리다는 '백인의 신화'를 파괴하기 시작한다. 이 신화에 따르면 백인은 그들의 이성을 모든 이성의 보편적 형식으로 간주하고 그들의 의식을 착취의 보편적 형식으로 변형시키고, 일체의 사물과 인간들을 그들과 '동일'한 존재가 되게 만들며, 따라서 모든 사물, 모든 존재를 지배한다. 해체의 네 가지 규칙이 알려주는 것은 백인의 이성이 모든 존재를 지배할 수 없고, 백인의 의식이 존재하는 모든 것을 착취할 수 없고, 이 세계에 존재하는 모든 사물이 백인과 동일하지 않다는 사실이다. 이 규칙은 백인들이 이런 환상을 갖는 이유에 대해 알려준다. 그것은 백인들이 상호 지시의 관계에 있으며, 오직 스스로만을 재현하는 반복적 텍스트들이 형성하는 폐쇄적 순환 속에서 움직이기 때문이다. 또한 이 규칙은 백인들에게 그들의 텍스트, 그들의 글쓰기 속에는 언제 어디서나 이성에 의해 지배되거나 의식에 의해 탈취될 수 없는, 따라서 그들의 지배력에서 벗어나는 공간들, 충족되지 않은 간격들이 존재한다는 사실을 알려준다. 이런 사실은 서구의 논리 '밖'에 다른 세계가 있으며, 백인들의 이해의 범위를 초월하는 텍스트들의 연속체가 존재한다는 점도 똑같이 반증한다.

데리다가 말하듯이 '공간화에 의해 환원될 수 없는 것, 그것은 타자의 환원 불가능성이다'(『입장들』, p.130). 백인이 이성을 공간화에 의해 환원할 수 없는 세계로 개방하는 것은 동시에 그런 이성을 환원 불가능한 타자의 세계로 개방하는 것을 뜻한다. 그리고 이런 주장은, 데리다도 지적하듯이 지적인 판단과 더불어 정치적·사회적·인종적 판단을 내포한다. 정치적인 측면에서 이런 개방성은 백인의 논리나 의식을 소유하지 않고 따라서 그 사고와 의식이 타자적인 특성을 지니는 서구 밖의 사람들을 향한 개방을 재현하고 이런 타자성에 대한 그들의 권리를 인식케 하는 것을 재현한다. 사회적인 측면에서 이런 개방성은 서구 내의 이방인들, 서구인이 될 수 없으면서 서구 사회의 조직 속에 거주하는 사람들을 향한 개방을 재현하고, 이런 사회 속에서이긴 하지만 그들의 타자성을 유지할 수 있는 권리를 인식케 한다. 인종적인 측면에서 타자의 환원 불가능성을 개방하는 것은 이들에 대한 존경과 자유를 의미한다.

데리다는 『기술과 차별성』에서 다음처럼 주장하고 있다. 지배, 착취, 동화가 존재하는 곳에는 존경도 자유도 존재하지 않는다. 인간들 사이의 존경은 서로가 타자라는 사실을 알고, 타자를 그들과 분리된 주체로 취급할 때만 가능하다. 또한 자유는 분리 혹은 분리적인 특성을 요구하며, 신과 인간, 의미와 작가성 혹은 권위의 관계에 대한 판단 보류를 요구하는 바, 이런 사실들은 여러 상이한 인간, 의미, 진리의 공평한 '유희'를 허용한다. 데리다의 텍스트가 '누가 말하는가'에 대해 명확치 않고, 작가성 혹은 권위와 의미의 관계에 대한 언급을 유보하고, '말하고자 하는 것'을 배제시킨 채 그 기능을 발휘하고, 거대한 자기해체로 보이는 '의미의 효과들' '이론적 명제의 효과들'을 생산할 때 그것은 또한 상이한 작가, 의미와 권위의 유희를 허용하는 셈이다. 데리다의 텍스트가 불확정성, 정의 불가능성, 무한한 공간과 들기(entre)의 세계로 끝없이 회귀하고, 존재하지 않는 것, 확장할 수 없는 존재에 대해 부단히 말하는 것은, 그의 견해에 의하면, 이런 불확정성, 무한성이 '지배'로부터 도피하기 때문이다. '오직 현존만이 지배될 수 있다'(『철학의 여백, p.76』).

따라서 해체의 네 가지 규칙이 '지배를 가정하지 않은 채' 반복되고 지배되지 않으면 안 된다는 사실은 역설적이다(『입장들』, p.126). 네 가지 규칙이 필요한 것은 그 속에서 아무것도 지배되지 않고, 데리다가 말하듯이 '아무것도 발생하지 않는', 곧 아무것도 발생하지 않기 때문에 아무것도 지배되지 않는 텍스트들을 반복해서 쓰기 위해서이다. 현존하는 세계가 글쓰기에 의해 분열되고, 따라서 부재가 될 때, 현존하는 세계에는 아무 일도 '발생하지' 않는다. 이때 우리는 글을 쓰는 종이를 바라볼 뿐이며, 흄 (Hume)이 그랬듯이, 방안을 오락가락할 뿐이다. 한 권의 책이 종잇장에 의해 지탱될 때, 한 낱말이 다른 텍스트에서 '인용'되어 다른 문맥에 놓임으로써 한 권의 책이 다른 텍스트와 결합될 때는 아무 일도 '발생하지' 않는다. 또한 종잇장 위의 낱말들을 통해 그 역사적 현실적 기원, 작가, 단일한 의미가 삭제될 때 한 권의 책 속에는 아무 일도 발생하지 않으며, 더욱 이전에 존재하지 않았던 책의 경우에는 아무것도 발생하지 않는다.

서구 혹은 백인들에게 '아무것도 발생하지 않는' 것은 하나의 텍스트가 차별성의 유희를 허용하기 때문이다. 또한 '아무것도 발생하지 않는다는 사실'이 데리다에 의하면, 진지하면서 동시에 실없고, 성스러우면서 동시에 사악한 것으로서의 경기, 그리고 진지하지도 않고 동시에 실없지도 않은, 성스럽지도 않고 동시에 사악하지도 않은 세계로서의 경기로 기술되기 때문이다. 해체의 규칙들이 일으키는 경기는 다른 텍스트에 대한 끊임없는 읽기, 재탐구, 다시 보여주기, 규칙들의 재생산, 글쓰기의 반복이라는 진지한 일들을 포함한다.

그러나 만일 이런 글쓰기와 행위들이 부재하는 것에 토대를 두고, 아무것도 지배하지 않고, 무엇에 대해서도 '말하고자 하지' 않고, 아무 일도 발생시킬 수 없다면, 바꿔 말해 궁극적으로 차별성이 없는 세계에 속한다면, 어떻게 이런 일들을 진지하다고 할 수 있겠는가? 또한 이런 글쓰기가 규칙들에 의해 '필연적으로' 규제되고, 하나의 장소 혹은 다른 장소에서 필연적으로 분열되고, 결합되고, 선회한다면, 그리고 글쓰기와 반복의 규칙들을 지배하는 문제가 글쓰기와 반복을 규칙들의 지배에 종속시킨다면 글쓰기가 어떻게 진지하며, 진실로 자유로울 수 있다고 말할 수 있겠는가?

해체의 '과학'은 '이중적 과학'이다. 해체의 과학이 이중성을 지니는 것은 해체의 규칙들이, 인문학에서 수행되는 '과학적' 담론을 구성하는 규칙들이 보여주는 이중성과 똑같기 때문이다. 인문학의 경우 '과학적 담론'을 구성하는 규칙들이 여러 텍스트를 부단히 다시 보여주고, 다시 탐구하고, 글쓰기를 부단히 반복하듯이, '다른' 과학을 구성하는 규칙들도 여러 텍스트를 다시 보여주고, 글쓰기를 부단히 반복한다. 그러나 언제나 구성적 과학과 그 해체적 이중성 사이에는 차이가 있다. 왜냐하면 해체적 과학은 과학의 패러디로 인식되기 때문이다. 해체적 과학은 기표로서의 과학적·학술적 담론과 이 기표들이 과학적·학술적 담론 속에서 생산하는 의미들 사이에 존재하는 거리를 강조한다. 해체적 과학은 과학적·학술적 담론의 모든 기표들을 증식시킨다. 곧 여기에는 규칙, 전문어, 정독, 엄격한 논증, 박학, 비인격성, 텍스트와 글쓰기 등 모든 것들이 존재한다. 따라서 여기에는 현상(現狀)의 전복이나 비판뿐만 아니라 모순적인 의미와 가치들의 자유로운 유희가 허용되며, 궁극적인 진리나 현실에 대한 판단이 보류된다. 그러나 해체적 과학이 거듭 알려주는 것은 기표들의 이런 증식이 그 무엇에 대해서도 말하지 않는다는 사실이다. 따라서 이중적 과학이 알려주는 것은 과학의 무의미성이다.

사실 그동안의 사정이 그러했다. 데리다의 '이중 과학'은 인문학이 보여주는 과학적 담론의 전통적 형식들을 패로디화, 그러니까 비판적으로 개작했을 뿐만 아니라 중요한 방식으로 스스로를 과학적 담론의 모델로 삼았다. 물론 이런 점 역시 옛 과학의 패러디라고 기술될 수 있다. 후기 모던 시대의 한 과학자가 말 했듯이, 과학은 이제 기지(既知)의 사실을 미지(未知)의 사실이 되게 한다. 결정 론, 인과율, 예언 가능성, 안정된 체계, 지속성, 인습적 논리와 이해, 그리고 목 적론(teleology) 등은 과학적 담론 속에 어떤 자리도 차지할 수 없게 되었다.

이제 과학이 탐구하는 것은 체계 속의 불안정성, 단절, 모든 지시가 동일하 게 증명되거나 '불안전한 정보'가 허구에 지나지 않는 '사물들'의 행위가 되는 상황들이다. 미시 물리학은 '결정할 수 없는 것들', 곧 절대적인 용어로는 모순 되며, 실제적인 용어로는 완전히 역설적인 '분자' 혹은 그 '부분들', 따라서 하 나의 사물이 '동일한' 사물의 고유한 '속성'으로 정의하기 어려운 '분자'나 '부 분들'에 대한 중첩되는 진술들을 생산한다. 실험 과학의 실체와 팀에 의한 발표 행위는 과학적 텍스트의 '저자', 관념으로서의 '저자'라는 총체적 개념을 의문 시하는 바, 이런 문제가 과학의 경우 거의 문제시되지 않는 것은 과학 텍스트 들이 그들의 고유한 저자성, 곧 권위를 생성하리라고 기대되었기 때문이다. 그 러나 그들이 자신들의 재료를 인습적 용어나 상식적 용어로 이해하기 어렵다 는 사실은 그 재료들을, 예컨대 입자들의 '매력'처럼 은유로 인식케 하거나 '하 나의 이야기를 조립하여' 그들이 발견한 내용을 설명케 한다.

인문학의 경우엔 인습적·과학적 담론의 이중적 패러디로 나타나며, 과학적 담론의 경우엔 인문학의 언어로 다시 보여주는 이른바 이중적 과학은 또한 과 학적·학술적 생산이 환기하는 폐쇄적 체계를 '초월'하거나, 그 '외부'에 발생 하는 다른 의미들을 소유한다. 왜냐하면 '이중적 과학' 역시 극도의 진지성과 헌신을 통해 '아무것도 발생시키지 않는' 과학으로 인식되기 때문이다. 데리다 의 텍스트에서는 아무것도 발생하지 않는다. 텍스트의 안정된 의미, 작가의 의 식적·무의식적 의도, 언어와 사상의 구조, 현존, 진리, 본질이나 관념, 낱말의 역사성의 토대를 살피고자 하는 경우면 언제나 우리가 만나게 되는 것은 불확정성, 결정 불가능성, 불확실성의 세계이다. 그리고 존재하는 것은 텍스트뿐이며, 텍스트 밖에는 아무것도 없고 오직 텍스트만 있을 뿐이다. 곧 존재하는 것은 재탐구, 동일한 질문에 대한 제시와 다시 보여주기, 동일한 결합을 보충하기, 안정되고 확실한 해답의 실패, 우리들의 시야 밖에 있는 세계를 향한 여러 가지 개방성을 상이한 방식으로 표시하고 다시 표시하는 일들이다.

데리다 이후에 우리는 공간, 침묵, 틈에 유의하지 않고, 또한 어디서 분열이 나타나는가에 대답하지 않고서 텍스트를 읽거나, 그것에 대해 글을 쓰거나 논증할 수 없게 되었다. 이런 의미에서 과학은 우리에게 겸손에 대해 가르쳐 준다. 곧 과학이 가르쳐 주는 것은 우리가 얼마나 모르고 있는가에 대한 감각, 우리가 알고 있는 세계란 인위적 구성물에 지나지 않는다는 감각, 또한 우리들의 지식에는 한계가 있으며, 우리들의 지식, 글쓰기, 경기가 어디까지 확장되든, 이 한계를 초월하는 곳에는 언제나 무한한 타자가 존재하며 이 타자와 우리 사이에는 영원한 단절이 존재한다는 감각이다.

폐쇄적 체계에는 내부와 외부가 있으며 또한 내부와 외부에는 그 '사이'가 있다. 데리다에 의하면 프랑스 사회의 알제리아인들, 미국 사회의 프랑스인들, 이교도 사회의 유태인들이 이 '사이'에 존재한다. 데리다가 지칠 줄 모르고 반복하듯이 그의 과학은 언제나 폐쇄적 체계의 내부와 외부 '사이'에 존재한다. 그의 과학은 우리들의 사고를 구성하는 대립성의 내부와 외부, 서구 형이상학의 내부와 외부, 프랑스의 내부와 외부, 전문적 학술의 내부와 외부 '사이'에 머문다. 따라서 데리다의 과학 역시 이중적 특성을 보여주는 바 그 이유는 그의 과학이 언제나 두 가지 방식으로 읽힐 수 있기 때문이다.

폐쇄적 체계의 내부에서 우리는 그의 과학을 우리들이 수용한 고전적 텍스트들의 의미와 학술 작업이 보여주는 인습적 규칙들이 전복 될 것으로 읽을 수 있으며, 따라서 비평적 텍스트를 생산하기 위한 새로운 규칙들, 혹은 학술 세계의 위계 질서와 분업적 우선 순위를 역전시킨 것으로 읽을 수 있다. 폐쇄적 체계의 외부에서 우리는 그의 과학을, 우리들이 텍스트에 대해 가르치고 쓰는 것에서 '참으로' 우리가 무엇을 하고, 무엇에 대해 말하는가 라는 질문으로 읽을 수 있고, 확실성과 결정 가능성의 한계를 조명하는 우리들의 가정에 대한 질문으로 읽을 수 있고, 무한한 보류에 의해 영원히 그 실체가 드러나지 않으면서 존재와 부재, 삶과 죽음에 편재하고 차별성, 무차별성, 이른바 차연(différance)에 의해 그 흔적을 남기는 영원한 타자가 이 폐쇄적인 체계 너머에 존재했고 존재하고 존재하리라는 관심으로 읽을 수 있다.

제5장 문학의 기호론에 대하여[1)]

— 로버트 스콜즈

1

'문학'이란 물론 한 단어일 뿐, 사물은 아니다. 일상의 회화에서 그 단어는 여러 가지 방식으로 쓰이는데 어떤 것은 서로 상충되기도 한다. '문학'은 허위의 글에 대하여 진실의 글, 효용의 글에 대하여는 아름다움의 글, 진위 여부의 글에 대하여서는 진실일 수 없는 글 등으로 상정될 수도 있다. 그것은 시·극·이야기와 같은 몇 가지 장르가 정립된 형태와 더불어 장르 경계를 넘나드는 수필이나 영화와 같은 논의의 여지가 남아 있는 장르까지를 포괄하는 것으로 상정될 수 있다. 대부분의 문학의 영역은 이 이상의 개념으로 기능하고 있지는 않으며, 스파쇼트(F.E. Sparshott)가 역설적으로 지적했듯이, 그들은 그 세계에서 자신을 가지고 앞으로 나아간다.

본고에서도 어느 정도까지는 전통적인 혼돈에 대해 공감하는 바이다. 흔히 너무 배타적이거나 포괄적이어서 문학에 대한 체계적인 사고를 위한 모든 시

---

1) Robert Scholes, *Toward a Semiotics of Literature*, in Semiotics and Interpretation, Yale University Press, 1982, pp.17~36. (박종철 역, 『문학과 기호학』, 대방출판사, 1983, pp.143~165.)

도가 악평을 초래하는 범주들을 생겨나게 하여, 해명으로 시작되었던 것이 당치않은 것으로 끝나고 만다. 생활에서와 마찬가지로 문학 이론에서의 혼란은 흔히 정치적이거나 또는 윤리적 내지 미적 체계에 의해서 제공된 대안보다 더욱 인도적이며, 더욱이 효율적이기 조차하다. 사실 우리는 특정한 종류의 인간의 습성에 대해 우리가 체계화할 수 있는 그 이상을 '알고' 있다고 할 수 있는데, 그래서 우리는 물론 직관이 합리화된 견해보다 우월하다고 한다. 더욱이 '문학'이라 부르는 것을 연구하고 있는 우리는 자신이 이해하고 있는 것 이상을 이해하기를 바라지 않을 수 없다. 우리는 알기 위해 연구하며, 문학이 무엇인가를 알고자 하는 바로 그 문제야말로 우리를 매혹시키는 것이다. 본고에서 그러한 문제들을 다루고자 하는 필자의 시도는 비평적 사고의 형식론자·구조주의자·기호론적 전통에 기반을 두고 있지만, 결정적인 특징 대목에서는 내가 택한 전통을 필요한 방향으로 굴절시킬 것이다. 때에 따라서는 내가 극한점을 넘게 굴절시켰다는 말을 들을지도 모르겠다.

필자가 논하고자 하는 '문학'이라는 단어는 의사 전달의 반복적인, 또는 재구(再構) 가능한 행위의 한 특정체를 지칭하여 왔음에 틀림없다. 후에 나는 그 정의의 '특정' 부분에 대해 상술하려고 하는데, 그것은 문학적 범주로부터의 반복적인 또는 재구 가능한 의사 전달 행위의 배제를 요한다. 그러나 우선 이 정의에서 다른 용어들부터 정의해야만 되겠다. '반복적인 또는 재구 가능한' 이란 문학이라 불리우는 것이 특정한 지속성을 가져줄 것을 요청한다. 이것은 기록된 텍스트, 녹음된 발화(utterence), 틀에 감긴 영화 필름, 또는 속담이나 농담, 신화, 서사시와 같이 구두로 전달되는 형태를 취할 것이다.

구술 형태로 재구된 것은 보통 동일한 텍스트는 아니어도 식별할 수 있는 구조인데, 다른 단어로 이루어진 '동일한' 농담이거나 서사시로서, 이 '동질성'이 그러한 작품들을 문학이라는 정의의 한계 내에 남게 하는 것이다. 잊혀진 농담이거나 망실된 원고이거나 간에 재구될 수 없거나, 반복될 수 없는 말이나 공연은 이제는 더 이상 문학의 일부라고 할 수 없다. 왜냐하면, 문학은 유효한 연행(演行, performance)만으로 구성되기 때문이다. 모든 기록된 텍스트들이 문학으로 간주되어야만 한다는 것이 논의되어 왔으며, 후에 보게 되겠지만 이에 대한 타당성도 있기는 하다. 기록은 발화를 축어적으로 보존할 뿐만 아니라, 제재를 직접적으로 감각에 효율적인 다른 매체로 바꾸게도 하는데, 필자도 논의하겠지만 그것은 초보적인 종류의 허구화다.

본고에서 제시하고 있는 문학에 대한 정의에서 '행위'라는 단어는 우리의 반복 또는 재구 가능한 발화가 지각력 있는 존재들의 편에서 사려 깊은 행동이어야함을 요구하는 것이다. 하나의 실수가 문학이 될 수는 없다. 그러나 다른 어떤 사람의 이에 대한 연행은 문학이 될 수 있다. 어떤 발화나 인간의 몸짓은 다른 발화와 의도적으로 병합함으로써 문학적이게 될 수 있는 것이다. 말이나 몸짓의 사소한, 또는 저속한 부분도 이야기나 극에서, 심지어는 죠이스 식의 '주현'(主顯, epiphany)에서까지도 문학적 방도로 기능할 수 있다. 마치, 뗏목이나 전지(剪枝)된 나무 조각이 조각 작품에 병합되거나, 어떤 발견된 물체가 선택과 진열이라는 행위에 의해 시각 예술로 전환될 수 있는 것과 마찬가지다.

마지막으로, 그 정의에서 '의사 전달'이라는 단어는 반드시 고려되어야 한다. 그것에는 예상되는 언표적 형식들만이 아니라 의미 작용의 비언표적 체계들도 포괄하는 것으로 쓰여 왔다. 연극과 영화를 제외하고 난 '문학'이라 이름지어진 범주는 여러 가지 의미에서 난감하고 불편하다. 분명히 동일한 작품(예를 들어 헨리 제임스(Henry James)의 『워싱턴 광장 (Washington Square)』)이 인쇄된 텍스트나 무대 공연, 영화 필름과 같은 것으로 효과적으로 존재할 수 있다는 사실이 그 한 가지 이유이다. '의사 전달'이라는 단어는 분명히 의사를 전달하고 있는 무언극이나 춤과 같은 비언표적 형태로까지, 또는 모든 표현의 시각적·음악적 형태로까지 널리 문호를 개방하는 것 같이 보인다.

분명히 재현 형태로부터 '순수' 내지 추상 형태로까지의 광대한 영역이 있기는 하지만, 대부분의 시각 예술이 그러하듯 대부분의 음악도 무엇인가 '의사를 전달'한다. 이쯤에서 의사 전달의 의미를 이 정의에서는 언표적 재진술이나 환문(換文)을 이성적으로 허용하는 발화로 제한하는 편이 유용할지도 모른다. 그렇다고는 하지만 이것은 들쑥날쑥한 경계를 가질 것이므로 짚고 넘어가야 할 대목이기도 하다. 만일 이 정의와 명시(明示)의 다른 양상이 이 약점을 중시하기에 충분하리만큼 성공적이라면 다른 경우에서보다 완전히 고려될 수 있을 것이다. 우선 당장은 시각 예술의 고도의 도상적(圖像的)인 작품은 음성적이며, 편성된 음악과 마찬가지로 어느 정도는 문학적이라고 말하는 것으로 충분하리라.

바로 지금의 그 정의에서 '특정'이라는 단어로 숨겨진 부분이 좀더 중요하다. 독자도 알고 싶겠지만, 어떤 자질이 문학 작품을 특정한 의사 전달 행위로 만드는가? 프라그학파의 어떤 유능한 구조주의자나 마찬가지로 나는 한 마디로 '문학성'이라 대답할 것이다. 이 반응은 물론 논리적으로는 그럴 듯하지만, 새 용어가 이 시점에서 우리의 과제가 덜 동어 반복적인 의미론적 규약화(規約化)로 작성될 때까지 그것은 전적으로 무의미할 것이다.

문학 연구에 대한 로만 야콥슨(Roman Jacobson)의 주된 공헌은 우리 모두를 절대적 범주로서의 '문학'으로부터 구출해 낸 점이다. 그가 우리에게 가르쳐준 '문학성'은 모든 종류의 발화에서 발견되지만, 어떤 것들은 특별히 문학적이지 않은 것도 있다. 따라서 '문학적인 작품'이란 단순히 문학성이 지배적인 것을 일컫는다. 이것은 분명 한계를 짓기 어려운 논쟁을 유발하지만, 절대적 범주로서의 문학이 언제나 논쟁을 유발하는 한, 의심할 바 없이 유리한 점이며, 논의를 '문학성'에 돌림으로써 최소한 우리는 어떤 종류의 확증으로 그와 같은 논쟁을 결정해야 할 것인가를 알게 된다. 만약(이것은 광의의 '만약'이지만) 우리가 만족스러운 방법으로 '문학성'을 정의할 수 있다면.

물론 문학성은 전혀 발화의 양상으로 정의할 필요가 없는 것일 수도 있다. 사실, 쿨러(Jonathan Culler)가 『구조주의 시학』(*Structuralist Poetics*, 1975)에서 제시하였던 것과 같이 문학을 작품 자체의 기능으로서가 아니라, 독서의 특수한 방법으로 간주함으로써 전체의 문제를 전도할 수도 있다. 큘러는 문제점이 반드시 텍스트의 문학성에 있는 것이 아니라 독자의 '문학적 능력'에 있는 것이라고 주장하였다. "예를 들면, 문학적 텍스트가 허구적이라고 말하기보다는 이를 문학적 해석의 관습이라 예증할 수 있으며, 한 텍스트를 문학으로서 읽는다는 일은 그것을 허구로서 읽는다는 점으로 설명할 수 있다(p.128)." 그러나 '능력 있는 독자'가 모든 텍스트를 허구로 읽어야만 하는가, 또는 모든 텍스트를 적절한 방법으로 읽어야 하는가? 큘러는 일차적으로 장르적 관습에 대한 숙련이 그 능력이라고 제안한 바 있는데, 내가 찬동하는 대목이기도 하다.

그러나 모든 관습이 문학적일 것인가? 모든 텍스트가 허구일 것인가? 이것은 단순한 문제가 아니다. 많은 논의가 이 문제에 기울여질 수 있으나, 그 논의를 진정시키기 위해서는 거듭 문학성이라는 문제에 맞닥뜨렸어야만 했을 것이다. 그 문학성의 문제는 우리가 그것을 텍스트에 두거나 독자에 두거나, 또는 체계에 두거나 간에 없어지지 않을 것이다. 필자가 논의하고자 하는 해결책은 독자의 역할을 포함시키면서 '문학적인 것'을 야콥슨으로 소급하는 의사 전달 행위의 모든(중요) 기능을 전화시키는 특질로 봄에 있다.

야콥슨의 도표로 유명해진 의사 전달 행위의 여섯 가지 특징은 발신자, 수신자, 접촉, 전어, 규약 및 관련 상황이다.

관련 상황
전　　언
발신자　　접　　촉　　수신자
규　　약

야콥슨 자신의 공식에서 미적 기능은, 언표적 표현을 문학적이게 만드는 것인데, 그것은 전언 자체의 형태 변형에 있다. 문학적 발화는 전언의 형태적 구조에 둔 강조점에 따라 비문학적 발화와 구별된다. 이 강조점은 우리가 발화를 특정한 밀도나 불투명성을 가진 구조화된 대상으로 고려하게끔 한다. 그것은 우리의 사고가 그것을 통해 어떤 관련 상황이나 행위를 지향하게 하는 투명한 매개물이 아니다. 그것은 그 자체의 권리로써 통찰되어야 할 실재인 것이다. 이 공식화는 리쳐즈(I.A. Richards)와 신비평가들의 여러 가지 상이한 견해들과 밀접하게 관련된다. 그것은 궁극적으로 미적 대상의 무목적성에 대한 칸트(Kant)의 가정에 근거를 두고 있다.

그 공식화는 부분적으로는 유용한 것이기는 하나, 몇 가지 이유에서 그 부당함을 드러낸다. 한 가지는 이것이 산문으로 된 소설이나 극보다는 시, 특히 고도의 정형시에 적용된다는 점이다. 또 한 가지는, 문학성을 '예술'이라 부르는 무목적인 활동의 한 양식으로서라기보다 의사 전달이라는 한 가지 특질로 봄으로써 이제까지 획득하여 온 많은 것을 단념해야 한다는 점이다. 이 예술이라는 개념은 일단은 그림을 고려한 것이었으므로 인식적이거나 교훈적인 문학의 모든 양상들이 불순물인 것으로 밝혀졌다. 만일 음악이 아무것도 지시하지도, 증명하지도, 옹호하지도 않기 때문에 가장 완벽한 예술이라면 항상 지시하고, 증명하며, 옹호하는 문학은 영원히 불완전한 것으로 판명될 수밖에 없다.

문학은 일종의 실패한 예술이라는 관념을 받아들이기보다는 우리의 삶에서 문학 연구를 중심적인 관심사로 삼아온 우리는 이 중심성을 설명할 수 있는 정의를 찾아내야만 한다. 이 방면에서는 문학을 예술적 요소의 비속화로 보기보다는 의사 전달의 세련 내지 완성으로 보는 것이 필연적인 첫 단계이다. 야콥슨의 정연한 공식화는 그 정연함에 대해 너무나 많은 대가를 치루었다. 그것이 기호론에서도 존속하게 되었을 때 미학으로 소급되지 않을 수 없었으며, 그 결과는 대부분의 시를 포함하여 모든 문학의 가장 중요한 자질을 배제한 문학성에 대한 정의가 되었던 것이다. 지금은 보다 만족스러운 문학성의 관념을 우리에게 제공할 공식화를 향하여 나아갈 때이다.

그것을 되도록 간단히 진술하자면, 의사 전달의 여섯 요소 중에서 어느 하나가 단순성을 상실하여 복수 또는 이중으로 되었을 경우의 발화에서 우리는 문학성을 느낀다. 우선 최소한의 예로써 이를 예증하도록 해보자. 발화의 작성자와 그 발화의 화자 사이의 차이를 느낄 때 어떤 일이 생기는지에 우리는 모두 익숙해 있다. 그렇다면 그 말(words)은 작가의 '인물' (persona)로부터 나온 것이며, 그 말이 암시하는 바와 같이 작가는 가면을 썼음을 의미한다는 것이다. 의사 전달 행위가 우리로 하여금 작성자와 화자 사이의 차이점을 느끼도록 고취할 때마다 우리의 문학적 능력은 활성화되어 왔다. 우리가 극이나 이야기 속에서 인물들의 말을 만나게 될 때와 같이 명백한 상황에서 뿐만이 아니라, 수필가가 예상하는 규범에서 일탈된 것 같아 보이는 어조나 역할을 채택할 경우의 수필에서도 그것은 마찬가지이다. (이 점은) 일상적인 대화에서까지도 어떤 특정한 경우에 특별한 어조나 표정 내지 방언을 선택할 때 우리는 이것이 일종의 문학적 행위임을 깨닫는다. 기록된 산문에서 스위프트(Swift)의 '공손한 제의'(Modest Proposal)에 쓰인 역설적 논증의 표현과 같은 기교는 의사 전달에서 '발신자'의 이중성에 대한 과도한 한 가지 예에 불과하다.

이와 흡사하게, 만약 (한 발화의) 단어들이 직접적으로 우리에게 겨냥을 하지 않고 다른 사람에게 겨냥한 것이라면, 이 이중의 상황은 본질적으로 문학적이다. 존 스튜어트 밀(John Stuart Mill)은, 시는 듣는 것이 아니라 엿듣는 것이라며 이 점을 강조한 바 있다. 이는 공교로운 일이지만 엿보기나 훔쳐보기의 상황은 부분적으로 문학적이다. 왜 그들이 공인된 문학(문학의 텍스트)에서 두드러지게 나타나는가는 의심할 나위가 없다. 이 의사 전달 행위의 특질에 관련된 독자의 문학적 능력은 발화가 발화되는 사람을 상정하거나 가상의 청자에게 의도되지도 않고, 그에게 이해되지도 않은 의미를 파악하는 문제이다. 모든 의사 전달의 미묘성은 그에 상응하는 해석의 미묘성을 필수로 한다.

접촉이 간단치 않을 경우에도 우리는 문학적 상황에 처하게 된다. 예를 들면,

말해진 단어들이 기록으로 우리 앞에 나타난다면 이 옮김 표현 (translation)에서 상실된 구술(口述) 의사 전달의 특질들을 작자나 독자 모두가 보완해야만 한다. 마치 로오렌스 스턴(Laurence Sterne)이 『트리스트람 샌디』(Tristram Shandy)에서 트림(Trim) 상병의 태도와 몸짓과 어세를 기록하고 상기시키듯이. 물론 스턴은 기록된 문서를 소리 내어 읽는 것을 글로 기록함으로써 상황을 접촉의 관점에서 배가하여 문학적이게 한다.

이와 비슷하게, 정상적·시각적으로 감지된 사물들에 대한 모든 기술은 시각적 접촉이어야 할 것을 언표적 접촉으로 옮기고자 하기 때문에 문학적인 경향이 있다. 모든 기록된 문서가 '문학'이라는 관념은 이 과정에 근거한 것이다. 사실 인쇄물의 언표적 접촉과 어떤 인쇄된 텍스트에서 명명된 대상들을 감지하는 우리들의 일상적 방식과의 사이에서 우리가 차이를 느끼면 느낄수록 그 발화는 더욱 문학적일 것 같다. 따라서 모든 글은 최소한 문학성의 흔적을 포함할 가능성이 있다. 그러나 어떤 주어진 발화를 문학성이 지배하기까지는 문학과 대등할 수 없다는 점을 잊지 말아야 한다.

비록 몹시 복잡한 것이기는 하나, 전언 자체의 형식에서의 이중성은 가장 면밀하게 연구되어 왔기 때문에 우선은 가장 잘 이해할 수도 있는 문학성의 양상이다. 야콥슨과 리처즈, 모든 형식주의자들과 신비평가들은 역설(아이러니), 중의성(重義性), 파라독스 및 시적 전언 등의 이중적 특질뿐만 아니라 여러 가지 음상 효과와 운문의 통사적 양식화를 우리에게 유의하게 하였다. 많은 이론가들이 논란을 벌여 왔던 바대로, 그 작품을 독립적인 대상으로 만듦으로써 세계로부터 분리해 내지 않도록 작용한다기보다는 오히려 한편으로는 의사 전달적이며 외재적으로 지시적인 것으로서의 발화와 다른 한편으로는 비전달적이며 자기 지시적인 것으로서의 발화 사이에 문학적 긴장이 발생하도록 작용한다는 것을 제외하고는 이들 자질들에 대한 긴 논의를 하고자 하는 의도는 없다. 다른 학자들 가운데서 머레이 크리거(Murray Krieger)가 논의하여 왔듯이 한 편의 시는 거울이면서 동시에 창문임으로 해서 우리의 관심을 끌어왔다.

마지막으로 가장 복잡한 문제가 남아 있다. 그것은 규약과 관련 상황의 문제이다. 규약은 다음으로 남겨둘 수도 있는 문제인데 그 까닭은 우리가 문학적인 것으로 고려해 오고 있는 모든 특질들이 일상적 담화를 문학적 언술(discourse)로 변형시키는 관습 내지 장치에 의해 기술될 수 있기 때문이다. 이들 관습 및 장치가 문학의 규약을 구성한다. 우리는 규약과 규약화로 되돌아가게 되겠지만, 우선 문학 이론 가운데서 가장 어렵고도 흥미로운 문제에 직면하지 않을 수 없게 되는데, 그것은 관련 상황의 문제이다. 야콥슨은 관련 상황에 중점을 두는 발화는 지시적이지 시적일 수 없다고 말함으로써 문학의 영역에서 그 문제를 제거하였다.

리처즈와 같은 많은 이론가들도 실용적인 텍스트와 미적인 텍스트의 차이를 기술하는 방법으로서 지시적 언술을 비지시적 언술에 대립시켰던 것이다. 비평에서 형식주의와 신비평 양자는 문학 텍스트를 어떤 인식적 자질로 삼는 것을 거부하는 경향이다. 우리가 연구 대상으로 삼아온 의사 전달이라는 모형의 관점에서 보아, 그들 자신의 언표적 체계 또는 그 체계를 공유하는 텍스트를 넘어서는 그들의 어떤 관련 상황에도 접근할 수 없음을 의미한다. 여기에서의 나의 의도는 상반되는 가정을 논의하려는 것이다. 그렇게 함으로써 필자는 소쉬르로부터 바르트(R. Barthes)까지 이어 왔으며, 현재의 파리식 구조주의에 만연된 기호학 연구에서의 강력한 전통과는 관계를 끊어야만 하겠다.

소쉬르 이래 프랑스 기호학적 사고에서의 가장 유력한 가설은, 기호는 이름과 그것이 지시하는 대상으로 형성되는 것이 아니라 음성 영상과 개념, 기호 작용부와 기호 의미부로 형성된다는 개념이었다. 바르트와 다른 학자들에 의해서 부연되었듯이 소쉬르는 우리로 하여금 말(words)과 사물, 기호와 지시 대상 사이의 뛰어넘을 수 없는 간격을 인식하게끔 가르쳐 주었다. '기호와 지시 대상'이라는 총체적 관념은 지나치게 물질적이며 단순한 것이라고 해서 프랑스 구조주의자들과 그들의 추종자들에 의해서 거부되어 왔다. 기호는 사물들을 지시하는 것이 아니다. 그들은 개념들을 의미하며 그리고 개념은 실제의 양상이 아니라 사고의 양상이다. 이 우아하고 설득력 있는 공식화는 확실히 안일한 사실주의, 비속한 물질주의 등 절름발이 형용사로 한정할 수 있는 여타의 무슨 주의에 유효한 비판을 가했다.

그러나 그것이 반드시 세상을 하나의 개념으로 바꾸어 놓게 했다고 할 수 없다. 기호론자들조차도 마치 세계가 그들 주위에 견고하게 존립하듯이 먹고 또 그 이외의 육체적 기능을 수행한다. '빵집'(Boulangerie)이라는 단어가 지시 대상을 가지지 않는다는 사실도 그들이 그 기호 아래에서 일용할 양식을 용납한다는 것을 막지는 못한다. 보르헤스(Borges)가 지적했듯이 "세상은 오오, 진짜야, 왜냐면 오오, 나는 보르헤스니까." 단어와 사물 사이의 관계에 대한 전체적인 의문은 여기에서 명백하게 논의할 수는 없다. 언어가 비언표적 경험의 도움이 없이도 '오르가즘'이나 '편도선'과 같은 단어들을 생성할 수 있으리라는 점은 내게는 정말로 그럴 듯 싶지 않다. 나의 견해로는 언어가 만일 정말로 폐쇄적 체계라면 여타의 다른 폐쇄 체계나 마찬가지로 전달 효율에서의 증가가 문제가 될 것이다. 사실, 언어를 쇠퇴로부터 지켜주는 것은 비언표적 경험으로부터 언어로의 새로운 입력인 것이다.

여기에서 옹호하고자 하는 문학의 이론은 의사 전달 행위가 현상 체계를 지적함은 물론, 현상의 벽 이면에 놓일 수 있는 것을 목표로 하는 무모함조차 갖고자 한다는 관점을 용납함에 기반을 두고 있다. 마치 『모비딕』(*Moby Dick*)이 우주의 신비에서 심원한 것을 추구하는 한편으로 실제의 포경 산업과 실제의 고래, 포경 선원의 실제의 행태에 관하여 무엇인가를 말해 주고자 모색하는 것과 같다. 이 견해를 받아들이기 위하여 사물 그 자체나 궁극적 실재, 관념이나 본질에 관한 질문을 설정할 필요는 없다. 다만 사고와 우리를 에워싸고 있는 세계 사이의 상관관계가, 원자 물리학에서 기계 공학을 통해 해독되는 기호의 수학적 체계가 도시 전체나 도시 시민 전체의 파괴에 이르게 할지도 모르는 것처럼, 최소한 이론적으로는 가능하다는 점을 인정해야 할 뿐이다.

2

발화의 관련 상황 속에서 문학성을 분리해 내기 위해서 관련 상황의 지시 대상의 여러 가지 국면을 깨달을 수 있게끔 해줄 술어가 필요하다. 필자가 제안하고자 하는 용어는 서로 관계 맺고 있는 세 가지의 이원적 대립, 또는 단일한 궁극적 대립의 세 가지 국면에 기반을 두고 있다. 그것은 부재에 대한 현존, 기호에 대한 현상, 추상에 대한 구상이다. 중립적이고 비문학적인 관련 상황은 현존이며 현상적이며 구상적이다. 즉, 그 관련 상황은 한 특정 전언의 발신자와 수신자 모두에게 현존적이다. 관련 상황은 지각적으로 그들 양자에게 유효하며 (가능한 한 기호적 규약화에서 자유로운 것으로서) 그것은 관념을 닮기보다는 사물에 좀더 가깝다. 예를 들어, 두 사람이 같은 방에 앉아서 창 밖을 내다보며 "비가 오고 있군!"이라고 한 사람이 말한다면, 그 관련 상황은 구상적이며 현상적이며 현존적이다. 그러나 만일 그들이 한 권의 책을 펴들고 "비가 오고 있습니다"라고 읽는다면, 그 관련 상황은 역시 구상적이며, 또 잠정적으로 현상적이기는 하나, 반면에 부재적이므로 그 구절의 의미는 총체적으로 다르다. 그 의미는 더 이상 창밖의 비를 직접적으로 지시할 수 없으며, 화창한 날씨에 볕이 들었다 해도 창밖의 햇볕을 직접적으로 지시할 수 없다. 그것은 현존하는 실제에서가 아니라, 우리가 허구라고 알아 온 공간에서 비가 내리고 있는 것이다. 단어라는 매체를 통하여 허구라는 공간에 들어가기 위해서는, 우리가 지정된 현상의 현존 속에 있다면, 우리의 감각을 통해 유효화할 수 있는 심상과 소리와 여타의 지각적 정보를 생성시키는 지각의 과정을 역전시켜야만 한다.

만약 똑같은 구절이 편지에 나타나게 된다면 발신자와 수신자는 서로에게 현존하여 있는 것이 아니기 때문에, 따라서 양자 모두는 지시되는 현상의 현존 속에 있는 것이 아니기 때문에, 그 구절은 다시 허구적 공간을 생성하게 되어, 작가가 유일한 지각적 접근 수단인 비의 현상을 단어로 옮기려 애를 쓰면 쓸수록 더욱 구상적으로 그 공간은 채워지고 확대된다. 그 비에 대한 어떤 정교한 기술은 필연적으로 더욱 문학적일 수 있게 된다(인간은 관찰의 지각적 범주를 위한 분석적 내지는 '과학적' 범주를 대치하는 '기술'(記述)은 덜 구상적이기 때문에 덜 문학적임을 주목할 가치가 있다. '구상적'이라는 말로써 우리가 의미하는 바는 '정상적인 지각의 양상에 의한 기술'이다. 허구의 규약은 우리의 언어만이 아니라, 우리의 지각 체계에 구속되어 있다).

만약 편지를 쓰는 사람이 창 밖에 내리는 비를 기술함으로써 그 편지를 시작한 다음, "내가 앞서 비가 내리고 있다고 말하면서 그 모든 것을 기술하였을 때, 실제로 비는 내리고 있지 않았다. 모두 지어낸 것이다."라고 함으로써 그의 편지를 맺으려고 하였다면, 만약 우리가 그런 편지를 받아 읽는다면 우리는 어떻게 반응할 것인가? 그리고 만약 그가 비를 '지어낸' 것이라고 말한 것마저도 거짓말이라고 단언하는 추신을 덧붙인다면…? 이러기를 계속한다면? 우리에게는 관련 상황에 대한 접근 방법이 없음을 적극적으로 상기시키면서 전언을 그 자체에 대해 반박한다. 우리는 글 쓴 사람의 실제의 창을 통해, 실제의 비를 내다보았는지 어쨌는 지를 결코 알 수 없다. '비'의 허구적 상태는 비가 사실인가 아닌가에 달려 있는 것이 아니라, 독자로부터의 '실제' 관련 상황의 부재에 달려 있는 것이다. 우리가 읽고 있는 기술은 어느 것이나 하나의 허구이다. 우리의 '실제' 관련 상황에 대한 그러한 허구의 관계는 그 뒤의 일이다.

현존하며 현상적으로 유효한 하나의 관련 상황은 부재적인 관련 상황이 초래하는 것과 같은 방식으로 문학적인 것을 초래하지 않는다. 사실 현존의 관련 상황에 근거를 둔 문학성은 무엇인가. 그 관련 상황의 기호적 위배로부터 결과하는 듯하다. 가령, 비가 내리고 있는 것을 주시하고 있는 사람들 중의 하나가 다른 사람에게 "근사한 날씨인데!" 라고 말한다면, 이것은 다른 사람에게 즉각 단순한 역설로 받아들여지게 된다. 사실 이 처리 과정은 아주 순간적인 것이어서 포괄되어 있는 복잡한 과정은 느껴지지 않기가 십상이다. 그러나 그러한 상황에서 일어나는 바는 다음과 같다. ㄱ이라는 사람이 '근사한 날씨'라고 말한다. ㄴ이라는 사람은 관련 상황이 그 진술을 부정한다는 것, 곧 현상적인 것이 기호적인 것을 부정한다는 것을 의식하고 있다. 그러나 ㄱ은 실제의 상황을 의식하고 있으며, 그리고 ㄱ은 ㄴ도 이것을 의식하고 있다는 것을 알기 때문에, 그는 ㄱ이, 이 특정의 비라는 실제 현상에 불만임을 나타내는 방도로서 허구적 관련 상황―물론 날씨는 근사하지만-을 지시하고 있다는 것을 최종적으로 알고 있다.

그 구절의 명백한 의미가 실제의 의미가 아니라고 말할 수 있도록 허용하는 것은 이 두 가지 관련 상황을 비교하는 복잡한 과정인 것이다. 우리가 '수사'나 수식구, 역설로 간주할 만한 것은 실상은 관련 상황의 기능이며, 전언 하나만의 형식으로는 결정될 수 없다. 검토에 의해서, 펀(동음이의어(同音異義語)의 말장난)이나 은유와 같은 보다 순전히 언표적인 것 같아 보이는 다른 수사법들은 순수하게 언표적 층위에서라기보다는 대조되는 관련 상황의 병치(juxtaposition)에 의해서 기능하는 것 같아 보일 것이다. 물론 역설은 현존의 관련 상황에 대한 극도의 기호적인 위배에 불과하다. 현상적인 것에 대해서 기록하는 것은 그것이 접촉을 변화시키기 때문에(위에서 관찰하였듯이) 문학성을 포괄할 것이며, 그러한 기록 작성이 왜곡되어 인식되면 될수록 더욱 문학적으로 보이게 될 것이다.

어떻게 허구가 부재적 관련 상황의 기호적인 생성이나, 현재적인 관련 상황의 왜곡으로 생겨났는가를 보아왔으므로, 우리는 아마 그러한 허구들이 두 가지의 가장 가까운 혈족들인 거짓말과 실수와 어떻게 다른 것인가를 잠시 고려해 보아야 할 듯하다. 인물들 가운데서 한 사람만이 실제로 창 밖을 내다볼 수 있으며, 그 나름의 이유로 그가 다른 사람을 속이고자 한다고 가정해 보자(내가 그 이유를 구체적으로 밝히면 밝힐수록 이 장면은 좀더 허구적이게 됨을 유의하라). 실제로는 그렇지 않는 데도 그는 비가 내리고 있다고 말하여서 다른 사람들이 이 관점을 용납하도록 속인다. 두 가지의 관련 상황을 창조함으로써 물론 그는 허구를 생성하였지만, 그의 동료들은 그의 진술을 용납하였기 때문에 단일한 관련 상황만을 인식하였다. 이런 까닭으로 여기에는 허구란 없는 것이 된다. 왜냐하면 그녀는(특히 여성 대명사가 어떻게 장면을 허구화하는 가를 유의하라). 그가 현상적인 것을 순수하게 투명하고 지시적인 것으로서의 언표적인 것으로 바꿈을 용납하기 때문에 그녀는 그의 진술에서 허구도 거짓도 알아차리지 못한다.

물론 그에게 그것은 허구이며, 거짓 즉 속이려고 하는 의도가 있는 사실로서 나타나는 허구이다. 우리로서는 그 장면을 엿보면서 전체의 일을 인위적이고, 설명적인 관련 상황으로 깨닫기 때문에 그 장면은 비허구적인 언술에 있어서의 기능에도 불구하고 전적으로 허구적이게 된다. 이와 비슷하게 만약 창 밖을 잠깐 내다본 사람이 바깥의 현상을 잘못 감지했다면 그는 비가 내림을 보고하는 것이지 의도적으로 속이려는 것이 아니기 때문에 이 발화는 화자에게는 허구가 아니다. 그러나 그 진술에 대하여 대조하는 청자에게는 허구로 나타나게 될 것이다. 그러한 청자의 자연적인 충동은 텍스트의 어긋남이 거짓말에 의한 것인지, 아니면 실수에 의한 것인지를 의심할 것이며, 그와 같은 의혹은 그녀로 하여금 결론에 도달하기 위해 허구화할 것을 필요로 한다. 이는 바로 인간 동기의 모든 명기화(明記化)나 구체화는 직접적 감지를 넘어서는 유효하지 않으며, 부재적인 관련 상황의 현재화이기 때문이다.

지금까지 우리는 최소한으로 문학적인 것에 관심을 기울려 왔다. 분명히 날씨에 대한 역설적인 단일한 언급과 같은 것은 문학 연감에는 실리지 않는 것 같다. 그러나 그러한 것들은 훨씬 정교화된 문학적 구조를 지향하고 있다. 관련 상황의 중첩이야말로 허구의 특성인 문학성이라는 종류의 시초인 것이다. 그러한 중첩은 또한 다른 문학적 효과로 길을 열어주는데, 그것은 특정한 전언에 의해서 환기된 관련 상황들의 대조되는 특질에 달려 있다. 날씨에 대한 대화에서 그리 차이가 나지 않는 언술의 차원에서 조정되는, 흔히는 놀랍게도 세련된 다수-관련 상황을 발견할 수 있다. 필자는 이를 몇 년 전까지만 해도 자동차에 대한 대화에서 두드러졌던 몇 개의 범퍼 스티커(bumper sticker)의 문학적 요소를 고려함으로써 간단히 예시해 보고자 한다.

단지 '평화'라고만 쓴 범퍼 스티커를 예로 들어 보자. 범퍼에 스티커를 붙이는 관례는 우리로 하여금 이를 "이 차의 운전사는 평화를 애호한다!"라는 명제로 이해하게끔 해준다. 그러나 만일 그 운전사가 특별히 적대적이면서 난폭한 방법으로 운전하게 될 때, 의도된 언표적 전언과 행동적인 기호 사이의 대립은 우리를 흥미롭게 만든다. 이 장면의 방관자인 우리는 스티커의 전언이 의도하는 관련 상황(전쟁이나 폭력에 대한 어떤 정치적인 상황)과 의도하지 않은 행위의 관계를 우리 자신의 새로운 관련 상황으로 바꾸어 놓을 수도 있다. 말은 이렇게 하면서도 행동은 다르게 하는 한 인물을 창안함으로써 우리는 이 상황을 정신적으로 허구화할 수도 있다. 그러나 여기에서 문학적인 것은 우리의 수행(遂行)이지 스티커의 소유자나 스티커 제작자의 수행은 아니다.

스티커를 부착하고 있는 차의 행위가 무시될 또 다른 예를 들어 보자. '평화'라고 쓰고, 비둘기가 그려져 있는 스티커를 상상해 보라. 비둘기는 성경이나 다른 텍스트와의 문화적 관련성에서 주로 평화를 상징한다. 텍스트에 이 성경적 관련 상황을 덧붙임으로써 평화의 왕자인 사람을 상기시키는 것 등으로 그 단어를 강화시킨다. 이 문학적 관련 상황이 현상적 관련 상황, 전쟁이나 폭력과 같은 행위에 영향을 미치도록 할 때 우리는 다시 최소한의 문학적인 행위를 수행한다. 여기서 그 기호로 감지되어야 할 것에 대응되는 정치적 상황의 실체는 우리의 이해에 강력한 효력을 지닌다. '평화'라는 스티커는 그 단어들이 쓰여질 당시인 1976년 12월보다는 월남 전쟁 동안의 미국인들에게 보다 구체적이고 특수한 관련 상황이었다.

이번에는 "전쟁이 아니라, 사랑을 하자" 라고 쓴 범퍼 스티커를 가정해 보자. 이는 아주 구체적인 것, 사랑의 물리적 행위를 이와 대립되는, 현상적이기는 하나 덜 구체적인 것으로 만든다. 연애를 한다는 것은 아주 특별한 일을 행하는 것이다. 전쟁을 한다는 것은 이 전언에서는 특별하게 이름 붙일 수 없는 얼마간의 가능한 행위를 하는 것이다. 그러나 연애의 사적인 관련 상황과 무장된 전투의 공적인 관련 상황은 어쩐지 함께 우리 마음에 떠올라서, 동일 동사가 두 가지 별개의 명사를 지배하는 전언의 형식으로 보강된다. 이것은 발화의 문제로서 수사학자들이 우리에게 이름 붙여줄 수 있는 것인데, 그러나 요점은 그 문체가 두 가지의 별도의 관련 상황을 결합한다는 사실이다. 나아가, 전체가 본래의 추상화인 '평화'를 물리적 사랑의 특수한 형식으로 바꿈으로써 구체적이게 한다.

필자는 두 마리의 무소가 교접하고 있는 시각적 기호가 첨가된 이 스티커의 이형을 본 일이 있다. 이 또 다른 관련 상황의 첨가는 기지와 그 전언의 문학성을 조성한다. 인간 부부의 사랑의 행위에 대한 우뢰와 같은 유추를 수행하는 분명히 호전적인 야수를 보여 주는 일은 아주 복합적인 방도로 다른 동물과의 관련과 차이를 상기시킨다. 그것은 갑옷을 입고 비너스의 환심을 사려는 전사(戰士) 마아스(Mars)를 상기시킬 수도 있고, 또는 우리 인간의 사랑의 능력에 있어서 우리의 전쟁 능력만큼이나 다른 동물들을 능가할 수 있으리만큼 우리 인간들이 진화되었는지를 의혹스럽게 만들 수도 있다. 이런 모든 반성은 확실히 해석자로서의 우리의 문학적 능력의 한 국면이다. 그러나 그들은 단어와 그림들이 기호적으로 규약화된 문화적 세계에서의 많은 관련 상황을 지칭하면서 결합되는 텍스트에서 고양된다. 우리는 관련 상황의 순수하게 기호적인 작용이 그 스티커를 스스로 더욱 흥미롭게 하며, 그 기호적 기능을 충족시키기 위한 관련 상황으로서 전쟁을 필요로 하는 단순한 '평화'라는 기호보다는 어떤 특정한 사회-정치적인 관련 상황에 덜 의존하게 하는 점을 유의해야 할지도 모른다.

“사랑은 해도 아기는 만들지 말자” 라고 한 다른 스티커를 보자. 이야말로 우리가 고려한 모든 스티커 중에서 가장 문학적일 것이다. 이는 “인구 과잉을 말자”나, “제로 인구 성장”과 같은 직접적이고 단일 관련 상황적인 기호를 대치시킴으로 해서 일반적이고 추상적인 관념을 구체적인 것으로 만든다. 그러나 이는 또한 순전히 기호적인 방도에 순서적으로 앞선 기호였던 “전쟁이 아니라 사랑을 하자”를 넌지시 암시하고 있다. 즉 여기에서의 관련 상황은 본질적으로 기호적-이 경우 언표적인 것으로서-이다. 반면에 다른 것은 인구 과잉의 문제를 표상하는 본질적으로 현상적인 것이다. 다시 한 번 그 기호 제작자는 그 동사가 두 개의 다른 주어를 지배하게끔 하기 위하여 이 세상 온갖 것을 ‘만들 수’ 있는 영어 사용자의 성향에 편승하고 있다. 그러나, 앞서의 “전쟁이 아니라 사랑을 하자” 라는 기호를 아는 독자에게는 무언가 특별한 것을 행한 셈이다.

그는 바로 함정을, 스탠리 피쉬(Stanly Fish)가 ‘죄악으로 놀람’과 ‘자가 소비의 공예품’에서 유명하게 만든 놀람을 마련한 셈이다. 반전(反戰) 독자나 산아 제한 독자가 동일 인물일 수는 없다. 심지어 한 사람이 이 두 가지 태도를 취하고 있다면, 두 번째 기호의 마지막 단어에서 ‘전쟁’에서 ‘아기’로의 이행은 충격적인 것이 된다. 첫 번째 기호가 사랑과 전쟁을 자연적이고, 거의 이원적이며, 대립되고 병치되는 것으로 칠 때에, 이 기호는 에로티즘과 관념을 한 곳에 모아 결국 밀접하게 관련시킨다. 인구 과잉 문제는 확실히 현상적인 것이지만, 일반화된 것이며, 거의 추상화된 것이어서 바로 우리의 침실에 간절히 호소한다. 그리고 그 진술은 또 다른 관련 상황—신학적인 것을 환기시키는데, 이는 우리의 전통에서 관습적으로 고집해 온 것으로, 출산은 사랑의 행위를 위한 유일한 정당화였다.

여기에서 우리는 문학적 능력을 소지하고 있는 독자는 교회에 대응하는 기호, 우리에게 “아기는 만들지 말고, 사랑을 하라”고 엄격하게 충고하는 스티커를 고안하게 될지도 모른다. 물론 이것은 교회가 아니라 사랑에 대해 아무것도 대립하지 않음을 표명했으므로 우스운 일일지도 모른다. 그 점에서 보면, 그 기호는 뒤집을 수 없는 것이다. 아마도 이쯤에서 내가 지나치게 능력 있는 해석자라서 이 특정의 전언을 읽는데다 지나치게 많은 관련 상황을 주고 있는 것이나 아닌지를 묻는 것이 타당하다. 이에 대해서는 두 가지의 답이 있을 수 있다. 한 가지는 전언 그 자체가 확실히 나로 하여금 그러게끔 시작하여서, 해석자로서의 내가 상기하는 사물이 적합한 방도로 그 전언의 문학성을 풍부하게 하는 것이다. 문제는 단순히 누구든 기호 작성자나 전언, 또는 독자가 전체의 의사 전달 행위로부터 출현한 문학성을 가진 것을 믿고자 하는가에 있을 수 있다. 솔직히 말해서 나는 이 문제를 전적으로 범퍼 스티커나 더욱 야심적인 의사 전달 행위의 관점에서 해결하는 것이 가능한지 또는 바람직스러운 것인지 의심스럽다. 그것이 한 가지 답이며 또 한 가지의 답은 예시의 관점에서 관련 상황의 복수화가 복수화의 행위가 생길 때마다 어떻게 그것이 문학적 의사 전달의 중요한 특질인가를 보여 주는 것이다. 마지막으로, 이 기호들까지도 그렇게 많은 관련 상황의 기호학적인 복수화를 만드는 것인데, 만약 인구 과잉 현상이 그 발화의 사회적 관련 상황에서 현실이 아니거나, 실제적 위협이 되지 못한다면 생동감을 잃게 될 것이라는 점을 유의해야만 한다.

　지금까지 우리는 최소의 상황, 즉 일상의 언술에서 단지 한 차원을 소거시킨 상황-의사 전달 행위는 보통 문학으로 간주하지 않으므로-에서의 문학성의 역동성을 고려하여 왔다. 이 시점에서 간결하게 문학성의 주요 요소를 규약화하여 그것들을 가능하다면 문학의 주요 형태로서 전통적으로 인식되어 온 것과 관련시키는 언표적 분광(分光 : spectrum)의 다른 끝으로 옮길 필요가 있을 것이다. 다음의 표는 그것들을 정돈하는데 도움이 될 것이다.

　　첫째, 발신자의 이중성 : 역할 수행, 행위.
　　둘째, 수신자의 이중성 : 엿보기, 훔쳐보기.
　　셋째, 전언의 이중성 : 불명료성, 중의.

넷째, 관련 상황의 이중성 : 암시, 허구.
다섯째, 접촉의 이중성 : 옮김, 허구.
여섯째, 규약의 이중성 : 상기의 모든 것과 연루된 것.

우리가 일상적으로 문학이라 인식해 온 언술의 형태-극, 시, 이야기-는 여기에 실린 관례에 의해 좌우된다. 극장은 특별히 배우가 맡은 역을 수행하고, 관객이 엿보기나 훔쳐보기를 용이하게 구성한 활동 무대이다. 시는 특수하고 유일무이한 사물로서의 전언에 대한 인식을 자극하는 음상 효과와 언표적 전략에 지배된다. 그리고 이야기는 우리에게 현존하지는 않지만, 우리의 개인적인 경험과 잘 연결시킬 수는 있으나 인물로서 개입할 수는 없는 사건에 감성적으로 반응하며, 시각화하기를 요청하는 언술에 의해 총체적으로 창조되는 상황의 기술이며, 행위의 서술이다.

이 점은 후일에 좀더 정교화될 수 있는 것이다. 왜냐하면 기호적인 체계가 어떻게 현상 내지 경험 세계와 연관될 수도 있으며, 또는 연관되지 않을 수도 있는가의 요체를 건드리기 때문이다. 여기에 제시된 논의는, 작자와 관객에게 공통적으로 간직된 감각적이고 경험적인 자료에서 만들어진 하나의 관련 상황은 '사실적'이든 '환상적'이든 허구적이거나 모방적인 관련 상황에 의해서 환기된다는 점이다. 이 '실제'의 관련 상황은 우리에게 제시된 의사(擬似) 경험적이거나 허구적인 관련 상황을 감지하고 헤아리는 데에 배경을 제공한다. 이 점에서 우리는 '사실'의 관련 상황이라는 것 역시 허구라는 관점을 고려해야만 한다. 왜냐하면 그것은 더 이상 직접적으로 유효하지 않는 과거의 경험에 의거하고 있기 때문이다.

이 관점은 부분적으로는 사실이다. 우리의 경험에 대한 기억이란 경험 그 자체와는 구별되어야만 한다. 그러나 실제의 경험에 대한 우리의 기억이 사물에 대하여 우리가 획득할 수도 있는 어떤 관념과 구별되어야만 한다면, 우리는 결코 우리 자신의 지각을 통해서 무엇을 경험할 수 없다. 기억이 희미해질수록 기억된 사건은 현실성을 상실한다. 그러나 사라져 가는 사건을 재구(再構)하려는 노력, 그것은 허구이다. 허구는 상실된 것이 아니라 구성된 것이다. 우리의 기억이란 우리가 개인적으로 한번 그들이 제시되었을 당시에 우리의 존재로 그들에게 영향을 끼칠 능력을 가지고 접근했던 사건에 대한 것이다. 그러나 구성된 사건의 의사 경험적 관련 상황에서 우리는 결코 개인으로서 참여할 수 없다.

우리는 햄릿의 공연을 관람할 수 있어도 어떤 방법으로나 그 연극에 허구로서 개입하거나 변경시킬 수 없다. 배우들을 방해할 수는 있을지언정 주인공에게 영향을 미칠 수는 없는데, 그들에게는 우리가 햄릿의 아버지나 왕의 어릿광대 요리크보다도 현실감이 없기 때문이다. 먹을 수 없는 그림 속의 복숭아, 냄새를 맡을 수 없는 꽃, 방비할 수조차 없는 끔찍한 행위, 이들은 허구나 암시의 기호들로 그 속에서 우리는 유령 같은 관찰자일 수밖에 없는 세계를 구체화한다. 그래서 이야기거나 극이거나 시거나 간에 허구로 창조된 세계는 우리가 감지된 하나의 관련 상황과 우리의 사고를 지칭하는 전언을 둘러싸고 반(牛) 창조되는 것이다. 그러나 그 세계의 배면이나 둘레에는 우리의 현상 세계가 존재하고 있어서 허구적인 사건은 거기에서 반사된다. 사랑과 욕망, 동정과 증오, 쾌락과 고통의 경험에서 알게 된 것이 숙명적으로 허구적 사건에 영향을 미친다. 왜냐하면 우리는 모든 텍스트가 우리의 것이 되기를 희구하기 때문이다. 우리가 허구에서 찾게 되는 것이 새어나가 우리의 현상 세계를 채색하며, 우리 삶의 개별적인 사건이나 상황에 의미와 가치의 중요성을 부여하게 돕는다.

물론 많은 허구는 그들의 관련 상황이 전혀 허구가 아닌 것이며, 우리 앞에 펼쳐진 사물을 직접적으로 이야기하는 것이라 주장하기도 한다. 또 다른 경우는, 그들의 관련 상황이 꽉 짜여진 상상력으로 된 것이어서 그들의 허구의 세계에는 우리 자신의 세계로부터 오염됨이 없다고 주장하기도 한다. 물론 그들 모두 올바른 소리가 아니다. 우리의 세계나 우리의 삶, 우리의 감각이 우리에게 감지하도록 허여한 것에 대해서 우리가 갖고 있는 지식은 항시 우리 것이다.

우리는 모든 동화 속에서, 세계에서 가장 아름다운 소녀, 매우 잔인한 괴물, 제일 용감한 영웅이 우리의 경험에서의 유추물임을 알고 있다. 문학적 능력의 많은 부분이 허구의 세계와 경험의 세계를 관련시키는 능력에 기반을 두고 있다.

예를 들어 작가가 그의 책을 '오하이오의 와인즈버그' 라고 부를 것을 허용할 때, 그의 제명(題名)은 허구의 마을인 동시에 실제의 주(州) 이름이기도 하다. 이것은 허구임을 말해 주기도 하지만 실제의 관련 상황을 가지기도 하는 것이다. 한 작가가 그의 책을 '더블린 사람들'(Dubliners)이라 부를 때, 그리고 그의 주인공의 이름을 그 도시 사람의 실제 이름 중에서 설정하였을 경우, 그는 우리가 그 허구를 아주 순수한 인공물로서가 아니라, 실제의 사람들이 실제의 장소에서 살아가는 방식에 대한 정보로서 다루기를 요청하는 것이다. 그래서 우리는 이것이 예술성을 떨어뜨리는 유감스러운 불순물로 볼 것이 아니라, 문학의 본질적 부분인 인식적 기능으로서의 강력한 단언으로 보아야 한다. 실제의 관련 상황은 언제나 현존적이다. 우리들의 음미를 위하여 허구적 관련 상황은 이를 말살하는 것이 아니라 몇 가지 국면을 특별한 초점으로 돌리는 것이다. 모든 동화는 현실에 관한 무엇인가를 우리에게 말해 준다.

암시해 온 바대로, 극과 이야기는 허구적인 관련 상황을 생성하지만, 연행(演行)이나 공연(보통의 극이거나, 경우에 따라 극화된 이야기거나 간에)은 허구적 관련 상황이 생성되는 방식을 바꾼다(물론 영화도 그렇지만, 허구적 필름의 규약 작성은 별도의 취급을 요한다). 허구적 상황의 배우에 의한 극화는 단일 해석자나 독자에 의한 허구화의 필요를 감소시킨다. 왜냐하면, 그것은 각각의 관람객에게 개별적인 해석의 일체감을 침잠시키는 데 반하여 관객으로서의 집단 반응에 해석의 부담을 감독이나 배우에게는 어느 정도 전가시키기 때문이다. 무대 현장의 문학성의 부담은 의사 전달의 여러 국면에서 분해되지만 공연 그 자체의 상황에 의해 지배된다.

시도 공연될 수 있으며, 분명히 허구적 관련 상황을 생성하지만, 시적 구성의 지배적 자질은 분명히 시작법, 비유법, 그리고 언어적 전략을 느끼게 하는 전언 그 자체의 층위에서 발견된다. 시가 빈번히 허구적이듯이 극과 이야기도 으레 시의 언어적 기지를 다룬다. 그리고 이 세 가지 형태 모두는 인용하거나, 암시하거나, 풍자하거나, 아니면 전적으로 기호적이며 텍스트 상호간의 것인 관련 상황을 생성함에 의해 다른 의사 전달 행위를 지칭함으로써 그들의 관련 상황적 지시성을 풍부하게 한다. 대부분의 문학 작품은 그들 자신의 형태에 대한 견해, 장르의 전통이나 그들이 그들의 존재를 취하게 되는 전통에 대한 견해 바로 그것이다. 그래서 문학의 연구는 일반적으로는 의사 전달의 과정에 대한 연구, 또는 기호론을 포괄해야만 하며, 특수하게는, 중요한 종류의 문학 제작이나 해석을 지배하는 규약 체계의 발전과 문학사의 과정을 통해서 발전해 온 다양한 장르를 알리는 하위 규약 체계의 발전을 포괄해야만 한다.

이제까지 제시해 왔듯이 문학적이라고 가장 쉽사리 인식할 수 있는 형태인 극과 시와 이야기는 그들의 특별한 규약 체계와 특질을 확정하는 의사 전달의 자원을 개척하는 경향이 있지만 다른 형태의 규약화로부터 자유로이 차용하기도 한다. 각각의 '형태'는 시간을 통하여 효력을 증명하는 특정한 의사 전달적 과정의 규약화이다. 명백하게 덜 문학적인 형태가 종종 그들 자신의 목적을 위해 문학의 규약 체계로 바뀌기도 하는 것 또한 사실이다. 예를 들어 수필은 종종 그 자격에 대해 의문을 불러일으킨다. 수필은 문학인가? 또는 아닌가? 그 답은 내게는 간단한 것처럼 보인다. 수필이 필수적으로 문학적일 필요는 없지만, 그것이 세 가지 다른 형태의 문학의 지배적인 특질을 채택했을 경우에는 그럴 수 있다. 수필이 암시하거나 허구화하면 할수록, 그 작가가 하나의 역할을 채택하거나 독자에게 그 역할을 암시하면 할수록, 그 언어가 공명적(共鳴的)이거나 비유적이면 그럴수록, 그 수필(편지나 기도문이나 연설문)은 문학적이게 된다.

마지막으로 문학성 그 자체는 가치와 혼동될 필요가 없다는 점을 분명히 해야겠다. 모든 극이 문학적이기는 하지만 그렇다고 모든 극이 똑같은 가치를 지지는 것은 아니다. 우리가 한 편의 극을 평가하는 이유는 형태만큼이나 그것의 기능과도 관계가 있다. 하나의 문학 작품은 살아 있는 인간 존재로서의 우리의 경험을 지칭하는 만큼 우리는 '진실'이나 '정의'라 부르는 것으로써 평가를 하는데, 그것은 특별한 형식적인 것이 아니라 전언과 실재적 관련 상황 간의 적합성 문제이다. 이것을 여기에서 논의하기에는 너무 광범한 영역을 전개하게 된다. 언술의 문학적 규약화는 형식적 전략이며, 언술의 제작자가 특정한 종류의 의미를 의사 전달하게 하는 구조화의 수단임에 유의하는 것으로 충분하다. 물론 우리는 어떤 문학적 발화를 주로 형식적인 우아함으로 평가할 수도 있지만, 존재의 양상에 관해 그들이 제공하는 통찰력 때문에 문학적 발화를 평가할 수도 있으며, 단순히 그 자체를 형식적 규약화에 부여하지 않는다고 해서 그것이 그렇게 쉬운 일이 아니라고 요구하는 것은 어리석은 일이 될 것이다.

물론 문학 텍스트를 연구하는 학생이나 선생, 혹은 일반인들조차 텍스트의 완전한 이해에 접근하고자 한다면, 얼마쯤은 역사가이고, 얼마쯤은 철학자일 필요가 있다. 대부분의 문학 작품은 작가와 독자가 공유하는 그들의 관련 상황의 한 국면으로서의 삶의 경험을 가정한다. 어떤 작품들은 우리가 충분히 성숙했을 때가지 개방하기를 거부한다. 또 다른 어떤 것은 성장이나 망각을 통해 몇 가지 관련 상황으로의 통로를 상실하기 때문에 닫혀 있기도 하다. 어떠한 문학 연구도 순수하게 형식적일 수는 없겠지만, 이런 차원으로 문학 연구를 소거시키려는 모든 시도는 치명적인 것은 아니라도 잘못된 것이다.

기호론적 연구가 의사 전달을 순수하게 형식적인 문제라 주장하고 있는 만큼 그것 역시 치명적은 아니더라도 잘못된 것이다. 여러 기호학자들은 특정 기호나 단어의 의미는 계열적 체계 내에서의 위치의 기능이며 통합적 상황에서의 사용이라고 주장할 것이다. 그러나 나는 의미는 또한 인간 경험의 기능이라고 제시하고자 한다. 결혼이나 사별과 같은 것을 경험한 사람들에게는 그 단어가 그런 것을 겪어 보지 못한 사람들에게 의미하는 것과는 다른 것을 의미할 것이다. 그리고 대부분의 문학은 단순한 기호들 속에서는 이중성을 무시하는 것처럼 보이는 경험을 위해서 기호적 등가물을 생성하려는 시도에 기반을 두고 있다.

형식주의나 구조주의 이론의 극단의 이형태(異形態)에 필요한 개선책을 언급하고 나서 문학적 기호학의 연구자로서의 필자의 위치를 재천명함으로써 결론을 맺고자 한다. 본고에서 시도된 필자의 모든 논의는 문학의 형식적 자질이 어떻게 인간의 의사 전달의 정상적인 특질을 중첩하거나 복합하는 과정의 결과인가를 보이고자 하는 것이었다. 이 활동은-의미를 생성하고 의사 전달하는 그들의 능력에서-인간 존재의 필요불가결한 양상인 기호적 과정 그 자체에서의 고유한 욕구에 기반을 두어야만 한다. 문학 텍스트를 생성하는 데 언어상의 규약화의 부가적 형태라는 부담은 그 자체가 연행(play)이나 유희(game)의 요소를 강하게 지니고 있다. 그러나 인간의 문화 성취의 대부분이 그러하다. 필연성을 넘어서는 일은 예술에서나 마찬가지로 과학에서도 전형적이다.

우리의 문화에서 현존적으로 출현하는 아주 복잡한 문학적 구조를 만들고 해석하는 데 관련된 기술은 고도의 질서를 지닌 것이며, 그들의 발전을 위해서는 단순한 언어 능력을 넘어서는 훈련을 필요로 한다. 문학 기호학의 기능은 이러한 훈련을 명백히 하고, 이를 완성시키는 데 소요되는 의사 전달적 기술(意思傳達的技術)에 초점을 두게 돕는 능력에 있다. 우리의 총체적 문화에 대한 그러한 문학적 훈련의 가치는 문학 연구의 기호론적 미묘함에 숙련된 사람들이 관념을 생성시키는 우리의 의사 전달 매체를 사용하는 방식에 놓여 있는 것이다. 그 관념은 우리가 위기에 도달하게 될 것이 틀림없을 때까지도 그 문화를 살려두어 기능하게 하여야만 하는 것이다.

찾아보기

■ 인명

ㄱ

고골리(N.V. Gogoli) 39, 384
곽광수 200
그레마스(A.J. Greimas) 156, 158
김소월 112
김열규 200
김치수 200
김현 200

ㄷ

다우브 W. 포크마(Douwe W. Fokkema) 237
데이비드 로지(David Lodge) 152

ㄹ

라캉 233
랜섬(J.C. Ransom) 65, 75
레비-스트로스(Claude Levi-Strauss) 60, 123, 126, 138, 155, 178, 189, 199, 200, 297, 395, 396

레이먼 셀던(Raman Selden) 133
로렌츠(H. A. Lorentz) 125
로만 야콥슨(Roman Jacobson) 20, 29, 56, 42, 140, 142, 144, 147, 148, 151, 166, 340, 401
로버트 스콜즈 93
로트만(Yu. Lotman) 145, 146, 148, 313
록크(John Loke) 269
롤랑 바르트(Roland Barthes) 59, 134, 207, 210, 227, 228, 242, 271, 298, 306, 309, 329, 394
루나찰스키(Lunacharsky) 56
루이스 프리에토(Luis Prieto) 271, 277, 283, 285, 306
르네 웰렉(Rene Wellek) 60, 76, 115
리쳐즈 63, 72, 73, 75, 78, 103, 105

ㅁ

마야코프스키(Vladimir Majakovsky) 19
메이어슨(E. Meyerson) 125
모리스 토마셰프스키(Charles Morris) 30, 72, 270, 301, 303
무카로프스키 46
미셸 푸코(Michel Foucault) 206, 208, 251
미하일 바흐친(Mixail Baxtin) 34, 57

ㅂ

바슐라르(Bachelard) 414
벤자민 흐루쇼프스키 165
보리스 낯설게 하기(Boris Eixenbaum) 24, 36, 38
볼로쉬노프(V.N. Volosinov) 33
부르너(Bruner) 86
부르바키(N. Bourbaki) 125
뷔이상스(Eric Buyssens) 270, 304
브리크 55

■저자 김 혜 니

• 현재 경문대학 문예창작과 교수.

• 이화여자대학교와 대학원에서 학사·석사·박사학위를 받음.

• 저서로『비평문학론』『한국 근대시문학사 연구』『한국 현대시문학사 연구』『한국근현대
비평문학사 연구』『비평문학의 이해』『박목월 시 공간의 기호론과 실제』『외재적 비평문
학의 이론과 실제』『김혜니 교수 세계문학 에센스』(총 16권)『꼭 읽어야 할 소설 119』(총
10권)『꼭 읽어야 할 시 369』(총 4권) 외 다수.

내재적 비평문학의 이론과 실제

2005년 9월 15일 1판 1쇄 발행
2010년 9월 25일 2판 1쇄 발행

지은이● 김 혜 니
펴낸이● 한 봉 숙
펴낸곳● 푸른사상사

등록 제2-2876호
서울시 중구 을지로3가 296-10 장양B/D 701호
대표전화 02) 2268-8706(7) 팩시밀리 02) 2268-8708
메일 prun21c@hanmail.net
홈페이지 //www.prun21c.com

ⓒ 2010, 김혜니
ISBN 89-5640-397-×

값 30,000원

*저자와의 합의에 의해 인지 생략함